全本全注全译丛书

中华
经典
名著

杨春俏◎译注

东京梦华录

中华书局

图书在版编目（CIP）数据

东京梦华录/杨春俏译注. —北京：中华书局，2020.7
（2022.8 重印）
（中华经典名著全本全注全译丛书）
ISBN 978-7-101-14611-0

Ⅰ.东…　Ⅱ.杨…　Ⅲ.①开封-地方史-史料-北宋②《东京
梦华录》-注释③《东京梦华录》-译文　Ⅳ.K296.13

中国版本图书馆 CIP 数据核字（2020）第 106679 号

书　　名	东京梦华录
译 注 者	杨春俏
丛 书 名	中华经典名著全本全注全译丛书
责任编辑	周　旻
责任印制	陈丽娜
出版发行	中华书局
	（北京市丰台区太平桥西里 38 号　100073）
	http://www.zhbc.com.cn
	E-mail:zhbc@zhbc.com.cn
印　　刷	北京盛通印刷股份有限公司
版　　次	2020 年 7 月第 1 版
	2022 年 8 月第 5 次印刷
规　　格	开本/880×1230 毫米　1/32
	印张 25⅝　字数 540 千字
印　　数	34001-44000 册
国际书号	ISBN 978-7-101-14611-0
定　　价	64.00 元

目录

前言

一

　　公元 1127 年 1 月 9 日，来自北方的女真人攻陷东京汴梁，时为钦宗靖康元年闰十一月二十五日。三十日，钦宗赴金兵屯驻的南郊青城斋宫，十二月初一日举行纳降仪式，立国一百六十七年的北宋王朝事实上至此已经覆灭。金人在开封城大肆根括金银两三个月，强立张邦昌为大楚皇帝，之后于三月底、四月初，分批掳掠徽、钦二帝以及皇族、后妃、大臣等三千余人北归，同时北迁的内侍、技艺、工匠以及平民多达十万人，还带走全部卤簿仪仗、礼乐之器、秘阁藏书、监本印板等大量物品，北宋百余年府库蓄积为之一空。这一事件史称"靖康之变"，因为靖康元年的干支纪年为"丙午"，故而又称"丙午之难"。五月初一，徽宗第九子康王赵构在南京（今河南商丘）即皇帝位，改元建炎，成为南宋（1127—1279）的第一位皇帝。

　　南宋初年，由于金军步步进逼、宋军节节败退，高宗政府仅在南京待了五个月就被迫南迁，短短两三年间，先后建行都于扬州、建康、杭州、越州等地，长则一年多，短则仅百日，甚至一度漂泊海上。绍兴二年（1132）首次迁都杭州，算是在东南方初步站稳了脚跟，绍兴八年（1138）正式确定以临安为"行在所"。绍兴十一年（1141）高宗与金人议和，解除主战派岳飞、韩世忠等大将的兵权,不久又与秦桧制造岳飞父子谋反冤案,在除夕之夜以"莫须有"罪名将其杀害。按照南宋与金朝签订的"绍兴和议",南宋向金称臣,金册立宋康王赵构为皇帝,两国以东起淮河中流、西至大散关为界,宋每年向金纳贡银、绢各二十五万两、匹。金人同意将七年前客死五国城的高宗生父徽宗灵柩以及生母韦氏本人送回南宋。宋金结束了长达十余年的战争状态,形成南北对峙的局面。

"靖康之变"不仅导致一个王朝的终结,也引发了中国历史上继西晋永嘉之乱、唐代安史之乱以后,又一次大规模的人口迁移活动。两宋之际,北方长期处于战乱之中,南方为赵宋政权所在,有相对稳定的社会环境和较为优越的物质生活条件,因而"中原士民,扶携南渡,不知其几千万人"(李心传《建炎以来系年要录》),以至于"建炎之后,江、浙、湖、湘、闽、广,西北流寓之人遍满"(庄绰《鸡肋编》)。山河破碎,生逢乱离,故国之思时时萦绕在"西北寓客"的心中,尤其是那些曾经长期生活在繁华汴京城的人们,"故老闲坐,必谈京师风物"(周𬊤《清波别志》)。这种大变乱、大动荡的局面,在时人心中留下深刻烙印,也激发了史家与学人们援笔著述的热情,据徐梦莘《三朝北盟会编》序言,当时"缙绅草茅,伤时感事,忠愤所激,据所闻见,笔而为记录者,无虑数百家"。《东京梦华录》就是这种背景下诞生的著作。

二

《东京梦华录》全书仅不到三万字,以回忆口吻记述北宋末年东京汴梁城的情况,包括城市建筑布局、官署衙门分布、朝廷礼仪庆典、民风习俗、时令节日、饮食起居、歌舞百戏等,与同时代画家张择端所作《清明上河图》一样,描绘了开封这座12世纪上半叶最繁华城市中王公贵族与庶民百姓的日常生活情景,是研究北宋都市生活与民俗文化的重要历史文献。作者《自序》写于绍兴十七年除日,即公元1148年1月22日,一般认为即是《东京梦华录》成书时间,作者署名"幽兰居士孟元老"。

此书最初就叫《梦华录》，并无后来广泛流行的"东京"二字；命名缘由，作者《自序》有明确交代："古人有梦游华胥之国、其乐无涯者。仆今追念，回首怅然，岂非华胥之梦觉哉？目之曰《梦华录》。"南宋时期的赵师侠、赵希弁、陈振孙等人提及此书，皆称其为《梦华录》。目前可见"东京梦华录"之名，最早是在宋末元初马端临的《文献通考》，马氏之书大约完成于元成宗大德十一年（1307），据此推测，《梦华录》可能是在南宋灭亡之后才被冠以"东京"二字，称为《东京梦华录》，一直流传到今天。

《东京梦华录》问世之后，最初应以抄本形式流传，具体情况不详。南宋初赵甡之所著编年体史书《中兴遗史》记载东京陷落、钦宗投降、金兵围困开封大肆搜括金银，靖康二年（1127）正月初一日，钦宗命济王栩、景王杞以及百官、僧道前往金军驻地致贺元旦。承平时代，这本是宋朝君主御大殿举行元旦朝会的重要日子，赵甡之援引"旧制"介绍这一最隆重的典礼：

> 正旦日朝会，车驾坐大庆殿，诸国使人入贺。殿庭列法驾仪仗，百官皆冠冕、朝服。诸路举人解首亦士服立班，其服二梁冠、白袍青缘。诸州进奏官，各执方物入殿。诸国使人，大辽大使……。更有真腊、大理等国，有时朝贺。大辽使人在都亭驿，高丽在梁门外安州巷同文馆，回纥、于阗在礼宾院，诸番国在瞻云馆、怀远驿。唯大辽、高丽就馆赐宴。

赵甡之所引长达三百多字的"旧制"，应该未标明文献出处，但是与《东京梦华录》卷六"元旦朝会"的文字几乎完全相同，《东京梦华录》应为赵氏所依据的原始文献。由于《中兴遗史》已在宋末元初亡佚，目前无法推断其所依据《东京梦华录》的版本情况，以及是否尚有其他引用文字。南宋光宗绍熙五年（1194），徐梦莘"取诸家所说及诏敕、制诰、书疏、奏议、记传、行实、碑志、文集、杂著，事涉北盟者，悉取铨次"，著成《三朝北盟会编》，卷七十四记"靖康二年正月一日辛卯朔，上朝贺太上皇于延福宫，并诏百官、僧道出南薰门，赴军前致贺二酋"一事，全文征引

《中兴遗史》，使我们今天得以间接推知《中兴遗史》引用《东京梦华录》的情况。徐梦莘是否曾经亲见《东京梦华录》原书，尚不得而知。

宋孝宗淳熙丁未岁（1187）距离靖康二年（丁未，1127）正好一个甲子，也是《东京梦华录》完成四十周年之际，宋太祖次子燕王赵德昭七世孙赵师侠有感于"甲子一周，故老沦没，旧闻日远"（《梦华录·跋》），将《东京梦华录》刊刻成书，以广流传，"使观者追念故都之乐，当共趁'风景不殊'之叹"（同上）。这应该是此书最早的刻本，然而正如20世纪30年代为此书作注的邓之诚先生所言，此时孟元老"盖已百岁，必不及见其书之行世"。

南宋晁公武《郡斋读书志》未收录此书，南宋藏书家、史学家赵希弁根据自家三代所藏图书补撰《读书附志》，"史类·地理类"的倒数第二部书为"《梦华录》一卷"，并附简短题解文字："右梦想东都之录也。宋敏求《京城记》载坊门、公府、官寺、第宅为甚详，而不及巷陌店肆、节物时好。孟元老记录旧所经历而为此书，坦庵赵师侠识其后。"赵希弁所收藏者有赵师侠识语，推测应为赵师侠淳熙十四年（1187）刻本。赵希弁亦为宋朝宗室后裔，为宋太祖九世孙，是与赵师侠同出一系而晚一辈的人。或许正是因为这个原因，赵希弁成为赵师侠刻本《梦华录》的早期收藏者之一。

三

赵师侠的跋语中，并未留下《东京梦华录》的分卷信息；赵希弁《读书附志》著录为"《梦华录》一卷"；日本静嘉堂文库影印元刊本《东京梦华录》，其中有南宋陈振孙《直斋书录解题》对此书的著录文字，记作"《东京梦华录》一卷"；马端临以《直斋书录解题》为主要依据撰写《文献通考·经籍考》，亦著录为"《东京梦华录》一卷"，题解部分则直引"陈氏曰"。

根据历代书目以及现存版本来看，《东京梦华录》在南宋以后的元、明、清历代均有刊刻，分为一卷本和十卷本两个系统：收入元代陶宗仪所编《说郛》卷六十八、明代钟人杰所辑《唐宋丛书》"别史"类者,均为一卷本;收入明代胡震亨等所辑《秘册汇函》、毛晋《津逮秘书》、清代乾隆官修《四库全书》以及张海鹏《学津讨源》等丛书者,均为十卷本,这也是目前最常见的版本。从文字来看,诚如清代著名藏书家、校勘家黄丕烈所言,此书"一本有一本之佳处"。遗憾的是,由于难以确认《东京梦华录》作者手订本是否分卷以及具体分卷情况,对探讨此书结构方面所传递的潜在信息,会有一定影响。

就目前通行的十卷本《东京梦华录》来看,全书结构与内容如下:

第一卷,介绍东京城的三重城垣与城门、四条河道与三十六座桥梁、皇宫中的主要宫殿及其功能、设置在皇宫内外的各类机构以及分布在城市内外的粮仓与草场等,这是从宏观上介绍东京城的城市格局与军事防卫,介绍东京作为帝国首都政治功能实现的基础以及维持城市自身正常运转的组织机构,尤其是至关重要的水上交通运输与物流、仓储情况。

第二与第三卷,依次介绍东京城中的主要街道,以及分布在各个街区的政府机构、宫观庙宇、名人府宅、商业区与各类店铺、酒楼以及勾栏瓦肆等娱乐场所等,重点介绍著名酒楼与餐饮服务情况、相国寺中的万姓交易,也介绍了与城市经济生活密切相关的交通运输工具、货币制度、城市防火与提供各类杂役的服务行业等。

第四卷,先介绍东京的各类禁军与厢军,再介绍皇家婚礼与日常出行所用车辆与仪仗,以及民间婚丧嫁娶所需车辆、仪仗及人员的租赁情况等,最后介绍酒楼、食店、肉行、饼店和鱼行。

第五卷包括四条,"民俗"介绍东京城中民众的生活、生产与风尚习俗,包括餐饮行业的卫生质量标准、各行各业的着装要求、市井间见义勇为的风气、酒店主客之间的良好关系等;"京瓦伎艺"集中介绍勾栏瓦肆的艺术表演情况,包括表演形式、杰出艺人以及管理等;"娶妇"详细记录北宋末年东京城中缔结婚姻的完整流程、礼节与习俗,"生子"介绍与生育有关的一整套习惯程序,这些婚育礼俗相沿不衰,对后世产生深远影响。

　　第六至第十卷，以正月到十二月的时间为序，介绍东京城中的岁时节令、朝廷庆典与民间习俗，涉及的节日有立春、元宵、寒食与清明、四月八日佛生日、端午、六月六日崔府君生日、二十四日神保观神生日、七夕、中元节、立秋、中秋、重阳、十月一日寒衣节、天宁节、立冬、冬至、交年节、除夕等，节日类型多种多样，节令习俗丰富多彩，在时序流转中完整展现了东京市民极高水平的物质与精神生活状况。在这个时间轴上，重点介绍元旦大朝会、上元节观灯、皇帝驾幸金明池观争标与百戏、十月十日天宁节宫廷大宴、冬至日南郊大礼以及除夕夜禁中呈大傩仪等由朝廷主导的重要礼仪庆典活动，展现了东京城作为首都的特色及其政治功能的实现方式。

　　从著述体例来看，《东京梦华录》采用唐宋时期流行的笔记形式记录作者见闻，并无明显独创之处。《东京梦华录》前三卷主要记录京城宫阙、河道桥梁、街巷坊曲，当属"地理志"一类的著述，远者有最早专记城市都邑的《三辅黄图》，近者有北宋史地学家宋敏求所撰《长安志》《京城记》等，世有"详博"之誉，《东京梦华录》在这方面显然相形见绌；《东京梦华录》后七卷或记岁时物货、民风俗尚，具有"风俗志"的性质，此类著述知名者，首推南朝梁代宗懔的《荆楚岁时记》与盛弘之的《荆州记》，《东京梦华录》与之相比也并不突出；至于记朝廷重大典礼活动，则有聂崇义《三礼图集注》与《宋史·礼志》《政和五礼新仪》等专书专著，刊刻此书的赵师侠甚至以为《东京梦华录》所记内容有"得之传闻者，不无谬误"。

　　作为这样一部体例并无独创、作者并不知名的笔记文献，《东京梦华录》却在南宋偏安江南一隅、继而亡于蒙古铁骑的特殊时代背景之下，不仅引发时人的情感共鸣，成为"观者追念故都之乐"的依凭，而且南宋中后期出现的《西湖老人繁胜录》《都城纪胜》以及宋亡之后追忆都城临安的《武林旧事》《梦粱录》等一系列著述，均与《东京梦华录》体例相承、手法相近、内容相仿，显然曾经受到它的影响，学界常将这些著作并称，名之为"梦华体"，甚至直到晚明张岱的《陶庵梦忆》《西湖梦寻》，仍可视为《东京梦华录》之余绪。因此，从这个角度而言，《东京梦华录》又确实有其特殊魅力，不失为一部开宗立派的著述。

但是，仔细品味《东京梦华录》一书，它显然不同于此前的地理志、风俗志，虽与此后出现的所谓"梦华体"系列著作存在相似之处，却也更有很多明显不同。作者以笔记形式记录旧都东京的地理概貌、民俗风情、时令节气、皇家礼仪、市井百态，记事记物并不追求完备全面，似乎有意局限于作者的亲历亲见，甚至经过刻意筛选；全书几乎完全采用第三人称口吻，貌似一个旁观的路人，《自序》中却毫不掩饰地赞美承平与繁华、使用带有强烈情感色彩的词汇，表达自己华胥梦觉之后的"怅然"与"怅恨"；正文行文中既不征引文献，也不进行评论，甚至故意使用鄙俚之语而不加文饰，一篇《自序》却写得节奏铿锵流转、情感起伏跌宕，不失为情辞俱佳的一流美文……这部被赵希弁称为"梦想东都之录"的著作，究竟是一部什么性质的书？这部书的创作动机，果真只是让后生之人"开卷得睹当时之盛"吗？幽兰居士孟元老，又到底是一个怎样的人呢？

四

或许是《东京梦华录》的作者刻意并成功地隐藏了身份，或许其人确实名位不彰，最早将此书"锓木以广"的赵师侠，其实也并不知晓"幽兰居士"的更多信息，更遑论亲见其人。赵师侠在书后写了一段二百余字的跋语：

> 祖宗仁厚之德，涵养生灵几二百年，至宣、政间，太平极矣。礼乐刑政，史册具在，不有传记小说，则一时风俗之华、人物之盛，讵可得而传焉？宋敏求《京城记》载坊门公府、宫寺第宅为甚详，而不及巷陌店肆、节物时好。幽兰居士记录旧所经历，为《梦华录》。其间事关宫禁典礼，得之传闻者，不无谬误；若市井游观、岁时物货、民风俗尚，则见闻习熟，皆得其真。余顷侍先大父与诸耆旧，亲承声欬，校之此录，多有合处。今甲子一周，故老沦没，旧闻日远，后余生者，

尤不得而知,则西北寓客绝谈矣。因锓木以广之,使观者追念故都之乐,当共趁"风景不殊"之叹。淳熙丁未岁十月朔旦,浚仪赵师侠介之书于坦庵。

赵师侠的跋语主要包括三层意思:

一,指出《东京梦华录》最为独特的价值所在。赵师侠是宋太祖八世孙,这一身份使其对赵宋王朝怀有一份特殊的感情,因而跋语开篇即追念祖宗仁厚之德、颂扬百余年太平之世,希望这份荣耀能够尽可能全面地传之后世。具体而言,他认为朝廷礼乐刑政之大事,自有史册记载;城市地理方面的内容,则有宋敏求《京城记》的详细记录,唯一缺憾在于"不及巷陌店肆、节物时好","幽兰居士记录旧所经历"而成《东京梦华录》,刚好能在这一方面提供补充,这是赵师侠对本书最为认可之处。

二,对《东京梦华录》内容的可靠性做出评断。赵师侠将此书内容做了一分为二的评价:"市井游观、岁时物货、民风俗尚"部分,他认为作者"见闻习熟",故"皆得其真",而且还说,自己曾以从祖父及其他年高德劭者那里听闻的信息加以考校,大多吻合,故而断定这部分内容是真实可靠的。与之相对,他认为《东京梦华录》所记"宫禁典礼"部分,有"得之传闻者,不无谬误"。不过,赵师侠既未具体指出"谬误"所在,也未说明自己的判断依据。

三,说明自己刊刻此书的目的。这就必须联系赵师侠刊刻《东京梦华录》的时代背景。绍兴三十二年(1162),高宗禅位于养子赵昚,是为宋孝宗。孝宗即位后试图有所作为,重用此前被贬谪的主战派大臣,于隆兴元年(1163)北伐,战争初期虽然收复若干失地,终因将领内部不和、统帅无方、诸军配合不力等原因而宣告失败。隆兴二年(1164)金兵大举南下,迫近长江,宋廷最终决定与金重新议和,双方签订"隆兴和议"。和议之后,宋廷开始裁定内外大军的兵额,宋金两国重新进入和平对峙状态,都曾一度呈现出太平安乐的治世景象。但是在南宋内部,始终有人未能忘情于收复中原,陆游在淳熙四年(1177)写下《关山月》,感叹"和戎诏下十五年,将军不战空临边","遗民忍死望恢复,几处今宵垂泪痕",是这种情感的流露;赵师侠选择在淳熙十四年(1187)北宋灭亡六十周年之际刊刻《东京梦华录》,也是表达同样的情感。赵师侠说,如今甲子一周,曾经在旧都生活过的老人纷纷谢世,关于东京的逸闻掌故渐渐不再被人提起,晚于自己出生的人甚至无从知晓那些沉沦的往事,如此一来,恐怕那些本以临安为"行在所"的"西北寓客",也会绝口不谈收复河山、还于旧都之事。赵师侠大约出生在绍兴十六年(1146)之后,他的祖父是太祖五世孙赵子晖,靖康之难后曾经避地婺源,后往临安、江西临江等地。赵师侠虽然出生在南方,但是曾从祖父及其同一辈老人那里听闻旧都掌故,神往于那座自己无缘亲临的城市,坚称自己为"浚仪赵师侠","浚仪"是开封旧称,北宋开封城中有浚仪街,有横跨汴河的浚仪桥,浚仪桥西就是开封府,《东京梦华录》四次提及此地。出于这种深沉的家国情怀,赵师侠刊刻《东京梦华录》,希望观看此书者能够"追念故都之乐",一起发出"风景不殊"的慨叹。所谓"风景不殊",是与西晋末年永嘉之乱、晋室东渡相关的著名典故:"过江诸人,每至美日,辄相邀新亭,藉卉饮宴。周侯中坐而叹曰:'风景不殊,正自有山河之异!'皆相视流泪。唯王丞相愀然变色曰:'当共戮力王室,克复神州,何至作楚囚相对!'"(《世说新语·言语》)在五胡乱华、晋室南迁的黯淡时代,在建康城中站稳了脚跟的高门士族重拾旧时风雅,良辰美日聚在长江边上宴饮。周伯仁遥望北方故土,感叹一声"风景并无不同,江山大不一样",被勾起了家国情绪的士大夫们纷纷流下眼泪。丞相王导正协助晋元帝司马睿重整山河,严肃批评座中弥漫的消沉情绪:"诸位应当齐心协力辅佐朝廷,恢复中原,何至于如楚囚相对,只知道哭!"作为帝室之胄,赵师侠同样希望《东京梦华录》能够唤起"西北寓客""风景不殊,正自有山河之异"的感叹,能够激励他们"戮力王室,克复神州"。这是他看重《东京梦华录》的根本原因,也是在权要阶层"朱门沉沉按歌舞"、绝口不提恢复大业之时将《东京梦华录》"锓木以广"的用意所在。

然而终南宋之世,虽然朝野上下不乏力主恢复中原的志士,却再也未能积聚起克复神州的实力。元初学者刘一清在《钱塘遗事》中论南宋形势,说"高宗之朝,有恢复之臣而无恢复之君;孝宗之朝,有恢复之君而无恢复之臣"。及至宁宗开禧元年(1205)韩侂胄主持"至险至危"的开禧北伐,兵败身死,则更是"既无恢复之君,亦无恢复之臣"了,宁宗所说"恢复岂非美事,但不量力尔"(《宋史·奸臣列传四》),确实也是实话。嘉定元年(1208)宋金再签"嘉定和议",此后宋廷更是苟安成性,达官贵人日益沉溺于"一勺西湖水,渡江来,百年歌舞,百年酣醉"(文及翁《贺新郎·西湖》)之中,朝野上下文恬武嬉,爱国志士只能归隐,这或许是赵师侠曾经亲眼目睹的悲剧,又岂是一部《东京梦华录》所能改变。

赵师侠之后,藏书家、刻书家、研究者基于各自的时代、身份、兴趣与学识,在《东京梦华录》中读出了不同的重点:

有人看重《东京梦华录》详记东京"巷陌店肆、节物时好"的价值,比如称其为"梦想东都之录"的南宋藏书家赵希弁、《文献通考》的作者马端临。

有人看重《东京梦华录》关于京城宫阙、桥道坊曲的记载,比如《直斋书录解题》的作者陈振孙,怀有"弧矢四方之志",但是由于南北分裂、欲往东京汴梁而不可得,遂以《东京梦华录》为"卧游"之资。至于后世,据明代藏书家毛晋于《东京梦华录》的跋文,一些文人受到南朝名士画家宗炳"卧游"之论的影响,"深居一室、驰神八遐","辄祖其语,作《梦游》《卧游》以写志",明代坊间书商将这类图书与《东京梦华录》合刻售卖,认为属于同一性质。

有人在《东京梦华录》中看到了黍离之悲、繁华如梦。最典型者如南宋遗民吴自牧,仿照《东京梦华录》体例而作、记述南宋都城临安盛况的《梦粱录》,《自序》中说:"昔人卧一炊顷,而平生事业扬历皆遍,及觉则依然故吾,始知其为梦也,因谓之'黄粱梦'。矧时异事殊,城池苑囿之富,风俗人物之盛,焉保其常如畴昔哉?缅怀往事,殆犹梦也,名曰《梦梁录》。"此与孟元老《自序》"古人有梦游华胥之国,其乐无涯者。仆今追念,回首怅然,岂非华胥之梦觉哉?目之曰《梦华录》"一脉相承。明代中期开封人李濂致力于寻访辑录北宋东京汴梁遗迹,写成《汴京遗迹志》,在为《东京梦华录》所作跋语中感慨"自靖康丙午,迄今五百余年,兵燹之所燔爇,黄河之所冲淤,都城胜迹,湮没殆尽,览是录者,能无黍离之悲乎",他在《东京梦华录》中看到了家乡开封这座城市五百年间的兴衰变迁。又如明代万历年间,浙江嘉兴人沈士龙途经开封,发现"士庶家门屏及坊肆闾扇,一如武林,心窃怪之",后来读到《东京梦华录》所载民俗,方才领悟杭州习俗"皆南渡风尚所渐",不禁发出"繁华过眼,若阿闪一现,元老梦华,何知后人更作华游"的感叹,所以将《东京梦华录》收入《秘册汇函》丛书,借以"梦元老之梦"。明末藏书家毛晋将《东京梦华录》收入《津逮秘书》并写跋文,对此书的评价最为经典:

> 宗少文好山水,爱远游,既因老疾,发"卧游"之论。后来凡深居一室、驰神八遐者辄祖其语,作《梦游》《卧游》以写志,坊间乃与《梦华》合刻。不知《卧游》诸录特作汗漫游耳,若幽兰居士华胥一梦,直以当《麦秀》《黍离》之歌,正未可同玩。况昔人所云"木衣绨绣,土被朱紫",一时艳丽惊人风景,悉从瓦砾中描画幻相,即令虎头提笔,亦在阿堵间矣。庶几与《洛阳伽蓝记》并传,元老无遗憾云。

毛晋以为,箕子途经殷商故墟,感宫室毁坏、遍生禾黍而作《麦秀》之歌,周大夫途经西周镐京,见宗庙宫室尽为禾黍,悲悯周室颠覆而作《黍离》之诗,幽兰居士的《东京梦华录》,与之同为感慨家国兴亡的悲歌。前人曾以"木衣绨绣,土被朱紫"形容秦都咸阳离宫别馆穷极奢华之状,《东京梦华录》亦从瓦砾堆中描画出北宋东都盛时艳丽惊人的幻相,艺术手法精妙如大画家顾恺之的点睛之笔,毛晋预言此书将与杨衒之以佛寺兴衰折射北魏历史变迁的《洛阳伽蓝记》一并流传后世。生于明清易代之际的钱曾阅读《东京梦华录》,感慨尤深,《读书敏求记》中有其题识:

> 《梦华录》十卷,幽兰居士孟元老追叙东京旧游,编次成集,缅想

曩昔,如同华胥梦觉,因名《梦华录》。书成于绍兴丁卯,去靖康丙午之明年,又二十一年矣。南渡君臣,其独有故都旧君之思如元老者乎?刘屏山《汴京绝句》"忆得少年多乐事,夜深灯火上樊楼",盖同一窜叹也。予衰迟晚晚,情怀牢落,回首凄然,感慨尤甚于元老。今阅此书,等月光之水,但无人为除去瓦砾耳。

当然,正如赵师侠提出"其间事关宫禁典礼,得之传闻者,不无谬误",后世也有对《东京梦华录》的质疑与不满:

其一指其记载不全,多所遗漏。较早提出这一观点者,正是关注汴京遗迹的李濂。他认为《东京梦华录》大致"拟宋敏求《东京记》而作",却远不及宋敏求学问闳博。特别是,孟元老寓京师二十四年,"是时艮岳已成,梁台、上方寺塔俱在,而录内无一言及之","所遗漏者抑多矣"(《跋东京梦华录后》)。胡震亨将《东京梦华录》收入《秘册汇函》丛书并写跋语,在肯定作者"善记风土"之后,也指出"大内所载殿阁楼观仅仅十一,无论诸宫,只如政和新宫,自延福、穆清已下尚有四十余殿,而艮岳于时最称雄丽";"且记中尝及童、蔡园第,后家戚里,当时借权灼焰、诱乱导亡之事,绝不因事而见,此盖不得杨衔之《洛阳伽蓝》法耳",认为孟元老之书不仅有遗漏之失,更有肤浅之病。

其二指其故意隐讳,逃避责任。这一说法是由清代中晚期人提出来的,与之相关的所有记载,均出自张元济《涵芬楼烬馀书录》收入毛晋旧藏影元钞本《幽兰居士东京梦华录》时所援引的一段旧说:

> 余友邓孝先藏道光壬辰常茂徕秋崖钞本。常氏跋云:"艮岳为一时巨观,且以萃天下之名胜,独缺而不书,谢朴园序指为'为宣和讳'。以余观之,讳诚是矣,而'为宣和讳'则非。何则?花石之进,为太守朱勔;艮岳之筑,专其事者为户部侍郎孟揆。揆非异人,即元老也,元老其字,而揆其名者也。推元老之意,亦知其负罪与朱勔等,必为天下后世所共指责,故隐真名而著其字。"孝先谓"揆字元老,无他书为之左证,而前人读书细心处不可掩"云云,爰录其说,以广

旧闻。

张元济曾见好友邓孝先所藏清代道光十二年（1832）常茂徕《东京梦华录》钞本上有常氏跋语，重点探讨孟元老为何单单不记开封城中最著名的艮岳。常茂徕（1788—1873）是开封人氏，科场屡试不第，喜收拾乡邦文献，曾经注释明末遗老记录明代汴梁景况的《如梦录》。由于过分专注于汴梁史地文献，常茂徕与明代开封人李濂一样，特别在意《东京梦华录》于艮岳"独缺而不书"的问题，李濂以为是元老"遗漏"，常茂徕却欲追究更深层次的原因。他见过乾隆时谢朴园为《东京梦华录》所写序文，文中提出孟元老是"为宣和讳"，即有意避而不谈徽宗为修艮岳而导致国力困竭、以致金兵乘虚灭亡北宋之事。常茂徕认为"讳诚是矣"，不过孟元老并非"为宣和讳"，而是有意避讳自己的罪行，因为他的真实身份就是主持修筑艮岳的孟揆。常茂徕标新立异之语一出，不仅坐实了《东京梦华录》内容方面有所"遗漏"的动机，而且引发了关于《东京梦华录》作者身份的探讨。

五

"幽兰居士孟元老"是《东京梦华录》作者在《自序》中所署之名，"幽兰居士"为其雅号，这是可以肯定的；"孟元老"其人却不见于宋代正史与其他任何史籍。最早将《东京梦华录》刊刻成书的赵师侠，跋语中只说"幽兰居士记录旧所经历，为《梦华录》"，"余顷侍先大父与诸耆旧，亲承声欬，校之此录，多有合处"，他并未亲见这位"幽兰居士"；陈振孙《直斋书录解题》大约成书于1238年以后，书中说"元老不知何人"；宋元之际的马端临、明代中叶的李濂，全都祖述陈氏"不知何人"之说；乾隆时期官修《四库全书》，四库馆臣虽然学识渊博，也说"元老始末未详"。道光十二年（1832）常茂徕抛出"孟元老即孟揆"之说，正如收藏其钞本的邓孝先所言，"无他书为之左证"；张元济援引其语，也只是赞赏"前人读书细心"而已；邓之诚《东京梦华录注·序》则直指其为"奇想天开"，缘于"不甚读书",学识有限。不过,由于《东京梦华录》专记北宋末年东京各种事物风貌,成为现当代研究北宋都城建筑、都市文化、音乐戏剧、民俗民风、衣食住行等诸多领域所不可忽视的文献资料,围绕《东京梦华录》的研究成为一个小热点,学界关于孟元老身份的讨论仍不时出现:

(1)孔宪易在《孟元老其人》(1980年)一文中,否定常茂徕"孟揆字元老"之说,提出:孟元老是孟钺的化名;孟钺是保和殿大学士孟昌龄的有服族人,因孟昌龄治河有功而推恩获得开封府仪曹的清闲之职,故而有条件在开封城中"烂赏叠游"二十多年;南宋初年清算孟氏家族罪恶,孟钺于落寞晚景中完成《东京梦华录》,署以"元老"之名。李致忠《〈东京梦华录〉作者续考》(2006年)亦主此说,并且进一步论证孟钺实为孟昌龄之孙、"元老"可能是孟钺晚年的官称、孟氏家族为江西分宁(今江西修水)人。

(2)顾传渥在《何人孟元老》(1981年)一文中,同意常茂徕"孟揆字元老"之说,并且进一步论证说,孟元老与《东京梦华录》中三次提及的教坊使孟景初以及官至龙图阁直学士的孟揆其实是同一个人,孟揆字景初,一字元老,名、字均取自《离骚》"摄提贞于孟陬兮,惟庚寅吾以降。皇览揆余初度兮,肇锡余以嘉名","初"与"元"同意,且与"孟"姓有关;他在不同时期担任不同官职,使用了不同的名字。

(3)伊永文在《孟元老考》(2011年)一文中,按照预设的"五个基本的必备条件",推论:孟元老是宋代宗室、太祖次子燕懿王德昭五世长孙赵子淔的托名,赵子淔在《东京梦华录》署名时,因排行居长而以"孟"代姓,因系"朝廷忠干之臣"而以"元老"自居;南宋另一部旧署"百岁寓翁"的笔记《枫窗小牍》也出自赵子淔之手,此书与《东京梦华录》内容颇多相似,同题互见,详略互补,是作者有意使用同一题材而写成的雅、俗两个版本;赵子淔承袭宋代文人推崇兰花的趣味,故以"幽兰居士"自誉。

2015年何兆泉发表《〈东京梦华录〉作者问题考辨》,通过对比孟元老《自序》与史料所载赵子淔的生卒年代,否定了孟元老为赵子淔托名之说；通过分析孟昌龄家族在南宋初年的境遇以及孟昌龄在开封的住宅等信息，否定了孟元老为孟昌龄族人孟揆或孟钺之说；也以身份差异悬殊，否定了孟元老即为孟景初之说。此外，作者认为怀疑孟元老系伪托之名的理由同样难以成立。

凡此种种，虽然众说纷纭，诸家研究思路却大体相同：借助孟元老《自序》中的信息，界定其人的大体生活年代；提取、分析《东京梦华录》中"遗漏"或"详记"的信息，推测作者的身份特点与写作动机；以此为线索和基础，搜集、整合史料中关于两宋之际宗室名臣、禁从显官的记载，或对号入座、证明孟元老是某一个人，或者推翻之前的某个结论。截至目前来看，试图用这种方法破解孟元老身份之谜，由于缺乏直接确凿的证据，并不能得出可靠的结论，反而容易陷入按图索骥、张冠李戴的误区，甚至有可能影响对《东京梦华录》文本的解读。

六

但是，前人在探讨孟元老身份过程中关注到《东京梦华录》中的特异信息，确实很有意义。受此思路启发，我在注释《东京梦华录》的过程中对文本进行细读，将相关信息分类整理如下：

第一类：似乎无意或有意遗漏的信息。大体包括以下几类：（1）徽宗朝的大型土木工程。自明代中叶李濂编《汴京遗迹志》，在《东京梦华录》跋语中提出"艮岳已成，梁台、上方寺塔俱在，而录内无一言及之"，不记艮岳几乎成为研究者公认的《东京梦华录》最重大遗漏；胡震亨《秘册汇函》本《东京梦华录》跋语又说"大内所载殿阁楼观仅仅十一，无论诸宫，只如政和新宫，自延福、穆清已下尚有四十余殿，而艮岳于时最称雄丽，何可略也"，《东京梦华录》无一语提及徽宗修建"延福六位"、开景龙江和诸复道等一系列举世瞩目的害民工役，也受到关注。（2）朝廷重大典礼活动，只记南郊大礼，不记北郊夏祭；《序言》明明说到"看变化则举子唱名，武人换授"，正文中却无一语提及宋代三年一度的选材盛典。

（3）胡震亨又特别提到"记中尝及童、蔡园第，后家戚里，当时借权灼焰、诱乱导亡之事，绝不因事而见，此盖不得杨衒之《洛阳伽蓝》法耳"，认为《东京梦华录》停留在追忆繁华的表层，未能在叙述中寓含治乱兴衰的训鉴。（4）不记金人攻城的惨痛和危城中可歌可泣的事迹。（5）"二帝北狩"避而不谈。

第二类：提及已被宋廷惩处、声名狼藉的"六贼"等人，不直呼其名而"尊"其官称。《东京梦华录》主要记录都市生活与朝廷典礼，不涉史事，不记人物，只在介绍东京的桥梁、街巷与园林苑囿之时，提及若干私人宅第与园林。从身份来看，主要包括以下几类：一，北宋末年高官权臣，《东京梦华录》提到他们之时都用官称，包括蔡太师（京）、童太师（贯）、王太宰（黼）、郑太宰（居中）、高殿前（俅）、邓枢密（洵武）以及刘廉访（其人待考）；二，徽宗后妃，包括明节皇后（徽宗宠妃小刘氏，薨逝后追封皇后）、郑皇后（徽宗第二任皇后，与徽宗北迁，死于五国城）、彭婆婆（徽宗做端王时的妾，以小故逐出另嫁，后又召入禁中）；三，驸马都尉，包括张驸马（应为张敦礼，尚英宗女祁国长公主）与李驸马（可能为李遵勖，尚太宗女万寿长公主）；四，教坊使孟景初及"曲子张"（北宋末年唱曲名家张衮臣，供奉禁中，授观察使，号曲子张观察）；五，北宋名门望族"桐树子韩家"（韩绛、韩维兄弟先后于神宗、哲宗时官至宰相）和王太尉（可能为真宗朝名相王旦，其家族在北宋亦属世家）；六，"一丈佛"（应指仁宗、神宗时的宦官王中正，神宗元丰年间五路大军伐夏，为一军统帅）；七，赵十万（应为巨富之家，开封有"赵十万街"，孔宪易认为此人可能是犹太商人，"赵"为赐姓）。《东京梦华录》提到人物之处，尚有卷六"十六日"介绍上元节宴会，宣德楼右朵楼"相对蔡太师以次执政、戚里幕次"；卷七"驾幸临水殿观争标锡宴"介绍金明池水戏所用大小龙船，说"皆进花石朱缅（勔）所进"；"驾登宝津楼诸军呈百戏"妙法童女队出场，"中贵人许畋押队"；卷九"入内上寿"介绍教坊杂剧色时提到教坊使孟景初等；卷十"车驾宿大庆殿"介绍喝探制度，借卫兵之口提到"殿前都指挥使高俅"；"除夕"

介绍禁中大傩仪,"教坊使孟景初身品魁伟,贯全副金镀铜甲,装将军"。综上,蔡太师(或称蔡相)是全书出现频率最高的人,共有四次。研究者还注意到,南宋初年除了蔡京之子蔡絛《铁围山丛谈》不称蔡京名字,其他书中尊蔡京而不名者十分罕见;《东京梦华录》对祸国殃民、声名狼藉的一众奸臣尊称太师、太尉、太宰,研究者认为应该出于称谓上的习惯或感恩戴德的旧情,证明作者与这些人存在非同寻常的关系。

第三类:靡不赅载、细致入微的记录。《东京梦华录》记东京风物,从范围方面来看可谓包罗万象,"大而朝贺典礼,小而口味戏剧,无不详备"(李濂跋语);就手法角度而言可谓生动细致,"若彩山灯火、水殿争标、宝津男女诸戏、走马角射及天宁节女队归骑、年少争迎,虽事隔前载,犹令人想见其盛。至如都人探春、游娱池苑、京瓦奏技、茶酒坊肆、晓贩夜市、交易琐细,率皆依准方俗,无强藻润,自能详不近杂、质不坠俚,可谓善记风土者"(胡震亨识)。特别是关于朝章国制、重大典礼,《东京梦华录》记录了异常丰富的细节,极为引人注目,《四库全书总目提要》就说:"如《宋志》南郊仪注,郊前三日,但云斋于大庆殿、太庙及青城斋宫;而是书载车驾宿大庆殿仪、驾宿太庙奉神主出室仪、驾诣青城斋宫仪,委曲详尽。"通观全书,有以下几方面内容特别值得注意:

(1)宫廷中的膳食。比如卷一"大内"条,详记皇宫中早晚进膳的排场与程序,描写各类服务人员的服饰与举止,乃至所用食盒的形制与覆盖绣物的样式,都写得清清楚楚;卷九"宰执亲王宗室百官入内上寿"条,正面描写徽宗天宁节生日大宴的完整流程,介绍了宫廷燕乐引导的"九盏制",文武百官、皇室宗亲及外国使节的座次、看盘与酒水安排、司仪人员的服饰与举止、下酒菜的品类以及御筵所用酒食器皿等,都有详细记载。

(2)各种政府机构及其所参与的工作。比如卷一中的"内诸司"与"外诸司",尤其是"外诸司"条,貌似杂乱无章地罗列了诸多设置在皇宫以外的机构名称,总计包括七司、十四库、四坊、八院、十一务、四所、三场、一监、三局、一营以及众多仓库、粮仓与草场等,令专业研究者也望而生畏,普通读者更是看得眼花缭乱。这些机构是维持北宋末年皇宫日常生活、保障各项重大礼仪活动得以实现的基础,其中既有北宋从前朝沿袭下来的机构,也有北宋晚期专为皇帝奢侈享受而特设、由宠臣和宦官掌控的新增机构。这些部门役使着大量隶属军籍或民籍的工匠,卷四"军头司"记载"其余工匠",列举上述机构名称并说服务于这些部门的军籍人员"各有指挥,记省不尽"。这些机构承担着与京城中各项土木工程、宫廷日常消费、朝廷礼仪活动等有关的工作,在运转中消耗着北宋政府的巨额财富,同时也凭借权力从城市经济活动中获取大量税金或租金,是皇帝与特权人物行使权力、满足欲求的最直接工具。对此,《东京梦华录》随记事主题,在不同条目中有所提及,比如卷一"东京外城"介绍城上军事防守设置的修整,提到"有广固兵士二十指挥,每日修造泥饰。专有京城所提总其事";卷七在介绍皇帝驾临金明池仪式之时,提及"池苑所进奉鱼、藕、果实""后苑作进小龙船",想在金明池垂钓的人,"必于池苑所买牌子,方许捕鱼",金明池边的彩棚幕次乃至水戏所用大小船只均向士庶明码标价出租;卷八介绍庆祝神保观神生日的活动,"御前献送后苑作与书艺局等处制造戏玩","太官局供食","殿前两幡竿,高数十丈。左则京城所,右则修内司,搭材分占"。至于内酒坊与翰林司等供给饮食、仪鸾司(帐设局)搭设帐幕、金吾街仗司等执举仪仗、车辂院与鞍辔库等管理车马等,都属于常规职属范围,无须专门介绍。

(3)皇帝出行的卤簿仪卫。《东京梦华录》所记皇帝出行的卤簿与仪仗,主要有:卷六"十四日,车驾幸五岳观"记正月十四日皇帝驾幸五岳观烧香、赐群臣宴之后返回大内宣德楼的场景,所用卤簿等级应为"小驾",作者极为详细地描写各类护驾禁军的装束,包括簪花、帽子与幞头的形制,衫或袄的质料、颜色与图案以及腰带形制等,同时也介绍了仪仗人员的布列情况并列出所执御用物品的清单,最后还有一段皇帝乘御辇观灯山、充满喜感的描写。卷十记录宋代最隆重的南郊大礼,在不同条目中持续描写不同礼仪程序中皇帝的卤簿仪卫:"驾行仪卫"记录皇帝赴太庙行礼所用仪卫,这是宋代皇帝最高级别的"大驾"卤簿,孟元老以大约四百字的篇幅,不仅展现整个队伍连绵不绝的盛景,而且重点描写引领队伍的驯象、数量众多的旗帜以及组成仪仗队伍的各类禁军,尤其强调军官甚至卫兵的衣服皆以工艺繁复的织锦为料、腰带用铜、衣上花纹用绣工、衣帽上的饰物多用金银甚至真珠,骑兵穿着以锦帛制成的"五色介胄"。《宋史·仪卫志》客观呈现了"政和大驾卤簿"的构成,孟元老却用大量细节展示其极尽奢华之状;接下来的"驾宿太庙奉神主出室",集中介绍大驾卤簿中最尊贵的玉辂形制、皇帝的通天冠服以及挟辂卫士的服饰;"驾诣郊坛行礼",描写皇帝冠服中最庄严的冕服形制;"郊毕驾回"分别记录皇帝在近侍执烛列成的围子护卫下从圜丘坛返回大次、更换常服后乘大安辇返回青城以及从青城换用法驾仪仗返回皇宫的流程。这是对徽宗南郊大礼的全程记录,是用文字雕绘而成的一幅北宋徽宗朝《大驾卤簿图卷》。此外,卷七"三月一日开金明池、琼林苑"也有一段车驾临幸时诸禁卫班的描写,卫兵全都"簪花,披锦绣撚金线衫袍,金带、勒帛之类,结束竞逞鲜新",仪仗皆为"内府金枪、宝装弓剑、龙凤绣旗、红缨锦辔,万骑争驰,铎声震地";"驾回仪卫"写皇帝返回皇宫时不乘车辇,而是在森严羽卫护从之下"簪花乘马"行走在开封城的大街上,所乘御马都有"龙骧将军"的封号。《东京梦华录》还用专条记录了皇太子纳妃与公主出降所用仪卫、皇后与皇太后的乘舆等。

　　(4)东京禁军编制及活动情况。北宋立国之时,历史上作为游牧与农耕民族界限的长城一线山脉雄关已经落入契丹人之手,国都开封以北除了黄河,再无可以依恃的天然军事屏障,北宋除了努力将开封城修筑成为一座军事堡垒,就只有用巨额经费养重兵拱卫京师,打造人工防线。在北宋的大部分时间里,禁军军营都是东京城中最常见的场景。《东京梦华录》卷四"军头司"以专条介绍驻扎东京的各类禁军和厢军,包括军队番号、编制、驻地、职能以及阅训、轮戍制度等;军队的各种活动情况,则或零散或集中地出现在其他章节,这应视为孟元老有意安排的结果,具体包括:卷一"东京外城"介绍有"广固兵士二十指挥"(一万人)负责城防的日常修造泥饰,"专有京城所提总其事";"外诸司"条介绍专职负责诸仓纲运粮草卸纳工作的"下卸指挥兵士"以及军队发放粮饷时"仓前成市"的景象;卷三"防火"中提及遍布开封城的军铺与负责"夜间巡警,收领公事"的铺兵,望火楼下的官屋中则有专职救火的军兵;开封城北部是禁军的主要驻地,卷三"马行街铺席"中说"新封丘门大街,两边民户铺席,外余诸班直军营,相对至门,约十里余"。东京禁军中有相当比例的人员充当皇帝及皇室成员出行的仪卫队,也有相当比例的军人充当大型土木修造工事的力役,甚至被军政权要(如高俅等人)占用于私家修造工作。此外,很多军人也要在接连不断的仪式庆典活动中承担表演任务,比如卷七"驾幸临水殿观争标锡宴"有诸军水上百戏表演,"驾登宝津楼诸军呈百戏"则有诸军的"旱教"表演;卷十"下赦"中有"御龙直装神,鬼斫真刀倬刀"以及"诸班直呈拽马队"的表演;"除夕"中则有诸班直禁军千余人戴假面、着绣衣、执金枪龙旗参与驱逐祟鬼的大傩仪等。

(5)歌舞百戏表演活动。卷五"京瓦伎艺"一条,专门介绍北宋末年东京勾栏瓦肆的艺术表演情况,包括艺术表演形式、各领域的杰出艺人以及负责管理相关事务的乐官,列举了小唱名角四人、嘌唱弟子五人、教坊减罢温习二人、教坊弟子六人,此外还有各类杂剧表演名家五十余人。作者十分清楚各类人员的背景与身份,知道他们的真名或艺名以及各自擅长的技艺。各类艺人的具体表演活动,则见于元宵节前的大内御廊、三月金明池宝津楼前的水上舞台及五殿回廊、庆祝崔府君和二郎神生日时的神殿露台、十月十日天宁节集英殿宫廷盛宴等重要场合,当然还有京城中几处大型瓦舍,乃至分散在街头巷尾的日常表演。

(6)朝廷盛大典礼活动。《东京梦华录》后五卷集中描写元旦朝会、上元节皇帝御宣德楼观灯"与民同乐"、三月驾幸金明池观争标与诸军百戏、天宁节集英殿大宴、南郊大礼以及除夕之夜禁中大傩仪等重大礼仪活动。其中"元旦朝会"一条全文490余字,详记举行大朝会时的殿庭仪仗与朝会流程,尤其重点描写诸国使人的服饰与礼仪、宋廷安置各国使臣的馆驿与接待情况,以及大辽使人诣大相国寺烧香及南御苑射弓的礼仪。这种描写前所未有,如果作者不是谙熟朝廷礼仪且有机会做近距离观察,很难想象可以达到如此精细的程度,因而被南宋初年赵甡之《中兴遗史》、徐梦莘《三朝北盟会编》全文抄录。上元节观灯,由"元宵"等四个条目组成,总计约2000余字;金明池观水戏与百戏,更占用了第七卷除"清明节"以外的全部篇幅,包括八个条目,总计约3800字;庆祝徽宗生日天宁节的典礼虽然只有两条,但是"入内上寿"单条就多达1800余字,是全书最长的一条,可谓重中之重,宫廷燕乐是描写重点;南郊大礼包括九个条目,将近2700字的篇幅,核心条目"驾诣郊坛行礼"的记录重点则是大晟府新制宫廷雅乐。

那么问题是:孟元老不记艮岳等园囿宫殿,一定是出于掩饰自己或家族的罪行吗?用官衔称呼徽宗朝的权要,一定是出于尊敬吗?详记朝廷典礼,尤其是对饮食、仪卫与乐舞活动靡不赅载、细致入微,只是因为作者对这些领域特别熟悉或怀有特殊兴趣吗?作者在东京城中生活了二十四年,他所记录的民风民俗是长期传承,但是那些重要典礼活动,具体发生在什么时候?

除了《自序》,《东京梦华录》偶尔使用"大观""政、宣"指称一个时间段,没有明确提及任何时间,但是有些事件的年代是可以通过查证史料加以确认的,比如卷一所记"濠之内外,皆植杨柳,粉墙朱户,禁人往来"的东京外城,这是政和六年(1116)以后的景观,因为本年度朝廷启动了北宋立国以来东京外城的第三次大规模维修;比如"皇太子纳妃",这不是通用性的礼仪介绍,而是北宋百余年间仅此一例的世纪婚礼,即徽宗所立皇太子赵桓纳朱氏为妃,发生在政和六年;比如"元旦朝会",徽宗朝一共举行过三次元旦朝会,分别是大观二年(1108)、政和八年(1118)、宣和六年(1124),本条最后说"人使朝辞。朝退,内前灯山已上彩",而"元宵"描写灯山上金书大牌写着"宣和与民同乐",综合来看,孟元老所记应为宣和六年(1124)元旦朝会,也是北宋所举行的最后一次大朝会;比如"驾幸琼林苑"中说苑里遍植"闽、广、二浙所进南花",这应是政和六、七年以后才有的景观,因为从这时候开始,福建、二广效仿东南地区,加入进奉花石的行列,南花才被移植到了东京城中;南郊大礼后皇帝行恭谢之礼的景灵西宫,建成于建中靖国元年(1101)。除此之外,孟元老留下许多提示时间的线索,主要包括官职、服饰与建筑等,比如:

卷九"天宁节":"初八日,枢密院率修武郎以上;初十日,尚书省宰执率宣教郎以上,并诣相国寺。罢散祝圣斋筵,次赴尚书省都厅赐宴。"据《宋史》,修武郎,政和二年(1112)由内殿崇班改名;宣教郎旧称宣德郎,政和四年(1114)改;"入内上寿"说是在集英殿,政和五年(1115)集英殿改名右文殿。综合宴会所用大晟府新制"竹部"乐器"箎"、新创徵招调"中腔"及"踏歌"等新乐调来看,所记可能是政和四年(1114)庆祝徽宗三十三岁生日的天宁节大宴,孟元老用全书十分之一的篇幅浓墨重彩描绘者,正是大晟乐最初应用于宫廷燕乐的历史时刻。

卷十记南郊大礼。徽宗在位期间一共进行过八次南郊大礼,《东京梦华录》所记发生在哪一年? "驾诣郊坛行礼"说圜丘坛"坛高三层",是一个重要提示信息。自北宋立国至徽宗政和三年(1113),南郊圜丘坛均为四层坛面的祭坛;政和三年议筑新坛,用阳数建"圜坛三成",徽宗下诏"候过今次大礼施行",即从政和六年(1116)开始启用。在记录坛前所设宫架乐时,孟元老不提乐器名称,只留下相当奇怪的描述:"有琴而长者,如筝而大者,截竹如箫管、两头存节而横吹者,有土烧成如圆弹而开窍者,如笙而大者,如箫而增其管者。"这些乐器其实是大晟琴、瑟、箎、埙、笙竽、箫等,无一不是刘昺新增或改制的大晟乐器;介绍武舞引舞时,则说"比文舞加数人,击铜铙、响环,又击如铜灶突者;又两人共携一铜瓮,就地击者",这些同样也是大晟府新增"金部"乐器,是根据古器物制作出来的金镯、金镯、金铙、金铎,合称"四金"。据此可知,孟元老记录

"驾诣郊坛行礼",大晟雅乐在南郊大礼中的应用,是重点所在。接下来的"下赦"一条,提到"通事舍人得赦宣读",政和六年(1116)以后改通事舍人为宣赞舍人,这一官职实际上框定了南郊大礼的年代下限。

不过,《东京梦华录》中以最诡异方式留下年代暗示的,是上元节观灯。上元节观灯是北宋立国之初就确定下来的重要节日庆典活动,被视为展现太平盛世、与民同乐的重要方式,徽宗更将其发展为几乎绵延一月的狂欢,《东京梦华录》以"元宵""十四日车驾幸五岳观""十五日驾诣上清宫"以及"十六日"四个条目、总计2000余字的篇幅,对此做了全方位、多角度、连续性的报道。但是,正月十五日,"宣和与民同乐"的正日子,标题却是"驾诣上清宫",正文只有"十五日,诣上清宫,亦有对御。至晚回内"15个字。正月十五,皇帝理应早膳之后登上宣德楼,御座临轩,让百姓得以"瞻见天表",并在一整天里主持宴会、观看表演、放赦罪人,为什么反倒白天去了上清宫、夜晚回宫再不出现? 十五日,繁华汴梁城中最璀璨的夜晚,为什么在孟元老笔下显得无比冷清,呈现出一片空白与沉默? 理应安排在十五日的节目,为什么集体出现在"十六日"的条目之下? 查阅徽宗宣和年间的史料笔记,方才发现,孟元老有意用一片反常的空白与沉默,暗示此处隐藏着一个巨大的秘密;看清这个秘密,《东京梦华录》这部书将会以全新的面目呈现在读者眼前。

哲宗元符三年正月十二日(1100年2月23日)徽宗即位,宣和七年十二月二十三日(1126年1月18日)徽宗内禅。在其执政期间,确实曾有一个上元之夜,酷爱上元观灯的宋徽宗因为一件令他极不愉快的意外事件,一反常态,没有出现在宣德楼上,这一天是宣和六年正月十五(1124年2月2日)。白天,他独自登宣德楼看开封府决遣罪犯,楼下人群中突然跳出一个貌似寺院学徒僧的黑衣人,指着他大声怒斥:"就是你吗? 你有什么神力,胆敢破坏我们的佛教? 今天我告诉你,报应就快到了! 连我都不怕你,你岂能破坏诸佛与菩萨?"徽宗惊怒交加,命开封府就地严刑审讯,此人却一语不发,也不见丝毫痛苦之状;徽宗又召来善行天法的法师,法师也对其无可奈何,最后只能处死了事。蔡京之子蔡絛《铁围山丛谈》详记此事,说"上大不怡,为罢一日之欢",孟元老则说不开心的皇帝当天去了上清宫。上清宝箓宫建于政和五年(1115),里面住着大批道士,是徽宗进行斋醮活动的场所,徽宗被册封为"教主道君皇帝"、成为集政教权力于一身的君主,也在此地。上清宝箓宫有复道直通皇宫,艮岳就建在这座宫殿的东面。宣和六年正月十五发生在宣德楼下的意外事件,正是源于徽宗大规模崇奉道教、贬抑佛教的政策;孟元老不是简单记录东京承平年代的元宵盛况,而是用一种极其隐晦的特殊手法,写出了徽宗朝大兴道教的重要政治事件。

　　如果换用这一视角重新审视《东京梦华录》,会发现这部书表面上在写东京的城市街巷、河道桥梁、宫寺第宅、园林苑囿、朝廷盛典、节物时好、民俗民风,无不展现着北宋末年东京汴梁令人难以置信的繁华。但是,种种繁华表象之下,是孟元老二十余年目睹的桩桩件件时事;在《东京梦华录》以地理志、民俗志形式建立起的表层叙事之下,还有一个隐藏着的叙事体系,需要用徽宗朝的历史事件去做填充。表层与底层结合在一起,才能看到繁华之下,正是百年繁华一旦兵火皆成梦幻的原因所在。

七

　　《东京梦华录》是一部当代史,以东京汴梁城为描写对象,是铺展在东京城中的北宋最后二十余年的历史。孟元老在《自序》中说:"仆从先人宦游南北,崇宁癸未到京师,卜居于州西金梁桥西夹道之南。渐次长立,正当辇毂之下,太平日久,人物繁阜,垂髫之童,但习鼓舞;⋯⋯仆数十年烂赏叠游,莫知厌足。""崇宁"是宋徽宗继"建中靖国"之后所使用的第二个年号,"癸未"是崇宁二年,即公元1103年。作者说"仆从先人宦游南北",又说在天子脚下逐渐长大自立,则其初到京师可能是童少时期,他有可能出生在1095年前后。他随父亲居住在开封城西部的金梁桥西夹道以南,临近汴河,桥下有酒楼刘楼,向东不远处有接待西夏使者的都亭西驿、州西瓦子和蔡京赐第,向南不远是通往金明池的西向御街。他在东京城中生活了二十四年,靖康丙午年(1126)金兵首围开封,正月初七之夜猛攻汴河西水门,李纲率众抵抗,于汴河中流排置杈木并运蔡京家的山石堵塞门道,士兵应即往来行动于孟元老的住宅附近,他有可能亲见当时极度紧张的场面。

《自序》又说:“一旦兵火,靖康丙午之明年,出京南来,避地江左,情绪牢落,渐入桑榆。暗想当年,节物风流,人情和美,但成怅恨。”“靖康丙午之明年”为公元1127年,本年五月初一,康王赵构于南京(今河南商丘)即皇帝位,改元建炎,干支纪年是“丁未”,孟元老离京南下时,可能不到四十岁。《自序》落款是“绍兴丁卯岁”(1147),推测他有可能正是在绍兴丙寅年、靖康之变二十周年的时候开始动笔写作《东京梦华录》,是五十多岁的年纪。

从时间来看,《自序》写于除夕之夜,《东京梦华录》最后一条正是“除夕”;从空间来看,首条“东京外城”介绍的第一座城门是南薰门,最后一条“除夕”禁中大傩仪则是埋祟于南薰门外。《东京梦华录》的体例与结构,应该出自孟元老苦心孤诣的设计;书中所记内容,经过作者的精心组织与筛选。孟元老在《自序》中说:“瞻天表则元夕教池,拜郊孟享。频观公主下降,皇子纳妃。修造则创建明堂,冶铸则立成鼎鼐。观妓籍则府曹衙罢,内省宴回;看变化则举子唱名,武人换授。仆数十年烂赏叠游,莫知厌足。”如果将他有意重叠压缩的记忆拉伸为一条时间轴,在《自序》华丽的骈体文辞与《东京梦华录》鄙俚琐碎的记录中,大体可以看到以下场景、事件与人物:

崇宁二年(1103)他初到东京,看到御街西侧的景灵西宫和南郊的太学(辟雍)均在此前一两年间落成,提议者为蔡京,主持营建者应为将作监李诫。

崇宁三年(1104)三月,置文绣院;九月,童贯赐第京师;十一月,皇帝祀昊天上帝于圜丘,北宋自此改“南郊合祭天地”为“南北郊分祭天地”。

崇宁四年（1105）正月，以内侍童贯为熙河兰湟、秦凤路经略安抚制置使；用蔡京推荐的方士魏汉津之说铸成九鼎，建起专门安放九鼎的九成宫；八月，铸成为全国音乐定调的景钟，赐新乐名为"大晟"，在景灵东宫以南置府建官；此后，汴京南郊规模宏大的铸造场陆续铸成大批乐器与礼器，单是大晟编钟就有12套336枚之多。朱勔于本年开始领苏杭应奉局，搜刮民间奇花异石，编成"花石纲"运送京师，并进奉金明池水戏所用大小龙船。

大观二年（1108）正月初一，元旦大朝会；己未，蔡京进位太师。

大观四年（1110）十一月，皇帝祀昊天上帝于圜丘。

政和二年（1112）十二月，以武信军节度使童贯为太尉。

政和三年（1113），诏命迁走军营与百官房舍，腾出地建保和殿，工致其巧，人致其力，四月动工，九月落成，殿中分置经史典诰、三代古器、古今书画、琴阮笔砚，供皇帝万机之余怡情养性；十一月癸未，祀昊天上帝于圜丘，以道士百人执威仪前导，车驾行至南薰门外玉津园附近时，皇帝与执绥以备顾问的宠臣蔡攸看见天神降临，蔡京奏请载入史册。本次郊祭结束之后，开始动工改建沿用百余年的四层郊坛，青城斋官亦应在此期间改由土木建造，主持者应为此前负责北郊方坛修筑工程的杨戬。

政和四年（1114）十月十日，每年一度的天宁节，集英殿举行盛大宫宴，但是本年宴会出现新变化，徽宗诏令将历时十年制成的大晟乐用于宫廷燕乐，孟元老见证了这一历史时刻，详细记入《东京梦华录》中。大约从本年开始，朝廷准备修建明堂，皇城东南一带开始拆迁，秘书省迁至宣德门以东，左藏库迁至天汉桥东北；因为工程浩大，赴各地采买、转运材料的工作陆续启动，分批纲运到京，河道繁忙。五年（1115），明堂动工，七年（1117），明堂落成。首倡并主持其事的太师、鲁国公蔡京进封陈、鲁国公，童贯、梁师成、蔡攸等人皆因明堂落成推赏而获升迁。

政和五年（1115），东京内城北墙的景龙门以东，建起了上清宝箓宫。

政和六年（1116），东京外城大修工程启动，同时重新规划与修缮城内的军铺，御街安设杈子、砌排水沟，宣和年间又种植花木；六月二十一日，此前一年册立的皇太子赵桓纳朱氏为妃，盛大的卤部仪仗行进在东京城中，这是北宋立国至此一百五十多年间仅此一见的婚礼；八月丁亥皇帝"幸蔡京第"；十一月己亥，祀昊天上帝于圜丘，这是新建三层圜丘坛首次启用，典礼用乐开始使用大晟乐。

政和七年（1117）正月，南郊大礼中负责仪仗与安保的殿前都指挥使高俅升任太尉；四月，皇帝暗示道箓院上章册封自己为"教主道君皇帝"，蔡攸提举秘书省并左右街道箓院，全国掀起自真宗朝之后又一轮崇奉道教的新高潮，崔府君被加封为"护国显应昭惠王"，倾城男女响应诏令，争相负土献土，助修祭祀二郎神的神保观。此外，政和年间，在琼林苑东南隅创筑了几十丈高的华觜冈，政和六、七年间，闽、广、二浙一带进奉的南花开始移入琼林苑中。

政和八年（1118）正月初一，元旦大朝会；本年扩建了大内宣德门，建成了北太一宫，徽宗第四女茂德帝姬下嫁蔡京第五子蔡鞗。徽宗所生三十四女，至少九位在北宋最后十年之间陆续出嫁，另有哲宗两女及神宗幼女也在徽宗执政期间结婚，正如孟元老所说"频观公主下降"，皇家婚礼是当时东京城中的常规节目。

宣和元年（1119）九月癸亥，"幸道德院观金芝，遂幸蔡京第"；十一月，祀昊天上帝于圜丘。

宣和四年（1122）十一月，祀昊天上帝于圜丘。

宣和五年（1123）四月，葆真宫落成，成为上元之夜张灯供赏的宫殿之一；十一月丙寅，幸王黼第观芝，大醉不能语，凌晨时分才在十几位内官护持下开龙德宫复道小墙回到皇宫，亲兵卫队不知皇帝去向，整晚齐集教场待命。

宣和六年（1124）正月初一，元旦大朝会。此为北宋最后一次举行正旦大朝会，《东京梦华录》记录典礼场景；正月十五日，宣德楼下发生寺院学徒僧诟骂事件，"上大不怡，为罢一日之欢"，《东京梦华录》记载本年观灯盛况。

宣和七年十一月十九（1125 年 12 月 15 日），祀昊天上帝于圜丘。皇帝降坛之时，金军入寇的紧急军报已经传至汴梁，"左右秘之不以闻，恐妨恭谢"（《续资治通鉴长编拾补·徽宗宣和七年》）；皇帝返回青城斋宫接受百官祝贺之时，有鸥鸨立在殿宇上鸣叫，仿佛与赞拜之声相应和；十二月二十三日，徽宗禅位于太子赵桓。

靖康元年（1126）闰十一月，金兵再围开封。二十五日，宋廷用郭京的所谓六甲神兵出城迎战，金人击溃这群乌合之众，趁乱攻占陈州门，开封陷落。三十日，钦宗车驾出南薰门，赴金人驻扎的青城斋宫纳降，十二月一日举行仪式，北宋王朝终结。

靖康二年（1127）元旦，钦宗命济王栩、景王杞出贺二酋；正月初十，钦宗再赴青城，被扣留；正月十二日，金人索要上元灯，一日之内，东京所有官殿、寺观、正店的上元灯饰征求殆尽；正月十五上元节，完颜宗望在屯驻地刘家寺放上元，请帝观灯，教坊乐人奏乐，艺人呈百戏。三月底、四月初，金人迫使徽、钦二帝及后妃、皇室、百官、工匠北迁，12 世纪上半叶东亚最繁华的汴梁城被洗劫一空。

对于孟元老来说，《梦华录》的读者，不仅包括"妄生不然"的后生晚辈，更包括能为其"补缀周备"的"乡党宿德"。与孟元老一样，这些人曾经享受北宋京城辇毂之下的承平与繁华、品味酒酣梦醒之际莫名袭来的新愁与幽恨、亲历金兵两度围城之时的饥饿与恐惧、见证北宋王朝的悲惨与屈辱……南宋初年赵甡之著《中兴遗史》，引用《梦华录》"元旦朝会"作为"旧制"，展现昔日大宋天威，然后书写史事："是岁围城中遇正旦，而命亲王就房帐中致贺。都人伤感，继之以泣。"《东京梦华录》诞生初期的读者，很多人应该都会在表层叙事与历史真实之间建立这种联想，对于他们，书中那座城池的巍峨与破败、那些街市的繁华与萧条、那些宅第园林的兴盛与毁灭，以及宅第园林主人的炙手可热与万民唾弃，都是不可分割的记忆、无须解释的共识。这部书首先是为他们而写的，孟元老希望"避地江左"的这些人能够痛定思痛,记清那些事实与教训。至于所谓"谈及曩昔,后生往往妄生不然",后生究竟会对这些长辈提出怎样的质疑呢? 是问"你们吹嘘的当时之盛,怎么可能繁盛到那般程度",还是"既有当时之盛,何以沦落至此"? 恐怕应该是后者,那么《东京梦华录》既然让人"开卷得睹当时之盛",自然也会引人思索那个盛世何以变成了梦中的繁华。

　　《东京梦华录》以北宋首都东京为记述对象,前三卷以记城市地理为主,类似地理志,传统目录学家如赵希弁、陈振孙、马端临也均将此书系于"地理类";第四、五卷主要记东京城市中的衣食住行、民俗民风,第六至第十卷以时间为序,穿插记录节令节日习俗与朝廷重要庆典,类似岁时记或风土记,却不关注各种风俗的来源;类似礼仪志或仪卫志,却不追求礼仪程序与仪仗卫队的完整全面介绍。尤其是作为标题的"十四日,车驾幸五岳观""十五日,驾诣上清宫"之类表述,倒很像正史"本纪"依照年月顺序记载帝王言行的体例。而其在客观冷静的叙述中蕴含深意,则像是"微言大义"的春秋笔法;将同一事件拆解、分散于全书的不同条目,又酷似刘知几在《史通》里论《史记》"同为一事,分在数篇,断续相离,前后屡出"的"互见之法";通过官制、乐器、服饰等细节变化来暗示时间,与《红楼梦》作者曹雪芹为了避免坐实"朝代年纪"触犯时忌而信手虚构官职、绝不描写成年男子服饰的做法截然相反,惨淡经营的苦心却同出一理、如出一辙……孟元老为什么要采取如此隐晦的手法,而不效法杨衒之《洛阳伽蓝记》以佛寺盛衰写国家兴亡,通过记录"童、蔡园第,后家戚里",因事而见"当时借权灼焰、诱乱导亡之事",以致遭到胡震亨等人的非议与轻视呢?

　　史学家陈寅恪提出,史学研究应以"历史理解之同情"为基本原则,要站在当事人所处的时代进行思考与评价,这不仅是公允的前提,也是科学的基础。理解孟元老与《东京梦华录》,也应回到他写作此书的时代,两宋历史上一个大兴文字狱的黑暗时代。"绍兴和议"签订之后,绍兴十二年（1142）九月，秦桧为太师，进封魏国公，十月进封秦、魏两国公，太师与两国公，这是当年蔡京曾经享有的官职与封号。秦桧权倾朝野，粉饰太平，自绍兴十四年（1144）开始大兴文字狱，下令禁止野史，鼓励举报，南宋学者王明清在《挥麈录·自跋》中回忆当时"野史之禁兴，告讦之风炽，荐绅重足而立"，许多私人著述不敢留存，"悉化为烟雾"。孟元老完成《东京梦华录》的绍兴十七年（1147）正当文禁高潮，而且无行文人开始撰文赞美时政，刮起颂咏献媚之风，直到绍兴二十五年（1155）秦桧病死，方才告一段落。也许"渐入桑榆"的孟元老无法确定自己能否走过这段黑暗岁月，"恐浸久，论其风俗者失于事实"，故而创造出这样一部"梦华体"的史书吧。

　　也许，孟元老所效法者并非宋敏求的《京城记》，或许他曾受启发于李格非以洛阳园圃兴废见天下治乱盛衰的《洛阳名园记》，他所祖述的是《春秋》"微言大义"的传统，是《史记》"互文见义"的手法。后世真正传承了《东京梦华录》精神的著作，并非全面模仿其体例的《梦粱录》，也许竟是"真事隐去"的《红楼梦》。孟元老深恐读者无法领会书中隐曲，在《序文》中借"后生"之口留下不合理的质疑，在正文中留下"元宵节"这样反常的记录。遗憾的是，这种过于委婉的隐微写作手法，到底使得《东京梦华录》成为一本被误读的书，对它的误读，也许从赵师侠希望以此书唤起"西北寓客""风景不殊"的感叹就开始了。如果读不出《东京梦华录》繁华之下的历史教训，何止"克复神州"将是空梦，就连偏安江南也只能成为另一场华胥之梦。

　　即使我们连《东京梦华录》的作者是否姓孟都无法确定，但是可以理解他以"幽兰居士"为号的用意。他在南方的生活并不如意，故而以"古之君子"自期，虽然自伤沦落、怀才不遇，却不改其兰草一般的高洁志趣。东汉蔡邕所作《琴操》中有《猗兰操》：

　　　　《猗兰操》者，孔子所作也。孔子历聘诸侯，诸侯莫能任。自卫反鲁，过隐谷之中，见芗兰独茂，喟然叹曰："夫兰当为王者香，今乃独茂，与众草为伍，譬犹贤者不逢时，与鄙夫为伦也。"乃止车援琴鼓之云："习习谷风，以阴以雨；之子于归，远送于野。何彼苍天，不得其所；逍遥九州，无所定处。世人暗蔽，不知贤者；年纪逝迈，一身将老。"自伤不逢时，托辞于芗兰云。

《猗兰操》相传为孔子所作琴曲歌辞，其中"逍遥九州，无所定处"，颇似孟元老遭逢乱离、流落南方的境遇；"世人暗蔽，不知贤者"，或许隐喻其在政治上的有志难伸；"年纪逝迈，一身将老"，则正与"情绪牢落，渐入桑榆"相吻合。我们无从知晓孟元老的身份与仕宦经历，但是观其《东京梦华录》一书，特详于朝廷庆典、宫廷音乐以及教坊演出等活动，尤其是卷九"入内上寿"详记徽宗倾全力改制的大晟乐"施于燕享"的场景，卷十"驾诣郊坛行礼"一条中重点介绍的那些乐器，全都是大晟乐府新增及改制者。孟元老在宫廷典礼用乐方面表现出异乎寻常的敏感、热情与专业眼光，他在徽宗时期所任官职很可能与此有关，或许本人也是精通琴艺者，"幽兰居士"的雅号应即来自《猗兰操》。唐代大文豪韩愈亦曾弹奏此曲，心有所感，也写了一首《幽兰操》：

兰之猗猗，扬扬其香；不采而佩，于兰何伤。今天之旋，其曷为然？我行四方，以日以年。雪霜贸贸，荠麦之茂；子如不伤，我不尔觏。荠麦之茂，荠麦之有；君子之伤，君子之守。

韩愈似乎在与孔子对话，他在琴曲中听懂了孔子的"贤者不逢时"，宽慰以"不采而佩，于兰何伤"；他理解了孔子的喟叹与感伤，坚定地说"君子之伤，君子之守"。"情绪牢落，渐入桑榆"的孟元老，应该也是以此表明自己的志向。理解《东京梦华录》一书的创作动机与目的，不应抛开志趣高远的《幽兰操》与"幽兰居士"这个雅号，这是作者有意留给世人的自我形象，也是解读《东京梦华录》的一把钥匙。

《东京梦华录》不是地理志，所谓的不记艮岳以及其他害民工程，作者可能认为艮岳与北宋衰亡之间的关联众所周知，不必强调；并不全面记录东京城内的寺庙宫观，书中记录的建筑可能是作者有意挑选的结果，这些建筑，关联着北宋末年宗教、政治、军事或宫廷中的重要事件。至于对蔡京等人称呼官职，并非出于尊敬心理，而是表明谴责之意，一方面是谴责这些人弄权祸国，另一方面也可能直指徽宗朝的滥封官职。最典型者，蔡京、童贯所任太师之职，据《宋史·职官志一》，"宋承唐制，以太师、太傅、太保为三师"，有官称而不设官员，只是作为授予宰相、亲王、使相的加官，作为荣誉而并不真领职事；尤其是太师，更被视为"异数"，北宋徽宗以前一百四十多年中，只有开国元勋赵普和历仕四朝、出将入相五十余年的"累朝耆德"文彦博，在退休时"特拜"太师之职。徽宗时期官制复古，崇宁三年（1104）开始"依三代为三公，为真相之任"，蔡京成为首位"以三公任真相"者；到宣和末年有太师三人，即蔡京、童贯和徽宗第二任皇后郑皇后的父亲郑绅。《文献通考》的作者马端临直截了当地说"三公、三师，官之滥授，莫甚于宣和以来，所授者皆非其人，固不待言，而名体尤有未正者"，以宦官童贯为太师，"是以厮役为师傅也"。高宗渡江后，官至太师者，正是势焰熏天的秦桧。其他类似问题，尽量在每个条目的题解与注释中做出回答，此处不复逐一陈述。

　　《东京梦华录》对诸多研究领域的价值自不待言，历来却是公认"难注"甚至"难读"之书，造成这种情况的原因有多方面，诸如书中大量使用宋元口语；包含许多首次出现的词汇；卷五"京瓦伎艺"以及散布书中的艺术表演内容，戏曲或曲艺研究者甚至对如何断句都未能形成统一认识，对于表演形式的研究更有待发展；卷二"饮食果子"以及散见书中、像"报菜名"一样的各类食物名称，同样存在如何断句问题，遑论弄清食材与制作方法；与仪卫、典礼等相关的服饰、器物等名称，也是注释的难点所在。对于以上类型的难点，我在注释中尽量全面参考邓之诚《东京梦华录注》、伊永文《东京梦华录笺注》、姜汉椿《东京梦华录全译》等注释本以及相关研究著作与论文，择善而从，限于本书篇幅与体例，恕不能详列参考文献的名称。本次注释尤其重视与徽宗时期相关的历史事件，重新注释了此前注家所忽略、简注或误注的一些词汇，比如"龙骧将军""旱教""虾蟆亭""景钟""素队""椽烛""次黄龙"等。之所以将"注释事件"作为重点，与对《东京梦华录》一书性质的重新认识直接相关，准确地说，正是在"索隐"词语背后的历史事件的过程中，发现此书可能存在特殊的写作方式，它可能是一本被"误读"的书。这一发现令人兴奋亦困惑，也给注释与题解工作造成极大困扰。在此过程中，幸得责编周旻女士一直与我沟通探讨，幸得恩师李山教授提点我注意"隐微写作"这种方式，方有信心和勇气调整工作重点，最终使这一极其艰难的工作得以告一段落。我要特别感谢周旻，一遍一遍细读我分批提交的零乱稿件，容忍我一次一次进行修改，反复核对每一条文献出处与引文内容，改正了稿件中许许多多的错误。我要感谢同门毛瑞方、李鹏、徐德琳、王海燕、何汉杰、熊瑞敏、李喆、谢辉、吕亚非，感谢当年舍友胡淳艳以及我的学生彭巍巍、李煜、刘祥吉、罗启超、赵子龙、王宇芃、任笑潮等人，感谢他们以各种方式给我启发与帮助，解我困惑，助我走出迷津。能在 2020 年这段特殊的日子里完成此书，也要感谢我的父母与家人，给我提供了安稳的环境与生活方面的支持。

　　给《东京梦华录》做注的想法由来已久，起因于多年之前与周旻合作《书里书外·序跋》一书，由于素来偏爱孟元老《自序》独特的文风与情感，我将此文选入书中，并向周旻提起注释《东京梦华录》的愿望，希望借此机会神游于千年前的梦幻之城。但是，注释《东京梦华录》的过程演变成类似对层层叠压的开封城的考古，把一部世所公认的都城志解读成为"真事隐去"的《红楼梦》，却是我所始料未及。限于时间、学识与精力，尚有许多疑点未能深入探求与解析，也定有许多讹误不当甚至穿凿之处，套用幽兰居士孟元老的话，倘遇大方之家补缀周备，不胜幸甚。

杨春俏

2020 年 6 月 10 日

自序

　　仆从先人宦游南北^①，崇宁癸未到京师^②，卜居于州西金梁桥西夹道之南^③。渐次长立，正当辇毂之下^④，太平日久，人物繁阜^⑤，垂髫之童^⑥，但习鼓舞^⑦；斑白之老^⑧，不识干戈^⑨。时节相次^⑩，各有观赏：灯宵月夕^⑪，雪际花时^⑫，乞巧登高^⑬，教池游苑^⑭。举目则青楼画阁，绣户珠帘。雕车竞驻于天街^⑮，宝马争驰于御路^⑯。金翠耀目，罗绮飘香。新声巧笑于柳陌花衢^⑰，按管调弦于茶坊酒肆^⑱。八荒争凑^⑲，万国咸通^⑳。集四海之珍奇，皆归市易^㉑；会寰区之异味^㉒，悉在庖厨。花光满路，何限春游^㉓；箫鼓喧空^㉔，几家夜宴。伎巧则惊人耳目^㉕，侈奢则长人精神。瞻天表则元夕教池^㉖，拜郊孟享^㉗。频观公主下降^㉘，皇子纳妃。修造则创建明堂^㉙，冶铸则立成鼎鼐。观妓籍则府曹衙罢^㉚，内省宴回^㉛；看变化则举子唱名^㉜，武人换授^㉝。仆数十年烂赏叠游^㉞，莫知厌足^㉟。

【注释】

　　①仆：自称的谦辞。先人：指亡父。宦游：外出求官或做官。

②崇宁：宋徽宗的第二个年号，取继承神宗、效法熙宁之意。这个年号共用五年，即1102—1106年。癸未：崇宁二年（1103）。

③金梁桥：在汴梁城西，为汴河上的桥梁之一，此桥至明朝仍在，"金梁晓月"为明代"汴京八景"之一。明人李濂《汴州怀古五首》其五中有句曰："花石今何在？孤城涕泪中。金梁桥上月，偏照宋遗宫。"夹道：指两壁间的狭窄小道。

④辇毂（gǔ）：皇帝的车舆，代指京城。

⑤人物：指人与财物、财富。繁阜：繁盛，繁多。

⑥垂髫（tiáo）：指儿童或童年。髫，儿童垂下的头发。

⑦鼓舞：击鼓跳舞。

⑧斑白：头发黑白相杂，谓年老。

⑨干戈：干和戈是古代常用武器，因以为兵器通称。亦指代战争。

⑩时节：四时的节日。相次：依为次第，相继。按，《东京梦华录》卷六至卷十依次记四时节日。

⑪灯宵：指农历正月十五灯节。本书卷六："正月十五日，元宵。大内前，自岁前冬至后，开封府绞缚山棚，立木正对宣德楼。游人已集御街，两廊下奇术异能，歌舞百戏，鳞鳞相切，乐声嘈杂十余里。"月夕：指农历八月十五中秋节。本书卷八："中秋夜，贵家结饰台榭，民间争占酒楼玩月，丝篁鼎沸。近内庭居民，夜深遥闻笙竽之声，宛若云外。闾里儿童，连宵嬉戏。夜市骈阗，至于通晓。"

⑫雪际：下雪时。本书卷十"十二月"："此月虽无节序，而豪贵之家遇雪即开筵，塑雪狮、装雪灯、雪□，以会亲旧。"花时：百花盛开的时节，常指春日。本书卷六："大抵都城左近皆是园圃，百里之内，并无闲地。次第春容满野，暖律喧晴。万花争出粉墙，细柳斜笼绮陌。香轮暖辗，芳草如茵。骏骑骄嘶，杏花如绣。莺啼芳树，燕舞晴空。红妆按乐于宝榭层楼，白面行歌近画桥流水。举目则秋千巧笑，触处则蹴鞠疏狂，寻芳选胜，花絮时坠金樽；折翠簪红，

蜂蝶暗随归骑。"

⑬乞巧:旧时风俗,农历七月七日夜(或七月六日夜)妇女在庭院向织女星乞求智巧,称为"乞巧"。本书卷八:"至(七月)初六日、七日晚,贵家多结彩楼于庭,谓之'乞巧楼'。铺陈磨喝乐、花瓜、酒炙、笔砚、针线,或儿童裁诗,女郎呈巧,焚香列拜,谓之'乞巧'。"

登高:农历九月九日重阳节的传统活动。本书卷八:"都人多出郊外登高(如仓王庙、四里桥、愁台、梁王城、砚台、毛驼冈、独乐冈等处)宴聚。"

⑭教池:指汴梁城西的金明池,本为教习水军之池,后供游玩观赏。

游苑:供游玩的苑囿,此指琼林苑等御苑。本书卷七:"三月一日,州西顺天门外,开金明池、琼林苑,每日教习车驾上池仪范。虽禁从士庶许纵赏,御史台有榜,不得弹劾。池在顺天门外,街北,周围约九里三十步,池西直径七里许。入池门内,南岸西去百余步,有面北临水殿。车驾临幸,观争标、锡宴于此。"宋代词牌有【教池回】。

⑮雕车:饰有雕花、彩绘的车,装饰华丽的车。天街:京城中的街道。

⑯御路:也称"御街"。北宋东京城内有四条御街,本书卷二有专门介绍。

⑰新声:新创制的乐曲,新颖美妙的乐音。巧笑:美好的笑。柳陌、花衢:均指妓院。柳陌,植柳之路。花衢,花街。

⑱按管调弦:也作"弄管调弦",指吹奏管弦乐器。按,敲击,弹奏。管,古乐器名,亦为以管发声乐器的总称。调,调试,调弄,演奏。弦,弦乐器。

⑲八荒:八方荒远的地方。凑:趋,奔赴。

⑳万国:万邦,天下,各国。

㉑市易:交易买卖。

㉒寰区:天下,人世间。

㉓何限：多少，几何。

㉔箫鼓：箫与鼓。泛指乐奏。

㉕伎巧：精美奇巧的工艺品。《东观汉记·刘般传》："时五校尉官显职闻，府寺宽敞，舆服光丽，伎巧毕给，故多宗室肺腑居之。"北宋苏舜钦《谘目二》："终日嬉游廛市间，以鬻伎巧绣画为业。"

㉖天表：天子的仪容。北宋元宵节、三月驾幸金明池观水戏，都是皇帝与民同乐的庆典。据本书卷六"元宵"：正月初七，"宣德楼上，皆垂黄缘帘。中一位，乃御座。用黄罗设一彩棚，御龙直执黄盖、掌扇，列于帘外。……万姓皆在露台下观看，乐人时引万姓山呼"；"十六日，车驾不出。自进早膳讫，登门，乐作，卷帘，御座临轩，宣万姓。先到门下者，犹得瞻见天表"；卷七则有皇帝幸金明池的详细描写。

㉗拜郊孟享：帝王宗庙祭礼于每年的四孟（孟春、孟夏、孟秋、孟冬）举行，故称孟享。据本书卷十，孟冬祭享仪式在汴梁城南郊举行，皇帝车驾出南薰门，至青城斋宫，诣郊坛行礼，"坛上设二黄褥位，北面南曰'昊天上帝'，东南面曰'太祖皇帝'"。郊毕驾回，"法驾仪仗、铁骑、鼓吹入南薰门。御路数十里之间，起居幕次，贵家看棚，华彩鳞砌，略无空闲去处"。

㉘下降：指公主出嫁。本书卷四有"公主出降"仪式的描写。

㉙明堂：古代帝王宣明政教的地方。凡朝会、祭祀、庆赏、选士、养老、教学等大典，都在此举行。据本书卷四"宣德楼前省府宫宇"："宣德楼前，左南廊对左掖门，为明堂颁朔布政府。"

㉚妓籍：犹乐籍，借指入乐籍的妓女。府曹：指府署的一个部门。

㉛内省：宫中。

㉜唱名：科举时代殿试后，皇帝呼名召见登第进士。宋人高承《事物纪原·学校贡举部·唱名》："《宋朝会要》曰：'雍熙二年三月十五日，太宗御崇政殿试进士，梁颢首以程试上进，帝嘉其敏速，以首

科处焉。十六日,帝按名一一呼之,面赐及第。'唱名赐第,盖自是为始。"

㉝换授:酌其才能调任官职。《宋史·儒林列传七》:"又言用人四事……四日听换授。谓文武之官不可用违其才,然不当许之自列,宜令文武臣四品以上,各以性行材略及文武艺,每岁互举堪充左右选者一人,于合入资格外,稍与优奖。"

㉞烂赏:随意欣赏,纵情玩赏。

㉟厌足:满足。

【译文】

　　我从前随做官的先父游历南北,崇宁癸未年来到京城汴梁,择地居住于城西金梁桥西夹道的南侧。我渐渐长大成人,正在天子脚下,太平日子持续既久,人口繁衍、财物盛多,头发披垂的儿童只知道学习击鼓跳舞,头发斑白的老人不认识打仗的武器。四时节日相继,每个节日都有值得观赏的内容:元宵灯节、中秋月夜,飞雪绵绵的冬季、百花盛开的春天,七夕乞巧、重九登高,还有教习水军的池塘、游目观光的苑囿。抬眼观望,但见青漆涂饰的楼房、彩绘华丽的阁馆、雕绘华美的门户、珍珠缀成的帘幕。雕花的华车竞相停驻于京城的街道,名贵的骏马争着在御路上奔驰。黄金和翠玉制成的饰物耀花了人的眼睛,轻软的罗衣绣带飘散着芬芳。柳陌花街上能听到新制的乐曲、看到美好的笑靥,茶馆酒店里有人在吹奏竹管、弹拨丝弦。八方荒远之地的货物争相凑集,天下万邦之人都来这里通商。汇集于四海的珍宝奇物,皆在市场上交易买卖;会合于天下的异常美味,全在厨房里烹饪加工。花的色彩充满道路,多少次春日出游;箫鼓音乐响彻天空,几家人举行夜宴。精巧的工艺让人耳目一新,奢侈的风气令人精神振奋。想瞻望天子仪容,则有元宵节期间的宣德楼观灯和驾幸金明池的机会,也可以等候在皇帝南郊拜天祭祖之后回宫的路上。频频观看公主出嫁,皇子娶亲。修造方面则创建了明堂,冶炼铸造方面则转眼制成鼎鼐等器具。要观看入了乐籍的妓女,则可等候各位官员在政府部门办公完毕回家,或从宫中赴宴归来;要看人之境遇的瞬间变化,则可看新科进士由皇帝呼名召见,武将酌其才能调任官职。我几十年间纵情观赏、不断游玩,永远不知满足。

一旦兵火①,靖康丙午之明年②,出京南来,避地江左③,情绪牢落④,渐入桑榆⑤。暗想当年,节物风流⑥,人情和美,但成怅恨。近与亲戚会面,谈及曩昔⑦,后生往往妄生不然⑧。仆恐浸久⑨,论其风俗者失于事实,诚为可惜,谨省记编次成集⑩,庶几开卷得睹当时之盛⑪。古人有梦游华胥之国⑫,其乐无涯者⑬。仆今追念,回首怅然,岂非华胥之梦觉哉⑭?目之曰《梦华录》。然以京师之浩穰⑮,及有未尝经从处,得之于人,不无遗阙。倘遇乡党宿德⑯,补缀周备⑰,不胜幸甚⑱。此录语言鄙俚⑲,不以文饰者⑳,盖欲上下通晓尔㉑,观者幸详焉㉒。

绍兴丁卯岁除日幽兰居士孟元老序㉓。

【注释】

①一旦:一天之间,形容事发突然。兵火:指1127年金兵攻占汴梁。

②靖康丙午:指钦宗靖康元年(1126),此年用干支纪年为丙午年。靖康元年北宋灭亡称"靖康之变",亦称"丙午之变"。

③避地:迁地以避灾祸。江左:指长江下游以东地区。长江下游流向东北,自江北来看,江东在左,江西在右。

④牢落:孤寂,无聊。

⑤桑榆:日落时回光返照桑榆树端,因以指日暮。比喻晚年,垂老之年。

⑥节物:各个季节的风物景色。风流:风韵美好动人。

⑦曩(nǎng)昔:往日,从前。

⑧后生:年轻人,小伙子。妄:胡乱,随便。

⑨浸:比喻处于某种境界或思想活动中。

⑩谨:谨慎,慎重。省记:记忆,回忆。

⑪庶几:希望,但愿。

⑫华胥之国:传说中的仙国,据说黄帝曾梦游其地。《列子·黄帝》:"(黄帝)昼寝而梦,游于华胥氏之国。华胥氏之国在弇州之西,台州之北,不知斯齐国几千万里。盖非舟车足力之所及,神游而已。其国无师长,自然而已;其民无嗜欲,自然而已……黄帝既寤,怡然自得。"后用以指理想的安乐和平之境,或作梦境的代称。

⑬无涯:无穷尽,无边际。

⑭觉:梦醒。

⑮浩穰:众多,繁多。

⑯乡党:泛称家乡。周制,一万二千五百家为乡,五百家为党。此指汴梁旧都。宿德:年老有德者。

⑰补缀:补充辑集。

⑱幸甚:表示非常庆幸或幸运。

⑲鄙俚:粗野,庸俗。

⑳文饰:文辞修饰。

㉑通晓:透彻地了解。

㉒详:了解,知悉。

㉓绍兴丁卯岁除日:绍兴十七年除夕,即公元1148年1月22日。绍兴丁卯,宋高宗绍兴十七年(1147)。除日,旧历年最后一天,俗称"年三十",又称"岁除"或"除夕"。

【译文】

突然之间遭遇了金兵的战火,靖康丙午年的第二年,我离开京城,流落南方,躲避战乱,迁居江东,情绪孤寂寥落,渐入桑榆晚景。暗暗想起当年,各个季节的风物景色美好动人,民情风俗和谐优美,如今只成惆怅遗憾。近来与亲戚们会面，谈起从前，未曾有过那种经历的年轻人往往凭空想象，认为不可能真有那般繁盛。我担心这种状态相沿日久，讲论当年风俗的人会失去事实的原貌，那就实在是太可惜了。因此我慎重回忆、编订次序、纂成此集，希望览者翻开书卷就可目睹当时的盛况。曾经有古人梦游华胥仙国，那种快乐无穷无尽。我现今追念往事，回首之间怅然若失，难道不也是从华胥美梦中觉醒过来吗？所以给它起个题目，叫《梦华录》。然而因为京师风物浩瀚繁多，以及有我从来未曾到过的地方，从别人那里听来，因此不无遗漏缺失。倘若遇到来自汴梁故都的年高有德之人，对此书进行补充辑集，使其周全完备，我将不胜荣幸之至。这部《梦华录》语言粗野俚俗，之所以不进行文辞修饰的原因，是想让上流士子和下层民众都能读懂罢了，希望读者理解我的意图。

绍兴丁卯年除夕幽兰居士孟元老序。

东都外城

【题解】

此条记录北宋都城汴京外城的情况。

"东都"之名,始于五代后梁时期。据《旧五代史·梁太祖纪》,开平元年(907),梁太祖朱温下诏,"升汴州为开封府,建名东都",与当时西都洛阳相对而言,北宋时期沿用此名称。北宋汴京城由外城、内城和皇城三重城垣组成。汴州原为州城,规模有限,升为东都之后人口骤增,城市容量及接待能力明显不足。后周世宗柴荣于显德二年(955)四月颁《京城别筑罗城诏》,其略曰:"东京华夷辐辏,水陆会通,时相隆平,日益繁盛。而都城因旧,制度未恢,诸卫军营,或多窄狭;百司公署,无处兴修。加以坊市之中,邸店有限,工商外至,络绎无穷,傣赁之资,增添不定,贫阙之户,供办实艰。而又屋宇交连,街衢湫隘,入夏有暑湿之苦,冬居常多烟火之忧。将便公私,须广都邑。宜令所司,于京师四面,别筑罗城。"次年正月,罗城动工修建,逾年而成。为与原唐代汴州城(内城)相区别,故称"外城"。北宋立国后,主要迫于军事防御压力,曾对东京外城进行过十余次不同程度的增修,其中真宗大中祥符元年(1008)及九年(1016)、神宗熙宁八年(1075)、徽宗政和六年(1116)的三次修建,规模较大。《东京梦华录》所记,应为徽宗朝第三次维修之后东都外城的状况。

作为《东京梦华录》全书首则记录,这段文字有400多字,先介绍东都外城概况，包括周长、护城河情况以及城外景观等，然后介绍城门形制，再逐一介绍外城南、东、西、北四壁的城门和水门，最后介绍新城的防御设施与修造管理情况，为读者勾画出北宋东都外城的概貌。这段文字，是研究北宋东京汴梁都城与军事防御的第一手资料，具有极其重要的价值，历来为研究者所看重。其中所记"屈曲开门"与"直门两重"的瓮城形制，已为宋城考古所证明；所记南薰门、戴楼门、蔡河上水门、新曹门、新郑门、西水门(汴河上水门)、万胜门、固子门、西北水门等部分城门，已经考古探明或试掘，文字与实测相互印证；而孟元老所记"濠之内外，皆植杨柳，粉墙朱户，禁人往来"，寥寥数语，生动再现了东都外城优雅肃静的景观。

　　然而，美观的城市却未必实用。宋人岳珂《桯史·汴京故城》记载，北宋太祖"初修汴京，大其城址，曲而宛，如蚓诎焉"，虽"不宜于观美"，却有利于军事防守；神宗时，不敢更张旧制，只是增筑城上女墙；徽宗政和年间(1111—1118)扩修京城，引直城墙，城上各种军事防卫设施"虽甚藻饰，而荡然无曩时之坚朴"。靖康年间(1126—1127)金兵攻城，"令植砲四隅，随方而击之。城既引直，一砲所望，一壁皆不可立，竟以此失守"。靖康元年(1126)十一月，金兵再围开封，点名要康王赵构前往议和。就在康王走出东京城时，此前曾经两度奉使于金、以资政殿学士作副使的王云对他说："京城楼橹，天下所无。然真定城高几一倍，金人使云等坐观，不移时破之。此虽楼橹如画，亦不足恃也。"(《续资治通鉴长编拾补·钦宗靖康元年》)康王默不作答。

　　许多年后，"避地江左"的孟元老用文字重新砌出心中那座"粉墙朱户""楼橹如画"的东京城，舒缓沉静的语调中，隐藏着怎样的情绪呢？

　　城市在望，城门打开，梦中繁华的追忆，就从这里开始。

　　东都外城①，方圆四十余里②。城濠曰护龙河③，阔十余丈④。濠之内外⑤，皆植杨柳，粉墙朱户⑥，禁人往来。

【注释】

① 东都：北宋都城汴京（今河南开封），由外城、内城和皇城三重城垣组成。外城：北宋东京城的第一道城垣。五代后周世宗柴荣令章信节度使韩通修筑新城，为与原唐代汴州城（内城）相区别，故称"外城"，北宋时期亦称"国城""罗城"或"新城"。据《旧五代史》《五代会要》等文献记载，外城始建于周世宗显德三年（956）正月，工程逾年而成。外城的里外城垣均为版筑夯土墙，层次分明，结构坚实。由于开封一带土质松软，不易筑城，故从百里之外的郑州虎牢关（今河南荥阳）一带取土筑之，"坚密如铁，受砲所击，唯凹而已"（《金史·赤盏合喜列传》）。南宋岳珂《桯史》中说："开宝戊辰，艺祖初修汴京，大其城址，曲而宛，如蚓诎焉。耆老相传，谓赵中令（按，即赵普）鸠工奏图，初取方直，四面皆有门，坊市经纬其间，井井绳列。上览而怒，自取笔涂之，命以幅纸，作大圈，纡曲纵斜，旁注云'依此修筑'，故城即当时遗迹也。时人咸罔测，多病其不宜于观美。熙宁乙卯，神宗在位，遂欲改作，鉴苑中牧豚及内作坊之事，卒不敢更，第增陴而已。及政和间，蔡京擅国，亟奏广其规，以便宫室苑囿之奉，命宦侍董其役。凡周旋数十里，一撒而方之如矩，墉堞楼橹，虽甚藻饰，而荡然无囊时之坚朴矣。一时迄功第赏，侈其事，至以表记，两命词科之题，概可想见其张皇也。靖康胡马南牧，粘罕、斡离不扬鞭城下，有得色，曰：'是易攻下。'令植砲四隅，随方而击之。城既引直，一砲所望，一壁皆不可立，竟以此失守，沉几远睹，至是始验。"

② 方圆四十余里：对北宋东京外城周长，文献说法不一。《宋史·地理志一》谓后周显德年间（954—959）所筑城"周四十八里二百三十三步"，后神宗熙宁八年（1075）开始的大规模维修，将外城新城扩至"周五十里百六十五步"。按考古资料，宋外城遗址呈一南北稍长、东西略短的长方形，实测四墙全长 29120 米，折

合宋里约 50 里左右,与文献中神宗元丰年间(1078—1085)周长"五十里百六十五步"的记载大致吻合。故孟元老所记"方圆四十余里",不甚准确。

③城濠曰护龙河:指护城河。中国古代筑城,筑城开濠一般同时进行,利用开濠之土培筑城墙,一举两得。然考之文献,未见后周筑外城时辟有城濠的记载。最早记有城濠之事,是在北宋真宗时期,当时改修诸门外桥并抬高桥面,以使城濠中通行舟船。神宗熙宁八年(1075)增修外城,大举开濠,工程难度极大,旷日持久,死伤役夫无数,至哲宗登极(1086)方告完工,使得城濠具备了帝都的规模。然而,作为北宋开封城第一道军事防线的护龙河,在靖康元年(1126)年初和年末的两次汴京保卫战中,作用有限。金人两攻开封,都选在河道冻合的严冬。《靖康要录》中说,靖康元年十一月十四日金兵再围开封,钦宗登城视察,抚谕军民守御。总管南城防务的提举官李擢被撤职并降两官,以田浩代之。"初,护龙河自敌迫近,即决汴水以增其深。其后雪寒冰合,敌于冰上布板置草,覆之以土,将以攻城,而擢不介意。是日天稍晴,上登城,见城濠填垒殆尽,乃有是命。"《三朝北盟会编》则说:"中书舍人李擢为南壁提举官,……于城楼上修饬坐卧,处如晏阁宾馆,日与僚佐饮酒烹茶,或弹琴燕笑,或曰醒醉。守御使孙傅、王宗濋,宰相何㮚皆知而不问,将士莫不扼腕者。本壁统制官何庆源,告擢敌人以木板垒桥渡河,桥将成矣。请如北壁,于城下用骪车弩施火箭射洞屋,使洞不能藏人,则桥不成。擢不从,故濠不数日而填成。是日,上幸南壁,见护龙河填垒已尽。"

④阔十余丈:关于北宋东京外城护城河的宽度,文献有不同记载。据宋城考古,护城濠距外城城墙约 30 米,深 11—13.6 米,濠底黑灰色黏泥中有少量蚌壳、螺蛳壳等物,其下为一层厚 0.2—0.3 米的粗砂层。已知濠宽约 38 米,与孟元老"阔十余丈"(1 丈约今 3.3

米）的记载基本吻合。

⑤内外：此指城濠的内、外两侧。

⑥粉墙朱户：白色墙壁，红色的门。粉墙，可能是外城墙外用于阻挡敌人攻城的羊马墙，而不应该指外城墙。因为外城墙由夯土筑成，无法成为"粉墙"。宋人陈规《守城录·靖康朝野佥言后序》："城外脚下，去城二丈，临壕垠上，宜筑高厚羊马墙，高及一丈，厚及六尺。墙脚下亦筑鹊台，高二三尺，阔四尺。鹊台上立羊马墙，上亦留'品'字空眼，以备觇望及通枪路。"

【译文】

东都的外城，周围四十余里。城外的濠沟名叫护龙河，宽十余丈。城濠的内、外两侧都种植了柳树，粉白的墙壁，朱红的门户，禁止行人往来。

城门皆瓮城三层①，屈曲开门②。唯南薰门③、新郑门④、新宋门⑤、封丘门⑥，皆直门两重⑦，盖此系四正门，皆留御路故也⑧。

【注释】

①城门皆瓮城三层：外城外筑有两重瓮城，加上外城共三层。瓮城，又称"月城"，是附于大城门外的小城，呈半圆形、方形或矩形，为增强防御之用。北宋曾公亮《武经总要·守城》："门外筑瓮城，城外凿壕，去大城约三十步。"之所以叫"瓮城"，原因有二：其一，形状像小口大腹的瓮；其二，当敌人攻入瓮城之时，将主城门和瓮城门关闭，即可形成"瓮中捉鳖"之势，瓮城即取"瓮中捉鳖"之意。

②屈曲开门：指两道瓮城门分别开在外城门左右两侧，三层城门都不得直对。北宋曾公亮《武经总要·守城》："其城外瓮城，或圆或方，视地形为之。高厚与城等，惟偏开一门，左右各随其便。"屈曲，本指弯曲、曲折，此处引申为偏离正中，朝向左或右方。

③南薰门：北宋东京外城的正南门，南北中轴线御街的南大出口，为北宋皇帝到南青城祭天及临幸玉津园的通道。

④新郑门：东京外城西面的正门。为北宋皇帝赴巩义拜谒帝陵及观看金明池水戏表演的通道。

⑤新宋门：东京外城东墙的正门。为北宋皇帝驾幸宜春苑的通道。

⑥封丘门：指新封丘门，东京外城北面的正门。为皇帝北郊祭地的通道。

⑦直门两重：城门外筑有瓮城，瓮城平面呈长方形，门与城门呈一直线对应。

⑧御路：也叫"御道"，专供皇帝走的道路。东京城内有四条主要街道，是通向各个城门的大街，为皇帝出入所经，分别是：从宣德门至南薰门；从宣德门外向东至土市子，再折向北，经封丘门，一直延伸到永泰门（新封丘门）；从州桥向东，经丽景门（旧宋门）至朝阳门（新宋门）；从州桥向西，经宜秋门（旧郑门）至顺天门（新郑门）。按，北宋东都外城原本没有瓮城。为了加强城门的防御功能，自神宗熙宁年间（1068—1077），仿照当时边城之制，开始在外城城门之外加筑瓮城。瓮城的形制分为两种：一种瓮城平面呈长方形，瓮城门与外城门正对（即"直门两重"），东京的四个正门留有御路，所以均为此类形制；一种瓮城平面呈半圆形，瓮城门与外城门不相对（即"瓮城三层，屈曲开门"），除正门外的其他城门，均为此种形制。《东京梦华录》此条记载，已为宋城考古证明。

【译文】

每座城门外都有瓮城三层，偏离城门开门。只有南薰门、新郑门、新宋门、封丘门的瓮城，正对城门开门，而且只有两层，因为这四座城门是正门，都留有皇帝御用道路的缘故。

新城南壁①，其门有三②：正南门曰南薰门③；城南一边④，东南则陈州门⑤,傍有蔡河水门⑥;西南则戴楼门⑦,傍亦有蔡河水门⑧。蔡河正名惠民河,为通蔡州故也⑨。

【注释】

①新城南壁:外城的南墙。经考古探查,南墙基大致呈直线,方向约在南偏东 75°—80° 之间,实测全长约 6990 米,残墙宽 10—20 米。

②其门有三:此数仅指陆行门,若算上蔡河上的两座水门,总共五座门。

③南薰门:后周时称"景风门",北宋太宗太平兴国四年(979)九月改作"南薰门"。相传上古歌谣《南风歌》"南风之薰兮,可以解吾民之愠兮;南风之时兮,可以阜吾民之财兮",以舜帝口吻,说世间万物迎承薰风的恩泽,因而以"南薰"为名。南薰门是北宋开封外城最重要的城门,祭天的圜丘坛就在南薰门外,南向御街自宣德楼直通此门,为皇帝南郊大礼的必经之路,具有重要的象征意义。靖康元年(1126)十一月,金兵再围开封,主帅斡离不(完颜宗望)就驻扎在南薰门外的青城斋宫,钦宗赴青城请降,后徽、钦二帝皆经南薰门诣青城,被金人掳走。据宋城考古,南薰门基址东距外城东南角 2900 米,平面呈长方形,东西长 130 米,南北宽 80 米,瓮城厚约 15 米,门位于瓮城中部,宽达 75 米。薰,和暖,温和。

④城南一边:城南一侧。实际指南城墙。

⑤陈州门:北宋正式名称为"宣化门",因其向东南可以通往陈州(今河南淮阳),故又俗称"陈州门"。靖康元年(1126)金人再围开封,以东、南、西三城为进攻重点。十一月二十五日,开封外城东南面的陈州门首先被攻破,金兵由此入城。《续资治通鉴长编拾补·钦宗靖康元年》记此事:"丙辰,大风雪,金人由宣化门拥兵登城,守御人弃甲争走,通津门之南亦破。金人下城纵火,杀旁居人

殆尽。……上闻城陷，恸哭曰：'朕不用种师道言，以至于此！'"

⑥蔡河水门：蔡河进出东京外城，共有两座水门：位于南城墙西南方戴楼门东侧的，是蔡河流入京城的门户，为蔡河上水门，名为广利水门；位于东南方陈州门西侧的，是蔡河流出京城的门户，为蔡河下水门，名为普济水门。此指蔡河下水门普济水门。蔡河，又名"闵河"或"惠民河"，北宋东京城的四大河流之一，也是当时通京城漕运的第二大航道。蔡河起自今河南新郑，导洧、溱诸川，向东北流入汴京，横贯整个京城南部，折东南出城，经陈州（今河南淮阳），汇入颍水。京西南一段本为闵河，东南一段本为蔡河。蔡河旧以汴河为源，宋初始改导闵水入蔡，又自长社（今河南许昌）引溟水入蔡，以广水源。宋太祖开宝六年（973），改闵河为惠民河，其后遂通称闵、蔡两河为惠民河。元代以后，屡为黄河决流所填淤，故道久已塞为平墙，今唯淮阳以南尚残存蔡河一段。

⑦戴楼门：后周时称"景风门"，北宋初仍因后周旧名，太平兴国四年（979）改作"安上门"，但北宋时期一般俗称其为"戴楼门"。宋城考古已发现的戴楼门遗址，位于今开封市肉联厂南围墙附近，南靠陇海铁路，东距蔡河普济水门620余米。

⑧傍（páng）亦有蔡河水门：此指蔡河下水门普济水门。宋城考古已在今开封南郊蔡屯村东南发现该门，东距南薰门遗址约1180米。傍，旁边，侧近。

⑨蔡州：今河南汝南。按，南薰门、广利水门、戴楼门的遗址已经确认。在外城南墙东段的勘探过程中，在今开封南郊曹屯村与豆腐营村之间的外城南墙东段发现一处城墙缺口，由于目前所获资料较少，尚不能判定是陈州门或是蔡河上的普济水门。

【译文】

新城的南面城墙，城门有三座：正南的城门名为南薰门；南城墙上，东南的城门就是陈州门，旁边有蔡河水门；西南的城门则是戴楼门，旁边也有蔡河水门。蔡河的正式名称叫惠民河,因为此河通往蔡州的缘故,所以称为蔡河。

东城一边①,其门有四:东南曰东水门②,乃汴河下流水门也③。其门跨河,有铁裹窗门④,遇夜如闸垂下水面⑤。两岸各有门,通人行路⑥;出拐子城⑦,夹岸百余丈⑧。次则曰新宋门⑨;次曰新曹门⑩;又次曰东北水门⑪,乃五丈河之水门也⑫。

【注释】

①东城:经考古探查,东京外城东墙基大体呈直线,中段稍内弧。实测全长约 7660 米,残墙宽 10—20 米。

②东水门:即汴河下水门,北宋时期汴河流出外城东墙时的水门。《宋史·地理志一》:"汴河下(水门),南曰'上善',北曰'通津'。"由此可知,汴河东水门是分别由中间的一个水闸门和两侧的两个陆行门组成,水闸门方便水流和过往船只,陆行门方便过往车辆行人,共并列三个门。东水门外还有瓮城护卫。当时东南方的财赋和山泽百货,均由此门源源不断地运入城内,实际是位于京城东大门的一处水路大码头或大型货物中转站。便利的运输条件带来附近地区商业的繁荣,北宋张择端的巨幅历史画卷《清明上河图》中所描绘的京城东南一带熙熙攘攘、车水马龙的繁荣景象,即以此处为中心而展开。20 世纪 8、90 年代,宋城考古陆续探明东水门以及用以捍卫这一交通咽喉要道的拐子城遗址。

③汴河:有文献称,最早为大禹所凿,亦即战国时期魏惠王所开之鸿沟,隋炀帝所开之通济渠,唐时将通济河的主河段改名为汴河。北宋时期,汴河为穿城而过的四大河流之首,它沟通了当时的黄

河和长江,全国各地(尤其是东南一带)的物资经由此河运抵东京,故而堪称北宋王朝最重要的交通大动脉之一。北宋重臣张方平《论汴河利害事》极言其重要性:"汴河之于京城,乃是建国之本,非可与区区沟洫水利同言也。……大众之命,唯汴河是赖。"

④铁裹窗门:城墙的木门之外包以铁皮,以求坚固。北宋范祖禹《论城壕》:"京城外门,正门即为方城,偏门即为瓮城,其外门皆用纯铁裹之,此祖宗时所无有也。"

⑤遇夜如闸垂下水面:指水门白天升起以通漕运,晚间如同闸门一样垂下以利防御。

⑥两岸各有门,通人行路:指汴河东水门南北两岸的陆行门,北岸的名为通津门,南岸的名为上善门。靖康元年(1126)金人再围开封,将通津门作为重点进攻目标之一。京都统制姚友仲措置水门上的南北拐子城,阻挡金人进攻,金人在护龙河上叠桥取道,来攻通津门。十一月二十五日,陈州门(宣化门)首先被攻破,金兵入城,随后通津门亦被攻破,开封沦陷,姚友仲战死。《靖康要录》记载城破后景象:"贼先焚通津门,宦者黄经臣望阙再拜,大恸,跃入火中死。守御尽散,惟田灏死之。……贼入醴泉观,众止数百人,我众望之奔溃,无敢与之敌者。"

⑦拐子城:汴河东水门外夹河而建,用以捍卫水闸门和陆行门的防御工事。由两侧旱门向城垣延伸方向,各建一段突出的马面,与外城其他城门形制殊异。北宋人往往称左右相对的两翼为"拐子",据北宋曾公亮《武经总要》记载,宋朝常阵制中即有"东西拐子马阵","为大阵之左右翼也"。由于水门的两座旱门及两侧马面南北隔河相望的形制,如同左右两翼,故而时人称其为"拐子城"。在靖康年间(1126—1127)的东京保卫战中,拐子城对捍卫汴河东水门起了相当重要的作用。

⑧夹岸:左右两岸。夹,从左右相持。

⑨新宋门：后周时称"延春门"，北宋太宗太平兴国四年（979）九月改名"朝阳门"。因其向东南可通宋州（今河南商丘，隋唐时为宋州，北宋真宗时期升为应天府，后升为南京，作为陪都)，且与内城东墙的宋门（丽景门）相对，故俗称"新宋门"。南宋人楼钥在《北行日录》中记载了他在孝宗乾道五年（1169）随使臣出使金国时所见到的新宋门："城楼雄伟，楼橹壕堑壮且整，夹壕植柳，如引绳然。先入瓮城，上设敌楼；次一瓮城，有楼三间；次方入大城，下列三门，冠以大楼。"

⑩新曹门：东京外城东墙北侧的城门。后周时称"寅宾门"，北宋太平兴国四年（979）九月改名"含辉门"。因为此门是北宋时期由京城向东通往曹州（今山东菏泽南）的必经之路，且与内城东墙上的曹门（望春门）相对，故俗称"新曹门"。宋城考古已经探明此门的门址南距外城东南角5020米，平面呈弧形，南北长50米，东西宽108米，亦属"屈曲开门"的偏门；瓮城平面呈半圆形，瓮城门位于瓮城右侧（偏南开），面积较已发现属于"直门两重"的新郑门、南薰门规模小得多。

⑪东北水门：指五丈河（广济河）流出外城东墙的下水门善利门。旧称"咸通门"，位于新曹门之北。靖康元年（1126）金兵再围开封，以此门与汴河下水门、陈州门（宣化门）为进攻重点。据宋人《靖康要录》记载，靖康二年（1127）二月三十日"风雨至夜大作，城中什物并般出京北善利门"，可见在北宋末年金兵攻占东京城后，其所掠取的物资，很大一部分是从此门搬运出城的。

⑫五丈河：北宋东京城的漕运四渠之一，位于京城北部。此河历史较为悠久，唐初已通漕运，"唐武后时，引汴水入白沟，接注湛渠，以通曹、兖之赋。因其阔五丈，名五丈河，即白沟河之下流也"（明人李濂《汴京遗迹志·河渠三》）。唐朝末年连年战争，五丈河荒废，河道湮塞。五代后周世宗显德四年（957），于京城西面"疏

汴水入五丈河，自是齐、鲁舟楫，皆达于汴"（《旧五代史·周世宗纪》）。北宋太祖时，又在城西汴水上架槽，引金水河东注，以为河源。开宝六年（973），改名"广济河"。此河自开封流出后，东经今河南兰考、山东定陶，至山东巨野西北注入梁山泊，下接济水。此后直至南宋高宗建炎初年宗泽留守东京时（1127—1128），屡加浚治，金后埋废。

【译文】

东城墙一边，城门有四座：东南的城门名为东水门，是汴河流向下游的水门。这座水门横跨汴河，有用纯铁包裹、形似窗栅的大门，每到夜晚，如同闸门一样垂到水面上。两岸各有旱门，是供人通行的道路；又伸出拐子城，在汴河两岸延伸一百多丈；往北则是新宋门；再往北是新曹门；最北面是东北水门，那是五丈河上的水门。

西城一边①，其门有四②：从南曰新郑门③；次曰西水门④，汴河上水门也；次曰万胜门⑤；又次曰固子门⑥；又次曰西北水门⑦，乃金水河水门也⑧。

【注释】

①西城：经考古探查，西墙基大体呈直线，中段弯曲，稍内弧。实测全长约 7590 米，残墙宽 10—20 米。西墙是北宋东京四面城墙中残留最多的。

②其门有四：北宋东京外城西墙有新郑门、西水门、万胜门、固子门、西北水门等六座城门，"四"实应为"五"之误。

③新郑门：后周时称"迎秋门"，北宋初仍因后周旧名，太平兴国四年（979）改作"顺天门"。又因其向西可以直通郑州，且又与内城西墙上的郑门相时，故又俗称"新郑门"。北宋时期，新郑门外，大道南北各有素称京城苑囿之首的琼林苑和游览之盛的金明池，为碧

波潋滟、景色秀丽之地。北宋诸帝常由此门驾临两地,登宝津楼,游龙舟,看水军夺标及百戏。此门是东京外城已探明诸门中面积最大、保存最好的一座,据当地老人回忆,1949 年以前尚有部分夯土高出地表。经勘探,门址南距外城西南角约 2050 米,瓮城平面呈长方形,瓮城门与城门相对,东西 120 米,南北 165 米,主墙城门宽约 30 米,门址面积近 2 万平方米。现在此处建了"北宋东京外城遗址公园"。

④西水门:即汴河上水门,北宋时期汴河流入外城西墙时的水门。《宋史·地理志一》:"汴河上水门,南曰'大通',北曰'宣泽'。"由此可知,汴河西水门除了能供船只进出,在河的两岸也建有陆行门,使内外的人行道相通,以方便行人。宋城考古业已探明此门遗址,在今开封西郊乡土城南,南距新郑门遗址约 910 米,遗址平面呈南北对称的双曲尺形。钦宗靖康元年(1126)金兵第一次进犯开封,最初就是从开封西北面的汴河西水门。正月初七,斡离不的军队"攻宣泽门,以火船数十顺流而下。李纲临城,募敢死士二千人,死布拐子城下,火船至,摘以长钩,投石碎之;又于中流排置横木,及运蔡京家山石,叠门道间,就水中斩获百余人,迨旦始定"(《续资治通鉴·宋纪九十六》)。

⑤万胜门:北宋东京外城西墙中部的城门。后周时无此门,北宋初年,为了方便与京西一带的商贸往来,于金耀门南置开远门。太宗太平兴国四年(979)赐名"通远",仁宗天圣初年改名"开远"。因为此门可通京城西部的万胜镇(今河南中牟东北),故又俗称"万胜门"。宋城考古探明,该门南距新郑门遗址约 1680 米,遗址平面呈半圆形,南北长 105 米,东西宽 60 米。该门为"瓮城三层,屈曲开门"的形制,北宋时门上建有城楼和敌楼等防御设施。从路土中包含的瓷片多具明代特征的情况分析判断,直到明代,人们还从此处出入城。

⑥固子门：后周时称"肃政门"，宋初于太平兴国四年（979）九月改
　名"金耀门"，北宋时期俗称"固子门"。北宋欧阳修《归田录》曰
　"饮于固子桥"，可知固子门的俗称应该源于附近的固子桥。2003
　年，宋城考古队在河南大学新校区东北部探明了固子门遗址，北
　距河大新校区北围墙120米，南距新郑门遗址约3340米，距万胜
　门遗址约1670米；平面呈长方形，南北长32米，东西宽19米。
　城门外有瓮城，平面呈长方形，南北长79米，东西宽45米。瓮城
　开设城门两个：其一位于南墙偏西部，呈长方形，东西长15米，南
　北宽10米；其一位于西墙偏北部，也呈长方形，规模大小与前者
　完全一致。瓮城墙体宽约9米，其建筑结构与外城西墙一致，均
　为夯土版筑而成。

⑦西北水门：即咸丰水门，是金水河流入外城西墙的水门。此门遗
　址位于今开封西北郊林场家属院附近，北侧有一段墙体向外（西）
　突出形成"拐子"，与汴河上水门的"双曲尺"形十分相似。

⑧金水河：又名"天源河"，历史上亦称其为"京水"或"索水"，是北
　宋时期流经东京城西北部的一条重要河流，是供应东京城内官民
　生活用水的主要河流，也是唯一直接流入皇宫后苑的河流。

【译文】

　　西城墙一边，城门有五座：从南面数起，最南面的名为新郑门；往北
是西水门，这是汴河上游的水门；再往北是万胜门；再往北是固子门；最
北面是西北水门，那是金水河上的水门。

　　北城一边[1]，其门有四：从东曰陈桥门[2]，乃大辽人使驿路[3]；
次曰封丘门[4]，北郊御路[5]；次曰新酸枣门[6]；次曰卫州门[7]。

【注释】

①北城：开封城历次被黄河灌淹，北墙首当其冲，破坏较为严重。考

古探查,墙基略呈直线,全长约6940米,城墙宽度15米左右。勘探中发现几处墙体缺口,但是尚不能说明城门的确切位置。

②陈桥门:即外城北墙最东面的城门。后周时称"爱景门",宋初于太平兴国四年(979)九月改名"永泰门"。因其向北可通陈桥镇(今河南封丘陈桥),故而俗称"陈桥门"。

③大辽:即北方与宋相峙的辽国,为契丹人所建王朝。辽太祖神册元年(916)创建契丹国。辽太宗大同元年(947)灭后晋,建国号大辽,都上京(今内蒙古巴林左旗南)。辽圣宗统和二年(984)改国号为大契丹国,建中京(今内蒙古宁城)。辽道宗咸雍二年(1066)复号大辽。保大五年(1125),天祚帝被金军俘虏,辽亡。传九帝,共220年。人使:即使者,受命出使的人。驿路:古时传递政府文书等用的道路,沿途设有换马或休息的驿站。

④封丘门:封丘门有二,此指外城北墙从东至西第二门,通往北郊的御路从此门经过。后周时称"长景门",宋初于太平兴国四年(979)九月改名"景阳门"。因其向北可通封丘(今河南封丘),故俗称"新封丘门"。

⑤北郊:古代于郊外祭祀天地,南郊祭天,北郊祭地。北宋每年夏至日祭地于方泽,其地在都城北门外,称"北郊"。北郊御路从宣德门外向东至土市子,再折向北,经内城的旧封丘门,一直延伸到外城的新封丘门。

⑥新酸枣门:即外城北墙正中的"通天门",因其通往北面的酸枣县(今河南延津),故而俗称"新酸枣门"。靖康元年(1126)金兵围攻开封,李纲曾率禁卫班直中的善射者,驰援此门御敌。

⑦卫州门:外城北墙最西面的城门,太平兴国九年(984)赐名"安肃"。因其通往西北方向的卫州(今河南汲县),故而俗称"卫州门"。

【译文】

北城墙一边,城门有四座:从东面数起,最东面的名为陈桥门,是大辽国使臣通行的驿路；往西是封丘门，是皇帝北郊大祭的御用道路；再往西是新酸枣门；最西面的是卫州门。

诸门名皆俗呼，其正名，如西水门曰利泽，郑门本顺天门，固子门本金耀门①。

【注释】

①"诸门名皆俗呼"几句：按，自唐、五代以来，东京城门的名称屡次改变，即在北宋时期也有改易，故而一门多名的情况较为常见。但是一般而言，可分为官方名称和俗称两类。官方名称由北宋政府命名颁布，名称高雅，意义深远，旨在宣扬皇家上承天祚、下御一统的思想，比如外城南墙的宣化门和北墙的永泰门，寓意"宣教化而国永泰"；西墙的顺天门和开远门，寓意"顺天意而开远疆"；东墙的含辉门和西墙的金耀门，寓意"含日辉而金耀"；北墙的正门通天门和东墙的正门朝阳门，寓意"通天庭而朝阳"。这些官方名称虽然雅致，普通民众却难以理解和记忆，故而仍然习惯根据各门所通之地，以通俗易懂的名称相称。外城部分门名，为了避免与里城城门名称相混淆，分别在其城门名称之前冠以"新""旧"来区别。虽然城门的官方名称屡次更改，俗名却因通俗易懂，"屡改而不易"。

【译文】

这些城门的名称都是俗称，它们的正名，比如西水门名为利泽门，郑门原本叫顺天门，固子门原本叫金耀门。

新城每百步①，设马面②、战棚③，密置女头④，旦暮修整⑤，望之耸然⑥。城里牙道⑦，各植榆柳成阴。每二百步，置一防城库⑧,贮守御之器。有广固兵士二十指挥⑨,每日修造泥饰⑩,专有京城所提总其事⑪。

【注释】

①步:古代长度单位。其制历代不一,周以八尺为步,秦以六尺为步。旧时营造尺以五尺为步,约合 1.6 米。

②马面:筑于城墙上的防御设施,状似马头正面,用于储粮御敌,可使攻城者三面受敌,攻势受阻。宋人陈规《守城录·守城机要》:"马面,旧制六十步一座,跳出城外不减二丈,阔狭随地利不定,两边直觑城脚,其上皆有楼子,所用木植甚多。"马面最早出现在防御压力较大的边塞地区,北宋沈括《梦溪笔谈·官政一》:"延州故丰林县城,赫连勃勃所筑,至今谓之'赫连城'。……其城不甚厚,但马面极长且密。予亲使人步之,马面皆长四丈,相去六七丈。以为马面密则城不须太厚,人力亦难攻也。"在内地,汉唐的长安城和隋唐的洛阳城,均未设置。目前内地都城考古发现的马面遗迹,仅有洛阳汉魏故城城垣一例,约属魏晋和北魏时期所筑。北宋立国的一百六十七年之间,内忧外患不断,尤其是北宋晚期,辽、金不断滋扰。神宗元丰七年(1084),为了加强东京外城防御,特别增加了马面和瓮城等防御性设施。自北宋以后,马面开始较为普遍地用于内地城市。

③战棚:古代守城中所用活动式的防御装置,设于女墙、马面、瓮城或城角上。北宋沈括《梦溪笔谈·官政一》:"边城守具中有战棚,以长木抗于女墙之上,大体类敌楼,可以离合,设之顷刻可就,以备仓卒。城楼摧坏,或无楼处受攻,则急张战棚以临之。"

④女头:即女墙,城墙上面呈凹凸形的小墙,用于城顶防护和御敌,是古代城墙必备的传统防御建筑。《释名·释宫室》:"城上垣,曰'睥睨',……亦曰'女墙',言其卑小,比之于城,若女子之于丈夫也。"

⑤旦暮：朝夕，指整日。

⑥耸然：高耸的样子。

⑦牙道：官道。

⑧防城库：存放护城兵器的库房。

⑨广固：北宋时一支厢兵的番号，是专门负责京城修缮的土木工部队，创置于神宗熙宁八年（1075）东京大修之际，隶属修治京城所。广固兵士的来源，除了从其他厢兵招填外，亦配填罪犯。指挥：宋承五代后唐之制，以指挥为军队编制单位。其上为厢、军，其下为都。都百人，五都为一指挥。统兵官为指挥使和副指挥使。"二十指挥"即一万人。

⑩泥（nì）饰：涂泥，涂抹，粉刷。

⑪京城所：全称"提辖（后改提举）修完京城所"，或"修治京城所"，本是负责修缮开封城的机构，徽宗时也曾兼管疏通汴河以保证纲运，蔡京主政时，甚至截拨百万茶利作为皇帝私财，由京城所主管。

【译文】

外城的城墙上，每隔百步就布设马面和战棚，密集地设置女墙，整天维修整饬，远远望去，高峻耸立。城里的官道，两侧都种植了榆树和柳树，绿叶成荫。城中每隔二百步，设置一座防城库，贮藏守城御敌的各类器物。有广固兵士二十指挥，每天维修建造，涂泥粉刷，专门设有修治京城所来提调、总管这一事务。

旧京城

【题解】

此条介绍北宋都城汴京内城（由外向内的第二道城垣）的情况。所谓"旧京城"，即东都内城，又称"里城""旧城"，宋初又叫"阙城"，是北宋时期东京城军事防御的第二道屏障。据《宋史》《宋会要辑稿》等文献记载，北宋东京内城是在后周时期里城的基础上修建的，后周时期的里城，则源自唐代的汴州城。《宋会要辑稿·方域一》："东京，唐之汴州。梁建为东都，后唐罢之。晋复为东京，国朝因其名。旧城周回二十里一百五十五步，即唐汴州城。建中初，节度使李勉筑。国朝以来，号曰'阙城'，亦曰'里城'。"

本条100余字，记录北宋东京内城周长以及四壁上的城门情况："方圆约二十里许"的记载，与考古探出的北宋东京内城遗址四墙总长大致吻合；所记内城南、东、西、北四壁上的十二座门（包括城门九座、水门三座），也有重要的文献价值。金朝海陵王完颜亮将汴京提升为南京开封府，金宣宗时期更迁都开封，改扩建内城，北宋东京内城格局有所改变，部分城墙被铲平，《东京梦华录》所记南壁上的保康门等则被废弃。

旧京城，方圆约二十里许[①]。南壁[②]，其门有三：正南曰朱雀门[③]，左曰保康门[④]，右曰新门[⑤]。

【注释】

① 方圆约二十里许：20 世纪 80 年代，北宋东京内城遗址曾被探出并局部解剖，呈东西稍长、南北略短的长方形，四墙总长约 11550 米，如按宋太府尺换算，宋代一里约合 559.872 米，则宋内城周长约为 20.63 里，与"二十里许"大致吻合。许，表示约略估计的数量。

② 南壁：开封宋城考古探查，北宋东京内城遗址南墙基略呈一直线，已探明的地段约 2100 米。南墙遭到严重毁坏，推测应是金宣宗定都开封期间，将宋内城南墙铲平后向外扩展的缘故，所以北宋东京内城南墙只保留了金代地面以下的墙基部分。

③ 朱雀门：东京内城的正南门，位于御街之上。唐曰"尉氏门"，五代后梁曰"高明门"，后晋曰"薰风门"，北宋太宗太平兴国四年（979）九月改名"朱雀门"。此门遗址位置已大致测定。朱雀，中国古代神话中的四方神灵（青龙、白虎、朱雀、玄武，又称"四象"）之一，源于远古星宿崇拜，是代表炎帝与南方七宿的南方之神。

④ 保康门：东京内城南墙上的东门，是北宋真宗时因建五岳观而增设的城门，向北正对延安桥和相国寺的大门。据《续资治通鉴长编·真宗大中祥符五年》："七月戊辰，新作保康门于朱雀门之东，徙汴河广济桥于大相国寺前，榜曰'延安'。……时将建观以奉五岳，故辟此门。"宋人高承《事物纪原·保康门》："大中祥符五年七月，诏曰：'重城阳位，通门肇开，宜以京城新开门为保康门。'初，建会灵观（按，即五岳观旧名）于奉节、致远二营，仍作此门，于朱雀门之东南辟街，与观北门相直也。"此门金时称为"广泽门"，金末展筑内城南墙，该门被废弃。

⑤ 新门：东京内城南墙上的西门。五代后周曰"兴礼门"，北宋太宗太平兴国四年（979）九月改名"崇明门"，俗名"新门"。此门金代称"崇德门"。

【译文】

东京的旧京城，周长大约有二十里。南城墙的城门有三座：正南面的名为朱雀门，左首的名为保康门，右边的名为新门。

东壁[1]，其门有三：从南，汴河南岸角门子[2]，河北岸曰旧宋门[3]，次曰旧曹门[4]。

【注释】

[1]东壁：开封宋城考古探查，北宋东京内城的东墙叠压在明清城墙下面，勘探困难，准确长度无法确定。

[2]汴河南岸角门子：汴河流出东京内城东南角的水洞门，应由跨在汴河上的一个水门及其南侧位于汴河南岸的一个陆行门组成，故称"汴河南岸角门子"。该门位于今开封宋门南侧不远处。

[3]旧宋门：东京内城东墙的正门，位于汴河北岸。该门唐汴州城时称"宋门"，五代后梁曰"观化门"，后晋曰"仁和门"，北宋太宗太平兴国四年（979）九月改名"丽景门"，当时人为区别于外城上的新宋门（朝阳门），故俗称其为"旧宋门"。御路自州桥向东，经过此门，通往新宋门外的宜春苑。据宋代日本僧人成寻《参天台五台山记》："丽景门，七间高楼，有三户。"

[4]旧曹门：东京内城东墙中段的城门。此门设于唐代，因其可通曹州（今山东菏泽南），当时称为"曹门"。五代后梁曰"建阳门"，后晋曰"迎春门"，北宋初年曰"和政门"，太宗太平兴国四年（979）九月改名"望春门"。当时人为区别于外城上的新曹门（含辉门），俗称其为"旧曹门"。

【译文】

东城墙的城门有三座：从南面数起，最南面的是汴河南岸角门子，汴河北岸的城门名为旧宋门，再北面的名为旧曹门。

西壁^①，其门有三：从南，曰旧郑门^②，次汴河北岸角门子^③，次曰梁门^④。

【注释】

①西壁：开封宋城考古探查，北宋东京内城的西墙大部分叠压在明清城墙下面，为地表以下3—11米的部分。

②旧郑门：东京内城西墙的正门，位于汴河南岸。该门唐汴州城时称"郑门"，五代后梁曰"开明门"，后晋曰"金义门"，北宋太宗太平兴国四年（979）九月改名"宜秋门"，当时人为区别于外城上的新郑门（顺天门），俗称其为"旧郑门"。御路自州桥向西，经过此门，通往新郑门外的金明池、琼林苑一带。金代称"迎秋门"，元代以后废弃填塞。北宋僧文莹《湘山野录•退傅张士逊游金明》："退傅张邓公士逊晚春乘安舆出南薰，缭绕都城，游金明。抵暮，指宜秋而入。阍兵捧门牌请官位，退傅止书一阕于牌，云：'闲游灵沼送春回，关吏何须苦见猜。八十衰翁无品秩，昔曾三到凤池来。'"

③汴河北岸角门子：汴河流入东京内城的水洞门，应由跨在汴河上的一个水门及其北侧位于汴河北岸的一个陆行门组成，故称"汴河北岸角门子"。该门位于现存的明清城西墙南门（俗称"小西门"）北侧。

④梁门：东京内城西墙上的城门。该门唐汴州城时称"梁门"，五代后梁曰"乾象门"，后晋曰"乾明门"，北宋初年曰"千秋门"，北宋太宗太平兴国四年（979）九月改"阊阖门"，俗称仍用"梁门"。宋人蔡絛《铁围山丛谈》："鲁公（按，即蔡京）崇宁末不入政事堂，以使相就第。时赐第于阊阖门外，俗号'梁门'者。修筑之际，往往得唐人旧冢，或有志文，皆云'葬城西二里'。大梁实唐宣武节度，梁门外知已为墓田矣。"金元时称此门为"安利门"，明清时称"大梁门"，今仍称"大梁门"，亦俗称"西门"。此门门址位于今开

封城墙西墙大梁门处。

【译文】

西城墙的城门有三座：从南面数起，最南面的名为旧郑门，往北是汴河北岸角门子，再往北的名为梁门。

北壁①，其门有三：从东，曰旧封丘门②；次曰景龙门③，乃大内城角实篆宫前也④；次曰金水门⑤。

【注释】

①北壁：开封宋城考古探查，北宋东京内城的北墙基略呈直线，部分地段与金皇宫北墙、明周王府萧墙北墙相叠压。与其他三面墙相比，北墙破坏最为严重，应与金代扩修京城有关。

②旧封丘门：东京内城北墙东侧的城门。该门唐汴州城时称"封丘门"，五代后梁曰"含辉门"，后晋曰"宜阳门"，北宋太宗太平兴国四年（979）九月改"安远门"，俗称"旧封丘门"，以与外城新封丘门（景阳门）相区别。北宋时期，此门是御路通行的正门，北郊御路从宣德门外向东至土市子，再折向北，经过此门，一直延伸到新封丘门。北宋宋敏求《春明退朝录》："李文正公（按，即李昉）罢相，为仆射，奉朝请。居城东北隅昭庆坊，去禁门辽远。每五鼓则兴，置《白居易集》数册于茶镣中，至安远门伏舍（按，卫士的值宿之所），燃烛观之。俟启钥，则赴朝。"此门金代改名"宣仁门"。

③景龙门：东京内城北墙中间的城门。该门唐汴州城时称"酸枣门"，五代后梁曰"兴和门"，后晋曰"玄化门"，北宋初年沿用，太平兴国四年（979）九月改"景龙门"，俗称"旧酸枣门"，以与外城新酸枣门（通天门）相区别。此门距离宫城很近，哲宗元祐年间（1086—1094）以诗赋见称于时的万俟咏，在《凤凰枝令》词的序言中说："景龙门，古酸枣门也。自左掖门之东，为夹城南北道，北

抵景龙门。自腊月十五日放灯,纵都人夜游。"徽宗诸子集中于门外居住,据宋人蔡絛《铁围山丛谈》所记,徽宗政和年间(1111—1118),"太上诸皇子日长大,宜就外第,于是择景龙门外地,辟以建诸邸。……乃中为通衢,东西列诸位,则又共为一大门,锡名曰'蕃衍宅'"。最著名的皇家园林艮岳,建于此门东南。

④大内:皇宫的总称。实箓宫:应为宝箓宫,全称"上清宝箓宫",北宋东京道观。建于徽宗政和五年(1115),在景龙门东,对景晖门。"徽宗时登皇城,下视之。又开景龙门,城上作复道,通宝箓宫,以便斋醮之路。徽宗数从复道上往来。是年十二月,始张灯于景龙门上下,名曰'预赏'"(《宋史·地理志一》)。宫前建有仁济、辅正二亭,密连禁署。清人周城《宋东京考·上清宝箓宫》:"宫中山包平地,环以佳木清流,列诸馆舍台阁,多以美材为楹栋,不施五采,有自然之胜。上下立亭宇,不可胜计。"

⑤金水门:位于东京内城北墙的最西面,金水河由此流入内城。五代后梁时称"大安门",北宋初年沿用此名,太宗太平兴国四年(979)九月改名"天波门",金代称为"宣照门"。

【译文】

北城墙的城门有三座:从东面数起,最东面的名为旧封丘门;往东名为景龙门,就是皇宫城角的宝箓宫前面;最西边的名为金水门。

河道

【题解】

北宋时期的都城东京汴梁，是被孟元老在《东京梦华录·自序》中称为"八荒争凑，万国咸通"的国际性水陆大都会。当时穿城而过的河流有四条，分别是缭绕于南城的蔡河、自西北向东南贯通京城的汴河、城市北部的五丈河以及自西北流入皇宫大内的金水河。金水河以满足城内生活用水为主要功能，其余三条河流，则是漕运各地物资进京的黄金水道，曾被宋太祖赵匡胤誉为宝贵的"三带"。尤其是汴河，"首承大河，漕引江湖，利尽南海，半天下之财赋，悉由此路而进"（北宋曾巩《河渠》），更被视作北宋东京城的生命线。

本条 600 余字，详细记录了四条河道进出东京城的位置、流向与功能，并逐一介绍了每条河道上的桥梁。北宋东京城是一座生活着百万以上人口的大都市，城内街道纵横，与四条河道交叉，桥梁成为必不可少的建筑类型，其桥梁建筑水平在当时的世界上处于领先水平。《东京梦华录》记录了四条河流上三十六座桥梁的名称与大致方位，指出其虹桥、平桥、浮桥、吊桥等建筑形式，并重点介绍了汴河东水门外"宛如飞虹"的虹桥和大内御街上装饰得美轮美奂的州桥。其对虹桥独特形制的记载，可与北宋张择端《清明上河图》中横跨汴水的木结构飞桥相互印证，成为桥梁建筑史上的珍贵资料；其对州桥"之西，有方浅船二只，头置巨干铁枪数条,岸上有铁索三条。遇夜绞上水面,盖防遗火舟船"的记载,直观形象地介绍了北宋水上运输的防火管理措施。

穿城河道有四。南壁曰蔡河,自陈、蔡[①],由西南戴楼门入京城,辽绕自东南陈州门出[②]。河上有桥十一[③]:自陈州门里,曰观桥[④],在五岳观后门[⑤];从北,次曰宣泰桥;次曰云骑桥[⑥];次曰横桥子,在彭婆婆宅前[⑦];次曰高桥;次曰西保康门桥[⑧];次曰龙津桥[⑨],正对内前;次曰新桥[⑩];次曰太平桥,高殿前宅前[⑪];次曰粜麦桥[⑫];次曰第一座桥;次曰宜男桥;出戴楼门外,曰四里桥[⑬]。

【注释】

①陈:陈州,今河南淮阳,位于开封南偏东方向。蔡:蔡州,今河南汝南,位于开封南面。

②由西南戴楼门入京城,辽绕自东南陈州门出:北宋太祖建隆元年(960)引导闵河从今河南新郑接洧、溱诸水,经尉氏县西,东北流至开封城西十里处,注入古琵琶沟(即蔡河),使蔡河的水源得到保障。之后,蔡河经四里桥,从戴楼门附近入宋东京城,复由陈州门附近出城。之后,经过北宋多年治理,蔡河岁漕粮物达六十余万石,达到其自身历史上的巅峰时期。辽绕,缭绕,回环旋转。

③有桥十一:按,据下文所记,桥实为十三座。

④观(guàn)桥:以通五岳观而得名。

⑤五岳观:即集禧观,旧名"会灵观",为奉祀五岳之神的观宇,始建于北宋真宗大中祥符五年(1012)。位于东京外城南薰门内、御街大道之东,规模巨大,景象壮丽,殿廊墙壁上描绘了五岳帝形状及其得道事迹。为此,特意在内城朱雀门之东开辟保康门,又

作"延安""安国"二桥,南辟街,与观北门相对。仁宗皇祐五年(1053)正月,因道士醉酒而发生火灾,重修后诏名"集禧"。北宋后期,每年正月十四日,皇帝到五岳观行香祈福,在凝祥池赐宴群臣。靖康二年(1127)正月,五岳观被金兵焚毁。

⑥云骑桥:又名"云骥桥",位于东京陈州门的西北不远处,应该是因云骑军驻扎在该桥附近而得名。云骑,禁军骑军编制,隶侍卫马军司。五代番号为左、右备征,北宋太祖建隆二年(961)改称"云骑军"。靖康元年(1126)开封失守后,闰十一月二十七日夜,火起云骑桥,此桥被焚毁。大火蔓延至"明达皇后、孟昌龄等宅、神卫营蓝从宅,沿烧数千间。民见东南火作,争走西北,悲哭不止"(宋人《靖康要录》)。

⑦彭婆婆:应该是指宋徽宗做端王时的妾。南宋王明清《挥麈录》记载,"祐陵(按,指徽宗)在端邸,有妾彭者,稍惠黠,上怜之。小故出,嫁为都人聂氏妇。上即位,颇思焉,复召入禁中。以其尝为民妻,无所称,但以彭婆目之,或呼为聂婆婆,其实未有年也。恩幸一时,举无与比。父党夫族,颇招权,顾金钱,士大夫亦有登门而进者。逮二圣北狩,彭以无名位,独得留内庭。"后张邦昌为楚帝,彭婆又引邦昌入宫闱,秽乱不堪,堪称乱世间一个传奇式的人物。

⑧西保康门桥:应位于东京内城南门保康门外略偏西处。此桥或即史籍所谓"安国桥"。据《续资治通鉴长编·真宗大中祥符五年》:"七月戊辰,新作保康门于朱雀门之东,徙汴河广济桥于大相国寺前,榜曰'延安'。又作桥,跨惠民河,榜曰'安国'。时将建观以奉五岳,故辟此门。"据此推知,保康门向南为一条大街,直通五岳观,以方便皇帝奉祀,因此横跨蔡河所建的安国桥,应即孟元老所说的"西保康门桥",因为五岳观附近没有必要建两座桥梁。

⑨龙津桥:北宋时期东京城内最著名的桥梁之一,位于内城正南门朱雀门外的蔡河与南向御街相交叉处。元人白珽《使燕日录》:"出

相国寺往州桥,桥下水即汴河分流,往昔漕渠。过桥,出丹凤门,即旧朱雀门。此门直对五门,相去数百步。出此门百步,即龙津桥,此水系蔡河分流,小舟往来,颇类临安内河,但船少尔。"龙津桥遗址位于今开封西太平街东口之北约 20—50 米之间的中山路地面以下,北距朱雀门遗址约百余米。北宋东京城区横跨蔡河的十三座桥梁中,目前能基本界定位置的只有龙津桥。

⑩ 新桥:北宋东京内城的南面共有三门,据《宋会要辑稿·方域一》,崇明门在北周时名曰"兴礼门",太平兴国四年(979)九月改名"崇明门",俗名"新门"。而据孟元老此处桥名罗列,新桥应位于龙津桥西,距新门不远,由此推测,此桥名称应源自新门。再据近年蔡河故道的勘探材料综合判定,新桥即应位于今开封广播电视大学校园附近。

⑪ 高殿前宅:北宋徽宗时期的殿前司都指挥使高俅的宅第,在东京西南的安上门(戴楼门)内。据《景定建康志》记载,徽宗政和元年(1111)八月,高俅迁任殿前副都指挥使。此后不久,应即升任正职。徽宗曾赐高俅一所宅第,宣和三年(1121)有臣僚奏称"比年臣下缘赐第宅,展占民居,甚者至数百家迁徙逼迫,老幼怨咨"(《宋会要辑稿·方域四》);钦宗即位后,臣僚弹劾高俅"身总军政,而侵夺军营,以广私第,多占禁军,以充力役。其所占募,多是技艺工匠,……凡私家修造,砖瓦、泥土之类,尽出军营诸军"(宋人《靖康要录》)。据范学辉《两宋三衙诸军都城驻扎考》,北宋殿前司诸军主要驻扎在开封外城的西南部,尤其是安上门以里,徽宗赏赐高俅的豪宅恰好在这附近,住宅的相当一部分,应系侵夺私占民宅乃至殿前司诸军的军营而来。钦宗靖康元年(1126)高俅被以明升暗降方式免去殿帅实职,不久死去,钦宗下诏追削其官职、爵位与封号。年末,金军第二次包围东京,城内百姓天寒地冻,珠米桂薪,主事者奉命"毁高俅赐第,鬻其材于民"(宋人《靖

康要录》)。殿前,"殿前司都指挥使"的简称。

⑫粜(tiào):卖出粮食。

⑬四里桥:北宋时期蔡河上的主要津渡,曾于此桥设拦河锁,征收过往商税。《宋史·宦者列传二》:"王守规……以功迁入内殿头。选治京城水,决汴河于公贾村,决蔡河于四里桥,水患以息。"桥旁有战国时随魏公子信陵君救赵的力士朱亥墓。

【译文】

穿城而过的河道有四条。穿过外城南城墙的河道,名为蔡河,其水自陈州、蔡州一带流来,由西南边的戴楼门附近流入京城,曲折环绕,从东南边的陈州门附近流出。河上有桥十三座:在陈州门里面的名叫观桥,在五岳观的后门外面;从北面数起,其次名叫宣泰桥;其次名叫云骑桥;其次名叫横桥子,在彭婆婆的住宅前面;其次名叫高桥;其次名叫西保康门桥;其次名叫龙津桥,正对着皇宫大内的前面;其次名叫新桥;其次名叫太平桥,在高殿前的住宅前面;其次名叫粜麦桥;其次名叫第一座桥;其次名叫宜男桥;出了戴楼门之外,蔡河上的桥名叫四里桥。

中曰汴河,自西京洛口分水入京城①,东去,至泗州入淮②,运东南之粮。凡东南方物③,自此入京城,公私仰给焉④。

【注释】

①西京:北宋以洛阳为西京。宋人叶梦得《石林燕语》:"唐都雍,洛阳在关东,故以为东郡;本朝都汴,洛阳在西,故以为西都,皆谓之'两京'。"洛口:据《宋史》《续资治通鉴》等记载,北宋最早的汴河水源是由汴口(引黄河入汴的河口,在今河南荥阳东北)引来的黄河水。由于黄河水泥沙量大、水流湍急、水量变化无常等原因,北宋中叶以后,有人提出"导洛通汴"的治理方案。元丰二年(1079),神宗派内供奉宋用臣总领该工程,从汴口往西,沿广武

山下的黄河滩开渠五十一里,至洛河汇入黄河的洛口(在今河南巩义东北),引伊、洛清水入汴河。竣工后的汴、洛交汇处,称为"新洛口"。导洛通汴工程完成后,汴水含沙量大减,世称清汴。此处当指新洛口。

②泗州:唐、宋时期,泗州城当汴水入淮之口,为南北交通冲要,是当时的漕运中心,有"水陆都会"之称。南宋与金通使,即取道于此。清康熙十九年(1680)黄河夺淮入海,泗州城陷入洪泽湖,遗址在今江苏盱眙境内。

③方物:本地产物,土产。

④公私仰给焉:按,北宋时期,穿东京城而过的四条河道,"唯汴水横亘中国,首承大河,漕引江湖,利尽南海,半天下之财赋,并山泽之百货,悉由此路而进"(《宋史·河渠志三》)。尤其是经过北宋政府的长期治理之后,汴河"岁漕江、淮、湖、浙米数百万,及至东南之产,百物众宝,不可胜计。又下西山之薪炭,以输京师之粟,以振河北之急,内外仰给焉。故于诸水,莫此为重"(同上)。汴河堪称是北宋王朝最为重要的交通大动脉。仰给,依赖。

【译文】

贯穿东京城中的河道名为汴河,河水从西京洛阳的洛口分洛水流入京城,向东流去,流至泗州,汇入淮河,漕运东南方的粮食。凡是东南一带的土产,都从这条河道运入京城,无论公家还是私人,都仰赖这条河道供给。

自东水门外七里,至西水门外,河上有桥十三①:从东水门外七里,曰虹桥②。其桥无柱,皆以巨木虚架③,饰以丹雘④,宛如飞虹。其上、下土桥亦如之⑤。次曰顺成仓桥⑥。

【注释】

①有桥十三:"十三"误,据下文所记,桥实为十四座。

②虹桥:宋代发明的一种构造独特的木拱桥,不立桥柱,穿插梁木成
为木拱,具有长虹临空的外形,被称为"虹桥""虹梁",也叫"无
脚桥"。据北宋王辟之《渑水燕谈录》记载,虹桥首创于山东青州
地区,"青州城西南皆山,中贯洋水,限为二城。先时,跨水植柱
为桥,每至六七月间,山水暴涨,水与柱斗,率常坏桥,州以为患"。
宋仁宗明道年间(1032—1033),夏竦守青州,找到一位很有智慧
的退役牢卒,设计发明了以几十根大木材为构件,使用纵横相贯、
交错搭置的结构方法,构筑出大跨径、无桥柱的飞桥。此桥使用
了近四百年,直到明代永乐年间(1403—1424)才进行维修。庆
历年间(1041—1048),陈希亮镇守东京沟通江淮地区的重镇宿
州,"以汴桥屡坏,率尝损官舟害人,乃命法青州所作飞桥。至今
沿汴皆飞桥,为往来之利,俗名'虹桥'"(同上)。《东京梦华录》
此处记载汴河东水门外七里处的虹桥,则为特指。虹桥地处汴河
漕运的东大门,由于该桥采用了单孔无柱的构造样式,解决了多
年以来"汴水悍激,多因桥柱坏舟"(《续资治通鉴长编·真宗天
禧元年》)的严重问题。正如宋人韦骧在《无脚桥·汴上》诗中所
云:"激波无雁齿,跨岸只虹腰。改制千年取,倾舟众患消。"《清
明上河图》的中部,绘有一座大型木拱桥,桥身单孔,横跨汴河南
北,甚为壮观。宋代汴河之上,虹桥和上、下土桥皆为飞虹样式,
图中所绘究竟是哪一座,目前学界尚无定论,但大部分学者认为
应是汴河东水门外的虹桥。张择端以忠实的手法、合乎透视的原
理所清楚画出的这座桥,在世界桥梁史上有着崇高的地位,因为
该桥拱木起拱和梁的作用,故名"叠拱桥"。据推测,虹桥遗址大
致位于今开封东郊屠府坟村与阎李寨村之间的惠济河北岸。

③皆以巨木虚架:唐寰澄《中国古代桥梁》对汴水虹桥的承重结构
进行分析,认为汴水虹桥式木拱桥的主拱结构一般由两个系统组
成,两个系统通过横梁交叉搭置、相互承托形成整体的拱形结构,

并通过拱上建筑的传递,承担桥面传下来的荷载。从桥梁承重结构平面投影看,最外围一组拱骨是两根长拱骨和两根短拱骨,称为第二系统;往内一组是由三根等长的拱骨组成,称为第一系统,如此循环第一和第二系统间隔排列下去;整座桥的承重结构共由十一组第二系统和十组第一系统的拱骨组成。第一和第二系统之间设置有五道横梁,通过横梁横向连接将整个拱架形成整体,保证结构的整体稳定性,并共同承担桥面荷载。

④丹雘(wò):可供涂饰的红色颜料。雘,同"腕",赤石脂之类,红色或青色的矿物,古代用作颜料。泛指好的彩色。

⑤上、下土桥:均为木拱桥形制。土桥得名原因不详。有学者推测,桥面可能铺了某种铺料,或采取培土压拱的措施,故称"土桥"。汴河承担着运送来自东南的粮食和各种物品的重要漕运功能,虹桥和上、下土桥位于开封东南方向,采用"飞桥"的型式凌空高架,桥下无柱,可以满足大型漕运船只的通航要求,使得许多货物可以直接运抵京城的中心,再卸装到小船上,辗转运达京城西部地区。

⑥顺成仓桥:位于汴河东水门外,因附近有顺成仓而得名。顺成仓,北宋初年设置于汴河沿岸的仓场之一,用于存贮江淮一带的货物。大体位于今开封龙亭区殡仪馆东南一带。

【译文】

自东水门以外七里,到西水门以外,汴河上有桥十四座:从东面数起,东水门外七里处的桥,名叫虹桥。这座桥没有桥柱,全是用巨大的木料凌空构架而成,用红色的颜料加以涂饰,宛如天上的彩虹。汴河上的上土桥和下土桥,也是像虹桥这样的形状。其次名为顺成仓桥。

　　入水门里,曰便桥①;次曰下土桥②;次曰上土桥;投西角子门③,曰相国寺桥④;次曰州桥,正名天汉桥⑤,正对于大内御街。其桥与相国寺桥皆低平,不通舟船,唯西河平船可过⑥。其柱皆青石为之,石梁、石笋楯栏⑦。近桥两岸皆石壁,雕镂海马、水兽、飞云之状⑧,桥下密排石柱。盖车驾御路也⑨。州桥之北岸御路,东西两阙,楼观对耸⑩。桥之西有方浅船二只,头置巨干铁枪数条,岸上有铁索三条。遇夜绞上水面,盖防遗火舟船矣⑪。

【注释】

①便桥:指东水门便桥。

②下土桥:西距旧宋门(丽景门)约三里。宋代日本僧人成寻《参天台五台山记》:"辰时拽船,过二里,至开封县水门问官前止船。……午时,出船,未克,至同县下土桥停船,……申时,拽船过三里,见丽景门,七间高楼,有三户。过一里,至相国寺前延安桥下停船。"

③投西:朝西。投,相当于"朝""向"。

④相国寺桥:正式名称应为"延安桥",因其正处开封大相国寺前,故而俗称"相国寺桥",也简称"寺桥"。相国寺前原本无桥,宋真宗大中祥符五年(1012)七月,"新作保康门于朱雀门之东,徙汴河广济桥于大相国寺前,榜曰'延安'"(《续资治通鉴长编·真宗大中祥符五年》)。据清人常茂徕《如梦录》注,此桥"在相国寺东角,即马道街南口",明代前期尚存,崇祯十五年(1642)被黄河洪水淤没。遗址位于今开封鼓楼区胭脂河与大相国寺之间。

⑤次曰州桥,正名天汉桥:州桥是北宋东都最著名的桥梁和交通枢纽,也是都城中轴线上的重要坐标。州桥是唐代"汴州桥"的简称。据明代成化《河南总志》:"唐建中间,汴州节度使李勉建,以在州之南门,故名。"这大概是州桥的始建年代。五代时称为"汴

桥";宋代改名"升平桥",又名"迎真桥";古时以"天汉"指银河,北宋视汴河为天河,故后又改称"天汉桥";又名"御桥";百姓仍俗称"州桥"。宋人《靖康要录》记载:靖康二年(1127)三月八日,"天汉桥火,焚百余家。金人放汴水,人少安"。此桥在金、元时期未有大的变动,明太祖时曾进行较大改造,改栅梁式石桥为砖石结构的拱形桥。崇祯十五年(1642),明军与李自成农民起义军在开封交战,明军掘开黄河,洪水淹没开封,州桥没于地下。古州桥遗址位于今开封中山路中段三毛时代购物广场一带。

⑥西河平船:一种行驶于东京西汴河上的浅底船。汴河作为北宋东京重要的漕运河道,西北起于洛口,横贯东京后,流向东南,汇入淮水。这条河道各段的通航条件不同,北宋苏辙《龙川略志·言水陆运米难易》中说:"汴河自京城西门至洛口,水极浅。东南纲船底深,不可行。"加上东京城内最重要的州桥位于汴河与御街的交叉点上,为了便于车马通行,采用平桥形制,桥面平坦无坡度,导致沿汴河从东南方向驶来的大型船只无法通过。为了保证交通运输,北宋政府以州桥(后以相国寺桥)为界,将汴河船只分为东河船和西河船两类:东河船主要是大型漕船,吃水深,无法通过州桥;西河船为平船,船身小巧,吃水浅,可以通过州桥,进入东河,将大型漕船从东南方运来的货物进行分装,辗转运到汴河上游一带。

⑦石笋:高大的石柱。楯(shǔn)栏:栏杆。楯,栏杆的横木。泛指栏杆。

⑧近桥两岸皆石壁,雕镂海马、水兽、飞云之状:神宗年间(1068—1085),曾对州桥进行过较大的修葺。宋人张知甫《可书》中说:"章惇方柄任,用都司贾仲民议,起州桥二楼,又依桥作石岸,以锡铁灌其缝。宋用臣过之,大笑而去。仲民疑其有所未至,深虑之,遂谒用臣,访以致笑之端。用臣云:'石岸固奇绝,但上阔下狭,若瓮尔。'仲民始悟,恳以更制,用臣曰:'请作海马云气,以阔其下。'卒如之而成。"说明州桥以石砌岸并雕刻海马、云气等纹饰,并建

起二楼，是在此时。海马，古人对想象中一种神马的称呼。《山海经·海外北经》中说："北海内有兽，其状如马，名曰'騊駼（táo tú）'。"騊駼是传说中善走的神马，产于北海，故称之为"海马"。隋唐时人则以青海骢为海马，《隋书·西域列传》中说："青海周回千余里，中有小山，其俗至冬辄放牝马于其上，言得龙种。吐谷浑尝得波斯草马，放入海，因生骢驹，能日行千里，故时称'青海骢'焉。"古人杂糅这些想象，创造出海水中的奔马的夸张形象。水兽，也称"镇水兽"，神话中的动物，古人认为有防止水患、避免水害之功能。飞云，即云纹。

⑨ 车驾：帝王所乘的车，指代帝王。《汉书·高帝纪下》："车驾西都长安。"注："凡言车驾者，谓天子乘车而行，不敢指斥也。"

⑩ 东西两阙，楼观对耸：阙，古代皇宫、陵墓等前面两边供瞭望的楼台，中间有道路。楼观，高大建筑物的泛称。北宋华镇《崇宁元年五月十六日天汉桥月下闲步》诗中有"双阙高寻佳气耸，三街平衬绿槐长"之句，描写州桥双阙的景色。

⑪ "桥之西有方浅船二只"几句：州桥西侧停靠方形浅船，船上放置巨干铁枪，岸上有三条铁索，晚上将船绞上水面，这是北宋水上运输的防火管理措施。一旦上游船只着火，顺流而下，州桥西侧的方浅船可以伸出铁枪，将船推走，阻止其触及州桥，引发烧毁御道桥梁的火灾。据宋人蔡絛《铁围山丛谈》，徽宗政和年间（1111—1118），州桥东侧汴河中停泊的失火舟船顺流东下，烧毁了东水门。此事可以反证州桥西侧防火措施的意义。遗火，失火。

【译文】

进入东水门里，名为便桥；其次名为下土桥；其次名为上土桥；此后汴河折向西流，经过汴河南岸角子门，名为相国寺桥；再往西面的桥，名叫州桥，正名天汉桥，正对着皇宫前的御街。此桥与相国寺桥都是低平的形制，桥下不能通行舟船，只有西河平船可以通过。州桥的桥柱都是用青石筑成的，桥上的石梁、石柱栏杆以及临近州桥的汴河两岸，都是石壁，上面雕镂着海马、水兽和飞云等形状，桥下密集排列着石柱。之所以如此设计装饰，因为这里是皇帝车驾通行的御路。州桥的北岸是御路，东西两边有两座阙楼相对耸立。桥的西侧有两只方形浅船，船头放置着几条又粗又长的铁枪，岸上有三条铁索。每到夜晚，将方船绞上水面，这大概是为了防备不慎失火的船只顺流而下，威胁州桥以及下游舟船、建筑等的安全。

　　西去，曰浚仪桥①；次曰兴国寺桥②，亦名马军衙桥；次曰太师府桥，蔡相宅前③；次曰金梁桥④；次曰西浮桥，旧以船为之桥，今皆用木石造矣⑤；次曰西水门便桥⑥；门外曰横桥⑦。

【注释】

①浚（xùn）仪桥：汴河与开封浚仪街交叉处的桥，位于今开封延庆街和后河街交叉点。浚仪，古县名，西汉文帝时置，属梁国。治所在今河南开封。《水经注·渠水》引《陈留风俗传》："县北有浚水，像而仪之，故曰'浚仪'。"隋唐时为汴州治，五代及北宋定都于此，与开封县同为开封府治。大中祥符三年（1010）改为祥符县。

②兴国寺桥：因在太平兴国寺前而得名。太平兴国寺，原为唐代的龙兴寺，五代后周时废为龙兴仓。宋太祖开宝二年（969）因僧人力请而下诏重修，太宗太平兴国元年（976）赐额为太平兴国寺，与相国寺、开宝寺、天清寺并列为北宋东京四大寺院，寺内佛塔，远在都城数十里外便可望见。

③次曰太师府桥，蔡相宅前：太师府桥，正名不详，位于蔡京府宅前，蔡京曾被封为太师，故得此俗名。蔡相，指蔡京（1047—1126），字元长，兴化军仙游县（今福建莆田仙游）人，政和二年（1112）封鲁国公，北宋权相之一。蔡京先后四次任相，共达十七年之久。

执政期间，兴花石纲之役，改盐法和茶法，铸"当十"大钱。北宋末年，太学生陈东上书，称蔡京为"六贼之首"。钦宗即位后，蔡京被贬岭南，途中死于潭州（今湖南长沙）。宋人蔡絛《铁围山丛谈》："鲁公崇宁末不入政事堂，以使相就第。时赐第于闾阖门外，俗号梁门者。"宋人刘子翚《汴京纪事二十首》其七："空嗟覆鼎误前朝，骨朽人间骂未销。夜月池台王傅宅，春风杨柳太师桥。"

④金梁桥：在金梁桥街，桥下有酒楼刘楼。本书序言："仆从先人宦游南北，崇宁癸未到京师，卜居于州西金梁桥西夹道之南。"此桥至明朝仍在，"金梁晓月"为明"汴京八景"之一。明人李濂《汴州怀古五首》其五中有句曰："花石今何在？孤城涕泪中。金梁桥上月，偏照宋遗宫。"

⑤"次曰西浮桥"几句：浮桥，古代也称"舟桥""浮航""舟梁"等，是在并列的船、筏、浮箱或绳索上面铺木板而造成的桥。浮船架设简便快捷，故常为战争及临时性交通而用。东京城的河道之上，也常采用浮桥的桥梁形式以便交通，其方法多以船只横置于河道上，其上铺设木板，船与两岸用铁索联结固定，船下抛锚锁，加强船只的稳定性。但由于在使用过程中安全隐患较大，常引发各类事故，故不适宜在城市中长期使用，东京城中的诸浮桥后来不得不相继改为他制。比如此处介绍的汴河上的西浮桥，至北宋末年改用木石建造。

⑥西水门便桥：桥址位于今开封大学旧校区北侧。

⑦横桥：位于今开封龙亭区土城村西南部。

【译文】

　　再往西去的桥，名为浚仪桥；其次名为兴国寺桥，也叫马军衙桥；其次名为太师府桥，在蔡丞相的住宅前面；其次名为金梁桥；其次名为西浮桥，旧时是以船只横置水面而架设的桥，现今都用木材和石料建造了；其次名为西水门便桥；汴河西水门外面的桥，名为横桥。

　　东北曰五丈河，来自济、郓[①]，般挽京东路粮斛入京城[②]，自新曹门北入京。河上有桥五：东去，曰小横桥[③]；次曰广备桥[④]；次曰蔡市桥[⑤]；次曰青晖桥[⑥]、染院桥[⑦]。

【注释】

①来自济、郓：来自济州、郓州一带的漕船经由五丈河来到东京。自唐、五代至北宋时期，经过长期治理，五丈河（即广济河）流出开封后，东经今河南兰考、山东定陶，至山东巨野西北，注入梁山泺（即梁山泊），而梁山泺正位于济、郓二州境内。而梁山泺东北方向，又有济水注入，这样，京东路与东京之间就有了可以连通的水道。济，济州，州治巨野（今山东巨野）。郓，郓州，州治须城（今山东东平）。二州皆在东京东北方向。

②般（bān）挽：搬运。此指转运。般，同"搬"。京东路：北宋至道三年（997）所设十五路之一，治宋州（今河南商丘南）。粮斛（hú）：粮食。以斛计量，故称。斛，旧量器，方形，口小，底大，容量本为十斗，南宋末年改为五斗。按，北宋时期，五丈河（广济河）为东京城的漕运四渠之一，是仅次于汴河的第二大河流。经过宋太祖以来诸帝坚持不懈的治理，五丈河基本可以保障京东路漕运顺利至京，为东京繁华做出了重要贡献。

③小横桥：位于开封外城东北部善利门外的河上。宋城考古推测应位于今开封龙亭区铁牛村与兴陵屯之间的区域。

④广备桥：位于通往当时的重要驿站陈桥驿的要道之上，应该因为靠近广备攻城作而得名。宋代的东、西广备攻城作，又名"东、西广备"，是负责制造攻城守城物品的作坊。东、西广备中的火药、猛火油、金火诸作，是宋代火器生产发展的重要标志。

⑤蔡市桥：位于五丈河与北向御街的交会处。这条大街是通往当时重镇封丘的要道。宋城考古推测此桥应位于今开封北门外北门

大街的南北一线。

⑥青晖桥：位于五丈河与新、旧酸枣门大街的交会处。这条大街是通往当时重镇延津（旧名酸枣）的要道。南宋楼钥《北行日录》中记为"菜市桥"：南宋孝宗乾道六年（1170）正月"十八日己巳，晴。三更行四十五里，饭封丘。……日未午，又行四十五里，抵东京北郊青城侧亭子，换马，具衣冠。所过柔远馆，但有断垣败屋。入顺常、玄武二门。二门之间，过五丈河菜市桥、夷门山巷口"。顺常、玄武，是金人对北宋东京外城上的新封丘门（景阳门）和内城上的旧封丘门（安远门）的称呼。

⑦染院桥：位于通往重镇卫州的要道上，因临近染院而得名。染院，古代官内掌染事的官署。北宋设有东、西染院，靠近金水河，不仅取水方便，而且金水河水质清澈，保证了染色质量。宋人高承《事物纪原·染院》："《宋朝会要》曰：唐有染坊使，太平兴国三年分置东、西染院，使名亦改也。"据《宋会要辑稿·职官二九》："西内染院，在金城坊，旧曰'染坊'。太平兴国三年分为东、西二染院。咸平六年，有司上言'西院水宜于染练'，遂并之。掌染丝、帛、绦、线、绳、革、纸、藤之属。……以京朝官、诸司使副、内侍一人监，别以三班一人监门，领匠六百十三人。"

【译文】

京城东北部的河道，名为五丈河，来自济州、郓州的漕船，转运京东路的粮食进入京城，从新曹门的北面进入东京。五丈河上有五座桥：东北水门向东去，有座桥，名为小横桥；其次名为广备桥；其次名为蔡市桥；其次名为青晖桥、染院桥。

　　西北曰金水河，自京城西南分京、索河水①，筑堤，从汴河上用木槽架过②，从西北水门入京城，夹墙遮拥③，入大内，灌后苑池浦矣④。河上有桥三，曰白虎桥⑤、横桥⑥、五王宫桥之类⑦。

【注释】

①京：指京水，是金水河的上游水源。原在郑州西南二十五里，"导自荥阳黄堆山，其源曰'祝龙泉'"（《宋史·河渠志四》）。因其所流经的荥阳一带春秋时为京邑而得名。宋太祖建隆二年（961）春，为了疏浚五丈河，凿渠引京水，"过中牟，名曰'金水河'，凡百余里，抵都城西，架其水，横绝于汴，设斗门，入浚沟，通城濠，东汇于五丈河"（同上）。索：指索水，发源于荥阳西南的嵩渚山。由于以京水为源的金水河水质清澈甘甜，成为东京城内生活用水的主要河流，也是唯一流入皇宫的河流。宋真宗时期，为了扩大水源，保证城中的供水量，天禧二年（1018）又引索水到东京城西，使京、索二水合流，汇入京城。金水河引索水之后，"以源流深远，与永安青龙河相合"（同上），元丰五年（1082）赐其名为"天源"。徽宗重和元年（1118），因内庭池苑增多，患水不足，又引索河一派导入金水河。

②筑堤，从汴河上用木槽架过：北宋初年，引金水河入东京，目的是为了疏浚京城北部的五丈河。就开封城而言，金水河自西而来，汴河则从西北流向东南，两河在开封城西交汇。当时汴河以黄河为水源，水质混浊，含沙量大。由于金水河所处地势高于汴河，倘若直接决金水河注入汴河，金水河水会随汴河南流，很难继续向北流。于是在汴河上设置透水槽，使金水河水通过水槽，横过汴河。徽宗时期的引水工程中，在西起中牟、东抵外城固子门的金水河南北两岸筑堤保护，历史上称为"夹堤"，与固子门内原筑的金水堤内外呼应。

③遮拥：掩蔽，保护。

④入大内，灌后苑池浦：宋徽宗赵佶《宫词》其九十一写流入大内的

金水河:"天源一派过严城,宝兽喷香漱玉声。分入瑶津来紫禁,杯流曲沼远相萦。"后苑,此指北宋大内后苑,位于皇宫内朝景福殿、广圣宫之北,是皇帝和后妃的宴赏之地。北宋初年,后苑的建设较为简单,主要在真宗、仁宗时扩建成形。后苑内池沼、建筑、花木皆精,其中备有龙船以供舟游,皇帝也在这里召见近臣赏花赋诗。至徽宗"宣和末,都城起建园囿,殆无虚日,土木之工,盛冠古今,如撷芳园、山庄、锦庄、筠庄、寿岳,……皆极奢侈,为一时之壮观。"(宋人张知甫《可书》)

⑤白虎桥:古人以青龙、白虎、朱雀、玄武为"四象",分别代表东、西、南、北四个方向,白虎桥可能以此得名。然据《宋史·太宗本纪一》,太平兴国二年(977)秋闰七月,太宗"幸白鹊桥,临金水河",可能又称"白鹊桥"。其址据推测应在今开封市林场附近,即已发现的咸丰水门遗址不远处。北宋初年,此处常为帝王的游幸场所。

⑥横桥:金水河上的横桥,位于通往当时的重镇卫州的要道上。

⑦五王宫桥:其址据推测应位于今开封市龙亭区开封警察学院附近的东京大道一线。

【译文】

京城西北部的河道名为金水河,从京城西南方向,分京、索二河之水,修筑夹堤,在汴河上架设木槽,使金水河水跨过汴河,从西北水门流入京城,在两岸高墙保护下,流入皇宫,灌注后苑的池塘。金水河上有三座桥,分别名为白虎桥、横桥、五王宫桥之类。

又曹门小河子桥①,曰念佛桥。盖内诸司辇官②、亲事官之类③,军营皆在曹门,侵晨上直④,有瞽者在桥上念经求化⑤,得其名矣。

【注释】

①曹门小河子桥：北宋真宗大中祥符二年（1009）九月，命供备库谢德权从天波门外引金水河，经皇城之西，至宣德门，再过御街，向东，绕过太庙，由城墙上的水洞流出，与内城濠之水汇合在一起，全长十余里。流至曹门的金水河称为"小河子"，其上建桥，即所谓"曹门小河子桥"。

②内诸司：皇宫中的各官署。内，指宫中。辇官：指掌管内诸司车辆、器物的官员。据《宋会要辑稿·职官一九》，辇官分供御辇官、次供御辇官、下都辇官三种，供御辇官"主分番攀御辇"，次供御辇官"主分番荷御衣箱"，下都辇官"分给宫中及戚里肩舆"。北宋时期人数不定，南宋高宗绍兴十二年（1142）下诏："供御、次供御、下都辇官，权以一千人为额。"辇，专指天子的车。

③亲事官：掌守卫陪从，始设于唐，以六七品官之子、年在十八以上者为亲事。南宋吴曾《能改斋漫录·事始》："省寺所用使令者，名亲事官，自唐已有之。"唐人杜佑《通典·职官十七》"又有亲事、帐内"，原注："六品、七品子为亲事，八品、九品子为帐内，限年十八以上，举诸州，共率万人为之。"

④侵晨：黎明，天快亮的时候。上直：上班，当值。

⑤瞽（gǔ）者：盲人。求化：募化。指求人施舍财物。

【译文】

此外，曹门小河子上的桥，名叫念佛桥。因为宫内各官署的辇官、亲事官之类，驻扎的军营都在曹门外。他们黎明时分去宫内当值，路过此桥时，总有盲人在桥上念经化缘，所以得了这么个名字。

大内

　　"大内"指的是北宋的皇宫,位于东京汴梁内城的西北方位。在北宋王朝统治的一百六十七年中,共有太祖、太宗、真宗等九位帝王在此居住和管理朝政。

　　北宋皇宫是在唐代宣武军节度使治所的基础上逐渐发展起来的,五代后梁时称为"建昌宫",后唐时复为宣武军治,后晋时为"大宁宫"。北宋立国后,建隆三年(962)五月,太祖赵匡胤下令以洛阳宫殿图纸为蓝本,扩建皇宫,由铁骑都尉李怀义与中贵人主持扩建工程。按照太祖的设想,皇宫主要建筑应在中轴线两侧对称分布,因此"初命怀义等,凡诸门与殿须相望,无得辄差,故垂拱、福宁、柔仪、清居四殿正重,而左右掖与昇龙、银台等诸门皆然"(宋人叶梦得《石林燕语》)。但是由于唐、五代以来,宫城周边各类建筑错综复杂,如果按照理想蓝图施工,势必过于兴师动众,最后做了妥协处理,其主殿大庆殿与端门偏离了中轴线。因此,与此前的隋唐长安皇宫、此后的明清北京紫禁城相比,北宋东京皇宫的布局显得繁杂,从纵向来看,出现南北向的三条轴线;从横向来看,则是以大庆殿—文德殿、垂拱殿—紫宸殿—集英殿的东西两排殿宇。这种皇宫布局,在中国古都发展史上绝无仅有。据说"宫成,太祖坐福宁寝殿,令辟门前后,召近臣入观,谕曰:'我心端直正如此,有少偏曲处,汝曹必见之矣。'群臣皆再拜。后虽尝经火屡修,率不敢易其故处矣。"(同上)真宗大中祥符五年(1012)正月,下诏用砖垒砌皇城,使之成为北宋东京城垣中唯一的砖城。生活在北宋中后期的著名词人周邦彦在《汴都赋》中赞美宫城的宏伟壮丽景观:"帝居安丽,人所未闻。南有宣德,北有拱辰。延亘五里,百司云屯。"

就政治空间而言,北宋皇宫分为内朝与外朝。由于皇宫相对狭窄,众多中央官府,如"两府八位"、尚书省、御史台、秘书省、大晟府、太常寺等,只得安排在皇宫外面,主要是皇城南面御街的两侧。此举开启我国古代皇宫前面千步廊两侧布置中央官府之先河,为以后的金中都、元大都所沿袭,至明清北京城趋于完善。

《东京梦华录》此条760余字,不仅详细介绍北宋汴京皇宫的建筑格局与宫殿名称,而且涉及宫廷生活相关的若干细节。先由皇城正南门宣德门写起,描绘了徽宗政和八年(1118)扩建以后的宣德门形象。徽宗赵佶传世的《瑞鹤图》中,部分展现了宣德门庄严肃穆、金碧辉煌的景象,孟元老则以文字形式提供了更多细节,是研究北宋都城形制的重要资料。之后介绍皇宫正殿大庆殿,重点介绍太史局官员奏报时刻、皇帝车驾斋宿、正朔朝会等功能,并介绍大庆殿周边分布的中央各官署;之后介绍大庆殿西侧的文德殿及周边区域,这是北宋皇帝进行主要政务活动的场所。以上属于皇宫的外朝部分。

对于皇宫的内廷部分,先介绍东华门附近的凝晖殿,这是与宫禁买卖进贡、皇宫禁卫与膳食供应活动密切相关的宫殿区,孟元老特别介绍了早晚进膳的排场与警戒措施,透露出北宋宫廷生活的隐秘细节;然后介绍紫宸殿、垂拱殿等重要宫殿。最后,孟元老特别提到"东华门外,市井最盛,盖禁中买卖在此",庄重森严的皇宫与繁华热闹的市井如此奇妙地联系在一起。

　　大内正门宣德楼①,列五门②,门皆金钉朱漆。壁皆砖石间甃③，镌镂龙凤飞云之状。莫非雕甍画栋④，峻桷层榱⑤，覆以琉璃瓦⑥。曲尺朵楼⑦，朱栏彩槛。下列两阙亭相对⑧，悉用朱红杈子⑨。

【注释】

①大内：皇宫的总称。此处指北宋皇城（又称"皇宫""宫城""禁中"等），是皇帝的议事殿阁和寝宫所在地。《宋会要辑稿·方域一》："大内据阙城之西北。宫城周回五里。"真宗大中祥符五年（1012）正月，下诏用砖垒砌皇城，使之成为北宋东京城垣中唯一的砖城。元人《事林广记》曾附一幅《京阙之图》。宣德楼：此处实际是北宋东京皇城正南门宣德门的俗称。宣德门，又名"丹凤门""乾元门""正阳门""端门"等，宣德楼是建于此门上的门楼。宣德门由门楼（宣德楼）、左右两座朵楼、东西阙楼及两侧斜廊组成，总平面呈"凹"字形，在北宋东京皇宫建筑布局中占有重要地位，并对中国古代都城城门形制的演变产生了重要影响，是研究中国古代宫殿制度演变的重要资料。宣德门是北宋皇帝施行"仁德之政"、取信于民的活动场所，每年正月十五上元张灯，是"君民同乐"的舞台；每逢上圣祖号、册封太子、星相生变，皇帝要大赦天下，此处也是大赦仪式的场所。本书卷六"十六日"条有详细描写。宋徽宗在《宫词》其五十五中描写宣德门巍峨壮丽的景象："九重城阙壮端门，霁色荣光瑞景分。一望葱葱佳气里，楼台常恐碍行云。"

②列五门：宣德门来源于唐汴州城的鼓角门，原有两个城门洞，宋初扩展为三个门洞，徽宗政和八年（1118）蔡京主持扩建工程，曲解《礼记》中的"天子五门"（天子所居之处有五重门），将三个门洞扩建为五个门洞，以符合皇家规格，彰显皇家气质。对此，南宋陆游在《家世旧闻》中有详细记载："先君（按，指其父陆宰）言：宣德门本汴州鼓角门，至梁建都，谓之'建国门'。历五代，制度极庳陋。

至祖宗时，始增大之，然亦不过三门而已。蔡京本无学术，辄曰：'天子五门，今三门，非古也。'天子五门，谓臯、库、雉、应、路，盖以重数，非横列五门。京徐亦知其误，而役已大兴，未知所出。其客或谓之曰：'李华赋云"复道双回，凤门五开"，是唐亦为五门。'京大喜，因得以藉口，穷极土木之工。改门名曰'太极楼'。或谓太极非美名，乃复曰'宣德门'，而改宣德郎为宣教郎。门成，王履道草诏曰：'阁道穿窿，两观骞翔于霄汉；阙庭神丽，十扉开阖于阴阳。'"十扉"谓五门也。昔三门，惟乘舆自中门出入；若赐臣下旌节，则亦启中门而出，盖异礼也。至是，中门之左右二门，亦常局锔，赐文臣旌节，则启左而出；赐武臣旌节，则启右而出。门虽极精丽，然气象乃更不及昔之宏壮也。"

③甃（zhòu）：本指用砖修砌的井壁。《易·井卦》有"井甃无咎"句，《周易集解》引前人注云："以砖垒井曰'甃'。"也指用砖修井。引申为砌垒砖石。

④雕甍（méng）：雕镂文采的殿亭屋脊。甍，古建筑中指梁栋或屋脊，这里泛指梁栋。栋：屋子正中最高处的东西向横木，房屋的正梁。

⑤桷（jué）：方形的椽（chuán）子。榱（cuī）：椽子。

⑥覆以琉璃瓦：宣德门屋顶为绿琉璃甋瓦。据北宋李诫《营造法式·琉璃瓦等》记载："甋瓦于背面鸱兽之类，于安卓露明处。"在宋代，除了皇宫，只有亲王、公主的宅第可以使用琉璃瓦。

⑦朵楼：正楼两旁的楼。

⑧阙亭：傅斯年《中国古代建筑十论》中认为应指"凹"字形平面两内转角处建在地面上的一对小亭子。宋人梁周翰《五凤楼赋》描写宣德门："双阙偶立，突然如峰。平见千里，深映九重。"

⑨杈（chà）子：置于官府宦宅前阻拦人马通行的木架，由一横木连接数对两相交叉的竖木构成。古称"桂桓"，也称"行马"，俗称"拒马叉子"。《周礼·天官·掌舍》："掌王之会同之舍，设梐枑（bì hù)再重。"注:"椹桔谓行马。"元人李翀《日闻录》:"晋魏之后,官至贵品者,其门得施行马。行马者,即今官府前叉子是也。"北宋李诫《营造法式》中有"造拒马叉子之制"。宋代的杈子分不同地点,以不同漆色相别,宫阙用朱,官寺用黑(明人方以智《通雅》)。宋代《春游晚归图》中,城门前路旁各置一杈子,其形象可为证也。

【译文】

　皇宫正门宣德楼,排列着五座大门,门上都装着金钉,涂饰红漆。宣德楼的墙壁都是砖石相间砌成,雕刻着龙、凤和飞云的形状。无处不是雕刻的屋脊、彩绘的栋梁,椽檐层叠高耸,屋顶用琉璃瓦覆盖。宣德楼两侧建有曲尺形的朵楼,也都饰以朱红彩绘的栏杆。朵楼下面,两座阙亭东西相对,都设置着朱红色的杈子,拦阻人马通行。

　入宣德楼正门,乃大庆殿①。庭设两楼,如寺院钟楼,上有太史局保章正②,测验刻漏③,逐时刻执牙牌奏④。每遇大礼⑤,车驾斋宿⑥,及正朔朝会⑦,于此殿。殿外左、右横门⑧,曰左、右长庆门。

【注释】

　①大庆殿:北宋皇宫正殿,是皇宫里最为雄伟壮丽的殿宇。整个殿堂平面呈"工"字形,大殿九间,东西挟屋各五间,东西廊各六十间,殿前台阶为沙墀、龙墀,殿后有斋宿殿。据《宋史·地理志》,大庆殿旧名"崇元",太祖乾德四年(966)重修,改名"乾元殿",太宗太平兴国(976—979)、真宗大中祥符年间(1008—1016),因火灾而先后改名"朝元""天安",仁宗景祐年间(1034—1038),方改名"大庆殿"。凡元旦、冬至、圣节称贺大礼、册封尊号等,皇帝必亲御大殿宝座,举行盛大的朝会大典。

②太史局：掌管天文历法的机构。由秦汉时期的太史令演变而来。隋代称"太史监"，唐初为"太史局"，肃宗时改称"司天台"，五代同。宋代沿置，神宗时改官制，复称"太史局"。《宋史·职官志四》："太史局掌测验天文，考定历法。"保章正：官名。《周礼·春官·大宗伯》有"保章氏"，掌观察星辰日月的变动，辨明测知天下的吉凶祸福。唐取其义，于司天台设保章正二人，秩从七品上，掌编制历法及测量日影确定春、秋分与夏、冬至。宋代沿置。

③刻漏：古代计时器，亦称"漏壶"，古代利用滴水来计量时间的仪器，有不同的形制。大体上是用铜铸成壶，在壶底穿孔，壶内竖有一支刻有度数的箭形浮标，利用水均衡滴漏原理，观测壶中刻箭上依次显示的数据，由此计算时间。

④逐：依次，一个挨着一个。时：时辰。以一昼夜分为十二时辰，并与十二干支相配，每一时辰又分初、正，合为今天的二十四小时。刻：古时以漏壶计时，把一昼夜分为一百刻。节令不同，昼夜刻数不同：冬至，昼四十五刻，夜五十五刻；夏至，昼六十五刻，夜三十五刻；春分、秋分，昼五十五刻半，夜四十四刻半。牙牌：用象牙制成的牌子，上面刻着官员的姓名与官职，凭此进出皇宫。本书卷十"车驾宿大庆殿"："冬至前三日，驾宿大庆殿。殿庭广阔，可容数万人，尽列法驾仪仗于庭，不能周遍。有两楼对峙，谓之'钟鼓楼'，上有大史局生测验刻漏。每时、刻作鸡唱，鸣鼓一下，则一服绿者执牙牌而奏之。每刻曰'某时几棒鼓'，一时则曰'某时正'。"

⑤大礼：庄严隆重的典礼。《礼记·乐记》中说"大乐与天地同和，大礼与天地同节"，后世常以"大礼"指称皇帝祭祀天地的仪式。对于宋代大礼的界定，有广义和狭义之分：广义的大礼指南郊大礼、正月祈谷大礼、季秋明堂大礼等皇帝亲自参加的祭祀礼仪，"国家大礼，曰南郊，曰明堂，曰祫飨，曰恭谢，曰籍田，曰上庙号"

（《续资治通鉴长编·仁宗元丰五年》）；狭义的大礼，仅指冬至的

南郊大礼。

⑥斋宿：指在祭祀或典礼前，先期斋戒独宿，整洁身心，以示虔敬。

详见本书卷十"车驾宿大庆殿"条。

⑦正（zhēng）朔：一年中的第一天，即农历正月初一。正，一年的开

始。朔，一月的开始。朝会：诸侯、臣属及外国使者朝见天子。古

代称臣见君为"朝"，君见臣为"会"，合称"朝会"。

⑧左、右横门：指从主要建筑的角度来看，建于左右两侧的门。横，

古时以南北为纵，东西为横。

【译文】

进入宣德楼正门，就是大庆殿。大殿庭院中设置东、西两座楼，犹如

寺院中的钟楼，楼上有太史局的官员保章正，观测、校验漏壶的刻度，按

时按刻手执牙牌奏报。每逢重大典礼，皇帝斋戒住宿，以及每年正月初

一的大朝会，都在这座宫殿举行。长庆殿外面，左、右两侧的门，名为左、

右长庆门。

内城南壁有门三座，系大朝会趋朝路①。宣德楼左曰左

掖门②，右曰右掖门。左掖门里乃明堂③。右掖门里，西去，

乃天章、宝文等阁④。宫城至北廊约百余丈。入门，东去，街

北廊乃枢密院⑤，次中书省⑥，次都堂⑦，宰相朝退，治事于此，

次门下省⑧，次大庆殿外廊横门。

【注释】

①趋朝路：朝会的通道。趋朝，上朝。

②掖门：宫殿正门两旁的边门。《汉书·高后纪》："章从勃请卒千人，

入未央宫掖门。"注："非正门而在两旁，若人之臂掖也。"宋代日本僧

人成寻《参天台五台山记》："宣德之门……东隔三百步，有左掖门。"

③明堂：古代帝王宣明政教之地。北宋皇城自左掖门向北，左长庆门、左嘉肃门至左银台门，组成外朝东边的一条南北道。这条南北道以东，原为由集贤、昭文、史馆组成的三馆，以及三馆北边的秘阁（后改为崇文院）。三馆后遭火灾，神宗时改为秘书省。徽宗政和五年（1115），把秘书省迁到宣德门外之东，以其地为明堂，"开局兴工，日役万人"（《宋史·礼志四》），至政和七年（1117）始成。明堂建好之后，号称"布政之宫"，成为北宋末年宋徽宗、蔡京等人宣明政教、粉饰太平的重要场所。原在大庆殿举行的朝会、祭祀、庆赏等大典，后也均改在此处举行。宋徽宗时期修建的明堂，被认为是中国历史上最符合儒家明堂形制思想的明堂。宋高宗绍兴三年（1133）七月，金人在中原扶植的"大齐"皇帝刘豫"毁明堂，天地晦冥者累日"（《宋史·五行志一》）。

④"右掖门里"几句：天章、宝文等阁，均为宋代殿阁名，是收藏已故君主御集以及御物、图籍、宝玩、符瑞等的殿阁。据《宋史·职官志二》记载，最早修建的龙图阁在"在会庆殿西偏，北连禁中，阁东曰资政殿，西曰述古殿"，天章阁"在会庆殿之西，龙图阁之北，……东曰群玉殿，西曰蕊珠殿，北曰寿昌殿，南曰延康殿"，宝文阁"在天章阁之东西序，群玉、蕊珠殿之北"。孟元老此处所记，似乎二阁就在右掖门内偏北的位置，这是不准确的。按，为已故君主建阁，用以收藏君主御集以及御物、图籍等，并依照阁名设置学士、直学士、待制、直阁等文官职名，授予文学高选之士，以"备西清之咨访"（宋人李攸《宋朝事实·官职》），是宋代独有的政治传统，其制始于真宗咸平四年（1001）为太宗所建龙图阁。天章阁，天禧四年（1020）真宗御集编成，令建阁奉藏，次年（1021）仁宗即位，"修天章阁毕……以在位受天书祥符，改曰'天章'，取'为章于天'之义"（《宋史·职官志二》），藏真宗御制文集和御书、御物，以及宗正寺所进属籍、世谱等宗室档案。此后图籍、宝玩、符

瑞之物，以及宗正寺所进宗室名册、宋历代皇帝画像与即位前旌节，多藏于此。宝文阁，嘉祐八年（1063）英宗即位后，以仁宗御书、御制文集藏于阁内。神宗即位后，英宗御书亦藏此阁。

⑤枢密院：官署名。宋代枢密院为最高军事机关，掌军国机务、兵防、边备、军马等政令，出纳机密命令，与中书省分掌军政，号为二府。

⑥中书省：官署名。宋前期，为皇城外挂牌机构。仅掌郊祀大礼册文祝辞、皇帝死后的谥号册，本省所属玉册院等诸司吏人及祠祭官斋郎、室长等任满迁转或出职的奏请，幕职州县官考核，文官换赐官服，佛寺、道观取名赐额之类琐事。元丰新制，为中央造令、传旨的政务机构，并掌有直接除授差遣官（职事官）、阶官、贴职、侍从官等所谓"堂除"（不由吏部而由宰相）的大权。

⑦都堂：宰相治事之所，"都"有总揽的意思。北宋前期，称尚书省的总办公厅为都堂，有时也称中书门下的政事堂为都堂。元丰改制后，撤销中书门下，以尚书省都堂为政事堂。徽宗政和二年（1112）九月，改都堂为公相厅，宣和二年（1120）十月，改公相厅为都厅。南宋赵与时《宾退录》："祖宗时，诸郡皆有都厅。至宣和三年，怀安军奏：'今尚书省公相厅改作都厅，内外都厅并行禁止。欲将本军都厅以金厅为名。'从之。且命诸路依此。"

⑧门下省：官署名。魏晋至宋的中央最高政府机构之一。初名侍中寺，是官内侍从官的办事机构，西晋称门下省。隋唐时期，正式设立门下省，与尚书省、中书省同为"三省"之一。门下省一般设有侍中二人，正三品。宋承唐制置。宋初，门下省名存实亡，仅掌印玺、朝会版位等朝仪之事，多以他官兼领侍中，以示官阶。元丰改制后，为中央审令机构，辅佐皇帝决策，掌审驳中书省、枢密院画黄、录白等事，其长官则以尚书左仆射兼门下侍郎行侍中职。

【译文】

宫城南墙上有三座门，是重大朝会时朝臣与使臣们上朝的通路。宣德楼左边的名为左掖门,右边的名为右掖门。左掖门的里面就是明堂。右掖门里面,朝西去,是天章、宝文等阁。从宫城到北面的走廊,大约一百余丈。进右掖门,朝东去,大街北面廊庑是枢密院,其次是中书省,其次是都堂,宰相退朝后,在这里处理政务,其次是门下省,其次是大庆殿外面走廊的边门。

北去百余步,又一横门,每日宰执趋朝①,此处下马,余侍从②、台谏于第一横门下马③,行至文德殿④。入第二横门,东廊,大庆殿东偏门,西廊,中书门下后省⑤,次修国史院⑥,次南向小角门⑦,正对文德殿,常朝殿也⑧。殿前东西大街,东出东华门,西出西华门⑨。近里又两门相对,左、右嘉肃门也。南去,左、右银台门。

【注释】

①宰执:宋代宰相与执政的统称。两宋先后以平章事、同平章事、尚书左右仆射、左右丞相、侍中为宰相,以参知政事、门下侍郎、中书侍郎、尚书左右丞、枢密使、枢密副使、知枢密院事、同知枢密院事、签书枢密院事等为执政。

②侍从:宋代称殿阁学士、直学士、待制与翰林学士、给事中、六部尚书、侍郎为侍从。

③台谏:宋代御史与谏官的合称。台,御史台。谏,谏院。

④文德:位于北宋皇城内大庆殿的西侧,为正衙殿,是皇帝的主要政务活动场所。其中“太祖时,元朔亦御此殿,其后常陈入阁仪如大庆殿,缞明堂,恭谢天地,即斋于殿之后阁。熙宁以后,月朔视朝,御此殿”(《宋会要辑稿·方域一》)。

⑤中书门下后省:宋以中书省、门下省官署设于宫禁之外,称中书门

下外省。神宗元丰八年(1085)改称"中书门下后省",以与另设
于禁中的中书门下(政事堂)相对。为两省处理日常行政事务之
所,不预机要。

⑥修国史院:即国史院,掌修国史。宋初,门下省编修院掌修国史,
修毕即停。元丰改制后,每修前朝国史、实录,即另置图史、实录
院,以首相提举。元祐五年(1090)置国史院,隶门下省,绍圣二
年(1095)改隶秘书省。

⑦小角门:宋人蔡絛《铁围山丛谈》:"秘书省之西,切近大庆殿,故
于殿廊辟角门子以通。遇乘舆出,必由正寝而前,则秘书省官
自角门子入,而班于大庆殿下,迓车驾起居,及还内,亦如之,可谓
清切矣。以是诸学士多得由角门子至大庆殿,纳凉于殿东偏。世
传仁祖一日行从大庆殿,望见有醉人卧于殿陛间者。左右亟将呵
遣,询之,曰'石学士也',乃石曼卿。仁庙遽止之,避从旁过。"

⑧常朝:也称"视朝",就是臣下定期朝见君主、议论政务之意。在京
师不管政事的朝官,须日赴正殿立朝。虽然皇帝不御正殿坐朝,
仍须候宰执、侍从官及武班内殿"常起居"毕,并由一员宰相押班,
向御座行朝拜礼;传宣皇帝旨意"不坐"后,再拜二拜,放朝。此
种例行朝仪,遵循"天子不可一日不朝"的古礼而已。

⑨"殿前东西大街"几句:按,据宋人张舜民《画墁录》,北宋皇宫中
只有一条横街,隔开外朝和内朝区域,即东华门至西华门之间的
道路,文德殿与大庆殿一线,位于外朝的最后位置。据此推断,孟
元老说文德殿"殿前东西大街,东出东华门,西出西华门","殿前"
应改为"殿后"。东华门,宋皇城正东门。宋代日本僧人成寻《参
天台五台山记》:"(东华门)大楼七门间,有三门户。外面左右有
十余间舍,宫人进居。"

【译文】

从大庆殿外面走廊的边门再向北去一百余步,又是一个边门,每天

宰相和执政官上朝，在此处下马，其余的侍从和御史台、谏院官员，在第一道边门下马，所有人步行至文德殿。进入第二道边门，东廊是大庆殿东偏门，西廊是中书门下后省，其次是修国史院，其次是朝南方向的小角门，正对着文德殿，日常朝会的大殿。文德殿后是东西向的大街，向东去是东华门，向西去是西华门。附近又有两门相对，这是左、右嘉肃门。朝南去，是左、右银台门。

自东华门里皇太子宫入嘉肃门，街南，大庆殿后门，东、西上阁门①；街北，宣祐门。南北大街西廊，面东曰凝晖殿，乃通会通门，入禁中矣②。殿相对东廊门楼，乃殿中省六尚局③、御厨④。殿上常列禁卫两重，时刻提警，出入甚严。近里，皆近侍中贵⑤，殿之外皆知省⑥、御药幕次⑦。快行⑧、亲从官⑨、辇官⑩、车子院、黄院子⑪、内诸司兵士⑫、祗候宣唤⑬，及宫禁买卖进贡⑭，皆由此入，唯此浩穰⑮。诸司人自卖饮食珍奇之物，市井之间未有也⑯。每遇早晚进膳，自殿中省对凝晖殿，禁卫成列，约拦不得过往⑰。省门上有一人呼喝，谓之"拨食家"⑱，次有紫衣、裹脚子向后曲折幞头者⑲，谓之"院子家"⑳，托一合㉑，用黄绣龙合衣笼罩㉒，左手携一红罗绣手巾㉓，进入于此，约十余合。继托金瓜合二十余面进入，非时取唤㉔，谓之"泛索"㉕。

【注释】

①阁门：古代官殿的侧门。北宋沈括《梦溪笔谈·故事一》："今学士初拜，自东华门入，至左承天门下马，待诏、院吏自左承天门双引至阁门。此亦用唐故事也。"阁门也是官署名，掌朝会宴幸、供奉赞相礼仪之事，官员东、西上阁门对置。

②禁中：也作"禁内"。帝王所居的官苑，因不许人随便进出，故称。

③殿中省六尚局:北宋徽宗之前,殿中省所掌唯郊祀、元日、冬至皇帝御殿,及祫禘后庙、神主赴太庙,供具伞扇之事;有判省事一人,以无职事朝官充任,为寄禄官而已。神宗时,张诚一曾提议以内侍为殿中省官,神宗不允,盖不欲外官与宦官同。至徽宗崇宁二年(1103),诏立殿中监尚食、尚药、尚酝、尚衣、尚舍、尚辇凡六局,称"六尚局",掌供奉皇帝饮食、医药、服御、幄帟、舆辇、舍次等政令,并置提举六尚局及管干官一员。关于"六尚"之设,《宋史·职官志四》中说:"初,权太府卿林颜因按内藏库,见乘舆服御杂贮百物中,乃乞复殿中省六尚,以严奉至尊。于是徽宗乃出先朝所度《殿中省图》,命三省行之,而其法皆左正言姚祐所裁定,是岁崇宁二年也。三年,蔡京上修成《殿中省六尚局供奉库务敕令格式》并《看详》凡六十卷,仍冠以'崇宁'为名。政和元年,殿中省高伸上编定《六尚供奉式》。"此后殿中监、少、丞亦用文臣,只有六尚局都用宦官,"北司之盛,此亦一端"(南宋陈均《皇朝编年纲目备要》)。宋徽宗《宫词》其九十五专写"六尚局":"殿省爰新六尚名,攸司遵职赞隆平。屡颁衍宴丰碑立,官属同刊琬琰荣。"钦宗靖康元年(1126),以六尚局非祖宗旧制而罢除。关于六尚局职能,《宋史·职官志四》中说:"殿中省……凡总六局:曰尚食,掌膳羞之事;曰尚药,掌和剂诊候之事;曰尚酝,掌酒醴之事;曰尚衣,掌衣服冠冕之事;曰尚舍,掌次舍幄帟之事;曰尚辇,掌舆辇之事。"

④御厨:《宋会要辑稿·方域四》:"御厨在内东门外之东廊,掌供御之膳羞,及给内外饔饩割烹煎和之事。"

⑤近侍:接近并随侍皇帝左右的人。中贵:即中官、宦官,指接近帝后、拥有权势的大太监。亦泛指皇帝宠爱的近臣。中,禁中,指皇宫。

⑥知省:指入内内侍省都都知、内侍省都知等宦官高级头目。北宋有入内内侍省,"掌内朝供奉之事,……日直禁省,则视其多寡而番休之,天子行幸,则执乘舆服御以从"(《宋会要辑稿·职官

三六》），其头目入内内侍省都都知，从五品；都知、副都知、押班，并正六品；还有内侍省，"掌禁中供奉之事"（同上），其头目内侍省左右班都知、副都知、押班无定员，并正六品。

⑦御药："御药院勾当官"等的省称。《宋史·职官志四》："（御药院）勾当官无常员，以入内内侍充，掌按验秘方，以时剂和药品，以进御及供奉禁中之用。"幕次：多指军事机构或行动中临时搭设的帐幕。此指两宋朝廷普遍使用的临时性等待、休息场所，主要设置在各种日常政治及礼仪场合，依官品高下次序排列。宋人叶梦得《石林燕语》："殿庐幕次，三省官为一幕，枢密院为一幕，两省官为一幕，尚书省官为一幕，御史台为一幕，中司则独设椅子，坐于隔门之内，惟翰林学士与知开封府同幕。盖旧制，知府常以翰林学士兼故也。始枢密院与中书门下同一幕，赵中令末年，太祖恶其专，而枢密使李崇矩乃其子妇之父，故特命拆之，迄今不改。"

⑧快行：亦称"快行家""快行客"，宋代宫廷中供奔走传达命令的吏役。宋人叶梦得《石林燕语》："宰执每岁有内侍省例赐新火、冰之类，将命者曰'快行家'。"

⑨亲从官：属皇城司。《宋史·兵志一》："太平兴国四年，分亲事官之有材勇者为之，给诸殿洒扫及契勘巡察之事。"政和五年（1115）后，以七百人为额。

⑩辇官：掌引驾车辇的官。《宋史·仪卫志二》："辇官五十三人。"

⑪黄院子：宋朝内廷的杂役人员。

⑫内诸司：宋代宫禁内各官署机构的统称，长官多由内侍宦官充任。

⑬祗（zhī）候：宋代官名。为阁门使的属官，协助阁门舍人掌朝会宴享赞相礼仪之事。宣唤：帝王下令宣召、传唤。

⑭宫禁：皇帝居住之处，此指皇宫。

⑮浩穰（ráng）：众多，繁多。

⑯市井：古代商肆集中的地方，做买卖的场所。后来用作街市的代称。

⑰约拦：拦挡，阻止。

⑱拨食家：宋代皇帝进膳时，禁宫中专门有人吆喝示意，称为"拨食家"。家，具有某种身份的人。北宋张公庠《宫词》："圣主忧勤鉴万机，日高前殿步舆归。太官进膳传呼速，御合翩翩入禁扉。"

⑲幞（fú）头：包头软巾，在东汉幅巾的基础上演变而成，相传始于北周武帝。南宋赵彦卫《云麓漫抄》："幞头之制，本曰'巾'，古亦曰'折'。以三尺皂绢向后裹发。晋宋曰'幂后'，周武帝遂裁出四脚，名曰'幞头'，逐日就头裹之，又名'折上巾'。"幞头是宋代常服的首服，戴用非常广泛。宋代的幞头内衬木骨，或以藤草编成巾子为里，外罩漆纱，做成可以随意撘戴的幞头帽子，不像唐初那种以巾帕系裹的软脚幞头。后来索性不用藤草，专衬木骨，平整美观。北宋沈括《梦溪笔谈·故事一》："本朝幞头有直脚、局脚、交脚、朝天、顺风，凡五等，唯直脚贵贱通服之。"直脚幞头又名"平脚"或"展脚"，即两脚平直、向外伸展的幞头；局脚幞头是两脚弯曲的幞头；交脚幞头是两脚翘起、于帽后相交成为交叉形的幞头，河北宣化辽墓壁画中有此样式；朝天幞头是两脚自帽后两旁直接翘起而不相交的幞头，山西高平开化寺宋代壁画有此样式；顺风幞头的两脚顺向一侧倾斜，呈平衡动势，西安唐韦河墓有此种样式。宋人叶梦得《石林燕语》："旧制，幞头巾皆折而敛前。神宗尝谓近臣，此制有承上之意。绍圣后，始有改而偃后者，一时宗之，谓前为'敛巾'，遂不复用。此虽非古服，随时之好。然古者为冕，皆前俯而后仰，敛巾尚有遗意也。"

⑳院子家：宫廷中进奉膳食的仆人。

㉑合：盒子。后作"盒"。

㉒合衣：盒罩。

㉓红罗：红色的轻软丝织品。

㉔非时：不在正常、适当或规定的时间内。

㉕泛索：无规则的临时传取宫内所需物事，系时人口头语。《宋会要
辑稿·职官二一》："见今牛羊司宰供御膳羊，每日宰羊一口供应。
每月依已降指挥，收四十口为额，内一十口充泛索使用。"宋徽宗
《宫词》其七十："六尚皆分典御行，司珍尤重膳羞良。小金盒子黄
封贴，细字臣民预品尝。"北宋王仲修《宫词》："进食门前金合人，
唐装宫女听传宣。"

【译文】

从东华门里的皇太子宫进入嘉肃门，街南面，是大庆殿的后门，东、
西上阁门；街北面是宣祐门。南北向大街的西走廊，朝东方向的宫殿名
为凝晖殿，这里通过会通门，就进入皇宫了。和凝晖殿相对的东廊门楼，
是殿中省六尚局和御厨房。凝晖殿上日常排列两重禁卫军士，时刻提防
警戒，人员出入控制得非常严格。最里边都是接近皇上、受到宠信的宦
官，殿外都是内侍省都知、御药院勾当官们的值班待命的场所。快行、亲
从官、辇官、车子院、黄院子、内诸司兵士、祗候等宣召传唤，以及宫内买
卖与进贡物品，全都由此处进入，只有此处人数最多。宫内各司的人自
己出卖的饮食之类与珍贵奇异的物品，都是街市上所没有的。每当早晨
和晚上为皇上奉上御膳之时，自殿中省到凝晖殿，禁卫排成行列，阻止闲
人过往。殿中省门口有一人呼唤吆喝，称为"拨食家"，之后就有身穿紫
衣、头戴幞脚裹起、向后曲折幞头的人，称为"院子家"，托着一个食盒，用
黄色绣龙的盒罩笼罩，左手携带一条红罗刺绣的手巾，从这里进入，大约
有十余盒。继而托着金色瓜形盒二十余只进入，以应临时传唤取用，称
为"泛索"。

宣祐门外，西去紫宸殿①，正朔受朝于此；次曰文德殿，常
朝所御；次曰垂拱殿②；次曰皇仪殿③；次曰集英殿④，御宴及试
举人于此⑤；后殿曰崇政殿⑥、保和殿⑦。内书阁曰睿思殿⑧。
后门曰拱辰门⑨。

【注释】

① 紫宸（chén）殿：皇帝视朝的前殿。每月朔望的朝会、郊庙典礼完成时的受贺及接见契丹使臣，都在紫宸殿举行。宋人叶梦得《石林燕语》："紫宸殿在大庆殿之后，少西。"宸，北极星所居，即紫微垣。借指帝王之所居，又引申为王位或帝王的代称。

② 垂拱殿：北宋君主平日听政的地方。北宋宋敏求《春明退朝录》："垂拱殿曰内殿，宰臣、枢密使以下要近职事者并武班，日赴，是谓'常起居'；每五日，文武朝臣厘务、令厘务并赴内朝，谓之'百官大起居'。"宋人叶梦得《石林燕语》："元丰官制行，始诏侍从官而上，日朝垂拱，谓之'常参官'；百司朝官以上，每五日一朝紫宸，为'六参官'；在京朝官以上，朔望一朝紫宸，为'朔参官'。遂为定制。"宋人蔡絛《铁围山丛谈》："国朝垂拱殿常朝班有定制，故庭下皆著石位。日日引班，则各有行缀，首尾而趋就石位。既谒罢，必直身立，俟本班之班首先行，因以次迤逦而去，谓之'卷班'。"宋徽宗《宫词》其七十一写垂拱殿接受大臣朝见景象："垂拱凌晨百辟朝，鸣鞘风引彻璇霄。鸳鸾杂遝趋鳞砌，无限黄金重满腰。"

③ 皇仪殿：宋人叶梦得《石林燕语》："皇仪殿旧名'滋福'，咸平初，太宗明德皇后居之，以为万安宫。后崩复旧。明道中改今名，故常废而不用，以为治后丧之所。"

④ 集英殿：始建于宋初，原名"广政殿"，仁宗明道元年（1032）更名"集英殿"，徽宗政和五年（1115）又改名"右文殿"。此殿主要作为宴殿，是每年举行春秋大宴的场所；神宗熙宁以后，此殿也是皇帝策试进士之所。

⑤ 御宴：以君王名义所设的宴会。

⑥ 崇政：旧名"简贤讲武殿"，宋太宗太平兴国二年（977）改名"崇政"。为皇帝阅事之所。殿东西有延义、迩英二阁，亦为侍臣讲读之所。仁宗景祐元年（1034）设"崇政殿说书"讲官名位。宋人叶

梦得《石林燕语》:"崇政殿即旧讲武殿,惟国忌前一日,及军头司引见,呈试武艺人。吏部引改官人,即常朝退,少顷,以衫帽再坐。"

⑦保和殿:始建于徽宗政和三年(1113)四月,九月完工。徽宗御撰《保和殿记》,记其情形甚详:"乃诏有司徙屯营于宫垣之外,移百官舍宇,俾就便利得其地,迁延福宫于宫城之北即延福旧址,作保和殿,五楹挟三,东侧殿曰出光,西侧殿曰蕖光。保和之后,有殿曰燕颐,两旁有殿曰怡神、曰凝神,其楹数如保和。总为屋七十五间。工致其巧,人致其力,始于四月癸巳,至九月丙午殿成。上饰纯绿,下漆以朱,无文藻绘画五采,垣墉无粉泽,浅墨作寒林平远、禽竹而已。前种松、竹、木樨、梅、桐、橙、橘、兰蕙,有岁寒秋香、洞庭吴会之趣;后列太湖之石,引沧浪之水,陂池连绵,若起若伏,支流派别,萦绕清泚,有瀛州方壶、长江远渚之兴。左实典诰、训谟、经史,以宪章古,始有典有则;右藏三代鼎、彝、俎、豆、敦、盘、尊、罍,以省象制器,参于神明,荐于郊庙。东序置古今书画,第其品秩,玩心游思,可喜可愕;西夹收琴阮笔砚,以挥毫洒墨,放怀适情。"保和殿周围的园林建筑特色,在后苑中别为一景。殿西南建有玉真轩,轩内有玉华阁,为徽宗宠妃九华玉真安妃的妆阁。据《续资治通鉴长编拾补·徽宗宣和元年》记载,宣和元年(1120)九月十二日,徽宗曾赐宴宰执大臣及诸亲王于此,安妃侍宴。徽宗先赋诗曰"雅燕酒酣添逸兴,玉真轩内看安妃",命蔡京赓补成篇,蔡京题曰"保和新殿丽秋辉,诏许尘凡到绮闱",又特赋《保和殿曲燕记》以记其事。蔡京还有《留题保和殿壁》诗:"琼瑶错落密成林,桧竹交加午有阴。恩许尘凡时纵步,不知身在五云深。"

⑧睿思殿:建于神宗熙宁八年(1075),神宗读书于此。至哲宗时,以睿思殿为先帝所建,不敢燕处,乃于殿后建宣和殿。至徽宗时,以睿思殿为讲礼进膳之所。大观二年(1108)曾对此殿进行修葺,徽宗为记并书之石。南宋晁公武《郡斋读书志·正史类·编年类》

记载，司马光完成《资治通鉴》后进献神宗，"《通鉴》奏御之明日，辅臣亟请观焉。神宗出而示之，每编始末识以'睿思殿宝章'，盖尊宠其书如此"。

⑨拱辰门：一名"拱宸门"，北宋皇城的北门。北宋周邦彦《汴都赋》："若夫帝居安丽，人所未闻。南有宣德，北有拱辰。延亘五里，百司云屯。"

【译文】

宣祐门外面，朝西去是紫宸殿，每年正月初一接受群臣朝贺，就在此殿；其次是文德殿，是日常朝会所在的宫殿；其次是垂拱殿；其次是皇仪殿；其次是集英殿，御宴以及策试礼部贡举人，都在此殿；后殿叫崇政殿、保和殿。内书阁叫睿思殿。后门叫拱辰门。

　　东华门外市井最盛，盖禁中买卖在此。凡饮食、时新花果①、鱼鰕鳖蟹②、鹑兔脯腊③、金玉珍玩④、衣着，无非天下之奇。其品味若数十分⑤，客要一二十味下酒⑥，随索，目下便有之⑦。其岁时果瓜蔬茄新上市⑧，并茄瓠之类新出⑨，每对可直三五十千⑩，诸阁分争以贵价取之⑪。

【注释】

①时新：某个时期最新的。

②鰕（xiā）：同"虾"。鳖：传说中指海里的大龟或大鳖。邓之诚注："案，鳖应作鼈。"

③鹑兔：鹌鹑和兔子，泛指野味。脯（fǔ）腊：干肉。北魏人贾思勰《齐民要术·脯腊》"作五味脯"，缪启愉校释："关于脯和腊，混称时都是干肉，分指则有别。……大动物析成条片的叫做'脯'，小动物全作的叫做'腊'。"脯腊的种类繁多，大致分为两类：一是以盐

为主的盐干法,一是不加盐的淡干法。

④珍玩:珍贵的玩赏之物。

⑤品味:各种肴馔。

⑥下酒:佐酒的菜肴果品。

⑦目下:目前,现在,在此时。

⑧岁时:每年一定的季节或时间。蔬茹:蔬菜。茹,菜。

⑨瓠(hù):瓠瓜,也叫"瓠子",葫芦的变种。果实长圆形,绿白色,嫩时可食。

⑩直:价值相当于。

⑪阁分(gé fēn):宋代对妃嫔的称呼。宋代后妃、皇子女所居,皆曰"阁"。南宋周密《武林旧事·宫中诞育仪例略》:"宫中凡阁分有娠,将及七月,本位医官申内东门司及本位提举官奏闻门司特奏。"

【译文】

东华门外面的市场最为兴盛,因为宫中的买卖集中在此。所有吃的喝的、应季新鲜的花卉水果、鱼虾鳖蟹、鹌鹑和兔子等各种野味制成的干肉,以及金玉珍宝、古玩、衣着,没有一样不是天底下的稀奇之物。那些菜肴常有数十种,顾客想要一二十种下酒菜,随心索要,马上便能端来。那些每年应季的瓜果蔬菜刚上市,以及茄子、瓠瓜之类新出现,每对可值三五十千钱,宫中的各位嫔妃争相出高价抢购。

内诸司

【题解】

"内诸司"指设于宫禁之中、为皇家服务的各种机构。宋人赵昇《朝野类要·内诸司》:"自内侍省以下,在禁中置局,并应属内司子局者,皆是也。"本条110余字,罗列北宋内诸司名称,从中可以窥见支持北宋皇宫日常运转的组织机构与经济基础。

内诸司皆在禁中,如学士院[1],皇城司[2],四方馆[3],客省[4],东、西上阁门[5],通进司[6],内弓、剑、枪、甲军器等库[7],翰林司[8],茶酒局也,内侍省,入内内侍省[9],内藏库[10],奉宸库[11],景福殿库[12],延福宫[13],殿中省六尚局,尚药,尚食,尚辇,尚酝,尚舍,尚衣,诸阁分[14],内香药库[15],后苑作[16],翰林书艺局[17],医官局[18],天章等阁[19],明堂颁朔布政府[20]。

【注释】

[1]学士院:皇帝的秘书处。唐初常命名儒学士起草诏令,无名号。玄宗时置翰林待诏,批答表疏,应和文章,又选文学之士为翰林供奉,与集贤院学士分掌制诏书敕。开元二十六年(738)改称翰林

学士,建学士院,掌起草任免将相、号令征伐等机密诏令,德宗后成为皇帝亲近顾问兼秘书官,号称"内相"。宋代称翰林学士院,地位、职掌与唐朝类似,位于枢密院北,开北门,与集英殿正对。元人马端临《文献通考·职官考八》:"学士院在枢密院之后,腹背相倚,不可南向,故以其西廊西向为院之正门,而后门北向,与集英相直,因榜曰'北门'。两省、枢密院皆无后门,惟学士院有之。学士朝退入院,与禁中宣命往来,皆行北门,而正门行者无几。"学士因为接近皇帝,号称"玉堂"或"玉署",宋太宗亲书"玉堂之署"赐翰林承旨苏易简。北宋沈括《梦溪笔谈·故事一》:"学士院玉堂,太宗皇帝曾亲幸。至今唯学士上日许正坐,他日皆不敢独坐。故事:堂中设视草台,每草制,则具衣冠,据台而坐。今不复如此,但存空台而已。"

②皇城司:官署名。皇帝的禁卫军队,掌宫城管钥、木契,按时启闭宫门。唐朝称"北衙",宋初称"武德司",太平兴国六年(981)十一月改为皇城司,位于皇城的左承天门内。《宋史·职官志六》:"(皇城司)掌宫城出入之禁令,凡周庐宿卫之事、宫门启闭之节,皆隶焉。"皇城司的首要职能在于禁卫皇城、扈从皇帝,即北宋韩缜所谓"(皇城)宿卫,所以奉至尊,戒不虞也"(《续资治通鉴长编·仁宗嘉祐六年》)。因为皇城司统率的亲事卒(即亲从官)深受天子信任,"为耳目之司"(《续资治通鉴长编·仁宗庆历八年》),因此也往往被委托为探事间谍,具有刺探情报机构的性质。徽宗第三子郓王楷长期提举皇城司。

③四方馆:官署名。始创于隋,为接待四夷使客的临时外交机构。至唐朝,成为与鸿胪寺并行的接待四夷使客的外交机构,同时开始负责安置国内重要臣僚、司礼奏纳等内部事务。北宋沿袭唐、五代旧制,设立四方馆,但是随着外交专门化,四方馆接待使客的外交职能大为削弱,逐渐转化为执掌进奉人到阙仪范、受纳臣僚

表章等礼仪性事务的内廷机构。《宋史·职官志六》："掌进章表，凡文武官朝见辞谢，国忌赐香，及诸道元日、冬至、朔旦庆贺起居章表，皆受而进之；郊祀、大朝会，则定外国使命及致仕、未升朝官父老陪位之版，进士、道释亦如之。掌凡护葬、赙赠、朝拜之事。"

④客省：官署名。唐代属鸿胪寺。《唐会要·鸿胪寺》："永泰以后，益多事，四方奏计，或连岁不遣，仍于右银台门置客省以居之。"北宋沿置。《宋史·职官志六》："掌国信使见辞宴赐，及四方进奉、四夷朝觐贡献之仪，受其币而宾礼之，掌其饔饩饮食，还则颁诏书，授以赐予。宰臣以下节物，则视其品秩以为等。若文臣中散大夫、武臣横行刺史以上还阙朝觐，掌赐酒馔。"

⑤东、西上阁门：此指东、西上阁门司。官署名。唐制，正殿朝会，百官从东、西上阁门进入殿廷，设阁门使以掌阁门出入事务，五代后梁沿唐制设东、西上阁门使。北宋沿袭，设东、西上阁门于紫宸殿南廊。《宋史·职官志六》："（东、西上阁门）掌朝会宴幸、供奉赞相礼仪之事，使、副承旨禀命，舍人传宣赞谒，祗候分佐舍人。凡文武官自宰臣、宗室自亲王、外国自契丹使以下朝见谢辞，皆掌之。视其品秩，以为引班、叙班之次，赞其拜舞之节，而纠其违失。若庆礼奉表，则东上阁门掌之；慰礼进名，则西上阁门掌之。"按照宋制，阁门官本是武臣，即"右列清选"，"多以外戚、勋贵为之"。然而到了徽宗时，阁门官被"卖以求财，朱勔父子所卖尤多，富商家子往往得之"，到徽宗末年，阁门官共有一百八十八人，"内免供职者（按，即挂虚名者）一百三员，冗滥之弊，莫此为甚"（宋人胡舜陟《奏请裁省阁门员额疏》）。

⑥通进司：官署名。宋代传达表章的机构。通进司与银台司同时设立于宋太宗淳化四年（993），皆隶枢密院。通进司经由银台司，接受进呈给皇帝的官司或官员的文书并进行审查，将经皇帝批阅的文件分发有司，颁布于外。元丰改制后，"隶给事中，掌受三省、

枢密院、六曹、寺监百司奏牍,文武近臣表疏及章奏房所领天下章奏案牍,具事目进呈,而颁布于中外"(《宋史·职官志一》)。

⑦内弓、剑、枪、甲军器等库:北宋储藏禁军兵器的军器库,包括四库,即内弓箭库、剑弩箭库、弓枪库、衣甲库。孟元老此处皆用略称:内弓,即内弓箭库;剑,即剑弩箭库;枪,即弓枪库;甲,即衣甲库。"军器"为总括词,意思是说上述四库皆为军器库。南宋王应麟《玉海·食货》:"(宋朝)军器五库,在崇政殿东横门外,掌禁兵器。衣甲、枪、弩、箭各为一库,又有什物库,在清平坊。"《宋会要辑稿·食货五二》,"内弓箭库,在横门外,掌御弓矢、戎具及细铠,具装枪、旗、刀、剑、斧、钺器械。……军器五库,并在崇政殿东横门外,掌禁兵器……。以衣甲为一库,弓枪为一库,剑弩箭为一库。……又有什物库,在清平坊。……淳化二年,又置拣选衣甲器械库,在内弓箭库门内。……(熙宁)六年七月十三日,诏置内弓箭南库,储御前所修制军器之所也。"

⑧翰林司:为光禄寺所属机构,掌供应酒茗汤果,以备游幸、饮宴之用。

⑨内侍省,入内内侍省:皆为宋代宫廷侍御机构,皆由宦者充任。《宋史·职官志六》:"入内内侍省与内侍省号为前后省,而入内省尤为亲近。通侍禁中、役服褻近者,隶入内内侍省;拱侍殿中、备洒扫之职、役使杂品者,隶内侍省。"元丰改制后,入内内侍省成为皇帝掌控机要诏奏传递,并进而绕开外廷臣僚独断朝政的重要依靠。

⑩内藏库:属太府寺。掌储存每年经费节余,以供非常之用。宋代的内藏库是直属皇帝的财库,其前身为太祖所立讲武殿后封桩库和左藏北库。《宋史·食货志下一》:"宋初,诸州贡赋皆输左藏库。及取荆湖,定巴蜀,平岭南、江南,诸国珍宝、金帛,尽入内府。初,太祖以帑藏盈溢,又于讲武殿后别为内库,尝谓军旅、饥馑,当预为之备,不可临事厚敛于民。""内藏库"之名,始见于宋太宗太平兴国三年(978),据《续资治通鉴长编·太宗太平兴国三年》:

"上初即位,幸左藏库,视其储积,语宰相曰:'此金帛如山,用何能尽? 先帝每焦心劳虑,以经费为念,何其过也!'薛居正等闻上言,皆喜。于是分左藏北库为内藏库,并以讲武殿后封桩库属焉,改封桩库为景福内库。"两宋内藏库其实在立国之初即已存在,只是名称不同,其性质即是继承自五代各朝的内府钱。

⑪奉宸库:属太府寺。掌收存金玉、珠宝以及其他贵重物品,供应宫廷需用。宋仁宗康定元年(1040),合宣圣殿库、穆清殿库、崇圣殿库、受纳真珍库与乐器库为奉宸库。徽宗政和四年(1114)并入内藏库。宋人蔡絛《铁围山丛谈》:"奉宸库者,祖宗之珍藏也。政和四年,太上始自揽权纲,不欲付诸臣下。因踵艺祖(按,即宋太祖赵匡胤)故事,检察内诸司。……因是,并奉宸俱入内藏库。"

⑫景福殿库:官库名。太平兴国三年(978)改太祖所设讲武殿后库为景福殿库。《宋史·食货志下一》:"太宗嗣位,……改讲武殿后库为景福殿库,俾隶内藏。"

⑬延福宫:北宋东京皇宫中相对独立的一处宫区,位于宫城之外。最初规模不大,徽宗崇宁元年(1102)大肆扩建,规模巨大,气派宏伟,制作奇巧,亘古未有。最享盛名、最精工巧作的便是艮岳,均由巨大的太湖石人工堆积而成。宋徽宗大部分时间是在这座宫苑中度过的。然此处应指位于旧延福宫的"宜圣殿五库",《玉海·康定奉宸库》:"宜圣殿五库,在延福宫,一曰宜圣殿内库,二曰穆清殿库,三曰崇圣殿库,四曰真珠库,五曰崇圣乐器库。康定元年九月合为一,改今名。掌珠宝金银。领以内臣,铸印给之。"

⑭诸阁分:宋代称妃嫔为"阁分",诸阁分应指主管或料理内宫诸妃嫔事务的内臣。仁宗嘉祐四年(1059)六月有《选内臣勾当内中诸合分诏》:"入内内侍省,自今选内臣年五十以上无过犯者,勾当内中诸阁分。"

⑮内香药库:宋所置内库,属太府寺,掌出纳外国贡献及市舶香药、

宝石。据《宋会要辑稿·食货五二》：内香药库本为设在大内的香药库，真宗天禧五年（1021）分为内、外二库。内香药库是皇城东华门里东宫南屋，贮藏细色香药，以备宫廷需用。宋人庞元英《文昌杂录》载，内香药库凡二十八库，真宗赐御诗《内香药库诗赞》二十八字，以为库牌，其诗曰："每岁沉檀来远裔，累朝珠玉实皇居。今辰内府初开处，充切尤宜史书笔。"香药，香料。为北宋时期的专卖之物。

⑯后苑作：即后苑造作所，专掌制造宫廷生活所需及皇族婚娶名物，属入内内侍省。宋真宗咸平三年（1000）合并造作所、后苑作，设后苑造作所，以内侍三人监，领生色作、缕金作、烧朱作、腰带作等七十四作。徽宗崇宁年间蔡京为相，务为奢侈，诸司所名目繁多，大抵以奇侈为功。宋徽宗《宫词》其七十五中说："苑作群工各述劳，纤纤奇巧斗相高。花钿虽盛珠珍数，不使伤生用羽毛。"宣和七年（1125）十二月金兵南下，徽宗内禅，御笔批示"后苑造作生活所，自元丰置造，及久来置局、所，合存留外，余本所供奉局合罢归本所，艮岳官吏等并罢归延福宫"。

⑰翰林书艺局：官署名。翰林院所属机构，在崇政殿东北横门外，掌以书籍、笔墨、琴棋等供奉内廷，隶内侍省。元丰改制中，由宋初建制的翰林御书院改制而成。北宋末年（尤其是徽宗时期），翰林书艺局因当时政治腐败而发生了质变，由最初的书法功能，转变成梁师成等权贵操纵下的敛财和牟利机构。

⑱医官局：官署名。翰林院所属机构。据元人马端临《文献通考·职官考九》，原名"翰林医官院"，在宣祐门的东廊，掌供奉医药及承诏视闻众疾之事。元丰五年（1082）改称"翰林医官局"，以翰林医官使、副使主院事，由尚药奉御充任，或有加诸司使者。以供奉皇帝、后宫、宗室医疗、用药为主，承诏为大臣、百官及众人诊治为辅，并掌国家医药的政令。

⑲天章等阁：指宋代宫禁中奉藏君主御集、御物、图籍的龙图、天章、宝文和显谟诸阁，并依照阁名设置学士、直学士、待制、直阁等文官职名。据《宋史·职官志二》：龙图阁建于宋真宗时期；天章阁始建于真宗天禧四年（1020），第二年建成；宝文阁原为寿昌阁，庆历时（1041—1048）改曰"宝文"，"嘉祐八年（1063）英宗即位，诏以仁宗御书、御集藏于阁"；显谟阁始建于宋哲宗元符元年（1098），"藏神宗御集，以显谟为名"。其序位依次为龙图、天章、宝文、显谟，因天章阁学士位在龙图阁学士之下，称呼不便，罕以命人。

⑳明堂颁朔布政府：宋徽宗政和七年（1117）十月始立，掌明堂礼及听朔布政相关事务。明堂为古代帝王宣明政教之地。北宋自仁宗皇祐二年（1050）至钦宗靖康二年（1127），共举行明堂大礼十七次，其中徽宗在位的二十五年间，就有十次之多。自仁宗时期，都是以大庆殿作为临时明堂行礼的场所。徽宗一心仿效西周明堂礼制，祭天享帝、听朔布政，政和五年（1115）下诏以蔡京为明堂使，在原秘书省旧址上兴建明堂，七年（1117）四月完工。十月，徽宗御明堂，颁布十月天运、政治及八年岁运历数。宣和二年（1120），开始用正月朔颁布是年运数，以后皆如此。《宋史》记载政和七年（1117）颁朔布政过程："百官常服立明堂下，（帝）乘舆自内殿出，负坐斧扆明堂。大晟乐作，百官朝于堂下，大臣升阶，进呈所颁布时令，左右丞一员跪请付外施行，宰相承制可之，左右丞乃下授颁政官，颁政官受而读之讫，出，阁门奏礼毕。帝降坐，百官乃退。"因明堂礼、听朔布政皆在明堂，事务繁冗，故徽宗于政和七年十月成立明堂颁朔布政府，设立明堂颁政一员为长，颁事二员为贰，颁朔每方一员，各掌远方之事，以备太平盛典。另有提举、管勾官，亦随事置员。政和明堂是徽宗君臣粉饰太平、自我标榜的幌子，明堂颁朔布政府这个机构也是昙花一现，仅存

在了十年,靖康元年(1126)二月为钦宗罢除(《宋会要辑稿·礼二四》)。颁朔,古代帝王于每年季冬把来年的历日布告天下诸侯。语本《周礼·春官·大史》"颁告朔于邦国",注:"天子颁朔于诸侯,诸侯藏之祖庙。"布政,施政。

【译文】

内诸司都在皇宫之内,如学士院,皇城司,四方馆,客省,东、西上阁门,通进司,内弓箭库、剑弩箭库、弓枪库、衣甲库等军器库,翰林司,就是光禄寺下设的茶酒局,内侍省,入内内侍省,内藏库,奉宸库,景福殿库,延福宫,殿中省六尚局,尚药、尚食、尚辇、尚酝、尚舍、尚衣,诸阁分,内香药库,后苑作,翰林书艺局,医官局,天章等阁,明堂颁朔布政府。

外诸司

【题解】

　　"外诸司"相对于"内诸司"而言,均为设在皇宫之外的机构,维持着北宋皇宫以及都城各项活动的正常运转,特别是负责物资供应与安全保障。本条350余字,罗列北宋外诸司名称,琳琅满目,令人眼花缭乱,尤其是关于东京城各粮仓名称与"遇有支遣,仓前成市"的记载,关于外城附近各草场以及"诸军打请,营在州北,即往州南仓,不许雇人般担,并要亲自肩来,祖宗之法也"的记载,为研究北宋宫廷经济、都市经济乃至中后期的变法改革提供了重要线索。

　　外诸司:左、右金吾街仗司①,法酒库,内酒坊②,牛羊司③,乳酪院④,仪鸾司⑤,帐设局也,车辂院⑥,供奉库⑦,杂物库⑧,杂卖务⑨,东、西作坊⑩,万全⑪,造军器所,修内司⑫,文思院上、下界⑬,绫锦院⑭,文绣院⑮,军器所⑯,上、下竹木务⑰,箔场⑱,车营、致远务⑲,骡务⑳,驼坊㉑,象院㉒,作坊物料库㉓,东、西窑务㉔,内、外物库㉕,油醋库㉖,京城守具所㉗,鞍辔库㉘,养马曰左、右骐骥院,天驷十监㉙,河南、北十炭场㉚,四熟药局㉛,内、外柴炭库㉜,军头引见司㉝,架子营㉞,

楼店务、店宅务,榷货务都茶场㉟,大宗正司㊱,左藏、大观、元丰、宣和等库㊲,编估局㊳,打套所㊴。

【注释】

①左、右金吾街仗司:系左、右金吾街司(或省称"左、右街司")与左、右金吾引驾仗司(简称"左、右金吾仗司"或"左、右仗司")的合称。宋卫尉寺所属机构。掌巡徼街市,皇帝出巡时,负责清道并奉引仪仗,整肃禁卫。有判街、仗司官各一人,以诸卫将军以上充任。南宋归并兵部。

②法酒库,内酒坊:均为光禄寺下属机构,位于东京内城外西北隅,法酒库又设在内酒坊之内。法酒库所酿的酒,主要用于御用、祭祀和给赐。内酒坊掌造法糯、糯酒、常料三等酒,以供邦国之用。

③牛羊司:官署名。始建于北齐时期。北宋时期,牛羊司隶属光禄寺,职责是与牛羊供应所同掌饲养牛羊等牲畜、供应祭祀与宫廷宴享所用的牛羊等,为官员提供食料羊。牛羊司既是官署,也是牧养机构,设在京师开封城西的普宁坊。

④乳酪院:先后隶属于左骐骥院、光禄寺,负责加工牛羊奶,制作乳饼酥酪以供御厨。本有南、北两院,真宗景德二年(1005)合为一院。神宗元丰改制后,归隶光禄寺。

⑤仪鸾司:官署名。属卫尉寺,掌管皇帝朝会、亲祠郊庙、出巡、宴会以及宫廷供帐等事务。在拱宸门外嘉平坊。关于仪鸾司得名原因,北宋江休复《江邻几杂志》中说:"陈执中馆伴,虏使问随行,仪鸾司缘何有此名,不能对。或云隋大业中,鸾集于供帐库,遂名此。"仪鸾司中多有精通搭建脚手架的人,称为"搭材士",宋人蔡絛《铁围山丛谈》记徽宗时仪鸾司一位高手夜入皇宫偷盗之事:"崇宁间,九重一夕有偷儿入内中,蹂寝殿北,过后殿而西南,历诸嫔御阁,又南,直崇恩太后宫而出,殆晓觉之,有司罔测。时鲁公当国,曰:'捕治搭材士。仪鸾司有逃逸者乎?'有司曰:'是夕仪鸾司独

单和者逃。'鲁公:'亟捕单和来。'凡三日,得于雍丘,自肩至踵皆金器也。鞫得其繇,盖和善飞梯,为仪鸾司第一手,常经入禁闼供奉,颇知曲折。是夕,用绳系横木,号软梯(而入)。"

⑥车辂院:官署名。据《宋史·职官志四》,车辂院是掌管皇室用车的机构,隶太仆寺。设有三名监官(一名内侍、一名文臣京朝官、一名武臣)。掌管乘舆、法物,凡大驾、法驾、小驾供辇辂及奉引属车,辨其名数与陈列先后次序。

⑦供奉库:官库名。专门贮藏诸州岁贡。清人周城《宋东京考·外诸司》:"供奉库、杂物库、杂买务,旧曰'市买司'。"

⑧杂物库:官库名。属太府寺,在宣义坊,掌接受内外输纳杂物,以备支用。

⑨杂卖务:太府寺所属机构,负责处理剩余物品。旧在利仁坊,后迁至崇明门(新门)外。元人马端临《文献通考·职官考十四》:"杂卖务,景德四年置,掌受内、外币余之物,计直以待出货,或准折支用。以内侍及三班二人监,后亦差文武朝官。"

⑩东、西作坊:兵器生产制作机构,属军器监。由唐、五代时期的作坊发展而来,太祖开宝九年(976)分为南、北作坊,并在兴国坊,熙宁三年(1070)改为东、西作坊。熙宁六年(1073)六月军器监设置后,东、西作坊成为其下辖机构。掌造兵器、戎具、旗帜、油衣、藤漆什器等物。下设有木作、杖鼓作、藤席作等五十一作,北宋时工匠定额为五千人。

⑪万全:"万全作坊"的简称,也是兵器生产制作机构,隶制造御前军器所。南宋李心传《建炎以来朝野杂记·御前军器所》:"元丰官制,置军器监,以掌戎器之政令。又有御前军器所,其役兵有万全军匠三千七百人,东、西作坊工匠五千人。"

⑫修内司:官署名。其名始见于宋真宗大中祥符五年(1012)。据《宋史·职官志五》,修内司下设提举内中修造所和提举在内修造所两个机构,前者负责宫城内的宫殿等的营修事务,后者负责皇城

内的太庙等的营修事务。设勾当官,以内侍省使臣二人、入内内
侍省使臣一人充任。

⑬文思院上、下界:宋代官府经营的大型手工业作坊。宋太平兴国
三年(978)始设,"掌金银、犀玉工巧及采缯、装钿之饰。凡仪物、
器仗、权量、舆服所以供尚方、给百司者,于是出焉"(元人马端临
《文献通考·职官考六》)。关于文思院的得名,北宋人已不甚了
解,一说来自《周礼·考工记》中"时文思索"一语,本为刻在量
具上的铭辞;一说"文思"是宫殿名称,聚集能工巧匠于其侧,故
名。分上、下两界:上界负责制造金、银、珠、玉等各类贵重物品,下
界负责制造绫、锦、漆、木、铜、铁、官诰、度牒等各种日用物品。有
监官四人,以京朝官、诸司使副、内侍、三班使臣充任。隶少府监。

⑭绫锦院:官署名。属少府监。太祖乾德四年(966)灭后蜀,得锦
工数百人,置绫锦院。太宗太平兴国二年(977)分东、西两院,端
拱元年(988)合为一院。主要织造锦、绫、罗、绉、纱、绢等各类高
档丝织物,以供皇帝服饰,代表了宋代官造丝绸织物的最高水平。
北宋绫锦院旧址设在昭庆坊,位于开封旧城东北隅。

⑮文绣院:官署名。属少府监。文绣院是宋徽宗崇宁三年(1104)
在后苑造作所和文思院所属"绣作"的基础上设置的,"掌纂绣,
以供乘舆服御及宾客祭祀之用",招刺绣工三百人。

⑯军器所:掌管兵器制造及工匠和诸色物料管理的机构。然军器所
乃南宋初置,北宋时称"军器监"。位于开封龙津桥西南老鸦巷口。

⑰上、下竹木务:竹木务,"京西河洛抽税竹木务"的简称,为将作监
下属机构。太祖建隆年间(960—963)已置,真宗大中祥符四年
(1011)京东、西抽税竹木场并入。竹木务是宋代主要的竹木税
收机构,负责水路上的竹木税征收,宋前期分隶三司、提举在京诸
司库司,元丰后隶将作监,接受诸路水运竹木以及抽算诸河商贩
竹木,以供内外营造之用。

⑱箔场:即竹箔场,又称"东、西抽税竹箔场",属将作监。宋太祖建

隆元年（960）置，掌抽算汴河、惠民河商贩苇箔、芦席、蒲蔺席，以给内外之用。监官二人，以京朝官内三班充。位于开封崇善坊。

⑲ 车营、致远务：车营务和致远务，均为太仆寺下属机构。景德四年（1007）设置。《宋会要辑稿·食货五五》："车营务在敦教坊，掌养饲驴、牛驾车，给内外之役。以京朝官、诸司使、副、三班、内侍三人监。"役卒四千四百一十二人。"致远务在永泰坊，掌养饲驴骡，以供载乘舆行幸什器及边防军资之用。监官三人，以车营务兼领。"兵校一千六百二十四人。车营务和致远务职能相似，区别只在于致远务饲养的主要是驴骡，没有牛，长官则由监车营务官兼领。

⑳ 骡务：饲养骡的专门机构，未知其详。

㉑ 驼坊：太仆寺下属机构，宋太祖开宝二年（969）设置，负责饲养骆驼，主要供内外官物负载之用。设有二名监官，以三班及内侍充当，有六百八十二名兵校。

㉒ 象院：当即养象所，为属太仆寺下属机构。负责饲养、放牧、调驯大象，以供南郊大礼等场合所用，而且负责象料的种植管理。《宋会要辑稿·职官二三》记载，宋太祖乾德五年（967）八月，"有大象一自南来，至京十余日，命差许州奉化兵五百人执之，置养象所。"此即为养象所设置之始。养象所在南薰门外玉津园东北，"掌豢养驯象。每四月，送象于应天府宁陵县西汴北陂放牧，九月复归。岁令玉津园布种象食荬草十五顷"。养象所的官员为临时差置，每当举行郊祀大祀，就会设监官、专典各三人，并有四名教头和四十九名簇象兵士防护。养象所的大象，来自吴越、交趾（今越南）以及广州、韶州等地，数量最多时有四十六头。神宗熙宁六年（1073）七月，曾经诏颁《南郊教象仪制》。

㉓ 作坊物料库：官库名。军器物料储存与供给机构，属军器监。掌收储铁木、铅锡、羽翎等军器物料，供作坊之用。《宋会要辑稿·食货五二》："作坊物料库，在汴阳坊，掌铁、木、铅、锡、羽、箭、筈、

油、蜡、革、石、矢、镞、麻、布、毛、漆、朱等料,给作坊之用。以京朝官、内侍三人监。旧三库,景德元年合为一。"元丰后,隶将作监。

㉔东、西窑务:窑务,官署名。宋初隶三司,仁宗天圣八年(1030)始隶提举在京诸司库务司。元丰改制后,隶将作监。窑务掌用陶土烧制砖瓦等器件,以供营缮之用,并制造瓶罐等器皿,供日常之需。宋初有东、西二窑务,置于河阴,同时于京城西置受纳场,年制砖瓦等共约六百万件。景德四年(1007)七月废止。大中祥符二年(1009)五月,因修玉清昭应宫,复置东窑务,以诸司使、副使、三班三人监领,匠一千二百人;原受纳场则改为西窑务,以三班二人监。工匠有瓦匠、砖匠、装窑匠、火色匠、粘较匠、鸟兽匠、青作匠、积匠、拳窑匠、合药匠等十个工种,年造砖瓦等器件共约一千一百五十四万件。每年二月兴工,十月收工。

㉕内、外物库:当为"内、外物料库"省称。官库名,太平兴国三年(978),改供备库为内物科库,在皇宫横门外南廊,掌供给尚食及内外膳羞以米、面、饴、蜜、枣、豆等各种食料。设监官二人,以三班使臣及内侍充任;监门一人,以三班充;主秤三人,掌库六人。大中祥符七年(1014),改麸面库为外物料库,在兴道坊,掌供皇城外诸官署以油、盐、米、面等各种物品。设监官二人,以三班、内侍充任;掌库十一人,兵士十人。

㉖油醋库:光禄寺所属机构,在建初坊。宋初,油库与醋库分开管理,大中祥符二年(1009)并为一库。掌造麻油、菜油、荏油三等油及醋,元丰改制后又加制作咸肉,以供邦国膳羞内外之用。以京朝官、三班及内侍二人监。有油匠六十人,醋匠四人。

㉗京城守具所:建于东京城墙上专门用于存放守城器械的仓库。城防器械都预先存放在守具所中,作为战备物资,在后来的东京保卫战中发挥了重要作用。

㉘鞍辔库:御马的管理机构。先隶属群牧司,元丰年间(1078—

1085）并入太仆寺。《宋会要辑稿·食货五二》："库在景龙门内之街西，掌御马、金玉鞍勒及给赐王公群臣、外国使并国信辔辔之名物。以诸司使、副、三班副、内侍二人监，兵级及匠四十七人。"据张显运《宋代御马述论》，宋代御马最初隶属于太仆寺下的尚乘局，太宗雍熙四年（987）至徽宗大观二年（1108）期间，则由左、右骐骥院下辖的鞍辔库直接管辖；从大观三年（1109）至宋高宗建炎二年（1128），由殿中省下属机构尚辇局和左、右骐骥院共同管理；建炎三年（1129）以后，由御马院专门负责。

㉙ 养马曰左、右骐骥院，天驷十监：骐骥院和天驷监是宋代中央的养马机构。北宋初年，太祖设左、右飞龙二院管理马政，太宗太平兴国四年（979）置养马务，五年（980）正月，"上既平太原，遂观兵范阳，得汾晋、燕蓟之马凡四万二千余匹，国马增多。乃诏于景阳门外新作四厩，名曰'天驷监'，左右各二。以左右飞龙使为左右天厩使，闲厩使为崇仪使。"（《续资治通鉴长编·太宗太平兴国五年》）。雍熙四年（987）始称左右飞龙院为"左、右骐骥院"，各领天驷二监。骐骥院最初隶属于太仆寺，主要职责是"掌国马，别其驽良，以待军国之用"（《宋史·职官志四》）。随着北宋政府在括买民马和在战争中掠得马匹的增多，真宗咸平三年（1000）设立群牧司，作为管理国家马政监牧事务的专门机构，骐骥院转归群牧司管辖。按，据此，"天驷十监"似应为"天驷四监"。

㉚ 河南、北十炭场：炭场，"石炭场"的省称，是北宋为实行煤炭专卖制度而设置的机构，属太府寺管辖，负责受纳和出卖石炭（即煤）。当时在全国设置的石炭场数量不少，仅徽宗崇宁年间（1102—1106），"官卖石炭，增二十余场，而天下市易务，炭皆官自卖"（《宋史·食货志下一》）。政和二年（1112）四月二十七日徽宗御笔指示朝奉郎监城南新置炭场许尚志札子，宣和二年（1120）八月十八日，吏部在奏请"选人任在京窠阙"时，提及"河南、河北诸

石炭场"(《宋会要辑稿·选举二三》),"河"指汴河,"河南、北十炭场"因设于汴河南北两岸而得名。

㉛四熟药局:熟药,指经过加工炮制的药材。熟药局即熟药所,官署名。掌修合、出售熟药,以供民间治病。熟药局是在熙宁变法的背景下成立的,熙宁五年(1072)推行市易法,对盐、茶、酒、矿物等物资实行专卖制度,药物也被列为专卖品之一。熙宁九年(1076),诏令撤销、合并旧有的熟药库、合药所、卖药所,在京城设立太医局熟药所,又称"修合卖药所",通称"药局",委官监制和销售成药,成为官药局的创始。由于熟药所利润很大,既可济人利市,又有利于增加国家收入,至徽宗崇宁二年(1103),熟药所增至五所,另设修合药所两处,为制药作坊。熟药所改由太府寺管辖,增设太府丞一人,专任点检各熟药所事务。据《宋会要辑稿·职官二七》,政和四年(1114)四月十一日,尚书省上奏说:"两修合药所、五出卖药所,盖本《周官》医官,救万民之疾苦。今只以都城东壁、西壁、南壁、北壁并商税院东出卖熟药所名之,甚非元创局惠民之意。"于是将两修合药所改称"医药和剂局",五出卖药所改称"医药惠民局"。此处所云"四熟药局",应指以"都城东壁、西壁、南壁、北壁"命名的四间出卖熟药所。

㉜内、外柴炭库:内柴炭库,北宋置,掌储备、供给宫城及宿卫班直军士薪炭及席荐等物。设监官一人,以三班使臣充任。初隶三司,元丰改制后隶属于司农寺。外柴炭库,未见记载,然《宋史·职官志五》在内柴炭库之后,有"炭场,掌储炭,以供百司之用"的记载,"外柴炭库"或即指此而言。

㉝军头引见司:"御前忠佐军头引见司"的简称,入内内侍省下属机构。宋初,有军头司与引见司,太宗端拱二年(989),改"军头司"为"御前忠佐军头司"、"引见司"为"御前忠佐引见司"。后合二司为一司。掌禁卫军入见便殿呈试武艺、诸路部送罪人至阙下引

对、决遣等事。诸军征戍回京及检阅、配隶,具名奏闻,并谕其进止之节;掌祗应后殿事的军头名籍,颁其禁令;皇帝外出时,遇有拦驾自诉者,负责问明情况回奏,如遇唐突不恭、喧噪滋事者则殴击之;以及参与复试诸路解发武举人等。

㉞架子营:未详。然由夹注"楼店务、店宅务"可以推知架子营应该掌管楼店务、店宅务的事项。据《宋会要辑稿·食货五五》,宋初设有楼店务,太宗端拱二年(989)与店宅务合并,称"邸店宅务",负责出租官屋,"以其钱供禁中脂泽,日百千"。淳化五年(994)分为两厢。以后出租与修造事务屡有分合,至真宗大中祥符元年(1008)复改为左右厢店宅务,掌管东京的国家所有房屋的租赁经营,包括计价出租和修造等事项,以京朝官、三班、内侍三人为监官,领修造指挥五百人。

㉟榷货务都茶场:榷货务与都茶场为两司,为便于统一管理,徽宗朝置提领官统领,称"在京榷货务都茶场"。统管茶叶为主的山泽之产官买官卖及印卖茶引等钞引以吸引商贾贩卖,确保政府重要财政来源。榷货务,太府寺所属机构,负责经营便钱(宋代商人交给京师左藏库以兑换证券的钱)、向商人发放运销许可凭证,并对茶叶、盐、香料、象牙等商品实行专卖。《宋会要辑稿·食货五五》:"榷货务,旧在延康坊,后徙太平坊。掌受商人便钱、给券,及入中茶、盐,出卖香药、象货之类。以朝官、诸司使、副、内侍三人监。"都茶场,又称"都茶务""都茶场务"。据《宋会要辑稿·食货三〇》,这个机构由来已久,早在禁榷川茶的熙宁年间(1068—1085),就已在成都府设置都茶场。哲宗元祐年间(1086—1094)废止,元符年间(1098—1100)复置。徽宗政和二年(1112),蔡京推行政和茶法,"在京置都茶务,专管供进末茶及应干茶事",除此之外,其主要职责在于推行合同场法,即在诸路产茶州军各置合同场,由太府寺统一印造茶引(运销执照),主管官员将买茶引

的茶商登记在合同簿上,报送都茶场务。

㊱大宗正司:官署名。宋仁宗景祐三年(1036)置。掌纠合宗室族属加以训导,接受族属词讼,纠其违失,有罪即劾奏,法例不能决者,同上殿奏闻以取裁。诸王宫邸官因事出入者,每日加以登记,按季上报。总管宗室服属远近之敷和赏罚规式,年录存亡之数报宗正寺。合教法与治法于一,使大宗正司成为统率皇族宗室之权威机构。大宗正司下设五案,元丰改制后增为六案,成为常制,具体负责大宗正司的各项事务,分别是士案、户案、仪案、兵案、刑案、工案,各有分工,负责相应事务。长官为知大宗正事与同知大宗正事,各一人,以宗室团练、观察使以上有声望者充任;丞二人,以文臣升朝官以上充任。

㊲左藏、大观、元丰、宣和等库:均为官库名,属太府寺。除左藏库外,均是以创立时的年号命名、专贮朝廷钱物的官库,大观、元丰是主体。左藏库,宋初设置时只一库。太平兴国二年(977)分为二库,淳化三年(992)分置左、右藏各二库,次年废右藏,并入左藏库。掌收受各地财赋收入,供给官吏及军兵俸禄赐予。神宗熙宁(1068—1077)后期,新法理财初见成效,元丰三年(1080)创立元丰库,主要储藏诸路诸司常平、坊场等羡余封桩钱物,从此开始了有别于左藏库及内藏诸库的朝廷钱物库的历史。徽宗末年,元丰库所积绢帛超过内藏库,金人兵临城下,索绢千万匹,库藏一空。大观库的创置,当在徽宗大观二年(1108)三月以前。宋人人蔡絛《国史补》是现存关于大观库内容、制度唯一比较详细的记载:“元丰库、大观库者,皆谓之朝廷库务。……大观库者,其制同元丰,然大观库独贮天下坑冶,所以终始未尝动,又不若元丰库时有支用也。”大观库分东、西二库,东库收储细软、香药等物,单端砚就有三千余板;西库贮钱。宣和库,为蔡絛所建,时间当在宣和六年(1124)。其时蔡京以太师总领三省事,年老昏聩,次子蔡

條因而擅权,效王黼置应奉司之制,创宣和库。"库置式贡司,中分诸库,如泉货、币帛、服御、玉食、器用等,皆其名也。上自金玉,下及蔬茹,无不窜取。元丰、大观库及榷货务见在钱物,皆拘管封桩,专事供进"(《续通鉴长编纪事本末·徽宗宣和六年》注文引《徽宗实录·本纪》),实质是一个应奉机构。次年四月,蔡京复罢,蔡條被贬谪,宣和库随之废罢。北宋亡,元丰、大观库皆不存。

㊳编估局:官署名。属太府寺。掌对香药、杂物及诸州、军所纳无用赃罚衣服等进行拣选、编类,定出等第与名目,估出价格,不堪公用者送杂卖场出卖。始置年代不详,徽宗宣和二年(1120)罢废,该项事务并归榷货务管勾。

㊴打套所:官署名。负责捡选诸司务库中积压多年的香药、杂物等,划定档次,打套折价。北宋徽宗崇宁二年(1103),蔡京创行打套折钞之法,置官管勾其事,宋人陈均《皇朝编年纲目备要》有详细记载:此前,北宋与西夏开战,曾向民间借债以支付军费。至此时,有几位巨商持券要求兑付,数额高达三百七十万缗。当时财政紧张,徽宗拿不出这么一大笔钱,为此忧愁。蔡京"因创行打套折钞之法",派人搜检各个仓库中的陈年货物,包括帷幕、漆器、象牙、锦缎等物品,以及粗细各色香料,"皆入套为钱,其直若干等,立字号而支焉"。起初商人们还很不情愿,后来"有出而试者,其间惟乳香一物,足偿其本,而他物利又自倍,于是欣然。不半年,尽偿所费"。

【译文】

外诸司都在皇宫之外,包括:左、右金吾街司和左、右金吾仗司,法酒库,内酒坊,牛羊司,乳酪院,仪鸾司,就是帐设局,车辂院,供奉库,杂物库,杂卖务,东、西作坊,万全作坊,制造军器的地方,修内司,文思院上、下界,绫锦院,文绣院,军器所,上、下竹木务,箔场,车营务,致远务,骡务,驼坊,象院,作坊物料库,东、西窑务,内、外物库,油醋库,京城守具所,鞍辔库,养马的机构左、右骐骥院和天驷十监,汴河南岸的十座石炭场和北岸的十座石炭场,都城东壁、西壁、南壁、北壁的四个熟药局,内、外柴炭库,军头引见司,架子营,楼店务和店宅务,榷货务都茶场,大宗正司,左藏、大观、元丰、宣和等官库,编估局,打套所。

　　诸米、麦等:自州东虹桥,元丰仓[①],顺成仓[②];东水门里,广济[③]、里河折中、外河折中[④],富国、广盈、万盈、永丰、济远等仓[⑤];陈州门里,麦仓子[⑥];州北,夷门山[⑦]、五丈河诸仓[⑧],约共有五十余所。日有支纳下卸[⑨],即有下卸指挥兵士[⑩];支遣即有袋家[⑪],每人肩两石布袋[⑫]。遇有支遣,仓前成市。

【注释】

①元丰仓:北宋东京的粮仓,神宗元丰元年(1078)以延丰第二仓为元丰仓,钦宗靖康元年(1126)金兵围攻开封,钦宗与李纲组织东京保卫战,"团结马步军四万人,为前、后、左、右军,中军八千人……以前军居通津门外,护延丰仓。仓有豆粟四十余万石,其后勤王之师集城外者,赖之以济"(《续资治通鉴·宋纪九十六》)。

②顺成仓:北宋东京的粮仓,属于"船般仓",位于城东汴河南岸,大体位于今开封龙亭区殡仪馆东南一带,收纳江淮所运来的粮食。旧名"常丰仓",真宗景德年间(1004—1007)改名"顺成仓"。

③广济:广济仓,北宋东京的粮仓,属于"船般仓",位于城南横街与汴河交汇处的西南岸。广济第一仓,接受颍州(治今安徽阜阳)、寿州(治今安徽淮南)等州运来粮食;广济第二仓,接受京东诸县租税。

④里河折中、外河折中:折中,指折中仓,是接受商人入中的仓库。"入中"是北宋长期实施的制度,与茶法、盐法的改革密切相关。"入中"是站在商人角度而言,指商人将物货(主要是粮草和现钱)入纳于沿边州军或京师,在异地支偿茶、盐、香药和钱等;站在政

府角度而言,则是"折中",是指将商人所输纳于政府的货物,折合成缗钱或茶、盐、香药等物,进行偿还。折中仓创置于北宋初年,有里河折中、外河折中之名:里河,也称"东河",指汴河;外河,也称"南河",指蔡河(惠民河)。据元人马端临《文献通考·国用考三》:"宋东京之制:……凡十仓,皆受江淮所运,谓之'东河',亦谓之'里河'。……广济第一仓,受颍、寿等州所运,谓之'南河',亦谓之'外河'。"

⑤富国、广盈、万盈、永丰、济远等仓:均为北宋东京的粮仓,属于"船般仓",收纳江淮所运来的粮食。富国仓和万盈仓均位于城南横街北侧,永丰仓与两仓相对,位于横街南侧与外城东墙交汇处。其中万盈仓,原为通济第三仓,景德四年(1007)为万盈仓;济远仓,旧名"常盈仓",景德年间(1004—1007)改名。广盈仓,史料中未查到,《文献通考·国用考三》有"广沂仓",不知是否即此仓。

⑥陈州门里,麦仓子:"子"殊不可解,疑为"及"字传写之误。

⑦夷门山:即夷山。明人李濂《汴京遗迹志·山岳》:"夷山在里城内,安远门之东,以山之平夷而得名也,亦名'夷门山'。古有夷门,乃侯嬴监守之处。"夷门山在北宋开封有"峻岭"之称,为"都城形胜之所",著名的开宝寺上方院即建于夷山之上。明崇祯十五年(1642)黄河决口,水淹开封,夷山荡然无存。今开封市北门以东铁塔附近一带,地势稍高,似为夷山遗址。

⑧五丈河诸仓:应该有广积、广储等仓,接受曹州(今山东菏泽)、濮州(今河南濮阳)等地通过五丈河(亦称"北河")所运来的粮食。

⑨支纳下卸:支取缴纳,装卸搬运。

⑩下卸指挥兵士:指下卸司五指挥统领的兵士,专用于诸仓卸纳纲运粮草。下卸司,司农寺所属机构。掌下卸、搬运纲船所运物品,领装卸军五指挥。监官一人,以京朝官充任。每五百人为一指挥。仓草场下卸工作量巨大,除五指挥兵士外,还有很多雇役人员,不

足时还差开封府界的厢军、禁军等,人数总共可达四五千人。

⑪支遣:派遣,发送。袋家:当指专门从事搬运职业的人。

⑫石:中国容量单位,十斗为石。

【译文】

储存稻米和小麦的各处仓库:从州城东面的虹桥数起,有元丰仓、顺成仓;东水门里,有广济仓,里河折中、外河折中仓,有富国、广盈、万盈、永丰、济远等仓;陈州门里的麦仓;州城北面,有夷门山、五丈河等各个仓库,大约总共有五十多所。仓库平时有粮食的支出缴纳、装卸搬运等事,就有隶属下卸司五指挥的兵士承担;向外支出派发粮食,就有专门从事搬运的袋家,每人肩扛盛两石粮食的口袋。遇到派发粮食的日子,仓库前热闹得就像集市。

　　近新城①,有草场二十余所②。每遇冬月,诸乡纳粟、秆草牛车阗塞道路③,车尾相衔,数千万量不绝④,场内堆积如山。诸军打请⑤,营在州北,即往州南仓,不许雇人般担⑥,并要亲自肩来,祖宗之法也⑦。

【注释】

①新城:即东京外城,又称"罗城"。

②草场:"草料场"的简称。属提点仓场所或司农寺,设监官、监门官等。掌草料储积、出纳等事务。

③秆(gǎn)草:作饲料的禾茎杂草。阗塞:拥塞,塞满。阗,盛,满。

④量:通"辆"。车一乘。

⑤打请:宋元时军队申请支领军粮之称。

⑥般(bān)担:搬运。般,同"搬"。

⑦祖宗之法:也称"祖宗家法"或"祖宗典故",指的宋太祖、太宗立下的规矩,是自太祖、太宗以来逐渐形成的以防微杜渐为核心精神的

基本治国原则，以及在其指导下的诸多做法与说法。把太祖、太宗时期所施行的法度及其精神总结概括为"祖宗之法"，并奉之为治国理事之圭臬，始于北宋真宗时期。其具体内容，大约包括权力的分立与制衡，对于后妃、宗室、外戚、宦官的限制，以及对于士大夫言事者的信用与宽舒，以及文武相制、内外相维等。此处是针对"诸军打请"的规定，显然源于"危亡必起于治安，祸乱必生于逸豫"的警惕（北宋范祖禹《第二劄子》）。北宋沈括《梦溪笔谈·杂志二》中说："京师卫兵请粮者，营在城东者，则令赴城西仓；在城西者，令赴城东仓。仍不许佣僦车脚，皆须自负。尝亲登右掖门观之。盖使之劳力，制其骄惰。故士卒衣食无外慕，安辛苦而易使。"

【译文】

临近东京新城，有二十余所草料场。每到冬季，各乡前来缴纳粮食和草料的牛车充塞道路，首尾衔接，成千上万辆络绎不绝，场内粮草堆积如山。各个军营申请支领军粮，如果营区在州城北面，就要前往州南的粮仓支取粮食，而且不许雇人搬运，要让兵士们亲自肩扛回来，这是太祖、太宗立下的规矩。

卷二

御街

【题解】

　　东京城内的御街（路）共有四道，具体走向分别是：往南，从宣德门到南薰门；往北，从宣德门外向东到土市子，折向北，经封丘门，一直延伸到新封丘门；往东，从州桥向东，经宋门，一直到新宋门；往西，从州桥向西，经郑门，一直到新郑门。

　　《东京梦华录》介绍的第一条街道，自然是汴梁城中最引人注目的道路——从宣德门向南延伸的御街，亦即南宋诗人范成大的名句"州桥南北是天街"中的"天街"。对于靖康之难中流亡南方的宋人来说，这条御街，是故都最鲜明的记忆；对于后世之人来说，这条御街的布局，在中国都城街路建置史上，具有重要的转折意义。孟元老以寥寥110余字，记录东京汴梁御街特色，保留如下重要信息：

　　一，御街两边建有御廊。这种建筑设施，开启了后世金中都及明清北京城中千步廊的先声。

　　二，御廊前面及中心御道两边，分别设立了黑漆与朱漆的杈子。北宋以前的古代道路，都城的御道都用土墙隔断，直到隋唐长安城，还存在着夯土墙。北宋汴梁御街则设立杈子，代替土墙，而且分为朱、黑两色，既醒目又庄严，使得街道显得宽敞美观。

　　三，水沟的设置。隋唐长安城的御道，筑成中间高、两旁低的微拱形，侧边有泄水沟。北宋东京御街,则在御道两侧用砖石砌砌出泄水沟,沟内种植莲荷,兼顾了实用与审美功能。

四,行道树的栽植。古代城市的道路上是植有行道树的,隋唐长安城内植的是槐树,故以"槐花黄,举子忙"形容科举考期临近的景象;隋唐经营洛阳城,则是以樱桃、石榴作为行道树(见唐人杜宝《大业杂记》)。北宋东京的御街上杂种桃、李、梨、杏各类花树,花开时"望之如绣",旖旎风光,更增添无限退想的空间。

坊巷御街①,自宣德楼一直南去,约阔二百余步②。两边乃御廊③,旧许市人买卖于其间④。自政和间官司禁止⑤,各安立黑漆权子,路心又安朱漆权子两行。中心御道,不得人马行往,行人皆在廊下朱权子之外。权子里有砖石砌砌御沟水两道,宣和间尽植莲荷⑥。近岸植桃、李、梨、杏,杂花相间,春夏之间,望之如绣⑦。

【注释】

①坊:古代把一个城邑划分为若干区,通称为"坊"。

②约阔二百余步:关于东京南向御街之宽,宋人刘敞《赠圣从待制》诗中说:"君居御街西,我居御街东。如何百步间,十日不相从。"南宋末年临安人周煇在《清波别志》中也说:"煇幼见故老言,京师街衢阔辟,东西人家,有至老不相往来者。迫出疆,目睹为信。且言每值驾出,甲马拥塞驰道,都人仅能于御盖下望一点赭袍。"二百余步,约合今天的300米。不过,孟元老并未说明始于宣德门的这条宽约300米的御街,向南止于何处,一般认为直到东京外城南壁的南薰门,长达3700米;保守者也认为应该延伸到州桥,约有1000米。不过,也可能仅限于宣德门向南大约二百步的

范围内,作为宫廷广场,而并非整条南向御街都有如此宽度。

③御廊:御街两侧的廊房。南宋范成大《揽辔录》:"入新宋门,即丽景门也,庑改为宾曜门。过大相国寺,倾檐缺吻,无复旧观。横入东御廊门,绝穿桥北驰道,出西御廊门。"

④市人买卖于其间:记录北宋真宗时宰相晋国公丁谓言谈的《丁晋公谈录》中说:"徐左省铉职居近列,……每睹待漏院前灯火人物卖肝夹粉粥,来往喧杂,即皱眉恶之,曰:'真同寨下耳!'"这反映了北宋初期民间自发买卖的情况。而北宋文彦博《言市易》中说:"臣近因赴相国寺行香,见市易于御街东廊置叉子数十间,前后积累果实,逐日差官就彼监卖,分取牙利。且瓜果之微,锥刀是竞,竭泽专利,所得无几,徒损大国之体,只敛小民之怨。"反映的则是熙宁变法期间推行市易法,市易务对御街上的果子行商人进行监督管理的场景。市人,市肆中人,商人。

⑤政和:宋徽宗年号(1111—1118)。官司:旧时泛称官吏或政府。

⑥宣和:宋徽宗年号(1119—1125)。

⑦春夏之间,望之如绣:按,这段御街以御廊、黑漆杈子、水沟、朱漆杈子为界,分为中心御道和东西人行道。御街两侧的御廊连续而又整齐;御沟内外两侧的街面上安置朱、黑漆杈子,防止人马越位及跌入御沟;御沟内的莲荷及两岸的桃、李、梨、杏等行道树,具有较高的观赏价值,在春夏季节,御街可谓一处观景园。宋人多有诗句,如晁补之《御街行》"上有高槐枝,下有清涟漪",刘子翚《汴京纪事》"御路丹花映绿槐,曈曈日照五门开"。

【译文】

东京城中坊巷之间的御街,从宣德楼一直向南延伸而去,大约宽二百余步。御街两边是御廊,旧时允许商人在御廊中做买卖。从徽宗政和时期开始,官府禁止在此交易,在御廊前分别安设了黑漆杈子,又在路中间安设了两行红漆杈子。御街中心的御道,不准行人和车马往来,行人都要在御廊下的黑漆权子之外行走。权子里侧，有用砖石相间砌成沟壁的两道御沟水，宣和年间全都种植了荷花。靠近御沟的岸边种植着桃、李、梨、杏等果树，各式各样的花间错开放，春夏之间，远远望去犹如绣出的图画一般。

宣德楼前省府宫宇

【题解】

本条 370 余字，介绍北宋东京汴梁皇宫正门宣德楼至内城南门朱雀门之间的政府机构、宫殿庙宇以及街市店铺情况，大体包括三个层次：

首先介绍宣德楼前的中央官府。如卷一"大内"条所言，由于北宋皇宫狭窄，众多中央官府安排到皇宫外面。最靠近宣德楼的机构，左侧（街东）是明堂和秘书省，右侧（街西）有枢密院、中书省和尚书省等，这些都是北宋政府最重要的职能部门；再向南去，是北宋朝廷供奉历代帝后御容的宫观景灵宫，左侧为景灵东宫，右侧为景灵西宫；最靠近南面州桥的地带，则是始置于徽宗时期的著名音乐机构大晟府以及太常寺，这两个机构的职能均与典礼用乐有关，置于景灵宫附近最为方便。

然后介绍东、西景灵宫至州桥之间的区域，这一带呈现政府官署、皇家寺院与商业店铺交织出现的局面，而且有专门售卖青鱼、肉类与干鲜果品的"行市"。孟元老关于这一区域的叙述顺序是：(1) 州桥曲转大街附近，引人注目的是掌管收受各地财赋收入的左藏库和北宋徽宗时期权臣郑居中的府宅；(2) 御街以东，景灵东宫南门大街向东至旧宋门区域，这一带座落着东京城最大的寺院大相国寺，还有经营奢侈品的店铺以及临着汴水而建的大型客栈"十三间楼"；(3) 御街以西，景灵西宫南门至州桥西大街之间的区域，分布着都进奏院、开封府、都亭驿等政府机构以及药铺、珠宝店等，而且这一带的御廊是干鲜果品集中交易的"果子行"。

　　最后介绍州桥至朱雀门之间御街两侧的情况。这是南向御街的中段，长约一里，是北宋东京最繁华的商业地带之一。从地理位置看，这里靠近全城的几何中心，又是南御街和东西御街的交会处，更兼汴河从州桥下穿过，是东京城水陆交通的枢纽，因此成为商业的黄金地段，店铺林立，许多著名饮食店都集中在这一区域。孟元老关于这一区域的叙述顺序是：(1)御街州桥至朱雀门，两侧皆是普通住宅区；(2)御街东侧自北向南分布的诸多店铺，以饮食店为主，最靠近州桥是"车家炭张家酒店"，也叫"州桥炭张家"；(3)御街西侧：州桥向西的大街，称为"曲院街"或"院街"，都是妓女馆舍；御街与曲院街交叉的西南拐角处，座落着东京城著名酒楼"遇仙正店"，重点记述其彩楼台阁与昂贵酒价；州桥至朱雀门御街西侧的店铺情况。

　　宣德楼前，左南廊对左掖门①，为明堂颁朔布政府、秘书省②；右廊南对右掖门③，近东则两府八位④，西则尚书省⑤。御街大内前南去，左则景灵东宫，右则西宫⑥。近南，大晟府⑦，次曰太常寺⑧。

【注释】

①左南廊对左掖门：应为"左廊南对左掖门"。左掖门，宣德门东面的侧门。宋代日本僧人成寻《参天台五台山记》："(宣德门)东隔三百步，有左掖门，人从此出入，五间大门楼也。"

②秘书省：官署名。宋承唐制置。判省事一人，以判秘阁官兼任。掌一般祭祀用的祝文的撰写。元丰改制后，并三馆秘阁入秘书省，以秘书监为长官，少监为副长官，掌古今经籍图书、国史、实录、天文历数、祭祀祝辞等事。所有官员皆称馆职，为文臣清贵之选。秘书省原在皇城左掖门北，徽宗政和五年(1115)，为建明堂，将

秘书省迁至宣德门前御街左侧的光化坊（位于旧城右军第一厢），至宣和年间（1119—1125）始告完工。宋人叶梦得《石林燕语》："梁迁都汴，贞明中，始于右长庆门东北设屋十余间，谓之'三馆'，盖昭文、集贤、史馆也。初极卑隘。太宗太平兴国中，更命于左升龙门里旧车辂院地改作，置集贤书于东庑，昭文书于西庑，史馆书于南庑，赐名崇文院，犹未有秘书省也。端拱中，始分三馆书万余卷，别为秘阁，命李至兼秘书监，宋泌兼直阁，杜镐兼校理，三馆与秘阁始合为一，故谓之'馆阁'，然皆但有书库而已。元丰官制行，遂改为秘书省。"据南宋董史《皇宋书录》引《会要》云：宣和四年（1122）三月，徽宗"幸秘书省，宣示御书千文、十体书《洛神赋》、行草近诗并御画"；宋人蔡絛《铁围山丛谈》则说：徽宗"御手亲持太祖皇帝天翰一轴，以赐三馆，语群臣曰：'世但谓艺祖以神武定天下，且弗知天纵圣学，笔札之如是也。今付祕阁，永以为宝。'于是大臣近侍，因得瞻拜。太祖书札有类颜字，多带晚唐气味，时时作数行经子语。又间有小诗三四章，皆雄伟豪杰，动人耳目，宛见万乘风度。往往跋云'铁衣士书'，似仅微时游戏翰墨也。时因又赐阁下小李将军《唐明皇幸蜀图》一横轴。吾立侍在班底，睹之，胸中窃谓御府名丹青，若顾、陆、曹、展而下，不翅数十百，今忽出此，何不祥邪？古人之于朝觐会同，得观其容仪而知其休咎，则是举也，厥有兆矣。"

③右掖门：宣德门西面的侧门。

④两府八位：指北宋时期为枢密院与中书省官员准备的官邸，便于二府官吏从右掖门进入皇宫办公或上朝。两府，宋以掌管军事的枢密院和掌管政务的中书省为两府。八位，宋人叶梦得《石林诗话》中："京师职事官，旧皆无公廨，虽宰相、执政，亦僦舍而居。每遇出省，或有中批外奏急速文字，则省吏遍持于私第呈押，既稽缓，又多漏泄。元丰初，始建东西府于右掖门之前，每府相对为四

位，俗谓之八位。"

⑤尚书省：官署名。宋承唐制置。宋初，有判省事一人，以诸司三品以上官或学士充任，掌集议定谥、文武官封赠；选人具备改官资格后，由吏部铨定十人为一甲，以候皇帝引见、改官，注甲由尚书省发付选人；以及掌文武官员申冤投状、二十四司吏人迁补、收检校官省礼钱及公署杂事等。其长官尚书令，宋初虽曾有亲王以使相兼领，但不预政事。自尚书令、仆射至诸司郎中、员外郎等，仅用以定官位俸禄，无实际职掌；其诸司皆以他官主判。元丰改制后，尚书省掌执行经由门下省所付制、诏、敕、令，统管吏部、户部、礼部、兵部、刑部、工部六部及其所属二十八司。朝廷有疑事，集百官商议可否；六部难以决定的事务，予以总决；如需请示裁夺，则按民事、军事分送中书省或门下省，凡更改法令，议定后上奏；文武百官奖惩之事，每一季度汇总付进奏院通过邸报通报全国；大礼前，掌百官受誓戒。以左右仆射为宰相，左仆射兼门下侍郎，执行门下省长官侍中职务；右仆射兼中书侍郎，执行中书省长官中书令职务。政和二年（1112），改左仆射为太宰，右仆射为少宰，仍兼门下、中书两省侍郎。靖康元年（1116），又改太宰、少宰为左右仆射。据《宋会要辑稿·职官四》："（尚书）省旧在兴国坊，即梁太祖旧第。太平兴国中，移于利仁坊孟昶旧第，颇宏敞。"宋人叶梦得《石林燕语》："太祖英武大度，初取僭伪诸国，皆无甚难之意。将伐蜀，命建第五百间于右掖门之前，下临汴水，曰：'吾闻孟昶族属多，无使有不足。'昶既俘，即以赐之。……昶居后为尚书都省。"据《宋史·钦宗本纪》及《靖康要录》记载，靖康元年（1126）东京陷落，金兵入城，十二月十五日，尚书省火，延烧民居五百家。

⑥左则景灵东宫，右则西宫：景灵宫是北宋朝廷供奉太祖赵匡胤以下帝王后妃御容的宫观，始建于宋真宗大中祥符五年（1012）。据

宋人高承《事物纪原·景灵宫》引《宋朝会要》："大中祥符五年十一月，诏以圣祖临降，令择地建宫，遂以锡庆院建，约唐太清宫制度，仍上新宫，名曰'景灵'。"据南宋李心传《建炎以来朝野杂记》，神宗元丰年间（1078—1085），神宗以"祖宗以来，帝后神御皆寓道释之馆"，遂令"仿汉原庙之制，即景灵宫之东西为六殿，每殿皆有馆御。前殿以奉宣祖（按，即赵匡胤之父赵弘殷）以下御容，而后殿以奉母后，各揭以美名"。从此，在京寺观神御全部迎奉入内。所留存者，唯有万寿观延圣、广爱、宁华三殿御容。元符三年（1100）哲宗驾崩，徽宗即位，蔡京以"以景灵无隙地，乃于驰道之西立西宫，以神宗为馆御首，哲宗次之，号旧宫为景灵东宫"。

⑦大晟（shèng）府：北宋官署名。专掌朝廷各种典礼用乐。始置于徽宗崇宁四年（1105），在宣德门外御街之东。据《宋史·乐志》，徽宗试图对旧乐进行改制，历经四年，成功将旧乐翻新，美其名曰"大晟"。宋代长期管理音乐的最高机构是太常寺，负责掌管整个宫廷中的雅乐部分，至是专置大晟府，长官为大司乐，副为典乐，属员有大乐令、主薄、协律郎、按协声律、制撰文字、运谱等。大晟府仅存在了二十年，宣和七年（1125）就被裁撤，但是由于其存在时间正是北宋音乐发展的关键时期，因此对整个中国音乐的发展起过重要作用。

⑧太常寺：官署名，宋承唐制设置。元丰改制前，掌社稷及武成王庙、诸坛斋宫习乐等事。置判寺，无常员。宋初，另置太常礼院，虽隶本寺而不相涉。康定元年（1040），置判寺、同判寺，始兼管礼仪之事。元丰改制后，置太常卿、少卿，为长官及副长官，丞则助理寺事，掌有关礼乐、郊庙、社稷、坛墟、陵寝等事。据北宋宋敏求《春明退朝录》："太常寺旧在兴国坊，今三班院是也。……嘉祐八年，徙寺于福善坊。其地本开封府纳税所，英宗在藩邸，判宗正寺，建为廨舍。既成而已立为皇子，遂为太常所请焉。"

【译文】

　　宣德楼前边，左侧长廊向南延伸，面对左掖门，为明堂颁朔布政府、秘书省；右侧长廊向南延伸，面对右掖门，靠近东面的是"两府八位"，西面的是尚书省。顺着御街从皇宫朝南去，左边是景灵东宫，右边是景灵西宫。南面最靠近州桥的是大晟府，其次是太常寺。

　　州桥曲转大街，面南曰左藏库①。近东，郑太宰宅②、青鱼市、内行③。景灵东宫南门大街以东，南则唐家金银铺④、温州漆器什物铺⑤、大相国寺⑥，直至十三间楼⑦、旧宋门。自大内西廊南去，即景灵西宫。南曲对即报慈寺街⑧、都进奏院⑨、百钟圆药铺⑩，至浚仪桥大街。西宫南皆御廊权子。至州桥投西大街，乃果子行⑪。街北都亭驿⑫，大辽人使驿也，相对梁家珠子铺⑬，余皆卖时行纸画、花果铺席⑭。至浚仪桥之西，即开封府⑮。

【注释】

①左藏库：官库名。宋沿唐制置。宋初只一库，贮蓄各地上缴的钱帛。太宗太平兴国二年（977）分为三库，分别是钱币、金银和匹帛。淳化三年（992）分置左、右藏，右纳左给，凡六库。次年废右藏，并入左藏库。元丰改制后，属太府寺。掌收受各地财赋收入，以供中央与地方经费开支，供给官吏及军兵俸禄赐予。左藏库原在大内，据宋人程俱《麟台故事》，徽宗"政和中，新作明堂于皇城之东隅，迁左藏库于天汉桥之东北"。

②郑太宰宅：宋人楼钥《北行日录》："（旧宋门）两门里之左右皆有阙亭，门之南即汴河也，故街南无巷，街北即甜水巷。过郑太宰宅，西南角有小楼。"郑太宰，指郑居中（1059—1123），字达夫，开封

人,宰相王珪之婿。举进士后,以贵妃之从兄弟相标榜,由是深得宠信,历任起居舍人、给事中、翰林学士等要职,并于大观元年至四年(1107—1110)官拜同知枢密院事、知枢密院事,政和三年至七年(1113—1117)再拜知枢密院事、太宰,宣和二年至五年(1120—1123)三拜领枢密院事,连封崇国公、宿国公、燕国公。在任期间,为迎合帝意与争夺权力,先是串通刘正夫,攻击张商英和刘逵,助蔡京复相;继而怨蔡京不加援引,与蔡京作对。政和时期在枢密任上,反对蔡京变乱法度,存纪纲,守格令,抑侥幸,振淹滞,一时为士论所望。宣和初,蔡京、童贯力主遣使与金夹攻契丹,复燕云,郑居中力陈不可,暴疾而卒。追封华原郡王,谥文正。太宰,古代官职,在不同朝代,其职责和地位不同。北宋徽宗政和改制,以左仆射兼门下侍郎为太宰兼门下侍郎,以右仆射兼中书侍郎为少宰兼中书侍郎,充首相、次相。

③内行(háng):"内"字疑为"肉"字之误。行,交易的处所或营业机构。

④金银铺:打造及出售金银器的店铺。

⑤什(shí)物:家庭日常应用的衣物及其他零碎用品。

⑥大相国寺:据北宋宋敏求《东京记》,原名"建国寺",始建于北齐天保六年(555)。唐代延和元年(712),睿宗为纪念自己由相王登上皇位,改名"相国寺"。北宋太宗至道年间(995—997),太宗御题"大相国寺"。相国寺深得北宋皇家尊崇,多次扩建,是东京城里最大的寺院和全国佛教活动中心。后因战乱和水患而损毁,清代重修,保存至今,为开封著名名胜。真宗咸平四至五年(1001—1002),相国寺大规模整修之后,宋白撰写《修相国寺碑记》:"百工馆至,众材山积。岳立正殿,翼舒长廊,左钟曰楼,右经曰藏,后拔层阁,北通便门。广庭之内,花木罗生;中庑之外,僧居鳞次。大殿晬容,即慧云师所铸弥勒瑞像也;前楼众圣,即颍川

郡所迎五百罗汉也。其形势之雄,制度之广,剞劂之妙,丹青之英,星繁高手,云萃名工。外国之希奇,八方之异巧,聚精会神,争能角胜,极思而成之也。伟夫舰棱鸟跂,梅梁虹伸。绣栏文楣,璇题玉砌。金碧辉映,云霞失容。"

⑦十三间楼:供客商堆货、寓居并进行交易的邸店,位于东京内城旧宋门内汴河北岸,始建于五代后周时期。北宋王辟之《渑水燕谈录·杂录》记载:"周显德中,许京城民居起楼阁。大将军周景威先于宋门内临汴水建楼十三间,世宗嘉之,以手诏奖谕。景威虽奉诏,实所以规利也。今所谓'十三间楼子'者是也。"据说周景威"邀巨货于楼,山积波委,岁入数万计"。

⑧报慈寺街:报慈寺,本梁太祖朱温(852—912)旧第,乾化四年(914)置寺,在开封城内安业坊,后毁于金兵。街以寺名,故曰"报慈寺街"。

⑨都进奏院:自汉朝开始,设立地方行政机构的驻京办事处,称为"邸",唐代称"进奏院"。宋初沿用唐制,设进奏院,诸州以本州将吏为进奏官,驻京城,负责呈转公文。因为将吏不愿久居,呈转公文既多延误,亦有泄漏,太宗太平兴国七年(982)并诸道进奏院为都进奏院。职掌"总领天下邮递",即总领全国诸路监司及所属州、府、军、监与中央朝廷上下往来邮递事。宋前期,都进奏院所收受地方章奏交银台司;元丰改制后,都进奏院隶属于给事中,摘录各州章奏事由交门下省章奏房,投递各州文书给有关部门。《宋会要辑稿·职官二》:"《哲宗正史·职官志》:进奏院,隶给事中,掌受诏敕及三省、枢密院宣札,六曹、寺监百司符牒,颁降于诸路及州府军监。天下章奏至,则具事目上门下省。若案牍及申禀文书,则分纳诸司官,凡奏牍违戾法式者,贴其说以进。"

⑩百钟圆药:百种丸药。

⑪果子行:出售果品的行市。果子,生果、干果、凉果、蜜饯、饼食等

的总称。北宋苏象先《丞相魏公谭训·杂事》："祖父（按，即苏颂）尝言：在馆中时，雇得一婢。问其家何为，云住曹门外，惟锤石莲；问一家几人、各何为，云十口皆然，无他业。初甚讶之。又云：'非独某家，一巷数十家，皆然。'盖夏末梁山泊诸道载莲子百十车，皆投此巷，锤取莲肉，货于果子行。乃知京师浩瀚，何所不有，非外方耳目所及也。"

⑫都亭驿：安置辽国使臣的馆驿。南宋王应麟《玉海·宋朝都亭驿》："晋天福五年九月戊子，改东京上源驿为都亭驿。在光化坊，旧制待河西蕃部，其所专馆契丹使。"都亭，本指都邑中的传舍。按，孟元老特意注明"大辽人使驿也"，然1125年大辽亡于金人之手，靖康元年（1126）年底，金人再围开封，斡离不驻扎南郊，遣使请北宋皇帝出城会盟，宋朝即以都亭驿接待金使。

⑬梁家珠子铺：东京城内一家经营高级珠宝的名店。

⑭铺席：铺面，店铺。

⑮开封府：此指开封府衙。主管京城市政、治安等事务。其地在汴河的浚仪桥之西，南临汴河，北面是尚书省。其建筑"堂皇有炜，厅事斯严；廊回合以四周，庭清虚而中敞"（宋人杨亿《开封府上梁文》），以府门、仪门、正厅、议事厅、梅花堂为主，辅以天庆观、明礼院、潜龙宫、清心楼、监狱、寅宾馆等。北宋灭亡后无复旧观。据元人白珽《湛渊静语》引《使燕日录》所见开封府衙"无丽谯，仪门亦湫隘。入门，庭院广阔，庭下草深没骑。设厅九间，甚雄壮，外郡所无"。

【译文】

州桥处曲折转弯的大街，面朝南的机构叫左藏库。靠近东面，有郑太宰宅第、青鱼市、肉行。景灵东宫南门大街以东，南面是唐家金银铺、温州漆器什物铺、大相国寺，一直到十三间楼、旧宋门。从皇宫西廊朝南去，就是景灵西宫。南面斜对的即是报慈寺街，有都进奏院、百钟圆药铺，一直到浚仪桥大街。景灵西宫南面都是御廊、杈子，直至州桥西大街，是果子行。街北面是都亭驿，招待辽国使节的驿馆，与都亭驿相对的是梁家珠子铺，其余都是出售时尚流行的纸画、花果等物品的店铺。走到浚仪桥的西边，就是开封府的府衙。

御街一直南去，过州桥，两边皆居民。街东车家炭张家酒店，次则王楼山洞梅花包子、李家香铺、曹婆婆肉饼、李四分茶①，至朱雀门。街西过桥即投西大街，谓之"曲院街"②。街南遇仙正店③，前有楼子后有台④，都人谓之"台上"。此一店最是酒店上户⑤，银瓶酒七十二文一角⑥，羊羔酒八十一文一角⑦。街北薛家分茶、羊饭、熟羊肉铺。向西去，皆妓女馆舍⑧，都人谓之"院街"。御廊西即鹿家包子，余皆羹店、分茶、酒店、香药铺、居民。

【注释】

①分茶：钱锺书《管锥编》中说，"分茶"于宋有两义，一指茗事，一指沽酒市脯。此处的"分茶"，即指茶楼、酒楼、面食店之类的食物店。本书卷四"食店"条中也说："大凡食店，大者谓之'分茶'。"

②曲（qū）院街：因官办都曲院设于此处而得名。《宋会要辑稿·职官二六》："都曲院在敦义坊，掌造粗细一等曲，给内酒坊及出鬻收直。以京朝官、诸司使、副使或内侍二人充。"曲，酒母，泛指酒。

③遇仙正店：北宋东京的著名酒楼，位于西向御街与南北御街交汇的西南拐角处。该店高大豪华，白天生意兴隆，晚间灯火辉煌。金人刘祁《遇仙楼》诗中曾说其"倚天突兀耸高楼，楼上人家白玉钩。落日笙歌迷汴水，春风灯火似扬州"。据宋人《靖康要录》：靖康二年（1127）二月"二十八日，保康门里火，沿烧延宁宫，顷

刻而尽。时元祐皇后居宫中,急就天汉桥南遇仙店,门垂帘幕以避,移居观音院,回私第"。据宋人张能臣《酒名记》,其所造酒名为"玉液"。正店,宋代实行酒类专卖制度,由户部兼管理酒类专卖最高机构,各州郡设官办卖酒机构都酒务,县一级设酒务,也叫"酒库",下设酒坊直接卖酒。以酒务为中心,形成批零销售网络。直属酒务、取得官方酿酒许可、经营正规的餐饮机构称为"正店",不隶属酒务、规模小、从酒务(酒库)批发来进行零售的店,称为"脚店"或"拍店"。正店既为顾客提供餐饮服务、零售酒水,同时也向脚店批发自酿酒水或向官方买扑(竞拍包税权)的酒水。

④楼子:即彩楼,酒店门口用彩帛等装饰的彩棚,用来招引顾客。本书卷二"酒楼"中说:"凡京师酒店,门首皆缚彩楼欢门。"南唐人卫贤所绘《闸口盘车图》(上海博物馆藏),右首有一座酒楼,门前扎有一座高大的彩楼。宋人郭若虚《图画见闻志》中也说"酒肆前绞缚楼子"。

⑤上户:上等的店家。

⑥银瓶酒:用银瓶盛装的酒。角:古代酒器。前后尾形,无两柱,形状似爵而无柱。此指酒的单位容量。南宋郑獬《觥记注》:"角者,以角为之,受四升。"

⑦羊羔酒:也称"羔儿酒",北宋东京一种昂贵的酒。宋人朱翼中《北山酒经·白羊酒》:"腊月,取绝肥嫩羯羊肉三十斤(肉三十斤,内要肥膘十斤),连骨使水六斗已来,入锅煮肉,令极软,漉出骨,将肉丝擘碎,留着肉汁。炊蒸酒饭时,匀撒脂肉于饭上,蒸令软,依常盘搅,使尽肉汁六斗。泼馈了,再蒸,良久,卸案上摊,令温冷得所,捡好脚醅,依前法酘拌,更使肉汁二升以来,收拾案上及充压面水,依寻常大酒法日数,但曲尽于酴米中用尔。(一法:脚醅发,只于酘饭内方煮肉,取脚醅,一处搜拌入瓮。)"南宋陈直《寿亲养老新书·羊羔酒》记载的酿法则是:"米一石,如常法浸浆。肥羊

肉七斤,曲十四两(诸曲皆可)。将羊肉切作四方块,烂煮;杏仁一斤,同煮。留汁七斗许,拌米饭曲,更用木香一两同酝。不得犯水,十日熟,味极甘滑。"并特别注明"此宣和化成殿方"。北宋苏轼《二月三日点灯会客》诗:"试开云梦羔儿酒,快泻钱塘药玉船。"

⑧馆舍:旧指招待宾客供应食宿的房舍、客栈等。语出《周礼·夏官·怀方氏》:"治其委积、馆舍、饮食。"

【译文】

沿御街一直朝南去,过了州桥,街道两边都是居民住宅。御街东边是车家炭张家酒店,其次是王楼山洞梅花包子、李家香铺、曹婆婆肉饼铺、李四分茶店,一直排到朱雀门。御街西边,过了州桥就是西大街,俗称之为"曲院街"。街道南面是遇仙正店,店门前有绞缚楼子,后面有台阁,京都中人称之为"台上"。这一座酒店是酒店中的上等店家,用银瓶装的酒一角卖七十二文铜钱,羊羔酒一角卖八十一文铜钱。街道北面是薛家分茶店、羊饭铺、熟羊肉铺。再向西去,都是妓女的馆舍,京都中人称之为"院街"。御廊西面即是鹿家包子铺,其余都是羹店、分茶店、酒店、香药铺和民居。

朱雀门外街巷

本条460余字，介绍北宋东京内城南门朱雀门至外城南门南薰门之间的街巷，亦即南御街南段两侧的街区。由北向南，其叙述层次如下：

首先介绍朱雀门至蔡河龙津桥之间的地段，亦即夹在蔡河河道与内城南墙之间的狭长街区。这片街区与蔡河南面的贡院、太学隔河相望，是赴京赶考的士子们集中落脚的地方，因此典型建筑有"状元楼"客栈，附近妓馆林立，还有大型娱乐场所新门瓦子以及东、西两座教坊，堪称东京极具特色的街区。

然后介绍龙津桥到南薰门的街区，以设有朱漆杈子的御街为界，这一带明显呈现"文东武西"的格局：

御街以东，是北宋都城中的文教区，太学、国子监、贡院等机构均分布于此。这一带也承载着北宋帝王的宗教信仰，在外城南壁与蔡河围出的区域中，经过历代帝王不断扩修，形成了西起御街、东到蔡河的雄伟壮丽的五岳观建筑群，其中的葆真宫是上元夜张灯供赏之所，还有祭祀十神太一的中太一宫与佑圣观，最东南一带则是风景优美的凝祥池皇家苑囿区，每年清明日向平民百姓开放，类似于大唐长安城中的曲江。

御街以西，则是北宋都城的"宣武"区，有与太学相对的武学，有祭祀姜太公及历代良将的武成王庙，有军器所等。此外，还有一座高大凉爽、适合夏夜乘凉的清风楼酒店和"延接四方道民"的延真观。

在这个街区，孟元老特别提到几处名人宅院：龙津桥南，东西两侧的黄金地段，分别是刘廉访宅和邓枢密宅，前者是作为皇帝耳目出使地方、"与帅臣抗礼而胁制州县"（宋人徐度《却扫编》）的廉访使者，后者是徽宗朝荐举蔡京为相的权臣；御街西面的街区，还有曲子张宅，主人是因为善于唱曲而受徽宗赏爱、获封观察使的张衮臣；有明节皇后宅，主人是深得徽宗宠爱、号称"九华玉真安妃"的小刘氏。孟元老以波澜不惊的笔触，透露出大宋皇城中多少为人津津乐道的如烟往事，也暗示了繁华之下的乱象与隐忧。

最后介绍南薰门的两个习俗：一，此门与大内相对，因而禁止普通士庶殡葬车辆由此门驶出。这一禁规影响深远，据明人陆容《菽园杂记》卷四所载"国朝典故"："南京洪武门、朝阳门、通济门、旱西门，皆不许出丧。北京正阳门无敢出丧者，余皆不禁。大明门前，虽空棺亦不许过，各门空棺亦不许升入。"二，民间所宰猪，由此门入京，因而每天傍晚，入城的猪群每每数以万计，驱逐之人仅十余人，却秩序井然，真是难以想象的欢乐盛况！

　　出朱雀门，东壁亦人家①。东去大街麦秸巷，状元楼余皆妓馆②，至保康门街③。其御街东，朱雀门外，西通新门瓦子④，以南杀猪巷⑤，亦妓馆。以南，东、西两教坊⑥。余皆居民或茶坊⑦，街心市井，至夜尤盛。

【注释】

①东壁：东边。
②状元楼：主要供外地举子投宿的客栈。
③保康门街：经过东京内城南墙朱雀门东保康门的南北向大街。
④"其御街东"几句：按，这几句介绍新门瓦子的位置，似在东京朱

雀门外南北御街的东侧。这与史实不符。"新门瓦子"得名于新门，据本书卷一"旧京城"条："（旧京城）正南曰朱雀门，左曰保康门，右曰新门。"新门为崇明门的俗称，位于朱雀门右侧（西侧），亦即御街的西侧，故新门瓦子也应位于朱雀门外的御街西侧，而非东侧。瓦子，亦作"瓦市""瓦舍""瓦肆"，宋元时期大都市中娱乐场所（包括戏场、妓院、赌场等）的总称。南宋吴自牧《梦粱录·瓦舍》："瓦舍者，谓其'来时瓦合，去时瓦解'之义，易聚易散也。"

⑤杀猪巷：巷子既以"杀猪"命名，可知附近当有大规模的屠猪作坊，这一带当是东京城中肉市集中所在。本条后面说民间所宰的猪特许晚上从南薰门进城，数量很多，因为此地最接近南薰门，从那里进城最方便。

⑥教坊：古时管理宫廷音乐的官署。专管雅乐以外的音乐、舞蹈、百戏的教习、排练、演出等事务。唐高祖置内教坊于禁中，掌教习音乐，属太常寺。武则天如意元年（692）改为云韶府，以宦官为使。玄宗开元二年（714），又置内教坊于蓬莱宫侧，京都置左、右教坊，掌俳优杂技、教习俗乐，以宦官为教坊使，后遂不再属太常寺。此后凡祭祀朝会用太常雅乐，岁时宴享则用教坊俗乐。宋、金、元各代亦置教坊，明置教坊司，司礼部，清废。

⑦茶坊：茶馆。

【译文】

出了朱雀门，御街东边也是百姓人家。朝东去的大街是麦秸巷，除了状元楼，其余都是妓馆，一直到保康门街。御街以西，朱雀门外，向西通到新门瓦子，往南是杀猪巷，也都是妓馆。再往南，是东、西两座教坊，其余都是百姓住宅或茶馆。街市中心的商铺买卖，到了晚间尤为兴盛。

过龙津桥南去，路心又设朱漆杈子，如内前①。东刘廉访宅②，以南太学③、国子监④。过太学又有横街，乃太学南门。

街南熟药惠民南局⑤。以南五里许,皆民居。又东去横大街,乃五岳观后门大街⑥。约半里许,乃看街亭⑦,寻常车驾行幸登亭⑧,观马骑于此⑨。东至贡院什物库⑩、礼部贡院⑪、车营务⑫、草场。街南葆真宫⑬,直至蔡河云骑桥。御街至南薰门里街,西五岳观最为雄壮⑭。自西门东去观桥、宣泰桥,柳阴牙道,约五里许。内有中太一宫⑮、佑神观⑯。街南,明丽殿⑰、奉灵园⑱、九成宫(内安顿九鼎)⑲。近东即迎祥池⑳,夹岸垂杨,菰蒲莲荷㉑,凫雁游泳其间㉒,桥亭台榭,棋布相峙。唯每岁清明日,放万姓烧香游观一日㉓。

【注释】

①如内前:像大内前一样。内,大内,皇宫。

②刘廉访宅:刘廉访为何人,尚待考证。廉访,宋元时代的职官名,宋代全称"廉访使者",主管监察事务。初称"走马承受公事",宋太宗时置于诸转运司及沿边各路,以三班使臣或内侍充任,员各一至三人。掌监察部内官吏,亲军政、察边事。无事则每年回京入奏一次,沿边有警则随时驰驿上闻,例许风闻言事。神宗元丰元年(1078)定制,凡差拨军马、士卒私有陪费及将官措置乖失,皆须密具其事及时奏闻。徽宗政和六年(1116)七月,改走马承受公事为廉访使者。宋人徐度《却扫编》:"祖宗时,诸路帅司皆有走马承受公事二员,一使臣,一宦者,属官也。每季得奏事京师,军旅之外,他无所预。徽宗朝易名'廉访使者',仍俾与监司序官。凡耳目所及,皆以闻。于是与帅臣抗礼而胁制州县,无所不至,于时颇患苦之。"钦宗靖康元年(1126)正月,金兵首次围攻汴京,正在激战之际,"省廉访使者官"(《宋史·徽宗本纪》《钦宗本纪》)。

③太学：宋代最高学府。汉武帝始设太学，历代多仍其旧。宋仁宗庆历四年（1044）四月二十一日始置太学于锡庆院，内舍生二百人，从八品以下官员子弟和平民优秀子弟中招收。神宗时扩充名额，推行三舍法，始入学为外舍，经过考核，递升内舍和上舍。徽宗崇宁三年（1104），定以岁试太学上舍生代替礼部科举试，即从太学上舍生中直接选拔入仕之士。至宣和三年（1121）复行科举取士之制，太学专掌训导学生之事。太学学官有国子祭酒、司业、博士、丞、主簿、正、录等（《宋史·选举志三》）。据宋人叶梦得《石林燕语》，太学所在的锡庆院本是宋太祖为南唐后主李煜所建宅邸，名"礼贤宅"，在京城南部。后赐给吴越末代国君钱俶，至钱惟演时收归朝廷。

④国子监：位于敦教坊。宋承五代后周之制，设国子监，招收七品以上官员子弟为学生。端拱二年（989）改国子监为国子学，不久复旧。庆历四年（1044）建太学，国子监成为掌管全国学校的总机构，负责训导学生、荐送学生应举、修建校舍、建阁藏书，并刻印书籍。也就是说，宋代国子监既是生徒就学的最高学府，也是官学最高管理机构，其职能具有二重性。

⑤熟药惠民南局：设置在北宋京城南区的官办药局。宋初有熟药库、合药所，市易务有卖药所，熙宁九年（1076）合并为"熟药所"，或名"修合卖药所"，隶太医局；元丰改制后，隶太府寺。政和四年（1114），改修合卖药所为"医药和剂局"，分出卖药所为"医药惠民局"。

⑥五岳观：奉祀五岳之神的观宇。

⑦看街亭：为皇帝观看街景而建的一处高台建筑。

⑧行幸：古代专指皇帝出行。

⑨马骑：此指车马、行人。

⑩贡院什物库：官库名。掌受纳杂输之物，以备支用。太常寺有南

郊什物库、太庙什物库；卫尉寺有军器什物库、宣德楼什物库，此"贡院什物库"所指未详。贡院，宋代贡举考试机构和考试场所。

⑪礼部贡院：亦称"贡院"。礼部贡院主管各路州、军所解送进士、诸科举人名单和家状、保状、试卷等，并负责核对其乡贯、举数、年龄等。贡院内设封弥院（所）、誊录院（所）、对读所、编排所、别试所、过落司等。仁宗以前，礼部未建贡院，借用太常寺或国子监、武成庙为试场。徽宗崇宁至政和年间（1102—1118），礼部和各州皆建贡院。礼部贡院在太学南面的辟雍。

⑫车营务：官署名。属太仆寺。掌饲养牛驴驾车，并供京城内外官署役使。在敦教坊。

⑬葆真宫：又称"宝真宫"，皇家宫观，建于徽宗宣和五年（1124）四月（《宋史·徽宗本纪四》）。宋人邓椿《画继》："贺真，延安人，出自戎籍，专门山水。宣和初，建宝真宫，一时名手毕呈其技。有忌真者，推为讲堂照壁，实难下手，真亦不辞，日醉酒于门。众工皆毕，中使促真。真以幕围壁，挥却其徒，不数日成。作雪林，高八尺，观者嗟赏，众工敛衽。"北宋末年，葆真宫是上元之夜张灯供赏的宫殿之一，本书卷六"十六日"有详细描写。南渡词人向子諲在高宗绍兴十四年（1144）上元赋《水龙吟》，回忆当年汴京元夜盛况："华灯明月光中，绮罗弦管春风路。龙如骏马，车如流水，软红成雾。太一池边，葆真宫里，玉楼珠树。见飞琼伴侣，霓裳缥缈，星回眼，莲承步。"据《靖康稗史·瓮中人语》：靖康元年闰十一月二十六日，"十六门皆为金军所据，……是夜，五岳阳德观、马草场、葆真宫大火"。

⑭御街至南薰门里街，西五岳观最为雄壮：按，关于"御街至南薰门里街西五岳观最为雄壮"，邓之诚等多从"街西五岳观"处断句；但是五岳观在御街以东，不在街西，故而有学者提出"街西"当为"街东"之误，此说甚为流行。牛敬飞《〈东京梦华录〉"街西五岳

观"试析》以为应该句读为"御街至南薰门里街,西五岳观最为雄壮",此说或更近事实。据《续资治通鉴长编》,真宗大中祥符五年(1012)七月,"建五岳观于南薰门内之东偏",此时的五岳观显然是在开封外城东部,南薰门内,御街以东。为此,"作保康门于朱雀门之东,又作延安、安国二桥,南辟街,与观北门相直"(《宋会要辑稿·礼五》)。那么,五岳观如何变成了西五岳观?这应该是此后历次改建、扩大的结果:首先,仁宗皇祐五年(1053)正月,道士在殿中醉酒而引发火灾,殿宇神庙悉数焚毁,只有三圣御容得存,仁宗下诏暂时奉安于景灵宫。当年六月,新修观宇落成,更名"集禧观",并在五岳观旧址偏西位置修建一座奉祀五岳的大殿,取真宗所著《奉神述》,名为"奉神殿"。皇祐重修集禧观,可以视作五岳观第一次西移。神宗熙宁四年(1071),"遣将作监官,度地修中太一宫……乃命度地建宫于集禧观之东"(《续资治通鉴长编·神宗熙宁四年》)。仁宗集禧观建在真宗五岳观旧址偏西,则神宗中太一宫应建在真宗五岳观基址之上,至此,真宗五岳观当所剩无几。徽宗即位之初,集禧观遭遇火灾,徽宗不顾大臣反对,继续大兴土木,重修五岳观。此时所建的五岳观已经西移,紧靠南薰门内御街,与神宗在旧五岳观基址上改建的中太一宫并立,这可从"自西门东去观桥、宣泰桥,柳阴牙道,约五里许,内有中太一宫、佑神观"得到印证。大约时人以偏东的真宗旧五岳观作为参照,将徽宗新建的五岳观称为"西五岳观",但是仍将新、旧五岳观统一视作五岳观区域。

⑮中太一宫:祭祀十神太一的观宇。南宋王应麟《玉海·太平兴国太一宫》:"兴国六年,司天楚芝兰言:按《太一式》有五福太一、天一、地一、直符、君棊、臣棊、民棊、四神、大游、小游,凡十太一,皆天之尊神也。五福所在之处无兵疫,人民安乐。凡行五宫,四十五年一移。"北宋东京共有四座太一宫,即太宗太平兴国八

年（983）建成的东太一宫，仁宗天圣六年（1028）建成的西太一宫，神宗熙宁六年（1073）建成的中太一宫，徽宗政和八年（1118）建成的北太一宫。宋人高承《事物纪原·中太一》："神宗熙宁初，即五岳观旧址营中太一宫。盖自仁宗天圣六年至熙宁五年壬子，四十五年，五福太一行幕，自黄庭宫移入真室之中，下临京者之中故也。"中太一宫建于真宗朝五岳观旧址之上。北宋沈括《梦溪笔谈·辩证一》："熙宁中，初营中太一宫，下太史，考定神位。予时领太史，预其议论。今前殿祠五福，而太一别为后殿，各全其尊，深为得礼。然君基、臣基、民基，避唐明帝讳，改为'綦'，至今仍袭旧名，未曾改正。"据《宋史·礼志六》："真室殿，五福太一在中，君基太一在东，大游太一在西，俱南向；延休殿，四神太一；承釐殿，臣基太一在东，西向北上；凝佑殿，真符太一；臻福殿，民基太一在西，东向北上；膺庆殿，小游太一在中，天一太一在东，地一太一在西；灵贶殿，太岁在中，太阴在西，俱南向。三皇、五方帝、日月、五星、二十八宿、十日、十二时、天地水三官、五行、九宫、八卦、五岳、四海、四渎、十二山神等并为从祀。东西太一宫准此。"

⑯佑神观：此名为俗称，本作"佑圣观"。明人李濂《汴京遗迹志·寺观》："佑圣观。有二：一在城内西南隅，马军衙桥之西，观前有积水，夙著灵异，正德初，改为大道官；一在陈州门里，普济水门西北，金季兵毁。"据文中方位，此处当是指位于蔡河普济水门西北的佑圣观。

⑰明丽殿：清人周城《宋东京考·会灵观》："在南薰门外东北普济水门西北。……初名'五岳观'，观成，赐名'会灵观'。……续置明丽、临水二殿。后皆毁于金兵。"

⑱奉灵园：东京的园林之一。在陈州门内西北，位于五岳观前，东边有凝祥池。

⑲九成宫：据《宋史·五行志四》，徽宗崇宁四年（1105）三月，"铸

九鼎，用金甚厚，取九州水土内鼎中"。九鼎总共用铜二十二万斤，并以黄金装饰。九鼎告成，徽宗亲自作《九鼎记》，命名中央为帝鼎，东方为苍鼎，南方为彤鼎，北方为宝鼎，东北为牡鼎，东南为冈鼎，西南为阜鼎，西方为晶鼎，西北为魁鼎。并仿明堂，在汴京中太一宫之南建造九殿，专门用于安放九鼎，名为"九成宫"。宋人蔡絛《铁围山丛谈》："崇宁甲申，议作九鼎。有司即南郊为冶，用中夜时，上为致肃不寐。至是，于寝望之，焚香而再拜焉，及既就寝，已仿四鼓矣。忽有神光达禁中，政烛福宁殿，红赤异常，官殿于是尽明如昼，殆晓始熄。鼎一铸而成。乃取佑神观旁地，立九成宫，随其方为室，成九室以奠鼎。命鲁公（按，即蔡京）为奉安礼仪使。"为了庆贺九鼎告成，徽宗还下令演奏新制的乐曲。九鼎，据说大禹划分天下为九州，令九州州牧贡献青铜，铸造九鼎，象征九州，将全国九州的名山大川、奇异之物镌刻于九鼎之身，以一鼎象征一州。夏、商、周均以九鼎为象征国家政权的传国之宝。《史记·封禅书》："禹收九牧之金，铸九鼎。皆尝亨鬺上帝鬼神。遭圣则兴，鼎迁于夏、商。周德衰，宋之社亡，鼎乃沦没，伏而不见。"后世帝王非常看重九鼎的权力象征与意义，亦曾屡次重铸九鼎，武则天、宋徽宗皆在其列。然而，九鼎"奉安翌日，上幸九成宫酌献，至北方，曰宝鼎者忽漏水，溢于外。盖宝鼎取土于雄州界，刘炳谓'非燕之正方，或者其谓是乎'，当时尤以为神，其后终于北方致乱"（《续宋编年资治通鉴》）。

⑳迎祥池："迎祥"为俗称，本作"凝祥"。凝祥池建于真宗大中祥符年间（1008—1016），在城南会灵观，风景优美。北宋张耒《凝祥池上联句》中说："粉垣周十里，丹碧焕神宫。楼阁晚多雨，梧桐天早风。人来夕照外，鸟起白蘋中。何用厌城郭，沧洲佳兴同。"北宋蔡襄《凝祥池上晚归》诗中说："绿径阴阴落景微，杨花零乱上人衣。长烟似爱沧波面，风色虽豪不肯飞。"凝祥池内盛产芡实（鸡

头米），北宋欧阳修《初食鸡头有感》中有句："六月京师暑雨多，夜夜南风吹芡嘴。凝祥池锁会灵园，仆射荒陂安可拟。争先园客采新苞，剖蚌得珠从海底。"观中多有掌故，如"丑石"：宋人张知甫《可书》："徽宗幸迎祥池，见栏槛间丑石，顾问内侍杨戬（jiǎn）曰：'何处得之？'戬云：'价钱三百万，是戬买来。'伶人焦德进曰：'犹自似戬也。'上大笑。"又如"玉石三清真像"：北宋欧阳修《归田录》："内中旧有玉石三清真像，初在真游殿。既而大内火，遂迁于玉清昭应宫。已而玉清又大火，又迁于洞真。洞真又火，又迁于上清。上清又火，皆焚荡，无孑遗，遂迁于景灵。而官司、道官相与惶恐，上言：'真像所至辄火，景灵必不免，愿迁他所。'遂迁于集禧宫迎祥池水心殿，而都人谓之'行火真君'也。"

㉑菰（gū）：多年生水生草本植物。生在浅水里，开淡紫红色小花。嫩茎即茭白，果实即菰米，均可食。蒲：香蒲，俗称蒲草。多年生草本植物。生于水边或池沼内。根状茎横生，花穗形状像蜡烛。莲荷：莲花。北宋张邦基《墨庄漫录》："京师五岳观后凝祥池有黄色莲花，甚奇，他处少见本也。"

㉒凫（fú）雁：野鸭与大雁。有时单指大雁或野鸭。

㉓放：解除约束，使自由。

【译文】

过龙津桥向南去，路中央又设置朱漆的杈子，就像在皇宫前面那样。东边是刘廉访的宅院，往南是太学、国子监。过了太学，又有一条横街，太学南门就在这条街上。街南是熟药惠民南局。从这里往南五里路左右，全都是平民的住宅。又有一条朝东去的横大街，乃是五岳观后门大街。沿这条街大约走上半里路，就是看街亭，平常皇帝驾临此地，登上看街亭，观看过往的车马行人。向东一直到贡院什物库、礼部贡院、车营务、草料场。街南是葆真宫，一直通到蔡河上的云骑桥。沿御街到南薰门里街，要属西五岳观最为雄伟壮丽。从西五岳观的西门向东，走到观桥、宣泰桥,是一条柳荫遮蔽的官道,大约有五里左右。五岳观建筑群里,有中太一宫、佑神观。街南是明丽殿、奉灵园、九成宫(宫内安放九鼎)。最东面就是迎祥池,池塘沿岸种植着垂柳,池塘里面栽种着菰蒲莲荷,野鸭和大雁等水鸟在水面上游泳嬉戏,桥梁、园亭、楼台、水榭,星罗棋布,相对耸峙。只有每年的清明节,才允许百姓入内烧香、游览观赏一天。

　　龙津桥南,西壁,邓枢密宅①。以南武学巷内②,曲子张宅③、武成王庙④。以南,张家油饼⑤、明节皇后宅⑥。西去大街曰大巷口,又西曰清风楼酒店⑦,都人夏月多乘凉于此。以西老鸦巷口,军器所,直接第一座桥。自大巷口南去,延真观,延接四方道民于此⑧。以南西去,小巷口,三学院⑨,西去,直抵宜男桥小巷。

【注释】

①邓枢密宅:知枢密院事邓洵武的宅第。据《宋会要辑稿·方域四》,徽宗政和八年(1118)七月四日,"诏特进、知枢密院事邓洵武赐第"。邓洵武(1057—1121),字子常。哲宗绍圣(1094—1098)中,授国史院编修官,撰《神宗正史》,迁起居舍人。徽宗初年,荐蔡京为相。以中书舍人、给事中兼侍讲,修撰《哲宗实录》,迁吏部侍郎。崇宁三年(1104)迁尚书右丞、中书侍郎。政和六年(1116)知枢密院,仿陕西弓箭手制,募边民为兵,置所司教以战阵,劝以耕牧,镇抚五溪蛮。拜少保,封莘国公。卒,赠太傅,谥文简。

②武学巷:以北宋武学所在而得名。武学,始创于北宋仁宗时期。据南宋吕祖谦《历代制度详说·学校》:北宋仁宗"庆历三年五月,置武学于武成王庙,以阮逸为教授。八月,罢武学。熙宁五年六月,诏于武成王庙置学",设"武学博士二人,学谕二人,掌以兵法、七

书、弓马、武艺训诱学者"(《宋会要辑稿·职官二八》引《神宗正史·职官志》)。徽宗崇宁四年(1105)立武学法,大司成兼侍讲薛昂又请立武士选考升贡之法,奖育人材,以见"周王于迈,六师及之"的盛况。武学教授军事知识,以唐前七种兵书为《武经七书》,作为主要教材。北宋政府旨在通过武学,建立和完善武官选拔制度,武学堪称中国古代的军事学校。

③曲子张:北宋末年唱曲名家。据南宋王灼《碧鸡漫志·各家词短长》中记载:"元祐间王齐叟彦龄、政和间曹组元宠,皆能文,每出长短句,脍炙人口。彦龄以滑稽语噪河朔。组潦倒无成,作《红窗迥》及杂曲数百解,闻者绝倒,滑稽无赖之魁也,夤缘遭遇,官至防御使。同时有张衮臣者,组之流,亦供奉禁中,号曲子张观察。"

④武成王庙:简称"武庙",旧称"太公庙",为专门祭祀姜太公以及历代良将的庙宇。唐玄宗开元十九年(731),玄宗皇帝为表彰并祭祀历代名将,始置庙宇,以周朝开国太师、军师吕尚(即姜子牙)为主祭,以汉朝留侯张良为配享,并以历代名将十人从祀。肃宗上元元年(760),尊太公望为武成王,祭典与祭孔子的文宣王庙相同;太公尚父庙更名为武成王庙。《宋史·礼志八》:"太祖建隆三年,诏修武成王庙,与国学相对,命左谏议大夫崔颂董其役,仍令颂检阅唐末以来谋臣、名将勋绩尤著者以闻。四年四月,帝幸庙,历观图壁,指白起曰:'此人杀已降,不武之甚,何受享于此?'命去之。"宋真宗时,又追封姜太公为"昭烈武成王",重新整改,增设古今七十二名将为从祀。

⑤张家油饼:张姓人家经营的油饼铺。张姓应为海州(今属江苏连云港市)人氏。本书卷四"饼店"中有"唯武成王庙前海州张家、皇建院前郑家最盛,每家有五十余炉"。

⑥明节皇后:指宋徽宗的宠妃小刘氏(1088—1121)。刘氏出身低微,父为酒保,后入宫给哲宗的昭怀皇后做婢女。昭怀皇后死后,

刘氏出宫,住在宦官何听家中,后又由内侍杨戬引荐入宫。刘贵妃(即大刘妃,死后谥明达皇后)因同姓的缘故,收其为养女。刘氏姿色明艳,聪颖机灵,心灵手巧,善于妆扮,深得徽宗喜爱,初封才人,后晋封淑妃,称安妃。育有三子一女,即建安郡王赵楧、嘉国公赵椅、英国公赵橞与和福帝姬。政和四年(1113)加贵妃,后又称"九华玉真安妃","朝夕得侍上,擅爱颛席,嫔御为之稀进。擢其父刘宗元节度使"(《宋史·后妃列传下》)。宣和三年(1121)薨逝,追封皇后,谥明节。徽宗对其盛年夭亡大感悲恸,次年赏灯时节,赋《醉落魄·预赏景龙门追悼明节皇后》一词:"无言哽咽,看灯记得年时节。行行指月行行说,愿月常圆,休要暂时缺。

今年华市灯罗列,好灯争奈人心别。人前不敢分明说。不忍抬头,羞见旧时月。"

⑦清风楼酒店:北宋东京著名的酒店。清风楼见于本书者尚有二处,一为卷三"大内西右掖门外街巷"中的"殿前司,相对清风楼",一为卷八"四月八日"中的"唯州南清风楼,最宜夏饮"。据此可知清风楼位于东京城内龙津桥西南,其楼高大舒适,宜于乘凉,都人夏月多于此把酒临风。

⑧延真观,延接四方道民于此:徽宗政和四年(1114)三月,诏"诸路监司,每路通选宫观道士十人,遣发上京,赴左右街道箓院,讲习科教声赞规仪,候习熟,遣还本处"(《续资治通鉴长编拾补·徽宗政和四年》)。延接,延请,接纳。道民,信奉道教或加入道教组织者。

⑨三学院:在景德寺东廊。佛教称戒学、定学、慧学为"三学"。据宋人陈岩肖《庚溪诗话》:"京师景德寺东廊三学院壁间题曰:'明月斜,秋风冷。今夜故人来不来?教人立尽梧桐影。'皆传吕先生洞宾所题也。"

【译文】

龙津桥南,御街西侧是邓枢密的住宅。往南,武学巷内,是曲子张的住宅、武成王庙。再往南是张家油饼铺、明节皇后宅邸。通向西去的大街名叫大巷口，再西面是清风楼酒店，京城中人夏月在此乘凉的人很多。往西是老鸦巷口，有军器所，一直连接第一座桥。从大巷口向南去，是延真观，在此接待四方来京的道徒。南面向西去，是小巷口，有三学院。再向西去，一直抵达宜男桥小巷。

　　南去即南薰门。其门寻常士庶殡葬车舆^①，皆不得经由此门而出，谓正与大内相对。唯民间所宰猪，须从此入京，每日至晚，每群万数，止十数人驱逐，无有乱行者。

【注释】

①士庶：指士大夫阶层与平民百姓。舆：指车辆。

【译文】

　　再往南去就是南薰门。这座城门，平时不论士人还是百姓的殡葬车辆，都不得经由此门而出，说是此门正好与皇宫相对。唯有民间所要宰杀的猪，须从此门进入京城，每天一到晚间，每群猪数以万计，只有十几个人驱赶，猪群却没有乱走的。

州桥夜市

本条 240 余字,介绍了东京城中最著名的"美食街"——从州桥往南,出朱雀门,直至龙津桥。

州桥,正名天汉桥,是东京城南、东、西向三条御路的交汇点,如上文"宣德楼前省府宫宇"条描述的那样,围绕州桥分布着官府、民居、店铺、妓馆,城中士庶、外地客商都在这里聚集,是饮食行业理想的经营场所。所以在这一条中,除了几句交代串联的话,其余几乎都是各类饮食名,可以说是北宋版的"报菜名儿"。这些美食中有主食,有小吃,有夏日冷饮,有冬日"杂嚼",有荤有素,有些现在还是人们餐桌上的佳肴,有些则只能凭空猜测了。而且,这些饮食店铺可以一直经营到三更。总之,州桥一带绝对是北宋市民打牙祭的最好去处。

然而孟元老津津乐道的这处人间烟火地,在金兵破城后也难逃厄运,靖康二年(1127)三月八日"虏焚天汉桥屋"(《靖康稗史·瓮中人语》),"天汉桥火,焚百余家"(《靖康要录》),这是在张邦昌称帝的第二天。红火的州桥夜市随着北宋王朝的结束也灰飞烟灭了。

出朱雀门,直至龙津桥。自州桥南去,当街水饭^①、爊肉^②、干脯。王楼前獾儿、野狐肉、脯鸡。梅家、鹿家鹅、鸭、鸡、兔、肚肺、鳝鱼、包子、鸡皮、腰肾、鸡碎，每个不过十五文。曹家从食③。

【注释】

①水饭：粥，稀饭。

②爊（āo）肉：爊，指把食物埋在灰火中煨熟。宋代话本《宋四公大闹禁魂张》：“宋四公……擘开一个蒸饼，把四五块肥底爊肉多蘸些椒盐，卷做一卷，嚼得两口，只见天在下，地在上，就那里倒了。”吃爊肉要蘸椒盐，可见肉本身没有滋味；而明人高濂在《遵生八笺·饮馔服食笺》所写的《大爊肉》，是炖煮加盐等作料做成的，类似我们现在的“卤肉”，与宋代的爊肉不同。元朝有一道名曰“爊肉”的荤菜，实际上也是我们现在说的“卤肉”。

③从食：犹言副食。指小食、点心等食品。

【译文】

出了朱雀门，一直到龙津桥。从州桥向南去，当街出售水饭、爊肉、肉干。王楼前卖獾肉、野狐肉、风干的鸡。梅家、鹿家出售的鹅、鸭、鸡、兔、肚肺、鳝鱼、包子、鸡皮、腰肾、鸡碎，每份不过十五文铜钱。曹家的小食、点心等食品，也在此出售。

至朱雀门，旋煎羊白肠①、鲊脯②、燠冻鱼头③、姜豉④、剞子⑤、抹脏⑥、红丝⑦、批切羊头⑧、辣脚子⑨、姜辣萝卜。夏月，麻腐鸡皮⑩、麻饮细粉⑪、素签⑫、沙糖冰雪冷元子⑬、水晶皂儿⑭、生淹水木瓜⑮、药木瓜、鸡头穰⑯、沙糖菉豆甘草冰雪凉水⑰、荔枝膏⑱、广芥瓜儿⑲、咸菜、杏片、梅子姜⑳、莴苣笋㉑、芥辣瓜旋儿、细料馉饳儿㉒、香糖果子、间道糖荔枝㉓、越梅、镟刀紫苏膏㉔、金丝党梅、香橙元㉕，皆用梅红匣儿盛贮。冬月，盘兔[26]、旋炙猪皮肉、野鸭肉、滴酥水晶鲙[27]、煎夹子[28]、猪脏之类，直至龙津桥须脑子肉止，谓之“杂嚼”，直至三更。

【注释】

①旋煎羊白肠：现煎现卖的羊白肠。旋煎，当场煎制。现在开封仍有此方言。羊白肠，用肥羊大肠灌注羊血，加羊油而成。又称“羊霜肠”，因肠上之油白似秋霜而得名。

②鲊（zhǎ）脯：用腌、糟等方法加工的鱼或肉。

③爊冻鱼头：南宋陈元靓《事林广记·夏冻鱼法》：“取羊蹄子内筋数条，先煮熟，研如膏，后取鱼事治了，同煮熟，漉入盆扇冷，便冻。”爊，犹煎煮。

④姜豉（chǐ）：用生姜、豆豉拌和成的调料。南宋吴曾《能改斋漫录》逸文：“今市中所卖姜豉，以细抹猪肉冻而为之，自唐以来有也。”则似为用姜豉调和的猪肉冻。

⑤㓸（zhé）子：切得很薄的肉。㓸，同“䐑”。

⑥抹脏：切成薄片的猪、羊内脏。抹，为运刀术语，为逼紧刀片成片之意，今北方有“抹刀片”。一说，似为抹有调料的猪、羊内脏。

⑦红丝：元人忽思慧《饮膳正要·红丝》：“羊血同白面依法煮熟。生姜四两，萝卜一个，香菜、蓼子各一两，切细丝。右件，用盐、醋、芥末调和。”题明人刘基《多能鄙事》中也记有一种“红丝”：“活血两碗，凉水碗半，对搅须自凝，削开入汤煮。”《东京梦华录笺注》伊永文案：“红丝种类不一，或粉或肉或蔬菜或猪羊鸡等动物血，多以备调味之用。如《居家必用事类全集》所谓‘肉灌肠红丝品’也。卷三《马行街铺席》、卷九《立冬》‘红丝’亦同。然以面为主，配鲜虾而煮成红色面者，亦可属‘红丝’之列，如《居家必用事类全集·庚集》‘红丝面’即是也。”

⑧批切羊头：削切羊头肉。元人无名氏《居家必用事类全集》、题明

人刘基《多能鄙事》有相同做法：煮羊头，慢火煮熟，"放冷，切作片，临食，木碗盛。酒洒蒸热，入碟供，胜烧者"。批切，即削、斜辟刀等刀法。

⑨辣脚子：似为辣的猪、羊蹄子。

⑩麻腐鸡皮：麻腐与熟鸡皮同食，即为麻腐鸡皮。麻腐，以芝麻为主料，加淀粉制成，形同豆腐。夏日凉食。北宋苏象先《丞相魏公谭训·疾医》："高太尉留心医术，得所谓以意为主者。常云京师姜粥麻粉日活数千人，不必药也。小民或疠，饮一杯熟热粥出汗。夏中暍，食一杯冷麻粉，即皆愈矣。"清人顾仲《养小录·麻腐》："芝麻略炒，和水磨细。绢滤去渣取汁，煮熟。加真粉少许，入白糖，饮。或不用糖，则少用水，凝作腐。或煎或煮，以供素馔。"

⑪麻饮：类似于现在的芝麻糊。细粉：粉丝。

⑫签：指炸煎食品。

⑬元子：丸子。

⑭水晶皂儿：将皂角树的种子（生于皂荚内，光滑浑圆如米，称"皂角米"）煮熟，泡在糖水中浸透，软糯甜美，如紫红色的水晶，故名"水晶皂儿"。北宋庄绰《鸡肋编》："京师取皂荚子仁煮过，以糖水浸食，谓之'水晶皂儿'。"皂荚子仁，皂荚树的种子，味辛，性温，有润肠通便、祛风散热、化痰散结的功效。

⑮水木瓜：木瓜，植物名。落叶灌木或乔木。果实秋季成熟，椭圆，有香气，经蒸煮或蜜渍后供食用，可入药。文中水木瓜及药木瓜，系指用不同方法加工。

⑯鸡头穰：芡实的肉。鸡头，即芡，水生植物，供食用或入药。《吕氏春秋·恃君览》："夏日则食菱芡。"穰，用同"瓤"，果实的肉。

⑰菉豆：绿豆。

⑱荔枝膏：元人忽思慧《饮膳正要·荔枝膏》："生津止渴，去烦。乌梅（半斤，取肉）、桂（一十两，去皮，锉）、沙糖（二十六两）、麝香（半

钱,研)、生姜汁(五两)、熟蜜(一十四两)。右用水一斗五升,熬至一半,滤去滓,下沙糖、生姜汁,再熬去滓,澄定少时,入麝香搅匀,澄清如常,任意服。"明人宋诩《竹屿山房杂部·荔枝膏汤》:"乌梅三十个肥大者,先以汤浸三五次,去酸水,取肉,烂研。入砂糖一斤,临时添减,与梅同熬得所即止。生姜半斤,取自然汁加减,用桂末半两入汤内。右件熬成膏子,看可丸便住火,用汤或水调点,密封瓶。"

⑲ 广芥瓜儿:有人认为是五香大头菜的前身。芥瓜,芥菜的块根,又名"芥菜头""大头菜"等。有椭圆、卵圆、倒卵圆、披针等形状,味辣,故又名"辣菜"。最普遍的吃法是用盐腌制成咸菜吃,吃起来有芥末的冲劲儿。

⑳ 梅子姜:明人朱之瑜《朱氏舜水谈绮·饮食》:"盐梅,沙糖渍淹,加之细锉生姜、紫苏,即可成为'姜苏梅'。"

㉑ 莴苣笋:明人宋诩《竹屿山房杂部·酱渍》:"莴苣笋,削去厚皮,卧置长板上,盐烦揉,须透,叠器中。天阴停下,晴日用其卤煎沸,加石灰少许,一染即起,纶丝,每条系其头悬晒之。常以手捽直,俟起盐霜卷束,收瓮。竹笋去箨作沸,盐芼熟晒干。"

㉒ 细料:经过精细处理的,较贵重的食材。馉饳(gǔ duò)儿:一种面食品。有馅。

㉓ 间道糖荔枝:又称杂色荔枝蜜煎。间道,指不同颜色构成的花纹。宋朝药典《重修政和经史证类备用本草》中有记载:"其市货者多用杂色荔枝,入盐梅,暴成之。"

㉔ 锯(qū)刀紫苏膏:未详。锯,小钱。紫苏膏,一款药膳。制作原料主要有紫苏子、桂皮、大黄等。

㉕ 香橙元:即香橙丸。

㉖ 盘兔:元人忽思慧《饮膳正要·盘兔》:"兔儿二个,切作事件;萝卜二个,切;羊尾子一个,切片;细料物二钱。上件,用炒,葱、醋调

和,下面丝二两,调和。"类似一种以兔肉切丝炒熟之后,配以萝卜丝、葱白丝等调料,和煮熟的细面一起食用的食物。《梦粱录》中叫"盘兔糊"。

㉗水晶鲙:南宋陈元靓《事林广记·水晶脍法》:"赤稍鲤鱼,鳞以多为妙,净洗去涎,水浸一宿,用新水于锅内,慢火熬,候浓,去鳞,放冷即凝。细切入五辛,醋调和,味极珍,须冬月为之方可。"

㉘煎夹子:有馅的煎饼。南宋浦江吴氏《吴氏中馈录·油夹儿方》:"面搜剂,包馅。作夹儿,油煎熟,馅同肉饼法。"

【译文】

到朱雀门,有现煎现卖的羊白肠、腌糟的鱼和肉、燠冻鱼头、姜豉、剚子、抹脏、红丝、批切羊头、辣脚子、姜辣萝卜等出售。而夏天则有麻腐鸡皮、麻饮细粉、素签、沙糖冰雪冷丸子、水晶皂儿、生淹水木瓜、药木瓜、鸡头穰、沙糖绿豆甘草冰雪凉水、荔枝膏、广芥瓜儿、咸菜、杏片、梅子姜、莴苣笋、芥辣瓜旋儿、细料馉饳儿、香糖果子、间道糖荔枝、越梅、锯刀紫苏膏、金丝党梅、香橙丸子出售,全都用梅红色的盒子盛贮。冬天则有盘兔,现烤现卖的猪皮肉、野鸭肉、滴酥水晶鲙、煎夹子、猪内脏之类出售,一直延伸至龙津桥须脑子肉为止,这些食物被称为"杂嚼",街市从白天一直延续至三更方散。

东角楼街巷

【题解】

本条350余字，介绍北宋东京皇城东南角的街区。以东南角的十字街为起点，分别介绍向南、向北、向东三条街道两旁的状况：

向南的街道是姜行，通往景灵宫东侧的高头街。

向北的街道紧贴北宋皇宫的东墙，从十字街至东华门一段，原为纱行；经过徽宗扩建后的延福宫东门，直达东京内城北墙中间的城门景龙门（旧酸枣门）。正如卷一"大内"条所述，"东华门外，市井最盛，盖禁中买卖在此"，极其特殊的地理位置与买主身份，使得这一带"最是铺席要闹"，但是由于政和年间（1111—1118）的大规模扩建，这里成为宫廷建筑的一部分。

向东去的潘楼街，是孟元老最精彩的记忆：首先是"只下贩鹰鹘客"的鹰店，这是北宋皇室豢养鹰鹘风气在市井间的直观反映；其次是专门进行奢侈品交易的"界身巷"，"每一交易，动即千万，骇人闻见"；然后介绍潘楼酒店下面的市场，每天从五更至傍晚，分时段交易各类物品，琳琅满目，繁华热闹；最后着重介绍东京城内最大的演出场所"桑家瓦子"，不仅勾栏众多、看棚宽大、名角云集，同时还是荟萃三教九流、各色商贩的综合性商贸市场，集吃喝玩乐于一体，让人"终日居此，不觉抵暮"。小说《水浒传》即写燕青与李逵入城看灯，也曾到此一游，听了一段《三国志平话》，正说到"关云长刮骨疗毒"。数千人的围观嘘叫，数千人的流连忘返，构成大宋东京瓦市里五彩缤纷的文化消费景观。

　　自宣德东去①，东角楼②，乃皇城东南角也。十字街南去，姜行、高头街③。北去，从纱行至东华门街④，晨晖门⑤、宝箓宫⑥，直至旧酸枣门，最是铺席要闹⑦。宣和间，展夹城牙道矣⑧。

【注释】

①宣德：宣德楼。

②角楼：建在角台上的阁楼建筑，是城墙防御工程的重要组成设施，起瞭望和防御作用。

③高头街：位于东角楼十字街口以东，景灵东宫的东侧。

④东华门街：北宋皇城东东华门外的大街，今开封宋代皇城遗址东墙缺口处的大街，仍旧名为东华门街。

⑤晨晖门：延福宫的东门。北宋徽宗扩建后的延福宫，东、西墙分别与皇宫的东、西墙相对应。"延福宫，政和三年春，新作于大内北拱辰门外。……其东直景龙门，西抵天波门。宫东、西二横门，皆视禁门法，所谓'晨晖''丽泽'者也。而晨晖门出入最多。"（《宋史·地理志一》）。

⑥宝箓宫：即上清宝箓宫，建于徽宗政和五年（1115），在景龙门东，对景晖门。

⑦铺席：铺面，店铺。要（yào）闹：繁华热闹。亦指繁华热闹之地。

⑧夹城牙道：从东华门北至景龙门（旧酸枣门）之间所修的两侧带墙的街道，以方便皇帝出行而不被外人看见。宋人万俟咏《凤凰枝令·序》中说："景龙门，古酸枣门也。自左掖门之东，为夹城南北道，北抵景龙门。"夹城，两边筑有高墙的通道。牙道，官道。

【译文】

从宣德楼向东面去，是东角楼，就是皇城的东南角。由十字街朝南去，是姜行、高头街。由十字街朝北去，从纱行到东华门街，经过晨晖门、宝篆官，一直到旧酸枣门，店铺林立，最是繁华热闹。徽宗宣和年间，扩展为皇城旁边的夹城和官道了。

东去，乃潘楼街[1]。街南曰鹰店，只下贩鹰鹘客[2]。余皆真珠[3]、匹帛[4]、香药铺席。南通一巷，谓之"界身"[5]，并是金银、彩帛交易之所[6]。屋宇雄壮，门面广阔，望之森然[7]。每一交易，动即千万[8]，骇人闻见[9]。

【注释】

①潘楼街：从皇城东南角向东，通向土市子的街道，因街北有著名的潘楼酒店而得名。潘楼，亦称"樊楼""白矾楼"，后改称"丰乐楼"。东京的著名酒楼之一，位列"在京正店七十二户"，在东华门外景明坊。宋人楼钥《北行日录》：乾道五年（1169）十二月"十二日癸巳，晴。五更出驿，穿御街，循东御廊，过宣德楼侧东角楼下潘楼街头，东过左掖门，出马行街头，北过东华门，出旧封丘门"。

②下：歇宿，收留。鹰鹘（hú）：鹰与鹘，均为猛禽，驯养后可助田猎。鹘，又名"海东青"，鹰科鸟类，是一种美丽的中型猛禽。北宋东京城中养鹰鹘蔚然成风，源自皇室。早在太宗淳化三年（992），西夏李继捧就曾派遣专使，向太宗进贡号为"海东青"的鹰鹘，太宗以"久罢畋游，尽放鹰犬"为由退还（宋人王明清《挥麈录》）。然北宋皇家图书馆中有记录鹰鹘饲养方法及医疗之术的专书，北宋沈括《梦溪笔谈》中也有相关记载，侧面可见其风盛行之况。至徽宗时，由于他酷爱飞禽走兽，宦官们纷纷四处罗致，以悦其情（南宋岳珂南《桯史·殿中鹇》），而东京皇城附近出现专供"贩鹰

鹘客"投宿的鹰店,正与皇帝和贵族们的这一爱好密切相关。

③真珠:即珍珠。北宋多为注辇、三佛齐、大食等国进贡而来。

④匹帛:泛指纺织物。

⑤界身:界身巷,应即"戒身巷",因相国寺戒坛而得名。宋人魏泰《东轩笔录》:"旧传东京相国寺,乃魏公子无忌之宅,至今地属信陵坊。寺前旧有公子亭,丁谓开保康门,对寺架桥,始移亭子近东。寺基旧极大,包数坊之地,今南北讲堂巷即寺之讲院,戒身巷即寺之戒坛也。"北宋时期,界身巷成为东京城里重要的金银交易中心。

⑥彩帛:有花纹、颜色的丝织物。

⑦森然:形容繁密直立。

⑧动:动不动,常常。

⑨骇人闻见:使人目见耳闻感到震惊。

【译文】

由十字街向东去,是潘楼街。街南的店铺是鹰店,只供贩卖鹰鹘之类猛禽的客商下榻。其余都是买卖珍珠、丝帛、香料药材的店铺。向南通往一条巷子,叫界身巷,也是金银、丝帛的交易场所。这一带的房屋楼宇雄伟壮丽,店铺门面十分宽阔,远处望去,高竿繁密。每当交易之时,金额动辄上千万,使人目见耳闻,感到震惊。

以东,街北曰潘楼酒店。其下每日自五更市合①,买卖衣物、书画、珍玩、犀玉。至平明②,羊头、肚肺③、赤白腰子④、奶房⑤、肚胘⑥、鹑兔鸠鸽野味、螃蟹、蛤蜊之类讫,方有诸手作人上市⑦,买卖零碎作料⑧。饭后,饮食上市,如酥蜜食⑨、枣𩛙⑩、澄砂团子⑪、香糖果子、蜜煎雕花之类⑫。向晚⑬,卖何娄头面⑭、冠梳⑮、领抹⑯、珍玩、动使之类⑰。东去,则徐家瓠羹店⑱。

【注释】

①市合：集市聚集，开始买卖交易。

②平明：天刚亮的时候。

③肚（dǔ）肺：用动物的肚、肺为原料制成的食品。肚，动物的胃。

④赤白腰子：有两说：一说赤腰子指动物的肾脏，白腰子指动物的睾丸。一说赤腰子指猪腰子，为下品；白腰子为羊腰子，为上品。

⑤奶房：供食用的动物乳房。

⑥肚胘（xián）：牛肚，牛胃。胘，牛百叶。

⑦诸手作人：各类手艺人。手作，泥水、木工或其他手工艺人。

⑧作（zuō）料：匠人所用的材料。

⑨酥蜜食：似指酥酪与蜜制成的甜食。南宋西湖老人在《西湖老人繁胜录》中记载："酥蜜裹食，天下无比，入口便化。"南宋诗人杨万里有《咏酥》诗："似腻还成爽，才凝又欲飘。玉来盘底碎，雪到口边销。"

⑩枣锢（hú）：一种带枣的面食。《玉篇》："锢，饼也。"

⑪澄砂团子：类似豆沙馅的黏豆包或汤圆。南宋浦江吴氏《吴氏中馈录·煮沙团方》："沙糖入赤豆或绿豆，煮成一团，外以生糯米粉裹作大团，蒸，或滚汤内煮，亦可。"

⑫蜜煎雕花：应指各式雕花蜜饯，即果品在用蜜渍之前，先用刀雕刻成各种花式，然后用蜜腌渍，以供赏玩食用。南宋周密《武林旧事·高宗幸张府节次略》，记录绍兴二十一年（1151）十月清河郡王张俊府第招待宋高宗的御筵，其中有"雕花蜜煎一行：雕花梅球儿、红消花儿、雕花笋、密冬瓜鱼儿、雕花红团花、木瓜大段儿、雕花金橘、青梅荷叶儿、雕花姜、蜜笋花儿、雕花橙子、木瓜方花儿"。蜜煎，用蜜沾渍的果品，即蜜饯。

⑬向晚：临近晚上的时候，傍晚。

⑭何娄：即何楼。北宋初年，东京有座何家楼，所出售的物品全是假货。宋人江少虞《事实类苑·何楼》："世人语虚伪者为何楼，似

是沽滥之称，其实不然。国初，京师有何家楼，其下卖物皆沽滥者，故人以此目之。今楼已废。"头面：妇女头上戴的装饰品。

⑮冠梳：宋代妇女在饰冠上安插的长梳，为头面的一种，是北宋妇女发髻上最有特点的装饰。始于宋初，先在宫廷中流传，后来普及到民间。冠梳是用漆纱、金银、珠玉等做成两鬓垂肩的高冠，并在冠上插以白角长梳。由于梳子本身较长，左右两侧插得又多，在进门、上轿时，须侧首而入。宋人王林《燕翼诒谋录》："旧制，妇人冠以漆纱为之，而加以饰金银珠翠，采色装花，初无定制。仁宗时，宫中以白角改造冠并梳，冠之长至三尺，有等肩者，梳至一尺。议者以为妖，仁宗亦恶其侈，皇祐元年（1049）十月，诏禁中外不得以角为冠梳，冠广不得过一尺，长不得过四寸，梳长不得过四寸。终仁宗之世，无敢犯者。其后侈靡之风盛行，冠不特白角，又易以鱼枕；梳不特白角，又易以象牙、玳瑁矣。"直到南宋，妇女插梳现象仍十分普遍。南宋陆游《入蜀记》记载当时西南一带的妇女"未嫁者率为同心髻，高二尺，插银钗至六只，后插大象牙梳，如手大"。江西景德镇市郊宋墓出土的瓷俑，有这种妆饰的妇女形象。

⑯领抹：宋代女性对襟衣衫上由领而下的两条长花边。

⑰动使：日常应用的器具。

⑱瓠（hù）羹店：专售各种菜羹的店铺，兼卖煎豆腐、煎鱼、煎鳖、烧菜、烧茄子等菜肴。瓠羹，用瓠瓜煮成的浓汁类食品。北魏人贾思勰《齐民要术·素食》："瓠羹：下油水中，煮极熟。瓠体横切，厚三分，沸而下。与盐、豉、胡芹，累奠之。"南宋百岁寓翁《枫窗小牍》："旧京工伎固多奇妙，即烹煮罄案，亦复擅名。如王楼梅花包子、曹婆肉饼、薛家羊饭、梅家鹅鸭、曹家从食、徐家瓠羹、郑家油饼、王家乳酪、段家熰物、不逢巴子南食之类，皆声称于时。"

【译文】

由界身巷路口向东去，潘楼街的北面是潘楼酒店。酒店楼下每天从五更开市，买卖衣物、字画、珍奇玩赏之物、犀牛角和玉器等。等到天亮时，羊头、肚肺、红白腰子、奶房、肚肫、鹌鹑、兔子、斑鸠、鸽子等野味、螃蟹、蛤蜊之类水产品的买卖收市之后，方才有各种手艺人上市，买卖零零碎碎的原材料。午饭后，各色饮食上市，比如酥蜜食、枣馉、澄砂团子、香糖果子、蜜煎雕花之类。傍晚时分，楼下则卖仿制的妇女头饰、冠梳、领抹、珍奇玩物、日用器具之类的物品。潘楼酒店再向东去，即是徐家瓠羹店。

　　街南桑家瓦子①，近北则中瓦，次里瓦②，其中大小勾栏五十余座③。内中瓦子莲花棚、牡丹棚、里瓦子夜叉棚、象棚④，最大，可容数千人。自丁先现⑤、王团子、张七圣辈⑥，后来可有人于此作场⑦。瓦中多有货药⑧、卖卦⑨、喝故衣⑩、探搏⑪、饮食、剃剪⑫、纸画⑬、令曲之类⑭。终日居此，不觉抵暮。

【注释】

①桑家瓦子：北宋东京城里最大的瓦子。瓦中不唯出演伎艺，也是荟萃三教九流、各色商贩的综合性商贸市场，热闹非凡。桑家瓦子原为五代后晋重臣桑维翰（898—946）的府第。石敬瑭建立后晋以后，桑维翰作为创业功臣和社稷之臣，两度出任宰相，广受贿赂，家资亿万，权倾朝野。契丹灭晋时，桑维翰被后晋降将张彦泽派人缢杀于府第之中。大约因为桑维翰死于非命，其宅被目为东京凶宅，随着朝代更替，久而久之遂沦为瓦子。《水浒传》："燕青洒脱不开，只得和李逵入城看灯。不敢从陈桥门入去，大宽转却从封丘门入城。两个手厮挽着，正投桑家瓦来。"

②近北则中瓦，次里瓦：关于这段文字有不同理解：一种意见认为中瓦、里瓦和桑家瓦子是三处不同的瓦子，二者是依附桑家瓦子的小型瓦子；另一种意见认为中瓦、里瓦均为桑家瓦子的组成部分，"中"和"里"标识其相对位置。多数人倾向于第二种意见。本书

卷三"大内西右掖门外街巷"中介绍梁门外的州西瓦子,"西去州西瓦子,南自汴河岸,北抵梁门大街,亚其里瓦,约一里有余",既然说"亚其里瓦"(靠近它的里瓦),则说明当时人认为"里瓦"是州西瓦子的一部分。据此,"近北则中瓦,次里瓦",也应统属于桑家瓦子这个大的商贸场所。

③勾栏:也作"勾阑"或"构栏",是宋元时期城市中固定的娱乐场所,主要用于表演戏曲等节目。勾栏内有戏台、戏房(后台)、神楼、腰棚(看席)。有的勾栏以"棚"为名。

④内中瓦子莲花棚、牡丹棚,里瓦子夜叉棚、象棚:装饰有莲花、牡丹、夜叉、大象等图案的勾栏。莲花、夜叉、大象都是与佛教有关的物象,牡丹则为北宋东京人喜好的时尚花卉。夜叉,梵文"Yakṣa"的译音,又被译成药叉、阅叉、夜乞叉等。夜叉是佛经中一种形象丑恶的鬼,勇健暴恶,能食人,有的后来受到佛陀教化而成为护法之神,列为天龙八部众之一。棚,看棚。

⑤丁先现:又作"丁仙现",北宋神宗时期著名滑稽艺人。曾任教坊使,兼有宫调理论、杂剧扮演等多方面的才华,长于讽刺诙谐,兼能歌舞,尤其擅长在杂剧或其他表演场合中以机智嘲谑的语言或夸张的动作,在提供娱乐消遣的同时,发挥政治劝谏作用。例如他曾借助自己作为御前受宠艺人的身份与才华,在演出中嘲讽王安石变法中不合情理的举措,在展示技艺的同时讽谏时事。宋人叶梦得《避暑录话》中则说:"丁仙现自言及见前朝老乐工,间有优诨及人所不敢言者,不徒为谐谑,往往因以达下情,故仙现亦时时效之,非为优戏,则容貌俨然如士大夫。"宋人蔡絛《铁围山丛谈》:"熙宁初,王丞相介甫(按,即王安石)既当轴处中,而神庙(按,即宋神宗)方赫然一切委听,号令骤出,但于人情适有所离合。于是故臣名士往往力陈其不可,且多被黜降,后来者乃寖结其舌矣。当是时,以君相之威权而不能有所帖服者,独一教坊使

丁仙现尔。丁仙现,时俗但呼之曰'丁使'。丁使遇介甫法制适一行,必因燕设,于戏场中乃便作为嘲诨,肆其诮难,辄有为人笑传。介甫不堪,然无如之何也,因遂发怒,必欲斩之。神庙乃密诏二王,取丁仙现,匿诸王邸。二王者,神庙之两爱弟也。故一时谚语,有'台官不如伶官'。"

⑥王团子、张七圣:二人皆当时著名艺人,事迹不详。

⑦可有人:艺人名。事迹不详。作场:民间艺人圈地或在一定场所表演献艺。

⑧货药:卖药。货,用作动词。

⑨卖卦:以占卜为生,算卦。

⑩喝(hè)故衣:叫卖旧衣。叫卖旧衣服,必用高音亮嗓吆喝,以此招揽顾客。喝,吆喝,大声喊叫。故衣,旧衣服。

⑪探搏:徒手搏斗,角力相攻之术,兼具摔跤成份。类似相扑。探,俯身。搏,抓取。

⑫剃剪:理发。南宋洪迈《夷坚志·杨五三鬼》:"詹庆所居在抚城委巷中,傍有剃剪工杨五三者,盖为侯相。"

⑬纸画:剪纸花。

⑭令曲:即小令。指短调的词。这里指演唱短小的曲子。

【译文】

潘楼街的南面是桑家瓦子,近旁靠北边是中瓦,其次是里瓦,瓦子中有大小勾栏五十余座。其中以中瓦子的莲花棚、牡丹棚,里瓦子的夜叉棚、象棚为最大,可以容纳数千人。自丁先现、王团子、张七圣等人,都在这里演出,后来可有人也在这里出场表演。瓦子里还有卖药、占卦、喝卖旧衣服、徒手角力、买卖饮食、理发、剪纸花、演唱曲子的各色人等,整天呆在这里,不知不觉就玩到天黑。

潘楼东街巷

【题解】

本条 350 字，介绍北宋东京皇城东南角著名酒楼潘楼以东的街区。东南的十字街名为"土市子"，是著名的闹市区，北向御街就以此处为起点。孟元老的叙述层次，也是以土市子为起点，依次介绍东、南、北三个方向的情况。

土市子向东，第一个街口，以名为"鬼市"的特殊早市而著称；再向东去，有富豪赵十万以及宋徽宗第二任皇后郑氏的住宅；在旧曹门附近，有祭祀隋末将领单雄信的庙宇、贵族妇女夜游吃茶的茶坊和药铺。旧曹门到新曹门之间，有州东瓦子、泰山庙等主要建筑，是牛的集中交易区，和南城一样人烟繁密。

土市子向南，有一座颇具异国情调、相传徽宗曾经光顾过的铁屑楼酒店；有一家著名的饼店；太庙街一带的夜市最为热闹。

土市子向北，则是围绕马匹交易形成的商区，同样妓馆众多，有著名的大酒楼和饮食店等，由于地理位置优越，夜市尤其热闹，甚至超过州桥。不过，北宋徽宗政和七年（1117），开始在皇宫东北修建艮岳，西起景龙门，东至封丘门（安远门），南到东华门，北到景龙江，马行街应该被拆迁。孟元老对马行街一带街巷的记述，很可能只是 1117 年以前的状况。

潘楼东去十字街，谓之"土市子"①，又谓之"竹竿市"②。

【注释】

①土市子：大概相当于现在开封市南北土街一线。南渡前，这一带人烟稠密，商业繁荣。后亦以泛指闹市。南宋范成大乾道六年（1170）出使金国，有《市街》诗记记述当时所见的景象："梳行讹杂马行残，药市萧骚土市寒。惆怅软红佳丽地，黄沙如雨扑征鞍。"

②竹竿市：买卖竹竿的集市。东京城所需竹竿很多，除日常所需，其他如引领伎艺人、水中争标、挑关扑实物、官府封门等都要用竹竿。

【译文】

潘楼向东直到十字街，称为"土市子"，又叫"竹竿市"。

又东十字大街，曰从行裹角茶坊①。每五更点灯博易②，买卖衣物、图画、花环、领抹之类，至晓即散，谓之"鬼市子"③。

【注释】

①裹角：拐角。

②博易：贸易，交易。

③鬼市子：又称"鬼市"，是一种特殊的早市，绝早开市，至晓而散。唐人郑熊《番禺杂记》载："海边时有鬼市，半夜而合，鸡鸣而散。人从之，多得异物。"自宋代以来，鬼市逐渐流行，交易物品以衣物、文物为主，其他货物鱼目混珠，既有来路不正之物，也有珍稀奇异物品，更有假货蒙人。以"鬼"名市，含义颇丰：夜晚是传说中鬼出没的时间；因有夜盗夜售，交易时不免鬼鬼祟祟，间杂坑蒙拐骗的鬼花样。

【译文】

土市子再东面的十字大街，名为从行裹角茶坊。每天五更时分就点灯进行交易，买卖衣物、图画、花环、领抹之类的物品，到天亮时就散去了，称之为"鬼市子"。

以东，街北赵十万宅①。街南，中山正店②、东榆林巷、西榆林巷③。北，郑皇后宅④。东曲首向北墙畔⑤，单将军庙，乃单雄信墓也⑥。上有枣树，世传乃枣檠发芽⑦，生长成树，又谓之"枣冢子巷"⑧。

【注释】

①赵十万：姓赵的富户。有以其宅院命名的赵十万街。孔宪易《开封一赐乐业教钩沉》认为这个巨富之家的"赵十万"可能是铁屑人（犹太人），"赵"是北宋皇帝的赐姓。孟元老写出这位东京富户，是有其一定意义的。

②中山正店：北宋东京著名的大酒楼之一，东京七十二家正店之一。据宋人朱弁《曲洧旧闻》，中山正店全名"中山园子正店"，所酿之酒名为"千日春"，为东京名酒。北宋亡后，酒楼废为客店。

③榆林巷：有仁宗朝宰相吕夷简的宅第。据《异闻总录》："吕文靖公宅在京师榆林巷，群从数十。遇时节朔望，则昧旦共集于一处，以须尊者之出。"

④郑皇后：宋徽宗赵佶的第二任皇后显肃皇后郑氏，靖康之变后与徽宗北迁，死于五国城。郑氏本为开封人，少年入宫，在向太后宫中做女官，"徽宗为端王，每日朝慈德宫，钦圣命郑、王二押班供侍。及即位，遂以二人赐之。后自入宫，好观书，章奏能自制，帝爱其才。崇宁初，封贤妃，迁贵妃，有异宠。徽宗多赍以词章，天下歌之。王皇后崩，政和元年，立为皇后。……汴京破，从上皇幸青城。北迁，

留五年，崩于五国城，年五十二。"（《宋史·后妃列传下》）

⑤曲：弯曲，此处当指拐角处。畔：旁边，附近。

⑥单将军庙，乃单雄信墓也：单将军庙是为纪念隋末农民起义军将领单雄信而建的庙宇。单雄信（？—620），曹州济阴（今山东菏泽曹县西北）人，善用马槊，勇武过人。隋末农民起义时，与好友徐世勣加入翟让、李密的瓦岗义军，骁勇善战，军中称为"飞将"。翟让被杀后，李密与王世充在偃师交战，单雄信归降王世充，徐世勣投奔李唐。王世充被李世民击败后，单雄信被唐军所获，徐世勣为其求情失败，单雄信被斩首。

⑦世传乃枣槊发芽：唐人段成式《酉阳杂俎·语资》："单雄信幼时，学堂前植一枣树。至年十八，伐为枪，长丈七尺，拱围不合，刃重七十斤，号为'寒骨白'。常与秦王卒相遇，秦王以大白羽射中刃，火出，因为尉迟敬德拉折。"东汉服虔《通俗文》说"矛长丈八谓之槊"，单雄信以质地坚硬密实的枣木为槊柄，即枣槊，故而有"枣槊发芽"的传说。

⑧冢（zhǒng）：高而大的坟。与上文"单雄信墓"相对。

【译文】

鬼市子再往东去，街的北面是赵十万的住宅。街的南面是中山酒店、东榆林巷、西榆林巷。北面是郑皇后的宅邸。大街东头向北墙边拐弯的地方，有单将军庙，是单雄信墓。墓地上长有枣树，世人传说是单雄信所用的枣槊发了芽，生长成了这棵枣树，所以这条巷子又叫"枣冢子巷"。

又投东，则旧曹门。街北山子茶坊，内有仙洞、仙桥，仕女往往夜游吃茶于彼①。又李生菜小儿药铺②、仇防御药铺③。

【注释】

①仕女：贵族官僚家庭的妇女。

②李生菜：店名或店主。小儿药铺：专售小儿药物的药店。

③仇防御：仇姓行医者，曾任过防御使或防御副使，或祖上有人担任此职。防御使，唐代开始设置的地方军事长官。宋置诸州防御使，但无职掌、无定员，不驻本州，仅为武臣之寄禄官，用于安置闲散官员。特别是"防御副使"，常用来安置贬谪官员。孟元老此书中提及的"仇防御"以及"班防御""盖防御"之类"国医"，或为退休御医，或因医术高超、经常登堂入室为皇室贵族看病，因此而获赐此类虚衔。

【译文】

从单将军庙再朝东去，就是旧曹门。街北的山子茶坊，里面设有仙洞、仙桥，贵族官僚家的女子往往在那里夜游喝茶。又有李生菜小儿药铺、仇防御药铺。

出旧曹门，朱家桥瓦子①。下桥，南斜街、北斜街，内有泰山庙②，两街有妓馆。桥头人烟市井③，不下州南。以东牛行街④，下马刘家药铺⑤、看牛楼酒店。亦有妓馆，一直抵新城。

【注释】

①朱家桥瓦子：在旧曹门外，即州东瓦子。

②泰山庙：东岳庙，旧祀五岳之尊的泰山神。始建于后唐天成元年（926），位于曹门外。后因水患淹塌，明代正统年间（1436—1449）移建，位置大约在今开封理事厅街东头，回民中学内，此后明清两朝多次修葺、重建。

③人烟：本指人家，此指来往之人。

④牛行（háng）街：旧曹门到新曹门之间的一条斜街，向东北方向倾斜。北宋开国功臣高怀德和北宋真宗朝名相王旦的宅第，均在牛

行街。南宋贺铸《夏夜寸晴遣怀》诗自序:"癸酉岁,京师春夏厌雨。
吾居望春门东牛行街,故西枢渤海公之高斋。嘉树清风,殊不知暑
湿。时卧病杜门,每把书自适。五月望,雨始收霁,疾亦少间,因
赋是诗。""西枢渤海公之高斋"即指高怀德故居,因其追封渤海
郡公。北宋苏轼《送颜复兼寄王巩》诗中有"京师万事日日新,故
人如故今有几。君知牛行相君宅,扣门但觅王居士"之句,"牛行
相君宅"即指宰相王旦的住宅,其孙王巩(即王居士)与苏轼友善。

⑤下马刘家药铺:北宋东京一家有名的大药房。南宋洪迈《夷坚
志·綦叔厚》记载了北宋末年官员綦崇礼与卖药翁互相讥诮之
事,提及刘家药铺:綦崇礼骑马出行,马受惊,撞翻卖药翁的药罐
子。卖药翁不依不饶,讥讽綦"独跨散马,孑孑而来",不比太师、
大尹出行,有仆从喝道,"行人望尘敛避"。綦遂反唇相讥,嘲笑卖
药翁摊位不起眼,"翁不见井子刘家药肆乎?高门赫然,正面大屋
七间。吾虽不善骑,必不至单马撞入,误触器物也","井子者,刘
氏所居,京师大药肆也"。

【译文】

出了旧曹门,是朱家桥瓦子。下桥,是南斜街、北斜街,街上有泰山
庙,两条街上都有妓馆。桥头行人往来、买卖兴盛,不亚于州南一带。再
往东是牛行街,有下马刘家药铺、看牛楼酒店。街上也有妓馆,一直抵达
新城。

自土市子南去,铁屑楼酒店①。皇建院街②,得胜桥郑
家油饼店③,动二十余炉。直南,抵太庙街④、高阳正店⑤,夜
市尤盛。

【注释】

①铁屑楼酒店:也称"铁薛楼""铁楼",是北宋东京著名大酒楼之一,

位列"在京正店七十二户",据宋人张能臣《酒名记》所载,该楼自产有名酒"瑶醽"。它是当时都城中最具异国情调的酒楼,据考证,有可能是当时寓居开封的犹太人开设的,"铁屑"是宋代对 Israel 的中文音译(金元两代译为"迭屑",今译"以色列")。相传宋徽宗也曾光顾此楼,元初出使南宋的郝经在《龙德故宫怀古》诗中有言"人间未省有金国,地底唯知幸铁楼",即根据东京父老的传说而写,诗中的"铁楼"指的就是铁屑楼酒店。

② 皇建院街:因土市子以南的皇建院而得名的街道。皇建院,五代后周太祖郭威的旧第,世宗柴荣将其赐予僧人,名为"皇建院"。《旧五代史·周书·后妃列传》:"贵妃张氏,恒州真定人也。……太祖素闻妃之贤,遂纳为继室。太祖贵,累封至吴国夫人。(后)汉隐帝末,萧墙变起,屠害大臣。太祖在邺都被谗,妃与诸皇属同日遇害于东京旧第。太祖践阼,追册为贵妃,发哀,故世宗有起复之命。世宗嗣位,以太祖旧宅(即妃遇祸之地),因施为僧院,以'皇建'为名焉。"据宋人佚名《分门古今类事·周宗遇僧》:"世宗南征,得六合僧,善知人,言世宗数事,若合符契。又曰:'陛下得三十年。'帝大悦,赐紫袍、师号,又赐皇建院居之,即太祖龙潜之旧宅也。及世宗即世,人咸以为谬。后幼主逊位,方验三十年者,乃三主、十年也。帝王世数,非前定乎?"

③ 郑家油饼店:北宋东京城里著名饼店。本书卷四"饼店"中说:"唯武成王庙前海州张家、皇建院前郑家最盛,每家有五十余炉。"

④ 太庙:中国古代皇帝的宗庙,夏朝时称"世室",殷商时称"重屋",周称"明堂",秦汉以后称"太庙"。太庙最早只供奉皇帝祖宗的神位,后来皇后和功臣的神位经皇帝批准,也可以被供奉在太庙。北宋太庙的位置,按"左祖右社"的传统,建于大内皇宫左前方。太庙有五开的大门,内有斋堂、寝殿、正殿等建筑,主要供奉先帝的神主牌位,皆以朱漆金字,每祖居于一室。太庙的庙柱之上皆

雕金龙，形貌威严，神态各异。据史籍记载，金兵攻入东京城后，仅庙柱龙身上刮剥下来的金屑，就有四百余两之多，兴建太庙时的耗资之巨，由此可见一斑。北宋历代皇帝南郊大礼前，都要"驾宿太庙奉神主出室"，本书卷十对这一重大国事活动有较为详尽的记载。到了北宋中期，由于景灵宫的修建，太庙的作用被分去不少。凡祭祀天地，天子要先到景灵宫，后到太庙，二处皆供有祖宗神位，但神主仍在太庙。据南宋陆游《避暑漫抄》记载，宋太祖于建隆三年（962）密镌一碑，立于太庙寝殿之夹室，谓之"誓碑"，平时用销金黄幔遮蔽，门钥封闭甚严。太祖命令有关部门，只有太庙四季祭祀和新天子即位时方可启封，谒庙礼毕，奏请恭读誓词。届时只有一名不识字的小黄门跟随，群臣及近侍皆不知所誓何事。北宋各代皇帝"皆踵故事，岁时伏谒，恭读如仪，不敢漏泄"。"靖康之变，金人入庙，悉取礼乐祭祀诸法物而去，门皆洞开，人得纵观。碑止高七八尺，阔四尺余，誓词三行：一云柴氏（周世宗）子孙有罪，不得加刑。纵犯谋逆，止于狱中赐尽，不得市曹刑戮，亦不得连坐支属。一云不得杀士大夫及上书言事人。一云子孙有渝此誓者，天必殛之。"

⑤ 高阳正店：北宋东京著名大酒楼之一，位列"在京正店七十二户"。据宋代张能臣《酒名记》所载，店中自酿名酒"流霞"。据北宋宣和四年（1122）徽宗御制《艮岳记》："跻攀至介亭，……麓云半山居其右，极目萧森居其左。北俯景龙江，长波远岸，弥十余里。其上流注山涧，西行潺湲，为漱玉轩；又行石间，为炼丹亭、凝真观、圜山亭，下视水际，见高阳酒肆、清澌阁。"

【译文】

自土市子朝南去，有铁屑楼酒店。皇建院街，有得胜桥郑家油饼店，这家店常常用二十几个炉子同时做饼。一直朝南，抵达太庙街、高阳正店，夜市尤其兴盛。

土市北去，乃马行街也^①，人烟浩闹^②。先至十字街，曰鹩儿市^③。向东曰东鸡儿巷^④，向西曰西鸡儿巷，皆妓馆所居。近北街曰杨楼街^⑤，东曰庄楼（今改作和乐楼）^⑥，楼下乃卖马市也。近北曰任店（今改作欣乐楼）^⑦，对门马铛家羹店。

【注释】

①马行街：从土市子直达旧封丘门的大道，因临近马匹交易市场而得名。这条街道是贯穿内城东部的通衢，部分街道与北向御街重合，是东京最繁华的街市之一，本书卷三言其两旁“坊巷院落，纵横万数，莫知纪极”。沿街多医家，从土市子街口到旧封丘门，本书后文记有多家药肆。宋人蔡絛《铁围山丛谈》：“天下苦蚊蚋，都城独马行街无蚊蚋。马行街者，都城之夜市、酒楼极繁盛处也。蚊蚋恶油，而马行人物嘈杂，灯火照天，每至四鼓罢，故永绝蚊蚋。上元五夜，马行南北几十里，夹道药肆，盖多国医，咸巨富，声伎非常，烧灯尤壮观，故诗人亦多道马行街灯火。”苏轼贬谪黄州，有《二月三日点灯会客》诗，其中有“蚕市光阴非故国，马行灯火记当年。冷烟湿雪梅花在，留得新春作上元”之语。

②浩闹：繁盛热闹。

③先至十字街，曰鹩儿市：先至，疑为“北至”。鹩儿市，马行街南端一段，即今开封北兴街。鹩儿，全称“鹪鹩（jiāo liáo）”，一种小型鸣禽，羽毛赤褐色，略有黑褐色斑点。常取茅苇毛毳为巢，大如鸡卵，系以麻发，于一侧开孔出入，甚精巧，故俗称“巧妇鸟”。又名“黄脰鸟”“桃雀”“桑飞”等。多在灌木丛中活动，飞集均成群，歌声嘹亮。雄者好斗。宋人李昌龄《乐善录》谓有人好养鹪鹩，因其斗而不胜，怒折其两足，可知宋代斗鹪鹩之风盛行。

④鸡儿巷：因妓院集中而得名，约相当于今天的“红灯区”。宋末元初人仇远《台城路》（又名《齐天乐》）词中有句“旧游花柳梦，不

忍重省。燕子梁空,鸡儿巷静,休说长安风景"。

⑤杨楼街:因临近杨楼酒店而得名的街道,与马行街十字相交,东北街角处是马行街的酒楼庄楼,后改作和乐楼,楼下是卖马市。杨楼,北宋东京城的一处酒楼。南宋吴自牧《梦粱录》:"曩者东京杨楼、白矾、八仙楼等处酒楼,盛于今日,其富贵又可知矣。"

⑥庄楼(今改作和乐楼):北宋东京著名大酒楼之一,位列"在京正店七十二户"。据宋人张能臣《酒名记》所载,店中自酿名酒"琼浆"。宋人张知甫《可书》:"宣和间,京师建欣乐、和乐、丰乐三酒楼,壮观之盛,虽从官亦许游宴。时高丽遣使贺正,赐宴其上。"

⑦任店(今改作欣乐楼):北宋东京著名大酒楼之一,位列"在京正店七十二户"。据宋人张能臣《酒名记》所载,店中自酿名酒"仙醪"。欣,亦写作"忻"。

【译文】

从土市子朝北去,就是马行街,街上人多热闹。先到十字街,叫鹩儿市。向东去的巷子叫东鸡儿巷,向西去的巷子叫西鸡儿巷,都是妓馆所在之地。北面最近的街叫杨楼街,街东的酒店叫庄楼(现今改叫和乐楼),楼下就是卖马的市场。北面最近的酒店叫任店(现今改叫欣乐楼),对门是马铛家羹店。

酒楼

【题解】

本条 400 余字,集中介绍北宋东京城里的著名酒楼,为研究宋代酒店业提供了宝贵资料:

首先,承接"潘楼东街巷",介绍马行街上的著名大酒楼任店(欣乐楼),强调其与众不同的建筑格局、灯火辉煌的场景以及浓妆妓女"宛若神仙"的场面;之后介绍北面的杨楼及附近店铺货行。

接下来,重点介绍东京城中最高大的酒楼白矾楼,也就是此前作为皇城以东标志性建筑的"潘楼",包括其建筑格局、装饰、开业盛况、上元夜张灯景象等。由于此楼毗邻皇宫,高达三层,为了避免窥探皇宫,其西楼最高层有"禁人登眺"的特别规定。

然后列举"在京正店七十二户"中的著名酒楼,最后介绍专以朝廷中的显贵人物为服务对象的酒店。

凡京师酒店,门首皆缚彩楼欢门①。唯任店,入其门,一直主廊②,约百余步;南北天井,两廊皆小阁子③。向晚,灯烛荧煌④,上下相照。浓妆妓女数百,聚于主廊槏面上,以待酒客呼唤,望之宛若神仙⑤。

【注释】

①彩楼欢门：两宋时期酒食店流行的店面装饰，指店门口用彩帛、彩纸等所扎的门楼；也指建筑廊间半月形雕饰的门，以木质杆件绑缚而成，结构大量使用在中国传统木作营造体系中不多见的斜撑、X 型支撑、三角支撑以及绳索拉结等方式。宋人郭若虚《图画见闻志》称其为"酒肆边绞缚楼子"。南唐卫贤所绘《闸口盘车图》和北宋张择端《清明上河图》都有彩楼形象，其中《清明上河图》中有 7 处，或酒店，或饭店，或香店，繁简不一。以图之左侧孙家正店为最，其形两层，前正中为一平面梯檐，上面饰有花形鸟状之物，檐下垂有流苏。

②主廊：即贮廊，指厅后的屋子。宋人袁文《瓮牖闲评》："厅后屋，人多呼为主廊，其实名'贮廊'。"廊，室外有顶的过道。

③阁子：小房间，屋里的一间。宋人王明清《投辖录》："宣和七年元日，有太学生数人，共登丰乐楼会饮。都城楼上凡酒客坐所各有小室，谓之'酒阁子'。"

④荧煌：明亮辉煌。

⑤"浓妆妓女数百"几句：宋代酒肆为了招揽顾客，涌现出不少佐酒服务项目，传统的妓女佐酒模式甚至被官方正式采用。北宋神宗时期，"用女倡卖酒，名曰'设法'"（南宋王楙《野客丛书》）。据宋人王栐《燕翼诒谋录》："新法既行，（酒榷）悉归于公。上散青苗钱于设厅，而置酒肆于谯门。民持钱而出者，诱之使饮，十费其二三矣。又恐其不顾也，则命娼女坐肆作乐以蛊惑之。小民无知，争竞斗殴，官不能禁，则又差兵官列枷杖以弹压之，名曰'设法卖酒'。"由政府主导的"设法卖酒"，使妓女陪酒在传统基础上进一步发扬光大。槏（qiǎn）面，其义不详，"槏"似当作"檐"。槏有二义，一指"户"，二指"窗户旁的柱子"，此处皆不确。

【译文】

大凡京城中的酒店，门前都扎着用彩帛装饰的门楼。只有任店，进入店门，就是一条笔直的主廊，长约百余步；南面和北面的天井，两边的走廊上都是一个个小房间。入夜之后，灯笼、蜡烛明亮辉煌，楼上、楼下相互映照。几百个浓妆艳抹的妓女，聚集在主廊的廊檐下，等待酒客呼唤，远远望去宛若神仙。

北去，杨楼以北，穿马行街，东、西两巷，谓之"大、小货行"①，皆工作伎巧所居②。小货行通鸡儿巷妓馆，大货行通笺纸店③。

【注释】

①货行：生产日用产品的手工业作坊。

②工作伎巧：指从事建筑营造、各种手工艺制作的手艺人。工作，本指土木营造之事，此借指从事建筑营造的手工业者。伎巧，本指才艺、工巧，此指各种手艺人。

③笺纸：文书用纸。用于写信、题写诗文的特制纸张。泛指优质精美的纸张。

【译文】

再往北去，杨楼酒店以北，穿过马行街，有东、西两条巷子，称作"大、小货行"，住的都是建筑与制造行业的手工艺人。小货行通往鸡儿巷妓馆，大货行通往笺纸店。

白矾楼，后改为丰乐楼①，宣和间更修②。三层相高，五楼相向，各有飞桥栏槛③，明暗相通；珠帘绣额④，灯烛晃耀⑤。初开数日，每先到者赏金旗，过一两夜则已。元夜⑥，则每一瓦陇中⑦，皆置莲灯一盏⑧。内西楼后来禁人登眺，以第一层下视禁中⑨。

【注释】

① 白矾楼,后改为丰乐楼:白矾楼,即本卷"东角楼街巷"条中的潘楼,亦称"樊楼""矾楼"。位于东华门外的景明坊内,因为商贾买卖白矾于此而得名,后改为丰乐楼。北宋徽宗宣和年间(1119—1125)曾经改造,高达三层,是东京城里最高大的酒楼。南宋吴曾《能改斋漫录·白矾楼》:"京师东华门外景明坊有酒楼,人谓之'矾楼'。或者以为楼主之姓,非也。本商贾鬻矾于此,后为酒楼,本名'白矾楼'。"南宋周密《齐东野语·沈君与》:"(樊)楼乃京师酒肆之甲,饮徒常千余人。"

② 更(gēng)修:重新修造。更,改变,改换。

③ 飞桥:架设于高空的桥梁。栏槛(jiàn):即栏杆。

④ 绣额:刺绣的门额。额,帘额,指帘子的上端。

⑤ 晃耀:闪耀,辉映。

⑥ 元夜:即元宵,农历正月十五上元夜,又称"上元节""灯节"。

⑦ 瓦陇:亦作"瓦垄",屋顶上用瓦铺成的凹凸相间的行列。

⑧ 莲灯:莲花形的灯笼。

⑨ 内西楼后来禁人登眺,以第一层下视禁中:第一层,最高层,此指丰乐楼的第三层。禁中,即皇宫。窥探皇宫,侵犯了最高统治者的隐私,在秦朝属于斩首之罪,宋代定为服劳役的徒刑。《宋刑统》规定:"诸登高临官中者,徒一年;殿中加二等。疏议曰:宫殿之所,皆不得登高临视。若视官中,徒一年;视殿中,徒二年。"白矾楼位于皇城东南角,在东西向的潘楼街与南北向的马行街交叉口附近,毗邻北宋皇宫,而且酒楼高达三层,可以俯视皇城,故而"西楼后来禁人登眺"。据宋人王明清《挥麈录》,宣和四年(1122)艮岳建成,徽宗"诏翰林学士王安中,令登丰乐楼,望而赋诗云:'日边高拥瑞云深,万井笙阑正下临。金碧楼台虽禁御,烟霞岩洞却山林。巍然适构千龄运,仰止常倾四海心。此地去天真尺五,九

霄岐路不容寻。'"这是徽宗特意派人登丰乐楼眺望禁中，获得赋诗的亲身体验。

【译文】

白矾楼，后来改名为丰乐楼，宣和年间重新翻修。三层楼台竞相高耸，五座楼阁遥遥相对，各楼之间，通过装有栏杆的悬桥，或明或暗地相互联通起来；楼阁中珠子的门帘、刺绣的门额，在灯烛的照射下晃动闪耀。酒店刚开张的几天中，每天给先到的顾客赠送一面金旗，过了一两夜后就不再赠送了。每逢元宵之夜，酒楼的每一条瓦陇中，都会放置一盏莲花型的灯笼。白矾楼中的西楼，后来禁止人们登临眺望，因为从最上一层可以俯视皇宫。

大抵诸酒肆瓦市，不以风雨寒暑①，白昼通夜，骈阗如此②。

【注释】

①不以：无论，不管。

②骈阗（pián tián）：也作"骈填""骈田"，聚集一起。

【译文】

大致京城中的酒楼、瓦子，不管刮风下雨、严寒酷暑，都是从白天到夜晚连续营业，一直这样热闹。

州东宋门外，仁和店①、姜店②。州西，宜城楼、药张四店、班楼③。金梁桥下，刘楼。曹门，蛮王家④、乳酪张家⑤。州北，八仙楼⑥。戴楼门，张八家园宅正店。郑门，河王家、李七家正店。景灵宫东墙，长庆楼。在京正店七十二户⑦，此外不能遍数。其余皆谓之"脚店"⑧。

【注释】

①仁和店：北宋东京著名酒楼，所酿酒名为"琼浆"。北宋欧阳修《归田录》："仁宗在东宫，鲁肃简公宗道为谕德。其居在宋门外，俗谓之'浴堂巷'。有酒肆在其侧，号仁和，酒有名于京师。公往往易服微行，饮于其中。"

②姜店：指姜宅园子正店，以羊羔酒著名。

③班楼：北宋东京著名酒楼，所酿酒名为"琼波"。

④蛮王家：指蛮王园子正店，所酿酒名为"玉浆"。

⑤乳酪张家：据本卷"饮食果子"条，此店以"好淹藏菜蔬，卖一色好酒"为经营特色。

⑥八仙楼：北宋东京著名酒楼，所酿酒名为"仙醪"。

⑦在京正店七十二户：正店，宋代酒类专卖制度下，直属酒务、取得官方酿酒许可、经营正规的酒店，既为顾客提供餐饮服务、零售酒水，同时也向"脚店"批发自酿酒水或向官方买扑（竞拍包税权）的酒水。《宋会要辑稿·食货二〇》：仁宗天圣四年（1026）八月，"诏三司：'白矾楼酒店如有情愿买扑，出办课利，令于在京脚店酒户内拨定三千户，每日于本店取酒沽卖。'"据宋人张能臣《酒名记》记天下名酒："市店：丰乐楼，眉寿，又和旨（即白矾楼也）；忻乐楼，仙醪（即任店也）；和乐楼，琼浆（即庄楼也）；遇仙楼，玉液；玉楼，玉酝；铁薜楼，瑶醽；仁和楼，琼浆；高阳店，流霞、清风、玉髓；会仙楼，玉醑；八仙楼，仙醪；时楼，碧光；班楼，琼波；潘楼，琼液；千春楼，仙醇（今废为铺）；中山园子店，千日春（今废为邸）；银王店，延寿；蛮王园子正店，玉浆；朱宅园子正店，瑶光；邵宅园子正店，法清、大桶；张宅园子正店，仙酴；方宅园子正店，琼酥；姜宅园子正店，羊羔；梁宅园子正店，美禄；郭小齐园子正店，琼液；杨皇后园子正店，法清。"

⑧脚店：不隶属酒务、规模小、从酒务或正店批发来进行零售的小

酒店。

【译文】

　　州城东面宋门以外，有仁和店、姜店。州城西面，有宜城楼、药张四店、班楼。汴河金梁桥下，有刘楼。曹门，有蛮王家、乳酪张家。州城北面，有八仙楼。戴楼门，有张八家园宅正店。郑门，有河王家、李七家正店。景灵官东墙下，有长庆楼。分布在京城中的大型官方直属酒店有七十二户，此外不能一一细数。其余小型零卖酒店都被称为"脚店"。

　　卖贵细下酒①，迎接中贵饮食②，则第一白厨③，州西安州巷张秀④。以次保康门李庆家，东鸡儿巷郭厨，郑皇后宅后宋厨，曹门砖筒李家，寺东骰子李家⑤、黄胖家⑥。九桥门街市酒店，彩楼相对，绣旆相招⑦，掩翳天日⑧。政和后来，景灵官东墙下长庆楼尤盛。

【注释】

①贵细下酒：名贵精细的佐酒菜肴。下酒，指佐酒的菜肴果品。

②中贵：显贵的侍从宦官或朝廷中的高官。

③白厨：姓白的厨师。下文"郭厨""宋厨"同。

④安州巷：在梁门外西北方向。

⑤寺：指相国寺。骰（tóu）子：中国博戏中"六博"之一，在春秋战国末期已较为流行。最常见的骰子为正方体，上面刻有数字，其相对两面数字之和必为七。由于骰子的点数可以有多种组合方式，而掷骰子时人们又无法预测点数，因此骰子也被称为"博戏之祖"。唐人李济翁《资暇集·投子》："投子者，以掷于盘筵之义。今或作'头'字，言其骨头所成，非也。因此兼有作'骰'字者。案诸家之书，'骰'即'股'字尔，不音投。"骰，常被误读为 shǎi。

⑥黄胖家：推测有可能是以店主绰号作为店名，亦有可能是以泥塑人偶作为酒店的标志。黄胖，据云起于金明池，乃取黄土捏为人形，为娱乐玩具。酒店可能寓玩于饮，标新立异，以"黄胖"招徕顾客。南宋叶绍翁《四朝闻见录·黄胖诗》："韩（侂胄）以春日宴族人于西湖。用土为偶，名曰'黄胖'，以线系其首，累至数十人。游人以为土宜。韩售之，以悦诸婢。"韩侂胄即用土偶（泥人）充当增加宴会气氛的道具。

⑦绣斾（pèi）：刺绣的旗子。此指酒店外迎风飘扬的酒幌。南宋洪迈《容斋续笔·酒肆旗望》："今都城（指杭州）与郡县酒务及凡鬻酒之肆，皆揭大帘于外，以青白布数幅为之。"斾，古时末端像燕尾形状的旗子。也作旗帜的总称。

⑧掩翳（yì）：遮蔽。天日：指整个天空。

【译文】

出售昂贵精细的佐酒菜肴，迎接显贵官宦宴饮的，则第一要数白厨，州城西面安州巷的张秀。其次是保康门附近的李庆家，东鸡儿巷的郭厨，郑皇后宅子后面的宋厨，曹门附近的砖筒李家，相国寺东骰子李家、黄胖家。九桥门街市上的酒店，彩楼相对耸立，酒旗迎风招展，遮蔽整个天空。徽宗政和年间以来，景灵宫东墙下的长庆楼，生意尤为兴盛。

饮食果子

　　谈起北宋东京汴梁，美食是不能错过的亮点；而说到汴梁美食，则不能不读《东京梦华录》中这一条"饮食果子"，这 760 余字的描述，是孟元老对旧都繁华最亲切的记忆，是安宁丰足生活最真实的写照。

　　这段文字大致介绍以下几方面的内容：（1）介绍活跃在汴梁饮食店中的各色人等，诸如掌勺厨师和年轻男服务员等饮食店自有员工，以及街坊妇人临时服务员、提供代取代办跑腿之类服务者、为食客提供服务或散卖零食者，乃至主动唱曲助兴的歌妓等，孟元老统一使用"谓之"句式逐一介绍，或增加修饰语的"皆通谓之""俗谓之""亦谓之"等。北宋东京城中只有州桥炭张家和乳酪张家，属于顶级高档饮食店，店规严格，酒菜齐备，不允许这些"周边产业人员"扰乱清雅的环境。（2）像"报菜名儿"一样列举各类饮食，包括饮食店提供的"茶饭"和"外来托卖"两大类。饮食店自主经营的饭菜大约有五十种，主要是各色羹汤、菜肴和主食，单是所列举的羹就有九种之多，所用食材有荤有素；肉类以羊肉为主，加工方法包括炖、煮、煎、炸等，也有猪肉和兔肉；鱼、蟹等水产品有七八种，有不同吃法；主食用面粉加工而成，有饼、粉之类；特别提到假河鲀、假元鱼、假蛤蜊、假野狐、假炙獐等仿真假菜，工艺水平高超。"外来托卖"主要是各色干鲜果品和生熟下酒菜，其中水果以北方出产为主，也有橄榄、金橘、龙眼、荔枝、甘蔗等南方果品；既包括鲜果，也包括切条晒干、蜜糖腌渍加工而成的蜜饯、罐头之类。下酒菜则涵盖鸡、鸭、鱼、肉乃至野味，应有尽有，干净整洁。此外，附带介绍东京城中普通小酒店的下酒菜，物美价廉。（3）最后介绍酒店环境，都是厅院式风格，布置雅间，窗外花木葱茏，室内帘幕掩映，环境优雅，私密性好，能满足顾客舒适就餐与休闲娱乐的多方面需求。

饮食业堪称北宋东京最发达的行业，它是安宁丰足生活的缩影，是汴梁繁华的象征；它让千年之后的我们无比向往，更让华胥梦觉的孟元老难以忘怀。

　　凡店内卖下酒厨子①，谓之"茶饭量酒博士"。至店中小儿子②，皆通谓之"大伯"。更有街坊妇人，腰系青花布手巾，绾危髻③，为酒客换汤、斟酒，俗谓之"焌糟"④。更有百姓入酒肆，见子弟少年辈饮酒⑤，近前小心供过使令⑥，买物命妓⑦、取送钱物之类，谓之"闲汉"。又有向前换汤、斟酒、歌唱，或献果子⑧、香药之类⑨，客散得钱，谓之"厮波"⑩。又有下等妓女，不呼自来筵前歌唱，临时以些小钱物赠之而去，谓之"劄客"，亦谓之"打酒坐"。又有卖药，或果实、萝卜之类，不问酒客买与不买，散与坐客，然后得钱，谓之"撒暂"。如此处处有之。唯州桥炭张家、乳酪张家，不放前项人入店⑪，亦不卖下酒，唯以好淹藏菜蔬⑫，卖一色好酒⑬。

【注释】

①卖下酒厨子：指掌勺厨师。

②小儿子：指店中服务的年轻男子。

③绾（wǎn）危髻：将头发盘成高高的发髻。绾，盘绕成结。危，高。

④烆（jùn）糟：伊永文案："据丁度《集韵》解烆糟，为烧酒滓之意也。
　　江湖切口则直呼'烧糟'（酒滓也）。即可坐实。其含轻蔑，为弃
　　为恶之下等。"

⑤子弟：风流浪子。

⑥供过：伺候，侍奉。使令：差遣，使唤。此指听从差遣使唤。

⑦命妓：招妓。

⑧果子：生果、干果、凉果、蜜饯、饼食等的总称。

⑨香药：泛指各种芳香之物。

⑩厮波：意类"跑腿"。厮，仆从。波，奔波。

⑪前项：前面所说的种种。

⑫淹藏：腌藏。用盐等腌渍以保藏。淹，用同"腌"。用盐、香料等浸
　　渍食物以利保藏。

⑬一色：谓全部一样。

【译文】

　　凡在酒店内掌勺的厨师，叫"茶饭量酒博士"。至于在店中服务的青
年男子，全都通称"大伯"。另有街坊间的妇人，腰间系着青花布手巾，头
上绾起高高的发髻，在店中为酒客换汤、斟酒，当时习俗叫她们"烆糟"。
还有的城中百姓到酒店，见了那班不务正业的年轻人饮酒，就上前去小
心伺候，听从使唤，为他们购买酒食、招唤妓女，或者为他们做取钱送物
之类的事，这类人叫"闲汉"。又有一些主动向前为酒客换汤、斟酒、歌
唱，或者献上各色果子、香药之类，等酒客筵席散时得些赏钱的人，叫"厮
波"。此外，还有些下等妓女，不经招呼，主动来到酒客席前歌唱，酒客临
时用些零星钱物送给她们让她们离去，这种妓女叫"劄客"，也叫"打酒
坐"。还有那些卖药或卖果实、萝卜之类食物的人，不论酒客买与不买，
将所卖之物一一散发给在座的酒客，然后从酒客处得些钱物，这类人叫
"撒暂"。像这样的人城内酒家处处都有，唯独州桥炭张家、乳酪张家，不
放前面所说的种种人入店内，也不出售各种菜肴，只有上好的腌藏的蔬
菜，且卖的全都是清一色的好酒。

　　所谓茶饭者^①,乃百味羹^②、头羹^③、新法鹌子羹^④、三脆羹^⑤、二色腰子^⑥、虾蕈^⑦、鸡蕈、浑砲等羹^⑧、旋索粉^⑨、玉棋子^⑩、群仙羹、假河鲀^⑪、白渫虀^⑫、货鳜鱼^⑬、假元鱼^⑭、决明兜子^⑮、决明汤虀、肉醋托胎衬肠^⑯、沙鱼两熟^⑰、紫苏鱼^⑱、假蛤蜊^⑲、白肉夹面子^⑳、茸割肉胡饼^㉑、汤骨头^㉒、乳炊羊^㉓、肫羊^㉔、闹厅羊^㉕、角炙腰子、鹅鸭排蒸^㉖、荔枝腰子^㉗、还元腰子^㉘、烧臆子^㉙、入炉细项莲花鸭签^㉚、酒炙肚胘、虚汁垂丝羊头、入炉羊、羊头签、鹅鸭签、鸡签、盘兔、炒兔、葱泼兔、假野狐、金丝肚羹^㉛、石肚羹^㉜、假炙獐、煎鹌子、生炒肺、炒蛤蜊、炒蟹、渫蟹^㉝、洗手蟹之类^㉞,逐时旋行索唤,不许一味有阙。或别呼索变造下酒^㉟,亦即时供应。

【注释】

①茶饭:指饮食。

②百味羹:即多种食材混合搭配制成的羹汤。

③头羹:此指头食,一种粉羹。宋人彭乘《续墨客挥犀·头食》:"会宾于馆,庖人荐粉。有客即席而问曰:'此味宴会将终方食,谓之'头食',何也?'或对曰:'本朝太祖皇帝时,每内宴,常先令进此味,故目之,盖后人失其次耳。'"

④鹌子羹:用鹌鹑为主料制成的羹汤。

⑤三脆羹:南宋林洪《山家清供·山家三脆》:"嫩笋、小蕈、枸杞菜,油炒作羹,加胡椒尤佳。赵竹溪密夫酷嗜此,或作汤饼以奉亲,名'三脆面'。"

⑥二色腰子:猪腰子和鸡腰子制成的菜肴。现开封有新开发的菜品"二色腰子"。

⑦蕈:菌类,有的可食用,有的有毒不可食。

⑧浑砲：类似杂烩。

⑨索粉：元人韩奕《易牙遗意·汤饼类》："索粉：每干粉一斤，用湿粉二两打成厚浆，放旋中，每添滚汤一次解薄，便连旋子放汤锅内煮之，取出不住手打搅，务要稠腻。如此数次，候十分熟。大概春夏浆宜稍厚，秋冬宜薄。以箸锹起，成牵丝垂下不断方好。候温，和干粉成剂。如索不下，添些热汤；如大注下，添些调匀。团在手中，搓索下滚汤中，浮起便捞在冷水中，沥干。随意荤素浇供，只用芥辣尤妙。"

⑩玉棋子：色白润泽如玉的面片。

⑪假河鲀：形味似河鲀的一种菜肴。假，象形，类似。河鲀，鱼名。味美，但肝脏、生殖腺及血液有剧毒，经处理后可食用。我国沿海和某些内河有出产。百岁寓翁《枫窗小牍》："东坡谓食河鲀值得一死。余过平江姻家，张谏院言：'南来无它快事，只学得手煮河鲀耳。'须臾烹煮，对余，方且共食，忽有客见顾，俱起延款。为猫翻盆，犬复佐食，顷之猫犬皆死。幸矣哉，夺两人于猫犬之口也。乃汴中食店以假河鲀饷人，以今念之，亦足半死。"

⑫白渫（zhá）菜：白水煮菜，熟后碎切，加作料调拌而成。渫，在沸水中煮。

⑬货鳜鱼：鳜鱼制成的菜肴。鳜鱼，我国特产淡水鱼，大口，细鳞，没有小刺，肉味鲜美。

⑭元鱼：即鳖，也叫"甲鱼""团鱼""鼋"。肉味鲜美、营养丰富，滋阴润燥，大补元气。其裙边富含胶质，是精华所在。

⑮决明兜子：以绿豆粉皮置盏中，以决明嫩苗为馅，蒸熟，再倒扣碟中，加作料食用。决明，植物名。嫩苗、嫩果可食。种子为决明子，代茶或供药用，有清肝明目之功效。兜子，用绿豆粉皮包裹、覆盖各种馅心的食品。

⑯肉醋托胎衬肠：疑为内填肉醋馅的猪肠。托胎，即脱胎，置换食材

馅心的一种手法。如清人朱彝尊《食宪鸿秘·肉幢蛋》:"拣小鸡子,煮半熟,打一眼,将黄倒出。以碎肉加料补之。"衬,配。

⑰沙鱼两熟:沙鱼,即鲨鱼。又名"鲛"。明人李时珍《本草纲目·鲛鱼》集解引苏颂曰:"(鲛)有二种,皆不类鳖,南人通谓之'沙鱼'。大而长喙如锯者曰'胡沙',性善而肉美;小而皮粗者曰'白沙',肉强而有小毒。"两熟,先炸熟再烹煮的做法。元人无名氏《居家必用事类全集·素食》:"两熟鱼:每十分熟山药二斤、乳团一个,各研烂,陈皮三斤、生姜二两,各剁碎,姜末半钱、盐少许,豆粉半斤调糊,一处拌,再加干豆粉,调稠作馅。每粉皮一个,粉丝抹湿,入馅折掩,捏鱼样。油炸熟。再入蘑菇汁内煮。碟供。糁姜丝、菜头。"伊永文案:"沙鱼两熟,即胡沙、白沙二种,其类同两熟鱼素制之法。"

⑱紫苏鱼:用紫苏为主要作料制成的鱼。紫苏,又名"桂荏",既是临床常用药,又能食用,可以发汗解表,理气宽中,解鱼蟹毒。

⑲假蛤蜊:南宋陈元靓《事林广记·假蛤蜊法》:用鳜鱼,批取精肉,切作蛤蜊片子,用葱丝、盐、酒、胡椒腌渍,腌好后另作虾汁烫熟。

⑳白肉夹面子:此与前"州桥夜市"条中的"煎夹子"大同小异。将熟肉夹在薄饼中,两头用面糊粘住,在沸油中煎熟。白肉,宋代肉食品,指砧压去油之肉。亦泛指熟猪肉。

㉑茸割肉胡饼:大概是以肉末为馅的烧饼。胡饼,犹今之烧饼。

㉒汤骨头:老汤煮大骨头。

㉓乳炊羊:由长时间熬煮的肉汤或骨汤煮的羊肉。因为汤呈白色,所以称为"乳"。

㉔肫(tǔn)羊:即炖羊肉。

㉕闹厅羊:即"过厅羊",按客人需要,现宰现烹的羊肉。题后唐冯贽《云仙杂记·过厅羊》引《青州杂记》曰:"熊翻每会客,至酒半,阶前旋杀羊。令众客自割,随所好者,彩线系之记号,毕,蒸之。各

自认取，以刚竹刀切食。一时盛行，号'过厅羊'。"

㉖鹅鸭排蒸：大约是鹅、鸭同屉蒸。

㉗荔枝腰子：切有荔枝纹的腰子。

㉘还元腰子：伊永文认为即为焯过再炒的腰子，"腰子炒枯则木，炒嫩则令人生疑。莫如先将腰子焯再炒，以保鲜嫩，所谓'还元'者是也。焯，可水可酒"。

㉙烧臆子：炭烤猪胸叉肉。两面烤至金黄冒油，趁热切片食用。

㉚入炉：加热。细项：谓某一原料。亦可作"细食""熟食"解。莲花鸭签：将鸭肉裹上面糊或网油煎炸后切成块，摆成莲花状。签，指炸煎的小块食品。南宋周密《武林旧事》记张俊宴请高宗时即有"莲花鸭签"。

㉛金丝肚羹：羊肚切成细丝制成的羹。

㉜石肚羹：伊永文认为："依林洪《山家清供》卷下白石羹言，于溪流清处，取白小石子或带藓苔石子一二十枚，置水煮之，取其泉石之气。再入肉肚烹羹。"

㉝渫蟹：煮蟹。

㉞洗手蟹：一种即食螃蟹。北宋傅肱《蟹谱·食品》："北人以蟹生析之，酻以盐、梅，芼以椒橙，盥手毕即可食，目为'洗手蟹'。"南宋洪迈《夷坚志·梦读异书》有形容洗手蟹的诗："紫髯霜蟹壳如纸，蒲萄作肉琥珀髓。主人揎腕斫两螯，点醋揉橙荐新醴。"

㉟呼：命令，吩咐。索：索取，讨取。变造：改做。

【译文】

而所谓的茶饭，即百味羹、头羹、新法鹌子羹、三脆羹、二色腰子、虾蕈、鸡蕈、浑炮等羹、旋索粉、玉棋子、群仙羹、假河鲀、白渫齑、货鳜鱼、假元鱼、决明兜子、决明汤齑、肉醋托胎衬肠、沙鱼两熟、紫苏鱼、假蛤蜊、白肉夹面子、茸割肉胡饼、汤骨头、乳炊羊、胍羊、闹厅羊、角炙腰子、鹅鸭排蒸、荔枝腰子、还元腰子、烧臆子、入炉细项莲花鸭签、酒炙肚胘、虚汁垂丝羊头、入炉羊、羊头签、鹅鸭签、鸡签、盘兔、炒兔、葱泼兔、假野狐、金丝肚羹，石肚羹、假炙獐、煎鹌子、生炒肺、炒蛤蜊、炒蟹、渫蟹、洗手蟹之类，随时随意点取各种菜肴，绝不会有任何一味缺少。或者另外吩咐要求改做菜肴，也会立时做好供应给酒客。

又有外来托卖炙鸡①、燋鸭、羊脚子、点羊头②、脆筋③、巴子④、姜虾、酒蟹、獐巴、鹿脯、从食蒸作⑤、海鲜、时果、旋切莴苣、生菜、西京笋⑥。又有小儿子，着白虔布衫⑦、青花手巾，挟白磁缸子，卖辣菜⑧。

【注释】

①托卖：手托盛具吆喝售卖。南宋吴自牧《梦粱录·分茶酒》："又有托盘檐架至酒肆中，歌叫买卖者。"

②点羊头：大约是蘸料吃的羊头。点，蘸。

③脆筋：牛黄喉。

④巴子：盐、糖腌渍而成之干肉，或未腌渍而晒干之肉制品。

⑤从食：指小食、点心等食品。蒸作：蒸制的面点。

⑥西京笋：洛阳产的竹笋。西京，北宋的西京是今河南洛阳。

⑦白虔布衫：虔州所产白纻制成的衫褂。虔，虔州，治所在今江西赣州。

⑧辣菜：腌芥菜。

【译文】

酒店中还有外来托着盛具卖炙鸡、燋鸭、羊脚子、点羊头、脆筋、巴子、姜虾、酒蟹、獐巴、鹿脯、蒸制的面食点心、海鲜、时果、现切的莴苣、生菜、西京笋的人。有的年青男子身着白虔布衫，系着青花手巾，挟着白瓷缸子，叫卖辣菜。

又有托小盘卖干果子,乃旋炒银杏、栗子、河北鹅梨^①、梨条、梨干、梨肉、胶枣^②、枣圈^③、梨圈、桃圈、核桃肉^④、牙枣^⑤、海红^⑥、嘉庆子^⑦、林檎旋^⑧、乌李^⑨、李子旋、樱桃煎^⑩、西京雨梨^⑪、水梨^⑫、甘棠梨^⑬、凤栖梨^⑭、镇府浊梨^⑮、河阴石榴^⑯、河阳查子^⑰、查条、沙苑楒梓^⑱、回马孛萄^⑲、西川乳糖狮子^⑳、糖霜蜂儿^㉑、橄榄、温柑^㉒、绵橙^㉓、金桔、龙眼、荔枝、召白藕^㉔、甘蔗、漉梨^㉕、林檎干、枝头干^㉖、芭蕉干、人面子^㉗、巴览子^㉘、榛子、榧子^㉙、虾具之类。诸般蜜煎、香药果子、罐子党梅^㉚、柿膏儿^㉛、香药小元儿^㉜、小腊茶^㉝、鹏沙元之类^㉞。更外卖软羊诸色包子、猪羊荷包、烧肉干脯、玉板鲊^㉟、犯鲊^㊱、片酱之类^㊲。

【注释】

①鹅梨:梨之一种。皮薄多浆,香味浓郁。明人陶宗仪《说郛》引宋人董弅《闲燕常谈》:"李端行,字圣达,毗陵人。崇宁间太学屡中魁选,声名籍甚。大观丁亥岁,与诸路贡士群试,李士英作魁,圣达第二,意不中之。尝曰:'天下清气无南北之异,但吴中清气十分钟于人,河朔清气为鹅梨占了八分。'以士英河内人故也。"

②胶枣:据明人李时珍《本草纲目》:枣蒸熟者为胶枣。

③枣圈:宋人寇宗奭《本草衍义·大枣》:"青州枣去皮核,焙干为枣圈,达都下,为奇果。"

④核桃肉:即核桃仁。

⑤牙枣:枣的一种。其形尖长似牙。宋人寇宗奭《本草衍义·大枣》:"又有牙枣,先众枣熟,亦甘美,但微酸,尖长。"

⑥海红:柑的一种。宋人韩彦直《橘录·海红柑》:"海红柑,颗极大,有及尺以上围者,皮厚而色红,藏之久而味愈甘。木高二三尺,有

生数十颗者,枝重委地,亦可爱。是柑可以致远,今都下堆积道旁者多此种。初因近海,故以海红得名。"

⑦嘉庆子:李子的别名。南宋程大昌《演繁露·嘉庆李》:"韦述《两京记》:'东都嘉庆坊有李树,其实甘鲜,为京城之美,故称嘉庆李。'今人但言嘉庆子,岂称谓既熟,不加李亦可记也。"

⑧林檎:又名"花红""沙果"。

⑨乌李:即乌梅。

⑩樱桃煎:水浸樱桃。

⑪西京雨梨:洛阳产的雨梨。雨梨,一说即语儿梨。北宋赵令畤《侯鲭录·语儿梨》:"语儿梨,果实之珍,因其地名耳。"宋人朱弁《曲洧旧闻·语儿梨》:"语儿梨,初号斤梨,其大者重至一斤。不知语儿何义。郑州郭偵蒙陵旁产此甚多。其父老云:'有田家儿数岁不能言,一日食此梨,辄谓人曰:"大好!"众惊异,以是得名。'洛中士大夫陈振著《小说》云:'语儿当为御儿,盖地名,梨所从出也。'按御儿非产梨之地,不知陈何所据也。"又,雨梨《说郛》本作"雪梨"。

⑫水梨:底本作"夫梨",孙世增引《旧五代史·周太祖纪》《资治通鉴》胡三省注、《洛阳花木记》《洛阳伽蓝记》《本草图经》诸书,证皆有水梨而无夫梨,疑"夫"为"水"之误,其说有理,今据改。

⑬甘棠梨:即棠梨,也叫"杜梨"。果实小球形,褐色有斑点,味酸。北宋王安石有《甘棠梨》诗:"甘棠《诗》所歌,自足夸众果。爱其凌秋霜,万玉悬磊砢。园夫盛采摘,市贾争包裹。车输动盈箱,舟载辄连柁。朝分不知数,暮在知几颗。但使甘有余,何分小而椭。主人捐千金,叮饳留四坐。柑榑与橙栗,在口亦云可。都城纷华地,内热易生火。问客当此时,蠲烦孰如我。"

⑭凤栖梨:宋人蔡絛《铁围山丛谈》:"蒲中产梨枣,已久得名。昔唐太宗时,有凤仪止梨树上,因变肌肉细腻,红颊玉液,至今号'凤

栖梨'也。"南宋程大昌《演繁露·凤栖梨》："陕州有棠树,正观中有凤止其上,结实香脆,其色赤黄,号'凤栖梨'。"按,"正观"即"贞观",宋人避仁宗赵祯讳而改。

⑮镇府浊梨:镇府产的浊梨。镇府,唐镇州,北宋名真定府,治所在今河北正定。浊梨,一说即御梨,梨的一种,以常供献帝王食用,故名。《文选·魏都赋》"真定之梨",注:"真定属中山郡,出御梨。"

⑯河阴:地名,在今河南孟津一带,黄河之南。

⑰河阳查子:河南孟州一带的查子。河阳,地名,在今河南孟州一带,黄河之北。查子,又名"楑楂"或"查",模样近似木瓜。

⑱沙苑榅桲:沙苑产的榅桲。沙苑,今陕西大荔南洛、渭之间。榅桲,又名"金苹果""木梨"。果实秋季成熟,黄色,梨形,有香气,味甘酸,可以吃,又供药用。北宋文同有《彦思惠榅桲因谢》诗:"秦中物专美,榅桲为嘉果。南枝种府署,高树立婀娜。秋来放新实,照日垂万颗。中滋甘醴酿,外饰素茸裹。彦思摘晨露,满合持赠我。复侑以佳句,再拜极所荷。珍之不敢尽,玩已即深锁。兹焉遂名产,沙苑忽么么。"

⑲回马孛萄:孛萄,葡萄。西汉时从西域传入我国。宋人孔武仲在《葡萄》诗中说:"万里殊方种,东随汉节归。露珠凝作骨,云粉渍为衣。柔绿因风长,圆青带雨肥。金盘堆马乳,樽俎为增辉。"

⑳西川:指今四川一带。北宋有西川路,治今四川成都。乳糖狮子:大约是在白糖里加入白芝麻熬化,倒入刻成狮子形的木模子中,晾凉后的糖食。北宋孔平仲《谈苑》、南宋曾慥《高斋漫录》中都提到过此物。

㉑糖霜蜂儿:冰糖制成的蜜蜂状糖食。糖霜,即冰糖。

㉒温柑:温州产的柑子。

㉓绵橙:南宋韩彦直《橘录·绵橘》:"绵橘,微小,极软美可爱,故以名。"

㉔召白藕：召白产的藕。召白，一说即"邵伯"，为今江苏江都湖泊名。

㉕溇梨：或即鹿梨，一种山梨，也有种植的，果实小，味较酸，以江宁府信州（今江西上饶）的为佳。

㉖枝头干：宋人叶梦得《石林燕语》："东北有果如李，每熟不得摘，辄便槁，土人因取藏之，谓之'枝头干'。"

㉗人面子：常绿大乔木，核果成熟时为黄色，有健胃、生津、醒酒、解毒等功效。明人李时珍《本草纲目·人面子》："人面子，《草木状》云：出南海，树似含桃，子如桃实无味，以蜜渍可食。其核正如人面可玩。"

㉘巴览子：宋人朱弁《曲洧旧闻·巴榄子》："巴榄子如杏核，色白，褊而尖长。来自西蕃，比年近畿人种之亦生。树似樱桃，枝小而极低。"

㉙榧子：香榧树果实。外有坚硬的果皮包裹，大小如枣，核如橄榄，两头尖，呈椭圆形，成熟后果壳为黄褐色或紫褐色，种实为黄白色，富有油脂和特有的一种香气，很能诱人食欲。

㉚罐子党梅：伊永文案："罐子党梅为梅之别种。即如段公路《北户录》卷三红梅所记：岭北红梅，选其大梅，刻镂瓶、罐结带之类。取梅汁渍之，亦甚甘脆。"

㉛柿膏儿：熟柿加糖、蜂蜜熬制成的膏状食品。

㉜香药小元儿：以香药配料制成的小丸儿，为饮食间必备爽口顺气之食。元，丸。

㉝小腊茶：南宋陈元靓《事林广记·造腊茶法》："细茶不拘多少，重蒸过，焙干，细碾，煮精米，胶和，令微润，于茶模子上，以木槌令实，焙干片子方收之。"

㉞鹏沙元：即硼砂丸。元人韩奕《易牙遗意·食药类》："硼砂丸：片脑五分，射香六分，硼砂五分，寒水石六两，甘草膏丸，朱砂一钱五分为衣。"

㉟玉板鲊：腌鲤鱼片。南宋陈元靓《事林广记·玉板鲊》："鲤鱼大者，取净肉，随意切片，每斤用盐一两，淹过宿，漉出，控干，入川椒、马芹、芜荑、阿魏、□叶、熟油半两、酸醋一盒、粳饭三两匙，再入盐少许调和，入瓶。"

㊱犯鲊：扎成束的腌鱼干。

㊲片酱：据清人厉荃原辑、关槐增编《事物异名录·鲊录苑》详注：江、淮间，以鲤、鲟鱼为鲊，名曰"片酱"。

【译文】

酒店里还有的人手托小盘专卖各色干果，即如现炒的银杏、栗子、河北鹅梨、梨条、梨干、梨肉、胶枣、枣圈、梨圈、桃圈、核桃仁、牙枣、海红柑、李子、林檎旋、乌梅、李子旋、樱桃煎、西京雨梨、水梨、甘棠梨、凤栖梨、镇府浊梨、河阴石榴、河阳查子、查条、沙苑榅桲、回马葡萄、西川乳糖狮子、糖霜蜂儿、橄榄、温柑、绵橙、金桔、龙眼、荔枝、召白藕、甘蔗、漉梨、林檎干、枝头干、芭蕉干、人面子、巴览子、榛子、榧子、虾具之类。此外还有各种蜜饯、香药果子、罐子党梅、柿膏儿、香药小丸儿、小腊茶、硼砂丸之类的食物。酒家还外卖各种羊肉包子、猪羊荷包、烧肉干脯、玉板鲊、扎成束的腌鱼干、片酱之类。

其余小酒店亦卖下酒，如煎鱼、鸭子、炒鸡兔、煎燠肉[①]、梅汁、血羹、粉羹之类，每分不过十五钱。

【注释】

①燠（yù）肉：将肉类在油中熬熟，拌以盐、酒和佐料，油渍在瓮中，以备取食。

【译文】

其余的小酒店亦出售各种菜肴，如煎鱼、鸭子、炒鸡兔、煎燠肉、梅汁、血羹、粉羹之类，每份不过十五个铜钱。

诸酒店必有厅院，廊庑掩映，排列小阁子，吊窗花竹^①，各垂帘幕，命妓歌笑，各得稳便^②。

【注释】

①吊窗：可以从外面向上吊起来的旧式窗子。

②稳便：方便，稳妥。

【译文】

各酒店都必有厅堂庭院，且廊庑掩映，两旁排列小阁子，阁子装有吊窗，外植花竹，门口分别垂挂门帘帷幕，招来妓女歌唱戏笑，各自均感稳妥方便。

卷三

马行街北诸医铺

【题解】

本条100余字，介绍北宋东京皇城东面马行街一带的医药铺，包括以下值得注意的信息：

一，北宋医家和药铺多用图画、物品作招牌，易识易记；

二，医家或药铺品类齐全，出现儿科、产科等专科；

三，许多医生或药铺主人有服务于官廷的特殊背景，或者标榜与皇室的关系。

孟元老最后特别强调马行街夜市盛况，宋人蔡絛《铁围山丛谈》也说："上元五夜，马行南北几十里，夹道药肆，盖多国医，咸巨富，声伎非常，烧灯尤壮观，故诗人亦多道马行街灯火。"

马行北去①，乃小货行、时楼②、大骨传药铺③，直抵正系旧封丘门。两行金紫医官药铺④，如杜金钩家⑤、曹家独胜元⑥、山水李家口齿咽喉药⑦、石鱼儿班防御⑧、银孩儿柏郎中家医小儿⑨、大鞋任家产科⑩。其余香药铺席⑪、官员宅舍，不欲遍记。夜市比州桥又盛百倍，车马阗拥⑫，不可驻足，都人谓之"裹头"。

【注释】

①马行：马行街，为东京药铺集中之地。

②时楼：北宋东京著名酒楼，所酿酒名为"碧光"。

③大骨传药铺：传，当作"傅"。

④两行：指街道两侧。金紫医官：指翰林院医官，准许服紫服、佩金鱼袋，以示尊宠。北宋赵昇《朝野类要·国医》："此名医中选，差充诊御脉，内宿祗应，此是翰林金紫医官。"同书《伎术官服色》："医官并太史官，谓之'文官头、武官尾'。盖初入仕着绿，及格则换紫并红鞓带，又及和安春官大夫，则或特转之类，而医官有特赐金带者。"医官，医职名。在翰林医官院供奉医药或外任差遣。医官并非侍候皇帝的"御医"，医学出官，便可补医官之职，北宋后期，许多医工都得以进入医官行列。南宋洪迈《容斋随笔·医职冗滥》中说："神宗董正治官，立医官，额止于四员。及宣和中，自和安大夫至翰林医官，凡一百十七人，直局至祗候，凡九百七十九人，冗滥如此。三年五月，始诏大夫二十员，郎以三十员，医效至祗候，以三百人为额。而额外人免改正，但不许作官户，见带遥郡人并依元丰旧制。然竟不能循守也。"金紫，金鱼袋及紫衣，唐宋时的官服及佩饰。

⑤杜金钩家：推测应该是杜姓以金钩标记作为药铺招牌的医家。宋代医家多用图画、物品作招牌，下文"山水李家"即李姓以山水画为招牌的医家；"石鱼儿""银孩儿""大鞋"都是招牌。

⑥独胜元：即独胜丸，中医方剂名。主治耳鸣，耳聋。"丸"写作"元"或"圆"，是为避宋钦宗赵桓（1100—1156）名讳。

⑦山水李家口齿咽喉药：李姓人家所开、以山水画为标志、专售咽喉疾病类药物的店铺。宋人张杲《医说·治喉闭》："元公章少卿说：开德府士人携仆入京，其一忽患喉闭，胀满，气塞不通，命在顷刻。询诸郡人，云惟马行街山水李家可看治。即与之往。李骇曰：'此

症候危甚,犹幸来此,不然即死何疑！'乃于筒中取一纸捻,用火点着,才烟起,吹灭之。令仆张口,刺于喉间。俄吐出紫血半合,即时气宽能言,及啖粥饮,掺药敷之立愈。士人甚神其技。后还乡里,村落一庸医偶传得此术,云:'咽喉病,发于六腑者,如引手可探及,刺破瘀血即已;若发于五脏,则受毒牢深,手法药力难到,惟用纸捻为第一。'然不言所以用之之意。后有人拾得其残者,盖预以巴豆油涂纸,故施火即着,藉其毒气,径赴病处,以破其毒也。"

⑧班防御:班姓行医者,曾任过防御使或防御副使,或祖上有人担任此职。

⑨医小儿:类似于小儿专科。《清明上河图》中,一门前一挑子,上书"专治小儿科",堂内坐一郎中,旁一人携一小儿,小儿畏见郎中,欲挣脱而走,风趣毕见。另一门首挂"小儿科"招牌,数人站立,向内观望。此为宋代小儿医学盛况之投影。

⑩大鞋任家产科:元人熊梦祥《析津志》记载元大都风俗:"有稳婆收生之家,门首以大红纸糊蒻筐大鞋一双为记,专治妇人胎前产后以应病证,并有通血之药。"可证宋元时期妇产科医生门前悬挂大鞋作为标志。

⑪香药:"香料药物"的简称,也称"舶药"。古代阿拉伯人、波斯人等创制香药疗法,用芳香类药用植物(如安息香、丁香、沉香、西香、檀香、回葱、茅香等)治病疗伤、保健养生。古代中国的香药贸易兴于盛唐、五代时期,到宋代,社会上广用香料或香药薰衣、焚香,饮用香药配制的药茶,亦常以香药、药茶作为馈赠佳品。宋代从官中到民间,还盛行一种苏合香酒。据宋人彭乘《墨客挥犀·苏合香酒》记载:"王文正太尉气羸多病,真宗面赐药酒一瓶,令空腹饮之,可以和气血、辟外邪。文正饮之,大觉安健,因对称谢。上曰:'此苏合香酒也。每一斗酒,以苏和香丸一两同煮,极能调五脏,却腹中诸疾。每冒寒夙兴,则饮一杯。'因各出数盒赐近臣。自

此臣庶之家皆效为之，苏合香丸盛行于时。"

⑫阗（tián）拥：充塞拥挤。阗，充满，填塞。

【译文】

从马行街向北去，是小货行、时楼、大骨傅药铺，往北一直抵达的正是旧封丘门。街道两旁都是翰林金紫医官坐诊的药铺，比如杜金钧家、曹家独胜丸、山水李家的口齿咽喉药、石鱼儿班防御、专医小儿的银孩儿柏郎中家、擅长产科的大鞋任家等。其余出售各种香药的店铺、官员的住宅房舍，不想一一遍记。这一带的夜市比州桥又要兴盛百倍，车马充塞拥挤，几乎无法立足，京城中人把这里叫"裹头"。

大内西右掖门外街巷

【题解】

本条 300 余字，介绍北宋东京皇城右掖门向西、穿过内城梁门、直到靠近外城西墙的瓮市子一带的街巷。

首先介绍从右掖门向南，到汴河浚仪桥之间的街区，有尚书省、御史台、开封府等政府机构，有拜火教的祆庙、郊社、吴起庙等坛庙祠祀建筑。

然后介绍从皇宫西角楼到内城西门梁门之间的街道，沿途有殿前司这样的重要政府机构，有太平兴国寺等宗教建筑，有清风楼等酒楼、客店，而且这里也是东京城医馆、药铺集中的地段。

最后介绍内城梁门到瓮市子之间的街道：有建隆观，观中有道人出售治牙齿病的药；对面有徽宗朝权臣蔡京的豪华府邸；有东京西城规模巨大的瓦子；有官方经营的熟药局和私人药铺。瓮市子则是处决犯人的地方，符合中国古代阴阳五行中西方属金、主杀伐之义。

值得说明的是，《东京梦华录》的作者孟元老在《自序》中说"仆从先人宦游南北，崇宁癸未到京师，卜居于州西金梁桥西夹道之南"，这一带，正是他居住了二十多年的地方。

大内西去，右掖门、祆庙^①。直南，浚仪桥。街西，尚书省^②。东门至省前横街，南即御史台^③，西即郊社^④；省南门正对开封府后墙，省西门谓之"西车子曲"⑤。史家瓠羹、万家馒头⑥，在京第一。次曰吴起庙⑦。

【注释】

① 祆（xiān）庙：拜火教祭拜祆神的庙。祆，祆教，是中国古代对琐罗亚斯德教（Zoroastrianism）的称呼，又译为"火祆教""拜火教"。祆教由波斯人琐罗亚斯德所创立，是基督教诞生之前在中东最有影响的宗教，崇拜火。南北朝时，祆教传入中国。唐太宗贞观年间（627—649），开始在长安立庙宇。北宋张邦基《墨庄漫录》："祆神本出西域，盖胡神也，与大秦穆护同入中国，俗以火神祠之。京师人畏其威灵，甚重之。"按，东京至少有两处祆庙，除此之外，外城东北，旧封丘门外有祆庙斜街，也有一座祆庙。见卷三"马行街铺席"。

② 尚书省：据《宋会要辑稿·职官四》："省旧在兴国坊，即梁太祖旧第。太平兴国中，移于利仁坊孟昶旧第，颇宏敞。"又曰："尚书省即殿前司廊舍地为之，自令、仆厅事下至吏舍，为屋四千楹有奇。以（元丰）五年五月癸巳即工，六年十月庚子而成。上稽古董正治官，既复尚书二十四司职事，并作新省，其规摹区处详密曲折，皆出制旨裁定。用臣承诏督工作，壮伟雄盛，近世所未见也。"

③ 御史台：中国古代官署名，东汉至元朝设置的中央行政监察机构，也是中央司法机关之一，负责纠察、弹劾官员，肃正纲纪。《宋史·职官志四》："（御史台）掌纠察官邪，肃正纲纪。大事则廷辨，小事则奏弹。其属有三院：一曰台院，侍御史隶焉；二曰殿院，殿中侍御史隶焉；三曰察院，监察御史隶焉。凡祭祀、朝会，则率其属正百官之班序。"南宋王应麟《玉海·元祐御史台》："元祐三年，新作御史台成，诏曾肇为之记曰：……御史台，建于宣化坊。自开宝五年，才有东、西狱。七年，雷德骧分判三院事，请而大之，

屋不及百楹。天禧二年，复诏增广至三百六十楹。讫于元丰，垂七十年。神宗伻图程工，以授有司。旧阙，大夫听事，踵邺都制度，阙门北乡，取阴杀之义。至是，置大夫听事，辟门东乡。上即政之初，实遵先训，犹以大夫虚员。始省营筑，辟门北乡，仍故不改。以元祐二年六月乙亥始事，三年八月庚辰卒功，为屋三百五十一楹。"

④郊社：古代祭祀天地之所。此指社坛。《宋史·礼志五》："社稷，自京师至州县，皆有其祀。岁以春、秋二仲月及腊日祭太社、太稷，州县则春、秋二祭。……太社坛广五丈，高五尺，五色土为之；稷坛在西，如其制。社以石为主，形如钟，长五尺，方二尺，剡其上，培其半。四面宫垣饰以方色，面各一屋，三门，每门二十四戟，四隅连饰罘罳，如庙之制，中植以槐。其坛三分宫之一，在南，无屋。"元人白珽《湛渊静语》引《使燕日录》："复出太庙，向西行，一屏墙绰楔门。入门，行二十步，西南一门即社坛，周围皆墙，四角有楼，内有社、稷二坛。东西南北四门，遇祭祀则开，导迎四方之气。"

⑤西车子曲（qū）：曲，小巷。疑因在车子院附近而得名。《宋会要辑稿·职官一九》："御辇院，在右承天门外，掌乘舆、步辇供奉及宫闱车乘之事。……车院兵士八十九人，掌禁中及诸宫院驾车。"

⑥馒头：宋时的馒头，类似现在的包子。宋人王栐《燕翼诒谋录》："仁宗皇帝诞生之日……宫中出包子以赐臣下。"《康熙字典·馒》："《燕翼诒谋录》：仁宗诞日，赐群臣包子，即馒头别名。今俗屑面发酵，或有馅，或无馅，烝食者，谓之'馒头'。"宋人魏泰《东轩笔录》："欧阳永叔评书曰：书之肥者，譬如厚皮馒头，食之味必不佳，而每命之为俗物矣。"

⑦吴起（？—前378）：战国时卫国人，军事家、政治家和改革家，是兵家的代表人物。曾学于曾参。初仕鲁，后仕魏，魏文侯用为将，攻秦，拔五城，为西河守以拒秦。为魏相公叔所忌，奔楚，楚悼王

用为令尹。悼王死,被宗室大臣杀害。《汉书·艺文志》"兵家"
有《吴子》四十八篇。今本六篇,为后人依托之作。

【译文】

从皇宫向西去,是右掖门、袄庙。沿着这条街巷一直向南去,可以抵
达汴河上的浚仪桥。这条大街的西面,是尚书省。从东门走到尚书省前
面的横街,街南就是御史台,再西面就是郊社;尚书省的南门,正对着开
封府的后墙;尚书省的西门,叫"西车子曲",那里有史家瓠羹、万家馒头,
在京城中名气第一。旁边是吴起庙。

出巷,乃大内西角楼大街①。西去踊路②,街南,太平兴
国寺后门③;北对启圣院④。街以西,殿前司⑤,相对清风
楼、无比客店⑥、张戴花洗面药⑦、国太丞⑧、张老儿、金龟
儿⑨、丑婆婆药铺⑩,唐家酒店,直至梁门(正名阊阖)⑪。

【注释】

①大内西角楼:即北宋东京皇城西角楼。宋人朱彧《萍洲可谈》:"三
　省俱在禁中。元丰间,移尚书省于大内西,切近西角楼,人呼为'新
　省'。崇宁间,又移于大内西南,其地遂号'旧省',以建左、右班
　直。或云:旧省不利宰相,自创省至废,蔡确、王珪、吕公著、司马
　光、吕大防、刘挚、苏颂、章惇、曾布,更九相,唯子容(按,即苏颂)
　居位日浅,亦谪罢,余不以存没,或贬广南,或贬散官。"

②踊路:一指楼房之间有棚顶的通道,一指院落中用砖石砌成的路。
　伊永文案:"(日本)京都译注本谓踊路即甬道。类于汉时两侧建
　立墙壁之道路。"

③太平兴国寺:北宋东京著名大寺,与相国寺、开宝寺、天清寺并称
　东京四大寺院。原为唐代的龙兴寺,五代后周时废为龙兴仓。宋
　太祖开宝二年(969)因僧人力请而下诏重修,太宗太平兴国元年

(976)赐额为太平兴国寺,五年(980),置译经院,延梵僧翻译新经。宋人江少虞《事实类苑·建寺》引《杨文公谈苑》:"太平兴国寺,旧龙兴寺也,(周)世宗废为龙兴仓。国初,寺主僧屡击登闻鼓,求复为寺。上遣中使持剑以诘之,曰:'此寺前朝所废,为仓敖,以贮军粮,汝何故烦渎帝庭?朝命令断取汝首。'仍戒之曰:'倘偃塞怖畏,即斩之;或临刑无惧,即未可行刑。'既讯,其僧神色自若,引颈就戮。中使以闻,上大感叹,复以为寺,官为营葺,极于宏壮。"同书《佛经》引《杨文公谈苑》曰:"太宗太平兴国初,有梵僧法贤、法天、施护三人,自西域来,雅善华音。太宗宿受佛记,遂建译经院于太平兴国寺。"

④启圣院:又名"启圣禅院"。原为后晋护圣营驻地,天福四年十月初七(939年11月20日)宋太宗诞生于此。太平兴国六年(981)在其地建寺,后供奉太宗御容。南宋王应麟《玉海·雍熙启圣院》:"太宗降生之地,兴国六年建启圣院,雍熙二年成。凡九百六十区,在京旧城内北隅。咸平二年九月甲午,奉安太宗圣容于院之新殿。"宋代日本僧人成寻《参天台五台山记》:"(出太平兴国寺东大门),乘马行六里,到启圣禅院大门,诸僧来向,从西胁门入,先于大门内点茶,引幕张帐,立倚子。次礼大佛殿,丈六弥勒为中尊,左右弥陀,千百亿释迦,庄严甚妙。次礼卢舍那大殿烧香,……依次礼东大殿,烧香尺迦像。次礼西大殿,金字一切经庄严,不可思议。东西南北壁边有墨字一切经二部,每间经上造楼阁,一间三宇,其下棚置经。次礼泗州大师堂,回见寝殿,每一间三人宿造,有厨子三,皆有关镭,十一间殿也。次见食堂,见住僧百五十人云云。次礼佛牙堂,……银莲花座上置佛牙,长一寸三分,广六分,厚四分云云。……次见国王烧香大侍殿。次著斋座,皇帝敕赐斋,备百菜饰膳,不可记尽。"

⑤殿前司:宋代禁军官司,与侍卫亲军司合称"两司"。其下属机构

殿前都指挥使司与侍卫亲军司下属机构侍卫亲军马军都指挥使司、侍卫亲军步军都指挥使司,合称"三衙"。"两司三衙"体制为宋代禁军最高指挥机构。《宋会要辑稿·职官三二》:"殿前司,掌殿前诸班诸直及步骑诸指挥之名籍,及训练之政令。国初,有都点检、副都点检之名,在都指挥使之上,后不复置。其属吏之名并如侍卫司,而都指挥使、都虞候三局吏人之数各有差降。"北宋欧阳修《归田录》:"旧制,侍卫亲军与殿前司分为两司。自侍卫司不置马步军都指挥使,止置马军指挥使、步军指挥使以来,侍卫一司自分为二,故与殿前司列为三衙也。"

⑥无比客店:北宋东京城内以"无比"为名的客店应不止一家,盖因其雄伟壮丽,故而流行以"无比"自居。据文献记载,旧宋门内也有一家无比客店:"参政赵侍郎(按,即赵槩,字叔平)宅,在东京丽景门内。后致政,归睢阳旧第,东门之宅,更以为客邸。而材植雄壮,非他可比,时谓之'无比店'。"(北宋张师正《倦游杂录》)

⑦洗面药:洗脸时使用的药物,有清洁去垢、润泽肌肤、养颜美容等功效。元代宫廷医家许国祯所著《御药院方》,收集宋金元三代的宫廷秘方,第十卷有"洗面药门",包括外用中医美容处方二十五个,是祛斑、洁面、去皱、润肤等专用方药。

⑧国太丞:姓国的太医丞。太丞,太医丞,隶太医局。北宋前期,以选人知太医丞事,神宗熙宁四年(1071)始专置,哲宗元祐年间(1086—1094)定为从七品。《宋会要辑稿·职官二二》:"神宗熙宁四年四月二十二日,置太医丞,请给佩鱼,视殿中省尚药奉御,叙班其下,以处医官之产科、小方脉者,不使为尚药奉御也。"

⑨金龟儿:以金龟为药铺招牌,并作为店名。

⑩丑婆婆药铺:为招顾客,不惜丑化自家,乃宋代商贩惯用手法,"丑婆婆"或即如此。南宋吴自牧《梦粱录·夜市》中说:"有带三朵花点茶婆婆,敲响盏,掇头儿拍板,大街游玩人看了,无不哂笑。"

但药铺或并不用扮丑，也可能药铺主人就是位丑婆婆。

⑪阖阊（hé chāng）：阖阊门，北宋东京内城的西城门，俗称"梁门"。按，其他文献中提及此门，多作"閬阖门"，如《宋史·礼志十六》记真宗大中祥符元年（1008）正月赐酺盛况，"东距望春门，西连閬阖门，百戏竞作，歌吹腾沸"；《宋史·地理志一》记"万岁山艮岳"，"其西则自天波门桥引水直西，殆半里，江乃折南，又折北。折南者过閬阖门，为复道，通茂德帝姬宅；折北者四五里，属之龙德宫"。北宋李廌《师友谈记》中也说："东坡先生居閬阖门外白家巷中。"孟元老所记，与诸文献不同。"閬阖"一词出自屈原《离骚》"吾令帝阍开关兮，倚閬阖而望予"，注："閬阖，天门也。"至西汉《淮南子·地形训》"西方曰西极之山，曰閬阖之门"，则以"閬阖"为传说中西边的天门。后亦以之泛指宫门或京都城门。

【译文】

走出巷子，就是皇宫西角楼大街。向西去，有踊路街，南面是太平兴国寺的后门；北面对着启圣院。大街以西，是殿前司，相对的有清风楼、无比客店、张戴花洗面药、国太丞、张老儿、金龟儿、丑婆婆药铺、唐家酒店，一直通到梁门（其正式名称为阖阊门）。

出梁门西去，街北建隆观①，观内东廊，于道士卖齿药，都人用之；街南，蔡太师宅②。西去，州西瓦子③，南自汴河岸，北抵梁门大街，亚其里瓦④，约一里有余。过街，北即旧宜城楼。近西去，金梁桥街、西大街，荆筐儿药铺、枣王家金银铺。近北巷口，熟药惠民西局⑤。西去，瓮市子，乃开封府刑人之所也⑥。西去，盖防御药铺⑦、大佛寺⑧、都亭西驿⑨，相对京城守具所。自瓮市子北去大街，班楼酒店。以北，大三桥子，至白虎桥，直北，即卫州门。

【注释】

① 建隆观：始建于五代后周世宗时期，北宋太祖建隆（960—964）初年重修，以年号为观名。宋人李攸《宋朝事实·道释》："建隆初，太祖遣使诣真源，祠老子，于京城修建隆观。观在阊阖门外，周世宗建，曰'太清观'。帝命重修，赐今名。自是斋修，率就是观。"

② 蔡太师宅：蔡京的宅第。政和二年（1112），徽宗召还以太子少保退居杭州的蔡京，仍为宰相，改封鲁国公，赐第。徽宗特为作《宫词》："相府元勋赐第雄，构成高阁倚晴空。落成颁宴延台甫，唯有珠玑落尘中。"其宅第"南临汴水，北枕通衢，连楹千百，壮丽冠天下"（宋人马纯《陶朱新录》），其中"有六鹤堂，高四丈九尺，人行其下，望之如蚁"（南宋陆游《老学庵笔记》），府宅前的桥梁称为"太师府桥"。政和八年（1118）茂德帝姬下嫁蔡京第五子儵，亦于此居住。蔡儵有记述艮岳等园囿的《宫室苑园篇》，其中说"岳之北，乃所谓景龙江也，江外，则诸馆舍尤精。……其西，自天波门桥引河水入西，直殆半里，河乃折南又折北。折南者，过阊阖门桥，为复道，通茂德姬宅"，并说"实鲁公赐第，时政和八年儵以此抵狂妄罪者也"。《续宋编年资治通鉴》载徽宗"时轻车小辇幸京第，命坐赐酒，略用家人礼"，宣和元年（1119），宋徽宗曾经乘坐龙舟，带着宠妃，从景龙门宝箓宫，顺着景龙江进入天波溪，一直抵达蔡京府第，并说"今岁四幸鸣銮矣"，蔡京为此特意写了一篇《皇帝幸鸣銮堂记》。蔡京死后，其宅第籍没入官府，借给被火烧了宅院的仁宗第十女大长公主（鲁国公主）居住，据宋人马纯《陶朱新录》记载，时有"卓椅之属皆白昼自行"等怪异发生。

③ 州西瓦子：位于东京城西部的瓦子。

④ 亚其里瓦：靠近它的里瓦。亚，挨着，靠近。又，杨宽《中国古代都城制度史研究》解释，"亚"通"淹"，深藏之意，是说州西瓦子所占之地，南自汴河堤岸，北到梁门大街，将"里瓦"深藏在后面。

⑤熟药惠民西局：设置在北宋京城西区的熟药惠民药局。

⑥刑人：对犯人行刑。《礼记·王制》："刑人于市，与众弃之。"

⑦盖防御：盖姓行医者，曾任过防御使或防御副使，或祖上有人担任此职。

⑧大佛寺：即宝相寺，又名"宝相禅院"。建于五代后唐长兴元年（930），后晋高祖天福三年（938）赐额。寺内有慈尊阁和弥勒佛大像，故而俗名"大佛寺"。寺内又有罗汉洞及罗汉塑像五百尊。寺中的感慈塔，始建于北宋仁宗时期，英宗治平元年（1064），司马光曾因诸路大旱而上《乞罢修感慈塔札子》，至神宗熙宁年间（1068—1077），塔方建成，高二百二十尺，由木工杨琰主持修建。

⑨都亭西驿：原为东京上源西驿，真宗大中祥符元年（1008）改名。隶属鸿胪寺。在惠宁西坊，右掖门外宝相寺以东。起初用以接待河西蕃部诸贡使，后来成为接待西蕃、阿黎、于阗、新罗、渤海使者之所。西夏立国后，成为接待西夏使者的专用馆驿。史书中可见仁宗庆历三年（1043）、六年（1046）和嘉祐七年（1062），神宗熙宁元年（1068），徽宗崇宁二年（1103）都亭西驿接待西夏使者的记载。都亭西驿后废，在其址建三圣堂，成为祭祀观音大士、义勇武安王、清源妙道真君的场所。

【译文】

出了梁门向西去，街道北面是建隆观，观内的东廊上，于道士专卖治齿病的药物，都城中人都用他的药；街道南面是蔡太师的宅第。再向西去，是州西瓦子，南起汴河堤岸，向北一直抵达梁门大街，与里瓦相连，大约有一里多地。走过街道，北面就是原先的宜城酒楼。再向西去，是金梁桥街、西大街，有荆筐儿药铺、枣王家金银铺。最北面的巷子口，有熟药惠民西局。再向西去，是瓮市子，那里是开封府对犯人行刑的地方。再向西去，是盖防御药铺、大佛寺、都亭西驿，与之相对的是京城守具所。自瓮市子朝北去的大街上，有班楼酒店。再往北是大三桥子，到白虎桥，一直往北去，就是卫州门。

大内前州桥东街巷

【题解】

本条 170 余字，介绍北宋东京州桥向南、御道东侧的街区：

先介绍州桥到内城保康门之间的区域。这一带的重要建筑是大相国寺，因下一条"相国寺内万姓交易"作专门介绍，故此处只介绍寺桥及周边店铺、桥南保康门一带的药铺和属于皇家禁区的特殊道观延宁宫、保康门瓦子、城墙根儿下的客店以及四圣观、定力院等。

后介绍保康门外的街区，特别提及三尸庙、德安公庙等两处新建庙宇，以及英宗之女卫国公主所建法云寺及其丈夫张驸马的宅院。

大内前，州桥之东，临汴河大街，曰相国寺。有桥，平正如州桥[1]，与保康门相对。桥西贾家瓠羹、孙好手馒头。近南即保康门，潘家黄耆圆[2]、延宁宫（禁女道士观，人罕得入）[3]。街西，保康门瓦子[4]。东去，沿城皆客店，南方官员、商贾、兵级[5]，皆于此安泊[6]。近东，四圣观[7]、袜袎巷[8]。以东城角，定力院[9]，内有朱梁高祖御容[10]。

【注释】

①有桥，平正如州桥：此桥可能即为延安桥，因其正处开封大相国寺

前，故而俗称"相国寺桥"，也简称"寺桥"。

②黄耆（qí）圆：即黄耆丸，一种由黄耆、杜蒺藜、川楝子等组成的药剂，具有益气温阳、祛风舒筋的功效。宋代太平惠民和剂局编写的《太平惠民和剂局方·治诸虚》中有"黄耆圆"："治丈夫肾脏风毒上攻，头面虚浮，耳内蝉声，头目昏眩，项背拘急，下注腰脚，脚膝生疮，行步艰难，脚下隐疼，不能踏地，筋脉拘挛，不得屈伸，四肢少力，百节酸痛，腰膝冷痛，小便滑数，及瘫缓风痹，遍身顽麻。又疗妇人血风，肢体痒痛，脚膝缓弱，起坐艰难。"黄耆，中药材名，是豆科植物蒙古黄芪的根，今俗称"黄芪"。性温，味甘，有补气固表、托毒排脓、利尿、生肌等功效。李时珍说"耆"意为"长"，黄耆色黄，为补药之长，故名。

③延宁宫（禁女道士观，人罕得入）：延宁宫，其地本为仁宗朝宦官王中正的宅第，景祐三年（1036），仁宗养母、保庆皇太后出资购买其地，建延宁观。庆历六年（1046）改为延宁宫。禁女，宫女。孟元老特别说明延宁宫是"禁女道士观，人罕得入"，说明延宁宫这座道观属于皇家禁区，观中的女道士来自宫廷，原为宫女。据宋人汪藻《靖康要录》：靖康二年（1127）金人攻陷汴梁，二月二十八日，"保康门里火，沿烧延宁宫，顷刻而尽"。被宋哲宗废黜的孟皇后当时正居宫中，"急就天汉桥南遇仙店，门垂帘幕以避，移居观音院，回私第"。

④街西，保康门瓦子：李合群以为"街西"应为"街东"。南宋徐梦莘《三朝北盟会编》："《（靖康）别录》曰：太后先居瑶华宫，……城破，迎入延宁宫。二月二十八日，保康门里瓦子沿烧街西延宁宫时，太后急就天汉桥南遇仙店，门垂帘幕以避。移居观音院西私第。《靖康后录》曰：元祐皇后（按，指孟后）居瑶华宫近二十余年，缘金人破城，移入旧城。延宁宫火，自东瓦子，经五楼，归私第。"

⑤兵级：宋代对兵丁和节级的合称。级，节级，唐宋时低级武职官员。

⑥安泊：居住，住宿。

⑦四圣观：即四圣观音院，亦称"观音院"。在北宋开封旧宋门内的街道以北、太庙南门前。五代后梁乾化年间（911—913）置藏经楼，后晋翰林学士徐台符撰碑。金代末年，毁于兵火。

⑧䩨（yào）：同"鞠"，靴或袜子的筒儿。

⑨定力院：本梁太祖庙，在东京保康门内、东南城角，内有朱温像。后唐同光二年（924）置院，天成三年（928）名为"定力院"。宋人朱弁《曲洧旧闻》："太祖皇帝（按，指赵匡胤）在周朝，受命北讨，至陈桥，为三军推戴。时杜太后眷属以下尽在定力院，有司将搜捕，主僧悉令登阁，而固其扃锸。俄而大搜索，主僧绐云：'皆散走，不知所之矣。'甲士入寺，升梯，且发钥，见蛛网丝布满其上，而尘埃凝积，若累年不曾开者，乃相告曰：'是安得有人？'遂皆返去。有顷，太祖已践祚矣。"北宋司马光《涑水纪闻》："太祖之自陈桥还也，太夫人杜氏、夫人王氏，方设斋于定力院。闻变，王夫人惧，杜太夫人曰：'吾儿平生奇异，人皆言当极贵，何忧也？'言笑自若。是日，太祖即位，契丹、北汉兵皆自退。"北宋文人经常光顾定力院，欧阳修、王安石、梅尧臣等人都有相关诗作。

⑩朱梁高祖御容：后梁太祖朱温的画像。朱梁高祖，即五代后梁太祖朱温（852—912），宋州砀山（今属安徽）人。唐僖宗乾符四年（877）参加黄巢起义，任黄巢大齐政权同州防御使。唐僖宗中和二年（882）降唐，为河中行营招讨副使，赐名全忠。以败黄巢军、破秦宗权、拒李克用诸功，昭宗天复元年（901）封梁王。累官宣武、宣义、护国、忠武四镇节度使。天祐元年（904）杀昭宗，立哀帝，天祐四年（907），代唐称帝，改名晃，建都汴，国号梁，史称后梁，改元开平，寻杀哀帝。乾化二年（912），为其子朱友珪所杀。宋人郭若虚《图画见闻志》："王霭，京师人，工画佛道人物，长于写貌。五代间以画闻。……今定力院太祖御容、梁祖真像，皆霭

笔也。"御容，皇帝的画像。

【译文】

皇宫前面，州桥以东，临近汴河大街，就是相国寺。相国寺前有一座桥，像御街上的州桥一样平坦端正，与保康门相对。桥的西面是贾家瓠羹店、孙好手馒头店。最南边就是保康门，有潘家黄耆圆店、延宁宫（宫女出家的道士观，普通人很难进入）。街道西侧，是保康门瓦子。向东边去，沿着城墙都是客店，南方来的官员、商人、兵丁和低级军职，都在此地投宿。靠近东边是四圣观、袜褙巷。再东边的城墙拐角处，是定力院，院内有后梁高祖朱温的画像。

出保康门外，新建三尸庙①、德安公庙②。南至横街，西去，通御街，曰麦稍巷③。口以南，太学东门。水柜街④，余家染店⑤。以南，街东法云寺⑥。又西去横街，张驸马宅⑦。寺南，佑神观。

【注释】

①三尸庙：供奉三尸神的庙宇。清人周诚《宋东京考·三尸庙》："在保康门外，祀三尸神也。始建未详，后废。按修真家言，凡人身中有三尸神，常以庚申日，乘人寐时，将本人罪过奏闻上帝，减其禄命。上尸名彭踞，中尸名彭踬，下尸名彭跻。每遇庚申日，守夜不寐，则三尸不得上奏。"唐人段成式《酉阳杂俎·玉格》则说："三尸一日三朝，上尸青姑，伐人眼；中尸白姑，伐人五藏；下尸血姑，伐人胃命。"

②德安公庙：《宋史·礼志五》："雍熙四年，诏以亲耕籍田，遣官奏告外，又祭九龙、黄沟、扁鹊、吴起、信陵、张耳、单雄信七庙，后又增祭德安公、岳台诸神庙，为定式。"《文献通考·郊社考二十三》："德安公庙在京城北作坊，即夷门山神也。景德中，葺其庙，加封

爵,令开封府春秋设祭。"

③麦稍巷:应为麦秸巷。

④水柜街:水柜,中国古代用以指称调节运河供水的蓄水工程,亦
　称"水匮",相当于现在所说的水库。《宋史·太祖本纪一》:"(建
　隆二年二月)甲戌,幸城南,观修水匮。"开封保康门外的这条水
　柜街,应系临近汴河,地势低洼,容易积水,故得此名,并非真有水
　库。真宗朝宰相丁谓在此街上营建宅院,宋人魏泰《东轩笔录》
　中说:"丁谓为宰相,将治第于水柜街,患其卑下。既而于集禧观
　凿池,取弃土以实其基,遂高爽。又奏开保康门为通衢,而宅据要
　会矣。"

⑤余家染店:余姓人所开的染房。染店,代人给丝织品染色的店铺。
　北宋时期,水柜街应为染工集中之地。宋人叶梦得《避暑录话》
　记载了北宋著名书法家张友正在水柜街租房,"与染工为邻"的
　故事:"张友正,……笔迹高简,有晋宋人风味,尤工于草书。故
　庐在甜水巷,一日弃去,从水柜街僦小屋,与染工为邻。或问其故,
　答曰:'吾欲假其缣素学书耳。'于是与约:凡有欲染皂者,先假之,
　一端酬二百金。如是日书数端。"

⑥法云寺:在南薰门内,蔡河云骥桥的西面。据《续资治通鉴长
　编·神宗元丰二年》,该地原为龙卫军废营地,神宗元丰二年
　(1079)四月赐予英宗第三女卫国公主,因为"地与主第相直也。
　主后以其地建法云寺"。

⑦张驸马:指张敦礼,后人避光宗讳,改其名为训礼。熙宁元年
　(1068)选尚英宗女祁国长公主(按,即上注之卫国公主),授左卫
　将军、驸马都尉,迁密州观察使。哲宗元祐初年,废除新法,张敦
　礼曾上疏说"变法易令,始于王安石,成于蔡确。近者退确进司马
　光,以臣观之,所得多矣",进武胜军留后。章惇主持朝政,被贬授
　左千牛卫大将军,不许朝参。徽宗立,复和州防御使,进保信军留

后。崇宁初，拜宁远军节度使。为谏官王能甫所劾，降为集庆军留后。卒，赠开府仪同三司。北宋苏轼《驸马都尉张敦礼节度观察留后制》，称其"少以经术，秀于士林。虽缘姻戚之选，不失儒素之行"。善画人物风景，笔法紧细，神采如生，为南宋画家刘松年所师法。《宋史·外戚列传中》有传。法云寺即建于其住宅附近。北宋岑象求《上哲宗论佛老》："贵戚妃后之家，起造寺观，莫知其数，如曹佾起休粮道者院，张敦礼建法云寺，皇亲盖洞真宫，敕修开宝寺、乾明寺殿、相国寺、东塔之类，以至天下郡县营造不可悉记。土木之功，所在甚盛。"

【译文】

出了保康门外，有新建的三尸庙、德安公庙。向南行至横街，向西去，通往御街的街巷，名为麦秸巷。巷口以南，是太学东门。水柜街上有余家染店。再向南去，街道东面是法云寺。又有一条向西去的横街，有张驸马的宅第。法云寺南面，是佑神观。

相国寺内万姓交易

【题解】

本条 300 余字，生动记述了北宋东京城中最大寺院相国寺中万姓交易的繁荣热闹场景，是《东京梦华录》一书中浓墨重彩的华章，也是认识北宋东京城市生活的宝贵资料。

北宋时期，相国寺位居东京城四大寺院之首，在皇宫大内东南至汴河一带占据了显赫的位置。相传该地曾为战国魏公子信陵君无忌的私宅（北宋东京这一地区的"坊"即以"信陵坊"为名）。战国以后，历秦、汉、魏、晋等朝代，此地用途，史料欠缺。北齐文宣帝天保六年（555）在此首创寺院，名为建国寺，后毁于兵火。唐代初年，此地成为歙州司马郑景的宅园。武则天执政的长安元年（701），名僧慧云购得郑宅，兴建新寺，仍以建国寺为名，世称其为"造寺祖师"。延和元年（712），唐睿宗为纪念自己由相王登上皇位，赐名相国寺。北宋至道年间（995—997），太宗御题"大相国寺"。相国寺深得北宋皇家尊崇，多次扩建，是东京城里最大的寺院和全国佛教活动中心。

在人们通常的认知中，佛门乃是清净之地，北宋时期的大相国寺却集端庄肃穆的佛寺与热闹熙攘的集市于一身。大相国寺所在的东京城，不仅是北宋王朝的政治中心，也是全国最大的消费城市。相国寺位于东京内城东南部，是全城最繁华的区域，而且南临全国交通运输大动脉汴河,地理位置优越,交通十分便利,加上寺庙规模宏大,庭院宽阔,游客络绎不绝,因而逐渐成为当时东京乃至全国的商贸娱乐中心。宋人笔记中说,北宋东京人给相国寺起过一个"破赃所"的诨名,其义类似"销金窟",说那是极其破费钱财的地方,也是天下第一红火、人头攒动、摩肩接踵、集买卖与娱乐于一体的地方。

对于像孟元老这样生活在北宋东京城中、以"烂赏叠游"为乐事的普通民众来说,大相国寺首先是一个繁华热闹的交易市场和游乐场所,然后才是值得观瞻与赞叹的佛门圣地和艺术宝库。他对大相国寺的回忆,正是这样展开的:

一,大相国寺的市民交易活动,每月定期开放。这种集市,首开后世城市中大型庙会之先河,明清时期的京师庙会即来源于此。

二,大相国寺的三重寺门、庭院、佛殿附近、两侧走廊、著名的资圣门前以及后廊等地,所有能够利用的地方,都分区域进行着不同门类的商品与服务交易,所出售的货物品类繁杂,甚至许多珍贵的文物也能在此买到;参与交易者上至皇室贵官、下到平民百姓,成为东京都市繁华的缩影。

三,采买商品之余,人们还可以在寺内观光游览。相国寺不仅以悠久历史著称于世,更因其宏丽的建筑艺术闻名遐迩。早在唐朝,相国寺宏丽精巧的殿堂建筑、佛像铸造、雕塑和大型壁画,就代表了当时的最高水平。北宋时期,文化空前繁荣,建筑艺术获得突飞猛进的发展,北宋立国开封的一百六十七年,成为相国寺历史上的黄金时代,寺院规模和建筑艺术发展到了巅峰。在孟元老的回忆中,大相国寺三门上有金铜铸就的五百罗汉、佛牙、琉璃塔等珍贵法物,寺内禅院众多、僧官云集,举办大型斋会的能力令人惊叹,大殿两廊壁画更是出自国朝名家手笔,朵廊上则有精妙无比的雕塑。

北宋亡国后,相国寺的建筑与壁画遭到严重破坏。后来寺院建筑虽然屡经复修,壁画却再无大规模绘制,就连相关记载也十分罕见。《东京梦华录》中这段简短文字,让人得窥北宋末年相国寺令人目炫的艺术荣光。孟元老以"东京梦华"命名他的回忆录,曾经占尽帝国风流的相国寺,正是北宋王朝繁盛之梦中最奇幻瑰丽的梦影。

　　相国寺,每月五次开放①,万姓交易②。大三门上③,皆是飞禽、猫犬之类,珍禽奇兽,无所不有。第二、三门,皆动用什物④。庭中设彩幕⑤、露屋⑥、义铺⑦,卖蒲合⑧、簟席⑨、屏帏⑩、洗漱⑪、鞍辔⑫、弓剑、时果⑬、腊脯之类⑭。近佛殿,孟家道院王道人蜜煎⑮、赵文秀笔及潘谷墨占定⑯。两廊皆诸寺师姑卖绣作⑰,领抹、花朵、珠翠⑱、头面、生色销金花样幞头⑲、帽子、特髻⑳、冠子㉑、绦线之类㉒。殿后资圣门前,皆书籍、玩好、图画㉓,及诸路罢任官员土物㉔、香药之类。后廊皆日者㉕、货术㉖、传神之类㉗。

【注释】

①每月五次开放:相国寺每月交易开放次数,孟元老说是五次,其他文献记为八次。如北宋学者王得臣在《麈史》中说:"都城相国寺最据冲会,每月朔、望、三、八日即开。"每月朔(初一)、望(十五)、三(初三、十三、二十三)、八(初八、十八、二十八),共计八次。王得臣的生活年代早于孟元老,他生于仁宗景祐三年(1036),卒于徽宗政和六年(1116),于嘉祐四年(1059)考中进士,在开封为官多年,曾任秘书丞、提举开封府界常平等事、开封府判官,对开封非常熟悉,而且喜读书史,至老不倦,学问广博,以文学驰名当时,他的记载应该是可信的。南宋理宗端平元年(1234),白珽在《使燕日录》中记载自己探访相国寺的情景,也说"往时每月八次开寺,听商贾贸易",可以印证王得臣《麈史》中的说法。

②万姓交易:形容交易人数之多。宋人王栐《燕翼诒谋录》:"东京

相国寺,乃瓦市也。僧房散处,而中庭两庑可容万人,凡商旅交易,皆萃其中。四方趋京师,以货物求售、转售他物者,必由于此。"

③大三门:相国寺的大门。宋人王栐《燕翼诒谋录》:"太宗皇帝至道二年,命重建三门,为楼其上,甚雄。宸墨亲填书金字额曰'大相国寺',五月壬寅赐之。"宋代日本僧人成寻《参天台五台山记》中说"寺大门,四重阁也"。三门,亦作"山门",寺院大门。

④动用:使用。什物:各种物品器具。多指日常生活用品。

⑤彩幕:彩色的帐蓬。

⑥露屋:用布临时搭建、半边显露的铺面棚屋。

⑦义铺:售货摊。

⑧蒲合:蒲草编的席子。蒲,多年生草本植物,生于池沼中,高近两米。根茎长在泥里,可食。叶长而尖,可编席、制扇等。

⑨簟(diàn)席:竹席。

⑩屏帏:屏帐。

⑪洗漱:洗漱用具。

⑫鞍辔(pèi):鞍子和驾驭牲口的嚼子、缰绳。辔,缰绳。

⑬时果:应时的水果。

⑭腊:干肉,脯:干肉。也指干制的果仁和果肉。

⑮道院:道士居住的地方。

⑯赵文秀笔:赵文秀所制的毛笔。潘谷墨:潘谷所制的墨,质量上乘。潘谷,安徽歙县人,北宋制墨高手,主要活动于哲宗元祐年间(1086—1094),其为人处世与众不同,他的死也颇有传奇色彩,故有"墨仙"之称。北宋苏轼在《书潘谷墨》中写道:"卖墨者潘谷,余不识其人,然闻其所为,非市井人也。墨既精妙,而价不二。士或不持钱求,不计多少与之。此岂徒然者哉!余尝与诗云:'一朝入海寻李白,空看人间画墨仙。'一日,忽取欠墨钱券焚之,饮酒三日,发狂浪走,遂赴井死。人下视之,盖趺坐井中,手尚持数珠

也。"潘谷一生制墨,其墨"香彻肌骨,磨研至尽,而香不败"(北宋陈与义语),所制"松梵""狻猊"等墨,被誉为"神品"。徽宗御藏极品宝墨"八松烟"(又称"八松梵"),也出潘谷之手。北宋何薳《春渚纪闻·潘谷墨仙揣囊知墨》:"潘谷卖墨都下。元祐初,余为童子,侍先君,居武学直舍中。谷尝至,负墨篚而酣咏自若,每笏止取百钱。或就而乞,探篚取断碎者与之,不吝也。其用胶不过五两之制,亦遇湿不败。后传谷醉饮郊外,经日不归,家人求之,坐于枯井而死,体皆柔软,疑其解化也。东坡先生尝赠之诗,有'一朝入海寻李白,空看人间画墨仙'之句,盖言其为墨隐也。山谷道人云:'潘生一日过余,取所藏墨示之。谷隔锦囊揣之,曰:"此李承宴(按,五代南唐制墨名家)软剂,今不易得。"又揣一曰:"此谷二十年造者,今精力不及,无此墨也。"取视果然。'"其小握子墨,医者云可入药用,亦藉其真气之力也。"宋人叶梦得《避暑录话》云:"世不留意墨者,多言'未有不黑,何足多较'。此正不然。黑者正难得,但未尝细别之耳。不论古墨,惟近岁潘谷亲造者黑,他如张谷、陈瞻与潘使徒造以应人所求者,皆不黑也。"

⑰两廊:宋代日本僧人成寻《参天台五台山记》中说"四面廊各二百间许"。师姑:尼姑。《景德传灯录》十《智通禅师》:"师姑天然是女人作。"宋人庄绰《鸡肋编》:"京师僧讳和尚,称曰'大师';尼讳师姑,呼为'女和尚'。"绣作:刺绣。

⑱珠翠:珍珠翠玉。泛指用珠翠做成的装饰品。

⑲生色销金花样幞头:色彩鲜艳、镶嵌金丝、样式别致的头巾。生色,色彩鲜明生动。销金,以特殊工艺在衣物上添加金线或极薄的黄金装饰,亦指敷洒金粉。北宋多位帝王颁布过销金禁令,比如《续资治通鉴长编·仁宗庆历二年》:"庆历二年五月戊辰,诏有司申明前后条约,禁以销金、贴金、缕金、间金、蹙金、圈金、剔金、陷金、明金、泥金、楞金、背金、阑金、盘金、织金、线金、捻金为服饰。

自宫庭始，民庶犯者，必致之法。"并多有因触犯销金禁令而被惩罚的案例，比如《续资治通鉴长编·真宗大中祥符二年》载，是年八月，"杜氏，昭宪皇后侄女也。上禁销金严甚，还自东封，杜氏乃服以迎车驾。上见之，怒，遂令出家为道士。由是天下无敢犯禁者"。

⑳特髻：宋代流行的一种用假发编成的高发髻。南宋朱熹《朱子语类》中说："古人戴冠，郭林宗时戴巾，温公幅巾是其类也。古人衣冠，大率如今之道士。道士以冠为礼，不戴巾。妇人环髻，今之特髻是其意也，不戴冠。"依朱子所说，特髻是用假发盘起若冠然。从文献记载来看，特髻最初大约起自宫廷。宋人蔡絛《铁围山丛谈》："内官之贵者，则有曰御侍，曰小殿直，此率亲近供奉者也。御侍顶龙儿特髻、衣襜。"北宋时有词牌名【皂罗特髻】，以苏轼词《皂罗特髻·采菱拾翠》为代表。今藏台北故宫传宋陈居中作《文姬归汉图》，图中女侍头著尖顶"冠"，似即层层盘起的特髻。南宋时，宫中女乐及州郡官妓也作如此妆扮。张枢《宫词》"翠枝斜插滴金花，特髻低蟠贴水苔。应奉人多宣唤少，海棠花下看飞梭"，所记为理宗时事。洪迈《夷坚志·邓兴诗》曰，邓兴诗"梦为人召至一处，高阁华宇，三美男子坐庭上，罢酒张乐。侍姬十数辈，皆顶特髻，衣宽红袍，如州郡官妓，分立左右，或歌舞"，亦南宋故事。说明当时特髻已广泛流行于民间。成书于元末明初的日用小百科《碎金》，其"服饰篇"中胪举"南"首饰，仍把特髻与各式花冠、包冠等列在一起，可知特髻之用，大抵相当于冠。宋人高承《事物纪原》中分别解释"冠子"和"特髻"，则说明当时二者并不等同。

㉑冠子：古代贵族妇女戴的帽子。宋人高承《事物原始·冠子》："《二仪实录》曰：爱自黄帝制为冠冕，而妇人者之首饰服无文，至周始有，不过副笄而已。汉官掖承恩者，始赐或碧或绯芙蓉冠子。则其物自汉始矣。"明人彭大翼《山堂肆考》中说："宋魏国大长公主

下嫁李遵勗,章献太后尝赐金龙小冠。"

㉒绦线:杂色丝带丝线之类。

㉓殿后资圣门前,皆书籍、玩好、图画:相国寺有集中的图书市场,宋
人文献中多有在相国寺购得珍贵书籍、法帖、绘画的记载。如百
岁寓翁《枫窗小牍》:"余家藏《春秋繁露》,中缺两纸。比从藏书
家借对,缺纸皆然,即馆阁订本,亦复尔尔。……后从相国寺资圣
门买得抄本,两纸俱全,此时欢喜,如得重宝。"宋人朱弁《曲洧旧
闻》:"黄鲁直于相国寺得宋子京唐史稿一册,归而熟观之,自是文
章日进。"北宋苏象先《丞相魏公谭训·器玩》中说:"祖父(按,即
苏颂)尝于相国寺置得阁本法帖十卷(按,应指《淳化阁帖》),甚
奇。其末云:'玉堂夜直,蒙恩赐到。受恩如是,激节可知。'用'公
高之裔'图书,乃毕文简公赐本也。"资圣门,相国寺中资圣阁的
大门。资圣阁位于大相国寺中轴线的最后端,是寺中的标志性建
筑。资圣阁始建于玄宗天宝四年(745),由著名工匠边思顺主持
修建,高三百余尺。初名大佛阁,后由肃宗李亨亲书匾额,赐名排
云阁。昭宗大顺二年(891)七月,相国寺因雷电而遭受火灾,包括
排云阁在内的众多建筑化为灰烬。五代后唐明宗长兴二年(931),
得以重建。北宋真宗咸平四年(1001)重修后,改名资圣阁,"资圣
熏风"成为"汴京八景"之一。明崇祯十五年(1642),资圣阁因黄
河水灌而不复存在。玩好,供玩赏的奇珍异宝。

㉔诸路:各路。路,宋代的地方区划名。宋初,为加强中央集权,
仿唐代道制,分境内为二十一路,其后分合不一,太宗至道二年
(997)始定为十五路,真宗时增为十八路,神宗时又增为二十三
路。北宋时,以转运司为主,南宋时以安抚司为主。土物:某地特
有的著名物产。

㉕日者:古时以占候卜筮为业的人。西汉司马迁《史记》中有《日者
列传》,裴骃集解:"古人占候卜筮,通谓之'日者'。"相国寺术士

的神异,在当时知识分子群体中广为流传,文献中多有问吉凶、问科第功名、问仕宦前程的记载。就连当时的端王、后来的徽宗也曾遣人往相国寺为自己算命,宋人蔡絛《铁围山丛谈》中说:"太上皇帝端邸时,多征兆,心独自负。一日,呼直省官者,谓之曰:'汝于大相国寺,迟其开寺时,持我命八字往,即诣卦肆,遍问以吉凶来。第言汝命,勿谓我也。'直省官如言,至历,就诸肆问祸福,大抵常谈,尽不合。末见一人,穷悴蓝缕,坐诸肆后。试访,曰:'浙人陈彦也。'直省官笑之黾勉,又出年命以示彦。彦曰:'必非汝命,此天子命也。'直省官大骇,狼狈走归,不敢泄。"北宋范镇《东斋记事》则记载了"一日之内遇四宰相"的异事:"张邓公(按,即张士逊)尝谓予曰:某举进士时,寇莱公(按,即寇准)同游相国寺前。诣一卜肆,卜者曰:'二人皆宰相也。'既出,逢张相齐贤、王相随,复往诣之。卜者大惊曰:'一日之内,而有四人宰相!'相顾大笑而退。因是,卜者声望日消,亦不复有人问之,卒穷饿以死。四人其后皆为宰相,共欲为之作传,未能也。"

㉖货术:兜售各种方术。术,指医、占卜、星相等方术;星占、卜筮、命相、拆字等推测国家和个人的气数及命运的术数,或法术。

㉗传神:画肖像画。

【译文】

　　相国寺,每月五次开放,百姓可在寺中进行交易。在相国寺的大门口,买卖的是飞禽、猫、狗之类的宠物,各种珍贵的禽鸟、奇异的走兽,在那里什么都有。在第二、第三进寺门,买卖的都是各类日常应用的物件。庭院中搭设着彩色幕帐、露天棚屋和货摊,出售蒲草席、竹席、屏帐、洗漱用具、马鞍子和缰绳、弓剑、时令鲜果、各种干果和腊肉之类的物品。靠近佛殿的区域,有孟家道院王道人的蜜饯、赵文秀的笔以及潘谷的墨占据着固定的位置。两边的走廊上都是各寺院的尼姑卖刺绣,领抹、花朵、珠翠、头饰、彩色嵌金线的各式幞头、帽子、假发制作的高髻、贵妇的冠子、丝带之类的饰物。佛殿后面的资圣门前,卖的都是图书、奇珍异宝和图画,以及各路卸任官员从当地带回的土产、香料药材之类。后廊上都是占卜卖卦、兜售方术、替人画像的人。

寺三门阁上并资圣门,各有金铜铸罗汉五百尊[1]、佛牙等[2]。凡有斋供[3],皆取旨方开。三门左右,有两瓶琉璃塔[4]。寺内有智海、惠林、宝梵、河沙[5]、东西塔院[6],乃出角院舍,各有住持僧官[7]。每遇斋会[8],凡饮食茶果、动使器皿,虽三五百分[9],莫不咄嗟而办[10]。

【注释】

[1] 寺三门阁上并资圣门,各有金铜铸罗汉五百尊:罗汉五百尊,五百罗汉,佛教中指常随释迦听法传道的五百弟子。印度古代惯用"五百""八万四千"等来形容众多的意思,类似中国古人用"三"或"九"来表示多数。根据史料记载,大相国寺中有两组五百罗汉:一组为真宗咸平四年(1001)从颍川郡所迎五百罗汉,置于前楼,即北宋宋白《修相国寺碑记》中所说"前楼众圣,即颍川郡所迎五百罗汉也",据宋代日本僧人成寻《参天台五台山记》所载,五百罗汉的金色等身像,位于大殿高阁之上;另一组为太祖朝曹翰从庐山东林寺运来的五百铜罗汉,置于后阁,即资圣阁的资圣门。南宋周密《癸辛杂识别集上·汴梁杂事》:"楼阁最高而见存者:相国寺资圣阁、朝元宫阁、登云楼。资圣阁雄丽,五檐滴水,庐山五百铜罗汉在焉,国初曹翰所取者也。"宋人叶梦得《石林诗话》:"相国寺罗汉,本江南李氏时物,在庐山东林寺。曹翰下江南,尽取其城中金帛宝货,连百余舟,私盗以归。无以为之名,乃取罗汉,每舟载十许尊。献之,诏因赐于相国寺,当时谓之'押载罗汉'云。"

②佛牙：相传释迦牟尼死后，曾留下四颗牙齿舍利，佛教徒奉为珍宝，特予供奉，称为"佛牙"。日本僧人成寻曾于神宗熙宁五年（1072）十月廿三日，先礼拜启圣禅院佛牙堂，见佛牙"长一寸三分，广六分，厚四分"；后礼拜相国寺佛牙堂，见"佛牙放光，希有之，不可思议"。北宋大相国寺所供奉的佛牙，据说传自唐代高僧、南山律宗祖师道宣，宋太祖由洛阳迎至东京，自太宗以降，有五位皇帝曾经亲幸大相国寺供养佛牙，其中太宗、真宗和仁宗有《三朝御制佛牙赞》传世，故而这颗佛牙舍利被称为"三朝御赞佛牙"。南宋天台僧志磐《佛祖统记》："初，太祖疑宣律师（按，指律宗初祖、唐代高僧道宣）佛牙非真，遣使取自洛，烈火煅之，色不变。心敬神异，遂制发愿文。太宗朝，复取验以火，制偈赞以申敬，因奉安大相国寺法华院。真宗尝迎供开宝寺灵感塔下，瞻拜之夕，神光洞发，遂制偈赞。上（按，指仁宗）以三朝敬事，遂迎置禁中，以蔷薇水灌之（出南海三佛齐国，香气芬郁异常），忽于穴中得舍利一，五色映人，因为制赞。以金匮三重藏之，奉以还寺。"元代僧人释觉岸《释氏稽古略》："初，太祖迎洛阳唐高宗显庆年间大沙门宣律师天王太子所献佛牙舍利，于东京相国寺灌顶院安奉。至是（按，即太平兴国八年，983），帝亲以烈火煅试，晶明坚固，光彩五色照人。帝制赞曰：'功德积劫印文端，不是南山得恐难。眼睹数重金色润，手擎一片玉光寒。炼时百火精神透，藏处千年莹彩完。定果熏修真秘密，正心莫作等闲看。'改灌顶院为法华院，建重阁，以智照大师慧温主香火。"真宗咸平六年（1003），"帝敕右街僧录，备仪仗、音乐、华幡，迎大相国寺佛牙舍利，供养于开宝寺塔下。帝制赞曰：'西方有圣释迦文，接物垂慈世所尊。常愿进修增胜果，庶期饶益富黎元。'"仁宗庆历三年（1043）"夏旱损稼，六月，诏迎相国寺佛牙祷于禁中，随时大雨。其佛牙舍利，祖宗御封，帝手启之，灌以海上蔷薇水，得舍利一颗，五色光发。帝贮

以琉璃瓶，制赞曰：'三皇掩质皆归土，五帝潜形已化尘。夫子域中称至圣，老君世上亦言真。埋躯只见空遗冢，何处将身示后人。惟有吾师金骨在，曾经百炼色长新。'以七宝庄严金盝贮之。藉以白氎，覆以璎珞龙凤之衣，供养逾月，造金殿四门以象天宫而归之。"徽宗崇宁三年（1104）"夏五月五日，帝迎三朝御赞释迦佛牙于大相国寺，入禁中供养。帝展敬次，舍利隔水晶匣出如雨点。帝赞以偈曰：'大士释迦文，虚空等一尘。有求皆赴感，无刹不分身。玉莹千轮在，金刚百炼新。我今恭敬礼，普愿济群伦。'"

③斋供：祭祀死者、神佛，并上供食品。

④瓶：盛器，多用于盛水、酒、粟等。此用作量词，相当于"座"。

⑤智海、惠林、宝梵、河沙：相国寺所辖律院或禅院。智海禅院和宝梵律院位于西侧，惠林（亦作慧林）禅院位于东侧。河沙，疑误。南宋邹仲之《使燕日录》记载理宗绍定七年（1234）出使蒙古回途中所见相国寺，"其寺旧包十院，今存其八：右偏定慈、广慈、善慈律院三，智海禅院一；东偏宝梵、宝严、宝觉律院三，慧林禅院一。"明人李濂《汴京遗迹志·寺观》载，宋神宗元丰中，相国寺"增建东西两厢，又立八院，东曰宝严、宝梵、宝觉、慧林，西曰定慈、广慈、普慈、智海"，其中无"河沙"。

⑥东西塔院：东西塔，据宋人高承《事物纪原·相国寺》："东塔曰'晋满'，唐至德二载建，开宝六年，太祖修。西塔曰'广愿'，元祐元年，僧中惠立。"塔院，建有佛塔的院子。

⑦住持：佛教寺院主管僧的职称。起于禅宗。也称"方丈"。僧官：管理寺庙和僧尼事务的职官，由僧人担任。始于后秦，以后历代因之。所设立的僧官有僧正、僧主和僧录等。

⑧斋会：禅寺在特定日期的集会。

⑨分：份。

⑩咄嗟（duō jiē）而办：意即迅速办好。咄嗟，犹呼吸之间，谓迅速。

办,成,成功。

【译文】

相国寺三门的楼阁和资圣门上,各有鎏金铜铸罗汉五百尊、佛牙等。凡有斋供之事,都要领取圣旨方能开门。三门的左右,有两座琉璃塔。寺内有智海禅院、惠林禅院、宝梵律院、河沙院和东、西塔院,乃是寺后院舍,各院都有负责主持事务的僧官。每逢寺中举办斋会,所有饮食茶果和各种应用器皿,即使需要三五百份,无不即刻备齐。

　　大殿两廊皆国朝名公笔迹[①]:左壁画炽盛光佛降九曜[②]、鬼百戏[③],右壁佛降鬼子母揭盂[④]、殿庭供献乐部、马队之类[⑤]。大殿朵廊皆壁隐[⑥],楼殿人物[⑦],莫非精妙。

【注释】

①大殿两廊皆国朝名公笔迹:据文献记载,北宋初期曾在相国寺画壁者,有高益、孙梦卿、石恪、高文进和高怀节父子、王道真、李用及、李象坤等人。英宗治平二年(1065)暴雨导致汴河决口,水淹相国寺,除了大殿东西走马廊壁画得以保存之外,其余皆被损毁。四面廊壁修复之后,召集当时绘画名手,按照内府所藏副本小样重新临仿,参与者有李元济、王易、陈坦、王端、崔白等人。宋人郭若虚《图画见闻志》:"治平乙巳岁雨患,大相国寺以汴河势高,沟渠失治,寺庭四廊悉遭淲浸,圮塌殆尽。其墙壁皆高文进等画,惟大殿东西走马廊相对门庑,不能为害。东门之南,王道真画《给孤独长者买祇陀太子园因缘》;东门之北,李用及与李象坤合画《牢度义斗圣变相》;西门之南,王道真画《志公变》《十二面观音像》;西门之北,高文进画《大降魔变相》,今并存之,皆奇迹也。其余四面廊壁皆重修复后,集今时名手李元济等,用内府所藏副本小样,重临仿者,然其间作用,各有新意焉。"北宋沈括《梦溪笔谈·书

画》:"相国寺旧画壁,乃高益之笔。有画众工奏乐一堵,最有意。"宋人郭若虚《图画见闻志》:"高益,涿郡人,工画佛道鬼神、蕃汉人马。……后被旨,画大相国寺行廊《阿育王》等变相,暨《炽盛光》《九曜》等,有位置小本,藏于内府。后寺廊两经废置,皆饬后辈名手依样临仿。""孙梦卿,东平人,工画佛道人物。……尤长寺壁,谓之'孙脱壁'。尝与王霭对画开宝寺文殊阁下西北方《毗楼博义天王像》,并大相国寺甚有其迹,今多不存矣。""石恪,蜀人,性滑稽,有口辩,工画佛道人物。……蜀平,至阙下,尝被旨画相国寺壁。授以画院之职,不就,坚请还蜀,诏许之。……有《唐贤像》《五丁开山》《巨灵擘太华》《新罗人角力》等图传于世。""高文进,……工画佛道。……重修大相国寺,命文进仿高益旧本,画行廊变相,及太一宫、寿宁院、启圣院暨开宝塔下诸功德墙壁,率皆称旨。又敕令访求民间图画,继蒙恩奖。相国寺大殿后《擎塔天王》,如出墙壁,及殿西《降魔变相》,其迹并存。今画院学者咸宗之,然曾未得其仿佛耳。""王道真,蜀郡新繁人,工画佛道人物,兼长屋木。太宗朝用高文进荐引,授图画院祗候。尝被旨画相国寺并玉清昭应宫壁。今相国寺殿东画《给孤独长者买祇陀太子园因缘》并殿西画《志公变》《十二面观音像》,其迹并存。""李用及、李象坤,并工画佛道人物,尤精鬼神。尝与高文进、王道真同画相国寺壁,并为良手。殿东画《牢度叉斗圣变相》,其迹见存。""高怀节,文进长子,太宗朝为翰林待诏。颇有父风,尝与其父同画相国寺壁。兼长屋木,为人称爱也。""李元济,太原人,工画佛道人物。……熙宁中,召画相国寺壁,命官较定众手。时元济艺与崔白为劲敌,议者以元济学遵师法,不妄落笔,遂推之为第一。其间佛铺,多是元济之笔也。""王易,鄜州人,亦工佛道人物,学邻元济。时同画相国寺壁,画毕,各归乡里,都人称伏之。""陈坦,晋阳人,工画佛道人物。都下奉先、普安二佛刹,尤多功德墙壁。相国寺北廊高僧,乃坦所画。"宋人郭若虚《图画见闻志》:"王端,字子正……工画山水。专学关仝,得其要者,惟刘永与端耳。相国寺净土院旧有画壁,惜乎主僧不鉴,遂至杇墁。""崔白,字子西,濠梁人。工画花竹翎毛,体制清赡,作用疏通。虽以败荷凫雁得名,然于佛道鬼神、山林人兽,无不精绝。……相国寺廊之东壁,有《炽盛光》《十一曜》、坐神等。廊之西壁有佛一铺,圆光透彻,笔势欲动。"国朝,本朝。笔迹,指书画作品,亦指书画的真迹。

② 炽盛光佛降九曜:相国寺左壁所绘炽盛光佛降九曜,起初为画家高益奉太宗之命绘制,英宗治平年间(1064—1089)毁于汴河水患。神宗时期,寺壁重修,又召集当时名手崔白等人,用此前内府所藏副本小样,重新临仿,且画出了新意。炽盛光佛,即炽盛光如来,又称"金轮佛顶""摄一切佛顶轮王"。依密教相传,此尊系释尊为教化众生所现的忿怒相,佛身毛孔放出炽盛之光明,故名"炽盛光如来"。九曜,梵历中的九星,指日、月、五星(金、木、水、火、土)以及印度占星术中的罗睺、计都。梵历以九星配日,而定其日之吉凶。《佛说炽盛光大威德消灾吉祥陀罗尼经》中说:"尔时释迦牟尼佛住净居天宫,告文殊师利菩萨摩诃萨及诸四众八部,游空大天九执、七曜、十二宫、二十八星、日月诸宿,我昔于过去娑罗树王佛所,受此大威德金轮佛顶炽盛光如来,消除一切灾难陀罗尼法,于未来世中,若有国界,日、月、五星、罗睺、计都、彗孛、妖怪、恶星,照临所属本命官宿及诸星位……应于清净处,置立道场,志心持是陀罗尼经。……一切灾难自然消灭,不能为害。"山西应县木塔内出土的雕版印刷《炽盛光九曜图》所表现的内容,可作为想象北宋东京大相国寺壁画的参考。

③ 鬼百戏:应系道教故事,属于锺馗主题画之一。宋人李廌《德隅斋画品・玉皇朝会图》:"(石)恪性不羁,滑稽玩世,故画笔豪放,出入绳检之外而不失其奇。……尝见恪所作《鬼百戏图》,锺馗夫妇

对案置酒，供张果肴，及执事左右，皆述其情态。前有大小鬼数十，合乐呈伎俩，曲尽其妙。"本书卷七"驾登宝津楼诸军呈百戏"条中，则细致描写了以锺馗为主角的鬼百戏，可参考。

④ 鬼子母揭盂：习见说法为"鬼子母揭钵"（盂，盛液体的敞口器具；钵，泛指僧人所用的食器）。鬼子母，又称为"欢喜母""暴恶母"或"爱子母"，梵文 Hariti 音译"诃利帝"。原为婆罗门教中的恶神，护法二十诸天之一，专吃人间小孩，被称为"母夜叉"。经佛法教化后，成为专司护持儿童的护法神。"鬼子母揭钵"展现的正是吃人药叉诃利帝皈依佛教的情节：在诃利帝大肆吃人、众人对其祭拜无果的情况下，佛以其人之道还治其人之身，为了让其体会失子之痛，用法力无边的钵盂将其最小的儿子罩住，将钵盂变得大而透明，使鬼子母可以看到却得不到孩子。鬼子母率领诸鬼奋力揭钵，虽然倾尽全力，却在佛钵前无计可施。鬼子母信仰自西晋传入中国后，由于故事富于戏剧性和生动性，对大众具有独特的吸引力，成为绘画、戏曲、小说的题材，在流传过程中，佛教色彩淡化，娱乐色彩越来越深厚。孟元老对东京大相国寺佛降鬼子母揭盂壁画的记载，是有关"揭钵"画的最早记录，可惜未对壁画内容进行描写。明人徐树丕《识小录》收录了明代中后期人冯时可（字元成）的《揭钵图诗》，吟咏的据说是北宋著名画家李公麟所绘手卷本，诗中为我们提供了较早的揭钵画场面："魔氛盛东方，鬼母生鬼子。一产五百徒，宾伽罗最异：八臂三其目，虎爪兼狼齿。阴兵恣凭陵，攫人殨脑髓。残害且无算，世尊为悯只。弘慈发神威，妙力胜角掎。妖子收钵中，不窜如玄蚁。魔众驾天来，海决山驱徙。火云吐玄焰，木石攒锋矢。万钲警毒龙，千鞭走狂兕。大智静恬然，楠檀高百雉。强弩变莲花，巨驳变玉蕊。巍锋幻云霞，惊波改清沚。猛兽为驺虞，波臣如女婢。日朗惠风和，太虚净无滓。"据统计，目前全世界收藏的"揭钵"图像有三十多幅。

⑤供献乐部、马队之类：北宋初年高益善画蕃马，贵传马之风神气
势，大相国寺殿庭供献乐部、马队之类，当与高益有关。然而此处
的"乐部、马队"，具体情况不详。供献，供奉，奉献。乐部，古代
泛指歌舞戏曲演出单位。马队，应指马队鼓吹。

⑥朵廊：大殿两旁的走廊。壁隐：应指塑壁，是将山海云石悬塑于壁，
人物等形象高下错落、散置其间的雕塑形式，亦称"影壁""悬塑"
或"海山"，常制作于庙宇、寺院的殿座、楼阁的内部壁面。相传为
唐代艺术家杨惠之所创，后又有北宋画家郭熙，受惠之塑壁启发，
以手堆泥于壁，使成凹凸之状，待干后，随其形迹，用墨晕成山峦
林壑，称为"影壁"。宋人邓椿《画继》："旧说杨惠之与吴道子同
师，道子学成，惠之耻与齐名，转而为塑，皆为天下第一。故中原
多惠之塑山水壁。郭熙见之，又出新意，遂令巧者不用泥掌，止以
手抢泥于壁，或凹或凸，俱所不问。干，则以墨随其形迹，晕成峰
峦林壑，加之楼阁人物之属，宛然天成，一谓之'影壁'。"杨惠之、
郭熙所制塑壁或影壁实为泥塑浮雕，与建筑中依附墙壁垒砌假山
的技法有相通之处，北宋徽宗崇宁二年（1103）刊行的《营造法
式》一书，"泥作料例"中即有"壁隐假山"一项，孟元老使用"壁隐"
一词，应与此有关。

⑦楼殿：高大的宫殿。

【译文】

大殿两边的走廊都是本朝名家的手迹：左面的墙壁上，画着炽盛光
佛降九曜图、鬼百戏图，右面墙壁上，画着佛降鬼子母揭盂图，大殿的庭
院中陈列的乐队、马队之类。大殿两侧的走廊都是壁隐浮雕，高大的宫
殿和人物，无一不是精致巧妙。

寺东门街巷

【题解】

　　本条250字,标题虽为"寺东门街巷",实际上是以相国寺为立足点,介绍相国寺与景灵东宫以东的街巷情况。

　　首先介绍相国寺东门大街的情况,那一带多为出售各类服饰用品的店铺。结合前一条"相国寺内万姓交易"中"两廊皆诸寺师姑卖绣作,领抹、花朵、珠翠、头面、生色销金花样幞头、帽子、特髻、冠子、绦线之类"及本条"绣巷,皆师姑绣作居住"等信息,可以推想这一行业集中于相国寺附近的原因。此外,还有经营素食的丁家茶店,体现出寺院周边饮食的特色;有很多南食店,因为北宋时期很多南方人来到京城做"北漂",尤其是北宋时期的科举考试,呈现严重的南北不平衡局面,考中进士者,南方籍士子占到九成以上,大批士子长期滞留京城待考,相国寺以南,正是南方士子集中落脚的地方之一。这一带也是妓馆集中之地,与汴河南岸街区相似。

　　然后介绍相国寺北面的情况。相国寺北面,正是景灵东宫的东门前,这一带也是药铺集中之地,尤其是宋家生药铺,墙壁上满是五代宋初传奇画家李成所画山水。再向北去,即与卷二"东角楼街巷"所介绍的街区相衔接。

　　最后介绍景灵宫东门大街向东、直到太庙一带的情况:有由皇家寺院乾明寺改建而成的五寺三监以及车辂院等政府机构,有著名客店和酒楼,有北宋名门望族"桐树子韩家"的住宅,还有北宋高官被罢免后待罪反省的观音院,蔡京罢相后也曾羁押于此。

　　寺东门大街,皆是幞头、腰带①、书籍、冠朵铺席②,丁家素茶③。寺南即录事巷④,妓馆;绣巷,皆师姑绣作居住。北即小甜水巷⑤,巷内南食店甚盛⑥,妓馆亦多。向北,李庆糟姜铺⑦。直北,出景灵宫东门前⑧。又向北曲东,税务街⑨、高头街、姜行后巷,乃脂皮画曲妓馆。南、北讲堂巷⑩,孙殿丞药铺⑪、靴店。出界身北巷,巷口宋家生药铺⑫,铺中两壁,皆李成所画山水⑬。

【注释】

①腰带:衣带。古代服饰不用纽扣而是由绳带来固定,因此腰带成为服饰必不可少的部分,是服饰美的构成要素。在礼制社会,腰带是区分等级地位的重要标志,具有重要作用和独特魅力。宋人蔡絛《铁围山丛谈》:"太宗时得巧匠,因亲督视于紫云楼下,造金带,得三十条,匠者为之神耗而死。于是独以一赐曹武穆彬,其一太宗自御,其后随入熙陵,而曹氏所赐带,则莫知何往也。余二十八条,命贮之库,号'镇库带'焉。……其金紫磨也,光艳溢目,异常金。又其文作醉拂林状,拂林人皆笑起,长不及寸,眉目宛若生动,虽吴道子画所弗及。若其华纹,则有六七级,层层为之,镂篆之精,其微细之象,殆入于鬼神而不可名。"

②冠朵:插于冠上的装饰物。五代人马缟《中华古今注·冠子朵子扇子》:"冠子者,秦始皇之制也,令三妃、九嫔当暑戴芙蓉冠子,以碧罗为之,插五色通草苏朵子,披浅黄藂罗衫,把云母小扇子,

靸蹲凤头履,以侍从。"清人方以智《通雅·衣服》:"朵子,首饰也。《古今注》言冠子起于始皇,今妃嫔戴芙蓉冠,插五色通草苏朵子,即华镊钿钗之类也。"

③素茶:卖素食品的饮食店。本书卷四"食店"条中说:"大凡食店,大者谓之'分茶'。……及有素分茶,如寺院斋食也。"

④寺南即录事巷:李合群谓"寺南"应为"寺东",认为相国寺南即为临汴河大街,不可能再有街巷,并引史料为证:北宋邹浩《冯贯道传》:"贯道寿春人,举进士不偶,弃去,游京师,居相国寺东录事巷,以训童子为业,二十余年如一日。"录事,指妓女。录事巷向为妓馆集中之地。南宋陆游《老学庵笔记》:"苏叔党(按,即苏过)政和中至东都,见妓称'录事',太息,语廉宣仲(按,即廉布)曰:'今世一切变古,唐以来旧语尽废。此犹存唐旧,为可喜。'前辈谓妓曰'酒纠',盖谓'录事'也。相蓝(按,即大相国寺)之东有录事巷,传以为朱梁时名妓崔小红所居。"

⑤小甜水巷:宋人楼钥《北行日录》:"入旧宋门(旧曰'丽景',今曰'宾曜')。亦列三门,由北门入,尤壮丽华好。门外有庙,曰'灵护'。两门里之左右皆有阙亭,门之南即汴河也,故街南无巷。街北即甜水巷。"

⑥南食店:主营南方风味饭菜的店铺。南食,用南方烹饪方法做成的饭菜。南宋吴自牧《梦粱录·面食店》:"向者汴京开南食面店、川饭分茶,以备江南往来士夫,谓其不便北食故耳。"宋人朱彧《萍洲可谈》:"大率南食多盐,北食多酸,四夷及村落人食甘,中州及城市人食淡,五味中唯苦不可食。"宋人蔡绦《铁围山丛谈》:"开宝末,吴越王钱俶始来朝。垂至,太祖谓大官:'钱王,浙人也。来朝宿共帐内殿矣,宜创作南食一二,以燕衍之。'于是大官仓卒被命,一夕取羊为醢以献焉,因号'旋鲊'。至今大宴首荐是味,为本朝故事。"

⑦糟姜:姜的一种特殊做法。南宋浦江吴氏《吴氏中馈录·糟姜方》:

"姜一斤,糟一斤,盐五两,拣社日前可糟。不要见水,不可损了姜皮,用干布擦去泥,晒半干后,糟盐拌之,入瓮。"据南宋范成大所编《吴郡志》中的"土贡"条,糟姜曾与柑橘、咸酸果子、海味等一起作为土特产进贡朝廷。食用糟姜,古已有之,宋代尤其流行,诗文之中屡有表现。比如北宋诗人梅尧臣曾经写诗答谢刘敞送他糟姜:"名国万家城,千畦等封侯。劚当燕去前,腌牙费糟丘。无筋燕王笑,有味三闾羞。寄入翰林席,圣以不撤忧。又寄蓬门下,作赋谁肯休。唯我广文舍,免为齑盐仇。刘公汉家裔,才学歆向俦。胸怀饱经史,辨论出九州。曾不奉权贵,但与故人投。"(《答刘原甫寄糟姜》)

⑧景灵宫:北宋东京大内宣德楼前,有景灵东宫和景灵西宫,用以安放北宋历代帝后画像。此指景灵东宫。

⑨税务:官署名。

⑩讲堂:儒师讲学的堂舍。宋人魏泰《东轩笔录》:"旧传东京相国寺,……寺基旧极大,包数坊之地,今南北讲堂巷即寺之讲院,戒身巷即寺之戒坛也。"宋僧文莹《湘山野录》:"潘逍遥阆有诗名,所交游者,皆一时豪杰。卢相多逊欲立秦邸,潘预其谋。混迹于讲堂巷,开药肆,刘少逸、鲍少孤二人者为药童。唐巾韦带,气貌爽秀。"

⑪孙殿丞:或为孙兆,北宋医家,河阳(今河南孟州)人。其父为尚药奉御孙用和,其弟孙奇,皆为当时名医。进士出身,曾作过尚药奉御丞,官至殿中丞。著有《伤寒方》《伤寒脉诀》,修订林亿、高保衡等校补的《黄帝内经素问》,名为《重广补注黄帝内经素问》。北宋董汲《脚气治法总要》:"嘉祐二年正月二十六日,殿直郭中立来求孙殿丞兆诊脉。久患脚气疼痛,身发寒热,胀满气上,服热药及甚。兆与九味延年茯苓饮子,以下其气,每用六物麻仁丸,以泄其热。后又上气呕逆烦热,遂令服局方紫雪,大效。"这些"国医"

或为退休御医,或因医而得到朝廷封赠官衔。

⑫生药铺:药材店。生药,简单加工而未精制的药物。亦指天然药材。
与"熟药"相对。

⑬李成(919—967):字咸熙,五代至北宋初年著名画家。先世系
李唐宗室,祖父李鼎于五代时避乱,迁居营丘(今山东临淄,一说
山东昌乐),家世中衰,李成父、祖皆以儒学、吏事为生。《宣和画
谱》说李成博学多才,"磊落有大志,因才命不偶,遂放意于诗酒
之间",并以画自娱。晚年游历江湖之间,病逝于陈州(今河南淮
阳)客舍。擅山水,多画郊野平远旷阔之景,在北宋人心目中,李
成的山水画成就无与伦比,《宣和画谱》说"于时凡称山水者,必
以成为古今第一",即使是最喜欢标新立异、讥评褒贬之人,对李
成也是"无不敛衽以推之"。时人甚至不称其名,而以寓居之地尊
称其为"李营丘"。李成抱定"学不为人,自娱而已"的创作态度,
虽然"王公贵戚皆驰书致币,恳请者不绝于道",李成一概不予理
睬,所以世人难得其画作。据南宋百岁寓翁《枫窗小牍》:"名画
李成以山水供奉禁中,然以子姓饶资,为宫市珠玉大商,不易为人
落笔。惟性嗜香药名酒,人亦不知。独相国寺东宋药家,最与相善,
每往,醉必累日,不特楮素挥洒,盈满箱箧,即铺门两壁,亦为淋漓
泼染。识者谓壁画家入神妙,惜在白垩上耳。"

【译文】

相国寺东门大街,都是卖幞头、腰带、书籍、冠朵首饰的店铺,有丁
家素茶店。相国寺东面就是录事巷,有妓馆;绣巷,全是做刺绣的尼姑居
住之所。北面就是小甜水巷,巷内专售南方饭菜的店铺很多,妓馆也多。
向北,有李庆糟姜铺。从相国寺一直向北,可达景灵东宫的东门之前。
再向北折向东,是税务街、高头街、姜行后巷,是脂皮画曲妓馆。南、北讲
堂巷,有孙殿丞药铺、靴店。出了界身北巷,巷口是宋家生药铺,店铺中
两边的墙上,都是李成所画的山水画。

　　自景灵宫东门大街向东,街北旧乾明寺①,沿火,改作五寺三监②。以东,向南曰第三条甜水巷。以东,熙熙楼客店③,都下着数④。以东,街南高阳正店,向北入马行。向东,街北曰车辂院,南曰第二甜水巷。以东,审计院⑤。以东,桐树子韩家⑥,直抵太庙前门。南往观音院⑦,乃第一条甜水巷也。太庙北入榆林巷,通曹门大街,不能遍数也。

【注释】

①乾明寺:原名“报先寺”,太平兴国二年(977)八月以太宗生日乾明节而改名,并重新修葺。真宗景德四年(1004)十月,秦国长公主言:先于乾明寺署无量寿院,令家人披剃焚修,“缘院宇窄隘,请于步廊十二闲益之,仍令掌寺东门事”(《续资治通鉴长编·真宗景德四年》),真宗不许。徽宗政和年间(1111—1118)改为五寺三监,新寺改至曹门和宋门之间的安业坊。

②沿火,改作五寺三监:因为火灾,改为五寺三监。沿火,缘火,因火。五寺三监,宋初卿寺未全设,神宗熙宁以后,始有“五寺三监”之称,然不常设,且多兼任。北宋时“五寺三监”之设,不能悉数。据《西湖老人繁胜录》,南宋时,以太常寺、太府寺、司农寺、大理寺、宗正寺、将作监、军器监、国子监次于六部之后,以当五寺三监。按,事实上乾明寺改作五寺三监,与北宋末年崇道毁寺有关。据南宋洪迈《夷坚志·杨戬毁寺》载:“崇宁以来,既隆道教,故京城佛寺多废毁。先以崇夏寺地为殿中省,政和中,又以乾明寺为五寺三监。杨戬又议取太平兴国寺,改为邸店及民舍,以收僦直。初拆正殿,瘗佛象于殿基之下,至于支体破裂。已而戬病,亦胸腹溃析而死。时中贵复有欲毁启圣院者,坐是乃止。”

③熙熙楼客店:得名于西汉司马迁《史记·货殖列传》中“天下熙熙,

皆为利来；天下攘攘，皆为利往"之语。熙熙，热闹的样子。

④都下：京城。着数：数一数二，屈指可数。

⑤审计院：审计院是南宋审计机构的专称，其前身是北宋熙宁变法中成立的三司（盐铁司、度支司、户部司）之下的三司马步军专勾司，是分掌军队给受之数的机构。据《宋史·职官志二》记载，专勾司设立之初，审计范围较小，主要负责审计军队俸禄、出纳账计。元丰改制后，其职权有所扩大，且分为诸军专勾司和诸司专勾司，独立于财计部门之外，成为太府寺所属机构。南宋建炎元年（1127）五月，为避宋高宗赵构名讳，将诸军、诸司专勾司改为审计司。孟元老此书写于南宋高宗绍兴十七年（1147），虽然回忆的是北宋时期的专勾司，亦因避讳而改用"审计院"之名。

⑥桐树子韩家：北宋时期的名门望族。其家族从韩亿在真宗朝以科举入仕、身居宰执高位开始崛起。韩亿治家严饬，门下八子名盛一时，其三子韩绛（字子华）、五子韩维（字持国）亦先后于神宗、哲宗时期官至宰相，传为佳话。北宋时期，另有一位姓韩的名相，就是为相十载、辅佐三朝、被神宗誉为"两朝顾命定策元勋"的韩琦。当时人为了区别这两个著名的韩氏家族，将门前栽有梧桐树的韩亿家称为"桐木韩家"。南宋吴曾《能改斋漫录·桐木韩家》中说："韩子华兄弟皆为宰相，门有梧桐，京师人以'桐木韩家'呼之，以别魏公（按，即韩琦）也。子华下世，陆农师为作挽章云：'棠棣行中排宰相，梧桐名上识韩家。'皆纪其实也。子华，其家呼为三相公，持国为五相公。"后世亦将祖籍真定灵寿（今河北灵寿）的韩亿一支，称为"灵寿韩氏"或"真定韩氏"；将祖籍相州安阳（今河南安阳）的韩琦一支，称为"相州韩氏"。

⑦观音院：即本卷"大内前州桥东街巷"中提及的四圣观，亦称"四圣观音院"。在北宋东京旧宋门内的街道以北、太庙南门前。原是佛教供奉观音菩萨的寺院，后来成为朝廷官员被罢官之后待罪

反省的地方。宋人王明清《挥麈后录》："观音院，盖承平时执政丐外待罪之地也。"宋人杨仲良《皇宋通鉴长编纪事本末·邹浩贬逐》中有"知枢密院蒋之奇言：'近上札子，为元符二年内送简子与邹浩，见般出观音院待罪，乞重行黜责'"的记载。宋人吴憕《高斋漫录》："蔡京崇宁中以星文罢相，般出观音院待罪。客有过之者，京泣曰：'京若负国，即教三子都没前程。'好事者戏云：'两行珠泪下，三个凤毛灾。'"

【译文】

自景灵宫东门大街向东去，街道北面，从前是乾明寺，因为火灾，改作五寺三监。再往东去，向南的街巷名叫第三条甜水巷。再往东去，是熙熙楼客店，在京城中屈指可数。再往东去，街道南面是高阳正店，向北进入马行街。再往东去，街道北面是车辂院，街道南面是第二条甜水巷。再往东去，是审计院。再往东去，是桐树子韩家，一直抵达太庙前门。朝南，通往观音院，就是第一条甜水巷。从太庙向北进入榆林巷，通往曹门大街，街上所有不能一一详细记述。

上清宫

【题解】

本条210余字，虽以"上清宫"为名，却并非对上清宫做专题介绍，而是集中记录北宋东京城中的庙宇宫观，凡二十处。其中包括寺院十四处，分别是观音院、景德寺、开宝寺、天清寺、兴德院、长生宫、显宁寺、婆台寺、兜率寺、地踊佛寺、十方静因院、报恩寺、浴室院、福田院；道观六处，分别是上清宫、醴泉观、太和宫、洞元观、瑶华宫、万寿观。其中福田院是宋代官办慈善机构，为身有重疾、孤苦伶仃、流离失所者提供救助，政府拨款并派官巡视指导，由寺院僧人主持具体事务。福田院的设置始于唐代，一直延续到北宋末年。靖康之难中，金人扣留钦宗与亲王、大臣，向宋廷索要金银，史书记载有福田院贫民亦纳金二两、银七两。

孟元老除了记载寺观名称与方位，还提供了一些信息，比如景德寺前面有名为"桃花洞"的妓馆、太和宫和洞元观住的是女道士。实际上，瑶华宫也是具有宫廷背景的道观，很可能专门用于安置因罪入道的皇家女犯，北宋多位被废黜的皇后、嫔妃曾经囚禁于此。宋哲宗的废后孟氏即在此居住多年，并因此而在靖康之难中侥幸躲过金人俘虏。金兵北返后，她被伪帝张邦昌迎入宫中，以太后身份垂帘听政，稳定并凝聚了京城以及全国的军心民心，迎立康王赵构即位，成为最后支撑北宋皇权之人。

上清宫^①，在新宋门里街北。以西，茆山下院^②。

【注释】

①上清宫：祭祀大罗灵宝天的道观，为宋太宗所建，耗资巨大，历经
　八年而成。太宗曾御书题额，以金填字，风光一时。仁宗庆历三
　年（1043）毁于火灾。神宗、哲宗时均曾修复。南宋王应麟《玉
　海·至道上清宫》："上清宫，在朝阳门内。端拱元年二月，太宗
　取晋邸太祖所赐金帛建宫，为民祈福，命杨继宏主其役。至道元
　年正月丙辰，宫成，总千二百四十二区，御书额金填字赐之。车驾
　临幸。咸平五年二月二十三日至天禧三年四月七日，凡十二临幸。
　庆历三年十一月丙寅，火。元丰二年二月，始命道士王太初居宫
　之故地，稍修复祠宇。日者言宫之所在，为国家子孙之祥，乃赐名
　'上清储祥'，刻玉印赐太初。元祐四年春，宣仁后重建，六年秋成。
　为大殿三、小殿九、钟经楼二、石坛一。建斋殿于东，筑道馆于西，
　凡七百余间。（六月，诏苏轼撰碑铭曰'作宫千柱，人初不知'）。
　八月，名门曰'景霄'，殿曰'紫极''蕃釐'。九月十九日幸。"北
　宋著名史学家范祖禹有《和吕原晨上清宫落成》诗："炎历储祥亿
　万年，宫成四海共熙然。玉虚真境朝群帝，金阙泠风下列仙。初
　日翠华来照耀，半天碧瓦欲飞骞。已瞻圣孝勤三殿，更写欢声入
　五弦。"上清，道家所称的"三清"境之一。宋人张君房《云笈七
　签·道教三洞宗元》："三清境者，玉清、上清、太清是也。亦名'三
　天'。其三天者，清微天、禹馀天、大赤天是也……灵宝君治在上
　清境，即禹馀天也。"
②茆（máo）山下院：道观名。茆，同"茅"。茅山，原名"句曲山"，道
　教将其列为十大洞天中的第八洞天，名"华阳洞天"，是七十二福
　地中的第一福地。相传西汉景帝时，有茅盈、茅固、茅衷三兄弟在
　此修炼，并为民治病，后于此山得道成仙。后人为纪念他们，遂将

　　句曲山改称"三茅山"，简称"茅山"。

【译文】

上清宫，在新宋门里面街的北面。往西是茆山下院。

醴泉观①，在东水门里②。

【注释】

①醴泉观：旧名"祥源观"，天禧二年（1018）闰四月，奏称皇城拱圣营西南的真武祠侧出"灵泉"，病者饮之多愈，真宗即命于其地建观。仁宗至和元年（1055）发生火灾，重修新观，易名"醴泉观"。宋人高承《事物纪原·醴泉观》："《东京记》曰：本拱圣营，天禧元年，营卒有见龟蛇者，军士因建真武堂。二年闰四月，泉涌堂侧，汲不竭，民疾疫者饮之多愈。乃诏就其地建观。十月，观成，名'祥源'。"南宋王应麟《玉海·天禧祥源观至和醴泉观》："天禧二年戊午闰四月丁未，有泉涌于拱圣营真武庙。甲寅，即其地建祥源观。八月一日幸，十月辛卯成。凡三殿：北崇真，东圣藻，西灵渊，总六百十三区。至和元年四月辛丑火，重修，二年十二月壬子成，名曰'醴泉'，殿更名为'感通宁圣''涵清灵游''鸿佑崇贶'。元祐元年三月十四日，改慈寿殿为'寿辉殿'"。《宋史·王素列传》记载了谏官王素敦促仁宗赴京郊祈雨，而不要偷懒只去醴泉观之事："京师旱，素请帝祷于郊。帝曰：'太史言月二日当雨，今将以旦日出祷。'素曰：'臣非太史，然度是日必不雨。'帝问故，曰：'陛下知其且雨而祷之，应天不以诚，故臣知不雨。'帝曰：'然则明日诣醴泉观。'素曰：'醴泉之近，犹外朝耳，岂惮暑，不远出邪？'帝悚然。"北宋人多言此观神异之事，蔡絛《铁围山丛谈》记载了真武大帝显圣异事：政和六年（1116），"汴渠运舟火，因顺流直下犯通津门者（号东水门也）。通津既焚，而火势猛甚，旁接□观。其

日，真武见于云间，神吏左右俨然，万众皆睹。"按，"旁接□观"，或作"旁接宫观"，即指醴泉观无疑。王安石《醴泉观》诗中也说："邂逅相随一日闲，或缘香火共灵山。夕阳兴罢黄尘陌，直似蓬莱堕世间。"据《靖康要录》记载，靖康元年（1126）金人再围开封，陈州门与通津门相继失守，金兵入城，"先焚通津门，宦者黄经臣望阙再拜，大恸，跃入火中死。守御尽散，惟田灏死之。……贼入醴泉观，众止数百人，我众望之奔溃，无敢与之敌者"，驻防在醴泉观中的大批宋军竟不战而逃。

②东水门：汴河下水门，汴河流出东京外城东墙所经过的水门。

【译文】

醴泉观，在汴河东水门里面。

观音院，在旧宋门后，太庙南门。

【译文】

观音院，在旧宋门后面，太庙南门外。

景德寺①，在上清宫背②。寺前有桃花洞③，皆妓馆。

【注释】

①景德寺：在相国寺东面，相传亦为本寺禅院。在旧宋门（丽景门）外以东，上清宫北面。明人李濂《汴京遗迹志·寺观》："景德寺，在丽景门外迤东。周世宗显德五年，以相国寺僧多居隘，诏就寺之蔬圃，别建下院以处之，俗称"东相国寺"。显德六年赐额'天寿寺'。宋真宗景德二年，改名'景德寺'。寺后有定光释迦舍利砖塔，累经兵燹河患，今为平地。"景德寺还一度是科举考试"别头试"（亦称"别试"）的考场，专门用于考试本科知举官及科考相关人员的

子弟和亲属，据北宋人庞元英于神宗元丰年间（1078—1085）所著
《文昌杂录》记载："开宝寺试国学进士，景德寺又为别试所。"也用
作开封府发解试的考场，嘉祐元年（1056）八月，苏轼兄弟等人即
在此参加发解试。北宋王安石有《题景德寺试院壁》诗："屋东瓜
蔓已扶疏，小石蓝花破萼初。从此到寒能几日，风沙还见一年除。"
景德寺亦有房屋出租，多有举子租住于此。北宋王得臣《麈史·贤
德》："余少时，同伯氏从学于里人郑毅夫（按，即郑獬），假馆京师景
德寺之白土院。皇祐壬辰，是岁秋试，郑与予兄弟皆举国学进士，
时已差考试官矣。一日，院僧德珍者言：'昨梦院内南忽有池，水中
一龙跃而起，与空中龙斗，池龙胜而归。'其时旁院书生有曰：'某
当作状元。'毅夫微笑曰：'状元当出此院。'于是伯氏书僧梦与日
月在于寝室门，时八月也。明年癸巳春殿，郑公果状元。予自东华
门迓郑归白土院，坐定，僧乃取所记梦帖子，曰：'果验矣。'"

②在上清宫背：意思是景德寺与上清宫相隔以东京内城的东墙。背，
　事物的后面或反面。

③桃花洞：应系借用刘晨、阮肇入天台山桃花洞遇仙女的传说。据
　西晋干宝《搜神记》、南朝刘义庆《幽明录》等书记载，东汉明帝永
　平年间（58—75），会稽郡剡县刘晨、阮肇共入天台山采药，遇到
　两位丽质仙女，被邀至家中，并招为婿。后世文人逐渐舍弃传说
　中"山中方一日，世上已千年"的哲学思想，将其衍化为男女艳情
　和妓女生活的隐喻。比如五代和凝《天仙子》词："翠娥双敛正含
　情，桃花洞，瑶台梦，一片春愁谁与共？"

【译文】

景德寺，在上清宫的背后。寺前有桃花洞，里面都是妓馆。

　　开宝寺①，在旧封丘门外斜街子。内有二十四院②，惟
仁王院最盛③。

【注释】

①开宝寺：北宋东京四大寺之一。旧名"独居寺"，建于北齐天保十
年(559)。开元十七年(729)，唐玄宗东封泰山归来，途经汴州作
短暂休息时，改名"封禅寺"。太祖开宝三年(970)三月，以年号
命名为"开宝寺"。开宝寺作为京都最大的寺院之一，和大相国寺
分辖东京各寺院僧侣；北宋政府还借用开宝寺作为科举考试的考
场，太平兴国二年(977)正月八日，太宗还曾在寺中宴请新科进
士，并赐御制诗二首以示恩宠。神宗元丰八年(1085)以开宝寺
为礼部贡院时，发生火灾，四十余人丧生，所有试卷与考生资料悉
数焚毁。开宝寺曾先后建造过两个重要的梵塔，在历史上颇负盛
名：其一为端拱二年(989)喻浩所建木塔，该塔于仁宗庆历四年
(1044)毁于雷火；其二为仁宗皇祐元年(1049)在原塔址处所建
琉璃砖塔。太宗太平兴国七年(982)，为供奉佛舍利，由当时最
优秀的建筑大师喻浩主持修建木塔，历时八年，耗资数万，至端拱
二年(989)八月方始完工。木塔为八角十三层，高三百六十尺。
所供奉的佛舍利，从印度传入中国后，最初保存在杭州，吴越王钱
俶归顺宋朝后，太宗派人将其取回东京。由于木塔建于开宝寺的
东院福胜院内，故称"福胜塔"。宋真宗时，因塔顶相轮放光，复被
命名为"灵感塔"。此塔在京师诸塔中最高，制度甚精，喻浩为之
费尽心力。据北宋杨亿《杨文公谈苑》记载："初造塔，得浙东匠
人喻浩。浩不食荤茹，性绝巧，先作塔式以献。每建一级，外设帷
帘，但闻椎凿之声，凡一月而一级成。其有梁柱龃龉未安者，浩周
旋视之，持捶撞击数十，即皆牢整，自云此可七百年无倾动。人或
问其北面稍高，浩曰：'京城多北风，而此数十步乃五丈河，润气津
浃，经一百年则北隅微垫，而塔正矣。'塔成，而浩求度为僧，数月
死，世颇疑其异。"这座木塔于庆历四年(1044)遭雷火而被焚毁，
皇祐元年(1049)仁宗下诏重建，将塔址从东院福胜院移至西院

上方院内。塔名仍称"灵感塔",亦称"上方寺塔";又因塔的外表全部以褐色琉璃砖瓦镶嵌,远看近似铁色,故而俗称"铁塔"。北宋王珪《从驾至开宝寺庆寿崇因阁,依韵和吴相公》诗中说:"崇因开宝构,金碧画相辉。禁跸随曦驭,层城转斗机。梵音狮子吼,妙相鸽王归。洛水浮神篆,天花满御衣。塔疑从地涌,栋拟入云飞。"刘敞《和持国登开宝寺上方院,寄孔宁极、崔象之、孙曼叔》诗则说:"重山抱城起,清川带野回。深严古佛寺,岹嶤耸高台。此地宜眺览,冠绝都城隈。远近见千里,令人心目开。"宋末,寺毁塔存,金人重修寺院,改名"光教寺",元代称"上方寺",明代改名"祐国寺",清代改名"大延寿甘露寺"。寺院和铁塔在以上各代均曾修葺,铁塔基本保留宋代风格,与天清寺繁塔,成为北宋东京保留在地面的坐标点。

②内有二十四院:由于北宋政府连年拨款扩建,开宝寺院规模宏阔,殿堂壮丽,斋舍完备,僧侣众多。内部划分为二百八十区,设有福胜、等觉、上方、永安等二十四院,

③仁王院:仁王,古印度佛教中的护法者,其形象在我国多见于唐宋时期,唐代王勃《益州德阳县善寂寺碑》中有句:"握仁王之宝镜,日月重光;驱梵帝之金轮,雷霆静谧。"仁王形象随佛教文化经我国传播朝鲜和日本等邻国,至今不衰。北宋时供奉仁王的寺院曾经盛极一时。除开宝寺仁王院,龙兴寺有仁王佛舍。名列"苏门六君子"之一的李廌有诗题为《廌寓龙兴仁王佛舍,德麟、公定、道辅、仲宝携酒肴纳凉联句十六韵》,"龙兴寺"即太平兴国寺。现北京大钟寺古钟博物馆藏有一口北宋熙宁十年(1077)仁王院款铜钟,为北宋仁王院的宗教用具。

【译文】

开宝寺,在旧封丘门外斜街子。寺内有二十四院,只有仁王院最为兴盛。

天清寺^①，在州北清晖桥。

【注释】

①天清寺：另有一座天清寺，在南墙陈州门里，为北宋东京四大寺之一，参见下文"婆台寺"。《旧五代史·世宗纪四》："（显德四年）冬十月丙辰，赐京城内新修四寺，额以天清、天寿、显静、显宁为名。"

【译文】

天清寺，在州城北面的清晖桥附近。

兴德院^①，在金水门外。

【注释】

①兴德院：又称"兴德禅院"。宋人王明清《挥麈录》："英宗以齐州防御使入继大统。治平二年，建齐州为兴德军。熙宁八年八月，诏潜邸为佛寺，以本镇封，赐名'兴德禅院'。仍给淤田三千顷。"

【译文】

兴德院，在金水门的外面。

长生宫^①，在鹿家巷^②。

【注释】

①长生宫：原为赵匡胤之父赵弘殷在汴梁的旧宅，太宗至道元年（995）建成洞真宫，徽宗崇宁元年（1102）改建为长生宫，祭祀荧惑，即火星。《宋史·太宗本纪二》："至道元年正月……以宣祖旧第作洞真宫成。"元人马端临《文献通考·郊社考十三》："徽宗崇宁元年，诏建长生宫于洞真宫旧址，以祠荧惑。"

②鹿家巷：在相国寺前。宋人廖刚《次韵侯思孺席间作》一诗的序

文中说："辛卯间,寓居相国寺前鹿家巷,与朱希参、黄敦言:'侯思孺同过乔通叔,小饮时,通叔得郡湖南。'"

【译文】

长生宫,在鹿家巷。

显宁寺,在炭场巷北①。

【注释】

①炭场巷:在大内西北,因近有炭场而得名。附近有藩衍宅,建于徽宗政和年间(1111—1118);郓王楷府邸,在景龙门外,即大内北。亦有文献作"炭坊巷"。南宋洪迈《夷坚志·金马驹》:"京师人郭自明太尉,以事太宗藩邸,恩至濮州刺史,赐宅于炭坊巷。"

【译文】

显宁寺,在炭场巷的北面。

婆台寺①,在陈州门里。

【注释】

①婆台寺:或作"繁(pó)台寺",又称"天清寺",北宋东京四大寺之一。后周世宗显德二年(955)始建,原在清远坊,以世宗生日天清节而命名。显德六年(959),徙于陈州门内的繁台。宋人王铚《默记》:"艺祖(按,指宋太祖赵匡胤)初自陈桥推戴入城,周恭帝(按,指柴荣之子宗训)即衣白襕,乘轿子,出居天清寺。天清,世宗节名,而寺,其功德院也。"天清寺在宋代扩建重修,很受重视,真宗、仁宗、英宗等常到寺内祈雨祭天,乞佛保佑。京城中文臣卿监、武官大将军、命妇郡夫人以上者亡故,皆在天清寺和开宝寺击钟示丧。寺内的兴慈塔(又名"天清寺塔",俗称"繁塔"),始建于

太祖开宝年间（969—976），至太宗淳化元年（990）以后方才竣工，为六角形空心楼阁式仿木结构砖塔，共九级，高二百四十尺（约合今76米）。在北宋末年的靖康之难中，天清寺是颇为引人注目的地方。靖康元年（1126）金人再围开封，钦宗和同知枢密院孙傅轻信自言能施道门"六甲法"布阵破敌的郭京，使其坐阵陈州门（宣化门），结果由此门破城，开封陷落。陈州附近的天清寺，此前就是郭京之流屯聚的地方。《靖康要录》中说："前此军头郭京者，妄称有李药师（按，指唐初名将李靖）术，募无赖辈数千，聚天清寺，号'六甲正兵'。初为成忠郎，寻迁武翼大夫。每以危急告之，京颔之而已。"南宋楼钥《北行日录》中说自己从新宋门进入东京城后，"城里亦凋残，街南有圣仓屋甚多。望见婆台寺塔，云城破之所"，即指此而言。按，对于寺名的不同写法：孟元老和楼钥均称天清寺为"婆台寺"，北宋时人更多写作"繁台寺"，比如田锡《代书呈苏易简学士，希宠和见寄，以便题之于郡斋》诗中说"都门柳色早春天，繁台寺中排祖筵"，宋僧文莹《湘山野录》记录著名诗人石曼卿对僧秘演所说"繁台寺阁虚爽可爱，久不一登"等。此寺所在的"台"，原是一个高出周围地面的土台子，长约百步，据说是西汉梁孝王古吹台遗址，以姓繁（pó）者居其侧而名，北宋王安石咏古诗《梁王吹台》即写其事："繁台繁姓人，埋灭为蒿蓬。况乃汉骄子，魂游谁肯逢。缅思当盛时，警跸在虚空。……空余一丘土，千载播悲风。"贺铸在《题天清寺安上人北轩》中也说："南城繁氏台，维昔孝王筑。歌吟寂无闻，万楹联佛屋。"他们无疑全都认为"繁台"与"繁姓人（繁氏）"有关。也有否定这一说法者，认为"婆台"是正确写法，理由则有不同：一种以清儒常茂徕为代表，他引《水经注》并加按语说："《水经注》梁王吹台，晋世丧乱，乞活凭居，削堕故基，遂成二层。上层犹方四五十步，高一丈余，世谓之'乞活台'，又谓之'婆台'。是以婆台之名，后魏已然矣。"认为"婆台"原为"乞活"（指西晋末年的流民集团），孟元老称天清寺为"婆台寺"，系沿用历史旧称。二为近年某些学者的观点，认为"婆"与休屠、佛图、浮图、勃陀等一样，为梵语Buddha（佛陀）的汉语音译；"婆台"即"上面建有佛寺之台"。在中古语音中，婆、繁二字同音，译音无定字，故而出现"婆台"和"繁台"的不同写法。

【译文】

婆台寺，在陈州门的里面。

兜率寺①，在红门道②。

【注释】

①兜率寺：旧名"旌孝院"，宋仁宗天圣元年（1025）改名"兜率"，金季兵毁。兜率，兜率天，梵文 Tuṣita 的音译。佛教谓天分许多层，第四层叫"兜率天"。它的内院是弥勒菩萨的净土，外院是天上众生所居之处。释尊成佛以前，在兜率天，从天降生人间成佛。未来成佛的弥勒，也住在兜率天，将来也从兜率天下降成佛。

②红门道：在旧封丘门（安远门）外西北方向。

【译文】

兜率寺，在红门道。

地踊佛寺①，在州西草场巷街南。

【注释】

①地踊佛寺：始建未详，元末兵毁。"踊"应作"涌"。地涌佛，帮助释尊说法、誓愿灭后弘教的本化菩萨。佛教经典《法华经》中有"从地涌出品"：释尊如来在说《法华经》时，"娑婆世界三千大千国

土，地皆震裂，而于其中，有无量千万亿菩萨摩诃萨同时涌出"，他们原受释迦教化、住在娑婆世界下，因从大地底下涌出，故称"地涌菩萨"。大众疑惑，不知此等恒河沙数菩萨为谁之弟子、从何处而来。弥勒代表听众提问，释尊说他们是自己成佛以来迄今为止所教化的弟子，且自己成佛并非仅有四十余年，而是在如五百尘点劫的久远的以前；不是因为今世修行而成佛陀，佛陀本身在百千万亿年前，就已经成佛。因此，"六万恒沙菩萨及其眷属从地涌出"，是释迦如来开显"久远实成"佛果的序曲。

【译文】

地踊佛寺，在州城西部草场巷街道以南。

十方静因院①，在州西油醋巷。

【注释】

①十方静因院：北宋东京的禅院。静应作"净"。元代僧人释觉岸《释氏稽古略》："汴京自周朝毁寺。太祖建隆间，复兴两街，止是南山律部慈恩贤首疏抄义学而已。……天台止观达摩禅宗未行也。……（皇祐中）内侍李允宁始施汴宅一区，创兴禅席，帝赐额曰'十方净因禅院'。"明人李濂《汴京遗迹志·祠庙庵院》："净因院在金梁桥西，汴河之南。"北宋有怀琏、道臻等高僧住持。苏轼有《净因院画记》，又名《文与可画墨竹枯石记》，其中有曰："与可之于竹石枯木，真可谓得其理者矣。……昔岁尝画两丛竹于净因之方丈，其后出守陵阳而西也，余与之偕别长老臻师，又画两竹梢、一枯木于其东斋。臻师方治四壁于法堂，而请于与可。与可既许之矣，故余并为记之。"苏辙有《游净因院寄琏禅师》诗，可见宋时文人与净因寺高僧的交往颇为频繁。宋人闻人儇《净因院建炎兵火独存纪事》："湖海浮学二十年，重来春色尚依然。杏花篱

落喷红雾,杨柳林塘护绿烟。草暖村人出游地,鸠鸣刺史劝农天。觉场独在三灾外,试问支郎第几禅。"可知此寺建炎后尚存。

【译文】

十方净因院,在州城西部的油醋巷。

浴室院①,在第三条甜水巷。

【注释】

①浴室院:北宋末年金兵攻宋,负责东京防御的尚书右丞李纲因坚决反对割地求和,被宋钦宗罢免后,曾被关在浴室院待罪。南宋徐梦莘《三朝北盟会编》引李纲《靖康传信录》:"初,太学生陈东与诸生千余人是日诣阙上书,明余及师道之无罪,不当罢。军民闻之,不期而集者数千万人,填塞驰道,街巷呼声震地。异登闻鼓于东华门,击碎之。……于是上遣中使,召余及师道入内对。……不得已,上马出浴室院,由宋门街抵驰道,趋东华门。军民山积,几不可进。"院中有高阁,当时文人多与寺僧往还。北宋刘攽《登浴室院阁》诗其一:"秋霁登临好,危栏百尺梯。层城斜照里,双阙五云西。杂树黄映绿,生烟高复低。章台少年子,走马锦障泥。"黄庭坚有诗《同谢公定携书浴室院,汶师置饭,作此》:"竹林风与日俱斜,细草犹开一两花。天上归来对书客,愧勤僧饭更煎茶。"

【译文】

浴室院,在第三条甜水巷。

福田院①,在旧曹门外。

【注释】

①福田院:宋代官办救助机构,以收助鳏寡孤独疾残和乞丐为主。

《宋史·食货志上六》:"京师旧置东、西福田院,以廪老疾孤穷丐者,其后给钱粟者才二十四人。英宗命增置南、北福田院,并东、西各广官舍,日廪三百人。……凡鳏、寡、孤、独、癃老、疾废、贫乏不能自存应居养者,以户绝屋居之;无,则居以官屋,以户绝财产充其费,不限月。依乞丐法给米豆;不足,则给以常平息钱。"福田院最初是唐代寺院创办的慈善组织,以收养孤独之人,当时又称"病坊""养病院""悲田院"等。北宋初年,继续沿用唐代旧例,在京城开封设置东、西福田院,主要赈济流落街头的年老之人,以及身有重疾、孤苦伶仃或贫穷潦倒的乞丐。福田院由僧人主持院内事务,政府定期派推判官、四厢使臣等官吏巡视指导其工作,统计入院人数,上报开支等。福田院的设置,一直延续到北宋末年。福田,佛教用语。佛教徒相信轮回报应,认为积德行善会使自己得到好的报应,而行善的具体体现之一就是救济穷人,这种施贫救苦当然会使"行者得福",就如种田会有收获一样。因此,凡有施贫救苦等善举者皆称"福田"。靖康二年(1127)东京陷落,金人将钦宗和亲王、宰执扣留在南郊青城斋宫,向宋朝索要金银。"初,帝约五日必还。至是民以金银未足,各竭其家所有献之。有福田院贫民,亦纳金二两、银七两。而金人来索不已,于是增侍郎官二十四员再根括,又分遣搜掘戚里、宗室、内侍、僧道、伎术、倡优之家。"(《续资治通鉴·宋纪九十七》)

【译文】

福田院,在旧曹门的外面。

报恩寺,在卸盐巷。

【译文】

报恩寺,在卸盐巷。

太和宫^①，女道士，在州西洪桥子大街。

【注释】

①太和宫：北宋孔平仲《谈苑》："真宗禁销金，自东封归，杜健仔者，昭
　宪太后之侄女也，迎驾服之，上怒，送太和宫出家，由此人莫敢犯。"

【译文】

太和宫是女道士观，在州城西部的洪桥子大街。

洞元观^①，女道士，在班楼北^②。

【注释】

①洞元观：又称"洞源观"。明人李濂《汴京遗迹志·寺观》："洞源
　观，在大梁门外大佛寺迤西。宋仁宗景祐二年，富平郡王姑施氏
　愿入道为女冠，乃以崔怀道私第八十间改为道观，赐名'洞源'。
　后毁于金兵。"

②班楼：北宋东京著名酒楼，"在京正店七十二户"之一，在州城西部。

【译文】

洞元观是女道士观，在班楼北面。

瑶华宫^①，在金水门外。

【注释】

①瑶华宫：原名"安和院"，原本并非道宫。仁宗郭皇后因罪入道，于
　景祐元年（1034）出居于此，改名"瑶华宫"，从此有了道宫的性
　质。次年冬天，郭皇后暴亡于此，疑被宦官阎文应下毒所致。绍
　圣三年（1096），哲宗孟皇后也因罪被废，出居瑶华宫。瑶华宫里
　除了郭、孟二位皇后，还有妃子，包括仁宗朝杨美人、神宗朝钱美

人，以及岐王的夫人崇国夫人冯氏等人。据学者考证，瑶华宫中的女道士，应该都是因罪入道，瑶华宫很可能就是专门安置因罪入道的皇家女犯人之所。靖康初（1126），瑶华宫火，被废的孟皇后迁至相国寺以南同为禁中女道士居住的延宁宫；又火，出居相国寺前的私第。南宋陆游《老学庵笔记》："本朝废后入道，谓之'教主'。郭后曰'金庭教主'，孟后曰'华阳教主'，其实乃一师号耳。政和后，群黄冠乃敢上道君尊号曰'教主'，不祥甚矣。孟后在瑶华宫，遂去教主之称，以避尊号。吁，可怪也！"南宋邹仲之《使燕日录》："次日，又往城西隅，看故瑶华宫，昔隆祐太后（按，即孟后）所居之宫，仅存一殿，相近琼林苑、金明池，苑余墙垣，池存废沼。"

【译文】

瑶华宫，在金水门的外面。

万寿观①，在旧酸枣门外，十王宫前②。

【注释】

①万寿观：由宋真宗耗费巨资修建的玉清昭应宫中的长生殿改建而成。玉清昭应宫位于内城北面的天波门外，东西三百一十步，南北四百三十步，始建于大中祥符二年（1009），耗时八年建成，共有二千多区，包含长生、崇寿殿及三千六百一十间房屋，宏大瑰丽，不可名似，时人将其比作秦之阿房宫、隋之洛阳西苑，金碧辉煌，空前绝代。南宋王应麟《玉海·万寿观》："万寿观，即宫之长生殿也。有延圣殿。至和二年正月丁卯，奉安真宗金像。景祐元年九月十六日，幸万寿观。至宝元、庆历，凡四幸。至和元年十二月，观文大学士晏殊提举万寿观。"宋人王林《燕翼诒谋录》："万寿观，本玉清昭应宫也。宫为火所焚，惟长生、崇寿殿存。殿有三

像,圣祖、真宗各用金五千两余,昊天玉皇上帝用银五千余两。仁宗天圣七年,诏玉清昭应官更不复修,以殿为万寿观。盖明肃太后尚有修营之意,宰臣犹带使领,至是始去之,示不复修营也。"

②十王宫:宋僧文莹《湘山野录》:"石守道介康定中主盟上庠,酷愤时文之弊,力振古道。时庠序号为全盛之际,仁宗孟夏銮舆有玉津铇麦之幸,道由上庠。守道前数日于首善堂出题曰《诸生请皇帝幸国学赋》,糊名定优劣。中有一赋云:'今国家始建十亲之宅,新封八大之王。'盖是年造十王宫,封八大王元俨为荆王之事也。守道晨兴,鸣鼓于堂,集诸生,谓之曰:'此辈鼓箧游上庠,提笔场屋,稍或出落,尚腾谤有司,悲哉!吾道之衰也。如此是物宜遽去,不尔,则鼓其姓名,挞以惩其谬。'时引退者数十人。"

【译文】

万寿观,在旧酸枣门外,十王宫的前面。

马行街铺席

【题解】

本条260余字，介绍北宋东京城中土市子向北到外城新封丘门之间的街区，以卷二“潘楼东街巷”中介绍的“人烟浩闹”的马行街铺席为重点。这一带其实是东京城北向御街沿线，毗邻皇宫和皇室贵族居住区，因此除了街道两旁的民户和商铺，其他区域都是皇帝亲兵卫队的驻地。这种人口结构特点，使得这一区域的商品经济尤其繁荣，荟萃南北风味的各类饮食，甚至通宵都有夜市，风雪阴雨无阻，成为千年以前北宋开封城夜间经济火爆的缩影。

马行北去[①]，旧封丘门外，祆庙斜街[②]、州北瓦子。新封丘门大街[③]，两边民户铺席，外余诸班直军营[④]，相对至门[⑤]，约十里余。其余坊巷院落，纵横万数，莫知纪极[⑥]，处处拥门[⑦]，各有茶坊、酒店、勾肆[⑧]、饮食。市井经纪之家[⑨]，往往只于市店旋买饮食[⑩]，不置家蔬[⑪]。北食则矾楼前李四家[⑫]、段家熝物、石逢巴子，南食则寺桥金家、九曲子周家，最为屈指[⑬]。

【注释】

①马行：马行街。

②袄庙斜街：在外城东北，因旧封丘门外唐代胡袄神庙而名之，为东京胡人聚集之处。北宋张邦基《墨庄漫录》："东京城北有袄庙。……其庙祝姓史，名世爽，自云家世为祝，累代矣。藏先世补受之牒凡三：有曰怀恩者，其牒唐咸通三年宣武节度使令狐给，令狐者，丞相绹也；有曰温者，周显德三年端明殿学士权知开封府王所给，王乃朴也；有曰贵者，其牒亦周显德五年枢密使知开封府王所给，亦朴也。自唐以来，袄神已祀于汴矣，而其祝乃能世继其职，逾二百年，斯亦异矣。"

③新封丘门大街：新封丘门又称"景阳门"，故此街又称"景阳门街"。《续资治通鉴长编·太宗太平兴国五年》："八作使段仁诲部修天驷监，筑垣墙，侵景阳门街。上怒，令毁之，仁诲决杖，责授崇仪副使"。

④诸班直："诸班"和"诸直"的总称，是宋朝皇帝随身的卫兵，统属殿前司。五代时，已出现皇帝身边的近卫班直，后周太祖郭威就当过从马直的卫士。诸班包括殿前指挥使、内殿直、散员、散指挥、散都头、散祗候、金枪班、东西班、招箭班、散直、钩容直等；诸直包括御龙直、御龙骨朵子直、御龙弓箭直、御龙弩直等。班直一般选拔"武艺绝伦"者充当，除作皇帝近卫外，有的还兼仪仗队，如钩容直实为乐队。

⑤至门：指到东京外城北墙上的新封丘门。

⑥纪极：终极，限度。

⑦拥门：拥挤的门户。围堵在门口。拥，环抱。

⑧勾肆：古代伎人俳优的卖艺场所。

⑨经纪：指经营买卖。

⑩旋（xuàn）买饮食：指现买饮食，现买现吃。南宋周𬀩《清波别志》：

"辉幼小时，见人说京师人家，日供常膳，未识下箸。食味非取于市，不属餍。"旋，临时。指事先没做好准备，临时要用了才去买。

⑪家蔬：指自家烹制的菜肴。

⑫北食：北方风味的饭菜。

⑬屈指：首屈一指，喻特别出色。

【译文】

马行街向北去，旧封丘门外是祆庙斜街、州北瓦子。新封丘门大街，两边是民居和店铺，此外都是诸班直的军营，两两相对，排到新封丘门，大约有十余里。其余的街坊里巷、庭院民居，纵横交错，数以万计，不知边际，处处是拥挤的门庭，各处都有茶馆、酒店、演出场所、饮料食品。街市中做买卖的人家，往往只在街市店铺中现买现吃各种饮食，不在家里准备饭菜。北方风味的食品，以矾楼前李四家、段家熰物、石逢巴子，南方风味的食品，以寺桥金家、九曲子周家，在京城中最为著名。

夜市直至三更尽，才五更又复开张。如要闹去处，通晓不绝①。寻常四梢远静去处②，夜市亦有焦酸豏③、猪胰胡饼④、和菜饼、獾儿、野狐肉、果木翘羹、灌肠⑤、香糖果子之类。冬月，虽大风雪阴雨，亦有夜市。剚子⑥、姜豉、抹脏、红丝、水晶脍、煎肝脏、蛤蜊、螃蟹、胡桃、泽州饧⑦、奇豆⑧、鹅梨、石榴、查子、榅桲、糍糕、团子、盐豉汤之类。至三更，方有提瓶卖茶者，盖都人公私荣干⑨，夜深方归也。

【注释】

①通晓：整夜，通宵。

②寻常：平常，普通。四梢：指城镇边缘地区。梢，树枝的末端，引申为远处。远静：偏远僻静。去处：地方，所在。

③酸馅（xiàn）：又作"馂（jùn）馅"，一种包馅的面食。

④猪胰胡饼：夹脊猪肉烧饼。猪胰，猪夹脊肉。

⑤灌肠：北魏人贾思勰《齐民要术》介绍的灌肠法：取羊大肠，整治清洗干净，把羊肉切碎成馅。细切葱白、盐、豉汁、姜、椒末调和，令咸淡适口，灌进肠内。吃法是将两条灌好了的肠并排夹着来烤，烤熟切成片吃。

⑥剿（zhé）子：薄肉片。剿，同"牒"，切成的薄肉片。

⑦泽州饧（xíng）：泽州的饴糖。泽州，隋开皇初以建州改置，治高都县（后改丹川县，今山西晋城东北）。后治所屡有迁移。辖境约当今山西东南部晋城一带。饧，用麦芽或谷芽熬成的饴糖。

⑧奇豆：即其豆，为宋城常见市食。南宋周密《武林旧事·作坊记》谓作坊每日必备，以供需求，尤为小儿所钟爱，南宋吴自牧《梦粱录》记沿街叫卖小儿诸般食件往往有之。其豆亦为"消夜果子"，同书载除夕夜内司进呈禁中"精巧消夜果子合"，其中就有"五色其豆"。《武林旧事·岁除》亦同："以大合簇钉凡百余种，如蜜煎珍果，下至花饧、其豆，皆极小巧。"由此推知，其豆大概是一种豆子大小呈棋子状的食品，或盐制或糖制，或炒或煮，味道美妙，是大众消闲小零食。

⑨荣干：办事。

【译文】

夜市一直到三更时才结束，而刚到五更又重新开张。如在热闹之处，则夜市通宵不断。通常在四周偏远僻静的地方，夜市也有烧烤的酸馅、夹脊猪肉烧饼、和菜饼、獾、野狐肉、果木翘羹、灌肠、香糖果子之类。寒冬腊月，即使遇大风雪或阴雨天，也有夜市。有剿子、姜豉、抹脏、红丝、水晶脍、煎肝脏、蛤蜊、螃蟹、胡桃、泽州饧、奇豆、鹅梨、石榴、查子、榅桲、糍糕、团子、盐豉汤之类的饮食。至三更时分，又有提着瓶叫卖茶水的，因京城中人或办公事或办私事，往往深夜才回来。

般载杂卖

【题解】

本条 380 余字，集中介绍北宋东京城中的交通运输工具，包括用于重型运输的太平车、主要用于载酒的平头车、女眷乘坐的车子、糕点饮食商贩常用的独轮车、人力拖拽的浪子车和痴车等，甚至还有供骆驼、骡、驴驮运的驮子，都一一介绍其形制、用途和使用方法，可与反映同时代东京汴梁都市生活的名画《清明上河图》相对照，丰富了人们对北宋物质文化史的认识。

东京般载车①，大者曰"太平"②。上有箱无盖，箱如构栏而平③。板壁前出两木，长二三尺许。驾车人在中间，两手扶捉鞭绥驾之④。前列骡或驴二十余，前后作两行；或牛五七头拽之。车两轮与箱齐，后有两斜木脚拖⑤。夜中间悬一铁铃，行即有声，使远来者车相避⑥。仍于车后系驴骡二头，遇下峻险桥路，以鞭唬之⑦，使倒坐绥车⑧，令缓行也。可载数十石⑨。官中车惟用驴，差小耳⑩。

【注释】

①般载：搬运装载。北宋时，陆地运输、交通工具，统称"般载"。般，

今写作"搬"。

②太平：太平车，古代一种载重的大车。车两侧有拦板，前有多头牲畜牵引，二轮或四轮。北宋邵博《邵氏闻见后录》中说，这种车是"民间辎车，重大椎朴，以牛挽之，日不能行三十里，少蒙雨雪，则跬步不进，故俗谓之'太平车'"。《水浒传》中，多次出现"太平车子"。《清明上河图》中有两辆太平车。画中第二条十字街正面道上，一个挂着"刘家上色沉……"字样招牌的商店前，两辆各驾四匹壮健骡马的大车驰来，驾车人坐在中间，即为太平车。

③箱：车厢。构栏：栏杆。

④扶捉：扶持。捉，持，握。鞭绥：似为"鞭绥"之误，"绥"字未见。绥，古代指登车时手挽的索。

⑤斜木脚拖：《清明上河图》所画车子的后面，有下垂木脚拖，为制动装置。拖，下垂。

⑥"夜中间悬一铁铃"几句：传为苏轼所撰《艾子杂说》记载："营丘士性不通慧，每多事，好折难而不理。一日造艾子，问曰：'凡大车之下与橐驼之项，多缀铃铎，其故何也？'艾子曰：'车、驼之为物甚大，且多夜行，忽狭路相逢，则难于回避，以藉鸣声相闻，使预得回避尔。'"

⑦唬（xià）：古同"吓"。

⑧倒坐：本指反向而坐。牲口在正面吆喝，往往会向后用劲，即指此意。缒（zhuì）：用同"缒"，拉，拽。明人宋应星《天工开物·舟车》："凡遇桥梁中高边下者，则十马之中，择一最强力者，系于车后。当其下坂，则九马从前缓曳，一马从后竭力抓住，以杀其驰趋之势，不然则险道也。"

⑨石：重量单位，一百二十斤为石。

⑩差（chā）小：略小。差，比较，略微。

【译文】

东京的搬载车，大的叫"太平车"。车上有车厢无车盖，车厢状如栏杆而且平整。车厢的板壁前面伸出两根木档，长二三尺左右。驾车人在木档中间，两手握着鞭子和绳索，驾驭此车。车的前面，排列着二十余头骡或驴，前后分作两行；或用五七头牛拖拽车子。车两边的轮子与车厢齐平，车后装有两块斜木脚拖。夜晚在中间悬挂一只铁铃，车子行驶就发出声音，使远处来的车子相互避让。还在车后系两头驴子或骡子，遇到要驶下陡峻危险的道路或桥梁时，用鞭子吓唬它们，使它们倒退，拖拽车子，使车子缓慢行驶。"太平车"可以装载数十石重的货物。官府中的"太平车"只用驴子，略小一些而已。

其次有"平头车"，亦如"太平车"而小。两轮前出长木作辕，木梢横一木，以独牛在辕内，项负横木。人在一边，以手牵牛鼻绳驾之。酒正店多以此载酒梢桶矣[1]。梢桶如长水桶，面安靥口[2]。每梢三斗许[3]，一贯五百文[4]。

【注释】

[1]酒正店多以此载酒梢桶矣：《清明上河图》画中"王员外家"招牌前，有一辆两只骡子拉的"平头车"，车上两个梢桶，显示即为酒店载酒车。梢桶，木制的长圆桶。元人熊梦祥《析津志》："酒以木作长桶盛之担送，名'酒稍'。"梢、稍同。

[2]靥口：形制未详，应用于注酒和倒酒。

[3]三斗：约今三十六市斤。斗，中国市制容量单位，十升为一斗，十斗为一石，一石约一百二十斤。

[4]一贯五百文：即一千五百文。旧时用绳索穿钱，每一千文为一贯。文，量词，指旧时小铜钱。

【译文】

其次还有"平头车"，形制如"太平车"但要小些。两轮的前面伸出长木档作车辕，木档的顶端横置一木档，用一头牛在车辕内，项上背负横木。驾车人站在一边,用手牵牛鼻绳驾车。酒店大多用"平头车"装载酒梢桶。酒梢桶很像长水桶,而面上安有匮口。每梢桶盛酒三斗左右,一贯五百文一梢桶。

又有宅眷坐车子①,与"平头车"大抵相似,但棕作盖②,及前后有构栏门,垂帘。

【注释】

①宅眷坐车子:《清明上河图》画中第一个十字路口道上,有一辆两头肥牛拉的带有棕盖的大车,棕毛厚重,车上有描画精致的"构栏门"和"垂帘",即为宅眷车。宅眷,家眷,家属,多指女眷。

②棕:棕毛或棕片,用棕榈树叶鞘的纤维织成,坚韧而具弹性,且能防雨。

【译文】

还有富贵人家的女眷乘坐的车子,与"平头车"大致相似,只是用棕毛制作车盖,车厢的前后有栏杆门,垂挂门帘。

又有独轮车①,前后二人把驾,两旁两人扶拐②,前有驴拽,谓之"串车",以不用耳子、转轮也,般载竹木瓦石。但无前辕,止一人或两人推之。此车往往卖糕及馇糜之类人用③,不中载物也④。

【注释】

①独轮车:《清明上河图》中有六辆独轮车:在虹桥上,有一独轮车驰下。与之相呼应的,是画卷另一端的护城河平桥上,也有一辆独轮车。同是一人在前,一人在后,一头小毛驴在前面奋力拉着。

在悬挂着"新酒"幌子的脚店前,停着一辆卸了货的大独轮车,叫"大串车"。在离汴河岸畔不远的一家小食店前,也停着一辆大独轮车,一个店主模样的人,正站在支在车轮前的小梯上,查看车上的货物。在写着"刘家上色沉……"字样的商店和一家"锦帛"铺前,也有独轮车经过或停靠。北宋沈括《梦溪笔谈·人事一》:"柳开少好任气,大言凌物。应举时,以文章投主司于帘前,凡千轴,载以独轮车。引试日,衣襕,自拥车以入,欲以此骇众取名。时张景能文有名,唯袖一书,帘前献之。主司大称赏,擢景优等。时人为之语曰:'柳开千轴,不如张景一书。'"

②拐:本指拐杖。此似指带拐的车把。

③馎饦:"馎饦"常见于唐宋文献,不仅是家常与"市食"之物,且为四月八日的节令食品。唐人张鷟《朝野佥载》记民谚云:"蝉鸣蛁蟟唤,黍种馎饦断。"应该是用黍或糯米等黏性作物蒸制。元代也有一种名为"馎饦"的食品,与中原传统"馎饦"不同。元人无名氏《居家必用事类全集·馎饦》云:"羊头肉煮极烂,提去骨。原汁内下回回豆,候软,下糯米粉,成稠糕糜,下酥蜜、松仁、胡桃仁和匀供。"

④中(zhōng):适宜,合用。如"中用""中看""中听"等。

【译文】

又有独轮车,前后有两人把住车架,两旁两人扶住车拐,前面有驴拖拽,称之为"串车",这是因为不用耳子、转轮的缘故,用于搬运装载竹木、砖瓦、石料。车前没有车辕,只有一人或两人推车。这种车往往是卖糕及馎饦之类食品的人使用,不适宜装载重物。

平盘两轮①,谓之"浪子车",唯用人拽。又有载巨石大木,只有短梯盘而无轮,谓之"痴车"。皆省人力也。

【注释】

①平盘两轮：即只有一平整的车板及两轮。平盘，似指车板。

【译文】

那种只有平整车板的两轮车，称为"浪子车"，只用人拖拽。又有一种装载巨石大木材，只有短梯盘而无车轮的车，称为"痴车"。这些车子都能节省人力。

又有驼骡驴驮子^①，或皮或竹为之，如方匾竹篓^②，两搭背上。斛斗则用布袋驼之^③。

【注释】

①驮（duò）子：即驮垛，捆扎成垛供驮运的货物或行李。

②篓（cuō）：笼状的盛物竹器。

③斛斗：皆为计算粮食的量器，因亦以作粮食的代称。古代以十斗为一斛。按，《清明上河图》画卷端首，有五头小毛驴，背上驮两搭木炭，行走在树木夹峙的郊野小路上。在汴河虹桥上下，也有五头小毛驴，它们背上驮的是圆滚滚的粮袋子。在第一个十字街道和大街小桥边的大树底下，各有三匹方匾竹筐两搭背上的毛驴。在"孙家正店"前的一棵树下，有人正从两匹毛驴背上卸货。据统计，驮着粮食、货物的毛驴或骡子，在图中共有十三匹之多。南宋洪迈《夷坚志·夏二娘》中也说，北宋东京南薰门，每天早晨都有驮运麦子的驴子联翩而来。

【译文】

又有供骆驼、骡、驴驮运的驮子，或者用皮革、或者用竹皮做成，宛如方匾或竹篓，一边一个搭在牲口背上。如果是装运粮食，就用布袋驮运。

都市钱陌

【题解】

　　本条介绍北宋东京城中实行的"钱陌制",虽然只有53字,却对了解北宋时期的货币制度,具有非常重要的意义。

　　宋人高承《事物纪原·钱陌》中说,"自古用钱,贯皆以千,百皆以足","钱陌"就是指串起来的一百文钱。中国古代基本上以金、银、铜钱(其实是以铜为主的合金)为主要货币,每一百文钱串成钱串,方便计量与携带,因此"陌"就成为计算钱数的单位。但是,早在南朝梁武帝时期,就曾经以"八十为陌""七十为陌"甚至"三十为陌",至唐、五代时期,这种现象也不同程度地存在。宋代实行铜本位制,以铜钱为主要货币。随着商品经济迅猛发展,钱币铸量不足,"钱荒"成为具有宋朝时代特点的社会经济现象,因而普遍采用"以不足一百文的钱当作一百文来计算和使用"的办法,称为"短陌",而把"足数满百"(足陌)称为"十十钱"。"短陌"的数额,依当时当地的具体情况而定,随意性较大,无一定之规。宋朝政府曾有以"七十七陌"统一"短陌"的计划,但是未能实现。

　　孟元老所说的"都市钱陌",包括以下几种形式:

　　一,"官用七十七",就是以七十七文为"陌",相当于是对"足陌"打了个七七折,在孟元老所介绍的"短陌"中,是实际钱币数量最多的一种,或者说"含金量"最高。与官府相关的经济行为大多采用这一标准,称为"官陌"。

二，"街市通用七十五"，就是以七十五文为"陌"，是北宋东京城的经济活动中普遍通用的标准，称为"市陌"。

三，"鱼、肉、菜七十二陌"，这个标准，使用范围相当于菜市场，属于"行陌"之一种。这一行业的交易有如下特点：频繁发生，但数额通常不会很大，买主基本上是普通市民，手中货币存量有限；交易活动为民生所必需。为保证这种"刚需"交易活动的实现，在"市陌"基础上"又克其五"，称为"依除"。

四，"金银七十四"，是金银行的"行陌"。北宋时期，金银主要用于铸造器皿和装饰装潢，并不作为货币使用，但仍被视为重要的支付手段和贮藏手段，有时甚至作为价值尺度。当时有专门从事金银买卖的店铺。这一行业所采用的钱陌标准，低于官陌和市陌，应该与交易数额巨大有关。

五，"珠珍、雇婢妮、买虫蚁六十八"，观其所列交易种类，这种"钱陌"应该适用于奢侈品、雇佣奴婢以及花鸟虫鱼等宠物交易。这类交易一般不会发生在普通市民之间，不是基本生活所需，单笔交易数额可能也相对较大。

六，"文字五十六陌"，这是孟元老所记"折扣最高"的钱陌，或者说是"含金量最低"的钱币，适用于提供文字类服务的行业。"行陌"数额在某种程度上是供需双方讨价还价的结果，是供需关系的反映，似乎由此可以推知，北宋时期文字行是一个买方主导的市场，读书人靠卖文为生，并不容易。

"短陌"是中国古代铜本位货币体系所特有的现象，很早就出现在经济活动之中。关于出现原因，学界认识不一，其最初原因与采用铜币形式但铸币权不统一有关，此后发展中，又复合了产铜量与钱币铸造量无法满足交易需求、商业行为中奸诈之人恶意"取人长钱，还人短陌"从而获利、政府有意以之作为克扣手段来增加财政收入、市场中的通货膨胀导致点检钱数困难因而以贯论钱等复杂因素。唐代政府曾将不足数的短陌钱定为非法，进行打击，但是唐宪宗时期，政府为平定藩镇叛乱而面临筹措庞大军费的压力，曾经采用从"足陌"钱中抽取一定数额以补助军费的权宜之计，使得市场流通的"陌钱"不足数。此后，经过晚唐、五代时期，"短陌"成为官方承认的常态形式，并为宋代政府所继承。

宋代钱币陌数混乱，使得钱数计算十分麻烦。人们在用钱时，经常面临不同陌制之间的换算问题，特别是"足陌"与"省陌"之间的换算，几乎成为必备能力。但是这种换算并不像加减法那样简单，是一种专门算术知识，并不是每个人都能掌握。即使在官方、在文化人中，也经常出现换算错误。但是，从货币发展角度来看，"短陌"的实行，使得货币作为价值尺度、充当一般等价物的意义逐渐淡化，作为流通手段的职能得到凸显，这成了纸币这一货币符号在经济生活中出现的基础。

都市钱陌：官用七十七[①]；街市通用七十五[②]；鱼、肉、菜七十二陌[③]；金银七十四[④]；珠珍、雇婢妮、买虫蚁六十八[⑤]；文字五十六陌[⑥]。行市各有长短使用[⑦]。

【注释】

①官用七十七：此指宋代短陌制中的"官陌"，也叫"官省钱"或"省钱"，是由官方制定、以七十七文为陌的标准短陌。与官府相关的经济行为，诸如赋税、薪俸、物价、铸钱等方面，都不同程度地使用"官陌"。北宋"官用七十七"的规定，是继承五代旧制的结果。唐代政府本将不足数的短陌钱定为非法，进行打击。宪宗时期，急需筹措巨额军费平定藩镇叛乱，"内外用钱，每缗垫二十外，复抽五十，送度支赡军"（《新唐书·食货志》）。"缗"指成串的铜钱，每串一千文。亦即先承认每缗少二十文为合法，再从中抽出五十文，交给官方补充军费。这种作为权宜之计的垫抽，

形成了"九十三陌"的短陌。穆宗长庆元年（821），下诏"从俗所宜，内外给用，每缗垫八十"，"九十二陌"合法化。天祐年间（904—919），降为八十五陌。到五代时，又降为八十陌。元人马端临《文献通考·钱币考二》中说：五代后汉隐帝时，三司使王章聚敛刻急，"旧制：钱出入，皆以八十为陌。章始令入者八十，出者七十七，谓之'省陌'"。法定的短陌，至此定以七十七陌为下限。北宋政府的"官用七十七"即承此而来。宋僧文莹《湘山野录》中说，北宋大文豪欧阳修为亡友石曼卿撰写墓表，因其碑文拓片被定力院僧人以"半千买得"，觉得价钱太低，受了污辱，回来怒骂违反约定、私自售卖拓片的僧人秘演说："吾之文，反与庸人半千鬻之，何无识之甚！"秘演慢条斯理地安慰他说："学士已多他三百八十三矣。"欧阳修更怒，问秘演什么意思，秘演说："公岂不记作省元时，庸人竞摹新赋，叫于通衢，复更名，呼云：'两文来买欧阳省元赋！'今一碑五百，价已多矣。"意思是说，当年你省试得中的那篇赋，被庸人大肆翻抄售卖，要价只有两文，现在一份碑帖卖了五百文，已经贵了三百八十三文了。欧阳修转怒为喜。这里所说的"半千""五百"，都是"官用七十七"的"官陌"标准，即五百文省，按七七折转换，为三百八十五文足，所以说比"两文来买"的"欧阳省元赋"多三百八十三文。南宋周必大有《题东坡子高、无雪二帖》："丙午秋，有衣冠子持坡帖两纸，从小儿鬻钱。以七十千官陌得之。""七十千官陌"，折合实钱五万三千九百文足。

②街市通用七十五：此指宋代短陌制中的"市陌"，是根据北宋东京的情况而规定的以七十五文为百的短陌。相当于把都城东京看成一个区域市场，制定了区域内统一的短陌标准。孟元老特意介绍北宋东京的"市陌"，可能侧面证明了宋朝并不存在真正意义上的统一的全国市场，不同的区域市场根据各自的具体状况，存在不同的短陌标准；也可能因为从北宋末年到南宋高宗时期《东京

梦华录》成书时,"市陌"的标准发生了变化。

③鱼、肉、菜七十二陌:此为宋代短陌制之一种,适用于都市民生相
关的主要副食品行业,用于交易的物资属于居民基本消费,类似
于我们今天所说的"菜篮子"产品。这种以七十二文为陌的短陌,
是在"官用七十七"的基础上再扣除五文而得出的数字,被称为
"依除"。北宋欧阳修《归田录》中记载了一个与之相关的京师趣
事:"用钱之法,自五代以来,以七十七为百,谓之'省陌'。今市井
交易,又克其五,谓之'依除'。(真宗)咸平五年,陈恕知贡举,选
士最精,所解七十二人,王沂公曾为第一。御试又落其半,而及第
者三十八人,沂公又为第一。故京师为语曰'南省解一百依除,殿
前放五十省陌'也。""一百依除",正合省试"所解七十二人"之数;
"五十省陌",即为"官用七十七"的一半,四舍五入后约等于御试
"及第者三十八人"之数。在这里,"依除"和"省陌"成了科举考
试通过率的代称。开科取士也用钱串子形容,既体现了宋人的幽
默,又可见他们对计算钱币的省陌制是如何习以为常了。

④金银七十四:此为宋代短陌制之一种,以七十四文为陌,适用于金
银交易行业。

⑤珠珍、雇婢妮、买虫蚁六十八:此为宋代短陌制之一种,以六十八
文为陌,适用于具有奢侈品性质的珠宝交易、女性劳动力雇佣以
及属于享乐范围的花鸟虫鱼等宠物交易行业。珠珍,犹珠宝。婢
妮,婢女。虫蚁,对禽鸟等小动物的通称。金代董解元《西厢记诸
宫调》:"虫蚁儿里多情的,莺儿第一。"凌景埏校注:"指小的鸟雀
和虫,也写作'虫豸'。"《水浒传》:"却说燕青为无下饭,拿了弩子,
去近边处寻几个虫蚁吃。"

⑥文字五十六陌:此为宋代短陌制之一种,以五十六文为陌,适用于
提供文字类服务的行业。文字,指作为商品售卖的文字,所指较
为宽泛,既包括文学性的诗文,也包括应用性的书信、诉状之类。

文献中常见某人"卖诗于市""售诗于京都""在街市间立桌卖诗"等记载；宋话本《赵伯升茶肆遇仁宗》则有"自此流落东京。至秋深，仆人不肯守待，私奔回家去。赵旭孤身旅邸，又无盘缠，每日上街与人作文写字"；《合同文字记》有"立两纸合同文字"。

⑦行市：行情，同行业间所公定的市价。长短：多少，不同。

【译文】

东京都市中实行的钱陌制：官府使用，以七十七文为一陌；市场中通用的是以七十五文为一陌；鱼市、肉市、菜市，以七十二文为一陌；金银交易，以七十四文为一陌；珠宝交易、雇用婢女、买禽鸟小虫之类，以六十八文为一陌；代人作文写字，以五十六文为一陌。不同行业所定短陌数额各有不同，根据具体情况使用。

雇觅人力

【题解】

本条 29 字,介绍北宋东京城中劳动力雇佣的情况,说明当时的劳务中介服务已经非常成熟。

凡雇觅人力①、干当人②、酒食作匠之类③,各有行老供雇④。觅女使⑤,即有引至牙人⑥。

【注释】

①人力:仆役。

②干当人:原称"勾当人",南宋后因避高宗赵构名讳,改称"干当人"。又称"干办人""干当掠米人",简称"干人""干仆"。指宋朝民户中的富豪和官户家中的办事差役,为其监理田产、征收地租、交纳赋税、管理仓库,亦有代主人从事商业和高利贷业务,以及办理刑事诉讼等。干当人与主人尊卑之分甚严,对主人的某些犯罪行为也无权告发。

③酒食作匠:指厨师及从事各种手艺的工匠。作匠,工匠。

④行老:古代大都市中各行各业的头儿,兼为人介绍职业。供雇:提供被雇佣者。

⑤女使：女仆。

⑥引至：引荐。牙人：旧时居于买卖双方之间，从中撮合，以获取佣
金之人。

【译文】

凡是想要雇佣仆役、干当人、厨师、手艺工匠之类的人，各有行老推
荐被雇佣者。寻觅女仆，则有引荐的牙人推荐。

防火

【题解】

本条 110 余字，是研究古代城市消防的重要资料。

北宋东京是全国的政治、经济、文化中心，人口稠密，富甲天下。当时的东京城内，各种店铺多不胜数，供娱乐的勾栏瓦舍比比皆是，宫殿民房鳞次栉比，毗连无隙。由于屋宇接栋连檐，风烛之患甚多，火灾蔓延难灭，损失极其惨重。据《宋史·五行志》记载，两宋三百多年内，全国各地发生的大型火灾有二百多次，主要发生在京城和各州县城。东京开封是火灾事故多发地，大火四十四次，其中较为严重的有：

太祖建隆二年（961）三月，内酒坊火，燔舍百八十区，酒工死者三十余人；三年（962）五月，京师相国寺火，燔舍数百区。

太宗雍熙元年（984）五月，皇宫乾元、文明二殿火灾；雍熙二年（985）九月，楚王元佐的宫室火灾，燔烧房舍数百区。

真宗大中祥符八年（1015）四月，荣王元俨宫火，火借北风，延烧左承天祥符门、内藏库、朝元殿、乾元门、崇文院、秘阁、天书法物库、内香藏库，许多珍贵文书被焚毁。这是最为严重的一次，损失惨重。

仁宗天圣七年（1029）六月，玉清昭应宫火。这座宫观建于真宗大中祥符年间（1008—1016），日役工人数万，费时七八年方始建成，凡二千六百一十楹，除长生殿与崇寿殿外，一夜烧尽。

仁宗明道元年（1032）八月，大内火起，烧毁崇德、长春、滋福、会庆、延庆、崇徽、天和、承明八殿。

神宗熙宁十年（1077）三月，开封府火；元祐元年（1086）三月，宗室宫院起火；元祐六年（1091）十二月，开封府亦有大火。

哲宗元符元年（1098）四月，宗室宫院大火。

徽宗重和元年（1118）九月，掖庭大火，自夜达晓，大雨如倾，火益炽，共毁五千余间，后苑广圣宫及宫人所居几尽，焚死者甚众。

钦宗靖康元年（1126）十二月，尚书省火，延烧礼、祠、工、刑、吏部。

以上仅是东京城大型火灾的典型，此外还有不胜枚数的中小火灾，甚至出现某年"京师多火"的记载，无法详细统计。

火灾如此严重，自然引起高度重视。宋代为了防范火灾，采取了许多措施，将其作为整个城市治安管理的重要方面。孟元老本条记载，涉及以下方面：

其一，东京城中各坊密集设置了许多军巡铺屋，有铺兵负责夜间巡逻警戒，监视火情和治安。据史料记载，军巡铺始建于宋仁宗即位早年，是我国最早的专职消防部队；

其二，在高处用砖砌起望火楼，其下屯驻专职扑火军队，配备全套救火器械；

其三，火灾发生，有专门报告火警的快马，军巡值班队伍、三衙军队和开封府的救火队一齐出动，组织专业人员扑救，无需平民百姓参与。这种制度与组织形式，既保证了扑火的专业性，也有利于维持火灾现场秩序，防止坏人趁火打劫。

总之，北宋东京已经形成组织严密、器械众多、制度完善的消防体系，是城市发展与城市管理水平提高的结果，在世界消防史上属于史无前例的创举。

每坊巷①，三百步许，有军巡铺屋一所②，铺兵五人③，夜间巡警④,收领公事⑤。又于高处砖砌望火楼⑥,楼上有人卓望⑦。下有官屋数间,屯驻军兵百余人,及有救火家事⑧,谓如大小桶⑨、洒子⑩、麻搭⑪、斧锯、梯子、火叉⑫、大索⑬、铁猫儿之类⑭。每遇有遗火去处⑮,则有马军奔报军、厢主⑯。马步军、殿前三衙⑰,开封府,各领军级扑灭⑱,不劳百姓⑲。

【注释】

① 坊巷:据孔宪易《北宋东京城坊考略》,东京内外城坊见于文字者,共六十六坊。周宝珠《宋代东京研究》据《宋会要》考证东京城内八厢一百二十一坊,城外九厢十四坊,共计一百三十五坊。

② 军巡铺屋:防盗防火的哨所。铺屋,古时街坊巡逻军卒驻扎、办公之所。神宗熙宁元年(1068),曾经调整东京城内的铺屋布局,并对巡铺所占禁军进行裁省。《宋会要辑稿·兵三》:"神宗熙宁元年十二月九日诏:'新、旧城里都巡检诸处巡铺图二面,如有可省罢,分明签贴进入。'乃减罢八十六铺,计五百四十六人。先是,京城巡铺所占禁军人数甚多,步军兵士尤众,不得番休,故量行裁省。其铺分远近不均者,委巡检使移那焉。"徽宗政和六年(1116),曾由开封尹王革主持修缮军铺,"鸠功揆材,相方视址,均远近,视要害,有迁有仍,或因或革"。完工之后,改变此前"杂取旁近官寺,若佛老之居,以为题号"的命名规则,"削去讹舛,冠以坊名";完善相关设施,"具绠勺,储水器,暑以疗喝,火以濡焚";制订管理制度,"书之于籍,转相付授,月校季考,稽比以时";"哀次前后所被诏令,与夫所费之要,凡器、凡目,庐之号名,地之阡陌,辑而成书,目曰《政和重建军铺录》"(同上)。

③ 铺兵:古时巡逻及递送公文的兵卒。《元史·兵志四》:"铺兵须壮健善走者,不堪之人,随即易换。"《西游记》:"他必是个铺兵,想是送公文、下报帖的。"

④夜间巡警：宋人袁采《世范》："火之所起，多从厨灶。盖厨屋多时不扫，则埃墨易得引火。或灶中有留火，而灶前有积薪接连，亦引火之端也。夜间最当巡视。"

⑤收领：拘捕，领受。公事：即公事人，指罪犯。《古今小说·史弘肇龙虎君臣会》："圣帝降辇升殿，众神起居毕，传圣旨，押过公事来。只见一个汉，项戴长枷，臂连双杻，推将来。"

⑥望火楼：北宋李诫《营造法式·望火楼》："望火楼一坐，四柱，各高三十尺（基高十尺）；上方五尺，下方一丈一尺。""尺"为宋代营造尺，一尺约合公制 0.309—0.329 米。据此，望火楼要建在全城的高处，本身高度在三十尺以上，约相当于今天的九米，近四层楼的高度。望火楼总体包括三部分：最下面是台基，高十尺；台基上是由四根三十尺高的结构柱以及相关联系构件（桄）组成的主体部分，上面施以坐版；坐版之上，是由角柱、平栿、蜀柱、槫构成的小型木构房屋骨架，上面再覆盖以厦瓦版、护缝和压脊构成的屋顶，形成完整的望亭。此外，还有两条从台基通到望亭的梯脚。

⑦楼上有人卓望：根据文献记载，士兵站在望火楼上，日夜值宿，监视全城。如果发生火灾，白天用旗帜、夜间用灯光发出扑救信号。卓望，远望，瞭望。卓，高远。

⑧家事：即家什，用具，器具。此指救火用的各种用具。

⑨大小桶：《宋史·五行志四》："开宝初，广南刘铱令民家置贮水桶，号防火大桶。"

⑩洒子：汲水之器。

⑪麻搭：一种在长杆顶端缚扎散麻蘸吸泥水灭火的工具。北宋曾公亮《武经总要》："麻搭，以八尺杆系散麻二斤，蘸泥浆，皆以麾火。"

⑫火叉：古代火攻的一种兵器，用以拨火。

⑬大索：长绳。

⑭铁猫儿:古时救火的一种器具。其形是长柄上端安铁钩,从铁钩上垂下一串铁环,环末再加一钩。

⑮遗火:失火。去处:场所,地方。

⑯军、厢主:军或厢一级的统兵官。北宋承五代旧制,其军队编制由低到高,依次为都、营、军、厢,也有不设厢者。军的统兵官为军都指挥使和军都虞候,军都指挥使可直接称"军主"。十个军编为一厢,统兵官为厢都指挥使,或直接称"厢主"。北宋中期以后,厢几乎已经全部架空,朝廷直接指挥并调动军,厢都指挥使成为武官的虚衔。

⑰马步军、殿前三衙:宋代掌管禁军的军事机构,即殿前司(全称"殿前都指挥使司")、侍卫步军司(全称"侍卫亲军步军都指挥使司")、侍卫马军司(全称"侍卫亲军马军都指挥使司"),合称"三衙"。各设都指挥使、副都指挥使和都虞候为长官,统辖禁军,马、步司在名义上还统辖厢军。殿前司、侍卫马、步军司并列的北宋三衙制度,从唐末五代以来,经历了一个较长的发展演变过程。南宋章如愚《群书考索·官制门·三衙类》对其发展线索有简明概括:"三衙:宋朝沿五代之制,有侍卫亲军及殿前两司。盖侍卫亲军起于后唐。……殿前始于周世宗显德元年。……宋初,侍卫亲军置都指挥使,虽都虞候,亦在殿前都指挥使之上。……自王超罢职,无复任者,而侍卫司马军、步军遂分为二,并殿前,号三衙,而马、步二军,始居殿前司之下焉。"北宋灭亡,三衙制随之终结。

⑱军级:军士。

⑲不劳百姓:北宋建立了较为完善的消防体系,一旦火灾时,由官府和军队组织专业人员扑救,不劳动平民百姓。这样做的目的,其实在很大程度上是为了维持火灾现场秩序,防止坏人趁火打劫。因此,北宋初年,其实不是"不劳"百姓,而是"不许"百姓插手救火,只靠政府和军队,并且规定必须等都巡检到场后才能开始救

火。如此一来，往往小火刚起，不能及时扑救，结果蔓延成为大灾。有鉴于此，真宗大中祥符二年（1009）诏令开封府，今后接到火警要立即赴救，"都巡检未到，即本厢巡检先救。如去巡检地分遥远，左右军巡使或本地分厢界巡检员僚、指挥使先到，即指挥兵士、水行人等，与本主同共救泼"（《宋会要辑稿·兵三》）。不过，此后仍有"火始起，虽邻伍不敢救，第俟巡警者至，以故焚燔滋多"，天圣九年（1031），仁宗诏令"京城救火，若巡检军校未至前，听集邻众赴救"，允许邻众紧急自救，只是强调"因缘为盗者奏裁，当行极断"（《宋会要辑稿·刑法二》）。

【译文】

京城中的街坊里巷，每隔三百步左右，建有一所军巡铺屋，驻有五名铺兵，负责夜间巡逻警戒，拘捕犯人。又在地势高处用砖砌造望火楼，楼上有人瞭望。望火楼的下面，建有几间官屋，驻扎着百余名兵士，还置有救火器具，例如大小水桶、洒子、麻搭、斧锯、梯子、火叉、长绳、铁猫儿之类。每当遇到有地方失火，则有马军迅速报告军主、厢主。侍卫马军司、侍卫步军司和殿前司等三衙以及开封府，各自带领军士前去扑灭火灾，不需要烦劳百姓。

天晓诸人入市

【题解】

本条 220 余字,仿佛用镜头记录东京城的黎明:五更时分,寺院行者的铁牌或木鱼声成为开启东京城市生活的信号,官员和商人是听见"闹钟"最早起床准备工作的一批人;然后位于城门与桥梁等交通要道的店铺开张,点灯售卖各类早点乃至洗脸水等;杀猪宰羊的作坊,驱赶猪羊上市;还有水果、面粉、药品、饮食等各种买卖,吆喝声此伏彼起,非常热闹。

每日交五更,诸寺院行者打铁牌子或木鱼^①,循门报晓^②。亦各分地分^③,日间求化。诸趋朝入市之人^④,闻此而起。

【注释】

①行者:方丈的侍者,及在寺院服杂役尚未剃发的出家者。《释氏要览》:"《善见律》云:'有善男子欲求出家,未得衣钵,欲依寺中住者,名"畔头波罗沙"。'今详,若此方行者也。"铁牌子:铁制的作标志用的特制薄板。

②循门报晓:沿着门户报晓。循,沿着,顺着。北宋初期,东京城市中尚保留坊市制度,规定以街鼓作为城市作息时间的信号,是城门、坊门、市门开启和关闭的号令。随着商业发展,坊巷制逐渐破

坏，城市走向开放，到仁宗时期，街鼓制度被彻底废除。北宋人宋敏求在神宗熙宁三年至七年（1070—1074）写成《春明退朝录》，记述了东京街鼓制度的兴废："京师街衢，置鼓于小楼之上，以警昏晓。太宗时，命张公洎制坊名，列牌于楼上。按，唐马周始建议置鼕鼕鼓，惟两京有之。后北都亦有鼕鼕鼓，是则京都之制也。二纪以来，不闻街鼓之声，金吾之职废矣。"古时以十二年为一纪，也就是说，"不闻街鼓之声"已有二十多年了。在这个过程中，"寺院行者打铁牌子或木鱼，循门报晓"，成为每天开启东京城市生活的信号。《水浒传》中《杨雄醉骂潘巧云　石秀智杀裴如海》一回："本房原有个胡道人，在寺后退居里小庵中过活，诸人都叫他做'胡头陀'。每日只是起五更，来敲木鱼报晓，劝人念佛，天明时收掠斋饭。"即是因俗制宜、就实虚构的情节。

③地分：本指军队驻地或分封之地，引申出领地、地区、地段之意。

④趋朝：上朝。宋人朱彧《萍洲可谈》："朝时自四鼓，旧城诸门启关放入，都下谓之'四更时'。"入市：做生意的人进入市场。

【译文】

每日天交五更之时，各寺院的行者敲打铁牌子或者木鱼，沿着门户报晓。他们也各自划分地段，白天就在相应区域内化缘。那些赶早上朝或进入市场做买卖的人，听到报晓之声就开始起床。

诸门桥市井已开。如瓠羹店，门首坐一小儿，叫"饶骨头"①，间有灌肺及炒肺②。酒店多点灯烛沽卖③，每分不过二十文，并粥、饭、点心④，亦间或有卖洗面水、煎点汤茶药者⑤，直至天明。

【注释】

①饶骨头：另外添送骨头给顾客。主营肉食的店铺，会把皮或骨头

免费赠送给顾客。《西湖老人繁胜录》对此有详细描述:"(瓦市)内有起店数家,大店每日使猪十口,只不用头蹄血脏,遇晚烧晃灯拨刀。饶皮骨,壮汉只吃得三十八钱起,吃不了皮骨,饶荷叶裹归,缘物贱之故。起每袋七十省二斤二两;肉卖九十省一斤。城内诸店皆如此饶皮骨。"饶,没有代价地增添,另外添。《水浒传》:"五贯便依你五贯,只饶我们一瓢吃。"

②灌肺:用猪、牛、羊等动物的肺为原料制成的熟食。肺脏是动物的呼吸器官,质地柔软得像海绵,吃起来口感欠佳,清洗加工却非常麻烦,因此价格便宜,在烹调饮食中不受重视。孟元老最早明确提及"灌肺",全书仅此一处,而且免费送给顾客,看来当时人也不太看重。南宋人吴自牧介绍都城临安城市风貌的著作《梦粱录》中有"香辣灌肺",周密《武林旧事》中有"香药灌肺",灌肺此时已经成为沿街叫卖的大众化熟食。至元代《居家必用事类全集》中,有灌肺的最早制法,共有二法:一,"羊肺带心一具,洗干净,如玉叶。用生姜六两,取自然汁(如无,以干姜末二两代之)、麻泥、杏泥共一盏,白面三两,豆粉二两,熟油二两。一处拌匀,入盐、肉汁。看肺大小用之,灌满煮熟。"二,"用面半斤,豆粉半斤,香油四两,干姜末四两,共打成糊,下锅煮熟,依法灌之,用慢火煮。"另有"假灌肺"和"素灌肺",是用面粉之类做成的类似灌肺形状的素食。

③沽卖:出售,多指售酒。沽,买或卖。

④点心:此词唐代已经出现,所指范围较广,指正餐之前缓解饥饿的食物。南宋吴曾《能改斋漫录·点心》中记述点心源起:"世俗例以早晨小食为点心,自唐时已有此语。按,唐郑傪为江淮留后,家人备夫人晨馔,夫人顾其弟曰:'治妆未毕,我未及餐,尔且可点心。'其弟举瓯已罄,俄而女仆请饭库钥匙,备夫人点心。傪诟曰:'适已给了,何得又请?'"

⑤煎点：烹茶的方法。宋人有煎茶法，是由中晚唐沿袭而来，是将茶叶放在锅中煮出茶汤，通常还在锅里加入姜和盐。晚唐、五代以后，点茶法逐渐流行，不再将茶末放到锅里去煮，而是放在茶盏里，用瓷瓶烧开水注入，再加以击拂，具体操作方法是一边用手平稳地点入沸水，一边用茶筅慢慢搅动茶膏，当茶汤表面浮起乳沫时再饮用。北宋蔡襄《茶录·点茶》："茶少汤多，则云脚散；汤少茶多，则粥面聚。钞茶一钱匕，先注汤调，令极匀，又添注入，环回击拂。汤上盏可四分则止，视其面色鲜白，着盏无水痕，为绝佳。建安斗试，以水痕先退者为负，耐久者为胜，故较胜负之说，曰'相去一水两水'。"北宋丁谓有《煎茶》诗："开缄试雨前，须汲远山泉。自绕风炉立，谁听石碾眠。轻微缘入麝，猛沸恰如蝉。罗细烹还好，铛新味更全。"汤茶药：宋人朱彧《萍洲可谈》："今世俗，客至则啜茶，去则啜汤。汤取药材甘香者屑之，或混或凉，未有不用甘草者。此俗遍天下。"

【译文】

各处城门、吊桥和街市已经开放。像㼽羹店，门口坐着一个小孩儿，叫着"饶骨头"，间有添送灌肺及炒肺的。酒店大多点着油灯、蜡烛卖酒，每份不过二十文钱，包括粥、饭、点心。间或也有卖洗脸水、煎点汤茶药的，一直持续到天亮。

其杀猪羊作坊，每人担猪羊及车子上市，动即百数。如果木①，亦集于朱雀门外及州桥之西，谓之"果子行"②。纸画儿亦在彼处，行贩不绝③。其卖麦面④，秤作一布袋⑤，谓之"一宛"，或三五秤作一宛。用太平车或驴马驮之，从城外守门⑥，入城货卖，至天明不绝。更有御街州桥至南内前⑦，趁朝卖药及饮食者⑧，吟叫百端⑨。

【注释】

①果木：水果。《镜花缘》："彼处不产五谷，虽有果木，亦都不食，惟喜以土代粮。"

②行：买卖交易的处所。

③行贩：往来贩卖。

④麦面：麦的子实磨成的粉，面粉。

⑤秤（chèng）：中国古代重量单位。一秤为十五斤。《小尔雅·广衡》："斤十谓之'衡'，衡有半谓之'秤'，秤二谓之'钧'。"

⑥守门：等候开门。守，守候。

⑦南内：大内南面，即皇宫南面。

⑧趁朝：上朝。北宋孔武仲有《早起趁朝》诗："山房客梦惊，槐厅雨清绝。蕙炉香寂寞，半挂北窗月。重城车马动，起坐候明发。华盖望宸居，烟飞隔双阙。"

⑨吟叫百端：各种不同的叫卖声。宋人高承《事物纪原·吟叫》："京师凡卖一物，必有声韵，其吟哦俱不同，故市人采其声调，间以词章，以为戏乐也。今盛行于世，又谓之'吟叫'也。"

【译文】

那些宰杀猪羊的作坊，每每用人挑着猪羊或用车子装载入市，动辄数以百计。又如水果，则集中于朱雀门外以及州桥西面，称作"果子行"。纸画儿也在那里交易，商贩往来不绝。那些卖面粉的，每秤装一布袋，称为"一宛"，或者以三五秤算作一宛，用太平车或驴马驮运，从城外运来，等候城门打开，进入城中出售，直到天明，络绎不绝。还有御街从州桥到皇宫南门前，那些向上朝官员出售药物及饮食的人，吟唱叫卖之声花样百出，此伏彼起。

诸色杂卖

【题解】

本条320余字，以"诸色杂卖"命名，"色"的意思是"种类"，亦即介绍东京城中各种杂货小商贩们的活动情况，包括贩卖马匹与猫狗饲料、日用器皿与服饰修补、打水劈柴、清洁服务、街头卖艺、走街串巷的货郎挑子，尤其是最后介绍每年春天官方差人进行的"淘渠"工作，可见北宋东京城对城市排水系统的维护与管理情况。

若养马，则有两人日供切草；养犬，则供饧糟^①；养猫，则供猫食并小鱼。

【注释】

①饧（xíng）糟：做麦芽糖剩下的渣子。

【译文】

如若养马，则有两个人每天供给切好的草料；养狗，则供给饧糟；养猫，则供给猫食和小鱼。

其锢路^①、钉饺^②、箍桶^③、修整动使、掌鞋^④、刷腰带、修幞头帽子、补角冠^⑤、日供打香印者^⑥，则管定铺席^⑦、人家牌

额⑧,时节即印施佛像等⑨。

【注释】

① 锢路:即"锢漏",也作"锢露"或"骨路",指用熔化的金属堵塞金属器物的漏洞。南宋陆游《老学庵续笔记》:"市井中有补治故铜铁器者,谓之'骨路',莫晓何义。《春秋正义》曰:'《说文》云:"锢,塞也。"铁器穿穴者,铸铁以塞之,使不漏。禁人使不得仕宦,其事亦似之,谓之"禁锢"。'余案:'骨路'正是'锢'字反语。"北宋邵雍有一首《破釜》诗,描述颇为详细:"有一破釜多故旧,掉向空房不照顾。上面垺土尘埃生,两璺(wèn)到耳连底透。叫得将来锢露人,拈得与他交觑部。羊皮韛袋扇风急,旋去炉上炼金汗。烹向破釜窍眼中,锢露骨还如旧日。"

② 钉铰(jiǎo):指洗镜、补锅、锔碗等。亦指以金玉等镶嵌器物。宋人钱易《南部新书》中说:"里有胡生,性落魄,家贫,少为洗镜、镀钉之业……远近号为'胡钉铰'。"此即为中唐时期的"钉铰诗人"胡令能(785—826)。北宋张邦基《墨庄漫录》:"世传宗室中昔有昏谬,俗呼为厥撒太尉。一日坐官门,见钉铰者,亟呼之,命仆取弊履,令工以革护其首。工笑曰:'非我技也。'公乃悟曰:'我谬也,误呼汝矣。适欲唤一锢漏(俗呼骨路)者耳。'闻者大笑之。"

③ 箍桶:用箍将做桶的板捆在一起,迫使其成为所需形状和确保接缝严实。箍,用篾或金属条等围束器物。

④ 掌鞋:用皮革等钉补鞋底。

⑤ 角冠:宋代一种白角制的女冠。北宋沈括《梦溪笔谈·器用》:"济州金乡县发一古冢,乃汉大司徒朱鲔墓……妇人亦有如今之垂肩冠者,如近年所服角冠,两翼抱面,下垂及肩,略无小异。"

⑥ 打香印:用模子印制盘香。香印,给香料造型和印字的模具。唐代时见于记载。多用香印把香作成字形,然后设坛焚香,参行佛

法。宋代香印多用硬木和象牙制作，木以乌木和花梨木最好，一套价值高达百贯，象牙的更贵，对雕刻者的水平也很重视。

⑦管定：犹言占定，亦即有"固定"之意。

⑧人家：住户。牌额：匾额。此处有店铺招牌、住房门牌之意。

⑨时节：四时的节日。

【译文】

那些焊补金属器皿、洗镜补锅、箍桶、整治修理日常工具、钉补鞋底、洗刷腰带、修理幞头帽子、修补角冠、每天供应印制盘香的匠人，则会分管相应店铺、人家的匾额门牌，每逢四时节日就会上门施送印制的佛像等物品。

　　其供人家打水者，各有地分坊巷，及有使漆①、打钗环②、荷大斧斫柴③、换扇子柄、供香饼子④、炭团⑤，夏月则有洗毡⑥、淘井者⑦，举意皆在目前⑧。

【注释】

①使漆：从事涂漆的工作。

②钗环：钗簪与耳环。

③荷（hè）：扛。斫（zhuó）柴：劈柴。用斧头等由纵面劈开木材。斫，用刀斧砍。

④香饼子：古时香料制成的小饼叫做"香饼"，可以佩戴或燃烧。明代农学家邝璠所撰《便民图纂》中有"作香饼"之法：用坚硬木灰三斤，杵细。黄丹、定粉、针砂、牙硝各半两，入炭末。烂煮枣一斤，去皮核。共拌匀，作饼子。若枣肉少，以煮枣法和之。一饼可烧一天。

⑤炭团：用炭屑制成的团状炭。

⑥洗毡：洗涤毛织物。毡，羊毛或其他动物的毛经加工制成的块片

状材料。可用作铺垫及制作御寒物品、鞋帽料等。

⑦淘井：对井底、井壁、井口、井台进行全面彻底的清理维修。淘井是个力气活，工作量大，辛苦劳累。淘井一般都在夏季进行，此时温度高，气候炎热，适宜在井下作业，即使衣衫单薄，也不会被寒气所伤，便于淘井人清理杂物。

⑧举意：涉想，动念。

【译文】

那些专为人家打水的人，各有自己分管的街坊里巷。城中还有涂漆、打制发钗耳环、扛着大斧子劈柴、换扇子柄、供应香饼子、炭团的人，夏天还有清洗毡毯、淘井的人，想要找人做事，随时都在眼前。

或军营放停乐人①，动鼓乐于空闲，就坊巷引小儿、妇女观看，散糖果子之类，谓之"卖梅子"②，又谓之"把街"。

【注释】

①军营放停乐人：从军乐队中拣放出来的鼓吹演奏艺人。放停，宋代产生的词汇，指军队中的军人因年老体弱等原因停止服役，退伍。北宋邵博《邵氏闻见录》："有放停卒自陈乞添租划佃某人官田者，公（按，即李复圭）曰：'汝拣停之兵，如何能佃官田？'卒曰：'筋力未衰也。'公曰：'汝以衰故拣停，即未衰，却合充军。'呼刺字人刺元军分，人皆称之。"乐人，鼓吹演奏艺人。宋代军中吹鼓乐人也要承担国家大典礼的演奏。《宋会要辑稿·舆服三》："初，太祖受命，承五代之后，损省浮长，而鼓吹局工多阙，每举大礼，一切取于军隶以足之。……后遂为常。……（仁宗天圣）九年四月十一日诏：'天武鸣角手自来止有节级二人部辖，今立武严指挥，已差指挥使、正副都头、十将、将、虞候、承局、押官等，向去有阙，即拣精习鸣角长行，送步军司，以次补填。兵士如有年老疾患、不

堪祗应,即依例放停,却于本指挥内选鸣角精习子弟送步军司充
填阙额。"

②卖梅子:据伊永文《东京梦华录笺注》,散糖果子之所以称为"卖
梅子",盖因梅子甚甜,可为糖之代表,故又称为"糖梅"。

【译文】

间或有从军营中拣放出来、停止服役的鼓吹艺人,在都市的空闲处
打鼓奏乐,到街坊里巷里招引小孩、妇女前来观看,会散发糖果子之类的
食物,称作"卖梅子",又叫"把街"。

每日如宅舍宫院前,则有就门卖羊肉、头、肚、腰子、白
肠、鹑、兔、鱼、虾、退毛鸡鸭、蛤蜊、螃蟹、杂㹠[1]、香药果子,
博卖冠梳[2]、领抹、头面、衣着、动使、铜铁器、衣箱、磁器之
类[3]。亦有扑上件物事者[4],谓之"勘宅"。

【注释】

①杂㹠(yù):一种腌藏食品。㹠,将肉类在油中熬熟,拌以盐、酒和
佐料,油渍在瓮中,以备取食。

②博卖:宋元时民间流行的一种博戏,用钱币作博具,以钱的正、反
面定胜负。小商贩也用这种博戏手法作为推销手段,买家获胜,
即可折价购物。

③磁器:本谓磁州窑所产的瓷制品,后泛指瓷制器具。

④扑:赌博。商人的商品既可以卖,亦可以扑。双方约定好价格,用
铜钱六枚,称"头钱",在瓦罐内或地下掷,根据头钱正反面的多
少来判定输赢。赢则可以直接取走所扑物品,输则需要付钱买走。
参见"博卖"条注。

【译文】

每日到那富家宅邸院落前,则有上门卖羊肉、头、肚、腰子、白肠、鹑

鹑、兔、鱼、虾、退毛鸡鸭、蛤蜊、螃蟹、腌藏肉食、香药果子等，也有以钱作赌具，搏卖冠梳、领抹、头面、衣着、日常用具、铜铁器、衣箱、瓷器之类的东西的。也有直接赌以上物件的，叫"勘宅"。

其后街或闲空处，团转盖局屋①，向背聚居②，谓之"院子"。皆小民居止③，每日卖蒸梨枣④、黄糕糜、宿蒸饼⑤、发牙豆之类⑥。

【注释】

①团转：绕着周围转。局：狭小，狭隘。

②向背：本指正面与背面，此指房屋的前后相向相背。

③小民：普通百姓。居止：居住，停留。

④蒸梨枣：先蒸梨，再与枣一并，用冰糖水、蜂蜜慢火煎煮，食之可止口干。现在开封仍有这种做法。

⑤宿蒸饼：蒸饼即馒头，亦叫"笼饼"。宿蒸饼，或指隔日已蒸好的馒头。南宋林洪《山家清供·酥琼叶》："宿蒸饼，薄切，涂以蜜，或以油，就火上炙，铺纸地上散火气，甚松脆，且止痰化食。杨诚斋诗云：'削成琼叶片，嚼作雪花声。'形容尽善矣。"

⑥发牙豆：发芽豆。即今之豆嘴或豆芽。

【译文】

城中的后街或闲空之处，人们团团盖起狭窄的屋舍，相向相背集中住在一起，称为"院子"。这些屋舍都是普通百姓居住，每日出去卖蒸梨枣、黄糕糜、隔宿馒头、发芽豆之类的食品。

每遇春时，官中差人夫监淘在城渠①。别开坑，盛淘出者泥，谓之"泥盆"，候官差人来检视了，方盖覆。夜间出入，月黑,宜照管也②。

【注释】

①官中差人夫监淘在城渠:《宋史·河渠志四》:"汴都地广平,赖沟渠以行水潦。……(真宗景德)三年,分遣入内内侍八人,督京城内外坊里开浚沟渠。先是,京都每岁春浚沟渎,而势家豪族有不即施工者。帝闻之,遣使分视,自是不复有稽迟者。以至雨潦暴集,无所壅遏,都人赖之。大中祥符三年,遣供备库使谢德权治沟洫,导太一宫积水抵陈留界,入亳州涡河。五年三月,帝宣示宰臣曰:'京师所开沟渠,虽屡钤辖,仍令内侍分察吏扰。'……徽宗大观元年七月,以京城霖雨,水浸居民,道路不通,遣官分督疏导。"人夫,壮丁。淘,挖掘疏浚。

②"夜间出入"几句:这是讲淘渠时应该注意的情况。春季淘渠时,施工现场情况复杂,常有误坠沟渠中甚至丧命者。北宋诗人梅尧臣《淘渠》诗中描述其混乱危险之状:"开春沟,呋春泥。五步掘一堑,当途如坏堤。车无行辙马无蹊,遮截门户鸡犬迷。屈曲措足高复低,芒鞋苔滑雨凄凄。老翁夜行无子携,眼昏失脚非有挤。明日寻者尔瘦妻,手提幼女哭嘶嘶。金吾司街务欲齐,不管人死兽颠啼。"宋人魏泰《东轩笔录》曾记载京师淘渠时,礼部三位考生不慎跌入渠中的奇遇:"礼部引试举人,常在正月末,及试经学,已在二月中旬,京师适淘渠矣。旧省前乃大渠,有三礼生就试,误坠渠中,举体沾湿。仲春尚寒,晨兴尤甚,三礼者不胜其苦。"宋人张师正《括异志·李氏婢》则记述了一个坠入沟中被人搭救的老妇人的故事:"有李某,屡典郡,既卒,家人归京师借居。有老婢,凡京城巷陌,无不知者,家之贸易、饮膳、衣着泊亲家传导往来,悉赖焉,邑君爱之如儿侄。明道春,方淘沟,俾至亲家通起居,抵暮不归,数日寻访无迹。邑君曰:'是媪苦风眩疾作,坠沟死矣。'即

命诸婢设灵座祭焉，家之吉凶，亦来报，邑君泣曰：'是媪虽死，不忘吾家。'明年春，自外来，家人皆以为鬼也。媪拜曰：'去岁令妾传语某人，至某处，风眩作，堕沟中。某人宅主姥见之，令人拯出，涤去秽污，加以药饵，得不死，某誓佣一年以报。今既期，即辞归。'往询某氏，果然。"照管，照应。

【译文】

每逢春天，官府中差人监督疏浚京城中的沟渠。另外挖坑，盛放挖出的河泥，称为"泥盆"，需要等候官府差人来检查视察完毕，方才填盖。夜间出入，月黑之夜，应该注意照应。

卷四

军头司

【题解】

本条 320 余字,以"军头司"为题,即卷一"外诸司"中的"军头引见司"(全称"御前忠佐军头引见司"),是入内内侍省下属机构,掌管禁卫军入见便殿呈试武艺、诸路部送罪人至阙下引对、决遣等事。

禁军被称为"天子之卫兵,以守京师,备征戍"(《宋史·兵志一》),是北宋的中央军、正规军,也称"上军"。禁军在宋初分属殿前司和侍卫司,合称"二司"。不久,演变为殿前司与马军司、步军司"三衙",有时也称"三司",这一过程完成于真宗景德二年(1005)后。

北宋建立时,除了部分禁军驻扎在河北地区之外,大部分禁军都驻扎在首都东京开封及附近地区。在北宋的大部分时间,禁军军营都是东京城里最常见的场景,这在宋人的记载中屡见不鲜,如晁说之《负薪对》:"祖宗之旧制,城外之兵营,棋布相望,而警欬之音,日夜彻乎数百里之间。"王应麟《玉海》:"庆历、治平年间,禁、厢之籍至百余万,新城里外,连营相望。"本书卷二"马行街铺席"中也记录了北宋末年徽、钦时期景象:"马行北去,旧封丘门外,祆庙斜街、州北瓦子。新封丘门大街,两边民户铺席,外余诸班直军营,相对至门,约十里余。"本条则专门介绍东京城中的各类禁军和厢军,包括军队番号、编制、驻地、轮戍制度以及职能等。

军头司每旬休①，按阅内等子②、相扑手③、剑棒手格斗④。

【注释】

①旬休：唐宋时期，官员每十日休假一天，故称"旬休"。

②按阅：巡视。内等子：皇宫中的禁卫。本书卷六"元宵"中有"近门亦有内等子班直排立"，"十四日车驾幸五岳观"中有"近侍余官皆服紫、绯、绿公服。三衙、太尉、知阁、御带罗列前导。两边皆内等子"。等子，卫兵。宋制，担任御前仪卫的军职人员中有"等子"，隶属于军头引见司。北宋赵昇《朝野类要·故事》："军头引见司等子，旧是诸州解发强勇之人，经由递传至京师。今则只取殿前旧司捧日等指挥人兵拣为之。……等子之上，谓之'忠佐军头'，皆由百司人兵亲兵及随龙人年劳升为之，或幕士带之。"

③相扑手：相扑选手。相扑，古称"角觝"，古代体育活动项目之一。起源于战国时期，秦汉隋唐均十分盛行。唐代长安称之为"相扑"，是宫廷、军队中的主要游戏之一。宋元以后，多称为"相扑""争交"。其方法为两两相当的壮士，裸袒相搏，以争胜负，类似于今天的摔跤。唐代长安凡有会宴游乐，多演角觝之戏。宋人高承《事物纪原·角觝》："今相扑也。《汉武故事》曰：'角觝，昔六国时所造。'《史记》：'秦二世在甘泉宫作乐、角觝。'注云：'战国时，增讲武，以为戏乐相夸，角其材力以相觝斗，两两相当也。汉武帝好之。'"本书卷六"京瓦伎艺"中有"小儿相扑"，卷八"二十四日神保观神生日"所呈百戏中也有相扑。

④剑棒手：指使用剑、棒者。

【译文】

军头司每旬休假一天，巡视内等子、相扑手、剑棒手的格斗训练。

诸军营：殿前指挥使直在禁中，有左右班①。内殿直、散员、散都头、散直、散指挥②。御龙左右直（系打御从物）、御龙骨朵子直、弓箭直、弩直③。习驭直④、骑御马⑤。钩容直⑥。招箭班、金枪班、银枪班、殿侍诸军东西五班、常入祗候⑦。每日教阅野战。每遇诸路解到武艺人⑧，对御格斗⑨。

【注释】

①殿前指挥使直在禁中，有左右班：殿前指挥使，殿前司诸班之一。《宋史·兵志一》附注曰："左右班二。宋初，以旧府亲从带甲之士及诸班军骑中选武艺绝伦者充。"《宋史·仪卫志二》："宋初，三驾皆以待礼事。车驾近出，止用常从以行。其旧仪，殿前司随驾马队，凡诸班直内，殿前指挥使全班祗应：左班七十六人，二十四人在驾前左边引驾，五十二人作两队随驾；右班七十七人，二十四人在驾前右边引驾，五十三人在驾后作两队随驾，二十七人第一队，二十六人第二队。"据此，宋代殿前指挥使左右两班合计约有禁卫一百五十三人。本书卷六"十四日车驾幸五岳观"中有详细描述。使、直，指挥使、班直。

②内殿直、散员、散都头、散直、散指挥：均为北宋禁军番号，属于殿前司诸班禁军。《宋史·仪卫志二》："行幸仪卫：……内殿直五十四人，散员六十四人，散指挥六十四人，散都头五十四人，散祗候五十四人。"内殿直，北宋时共有左右四班，即内殿直左第一、第二班与内殿直右第一、第二班。散员，北宋时共有左右四班，包括散员左第一、第二班和散员右第一、第二班。散都头，北宋时分左班与右班，共有两班。散直、散指挥，北宋时各有左右四班，即散直左第一、第二班与散直右第一、第二班，散指挥左第一、第二班与散指挥右第一、第二班。

③御龙左右直（系打御从物）、御龙骨朵子直、弓箭直、弩直：均为北宋禁军番号，属于殿前司诸直禁军，合称"御龙诸直"。《宋

史·仪卫志二》》:"行幸仪卫：……御龙直百四十二人，御龙骨朵子直二百二十人，并全班祗应。御龙弓箭直百三十三人，御龙弩直百三十三人。"御龙直，宋初称为"簇御马直"，太平兴国二年（977）改称"簇御龙直"，后又改为"御龙直"。分左、右两直（《宋史·兵志一》附注）。打御从物，即执御用出行物品。本书卷六"十四日车驾幸五岳观"中有"执御从物，如金交椅、唾盂、水罐、果垒、掌扇、缨绋之类"。打，拿着，举着，如"打幡""打旗"之"打"。御龙骨朵子直，因其手执骨朵，故称。旧号"骨朵子直"，太平兴国二年（977）改为"御龙散手直"，后改今名。分左、右两直。骨朵，原为兵器，是一长棒，顶端缀一蒜形或蒺藜形的头，以铁或坚木制成。唐代以后用作刑杖，宋代以后并用为仪仗，俗称"金瓜"。弓箭直，御龙弓箭直，选禁军步军天武诸军中材貌魁杰者充任，分第一、二、三、四、五直。弩直，御龙弩直，分第一、二、三、四、五直。

④习驭直：《宋史·兵志》未见记载。《旧唐书·职官志三·殿中省》中，"掌内外闲厩之马"的尚乘局中，有"直官二十人，习驭五百人"，其中习驭始置于唐高宗时期，"掌调六闲之马"。据此推测，北宋"习驭直"亦应为负责调训御马的禁军。

⑤骑御马：骑御马直，为骐骥院属下禁军，"太平兴国二年置，分左右番。八年，分为二直。其后增置八直"（《宋史·兵志一》），其职能为"应奉常朝殿御马及车驾行幸引驾、从马等随马祗应事务"。

⑥钧容直：宋代禁军番号名，隶属殿前司，属于诸班骑军。钧容直是从禁军中选拔组成的仪仗乐队，以骑吹形式，在御驾出行时演奏教坊音乐。《宋史·乐志十七》："钧容直，亦军乐也。太平兴国三年，诏籍军中之善乐者，命曰'引龙直'。每巡省游幸，则骑导车驾而奏乐；若御楼观灯、赐酺，则载第一山车。端拱二年，又选捧日、天武、拱圣军晓畅音律者，增多其数，以中使监视，藩臣以乐工上贡者亦隶之。淳化四年，改名'钧容直'，取钧天之义。"

⑦招箭班、金枪班、银枪班、殿侍诸军东西五班、常入祗候：均为北宋
禁军番号，属于殿前司诸班禁军。《宋史·仪卫志二》："散祗候
五十四人，金枪五十四人，茶酒班祗应殿侍百五十七人，东第二班
长入祗候殿侍十八人，……招箭班三十五人……。"招箭班，宋
初已经出现，最初应属独立建制单位，是与诸班直并行的皇帝行
幸仪卫之一。后一度归属东西班统领，神宗后又独立成班。作为
北宋殿前诸班之一，招箭班的职责是禁卫皇宫，另外也有为外国
使者表演射技或陪伴皇帝射箭娱乐的任务，本书卷六"元旦朝会"
有为大辽使人"南御苑射弓"的记载，卷七"驾诣射殿射弓"中有
陪皇帝射箭的详细记述。金枪班，《宋史·兵志一》"金枪班"附
注对北宋前期金枪班之编制、兵员与来源进行了简单介绍："左右
班二，旧名'内直'。太平兴国初，改选诸军中善用枪槊者增补。"
银枪班，应为南宋所增。殿侍诸军东西五班，东西班，五代后晋时
已是皇帝的近卫侍从，入宋后，成为殿前诸班之一，称呼不时稍作
变化，有"东西班承旨""东西班殿侍""东西班侍"等。东西班
人员编成比较复杂，《宋史·兵志一》"东西班"附注曰："弩手、
龙旗直、招箭班共十二，旧号'东西班承旨'。淳化二年改为殿前
侍，东西各第一、第二弩手、龙旗直班六，并带甲，选诸班及不带甲
班增补。"《宋会要辑稿·兵六》记载，真宗大中祥符元年（1008）
三月，宋廷"增置东西班殿侍院一于彰化桥北"。常入祗候，应为
"长入祗候"。《宋史·兵志十》："凡诸军转员后，取殿前指挥使、
长入祗候填行门，取东西班长入祗候、殿侍、诸班直充诸班押班、
诸军将校者，皆亲阅。"

⑧路：宋代最高行政区域名。北宋初期，基本仿照唐制，全国分为
十三道。太平兴国四年（979）设二十一路，此后递有增减，至道
三年（997）始定天下为十五路：京西路、京东路、河北路、河东路、
陕西路、淮南路、江南路、两浙路、福建路、荆湖南路、荆湖北路、广

南东路、广南西路、西川路、峡西路。天禧四年（1020）增至十八路，熙宁七年（1074）增至二十三路，京畿所在的开封府不在二十三路之列。崇宁四年（1105），宋徽宗将国都开封府置为京畿路，合称为二十四路。

⑨对御：谓皇帝赐宴，与群臣共饮。宋人蔡绦《铁围山丛谈》："至凡大礼后恭谢，上元节游春，或幸金明池琼花，从臣皆扈跸而随车驾，有小燕，谓之'对御'。"

【译文】

各处军营：殿前指挥使直驻扎在宫中，有左右两班。殿前司诸班禁军还有内殿直、散员、散都头、散直、散指挥。殿前司诸直禁军包括御龙左右直（乃是打御从物）、御龙骨朵子直、御龙弓箭直、御龙弩直。习驭直、骑御马、钩容直。殿前司诸班禁军还有招箭班、金枪班、银枪班、殿侍诸军东西五班、长入祗候。每日教习检阅野战阵容。每当遇到各路解送有武艺之人到京，则在皇帝赐宴群臣共饮时表演格斗。

天武①、捧日②、龙卫③、神卫④，各二十指挥⑤，谓之"上四军"⑥，不出戍⑦。

【注释】

①天武：即天武军，北宋禁军番号，隶属殿前司。旧名"控鹤"，太宗太平兴国二年（977），"以美名易禁军旧号"，改名"天武"。职掌为守京师、备征戍、供仪卫，并分管京师开封旧城右厢及殿前司马军（南宋王应麟《玉海·宋朝四厢军》）。《宋史·兵志二》："天武，并宽衣、锯直、左射，总三十四。京师三十三，咸平一。熙宁二年，并三十三为二十三。九年，废左射。元丰元年，并陈留第七军第一隶咸平第五军第一。十月，废宽衣天武。二年，废第五军，咸平第一改雄武弩手。九月，诏勿改，惟阙弗填。四年，废锯直。绍圣

元年十一月,引进副使宋球言:'自立殿前司以来,有宽衣天武一指挥,充驾出禁卫围子,常守把在内诸门。熙宁中废并,禁围只差天武,皇城诸门更不差人。乞复置宽衣一指挥。或不欲添置,乞将天武本军内,以一指挥为宽衣天武。'诏:禁围子合用天武人兵,令殿前司今后并选定四十已上、有行止无过犯、不系新招拣到人充,遇阙选填。"

② 捧日:即捧日军,北宋禁军番号,隶属殿前司。旧名"铁骑",太宗太平兴国二年(977),"以美名易禁军旧号",改名"日骑"。雍熙四年(987)改"捧日"。职掌为守京师、备征戍、供仪卫,并分管京师开封旧城左厢及殿前司马军(南宋王应麟《玉海·宋朝四厢军》)。

③ 龙卫:即龙卫军,北宋禁军番号,隶属侍卫马军司。旧名"龙捷",太宗太平兴国二年(977),"以美名易禁军旧号",改名"龙卫"。职掌为守京师、备征戍、供仪卫,并分管京师开封新城左厢及马军司马军(南宋王应麟《玉海·宋朝四厢军》)。

④ 神卫:即神卫军,北宋禁军番号,隶属侍卫步军司。旧名"虎捷",太宗太平兴国二年(977),"以美名易禁军旧号",改名"神卫"。职掌为守京师、备征戍、供仪卫,并分管京师开封新城右厢及步军司马军(南宋王应麟《玉海·宋朝四厢军》)。

⑤ 各二十指挥:宋代禁军为厢、军、营、都的四级建制。北宋曾公亮《武经总要·军制》:"本朝……禁军……大凡百人为都,五都为营,五营为军,十军为厢。"指挥,即营,为军队编制单位。天武、捧日、龙卫、神卫这四个番号旗下的部队编制是每个番号分左、右厢,每厢分两个军(原为三军,熙丰时期裁撤一军),每军分五个指挥,故而"各二十指挥"。一都百人,五都为一指挥,一指挥为五百人,二十指挥即为一万人。

⑥ 上四军:北宋禁兵月俸钱一贯者,称"上禁兵"。上禁兵仅有捧日、

天武、龙卫、神卫四军，故称"上四军"。这是北宋禁军中最精锐的力量，是根据武技与身材等素质水准，从禁军中层层筛选出来的。元人马端临《文献通考·兵考七》记载了仁宗时的禁军选补之法，"凡入上四军者，捧日、天武弓以九斗，龙卫、神卫弓以七斗，天武弩以二石七斗，神卫弩以二石三斗为中格。"

⑦戍：守边。

【译文】

天武军、捧日军、龙卫军、神卫军，各有部属二十指挥，称为"上四军"，不必离京戍守边境。

骁骑①、云骑②、拱圣③、龙猛④、龙骑⑤，各十指挥⑥。

【注释】

①骁骑：北宋禁军骑兵编制，属殿前司诸军。

②云骑：北宋禁军骑兵编制，隶属侍卫马军司。五代时为左、右备征，北宋太祖建隆二年（961），改称"云骑军"。共十五指挥，其中驻京十一指挥，四指挥驻外（《宋史·兵志一》）。

③拱圣：北宋禁军骑兵编制，属殿前司诸军。宋人叶梦得《石林燕语》："狄武襄状貌奇伟，初隶拱圣籍中，为延州指挥使。"清人钱大昕《十驾斋养新录·宋金官印》："按《宋史·兵志》：'拱圣指挥二十一。乾德中，选诸州骑兵送阙下，立为骁雄，后改骁猛。雍熙四年，又改拱辰，未几改今名。'盖拱圣为殿前司所属禁军之一。"

④龙猛：北宋禁军骑兵编制，属殿前司诸军。太宗时增设的番号，"太平兴国中，拣阅龙骑及诸州部送招获群盗，取其材勇者立"。淳化四年（993），"又择精悍者为教阅龙猛以备禽盗，在本军之上"。共八指挥。（《宋史·兵志一》）《续资治通鉴·宋纪十八》：淳化五年（994），"京兆剧贼焦四等，啸聚数百人，劫掠居民，为三辅

害。帝令悬赏招募,待以不死。焦四等请罪自归,各赐锦袍、银带、衣服、缗钱,并擢为龙猛军使。"

⑤龙骑:北宋禁军骑兵编制,属殿前司诸军。太祖时建立,号"有马步人",见阵即步斗。旧有八指挥,仁宗康定年间(1040—1041)增置为二十指挥,分三军。四指挥驻京,其余驻外(《宋史·兵志一》)。

⑥各十指挥:即各五千人。北宋仁宗时期编成的《武经总要·日阅法》记载:"国朝军制,凡五百人为一指挥。"这里的"指挥"是兵力计算单位。至于此书所记指挥数与《宋史》所记不同,还有待研究。

【译文】

骁骑、云骑、拱圣、龙猛、龙骑诸军,各有部属十指挥。

　　殿前司、步军司有虎翼①,各二十指挥;虎翼水军②、宣武③,各十五指挥。神勇④、广勇⑤,各十指挥。飞山⑥、床子弩⑦、雄武⑧、广固等指挥⑨。

【注释】

①虎翼:虎翼军,北宋禁军番号。《宋史·太宗本纪二》:雍熙四年(987)夏五月丙寅,"改上铁林为殿前司虎翼,……侍卫步军司铁林为侍卫司虎翼"。《宋史·兵志一》:"虎翼:太平兴国中,拣雄武弩手,立为上铁林,又于雄武、定远、宁胜床子弩手、飞山雄武等军选劲兵,以增其数。雍熙四年,改分左、右四军。淳化四年,选本军精锐者为上虎翼,以备禽盗。"《宋会要辑稿·兵二六》:"真宗景德二年六月,诏步军司虎翼兵士,并给随身黑漆寸扎弩,常令调习。旧例:止殿前司虎翼除战阵给随身黑漆寸扎弩。至是,并步军虎翼亦给焉。"

②虎翼水军：北宋禁军番号，殿前司和侍卫步军司均有虎翼水军建制。《宋史·兵志一》："大中祥符六年，诏在京诸军选江、淮士卒善水者，习战于金明池，立为虎翼水军。"

③宣武：宣武军，北宋禁军番号，驻防京师，属殿前司诸军。据《宋史·兵志一》，"太平兴国二年，并效节、忠猛二军立，又选诸军及乡兵增之。"

④神勇：神勇军，北宋禁军番号，属殿前司诸军。据《宋史·兵志一》，"乾德中，拣阅诸军壮实而大体者，立为雄威。太平兴国二年，改为雄勇。雍熙四年改今名。"

⑤广勇：广勇军，北宋禁军番号，属殿前司诸军。据《宋史·兵志一》，"淳化二年，选神射、鞭箭、雄武、效忠等军强壮善射者，立为广武，大中祥符二年改今名。"

⑥飞山：即飞山雄武，北宋禁军番号，属侍卫步军司。飞山雄武属于炮兵，驻扎于彰化桥以北的外城城北或城郊地区。南宋王应麟《玉海·天禧飞山雄武尝习战阵》："天禧二年四月戊子，幸彰化桥北飞山雄武营教场，驻跸幄殿，命诸军卫士发炮石，习战阵。艺精者四十四人迁擢。宴从臣。仁宗十有二年，幸安肃教场，观飞山雄武发炮。"这一禁军属于北宋三衙中的特殊编制，番号下直接是营（指挥），每营五个都，每都一百人。

⑦床子弩：即床子弩雄武，北宋禁军番号，属侍卫步军司。床子弩，又叫"床弩"，是在唐代绞车弩的基础上发展而来的，将两张或三张弓结合在一起，大大加强了弩的张力和强度。张弩时，用粗壮的绳索把弩弦扣连在绞车上，战士们摇转绞车，张开弩弦，安好巨箭，放射时，要由士兵用大锤猛击扳机，机发弦弹，把箭射向远方。南宋王应麟《玉海·熙宁弓式》："元丰四年七月二十一日，泾原经略言：按《武经总要》有三弓八牛床子弩，射及二百余步，用一枪三剑箭，最为利器，攻守皆可用。戎监言弩重千余斤，难致，乃

图其样颁之。"床子弩雄武这一禁军,属于北宋三衙中的特殊编制,番号下直接是营(指挥),每营五个都,每都一百人。

⑧雄武:雄武军,北宋禁军番号,属侍卫步军司。始建于乾德年间(963—967)。南宋王应麟《玉海·乾德骁雄、雄武军》:"乾德三年八月戊戌朔,诏郡国选兵之骁勇者部送阙下。九月二日己巳,诸道藩郡长吏先奉诏于本城兵士内选择骁勇者相继到阙。太祖御讲武殿亲阅之,中选者万余人。以骑军为骁雄,步军为雄武。仍命武臣习其行阵之势,教以申严之令。二军并隶侍卫亲军。"之后又增加了雄武弩手、床子弩雄武、拣中雄武、飞山雄武、拣中归明雄武等,分驻京师及各地。"熙宁五年,废拣中雄武。闰七月,并床子弩雄武、飞山雄武各五为二。六年,废雄武。"(《宋史·兵志一》)

⑨广固:北宋禁军番号,属侍卫步军司。崇宁三年(1104)置。《宋史·兵志一》:"崇宁三年,诏添置广固兵四指挥,以备京城工役。政和五年(1115),诏于四指挥各增置五百人入额,自今更勿差客军。"

【译文】

殿前司、侍卫步军司均有虎翼军,各有二十指挥;虎翼水军、宣武军,各有十五指挥。神勇军、广勇军,各有十指挥。还有飞山雄武、床子弩雄武、雄武、广固等指挥。

诸司则宣效①、六军②、武肃、武和③、街道司诸司④。诸军指挥,动以百数。

【注释】

①宣效:北宋禁军番号,隶属侍卫步军司。据《宋史·兵志一》"建隆以来之制",宣效军是真宗咸平三年((1000)选六军、密务、军

营务、天驷监效役、店宅务、州兵而成立。景德元年（1004），又拣本军材勇者，为拣中宣效。原有五指挥，后逐渐减为二指挥，驻扎京师。

②六军：六军起源于唐肃宗时禁军左右龙武、左右羽林、左右神武，即所谓的"北衙六军"，曾是唐代后期禁卫军主体，号称"天子之兵"。五代时期，六军的实力及名称续有变化，后期已经名存实亡。宋代仍然保留"六军"称谓，但是在招募时可以不按等杖，已经变成不上战场、专备搭材之类杂役的厢军了。神宗熙宁七年（1069）所颁布的禁军番号中，侍卫步军司所属禁军中有"拣中六军（左龙武、右龙武、左羽林、右羽林、左神武、右神武）"，是从"六军"中拣选出的身材、武技、年龄等相对较优的士兵。徽宗宣和二年（1120），六军和拣中六军被合并为广效军，"拣中六军作第一指挥，左龙武第二，左羽林第三，左神武第四，右龙武第五，右羽林第六，右神武第七"（《宋史·兵志一》）。

③武肃、武和：据《宋史·兵志三》所载"熙宁以后之制"，侍卫步军司中有左右武肃、武和，为驻防开封的禁军。

④街道司：官署名，始设于太宗太平兴国二年（977），景德四年（1007）并入东西八作司。天圣元年（1023），街道司又分出独立。宝元元年（1039）街道司再次废除，其职责由东西八作司领管。嘉祐二年（1057）又重置街道司。街道司设有勾当官二员，由武臣大使臣或三班使臣差充，指挥五百兵士，各穿青衫子一领。嘉祐三年（1058）之后隶属于都水监。街道司的职责主要包括修治街道、疏导积水、打扫卫生，巡视街道、管理交通、查处侵街店铺、管理市场等。

【译文】

诸司则有宣效军、六军、武肃军、武和军、街道司诸司。各军所属指挥，动辄数以百计。

诸宫观^①、宅院^②，各有清卫^③、厢军禁军剩员十指挥^④。

【注释】

①宫观：供帝王游憩的宫观。

②宅院：本指带院落的宅子，此处亦指帝王冶游之地。

③清卫：北宋禁军番号，隶属侍卫步军司。据《宋史·兵志一》，大中祥符八年（1015）"置禁军左右清卫二指挥，在雄武弩手之上，散卒月给铁钱五百，以奉宫观"，"左右清卫……以奉诸宫观洒扫之役"。徽宗宣和七年（1125）裁撤。又据《宋史·乐志十七》中载："清卫军习乐者，令钧容直教之，内侍主其事，园苑赐会及馆待契丹使人。"据此可知，清卫军中有一部分兵士还承担着在园苑赐会和招待契丹国使者时的音乐演奏任务，其演奏表演性质可能接近于钧容直。

④厢军禁军剩员：指从厢军、禁军中淘汰的军士。剩员，宋代军士名目。禁兵、厢兵、士兵因年老或疾病，不任征戍，保留军籍，减削军俸，在军中从事杂役，称"剩员"。厢军，宋初选诸州募兵之壮勇者，送京师充禁军。其余留驻各州，不加训练，只充劳役，称为"厢军"，也叫"厢兵"。仁宗时始训练部分厢军以备战守。

【译文】

各处宫观、宅院，各有清卫、厢军禁军剩员十指挥。

其余工匠：修内司^①、八作司^②、广固作坊^③、后苑作坊^④、书艺局^⑤、绫锦院^⑥、文绣院^⑦、内酒坊、法酒库^⑧、牛羊司^⑨、酒醋库^⑩、仪鸾司^⑪、翰林司^⑫、喝探^⑬、武严^⑭、辇官^⑮、车子院^⑯、皇城司亲从官、亲事官^⑰、上下宫^⑱、皇城黄皂院子^⑲、涤除^⑳，各有指挥，记省不尽^㉑。

【注释】

① 修内司：即提举修内司，下设提举内中修造所和提举在内修造所两个机构，前者负责宫城内的宫殿等的营修事务，后者负责太庙等的营修事务。《宋会要辑稿·职官三》："提举修内司，领雄武兵士千人，供皇城内官省垣宇缮修之事。"

② 八作司：《宋会要辑稿·职官三》："东西八作司，旧分两使，止一司。太平兴国二年，分两司。景德四年，并一司，监官通掌。天圣元年，始分置官局，东司在安仁坊，西司在安定坊。勾当官各三人，以诸司使副及内侍充。其八作曰泥作、赤白作、桐油作、石作、瓦作、竹作、砖作、井作。又有广备指挥，主城之事。总二十一作，曰大木作、锯匠作、小木作、皮作、大炉作、小炉作、麻作、石作、砖作、泥作、井作、赤白作、桶作、瓦作、竹作、猛火油作、钉铰作、火药作、金火作、青窑作、窟子作。二坊领杂役广备四指挥、工匠三指挥。"

③ 广固作坊：属广固军。《宋史·兵志二》："崇宁三年，诏添置广固兵四指挥，以备京城工役。政和五年，诏于四指挥各增量五百人入额，自今更勿差客军。"

④ 后苑作坊：即后苑造作所，专掌制造宫廷生活所需及皇族婚娶名物，属入内内侍省。以内侍三人监，领生色作、缕金作、烧朱作、腰带作等七十四作。《宋会要辑稿·职官三六》引《两朝国史志》："后苑造作所，监官三人，以内侍充，掌造禁中及皇属婚娶之名物。专典十二人，兵校及匠役四百三十六人。"

⑤ 书艺局：翰林院所设四局之一。《宋会要辑稿·职官三六》引《神宗正史·职官志》："翰林院勾当官一人，以内省押班、都知充，掌艺学供奉之事，总天文、书艺、图画、医官四局。……书艺局掌书诏命赐目及供奉书籍、笔墨、琴弈。有待诏、艺学、书学祗候学生。"

⑥ 绫锦院：官署名，属少府监。掌织造锦绣，以供皇帝服饰。在东京

旧城东北的昭庆坊。《宋会要辑稿·职官二九》：太宗端拱元年
（988），将绫锦院东、西二院合一，"以京朝官、诸司使副、内侍三
人监领，兵匠千三十四人"。神宗熙宁七年（1074）十月五日，有
"减罢绫锦院工匠"的诏令。

⑦文绣院：徽宗崇宁三年（1104）在后苑造作所和文思院所属"绣
作"的基础上设置，隶少府监，"掌纂绣，以供乘舆服御及宾客祭
祀之用"（《宋史·职官志五》）。

⑧内酒坊、法酒库：均为光禄寺下属机构，位于东京内城外西北隅，
法酒库又设在内酒坊之内。《宋会要辑稿·食货五二》："在内酒
坊，专掌造供御及祠祭常供三等之法酒，以给缫祀、宴赐之用。以
京朝官诸司使、副、内侍三人监，别以内侍二人监门，匠十四人，兵
校百一十人。"法酒，按官府法定规格酿造的酒。

⑨牛羊司：官署名，属光禄寺。掌祭祀用之牲畜及宴享膳羞之用。
《宋会要辑稿·职官二一》："在普宁坊，掌畜牧羔羊栈饲，以给烹
宰之用。……以京朝官、诸司使副及三班三人监，广牧二指挥，
千一百二十六人。"

⑩油醋库：官署名，属光禄寺。宋初油库与醋库分开管理，大中祥符
二年（1009）并为一库。掌造麻油、菜油、荏油三等油及醋，元丰
改制后又加制作咸肉，以供邦国膳羞内外之用。以京朝官、三班
及内侍二人监。有油匠六十，醋匠四人。

⑪仪鸾司：官署名，属卫尉寺，掌供应皇帝祭祀、朝会、巡幸、宴享和
内廷需用的幕帘、帷帐以及有关陈设之物。《宋会要辑稿·职官
二二》："仪鸾司在拱宸门外嘉平坊，掌奉乘舆亲祠郊庙、朝会巡
幸、宴缲及内庭供帐之事。"

⑫翰林司：光禄寺所属机构。掌供奉御酒、茶汤、水果，以及皇帝游
玩、宴会、内外筵设事；兼管翰林院执役人名籍，拟定轮流值宿翰
林院名单上奏；祠祭供设神食、支拨冰雪等。

⑬喝探：宋代天子扈从仪仗中传呼喝道的禁卫士兵。亦以称巡逻声喝的士兵。《宋会要辑稿·职官三三》："龙武、羽林、神武六军，掌郊祀、朝会仪仗。判司官一人，以判金吾卫仗将军兼领。左右各三军。其局有排仗通直官、大将、仪仗押当、催驱、警场、喝探、节级、探头等。"本书卷十"车驾宿大庆殿"条，有对喝探兵士的详细描写："是夜，内殿仪卫之外，又有裹锦缘小帽、锦络缝宽衫兵士，各执银裹头黑漆杖子，谓之'喝探兵士'，十余人作一队，聚首而立，凡数十队。各一名喝曰：'是与不是？'众曰：'是！'又曰：'是甚人？'众曰：'殿前都指挥使高俅。'更互喝叫不停，或如鸡叫。"

⑭武严：武严指挥，始设于仁宗天圣八年（1030），隶太常寺鼓吹局。《宋会要辑稿·舆服三》："仁宗天圣八年五月六日，诏诸路转运司抽选鸣角手兵士升立，充武严指挥，隶太常寺。九年四月十一日诏：'天武鸣角手自来止有节级二人部辖，今立武严指挥，……如有仪仗不用鼓角处，止以武严兵士贴本寺乐工祗应。如人数少，牒步军司差诸军会乐艺人祗应。'"武严，取义于唐宋以来大驾出行前的"夜警晨严"制度。"夜警晨严"由鼓吹署的乐工负责完成，其作用一方面是为皇帝出行警戒，另一方面也是向相关部门传递特定信息，以做好出行准备。本书卷十"车驾宿大庆殿"条，有武严兵士的详细描写："又置警场于宣德门外，谓之'武严兵士'。画鼓二百面，角称之。其角皆以彩帛如小旗脚装结其上。兵士皆小帽、黄绣抹额、黄绣宽衫、青窄衬衫。日晡时、三更时，各奏严也。每奏，先鸣角；角罢，一军校执一长软藤条，上系朱拂子，擂鼓者观拂子，随其高低，以鼓声应其高下也。"

⑮辇官：辇官院所属供御辇官、次供御辇官、下都辇官的通称。辇，秦汉以后，专指帝王后妃乘坐的车子。《宋会要辑稿·职官一九》："御辇院在右承天门外，掌乘舆、步辇供奉及宫闱车乘之

事,以诸司使及内侍三人监。供御指挥使一人,副兵马使三人。辇官九十二人,主分番擎御辇;次供御辇官七十七人,主分番荷御衣箱。下都军使四人,副兵马使三人,辇官五百七十八人,分给宫中及戚里肩舆。"《宋会要辑稿·舆服一》记载,元丰年间(1078—1085)大驾卤簿中包括辇官三百七十七员。

⑯车子院:隶御辇院,职掌分配宫中及诸王宫、王子院、大长公主、公主宅的驾车,有兵士八十九人。《宋会要辑稿·职官一九》:"御辇院在右承天门外,掌乘舆、步辇供奉及宫闱车乘之事。……车院兵士八十九人,掌禁中及诸宫院驾车。"

⑰皇城司亲从官、亲事官:皇城司,宋代禁军官司名。旧名"武德司",位于东京左承天门内。执掌宫禁、周庐宿卫、刺探情报。《宋会要辑稿·职官三四》:"皇城司,在左承天门内北廊。本名'武德司',太平兴国六年十一月改今名。掌皇城管钥、木契、亲从亲事官名籍及命妇、朝会、颁冰、供内取索物及入内尼院斋料、国忌斋醮之事。以诸司使、内侍都知、押班三人勾当,后或增差,逾旧员。"有亲从、亲事官五指挥。亲从官,禁军卒,太平兴国四年(979)从亲事官中选拔有材勇者组成,隶皇城司,掌宫殿管钥契勘,皇宫内的巡察、宿卫及洒扫诸殿等事。亲事官,禁军卒,隶皇城司,掌听候应副皇城内宿卫、守门(殿门、宫门、皇城门)、稽验四色敕号等差役。皇城司,底本作"皇城官",误,径改。

⑱上下宫:指天子的祖庙。《宋史·礼志二十六》:"凡上宫用牲牢、祝册,有司奉事;下宫备膳羞,内臣执事,百官陪位。"

⑲皇城黄皂院子:隶属皇城司,穿黄色或黑色衣服的仆役,前者称"黄院子",后者称"皂院子"。院子,旧时称仆役。

⑳滁除:当指负责清扫皇宫的杂役。一说指专事清扫皇城内厕所的禁军士卒,即皇城司辖下的司圊。

㉑记省:记忆,回忆。

【译文】

　　其余工匠：有修内司、八作司、广固作坊、后苑作坊、书艺局、绫锦院、文绣院、内酒坊、法酒库、牛羊司、油醋库、仪鸾司、翰林司、喝探、武严、辇官、车子院、皇城司亲从官、亲事官、上下宫、皇城黄皂院子、滁除，各自均有所属指挥，回忆所及，不能尽记。

皇太子纳妃

【题解】

本条 37 字，专记"皇太子纳妃"所用的仪仗与音乐。孟元老于徽宗崇宁二年（1103）来到东京，钦宗靖康二年（1127）在兵乱中离开，其间虽然"频观公主下降，皇子纳妃"（《自序》），但是皇太子纳妃却应该仅有一次，即徽宗所立皇太子赵桓纳朱氏为妃，发生于政和六年（1116）。据《宋史·钦宗本纪》："（政和）五年二月乙巳，（桓）立为皇太子，大赦天下。丁巳，谒太庙。诏乘金辂、设卤簿，如至道、天禧故事，及官僚参谒并称臣，皆辞之。六年六月癸未，纳妃朱氏。"

按照古代礼制，婚礼属于"嘉礼"之一种。北宋时期的重要礼典有三部，即太祖开宝六年（973）编纂完成的《开宝通礼》、仁宗嘉祐年间（1056—1063）由欧阳修、苏洵主持编纂的《太常因革礼》，以及徽宗政和三年（1113）修成的《政和五礼新仪》。《开宝通礼》已经亡佚，《太常因革礼》与南宋时期汇编高宗、孝宗两朝已行之礼的《中兴礼书》《中兴礼书续编》两部礼书，以及元人所修《宋史·礼志》，均未列"皇太子纳妃"条目，此条仅见于《政和五礼新仪》卷一七二至一七三，应该是徽宗朝在婚嫁方面增加或特别强调的礼仪。徽宗修礼典，企图恢复《周礼》，于礼制多有变更，也有适应现实需求的目的。此前礼书之所以不收"皇太子纳妃"之仪典，实因能被立为皇太子且以此身份纳妃者，北宋仅此一例，这种礼仪实在罕有应用的机会。蔡絛《铁围山丛谈》记载了徽宗此前一年册封皇太子时，东京观礼现场发生的一件异事：赵桓被册封为皇太子，需赴太庙拜见列祖列宗，按礼应"乘金辂，建大旗"，有人却说不合礼仪，于是就在天刚亮时身着常服、骑马进入太庙，清道亲事官高呼"皇太子"，东京父老争相观欢呼。"众中一父老忽叹息曰：'我昔频睹是传呼，今久不闻此声矣。'考之仁庙，虽尝在东宫，然罕出，又未几即大位。独真宗为皇太子历年，且数出入。自至道乙未至政和甲午，为年当百二十余，则父老者又不知几何岁人。时太上方留神道家流事，闻，亟使散索，已忽不见。"孟元老此条记载，即是看热闹的旁观者眼中"皇太子纳妃"新仪典在北宋末年东京城中的亮相。

虽然路人视角决定了孟元老的记录只涉及"亲迎"队伍中的车马仪仗，却是无数南渡之人对旧都繁华的集体记忆，具有极其特殊的意义：这场世纪婚礼的男女主角，后来北宋王朝的末代皇帝与皇后，靖康之难中均被金人掳走；等到宋高宗绍兴三十二年（1162），大宋才能迎来下一位皇太子——太祖皇帝七世孙、高宗养子赵昚，也就是后来的宋孝宗。而在孟元老完成此书、写下《自序》的绍兴十七年（1147），这位二十一岁的皇子，已被高宗收养在临安皇宫中十有五年，却一直未被确定皇太子的名分。

皇太子纳妃，卤部仪仗①，宴乐②、仪卫③。妃乘厌翟车④，车上设紫色团盖⑤，四柱维幕⑥，四重大带⑦，四马驾之。

【注释】

①卤部：即卤簿。古代帝王驾出时扈从的仪仗。出行的目的不同，仪式亦各有不同。自汉以后，亦用于后妃、太子、王公大臣等。唐制，四品以上皆给卤簿。宋人叶梦得《石林燕语》："大驾仪仗，通号'卤簿'，蔡邕《独断》已有此名。唐人谓卤，橹也，甲楯之别

名。凡兵卫以甲楯居外为前导，捍蔽其先后，皆著之簿籍，故曰'卤簿'。"仪仗：古代帝王、官员等外出时护卫所持的旗帜、伞、扇、武器等。

②宴乐：多作"燕乐"。隋唐时期，在汉族及少数民族民间音乐基础上，吸收部外来音乐而形成的供宫廷宴饮、娱乐时所用音乐的统称。北宋沈括《梦溪笔谈·乐律一》："自唐天宝十三载，始诏法曲与胡部合奏，自此乐奏全失古法。以先王之乐为'雅乐'，前世新声为'清乐'，合胡部者为'宴乐'。"

③仪卫：仪仗与卫士的统称，文者称"仪"，武者称"卫"。

④厌翟（dí）车：古代后妃、公主所乘的车，因以翟羽为蔽，故称。翟，雉，长尾的野鸡。《周礼·春官·巾车》："王后之五路，重翟，锡面朱总。厌翟，勒面缋总。"注："厌翟，次其羽使相迫也。……厌翟，后从王宾飨诸侯所乘。"《政和五礼新仪·皇太子纳妃仪·亲迎》："妃出，乘厌翟车，陈卤簿如式。"《宋会要辑稿·舆服一》记载：徽宗政和三年（1113）四月二十九日，议礼局上皇后车舆之制，其中有厌翟车：赤质，其箱饰以次翟羽；紫㡩衣，红丝络网，红罗画络带，夹幔锦帷。车内设红褥及座，横辕上施立凤八。香橝设香炉、香宝，香橝饰以螭首。前后施帘，长辕三，饰以凤头，青缯裹索。驾赤骝四。此车是皇后行亲蚕礼时所乘。

⑤车上设紫色团盖：厌翟车用"紫㡩衣"，即车上张挂着紫色的帷幔。

⑥维：系。

⑦大带：指玉带。

【译文】

皇太子纳妃时，使用卤簿仪仗，宴乐时有仪卫。太子妃乘坐厌翟车，车上设有紫色圆形车盖，车厢四柱上系着帷幕，四角垂挂玉带，由四匹马驾车。

公主出降

【题解】

本条 210 余字，记录北宋末年公主出嫁的盛大场面，依次介绍水路、嫁妆、仪仗等，对于公主所乘车子的描写尤为细致，远非"皇太子纳妃"条寥寥数语可比，也比史志中的刻板记载鲜活生动。

据《宋史·公主列传》，徽宗共有三十四个女儿，有出嫁记录者九人，均应发生在北宋最后的十余年间。另外还有哲宗的两个女儿，分别于徽宗大观、政和年间出嫁，神宗幼女徐国长公主也于崇宁三年（1104）下嫁郑王潘美的曾孙。正如孟元老《自序》所言，"频观公主下降"简直成为北宋末年东京百姓的常规节目，自然有机会看得真切，记得准确。而"一旦兵火"，盛世繁华灰飞烟灭，东京汴梁城中这些最尊贵、最美丽的女子，除哲宗之女秦国康懿长公主"以先朝女留于汴"、徽宗幼女"恭福帝姬生才周晬，金人不知"，"余皆北迁"。

公主出降^①，亦设仪仗、行幕^②、步障^③、水路^④（凡亲王^⑤、公主出，则有之，皆系街道司兵级数十人^⑥，各执扫具、镀金银水桶，前导洒之^⑦，名曰"水路"）。

【注释】

①公主：帝王、诸侯之女的称号。北宋时期，以帝姑祖母为两国大长公主、帝姑母为大长公主、帝姐妹为长公主、帝女为公主，皆以美名二字为封号，婚后改以国名为封号。宋徽宗于政和三年（1113）仿周朝制度，改公主号为帝姬，并将封号从国名改为喻意吉祥的嘉名，如柔福帝姬。高宗"建炎元年六月八日，臣寮建言不便，以为古者妇人称姓，故周曰王姬，犹宋子、齐姜之类是也。本朝为商后，非姬姓，不可以称用"（南宋吴曾《能改斋漫录》），帝姬等号遂废。孟元老在汴梁所观皇帝嫁女仪式，实应为"帝姬出降"，此处之所以使用"公主出降"，或从南宋改后习称，或有不便言说的隐情。出降（jiàng）：帝王之女出嫁。因帝王位处至尊，故称"降"。《政和五礼新仪·嘉礼》中有"帝姬降嫁仪"。

②行幕：出行使用的帐幕。

③步障：用以遮蔽风尘或视线的一种屏幕。

④水路：为防止尘土飞扬，用水洒路，所谓"净水泼街"。南宋周辉《清波杂志》："旧见说汴都细车，前列数人持水罐子，旋洒路过车，以免埃墙蓬勃。"

⑤亲王：皇族中封王者称"亲王"。

⑥街道司：《宋会要辑稿·职官三〇》："（街道司）掌治京师道路，以奉乘舆出入。勾当官二员，以大使臣或三班使臣领之。"

⑦前导：在前引导、开道。

【译文】

公主出嫁，也设有仪仗、行幕、步障、水路（凡是亲王、公主出行，就有这样的排场，全都由街道司几十个兵士，各自手执洒扫用具、镀金的银水桶，在仪仗队前面洒扫开道，称为"水路"）。

用檐床数百①，铺设房卧②，并紫衫卷脚幞头天武官抬舁③。又有宫嫔数十④，皆真珠钗插⑤、吊朵⑥、玲珑簇罗头面⑦，红罗销金袍帔⑧，乘马双控双搭⑨。青盖前导，谓之"短镫"。前后用红罗销金掌扇遮簇⑩。

【注释】

①檐床：邓之诚认为当作"担（dān）床"。按，《辽史·礼志》中有"担床"，是一种带有长竿的抬舁工具，在各种礼仪场合中用来抬舁物品。其名始见于五代，在宋、辽、金时期得到广泛应用。台北故宫博物院所藏《景德四图》之一《契丹使朝聘图》中，可见担床形象：床身呈长方形，四周有挡板以防物品滑落，故右侧的十尊白瓶仅可见半个多瓶身，左侧的金铤或银铤下面的黑色部分应该是衬褥。床身下有裙襕，里面当有四足支撑。两侧则有用来"担"床的长竿，且被涂成朱红色，是其最显著的特点。担床的一大优点是抬舁物品比较方便，且便于展示所舁物品，这在呈送礼物时尤其适用，故而举凡臣僚向皇帝的进奉、公主出降时的陪嫁、帝后丧礼中的陪葬品、玉牒等重要图籍，都使用担床来抬。

②房卧：泛称铺盖衣饰，引申为嫁妆。

③紫衫：《宋史·舆服志五》："紫衫，本军校服。中兴，士大夫服之，以便戎事。绍兴九年，诏公卿、长吏服用冠带，然迄不行。二十六年，再申严禁，毋得以戎服临民，自是紫衫遂废。"天武官：即天武军。宋代社会上有将皇帝禁卫军人统称"某官"的习惯，并非一般意义上具有行政职级的朝廷官员，而是具有特殊身份，即亲近皇帝、担任扈从禁卫的禁军士卒。抬舁（yú）：合力共举。

④宫嫔（pín）：指宫女。

⑤真珠钗插：镶嵌珍珠的发钗。钗，两股笄。

⑥吊朵：妇女的一种头饰。

⑦簇罗头面：也是妇女头饰。簇罗，当指用罗编织而成。罗，质地轻

软、经纬组织显椒眼纹的丝织品。其丝或练或不练,有生罗、熟罗之分。

⑧销金:嵌金色线。袍帔(pèi):锦袍霞帔。帔,古代披在肩背上的服饰。

⑨乘马双控双搭:两匹马并排前进。控,控马,驾驭马匹,骑马。搭,配合。

⑩掌扇:即障扇,古时仪仗的一种,作大扇形,有长柄,一人擎之以行。南宋程大昌《演繁露·障扇》:"今人呼乘舆与所用扇为'掌扇',殊无义,盖障扇之讹也。江夏王义恭为宋孝武帝所忌,奏革诸侯制度,障扇不得用雉尾是也。凡扇言障,取遮蔽为义;以扇自障,通上下无害。但用雉尾饰之,即乘舆制度耳。"遮簇:遮蔽簇拥。

【译文】

　　用几百幅担床,上面铺陈着铺盖衣饰等嫁妆,都由身穿紫衫、头戴卷脚幞头的天武军官兵扛抬着。又有几十名宫女,全都头戴珍珠发钗、吊朵、罗带编织而成的精巧细致的头面,身披红罗销金的锦袍霞帔,骑着马,两两前行,双双配合。青色盖伞作为前导,称为"短镫"。队伍前后都用红罗销金的掌扇遮挡簇拥着。

　　乘金铜檐子①,覆以剪棕②。朱红梁脊,上列渗金铜铸云凤花朵③。檐子约高五尺许,深八尺,阔四尺许,内容六人。四维垂绣额珠帘④,白藤间花。匡箱之外,两壁出栏槛,皆缕金花⑤,装雕木人物、神仙。出队两竿十二人⑥,竿前后皆设绿丝绦,金鱼勾子勾定⑦。

【注释】

①檐(dàn)子:肩舆之类。唐初盛行,用竿抬,无屏障。唐人刘肃《大唐新语·厘革》:"只坐檐子,过于轻率,深失礼容。"《宋史·舆服

志二》:"龙肩舆。一名'棕檐子',一名'龙檐子',舁以二竿,故名'檐子',南渡后所制也。"宋人高承《事物纪原·檐子》:"《旧唐书·舆服志》曰:'开成末定制,宰相三公、诸司官及致仕官、疾病官,许乘檐子,如汉、魏载舆之制。'按,唐乾元以来,始用兜笼代车舆,疑自此又为檐子之制也,亦汉、魏载舆、步舆之遗事云。然则今大臣朝廷所崇敬而老疾,则赐以肩舆,盖自开成之制也。"清人王士禛《池北偶谈·乘肩舆》:"《麈史》谓唐时宰相乘马,五代始用檐子。"

②剪棕:修剪整齐的棕片纤维。《宋史·舆服志五》:"民庶止令乘犊车,听以黑饰,间五彩为饰,不许呵引及前列仪物。哲宗绍圣二年,侍御史翟思言:'京城士人与豪右大姓,出入率以轿自载,四人舁之,甚者饰以棕盖,彻去帘蔽,翼其左右,旁午于通衢,甚为僭拟,乞行止绝。'从之。"《清明上河图》中一十字路口,有一辆两头肥牛拉着的棕盖大车,十字路口房脊后头,露出此车的一个侧面,可见描画精致的门、栏杆和垂帘。车上的棕毛顶盖尤为夺目:车上有屋顶之形,如帽,四边棕毛下垂,齐齐整整,应该即为"剪棕"。

③渗金:以金粉或金箔装饰物体表面。

④四维:四角。绣额:类似于牌匾的绣品。

⑤缕金花:以金丝为饰。

⑥出队:犹言排列成队。

⑦勾子:钩子。

【译文】

公主乘坐金铜檐子,顶上覆盖着修剪过的棕片。朱红色的梁柱、檐脊,上面排列着渗金铜铸的云凤形花朵。檐子约高五尺左右,进深八尺,宽四尺左右,里面可以容纳六个人。檐子的四面垂挂着饰有绣额的珠帘,上面配有白藤上间杂花朵的图案。檐子的檐厢之外,两面的厢壁处伸出栏杆,上面都有镶嵌金丝的花朵,装饰着木雕人物和神仙。檐子的两竿,有十二人列成两队,竿前竿后都设有绿色的丝带,用金质鱼形钩子钩住。

皇后出乘舆

【题解】

本条 140 余字,标题为"皇后出乘舆",实际上不仅记录了皇太后、皇后乘舆的形制与出行仪仗,还谈到普通百姓婚嫁所用车辆等物品,特别强调"俱可赁";还有不同阶层之人都可以乘坐的车子,"亦可假赁",可供后人了解北宋时期商品经济的发展与市民生活状况。

皇太后、皇后出乘者,谓之"舆"①。比檐子稍增广,花样皆龙,前后檐皆剪棕②。仪仗与驾出相似而少③,仍无驾头④、警跸耳⑤。

【注释】

① 皇太后、皇后出乘者,谓之"舆":《宋史·舆服志二》中有"后妃车舆",所记甚详。据《宋史·舆服志二》和《宋会要辑稿·舆服一》记载,徽宗政和三年(1113)四月二十九日议礼局所上皇后车舆之制,有重翟车,青质,车箱上刻镂龟文,长辕上饰以凤头,受册和谒景灵官时乘坐;有厌翟车,赤质,亲蚕时乘坐;有翟车,黄质;有安车,赤质,刻镂龟文;有四望车,朱质,用三头牛驾车;有金根车,朱质,用三头牛驾车。"自重翟车以下,备卤簿,则皆以次陈

设"。此外还有常行之仪所用的"藤舆"。皇太后"多垂帘,皆抑损远嫌,不肯乘辇,止用舆而已",所乘名为"龙舆"。哲宗元祐九年(1094),太皇太后出入改檐子为舆。

② 花样皆龙,前后檐皆剪棕:据《宋史·舆服志二》和《宋会要辑稿·舆服一》记载:"藤舆,金涂银装,上覆棕榈屋,龙饰,常行之仪则用之。"则孟元老此处所记,应指皇后常行时乘坐的藤舆。又,哲宗元祐三年(1088),太皇太后所乘檐子"饰以龙凤,伞用红",九年(1094),"改檐子为舆,上设行龙五",与孟元老所记相符。

③ 仪仗与驾出相似而少:意思是皇太后、皇后车驾出行的仪仗与皇帝相似,但是所动用的人力要少。北宋仁宗、英宗、哲宗三朝,都曾有太后临朝垂帘,《宋史·仪卫志二》中说皇太后仪卫"仪从亦不崇侈,止曰仪卫,无卤簿名"。乾兴元年(1022)仁宗即位之初,章献明肃太后临朝称制,礼仪院曾制订皇太后仪卫,成为此后宋朝皇太后仪卫的基础。英宗即位之初,"再详定皇太后出入仪卫","诏皇太后出入唯不鸣鞭,他仪卫如章献明肃故事"。英宗治平四年(1067)神宗嗣位后,皇太后仪卫如下:"御龙直、骨朵子直差都虞候、都头、副都头各一人,十将、长行各共三十人;弓箭直、弩直差指挥使、都头、副都头各一人,十将、长行各共二十人。皇城司亲从官一百人,执骨朵宽衣天武官百五十人,充围子行官司人员共一百人,入内院子五十人,充围子皇城司亲事官八十人。打灯笼、短镫马、拢马亲从官,金铜车、楼车随车子祗应人,擎檐子供御辇官,执擎从物等供御,次供御并下都辇直等,人数不定。都知一员,御药院使臣二员,内东门司使臣二员,内酒坊、御厨、法酒库、仪鸾司、奶酪院、翰林司、翰林院、车子院、御膳素厨、化成殿果子库,并从。遇出新城门,添差带器械内臣。""皇后仪卫,惟东都政和礼有卤簿,他无卤簿之名,惟曰仪卫而已。"

④ 驾头:宋代帝王出行时仪仗队名目之一。驾头本为御座,因为是

太祖即位时所用，故列朝重之，帝出则载之以行，列于乘舆之前。皇太后、皇后、皇太子仪卫，皆不得用驾头。北宋沈括《梦溪笔谈·故事》："正衙法座，香木为之，加金饰，四足堕角，其前小偃，织藤冒之。每车驾出幸，则使老内臣马上抱之，曰'驾头'。"据《宋史·仪卫志二》所载，仁宗康定元年（1040）以前，"车驾行幸，非郊庙大礼具陈卤簿外，其常日导从，惟前有驾头，后拥伞扇而已"，"诏太常礼院与两制详定，参以旧仪，别加新制"。后来仁宗皇帝"幸睦亲宅，抱驾头内臣坠马，坏驾头"，所以嘉祐六年（1061）以后，"车驾出，以阁门祗候并内臣各二员，分驾头左右扇筤后编拦，仍以皇城司亲从官二十人随之"。南宋陆游《老学庵笔记》中说："驾头，旧以一老宦者抱绣裹兀子于马上，高庙时犹然。今乃代以阁门官，不知自何年始也。"则南宋后不再由老内臣抱驾头。

⑤警跸（bì）：古代帝王出入时，于所经路途侍卫警戒，清道止行。警，警戒。跸，开路清道，禁止他人通行。晋人崔豹《古今注·舆服》："警跸，所以戒行徒也。《周礼》跸而不警。秦制出警入跸，谓出军者皆警戒，入国者皆跸止也，故云'出警入跸'也。至汉朝梁孝王，王出称警，入称跸，降天子一等焉。一曰，跸，路也，谓行者皆警于涂路也。"

【译文】

皇太后、皇后出行所乘坐的车子叫做"舆"。它比檐子稍稍增加扩大一些，装饰的纹样全都是龙，前后车檐都覆盖着修剪过的棕片。仪仗队与皇帝车驾出行时的仪仗规格相似而有所减少，依照旧例，没有驾头和警跸。

　　士庶家与贵家婚嫁①，亦乘檐子，只无脊上铜凤花朵。左右两军②，自有假赁所在③。以至从人衫帽、衣服、从物④，俱可赁，不须借借⑤。

【注释】

①士庶：士人和普通百姓。庶，平民，百姓。

②左右两军：此指婚嫁迎娶中的仪仗队。

③假赁（jiǎ lìn）：租借，租赁。

④从物：附属的应用之物。

⑤借借（cuò）：借取置办。借，同"措"，置办。

【译文】

士庶之家与富贵之家有婚嫁之事，也乘坐檐子，只是檐脊上没有铜凤、花朵。檐子左右两旁的仪仗队，自然也有租赁的地方。直至随从的衫帽、衣服以及所有应用之物，全都可以租赁，无须借取置办。

余命妇①、王宫②、士庶通乘坐车子，如檐子样制，亦可容六人。前后有小勾栏③，底下轴贯两挟朱轮④。前出长辕，约七八尺，独牛驾之。亦可假赁。

【注释】

①命妇：泛称受有封号的妇女。命妇享有各种仪节上的待遇，一般多指官员的母、妻而言，俗称为"诰命夫人"。

②王宫：似为"王公"之误。王公，被封为王爵和公爵者，泛指达官贵人。

③勾栏：栏杆。

④底下轴贯两挟朱轮：指车厢下横贯车轴，朱红色车轮紧贴在车厢两旁。中国古代车辆的运转部分由轮和轴组成。车轴是固定车轮、承载车厢和传递动力的部件，横于舆下，两端露出车轮毂外，末端套有青铜或铁制的轴头，通过车辖挡住车轮，以防车轮脱落。

【译文】

其余命妇、王公、士庶通行乘坐的车子，如同檐子的样子，也可以容纳六个人。车子前后装有小栏杆,车厢底下有车轴横贯,朱红色车轮紧贴在车厢两旁。车前伸出长长的车辕,约在七八尺长,用一头牛驾车。这种车子也可以租赁。

杂赁

本条 60 余字，实际承接前一条中介绍的婚庆与日常车辆租赁服务而来，介绍殡葬用车与相关服务，还有东京城中随处可见的马匹租赁，既方便又便宜。

若凶事出殡①，自上而下，凶肆各有体例②。如方相③、车舆④、结络⑤、彩帛，皆有定价，不须劳力。寻常出街市干事，稍似路远倦行，逐坊巷桥市⑥，自有假赁鞍马者⑦，不过百钱⑧。

【注释】

①凶事：丧事。出殡：把灵柩运到埋葬或寄放的地点。

②凶肆：出售丧葬用物的店铺。据宋代话本《李亚仙记》的描述，宋代凶肆中售卖丧车舆輂、器用什物，还出租"歌郎"，"身穿五色衣，执铎扬幡，在灵柩前导"，唱《薤露》等挽歌。体例：办事的例规，成规，惯列。

③方相：在丧葬礼中是引导死者灵柩的开路神，以竹纸扎制而成。方相形象出自《周礼·夏官》："方相氏，掌蒙熊皮，黄金四目，玄

衣朱裳,执戈扬盾。帅百隶而时难,以索室殴疫。大丧,先柩,及墓,入圹,以戈击四隅,殴方良。"方相氏原是傩礼的主持者,相当于祭祀的主神,后来演变为丧葬礼中引导死者灵柩的开路神,具有巫术禳除功能。在礼制时代,不是任何人死后的丧葬礼中都可以使用方相。以《大唐开元礼》为代表的一系列国家礼典都明确规定,只有达到一定品级以上的官员丧葬礼才可以使用方相,次一等级的官员可以使用魌头,庶人则禁止使用方相。但在唐宋时期,庶人丧葬时使用方相之事屡有发生,政府屡下禁令,却屡禁不止。宋明以后,对于丧葬使用方相的标准又有所放宽。

④车舆:车辆,车轿。

⑤结络:编织成的网状物。

⑥逐:依次,一个挨着一个。

⑦假赁鞍马者:宋人魏泰《东轩笔录》记载了一个租赁马匹赴法场的故事:"有孙良孺,为军巡判官。……京师人多赁马出入,驭者先许其直,必问曰:'一去耶?却来耶?'苟乘以往来,则其价倍于一去也。良孺以贫,不养马,每出,必赁之。一日,将押大辟囚弃市,而赁马以往,其驭者问曰:'官人将何之?'良孺曰:'至法场头。'驭者曰:'一去耶?却来耶?'闻者骇笑。"又有开封府"前市长"许将辨白冤狱出狱时赁马回家的故事:许将本当白天出狱,但一直耽搁到了晚上二更以后,来接他的从人以为他当日不得出狱,人与马都回府了,"许坐于台门,不能进退,适有逻卒过前,遂呼告之曰:'我台中放出官员也,病不能行,可烦于市桥赁一马。'逻卒怜之,与呼一马至,遂跨而行。是时许初罢判开封府,税居于甜水巷,驭者惧逼夜禁,急鞭马,马跃,许失绥坠地,腰膝尽伤。驭者扶之于鞍,又疾驱而去,比至巷,则宅门已闭。许下马,坐于砌上,俾驭者扣门,久之无应者,驭者曰:'愿得主名以呼之。'许曰:'但云内翰已归可也。'驭者方知其为判府许内翰,且惧获坠马之罪,

遽策马而走。"

⑧ 不过百钱：宋代日本僧人成寻在《参天台五台山记》中比较详细地记载了他在东京的交通情况，可以例证当时大宋首都的马匹租赁交易情况。成寻来到东京后，通过记录来看，主要以马为代步工具，而且全部是租赁的。从住处前往皇宫，一行八人加翻译租了九匹马，付钱九百文，"各百文有也"。数日后的一天租马九匹，参拜了几处大寺院，"与钱一贯五百文了"，每匹约一百六十七文，大概属于包天的价格。次年正月又两次租马："借马九匹与九百文毕。"三月，又租马到显圣寺，价钱"马各七十文毕"；租马到吴枢密家，价钱是"马人与百文"；次年四月，"三藏共行寿圣院尼大师斋所，通事、小师二人同去。路极远，三十里，北门外院也。……马人与一百五十文"，这应是每匹马的乘骑价格。来回六十里，每里平均二文半，看来起步价不高。由上面所述可以看出，成寻之所以选择租马出行，主要是便捷，价格不高也是重要原因。

【译文】

如果碰到丧事要出殡，从上到下，各样事情，专售丧葬用品的店铺都有成规。比如方相、车辆、结络、彩帛，都有规定的价格，无须劳神费力。平常外出到街市上办事，如果稍嫌路远，倦于行走，各处街坊里巷、桥头市场，自然都有租赁鞍马的地方，所费不超过一百文钱。

修整杂货及斋僧请道

【题解】

本条70余字，介绍如何雇请建筑、装修工人以及祭祀活动中的僧尼道士，可与卷三"觅雇人力""诸色杂卖"条参看。

倘欲修整屋宇①，泥补墙壁②，生辰、忌日欲设斋僧尼③、道士，即早辰桥市街巷口④，皆有木竹匠人（谓之"杂货工匠"），以至杂作人夫⑤、道士僧人，罗立会聚⑥，候人请唤，谓之"罗斋"⑦。竹木作料⑧，亦有铺席；砖瓦泥匠，随手即就⑨。

【注释】

①倘（tǎng）：倘若，假如。

②泥（nì）补：用泥或灰等修补。泥，用灰、泥等涂塞。

③忌日：旧指父母及其他亲属逝世的日子，因禁忌饮酒、作乐等事，故称。《礼记·祭义》："君子有终身之丧，忌日之谓也。"注："忌日，亲亡之日。"设斋：指僧道或其信徒诵经拜忏、祷祀求福等活动。

④早辰：早晨。

⑤杂作：各种技艺。人夫：受雇用的民夫，如脚夫，挑夫。

⑥罗立：围环站立。会聚：聚集。

⑦罗斋：又作"啰斋""逻斋"，本为禅林用语，即巡游四方行乞，接受施主斋食之供养。为"托钵""行乞""乞食"之异称。罗，用同"逻"，巡逻之义，即次第行乞；又有网罗之义，即乞食于四方而无遗余。此处指环立集聚于市街，等候雇佣。

⑧作料：匠人所用的材料。

⑨随手：随即，立刻。就：完成，成功。此处犹言"找到"。

【译文】

倘若想要修整房屋，用泥灰修补墙壁，或遇生辰、忌日，打算设斋延请僧尼、道士诵经，则可在早晨到桥市或街巷口，都有做木竹活儿的匠人（叫"杂货工匠"），以至各种手艺人、道士、僧人，在那里环立聚集，等候约请召唤，这叫"罗斋"。竹子、木材等材料，亦有专门的店铺；砖瓦泥匠，随便就能找到。

筵会假赁

【题解】

本条120余字，专门介绍宴会相关的租赁服务，包括三方面内容：一为酒席餐具、桌椅等用品租赁，二为各类服务人员租赁，三为宴会场地租赁。简直是标准化一条龙全套服务，专人专职，质量可靠，价格透明，"主人只出钱而已，不用费力"，北宋东京市民的这种生活水准，令千年之后的现代人都未免心生羡慕。

凡民间吉凶筵会^①，椅卓陈设^②、器皿合盘^③、酒檐动使之类^④，自有茶酒司管赁^⑤；吃食下酒^⑥，自有厨司^⑦；以至托盘下请书^⑧、安排坐次、尊前执事^⑨、歌说劝酒^⑩，谓之"白席人"^⑪。总谓之"四司人"^⑫。

【注释】

①吉凶：指吉事和丧事。

②椅卓：椅子、桌子。卓，同"桌"。

③合盘：据孙世增注本，为盛装糕点的用具，木质，正方形，层层摞起，故称"合盘"，今中原地区仍有。

④酒檐（dàn）：酒担。檐，同"担"。动使：用具，器具。

⑤茶酒司：宋代都城"四司六局"之一，主管筵席上茶、供酒等工作。南宋耐得翁《都城纪胜·四司六局》："茶酒司，专掌宾客茶汤、暖荡筛酒、请座谘席、开盏歇坐、揭席迎送应干节次。"南宋吴自牧《梦粱录·四司六局筵会假赁》："茶酒司，官府所用名'宾客司'。掌客过茶汤、斟酒、上食、喝揖而已。民庶家俱用茶酒司掌管筵席合用金银器具及直汤茶、暖荡、请坐、谘席、开话、斟酒、上食、喝揖、喝坐席，迎送亲姻，吉筵庆寿，邀宾筵会，丧葬斋筵，修设僧道斋供，传语取覆，上书请客，送聘礼合，成姻礼仪，先次迎请等事。"

⑥吃食：指食品。下酒：佐酒的菜肴，果品。

⑦厨司：厨师。

⑧托盘下请书：送请帖。

⑨尊前执事：在酒席间料理杂事。尊前，席前。执事，供役使之人。

⑩歌说：说唱。

⑪白席人：北宋民间宴席上相礼、供杂役的人，主要职责是统一食客行动、掌握宴饮速度、维持宴会秩序。这一角色伴随着围桌共食的宴客方式而产生，高阳在《古今食事》中说："白者道白，席者筵席，白席人即是在筵前噜喋的人。"并称其为"古今中外所无的奇异职业"。南宋陆游在《老学庵笔记》记载了北宋名相韩琦到亲戚家赴宴的故事："北方民家，吉凶辄有相礼者，谓之'白席'，多鄙俚可笑。韩魏公自枢密归邺，赴一姻家礼席。偶取盘中一荔支，欲啖之，白席者遽唱言曰：'资政吃荔支，请众客同吃荔支！'公憎其喋喋，因置不取，白席者又曰：'资政恶发也，却请众客放下荔支！'魏公为一笑。恶发，犹云怒也。"

⑫四司人：宋代官府贵家为盛大宴会供役而设"四司六局"，其中"四司"指帐设、厨司、茶酒司、台盘。南宋吴自牧《梦粱录·四司六局筵会假赁》："凡官府春宴，或乡会，或遇鹿鸣宴，文武官试中设同年宴，及圣节满散祝寿公筵，官府各将人吏差拨四司六局

人员督责，各有所掌，无致苟简。或府第斋舍，亦于官司差借执役。如富豪士庶吉筵凶席，合用椅桌、陈设书画、器皿盘合动事之类，则雇唤局分人员，俱可完备，凡事毋苟。且谓四司六局所掌何职役，开列于后。"茶酒司已如前列，其他如帐设司，"专掌仰尘、录压、桌帏、搭席、帘幕、缴额、罘罳、屏风、书画、簇子、画帐等"；厨司，"掌筵席生熟看食、粧钉、合食，前后筵几盏食，品坐歇坐，泛劝品件，放料批切，调和精细美味羹汤，精巧簇花龙凤劝盘等事"；台盘司，"掌把盘、打送、赍擎、劝盘、出食、碗碟等"。

【译文】

大凡民间婚嫁喜庆、丧葬等宴会，桌椅及相应陈设、各种器皿盒盘、酒担及应用器物之类，自有茶酒司掌管租赁；饭食菜肴，自有厨师料理；以至那些手持托盘下请帖、安排坐次、酒席宴间料理杂事、说唱劝酒的人，叫"白席人"。以上统称作"四司人"。

　　欲就园馆、亭榭、寺院游赏、命客之类①，举意便办。亦各有地分，承揽排备②，自有则例③，亦不敢过越取钱④。虽百十分，厅馆整肃⑤，主人只出钱而已，不用费力⑥。

【注释】

①命客：宴请客人。

②承揽：承接包揽。排办：备办，安排。

③则例：成规，定例。

④过越：超越一般。取：索取。

⑤整肃：整顿，整理，齐整。亦作"整搠"。

⑥主人只出钱而已，不用费力：南宋吴自牧《梦粱录·四司六局筵会假赁》："盖四司六局等人，祗直惯熟，不致失节，省主者之劳也。欲就名园异馆、寺观亭台，或湖舫会宾，但指挥局分，立可办集，皆

能如仪。俗谚云：'烧香点茶，挂画插花，四般闲事，不宜累家。'若有失节者，是祇役人不精故耳。"

【译文】

想到园池馆舍、亭台楼榭、寺庙庭院等地冶游玩赏、宴请宾客之类，随时即可办妥。然而也各有地段，有专职人员承揽安排，且有定例，也不敢超越标准向人过多索要银钱。即使要百十份用具，厅堂楼馆也会备办整齐，主人只是出钱而已，不用自己花费力气。

会仙酒楼

【题解】

本条140余字，专门介绍"会仙酒楼"等奢华酒店的餐具用品，不仅数量充足、配套完备，而且多用银器，价格昂贵，两人位餐具就需要百两白银，让人惊呼"贵上天"！

如州东仁和店^①、新门里会仙楼正店^②，常有百十分厅馆动使，各各足备^③，不尚少阙一件^④。大抵都人风俗奢侈^⑤，度量稍宽^⑥。凡酒店中，不问何人，止两人对坐饮酒，亦须用注碗一副^⑦，盘盏两副^⑧，果菜楪各五片^⑨，水菜碗三五只^⑩，即银近百两矣。虽一人独饮碗遂^⑪，亦用银盂之类^⑫。其果子、菜蔬，无非精洁。若别要下酒，即使人外买软羊、龟背、大小骨、诸色包子、玉板鲊、生削巴子、瓜姜之类。

【注释】

①仁和店：北宋东京著名酒楼，在京正店七十二户之一，在旧宋门外。北宋欧阳修《归田录》记载，北宋名臣鲁宗道家在仁和店附近，常微服饮酒其中，当被真宗责问"何故私入酒家"时，他回答说：

"臣家贫,无器皿,酒肆百物具备,宾至如归。适有乡里亲客自远来,遂与之饮。"

②新门里会仙楼正店:北宋东京著名酒楼,在京正店七十二户之一,在旧城南墙的新门里面,有名酒"玉醑"。

③各各:各自,样样。

④尚:表示命令或希望,此有"允许"之意。阙:缺。

⑤大抵:大都,大致。都人风俗奢侈:北宋宋庠《中书试戒风俗奢靡诏》:"世道久夷,人心多靡。近闻中外颇僭典常,自通邑名都,世家豪姓,竞作浮侈,迭相矜尚。珠玉被于服玩,缇绣裹于垣墙。雕几岁更,规矩时易。酱葅庖味,山藻室庐。靡嗟民力之勤,罔惮邦仪之禁。此而是纵,孰不可容?"

⑥度量:规格,标准。

⑦注碗:温酒具,与注子配套使用。一般碗壁直而深,有的通体呈莲花形。使用时,碗内放适量热水,注子内盛酒,置于碗中。南宋张端义《贵耳集》:"高宗南渡,有将水晶注碗在榷场交易,高宗得之。"

⑧盘盏:带有底盘的一种饮器。宋人高承《事物纪原·盘盏》:"《周官》司尊彝之职曰:'六彝皆有舟。'郑司农云:'舟,尊下台,若今承盘。'盖今世所用盘盏之象,其事已略见于汉世。则盘盏之起,亦法周人舟彝之制,而为汉世承盘之遗事也。"

⑨楪:古同"碟",盛食物的小盘。宋人袁文《瓮牖闲评》:"古者椀楪以木为之,故椀、楪字皆从木。"

⑩水菜:水中生长的菜蔬,亦指新鲜蔬菜。

⑪碗遂:古代酒客在酒肆堂口一碗即止的快饮。南宋耐得翁《都城纪胜·酒肆》:"散酒店……门首亦不设油漆杈子,多是竹栅布幕,谓之'打碗遂',言只一杯也。却不甚尊贵,非高人所往。"

⑫银盂:一种银制酒器。盂,盛液体的敞口器具。

【译文】

诸如州城东面的仁和酒店、旧城新门里面的会仙楼酒店,经常备有百十份厅堂楼馆中应用的器具,样样准备充足,不允许短缺一件。大致京城中人风气崇尚奢侈,讲究气派。凡是在酒店中,不管什么人,哪怕只有两人对坐饮酒,也须用一副注碗,两副盘盏,果碟、菜碟各五只,还有三五只盛放新鲜蔬菜的碗,这就需要近百两银子了。即使一个人在堂口快饮一杯酒,也要用银盂之类的器皿。酒楼中的那些果子、菜蔬,没有一样不精致清洁。如果另外需要下酒的菜肴,就派人到外面去买软羊、龟背、大小骨、各色包子、玉板鲊、生削巴子、瓜姜之类的食物。

食店

【题解】

本条 410 余字，介绍北宋东京城中各色饭店及相关内容。主要有以下几个方面：

一，东京城内食店种类。东京城中大饭店称为"分茶"，售卖各种主食和荤素菜肴，吃全茶还会送藿头羹，颇有点如今达到一定消费额送果盘的意思。还有经营川蜀及南方饮食的"川饭店"和"南食店"，这说明在京城中有大量来自这些地区的人。自隋唐以后，中国的经济文化重心都逐渐南移，到了宋代，南方的经济文化水平已超过中原，大量南方举子到京城赶考。行驶在东京运输大动脉汴河上的纲船源源不断地从东南运来物资，由于不许税场向纲船检税，不少"附私商贩"也随着纲船来到京城。川蜀地区号称"天府"，且在五代十国的大动乱中受到的影响较小，文化与经济也是相当发达的。宋太祖征服后蜀之后，令蜀地文武百官随孟昶一同来京，甚至将蜀地降兵也调到了京城，以根除蜀地的割据势力，于是京城的川蜀人口大量增加，而随着川蜀地区与中原交流的通畅，入京的川人更是大大增加。"川饭店"和"南食店"在东京汴梁的出现正是这种历史变化的体现。孟元老还单独提到了"瓠羹店"，这种食店装饰着"欢门"，门口扎着山棚，挂着成边的猪羊，相当气派。《东京梦华录》中多次提到瓠羹和瓠羹店，如潘楼东徐家瓠羹、西车子曲史家瓠羹、州桥西贾家瓠羹，还有入贡皇宫要一百二十文一份的周待诏瓠羹，再联系到瓠瓜新上市时宫中不吝以三五十千钱一对的高价购入，可见当时京城人对这种食物的追捧。其他还有为素食人群服务的"素分茶"，应当与当时民间信奉宗教的人士不少有关。

二，食店服务水平。北宋东京城食店的服务已经非常之专业了。本条突出介绍了行菜者的两项"绝技"，一是惊人的记忆力，能把每位客人所点饭菜及各种特殊要求分毫不差地记住并报给后厨，还能把每份饭菜准确地送到客人面前，"不容差错"；二是杂技般的上菜，"左手杈三椀、右臂自手至肩，驮叠约二十碗"。这两项"绝技"都带有一定的表演性质，是对行菜者的基本要求，也是店家招揽顾客的手段，所以如果行菜者做不到，被顾客投诉，就会被斥责甚至辞退。

三，顾客的用餐体验。专业的服务自然会使顾客获得很好的用餐体验，进店之后立即有人接待，用的餐具是一种叫"碧碗"的琉璃浅棱碗。饭菜随意点，可以提出"或热或冷，或温或整，或绝冷、精浇、臕浇之类"的各种要求，饭量小还可以要半份，所谓"单羹"，稍不如意还可以投诉。这种待遇，真让现代人羡慕。

四，孟元老特意提到"旧只用匙，今皆用箸矣"，勺子被筷子取代，说明适于用筷子挑夹的食品已成为人们饮食的主流。首先是面食。在本条及书中其他部分都提到了大量"面""饼"，这与宋代小麦的大量推广种植与广泛食用是一致的。另外还有各种煎炸食品，也更适合用筷子夹食，这说明在食店中，煎炸已经与更适合用勺子舀食的烹煮一样成了主要烹饪方式。在北宋时，中国人的饮食烹饪方式悄然发生了变化，已经越来越接近现代了。

特别值得注意的是：在本条记录中，作者孟元老提到自己进店用餐的细节："吾辈入店，则用一等琉璃浅棱碗"，这是整个《东京梦华录》中作者唯一一次正面出场，以"吾"自称。作者突然一改冷静旁观的局外人身份，现身饮食店，端起琉璃碗。在华胥梦觉之后，在暗想当年之时，原来是这最活色生香、最惬意而又最平常的生活片断,让人最情不自禁,可见这是东京汴梁城留给他的最个人、最鲜明的记忆。对于个人而言,所谓盛世繁华与太平,无非是能自在地去一次饭店,饮一杯好酒。

　　大凡食店,大者谓之"分茶",则有头羹、石髓羹①、白肉②、胡饼、软羊、大小骨、角炙犒腰子③、石肚羹、入炉羊、罨生软羊面④、桐皮面⑤、姜泼刀⑥、回刀⑦、冷淘棋子、寄炉面饭之类。吃全茶⑧,饶虀头羹。

【注释】

① 石髓羹:不详。石髓,即石钟乳。古人用于服食,也可入药。

② 白肉:宋代肉食品。指砧压去油之肉。亦泛指熟猪肉。南宋耐得翁《都城纪胜·食店》:"又有误名之者,如呼熟肉为白肉是也,盖白肉别是砧压去油者。"

③ 角炙犒腰子:将文火熇熟的腰子包裹起来炙烤。角,包,裹。犒,邓之诚认为应作"熇",俗作"焙",即用微火煮,使食物的汤减少变浓的烹饪方法。

④ 罨(yǎn)生:犹言生腌。一说,即掩盖火苗生焖。罨,掩盖,覆盖。

⑤ 桐皮面:据伊永文《东京梦华录笺注》说,类似《齐民要术》中的"豚皮饼",即今之面皮、河粉之类。桐皮,即"豚皮"音转,指猪皮。形容面爽滑如熟猪皮。

⑥ 姜泼刀:即姜拨刀。拨刀是一种细而较硬的短面条,因切面时切几刀就要将面条拨到一边而得名。

⑦ 回刀:伊永文《东京梦华录笺注》以为即"三刀面",是一种细而长的面条。

⑧ 全茶:当指完整酒宴。

【译文】

大抵饭店,大饭店叫"分茶",有头羹、石髓羹、白肉、胡饼、软羊、大小骨、角炙齁腰子、石肚羹、入炉羊、罨生软羊面、桐皮面、姜泼刀、回刀、冷淘棋子、寄炉面饭等饭菜。如果是吃一桌完整酒宴,送齑头羹。

更有川饭店①,则有插肉面、大燠面、大小抹肉淘②、煎燠肉、杂煎事件③、生熟烧饭。更有南食店④,鱼兜子⑤、桐皮熟脍面、煎鱼饭。又有瓠羹店,门前以枋木及花样沓结缚如山棚⑥,上挂成边猪羊⑦,相间三二十边。近里门面窗户,皆朱绿装饰,谓之"欢门"。

【注释】

① 川饭店:四川风味的饭店,以适合川蜀地区人的口味。

② 大小抹肉淘:即大小件"抹肉"浇头之过水面。

③ 事件:指较小块的食材。包括切成小块的禽畜肉和内脏,及各色果子类食品等。

④ 南食店:南方风味的店铺。南食,用南方烹饪方法做成的饭菜。

⑤ 鱼兜子:鱼肉馅的兜子。元人无名氏《居家必用事类全集·鱼包子》中有鱼肉馅做法,可为参考:"每十分。鲤、鳜皆可。净鱼五斤,柳叶切。羊脂十两,骰块切。猪膘八两,柳叶切。盐、酱各二两,橘皮两个细切,葱丝十五茎,香油炒葱熟,姜丝一两,川椒末半两,细料物一两,胡椒半两,杏仁三十粒研细,醋一合。"

⑥ 枋木:两柱之间起联系作用的长方形木材。沓:当作"沓(tà)",意为重叠。山棚:为庆祝节日而搭建的彩棚,其状如山高耸,故名。

⑦ 成边猪羊:整只猪羊从中间竖着分为两半,一半称为"一边"。

【译文】

还有川饭店,有插肉面、大燠面、大小抹肉淘、煎燠肉、杂煎事件、生熟烧饭等饭菜。还有南食店，卖鱼兜子、桐皮熟脍面、煎鱼饭。还有瓠羹店，门前用枋木或者花样重叠扎结得像山棚一样，上面挂着整扇的猪羊，穿插吊挂着三二十边。店里的门面窗户，都涂成红色或绿色装饰起来，称为"欢门"。

　　每店各有厅院东西廊，称呼坐次①。客坐，则一人执箸纸，遍问坐客。都人侈纵，百端呼索，或热或冷，或温或整，或绝冷、精浇、膘浇之类，人人索唤不同。行菜得之②，近局次立，从头唱念，报与局内③。当局者谓之"铛头"④，又曰"着案"。讫，须臾，行菜者左手权三碗⑤，右臂自手至肩驮叠约二十碗⑥，散下，尽合各人呼索，不容差错。一有差错，坐客白之主人，必加叱骂，或罚工价，甚者逐之。

【注释】

①称呼坐次：此指按位置称呼坐位。

②行菜：指端送菜肴的人，跑堂儿的。

③局内：当指内厨。

④当局者：此指执掌烹饪的厨师。

⑤权：支起。

⑥驮（tuó）叠：堆叠。驮，叠，一层加上一层。

【译文】

　　每家饭店都有厅院和东西两廊，座位按位置排列称呼。客人入座后，就有一个人手执记录纸，一一询问客人需要什么。京城人奢侈放纵，要求各种各样，有的要热的，有的要冷的，有的要温的，有的要整的，有的要特别冷的，有的要精肉浇头，有的要肥肉浇头，每人的要求都不同。跑堂儿的听完，站在厨房近旁，从头高声诵念，报告给内厨。掌勺的厨师称为"铛头",又叫"着案"。报完菜单,很快,跑堂儿的左手端三碗,右臂从手到肩,堆叠着大约二十碗,一一放下,全部符合每个人的要求,不容许有差错。一旦有差错,客人告诉店主,店主一定对其加以叱骂,有时还会罚工钱,甚至解雇。

　　吾辈入店,则用一等琉璃浅棱碗①,谓之"碧碗",亦谓之"造羹"。菜蔬精细,谓之"造齑",每碗十文。面与肉相停②,谓之"合羹"。又有"单羹",乃半个也③。旧只用匙,今皆用箸矣。

【注释】

①一等:一种,一类。

②相停:相等,均等。

③半个:此指半份。

【译文】

　　我们这些顾客进入店中,就使用一种琉璃浅棱碗,称为"碧碗",也称"造羹"。饭菜精细,称为"造齑",每碗十文钱。面和肉一样多的,称为"合羹"。还有"单羹",是指半份饭。以前吃饭只用勺子,现在都使用筷子了。

　　更有插肉、拨刀、炒羊、细物料棋子、馄饨店。及有素分茶①,如寺院斋食也。又有菜面、胡蝶齑②、胘脺③,及卖随饭、荷包白饭、旋切细料馉饳儿、瓜齑④、萝卜之类。

【注释】

①素分茶:应即素食店。南宋吴自牧《梦粱录·面食店》:"又有专卖素食分茶,不误斋戒。如头羹、双峰、三峰、四峰、到底签、蒸果

子、鳖蒸羊、大段果子、鱼油炸、鱼茧儿、三鲜、夺真鸡、元鱼、元羊蹄、梅鱼、两熟鱼炸、油河鲀、大片腰子、鼎煮羊麸、乳水龙麸、笋辣羹、杂辣羹、白鱼辣羹饭。"

②胡蝶虀：类似刀削面。南宋程大昌《演繁露·不托》引宗懔《荆楚岁时记》："六月伏日作汤饼，名'辟恶饼'。庾阐赋之曰：'当用轻羽，拂取飞面。刚软适中，然后水引，细如委綖，白如秋练。'则其时之谓汤饼，皆齐高帝所嗜水引面也。水引，今世犹或呼之，俚俗又遂名为'蝴蝶面'也。水引、蝴蝶，皆临鼎，手托为之，特精粗不同耳。"

③肐膟：据无名氏《居家必用事类全集·山药肐膟》所载，肐膟是一种一尺来长的硬面条。做法是，先将面和成较硬的面团，再切成算盘珠大小，用手搓成一尺来长，下锅煮熟，加荤素浇头吃。

④瓜虀：酱瓜，色如琥珀，吃时切丝用香油炒过，或直接食用亦可。《说郛》引宋代张师正《倦游杂录》："韩龙图贽，山东人，乡里食味，好以酱渍瓜啖，谓之'瓜虀'。韩为河北都漕，廨宇在大名府，府中诸军营多鬻此物，韩尝曰：'某营者最佳，某营者次之。'赵说叹曰：'欧阳永叔尝著《花谱》，蔡君谟亦著《荔枝谱》，今须请韩龙图撰《瓜虀谱》矣。'"南宋周煇《清波别志》："赵州瓜虀，自昔著名。瓜以小为贵，味甘且脆。……煇北征亦得品尝，仍携数枚归家。仆李太者，凤俾治酱，因得渍瓜法，北客赏其逼真。既老辞去，仗以自给。绍兴辛巳，驾幸江上，经从无锡，小黄门入市，偶售以奉玉食，后屡宣索。"

【译文】

还有插肉、拨刀、炒羊、细物料棋子、馄饨店。还有素分茶店，所卖饭菜就像寺院里的素斋。还有菜面、胡蝶虀、肐膟，也卖随饭、荷包白饭、现切细料馉饳儿、瓜虀、萝卜之类食物。

肉行

【题解】

本条50余字，专门介绍东京城里的肉行，生活气息十足。孟元老特别强调，"凡买物，不上数钱，得者是数"，意思是说，交易时，不崇尚当面清点钱数，但是买家不会少给，卖家所得，就是应该得的数目。为什么会出现这种现象？推测可能与北宋实行"短陌制"，计算钱币数目比较复杂有一定的关系，但是更说明当时东京城中市场风气很好，买卖双方充分信任，风俗淳朴，甚是动人。所谓"仓廪实而知礼节，衣食足而知荣辱"（《管子·牧民》），孟元老记忆中的东京城，是一个物质丰足、人情和美的世界。

坊巷桥市，皆有肉案，列三五人操刀。生、熟肉从便索唤①，阔切②、片批③、细抹④、顿刀之类⑤。至晚，即有燠爆熟食上市⑥。凡买物，不上数钱，得者是数⑦。

【注释】

①从便：任意，随便。索唤：此有选取、挑选的意思。

②阔切：割肉的一种方法。把肉切成大片。南宋徐梦莘《三朝北盟会编》："饮酒食肉不随盏下，俟酒毕，随粥饭一发致前，铺满几案。

地少羊，惟猪、鹿、兔、雁。馒头、炊饼、白熟、汤饼之类最重油煮。面食以蜜涂拌，名曰'茶食'，非厚意不设。以极肥猪肉或脂阔切大片一小盘子，虚装架起，间插青葱三数茎，名曰'肉盘子'，非大宴不设，人各携归舍。"

③片批：切肉的一种刀法。刀略倾斜，切之使肉成薄片。

④细抹：细切。似为切成肉丝。抹，割，切。

⑤顿刀：切肉的一种刀法。也指用这种方法切割的肉。

⑥燠（yù）爆熟食：用燠爆等烹饪方法制作的熟肉制品。燠，将肉类在油中熬熟，拌以盐、酒和佐料，油渍在瓮中，以备取食。爆，将鱼、肉等切片置热油中快速煎炒，或置沸水中稍微一烫即取出，吃时现蘸佐料。

⑦"凡买物"几句：交易时，不崇尚当面清点钱数，但是买家不会少给，卖家所得，就是应该得的数目。上，崇尚，提倡。

【译文】

东京城的街坊里巷、桥头市场上，到处都有肉铺，每个铺子并排站着三五个人，操刀卖肉。生肉、熟肉随便挑选，可以用阔切、片批、细抹、顿刀等方式帮顾客切好。到了晚上，就有用燠爆等烹饪方法制作的熟肉制品上市。凡是买东西，不崇尚当面数钱，卖家得到的正是约定的数目。

饼店

【题解】

本条 90 余字，专记东京城里的饼店，包括本土做法的油饼店和来自胡人的胡饼店两大类型。花样繁多的面饼、"远近相闻"的制饼之声，不仅是都市繁华的缩影，更是小麦这种农作物在黄河中下游地区形成的独特文化景观。

现代科学研究探明，麦类起源于美索不达米亚平原，至少在殷商以前，已从西亚通过西北地区传到中原，但是在西汉以前，种植规模很小，处于杂粮地位。在我国的农业结构和饮食结构中，居于绝对优势地位的是传统的粟，小麦并不占主流地位。小麦生长期长，不耐旱，在生产力水平较低的情况下，并不适宜在相对干旱少雨的黄河中下游地区大面积推广。尤其是在石盘磨发明以前，小麦以粒食为主，其适口性与营养利用率，与粟类相比并没有明显优势。石盘磨大致出现在战国时期，在汉代普及使用，使得小麦从粒食变成面食；加上西汉张骞"凿空"西域，用小麦粉制饼的技术传入中原，这是中国北方饮食文化史上具有划时代意义的事件，促使黄河中下游地区逐渐形成以面食为主的饮食结构。两汉和唐朝，是小麦种植发展的两个高峰期，唐玄宗天宝年间（742—756），河南道已经成为小麦主产区。不过，由于小麦制粉不易，寻常百姓仍然难以接触面食。到了北宋时期，小麦种植更为普遍，比如本书卷一"外诸司"

中就说,东京城的陈州门里,已经建起专门的麦仓,面食加工技术快速发展,面食花样繁多,终于成为人们的主食。

靖康之难中,大批北人南迁。他们不仅带走了对中原故都的记忆,也带走了故乡的饮食习惯。由于战争迫使人口大规模迁移,南方对麦类的需求剧增,一度引起麦价陡涨。因此,南宋政府不断推广种麦和鼓励稻麦复种,即以太湖平原所在的两浙路为例,北宋时期这里很少种麦,南宋时期则州州普遍种麦,原因即在于此。孟元老无比留恋地记录东京汴梁那些饼店,记录饼店里从早到晚传出的面杖敲击桌案之声,这是一种文化在历尽劫波之后,在遥远南方土地上最真切的回响。

凡饼店,有油饼店,有胡饼店①。若油饼店,即卖蒸饼②、糖饼③,装合、引盘之类④。胡饼店,即卖门油⑤、菊花⑥、宽焦⑦、侧厚⑧、油碢⑨、髓饼⑩、新样、满麻。每案用三五人,捍剂⑪,卓花⑫,入炉。自五更,卓案之声,远近相闻⑬。唯武成王庙前海州张家⑭、皇建院前郑家最盛⑮,每家有五十余炉。

【注释】

① 胡饼:烧饼,表面敷有胡麻。其制作之法出于胡地,故名。后赵石勒讳"胡"字,改称"麻饼"。唐人白居易《寄胡饼与杨万州》:"胡麻饼样学京都,面脆油香新出炉。寄与饥馋杨大使,尝看得似辅兴无。"

② 蒸饼:即馒头,也叫"炊饼",是使用笼屉蒸制而成的食物。其名最早见于《晋书·何曾传》"蒸饼上不坼作十字不食",意即蒸饼上不蒸出十字裂纹就不吃。这种裂纹蒸饼,实际上是经过发酵后,蒸出来松软适口的"开花馒头"。南宋杨万里《食蒸饼作》诗中有形象描写:"何家笼饼须十字,萧家炊饼须四破。老夫饥来不可那,

只要鹘仑吞一个。"宋人吴处厚《青箱杂记》记载，因宋仁宗名叫赵祯，"祯"与"蒸"音近，时人为了避讳，便把蒸饼改称为"炊饼"。

③糖饼：应指以糖为馅的馒头。神宗时期访问宋朝的日本僧人成寻在《参天台五台山记》中说："七日丙辰，雨下，依潮干，不出船。食糖饼，以小麦粉作果子也。其体似饼，大三寸许。圆饼厚五分许，中入糖，其味甘美。"

④引盘：置放在盘中。

⑤门油：饼名，制作未详。《东京梦华录笺注》伊永文案："据饮食行业谓：表面刷油之饼，谓之'门油'。今俗称'外油里不油'之烙饼是也。"

⑥菊花：饼名，制作未详。似即形似菊花，或有菊花花纹的烧饼。新疆吐鲁番阿斯塔那唐墓曾出土过菊花样的点心。

⑦宽焦：亦称"宽焦薄脆"，一种又薄又脆的油炸食品，犹今之薄脆。明人胡侍《真珠船·侧厚》："宽焦，即《武林旧事》所谓宽焦薄脆者，今京师但名'薄脆'。"

⑧侧厚：饼名，制作未详。似即边缘厚中间薄的油饼。一说其形似马蹄，即今马蹄烧饼。

⑨油碢（tuó）：据孙注本：秤砣状之饼，称之为"油碢"。今扬州人以萝卜丝拌面糊，放入秤砣形模中油炸，俗名"油砣"。碢，同"砣"。

⑩髓饼：用牛羊的骨髓炼成的脂膏作馅的饼。北魏贾思勰《齐民要术·髓饼法》："以髓脂、蜜合和面，厚四五分，广六七寸，便著胡饼炉中，令熟。勿令反覆。饼肥美，可经久。"这是面饼。至明代，还有用米粉制成的髓饼。明人宋诩《竹屿山房杂部·骨髓饼》："用白糯米粉五升，牛骨髓半斤，白砂糖半斤，酥四两，沸汤溲为饼，铁锅中爊熟。"

⑪捍剂：擀面并切成大小合适的剂子。剂，做馒头、饺子等面食时，从和好的大块面上分出来的小块儿。

⑫卓花：未详。然据上下文，当指在桌案所做各种花式的饼。卓，同"桌"。

⑬卓案之声，远近相闻：打烧饼、火烧者，用小杆杖打出清脆动人的拍子，以招徕顾客。据说这种"小杆杖乐"在开封流传很久，庙会上仍然可见。

⑭武成王庙：简称"武庙"，旧称"太公庙"，专门祭祀姜太公以及历代良将的庙宇。在龙津桥南的武学巷内，与太学东西相对。太祖建隆四年（963）建成，真宗时，又追封姜太公为"昭烈武成王"，重新整改，增设古今七十二名将为从祀。海州张家：张家系海州人。海州，今江苏连云港市海州区，北宋后期属淮南东路。本书卷二"朱雀门外街巷"条中说："龙津桥南，西壁邓枢密宅，以南武学巷内，曲子张宅、武成王庙。以南张家油饼。"

⑮皇建院前郑家：本书卷二"潘楼东街巷"条中说："自土市子南去，铁屑楼酒店。皇建院街，得胜桥郑家油饼店，动二十余炉。"

【译文】

东京城中的饼店，有油饼店，有胡饼店。像油饼店，就卖馒头、糖饼，或装盒，或置放在盘中。胡饼店，就卖门油、菊花、宽焦、侧厚、油碢、髓饼、新样、满麻等各式点心。饼店的每张桌案有三五个人工作，有的擀面做剂子，有的做成各种花样，有的放入炉中烘制。每天自五更起，击打桌案的声音，远近都能听到。所有饼店中，武成王庙前的海州张家、皇建院前的郑家饼店生意最为兴盛，每家各有五十多个烘饼的烘炉。

鱼行

【题解】

　　本条 60 余字，专记北宋东京城里的鱼类消费情况。当时东京人能吃到的鱼，一类是活鱼（时人称为"生鱼"），产于东京城附近，非冰冻季节每天都有售卖；一类是冬天上冻之后，从远方运来的鱼，称为"客鱼"，因为长途运输，故而也称"车鱼"。后世之人读到孟元老这条记载，不仅羡慕北宋东京人生活水平高、吃鱼很方便，更羡慕他们吃鱼很便宜，"每斤不上一百文"。据研究，北宋东京城中，大约三分之二的家庭已经达到月支出一万五千钱以上的消费水平，每天的吃穿用度约在五百钱，贫者每户每天消费一百钱（斗米的价格约在四十至一百文之间浮动，一斗约合今天的 12.5 斤）。更何况，"都市钱陌"中说"鱼、肉、菜七十二陌"，实际上每斤鱼肉顶多只要七十二个铜钱。如此推想，在孟元老生活的时代，北宋东京很多市民大约已经实现了"吃鱼自由"。

　　卖生鱼，则用浅抱桶①，以柳叶间串，清水中浸，或循街出卖②。每日早，惟新郑门、西水门、万胜门，如此生鱼有数千檐入门③。冬月，即黄河诸远处客鱼来④，谓之"车鱼"，每斤不上一百文。

【注释】

①浅抱桶：一种木桶，圆或椭圆形，长不过三尺，深不到一尺，盛清水数寸深，为卖鱼专用木桶。抱，两臂合围的距离。

②循街：沿街。

③"每日早"几句：新郑门、西水门、万胜门为北宋东京外城西城墙上自南向北排列的三座城门，可见东京城中消费的活鱼主要来自城市西郊。本书卷七"三月一日开金明池琼林苑"中说，金明池"池之西岸亦无屋宇，但垂杨蘸水，烟草铺堤，游人稀少，多垂钓之士，必于池苑所买牌子，方许捕鱼。游人得鱼，倍其价买之，临水斫脍，以荐芳樽，乃一时佳味也"，金明池可供游人付费垂钓。生活于北宋中期的刘攽有一首《观鱼》诗，描写东京外城护城河捕鱼的壮观场面："清濠环城四十里，蒹葭苍苍天接水。使君襄帷乘大舸，观鱼今从北阙起。开门渔师百舟入，大罟密罾云雾集。小鱼一举以千数，赤鲤强梁犹百十。"护城河也为东京人提供了活鱼资源。檐，同"担"。

④客鱼：别地之鱼，与本地出产的鱼相对而言。客，他处，他乡。

【译文】

卖活鱼的人，用浅抱桶盛装，把鱼用柳叶间隔串起来，放在桶中，用清水浸养，或者沿街叫卖。每日一早，单是东京城西侧的新郑门、西水门、万胜门，像这样的活鱼就有几千担运入城中。冬天，就有从黄河等远处运来的客鱼，称作"车鱼"，每斤标价不到一百文钱。

卷五

民俗

【题解】

本条340余字，介绍北宋东京城民众的生活、生产、风尚习俗等情况，涉及以下几个方面：

一，饮食行业，用具用品清洁卫生，美观精致，从业人员严守质量标准；

二，各行各业的人都遵守着装要求，连乞丐也不例外；

三，整个社会崇尚见义勇为，邻里之间守望相助；

四，大型酒店所用酒器奢华昂贵，但在使用中，无论是出借给略有业务联系的脚店，还是给贫穷之家或妓馆送外卖，都不收押金，"阔略大量，天下无之"，可见当时社会何等富足，人情多么淳朴。

孟元老在《自序》中说，为使"上下通晓"，此书"语言鄙俚，不以文饰"，但在本条最后，忽然转用整齐对仗的文体，以"花阵酒池，香山药海"概述其对东京城的印象，所谓"暗想当年，节物风流，人情和美，但成怅恨"，尤在此处吧。

凡百所卖饮食之人①，装鲜净盘合器皿②。车檐动使③，奇巧可爱；食味和羹④，不敢草略⑤。其卖药、卖卦⑥，皆具冠带⑦。至于乞丐者，亦有规格⑧，稍似懈怠，众所不容。其士农工商⑨，诸行百户，衣装各有本色⑩，不敢越外。谓如香铺裹香人⑪，即顶帽披背⑫；质库掌事⑬，即着皂衫角带⑭，不顶帽之类。街市行人便认得是何色目⑮。

【注释】

①凡百：总括，概括。泛指一切。百，喻多。指各种各样。

②鲜净：新鲜洁净。合：盒子，后作"盒"。

③车檐（dàn）：车载肩挑。檐，同"担"。《宋史·河渠志七》："徒手者犹惮往来，而车檐牛马几不敢行。"北宋陶穀《清异录·鼻选》："瓜最盛者，无逾齐赵，车担列市，道路浓香。"

④和羹：配以不同调味品而制成的羹汤。《尚书·说命下》："若作和羹，尔惟盐梅。"传："盐，咸；梅，醋。羹须咸醋以和之。"

⑤草略：粗糙疏略。

⑥卖卦：靠替人占卜谋生。南宋周密《清波杂志·卖卦陈》："徽宗在潜邸，密使人持诞生年月，俾术人陈彦论之。彦一见，问：'谁使若来？'再三诘之，乃告以实。彦曰：'覆大王：彦即今闭铺，六十日内望富贵。'后以随龙，官至节钺，其验如此。都人目曰'卖卦陈'。"

⑦具：备办，此指穿戴。冠带：帽子和腰带，也指戴帽子束腰带。即穿着正式服装。

⑧规格：规范，格局。

⑨士农工商：古代所谓"四民"。《汉书·食货志上》："士、农、工、商，四民有业：学以居位曰士，辟土殖谷曰农，作巧成器曰工，通财鬻货曰商。"《管子·小匡》："士农工商四民者，国之石民也，不可使杂处。"

⑩本色：物品没有经过染色的原有颜色，古以青、黄、赤、白、黑等五色为正色。也指本行，本业。此当指本行业的规定。

⑪谓如：犹如，例如。裹香：缠香，即制香。

⑫顶帽：宋代的一种圆顶便帽。披背：未详。或为披肩。

⑬质库：古代进行押物放款收息的商铺，亦称"质舍""解库""解典铺""解典库"等，即后来当铺的前身。南朝时，僧寺经营的质库已见于文献记载。南宋吴曾《能改斋漫录·以物质钱为解库》："江北人谓以物质钱为'解库'，江南人谓为'质库'。然自南朝已如此。按：齐阳玠《谈薮》云：有甄彬者，有行业。以一束苎，就荆州长沙寺库质钱。后赎苎，于苎束中得金五两云云。"唐宋以后，社会经济日益发展，质库亦随之发达，富商大贾、官府、军队、寺院、大地主纷纷经营这种以物品作抵押的放款业务，同时还从事信用放款。北宋神宗时，还开办了官方的当铺。《宋史·食货志下八》："（元丰）四年，从都提举贾青请，于新旧城外内置四抵当所，遣官掌之。罢市易上界等处抵当，以便民。"掌事：掌管事务，亦指掌管事务的人。

⑭皂衫：黑色短袖单衣。《宋史·舆服志五》："进士则幞头、襕衫、带，处士则幞头、皂衫、带。"角带：以角为饰的腰带。这是宋时下级官吏及庶民的服饰。宋人王明清《玉照新志》："（霍端友）以大观元年十一月除通直郎，试中书舍人，赐三品服。故事：三品服角带、佩金鱼为饰。一日徽宗顾见公，谓左右曰：'给舍等耳，而服色相绝如此。'诏令太中大夫以上，犀带垂鱼。"

⑮色目：职业，身份。

【译文】

　　京城中所有贩卖饮食的人，都把食物装在鲜明洁净的盘盒器皿中。货车或挑担上的应用器具，都新奇精巧令人喜爱；对于食物的味道、羹汤的调制，不敢粗糙疏略。那些卖药、卖卦的人，都戴帽束带，穿着正式服装。以至于求乞之人，也有规范，稍微有些懈怠，即为众人所不容。那些士人、农民、工匠、商贾以及所有行业、各个店家，所着衣装各有本行业的特点，不敢越出分外。例如香铺中裹香的伙计，就戴顶帽、围披背；当铺中掌管事务的人，则穿着黑色的短袖单衣，束着以角为饰的腰带，不戴顶帽，等等。街市上的行人一看便能认出该人是何种身份。

加之人情高谊^①，若见外方之人为都人凌欺，众必救护之。或见军铺收领到斗争公事^②，横身劝救^③，有陪酒食檐官方救之者^④，亦无惮也。或有从外新来邻左居住^⑤，则相借借动使、献遗汤茶^⑥、指引买卖之类^⑦。更有提茶瓶之人^⑧，每日邻里互相支茶^⑨，相问动静^⑩。凡百吉凶之家，人皆盈门。

【注释】

①加之：连词，表示进一步的原因或条件。人情：民情，民间风俗。高谊：崇高的道义，高尚的德行。此处意指推崇道义，以道义为高，重情义。

②军铺："军巡铺"的简称，东京基层警政机构，主要负责防火、捕盗，兼管一些简单的民事和刑事纠纷。北宋末年，已经形同虚设，但在诬良为盗、讹诈平民财物上，却起了极坏的影响。收领：拘禁。斗争：斗殴争闹。

③横身：挺身，置身。

④陪酒食：附加酒食。请酒请饭。陪，同"赔"，赔偿，偿还。檐官方：承担官府的压力。檐，同"担"，承担。

⑤邻左：邻居，左邻右舍，四邻。

⑥献遗（wèi）：奉赠财物。汤茶：茶水。汤，古时指热水。

⑦买卖：商店，店铺。

⑧提茶瓶之人：提着茶瓶送茶上门服务的人，兼为客人跑腿传递消息。这些人隶属于茶行。元人马端临《文献通考·市籴考一》："京师如街市提瓶者，必投充茶行，负水担粥以至麻鞋头髻之属，无敢

不投行者。"这些人起初主要为文人服务,后来民间媒婆、说客、帮闲之人也成了"提茶瓶人"。南宋吴自牧《梦粱录·茶肆》记载杭州城内"巷陌街坊,自有提茶瓶沿门点茶,或朔望日,如遇凶吉二事,点送邻里茶水,倩其往来传语。又有一等街司衙兵百司人,以茶水点送门面铺席,乞觅钱物,谓之'龊茶'。僧道头陀欲行题注,先以茶水沿门点送,以为进身之阶"。

⑨支茶:送茶。支,付。

⑩相问:询问,质问。动静:情况,消息。

【译文】

此外,京城风俗推崇道义,如果看见外地人被京都中人欺凌,众人必定会救助和保护他。有人遇见军巡铺拘捕了斗殴争闹案件中人,会挺身而出,劝说解救,有的甚至要赔上酒食、承担官方压力进行解救,也无所畏惧。或者有从外地新来的人,在四邻居住,大家就会一起借给或帮办各种日用器具,送上茶水,指点店铺,等等。更有那些提着茶瓶的人,每日在邻里间到处替人送茶,询问各自的情况。凡是遇到喜事或丧事的家庭,许多人都会到他们家去。

　　其正酒店户,见脚店三两次打酒,便敢借与三五百两银器。以至贫下人家①,就店呼酒,亦用银器供送。有连夜饮者,次日取之。诸妓馆只就店呼酒而已,银器供送,亦复如是。其阔略大量②,天下无之也。

【注释】

①贫下:贫贱穷困。

②阔略:宽简,简省。大量:宽宏的度量。

【译文】

那些取得官方酿酒许可的大酒店,碰见卖零酒的小酒店来打三两次酒,就敢借给他价值三五百两的银器。甚至那些贫贱穷困的人家,到店里来招呼送酒,也用银器供给传送。有通宵饮酒的人家,就第二天才去取回银器。那些妓馆只是到酒店招呼送酒,酒店用银器供给传送酒水,也都是这样的。那些酒店出借银器时手续之简省、度量之宽宏,全天下再没有这样的。

以其人烟浩穰^①,添十数万众不加多,减之不觉少。所谓花阵酒池,香山药海。别有幽坊小巷,燕馆歌楼^②,举之万数,不欲繁碎。

【注释】

①人烟:住户的炊烟,借指人家,住户。浩穰:众多,繁多。

②燕馆:宴饮的馆子。燕,通"宴"。

【译文】

因为京城人口众多,增添十几万人不会觉得多,减少十几万人也不会觉得少。那真是所说的鲜花成阵,美酒为池,香积如山,药积似海。京城中另有幽僻里坊、窄小街巷,宴饮的酒馆、歌舞的楼台,总共有上万家,不想繁杂琐碎地一一记述了。

京瓦伎艺

【题解】

本条 390 余字，集中介绍北宋末年东京勾栏瓦肆的艺术表演情况，包括艺术表演形式、各领域的杰出艺人以及管理等，是研究宋代散乐的珍贵资料。

崇、观以来①，在京瓦肆伎艺②，张廷叟③、孟子书主张④。

【注释】

① 崇、观：崇宁（1102—1106）、大观（1107—1110），均为宋徽宗年号。

② 瓦肆：即瓦子，亦作"瓦市""瓦舍"。宋元时大城市里娱乐场所集中的地方，有表演杂剧、曲艺、杂技等的勾栏，也有卖药、估衣、饮食等的店铺。伎艺：指有技艺的人。

③ 张廷叟：当时艺人。

④ 孟子书：北宋末年一位管理京瓦伎艺的乐官，金兵围城之时曾向金人投状，称愿献家中金银。其时金人在开封搜括金银已经结束，听说尚有藏匿，再次大肆搜括。南宋徐梦莘《三朝北盟会编》靖康二年二月四日甲子引《汴都记》曰："先是，正月内金帛见纳比

元数金百之一，银十之一，表段十之二，惟绢有余。留守司申状，城中所有止如此，如有隐蔽，同受军法。二月四日，奉圣旨根括金银，应副大金，已具了绝事状。却有取过军前内官蓝诉、医官周道隆、乐官孟子书等，经元帅投状，称有金银在家窖藏，乞取前来，遂致元帅怪怒，差人赍锄镢入城剧取内侍邓珪及教坊人所窖金银。于是开封府出榜，再行根括。"宋人王明清《挥麈录》亦记载此事，并怒斥曰："考诸人用心，虽粉骨碎躯，难塞滔天之罪。"主张：主持，主理。此为宋代习语，如南宋耐得翁《都城纪胜·瓦舍众伎》："杂剧中，末泥为长……末泥色主张，引戏色分付。"南宋费衮《梁谿漫志·江西长老》："寺有主者，所以主张是寺也。"此指对瓦肆内的各类艺人进行管理。

【译文】

徽宗崇宁、大观以来，东京城中瓦肆中的艺人，都由张廷叟、孟子书主持管理。

小唱①：李师师②、徐婆惜③、封宜奴、孙三四等，诚其角者④。

【注释】

①小唱：宋代伎艺，是以宋词为歌词进行演唱的表演形式。艺人们手执拍板，唱些慢曲、曲破之类。南宋耐得翁《都城纪胜·瓦舍众伎》记载："唱叫小唱，谓执板唱慢曲、曲破。大率重起轻杀，故曰'浅斟低唱'。与四十大曲舞旋为一体，今瓦市中绝无。"小唱所用伴奏乐器不多，音乐较为清雅简单，风格细腻委婉，节拍缓慢悠扬，无论是民间勾栏瓦舍中的盈利性演出、各种私人集会、贵族家庭的娱乐活动，还是官府公宴、酒库卖酒的表演中，都是由女艺人来应承。本书卷八"六月六日崔府君生日、二十四日神保观神生

日"中,均有提及。

②李师师:北宋后期东京瓦肆勾栏中第一流的美女歌伎。开封人,本姓王,染局匠之女。四岁父死,遂入娼籍李家。为名妓,色艺双绝,慷慨有侠名,号"飞将军"。徽宗微行,屡至其家。徽宗禅位后,她曾献资助饷抗金,并乞为女冠。靖康元年(1126),钦宗下令籍没其家。北宋张邦基《墨庄漫录·李师师、崔念月》:"政和间,汴都平康之盛,而李师师、崔念月二妓,名著一时。晁冲之叔用每会饮,多召侑席。其后十许年,再来京师,二人尚在,而声名溢于京国。李生者,门第尤峻。叔用追感往昔,成二诗,以示江子之,其一云:'少年使酒走京华,纵步曾游小小家。看舞《霓裳羽衣曲》,听歌《玉树后庭花》。门侵杨柳垂珠箔,窗对樱桃卷碧纱。坐客半惊随逝水,吾人星散落天涯。'其二云:'春风踏月过章华,青鸟双邀阿母家。系马柳低当户叶,迎人桃出隔墙花。鬓深钗暖云侵脸,臂薄衫寒玉照纱。莫作一生惆怅事,邻州不在海西涯。'靖康中,李生与同辈赵元奴及筑毬吹笛袁陶、武震辈,例籍其家。李生流落来浙中,士大夫犹邀之以听其歌,然憔悴无复向来之态矣。"宋人所著《宣和故事》《李师师外传》,寓演饰成分,不可尽信。

③徐婆惜:"婆惜"为宋元时期习见之名,多为女妓之佼佼者,亦有用为男名之例。关于名字含义,有人认为是"婆所怜惜"之意,有人认为是由于姿色美好而为妓院老鸨爱惜的女孩,也有人认为与当时的溺婴陋习有关,是由于婆婆等长辈的一念之仁而侥幸存活下来的小生命。

④角:角色,人物。一说犹"佼",美好出众。

【译文】

小唱:李师师、徐婆惜、封宜奴、孙三四等,确实堪称小唱艺人中的名角。

嘌唱弟子①:张七七、王京奴、左小四、安娘、毛团等。

【注释】

①嘌（piào）唱：宋代伎艺，属小曲一类，是在小唱基础上进行音乐上的变奏加工而形成的一种歌唱方法。艺人敲着小鼓，演唱短小的歌曲，与模仿市井的叫卖声加以提高的"叫果子"及"唱耍曲儿"融为一体，歌词艳丽淫靡，音调迂折柔曼，风格通俗明朗，易于为普通民众所接受。南宋程大昌《演繁露·嘌》："凡今世歌曲，比歌郑、卫，又为淫靡。近又即旧声而加泛滟者，名曰'嘌唱'。"南宋耐得翁《都城纪胜·瓦舍众伎》："嘌唱，谓上鼓面唱令曲小词，驱驾虚声，纵弄宫调，与'叫果子''唱耍曲儿'为一体。本只街市，今宅院往往有之。"嘌，快速的样子。弟子：宋元时用以称妓女。宋人朱彧《萍洲可谈》："近世择姿容，习歌舞，迎送使客侍宴女子，谓之'弟子'，其魁谓之'行首'。"

【译文】

嘌唱弟子：有张七七、王京奴、左小四、安娘、毛团等人。

教坊减罢并温习①：张翠盖、张成。弟子②：薛子大、薛子小、俏枝儿、杨总惜、周寿奴、称心等。

【注释】

①教坊减罢并温习：应指曾为教坊成员，因为某种原因而被裁减下来，正在"温习"课业，在瓦肆勾栏临时演出，准备再被招用。古代统治者遇到天灾人祸、内忧外患，往往会一时终止或部分减少教坊，遣散乐工，表示励精图治，远离小人与声色。北宋末年，宋金交战，败多胜少。宣和七年（1125）十二月金人大举南侵，宋徽宗赵佶禅位于其子赵桓。钦宗登极后，即下诏罢花石纲、大晟府、罢教学所等，罢免教坊额外人员，大批供奉宫廷的演艺音乐人才流落民间，为了维持生计，不得不卖艺求生。这种人受过宫廷正

规训练,技艺超群,声名远扬。教坊,始设于唐代,专管雅乐以外
的音乐、歌舞、百戏的教习、排练、演出等事务。宋元两代也有教
坊,管理宫廷音乐。
②弟子:应指"露台弟子",宋元时称民间剧团的艺人,与官府教坊、
钩容直相对而言。本书卷七"驾登宝津楼诸军呈百戏"有"继而
露台弟子杂剧一段,是时弟子萧住儿、丁都赛、薛子大、薛子小、杨
总惜、崔上寿之辈,后来者不足数",其中有与此相同的人。

【译文】

教坊裁减省罢、温习旧业者:张翠盖、张成。露台弟子:薛子大、薛子
小、俏枝儿、杨总惜、周寿奴、称心等。

般杂剧①,杖头傀儡任小三,每日五更头回小杂剧②,差
晚看不及矣。

【注释】

①般杂剧:演出杂剧。般,同"搬",搬演,把某一事实或故事用戏剧
或其他文艺形式表现出来。杂剧,戏曲名词。中国戏曲史上有多
种以杂剧为名的表演形式。晚唐已见"杂剧"之名,其特点不详。
其后有宋杂剧、元杂剧、温州杂剧、南杂剧等。南宋耐得翁《都城
纪胜·瓦舍众技》:"杂剧中,末泥为长,每四人或五人为一场,先
做寻常熟事一段,名曰'艳段';次做正杂剧,通名为两段。"
②头回小杂剧:即正式杂剧开始前的热场小戏,多为滑稽戏。

【译文】

杂剧演出,表演杖头傀儡的任小三,每天五更上演头回小杂剧,稍晚
就看不上了。

悬丝傀儡张金线①,李外宁药发傀儡②。张臻妙、温奴

哥、真个强、没勃脐、小掉刀,筋骨③、上索④、杂手伎⑤、浑身眼。李宗正、张哥,毬仗⑥、踢弄⑦。

【注释】

①悬丝傀儡:类似现在的提线木偶。小木偶,长不过尺,头部及双手两足缀以细丝,艺人立于活动舞台上空提线操纵木偶动作,引动木偶行立坐卧动转,极为传神。如河南济源宋三彩儿童游乐图枕:一头挽双丫髻绿衣白裤小儿,坐于绣墩,右手执一线提木偶作戏。又若李嵩《骷髅幻戏图》:一大骷髅提一小骷髅作戏者,其悬丝结构、操纵手法,与现今提线木偶无异。

②李外宁:北宋末年表演傀儡的著名艺人,善作药法傀儡和水傀儡。药法傀儡:亦称"药发傀儡",宋代傀儡戏的一种。又叫"竿火""架子火",是由火药引线引燃花炮,使折叠的纸制人物突然展开,然后借助火药爆炸燃烧的力量,使纸制人物飞腾旋转起来的一种烟火。

③筋骨:犹今杂技中之柔术,是展示人体极度柔韧性的一种杂技表演。它正式形成于春秋战国时期,成熟于隋代,唐代进入宫廷。济南无影山出土的西汉杂技俑,其中一俑正折腰反弓下地,另二俑正在倒立,双足弯曲向前,展现他们的柔软腰腿功。

④上索:又叫"踏索""走索""绲戏",演员在悬空的绳索上进行表演,类似今日的走钢索。这种杂技历史悠久,在汉代已经形成,元人马端临《文献通考·乐考二十》:"汉世以大丝绳系两柱头间,相去数丈。两倡对舞,行于绳上,对面道逢,肩相切而不倾。"北宋司马光有《走索》诗,对此有详细描写:"伎儿欲夸众,喜占衢路交。系组不厌长,缚竿不厌高。空中纷往来,巧捷如飞猱。却行欠肤寸,倒绲连秋毫。参差有万一,虀粉安可逃。钱刀不盈掬,身世轻鸿毛。徒资旁观好,曹偶相称褒。岂知从事者,处之危且劳。"

⑤杂手伎:又称"杂手艺"。南宋吴自牧《梦粱录·百戏伎艺》:"且

杂手艺,即使艺也,如踢瓶、弄碗、踢磬、踢缸、踢钟、弄花钱、花鼓槌、踢笔墨、壁上睡、虚空挂香炉、弄花毯儿、挼筑毬、弄斗、打硬、教虫蚁、弄熊、藏人、烧火、藏剑、吃针、射弩端、亲背、攒壶瓶等,绵包儿、撮米酒、撮放生等艺。……此艺施呈,委是奇特;藏去之术,则手法疾而已。"则杂手伎大致有广狭两意,广义的包括各种展示手脚协调灵巧的杂技和戏法,狭义的则单指戏法。这里后文将踢弄、弄虫蚁等独立出来,则或当指戏法。

⑥ 毬仗:亦作"毬杖",本是击毬用具。这里似指耍弄毬杖的杂技。

⑦ 踢弄:南宋耐得翁《都城纪胜·瓦舍众伎》:"踢弄,每大礼后宣赦时,抢金鸡者用此等人,上竿、打筋斗、踏跷。"

【译文】

表演悬丝傀儡的有张金线,表演药发傀儡的有李外宁。张臻妙、温奴哥、真个强、没勃脐、小掉刀等善长表演筋骨、上索、杂手伎、浑身眼。李宗正、张哥,善长表演毬仗、踢弄。

孙宽、孙十五、曾无党、高恕、李孝详,讲史①。李慥、杨中立、张十一、徐明、赵世亨、贾九,小说②。王颜喜、盖中宝、刘名广,散乐。张真奴,舞旋。杨望京,小儿相扑③、杂剧、掉刀蛮牌④。

【注释】

① 讲史:宋元间"说话"四科之一。讲说历代兴亡和战争故事的长篇平话。鲁迅《中国小说史略》:"宋人说话之影响于后来者,最大莫如讲史。"南宋耐得翁《都城纪胜·瓦舍众伎》:"说话有四家:……讲史书,讲说前代书史文传兴废争战之事。"

② 小说:宋代小说为说话家数之一。唐末已开其端。唐人段成式《酉阳杂俎续集·贬误》:"予太和末因弟生日观杂戏,有市人小说。"

南宋耐得翁《都城纪胜·瓦舍众伎》："说话有四家：一者小说，谓之'银字儿'，如烟粉、灵怪、传奇、说公案，皆是搏刀赶棒及发迹变泰之事；……最畏小说人，盖小说者，能以一朝一代故事顷刻间提破。"宋人罗烨《醉翁谈录·小说开辟》云："夫小说者，虽为末学，尤务多闻，非庸常浅识之流，有博览该通之理。幼习《太平广记》，长攻历代史书。烟粉传奇，素蕴胸次之间；风月须知，只在唇吻之上。《夷坚志》无有不览，《琇莹集》所载皆通。动哨中哨，莫非《东山笑林》；引倬底倬，须还《绿窗新话》。论才词有欧、苏、黄、陈佳句，说古诗是李、杜、韩、柳篇章。举断摸按，师表规模；靠敷演令，看官清耳。只凭三寸舌褒贬是非，略口万余言讲论古今。说收拾寻常有百万套，谈话头动辄是数千回。说重门不掩底相思，谈闺合难藏底密恨。辨草木山川之物类，分州军县镇之程途。讲历代年载废兴，记岁月英雄文武。有灵怪烟粉传奇公案，兼朴刀杆棒妖术神仙。自然使席上风生，不枉教坐间星拱。……讲论处不滞搭、不絮烦，敷演处有规模、有收拾。冷淡处提掇得有家数，热闹处敷演得越长久。曰得词、念得诗、说得话、使得砌。言无讹舛，遣高士善口赞扬；事有源流，使才人怡神嗟讶。"

③小儿相扑：小孩子表演的相仆摔跤。四川邛窑出土有宋小儿相扑瓷塑：两小儿双腿拉开后支，互相搂抱做相搏状。

④掉刀蛮牌：持棹刀和盾对打。棹刀，宋代兵器。长柄，刀两面有刃，刃首上阔下窄，木杆，末端安铁镈。为宋军常用兵器之一。北宋曾公亮《武经总要·器图》："棹刀，刃首上阔，长柄施镈。"蛮牌，用南方产的粗藤做的盾牌。宋人滕元发《征南录》："又闻贼之长技，用蛮牌捻枪，每人持牌以蔽身，二人持枪夹牌以杀人，众进如堵，弓矢莫能加。"持刀与盾牌对打的表演，《东京梦华录》中多次提及，"掉刀""倬刀"或"棹刀"，写法各异：卷七"清明节"介绍都城人游春带回的玩具有"掉刀"，"驾幸临水殿，观争标，锡宴"

中有"棹刀蛮牌神鬼",卷十"下赦"中的"御龙直装神鬼,斫真刀傽刀",属同一类型的表演,均是由军队训练演化出来的舞台表演。

【译文】

孙宽、孙十五、曾无党、高恕、李孝详善长讲史。李慥、杨中立、张十一、徐明、赵世亨、贾九善长小说。王颜喜、盖中宝、刘名广,善长散乐。张真奴,善长舞旋。杨望京,善长小儿相扑、杂剧、持棹刀和盾对打。

　　董十五、赵七、曹保义、朱婆儿、没困驼、风僧哥、俎六姐,影戏①。丁仪、瘦吉等弄乔影戏②。

【注释】

①影戏:宋代伎艺,即现代的皮影戏、纸影戏。

②乔影戏:诙谐搞笑风格的影戏。乔,古代戏曲术语,指以夸张的滑稽动作,表演各种人物、事件,以为笑乐。一说即手影戏,双手做出种种手势,通过光源照射,将手影投射到幕布上,创造出种种物体形象。

【译文】

董十五、赵七、曹保义、朱婆儿、没困驼、风僧哥、俎六姐等,表演影戏。丁仪、瘦吉等表演弄乔影戏。

　　刘百禽弄虫蚁①。孔三传耍秀才、诸宫调②。毛详、霍伯丑,商谜③。吴八儿,合生。张山人④,说诨话⑤。

【注释】

①弄虫蚁:调教小动物表演节目。明人陶宗仪《辍耕录》:"余在杭州日,尝见一弄百禽者,蓄龟七枚,大小凡七等。置龟几上,击鼓以使之,则第一等大者先至几心伏定,第二等者从而登其背,直至

第七等小者登第六等之背，乃竖身直伸其尾向上，宛如小塔状，谓之'乌龟叠塔'。又见蓄虾蟆九枚，先置一小墩于席中，其最大者乃踞坐之，余八小者左右对列。大者作一声，众亦作一声；大者作数声，众亦作数声。既而小者一一至大者前，点首作声，如作礼状而退，谓之'虾蟆说法'。"

②诸宫调：宋、金、元流行的一种说唱文学。起源于北宋。取同一宫调的若干曲牌联成短套，首尾一韵；再用不同宫调的许多短套联成长篇，杂以说白，以说唱长篇故事。南宋耐得翁《都城纪胜·瓦舍众伎》："诸宫调，本京师孔三传编撰传奇灵怪八曲说唱。"

③商谜：猜谜。南宋耐得翁《都城纪胜·瓦舍众伎》："商谜：旧用鼓板吹【贺新郎】，聚人猜诗谜、字谜、戾谜、社谜，本是隐语。"南宋洪迈《夷坚志·诗谜》记载了士大夫做的诗谜："又取古人名而传以今事。如：'人人皆戴子瞻帽。君实新来转一官。门状送还王介甫。潞公身上不曾寒。'谓仲长统、司马迁、谢安石、温彦博也。"

④张山人：元祐至绍圣年间（1086—1098）著名滑稽艺人。或云名寿，山东兖州人。善作十七字诗，其词虽俚，然多颖脱，含讥讽。宋人何薳《春渚纪闻·张山人谑》："绍圣间，朝廷贬责元祐大臣及禁毁元祐学术文字。有言司马温公神道碑乃苏轼撰述，合行除毁。于是州牒巡尉，毁拆碑楼及碎碑。张山人闻之曰：'不须如此行遣，只消令山人带一个玉册官，去碑颊上添镌两个不合字，便了也。'碑额本云'忠清粹德之碑'云。"

⑤说诨话：宋代说唱艺术，一种滑稽诙谐的说唱。诨话，开玩笑的话。

【译文】

刘百禽表演调弄虫蚁。孔三传表演耍秀才、诸宫调。毛详、霍伯丑，表演商谜。吴八儿，表演合生。张山人，表演说诨话。

刘乔、河北子、帛遂、吴牛儿、达眼五、重明乔、骆驼儿、李敦等,杂班①。外入孙三神鬼。霍四究说三分②。尹常卖五代史③。文八娘叫果子④,其余不可胜数。

【注释】

①杂班:又叫"杂扮",宋代流行的一种小戏。以剧情简单,逗人喜笑著称。一般为杂剧之散段。南宋吴自牧《梦粱录·妓乐》:"又有杂扮,或曰'杂班',又名'纽元子',又谓之'拔和',即杂剧之散段也。

②说三分:讲说三国故事的表演。北宋苏轼《东坡志林·途巷小儿听说三国语》:"王彭尝云:'途巷小儿薄劣,其家所厌苦,辄与钱,令聚坐,听说古话。至说三国事,闻刘玄德败,颦蹙有出涕者;闻曹操败,即喜唱快。以是知君子小人之泽,百世不斩。'"

③五代史:讲说后梁、后唐、后晋、后汉、后周五代历史故事的表演。

④叫果子:宋代说唱艺术,模仿各种叫卖的市声,以口技而取胜。宋人高承《事物纪原·吟叫》:"嘉祐末……四海遏密,故市井初有叫果子之戏。其本盖自至和、嘉祐之间,叫'紫苏丸',泊乐工杜人经'十叫子'始也。京师凡卖一物,必有声韵,其吟哦俱不同,故市人采其声调,间以词章,以为戏乐也。今盛行于世。又谓之吟叫也。"

【译文】

刘乔、河北子、帛遂、吴牛儿、达眼五、重明乔、骆驼儿、李敦等,杂班。外入孙三神鬼。霍四究表演说三国故事。尹常卖表演讲说五代史故事。文八娘叫果子,其余不可胜数。

不以风雨寒暑,诸棚看人,日日如是。教坊、钧容直,每遇旬休按乐,亦许人观看。每遇内宴,前一月,教坊内勾集弟子小儿,习队舞作乐,杂剧节次。

【译文】

不论风雨寒暑，各棚观看表演的人，天天如此。教坊、钧容直的艺人，每逢十天一次的旬休奏乐，也允许人们观看。每逢宫内设宴，提前一个月，教坊内招集弟子小儿，练习队舞作乐，按顺序表演杂剧。

娶妇

【题解】

婚姻为"人道之大伦",聘娶程序是古代礼仪规范的重要内容。按照《仪礼·士昏礼》记载,古人把结婚的进程归纳为六个阶段,每个阶段都有相应的礼仪规范,即为婚姻"六礼",依次为纳采、问名、纳吉、纳征、请期、亲迎,"六礼"具备,婚姻始告成立。北宋时期,经过唐末五代的战乱,以及宋初为消灭割据政权而进行的战争,社会经济受到严重破坏,繁杂的婚姻"六礼"很难为一般士庶人家所奉行。为此,朝廷组织力量修编礼书,使婚仪趋于简化,"并问名于纳采,并请期于纳成"(《宋史·礼志十八》),将"六礼"合为"四礼"。

孟元老详细记录了北宋末年东京城中娶妇的完整流程、礼节与习俗,这些风俗典仪,不仅在当时"四方仰之为师"(南宋耐得翁《都城纪胜·序》),而且对南宋的临安乃至后世整个中原地区的婚俗文化,都有着意义深远的影响。时至今日,广大中原地区(尤其是农村)的婚俗中仍然流行的"换帖""相亲""下聘礼""坐花轿""喝交杯酒"等习俗,均与北宋东京的婚俗有着某种程度上的渊源关系。

凡娶媳妇,先起草帖子①。两家允许,然后起细帖子②,序三代名讳③,议亲人有服亲④、田产、官职之类。

【注释】

①起：起草，拟定。草帖子：也称"草帖"，相对于定帖（细帖子）而言，是指开始议婚时，双方家长通过媒人相互交换男方、女方基本信息的礼书。据南宋《事林广记》所列婚书样式：

男方草帖正式：

贯某州某县官宅

　　一三代

　　　曾祖某某官

　　　　祖某某官

　　　　父某某官

　　一本宅几舍人年月生

　　一母某氏有封号则具

右具议亲次

　　　　月　日　草帖

女家草帖正式

贯某州某县官宅

　　一三代

　　　曾祖某某官

　　　　祖某某官

　　　　父某某官

　　一本宅某位几小娘子年月生

　　一母某氏

　　一大区田若干

　　一房卧若干

右具议亲次

　　　　月　日　草帖

②细帖子：详细的庚帖，即定帖。细帖子是重要的婚仪礼书，双方交换草帖子和细帖子，实质上是古代婚礼"问名""纳吉"程序在宋代的具体体现。

③序：按次第叙写。三代：指曾祖、祖、父三代。名讳：旧指尊长或所尊敬之人的名字。旧时生前曰名，死后曰讳。分用义异，合用义同名字，但含有敬意。

④议亲人：议婚的双方当事人。有服亲：有服之亲，指近亲。服，指五服，其亲属范围包括自高祖以下的男系后裔及其配偶，即自高祖至玄孙的九个世代，通常称为"本宗九族"。在此范围内的亲属，包括直系亲属和旁系亲属，为有服亲属，死为服丧。服制按服丧期限及丧服粗细的不同，分为五种，即所谓"五服"，亲者服重，疏者服轻，依次递减。

【译文】

凡是娶媳妇，先要起草草帖子。男女两家允许，然后再起草细帖子，按顺序书写曾祖、祖、父辈的名讳，以及议婚人五服之内的近亲、所拥有的田地财产、所担任的官职之类等情况。

次檐许口酒①。以络盛酒瓶②，装以大花八朵、罗绢生色或银胜八枚③，又以花红缴檐上④，谓之"缴檐红"，与女家。女家以淡水二瓶、活鱼三五个、箸一双，悉送在元酒瓶内⑤，谓之"回鱼箸"。

【注释】

①檐：同"担"。以下的"缴檐""花檐""檐从人""起檐子""车檐"等，皆同此。许口酒：犹许亲酒，即应允亲事之酒。

②络：网状物。

③罗绢：均为丝织品。罗是轻软有稀孔的丝织品，绢是质地薄而坚

韧的丝织品，也指用生丝织成的一种丝织品。生色：生动鲜明的色彩。银胜：古时妇女所戴的头饰，是用银箔剪成的人形彩花。胜，古代一种首饰，多为妇女插戴，有时男性也戴。南宋周密《武林旧事》，立春日"赐百官春幡胜，宰执亲王以金，余以金裹银及罗帛为之，系文思院造进，各垂于幞头之左，入谢"。

④花红：指红绸，为庆贺喜事而赠送的衣料礼品。缴（jiǎo）：缠绕，捆扎。

⑤元：原来，本来。

【译文】

然后男家派人挑着担子送去许亲酒。许亲酒要用丝络盛装酒瓶，装上八朵大花、八枚色彩鲜艳的罗绢或银胜，又用红绸缠绕在酒担上，称为"缴担红"，送给女家。女家要把两瓶淡水、三五条活鱼、一双筷子，全都放在原来的酒瓶内，称为"回鱼箸"。

或下小定①、大定②，或相媳妇与不相③。若相媳妇，即男家亲人或婆往女家④，看中，即以钗子插冠中，谓之"插钗子"；或不入意⑤，即留一两端彩段⑥，与之压惊，则此亲不谐矣⑦。

【注释】

①下小定：也叫"放小定"，相当于古礼中的"纳吉"，男家向女家送饰物等作为定礼。

②大定：相当于古礼中的"纳征"，主要是送定金、喜饼及多种饰物等，作为正式下聘订婚的礼物。

③相（xiāng）媳妇：旧指议亲时男方亲人到女方家中相看议亲对象。

④亲人：指男家的直系亲属。婆：母亲或母亲一辈的女人。

⑤不入意：不中意。

⑥端：古时布帛的长度单位。绢曰匹，布曰端。古绢以四丈为一匹，布以六丈为一端。唐以四丈为匹，六丈为端。彩段：彩色绸缎。段，同"缎"。

⑦谐：办妥，办成功。

【译文】

此后，男家或者下小定、或下大定，或者去女家相看媳妇、或不相看。如果相看媳妇，就由男家的长辈或婆母辈的人前往女家，如果相看中意，就用发钗插在冠中，称为"插钗子"；如果不中意，就留下一两端彩缎，给女孩压惊，那么这桩亲事便不成了。

其媒人有数等①：上等戴盖头②，着紫背子③，说官亲④、宫院恩泽⑤；中等戴冠子，黄包髻⑥，背子，或只系裙，手把青凉伞儿⑦。皆两人同行。

【注释】

①媒人：中国古代无媒不成婚，《诗经·卫风·氓》中所说"匪我愆期，子无良媒"，《诗经·豳风·伐柯》中说"伐柯如何？匪斧不克。取妻如何？匪媒不得"，即指此。媒人在男女双方之间跑腿，联络信息，协调状况，宋人袁采《袁氏世范》提醒"媒人之言不可轻信"："古人谓'周人恶媒'，以其言语反复：给女家则曰男富，给男家则曰女美。近世尤甚，给女家则曰男家不求备礼，且助出嫁遣之资；给男家则厚许其所迁之贿，且虚指数目。若轻信其言而成婚，则责恨见欺，夫妻反目，至于仳离者有之。大抵嫁娶固不可无媒，而媒者之言不可尽信。如此，宜谨察于始。"

②盖头：旧时妇女外出时，用以蔽尘的面巾披肩。南宋周煇《清波别志》："士大夫于马上披凉衫，妇女步通衢，以方幅紫罗障蔽半

身,俗谓之'盖头'。"

③背子:又作"褙子"。男女皆服,式样有异,历代有变化,记述不一。宋人高承《事物纪原·背子》中说:"秦二世诏衫子上朝服加背子,其制袖短于衫,身与衫齐而大袖。今又长与裙齐,而袖才宽于衫。"唐时背子多指短袖上衣,宋代背子有数种:一种为贵族男子穿在祭服、朝服里的衬里之衣,其制如古代中单,盘领、长袖,两腋开衩,下长至足;一种指为武士、仪卫的圆领制服,对襟、短袖,下长至膝;一种为妇女常用之服,对襟、直领,两腋开衩,下长过膝。

④官亲:官吏的亲属、亲戚。

⑤官院:后妃所居之所,亦指王子居所。然此当指皇家亲戚。恩泽:帝王或朝廷给予百姓的恩惠,此指婚事。宋人朱彧《萍洲可谈》:"近世宗女既多,宗正立官媒数十人,掌议婚。"

⑥包髻:一种长方形头巾,戴时将对角折叠,从额前向后面缠裹,再将巾角绕到额前打结。在发髻做成后,用包髻把发髻包裹起来的发式也叫"包髻",始现于宋代。

⑦青凉伞儿:青色的遮阳伞。南宋周辉《清波杂志》:"京城士庶,旧通用青凉伞。大中祥符五年,唯许亲王用之,余并禁止。六年,始许中书、枢密院依旧用伞出入。近时,臣寮建议士庶用皂伞者,不闻施行。"

【译文】

那些媒人分为几等:上等媒人戴着盖头,身穿紫色背子,专门说合大小官员、皇亲国戚的婚事;中等媒人头戴冠子,用黄色头巾包裹发髻,身穿背子,或者只系裙子,手里撑着青色遮阳伞。都是两个人同行。

　　下定了①,即旦望媒人传语②。遇节序③,即以节物④、头面、羊酒之类追女家⑤,随家丰俭。女家多回巧作之类⑥。

【注释】

①下定：下聘，旧时婚姻定婚时男方给女方聘礼。

②旦望：朔望，即农历每月的初一和十五。

③节序：节令，节气，此指节日。

④节物：应节的物品。南宋陆游《老学庵笔记》："靖康初，京师织帛及妇人首饰衣服皆备四时，如节物，则春幡、灯毬、竞渡、艾虎、云月之类。"

⑤羊酒：羊和酒，亦泛指赏赐或馈赠的物品。追：送。

⑥巧作：女红针黹的制作物。北宋黄庭坚《谢张仲谋端午送巧作》："君家玉女从小见，闻道如今画不成。剪裁似借天女手，萱草石榴偏眼明。"

【译文】

等到下了聘礼，即由媒人在初一或十五在两家之间传话。每当遇到节日，男家就将应节物品、饰物以及羊、酒之类的礼品送往女家，礼品丰厚还是俭朴，随男家的境况而定。女家则大多回赠女红针黹之类的物品。

次下财礼①。次报成结日子②。次过大礼③。

【注释】

①下财礼：男方送给女方的聘礼、财物。南宋吴自牧《梦粱录·嫁娶》："且论聘礼，富贵之家，当备三金送之，则金钏、金镯、金帔坠者是也。若以铺席宅舍，或无金器，以银镀代之。否则贫富不同，亦从其便，此无定法耳。更言士宦，亦送销金大袖、黄罗销金裙、段红长裙，或素罗大袖段亦得。珠翠特髻、珠翠团冠，四时冠花、珠翠排环等首饰，及上细杂色、彩段匹帛，加以花茶果物、团圆饼、羊酒等物。及送官会银铤，谓之'下财礼'。"宋代婚姻中出现重财现象，北宋司马光《书仪·亲迎》中说："今世俗之贪鄙者，将娶

妇,先问资装之厚薄;将嫁女,先问聘财之多少。至于立契约云:
某物若干,某物若干,以求售其女者。"

②报:告知。成结:成亲,结婚。

③过大礼:又称"大聘",相当于古代"六礼"中的"纳征",是订亲过
程中最隆重的仪式,约于婚前十五至二十天进行。男家择定吉日,
携同礼金和多种礼品送到女家。女家回赠男家礼品。过,转移。

【译文】

然后是下财礼。然后是告知女家结婚的日子。然后是过大礼。

先一日,或是日早,下催妆冠帔①、花粉②,女家回公
裳③、花幞头之类④。前一日,女家先来挂帐,铺设房卧⑤,谓
之"铺房"⑥。女家亲人有茶酒、利市之类⑦。

【注释】

①下:送给女家。催妆:旧时婚俗,新妇出嫁时,要多次催促,才梳妆
启行。唐人陆畅《云安公主下降奉诏作催妆诗》:"云安公主贵,
出嫁五侯家。天母亲调粉,日兄怜赐花。催铺百子帐,待障七香车。
借问妆成未,东方欲晓霞。"冠帔:古代妇女之服饰。冠,帽子。帔,
披肩。北宋王巩《闻见近录》:"一日,儿女婚嫁,遣中使问其姓氏,
悉赐冠帔。"

②花粉:本指妇女戴的花和搽的粉,亦为化妆品的代称。

③公裳:犹公服。新郎的公裳即公服,本来是有官阶的人才能穿的;
结婚是大喜之日,允许在服饰上出现一些僭越,庶民结婚可以用
九品命服作为吉服。

④花幞头:婚礼时用的吉服。幞头是宋时男子贵贱通服的头巾。

⑤房卧:卧房。泛称铺盖衣饰,引申为嫁妆。

⑥铺房:婚俗之一。亲迎前一天,女家派人到婿家铺设新房卧具,俗

称"铺床"。其俗约始于宋代。北宋司马光《书仪·亲迎》中说:"前
期一日,女氏使人张陈其婿之室,俗谓之'铺房',古虽无之,然今
世俗所用,不可废也。床榻、荐席、椅桌之类,婿家当具之;毡褥、
帐幔、衾绸之类,女家当具之。所张陈者,但毡褥、帐幔、帐幕之类
应用之物,其衣服袜履等不用者,皆锁之箧笥。世俗尽陈之,欲矜
夸富多,此乃婢妾小人之态,不足为也。"

⑦利市:节日、喜庆所赏的喜钱。

【译文】

婚礼的前一日,或婚礼当天一早,男家要将催妆的冠帔、化妆品送往
女家,女家回送公服、花幞头之类的物品。婚礼的前一日,女家先派人来
男方家,挂上帐幔,在新房中铺好铺盖,陈列嫁妆,称作"铺房"。女家的
长辈有茶酒、喜钱之类的赠品。

至迎娶日,儿家以车子或花檐子发①,迎客引至女家门②。
女家管待迎客③,与之彩段,作乐催妆,上车檐。从人未肯
起,炒咬利市④,谓之"起檐子"⑤。与了,然后行。迎客先
回至儿家门,从人及儿家人乞觅利市、钱物、花红等⑥,谓之
"栏门"。

【注释】

①儿家:即男家。花檐子:用花装饰的肩舆之类,用竿抬,无屏障。
北宋司马光《书仪·亲迎》:"今妇人幸有毡车可乘,而世俗重檐
子,轻毡车。借使亲迎时,暂乘毡车,庸何伤哉? 然人亦有性不能
乘车,乘之即呕吐者。如此,则自乘檐子。"

②引:引导,带领。

③管待:照顾接待,用饭菜等招待。

④炒咬：吵嚷，叫嚷。

⑤起檐子：古代婚姻风俗，流行于中原地区，宋代已有。新娘上轿
　（车）时，女家要给迎亲人彩缎、吉利钱、物或食品，方可起轿（车）
　上路，故名。

⑥花红：指有关婚姻等喜庆事的礼物、赏金等。

【译文】

到了迎娶新人的日子，男家的车子或用花装饰的肩舆出发迎亲，迎
客引导新郎及车舆等来到新娘家门前。新娘家款待迎客，送给他们彩色
绸缎，然后奏乐催促新娘梳妆，乘上车子或肩舆。随从之人不肯起程，吵
嚷着要喜钱，称作"起檐子"。给了喜钱，然后起程。迎客先回到男方家
门前，随行之人以及男家之人索要喜钱、礼物、花红等，称作"拦门"。

　　新妇下车子，有阴阳人执斗①，内盛谷豆、钱果、草节
等，咒祝②，望门而撒，小儿辈争拾之，谓之"撒谷豆"③，俗
云厌青羊等杀神也④。

【注释】

①阴阳人：即阴阳生，又称"天文生"，俗称"风水先生"。旧指以星
　相、占卜、相宅、相墓、圆梦等为业的人。斗：盛粮食的器具。

②咒祝：祝祷祈福。

③撒谷豆：该礼俗据说为西汉儒生京房、翼奉创制，宋人高承《事物
　纪原·撒豆谷》中说："汉世京房之女，适翼奉子。奉择日迎之，房
　以其日不吉，以三煞在门故也。三煞者，谓青羊、乌鸡、青牛之神
　也，凡是三者在门，新人不得入，犯之，损尊长及无子。奉以谓不
　然，妇将至门，但以谷豆与草禳之，则三煞自避，新人可入也。自
　是以来，凡嫁娶者，皆置草于门阃内，下车则撒谷豆，既至，蘸草于
　侧而入，今以为故事也。"此俗自汉以降，演进到两宋时代，已经

成为士庶之间流行的风俗。

④厌（yā）：即"压"。镇服或驱避可能出现的灾祸。青羊：传说中的木精，煞神。《太平御览》引《玄中记》："千岁树精为青羊，万岁树精为青牛，多出游人间。"杀神：即煞神，迷信者所说的凶神。

【译文】

新娘下车之时，有阴阳人手里拿着斗，斗中盛放谷豆、钱果、草节等物品，一边祷告祝愿，一边向着门口抛撒斗中之物，小孩子们争相捡拾这些物品，称为"撒谷豆"，民间传说这样可以压住青羊等凶煞之神。

　　新人下车檐，踏青布条或毡席，不得踏地。一人捧镜倒行，引新人跨鞍、蓦草及秤上过①，入门，于一室内，当中悬帐，谓之"坐虚帐"；或只径入房中，坐于床上，亦谓之"坐富贵"。

【注释】

①引新人跨鞍、蓦草及秤上过：让新娘跨马鞍、跨秤而过门，取其"平平安安"之意。跨鞍，置马鞍于男家门口，待新娘入门时跨过。唐人苏鹗《苏氏演义》："婚姻之礼，坐女于马鞍之侧，或谓此北人尚乘鞍马之义。夫鞍者，安也，欲其安稳同载者也。《酉阳杂俎》云：'今士大夫家婚礼，新妇乘马鞍，悉北朝之余风也。'今娶妇家，新人入门跨马鞍，此盖其始也。"蓦，跨过，穿越。

【译文】

新娘下了车子或肩舆，脚踏青色布条或者毡席，不能踏在地上。前面一人捧着铜镜，倒退着行走，引导新娘跨过马鞍，再从草和秤上跨过，进入大门，在一间房子中，当中悬挂帐幔，新娘坐于其中，称为"坐虚帐"；也有只是径直进入卧房之中，坐在床上的，也称之为"坐富贵"。

　　其送女客,急三盏而退,谓之"走送"。众客就筵,三杯之后,婿具公裳,花胜簇面①,于中堂升一榻②,上置椅子,谓之"高坐"。先媒氏请,次姨氏或妗氏请③,各斟一杯饮之;次丈母请,方下坐。

【注释】

①花胜:古代妇女的一种首饰,剪纸或绢,做成花草形状,插于发髻之上,或缀于额前。《释名·释首饰》:"华胜,华,象草木之华也;胜,言人形容正等,一人著之则胜也。"簇面:头上插满。簇,堆集。北宋司马光《书仪·亲迎》:"世俗新婚盛戴花胜,拥蔽其首,殊失丈夫之容体。必不得已,且随俗戴花一两枝、胜一两枚可也。"

②中堂:堂的正中。升:本意为上升,此处有"置"的意思。榻:狭长而矮的坐卧之具。

③姨氏:姨母。妗(jìn)氏:舅母。

【译文】

　　那些送新娘的来客,迅速饮三盏酒退出,称为"走送"。所有来客入席,饮酒三杯之后,新郎穿好公服,头上插满花胜,在厅堂中央放置一张榻,上面放置椅子,让新郎坐上去,称为"高坐"。先由媒人来请,然后由姨妈或舅妈来请,每人各斟一杯酒,饮下;再由岳母来请,方才从高坐上下来。

　　新人门额①,用彩一段,碎裂其下,横抹挂之②。婿入房,即众争扯小片而去,谓之"利市缴门红"③。

【注释】

①门额:门楣上边的部分。

②横抹：横着绕转过来。抹，转，紧挨着绕过。

③利市缴（jiǎo）门红：也叫"利市缴门"。利市，吉利，好运气。缴，
　缠绕。

【译文】

　　新人住房的门额，用一段彩色绸缎，将其下部撕裂成条，横着绕转过
来挂着。新郎进入卧房，众人便争着上前扯下一小片之后离去，称作"利
市缴门红"。

　　婿于床前请新妇出，二家各出彩段，绾一同心①，谓之
"牵巾"。男挂于笏②，妇搭于手。男倒行出，面皆相向，至家
庙前参拜③。

【注释】

①绾：打结。同心：同心结，一般形状是两股彩绳绾成连环回文的形
　式，然后再抽紧而成。

②笏：本指臣朝见君时手执的狭长板子，用玉、象牙、竹木制成，也叫
　"手板"。此当指类似笏的一种手板。

③家庙：古代有官爵者得建立家庙，祭祀祖先。后代泛指一个家族
　建立的宗祠。

【译文】

　　新郎在床前请新娘出来，男女两家各取出彩缎，绾成一个同心结，称
为"牵巾"。新郎把彩缎挂在笏上，新娘搭在手上。新郎倒退着走出，两
人脸对着脸，一直走到家庙前参拜。

　　毕，女复倒行，扶入房讲拜①，男女各争先后对拜。毕，
就床，女向左、男向右坐，妇女以金钱、彩果散掷，谓之"撒
帐"②。

【注释】

①讲拜：行拜见礼。

②撒帐：民间婚姻习俗，据说起源于汉武帝时。《广博物志》引《原始》："撒帐始于汉武帝。……李夫人初至，帝迎入帐中共坐，欢饮之后，预戒宫人遥撒五色同心花果，帝与夫人以衣裾盛之，云得果多得子多也。"将五色果撒向帐中，其意义在于感应五色果的生殖力量，以早生贵子。

【译文】

礼毕，新娘倒着走，由人扶着进入房内，行拜见礼。两位新人各自争先对拜。对拜完毕，走到床边，新娘向左、新郎向右坐下，妇女们将金钱、彩果等向空中散布抛掷，称为"撒帐"。

男左女右，留少头发①，二家出匹段②、钗子、木梳、头须之类③，谓之"合髻"④。

【注释】

①少：稍许。

②匹段：成匹的绸缎。

③头须：扎在发髻上类似穗子的装饰品。《水浒传》："那小衙内穿一领绿纱衫儿，头上角儿拴两条珠子头须。"

④合髻：唐宋以后的一种婚俗，以新婚男女的头发作为婚姻结合的信物，即新婚夫妇在饮交杯酒前，各自剪下一绺头发，绾在一起，表示同心。合髻是上古"结发"婚仪的变形，唐代中后期，逐渐取代结发，唐人晁采《子夜歌》"侬既剪云鬟，郎亦分丝发。觅向无人处，绾作同心结"，描绘了剪发、绾发的细节，说的就是"合髻"。但是"合髻"一词的正式出现以及"合髻"婚仪的风行，则是始于北宋时期，甚至"公卿之家，颇遵用之"（《新五代史·刘岳传》）。

不过，因其不合古礼，也曾颇受责备。北宋欧阳修在《归田录》中说："刘岳《书仪》，婚礼有'女坐婿之马鞍、父母为之合髻'之礼，不知用何经义……固不足为后世法矣。"司马光则在《书仪》中说："今世俗有结发之仪，此尤可笑。"反对归反对，这种以剪下少许头发作为婚姻信物的习俗，一直到明代仍未绝迹。

【译文】

两位新人分男左女右，各自剪下少许头发绾在一起，两家人拿出成匹的绸缎、钗子、木梳、头须之类的礼品，称为"合髻"。

然后用两盏，以彩结连之，互饮一盏，谓之"交杯酒"①。饮讫，掷盏并花冠子于床下，盏一仰一合，俗云"大吉"，则众喜贺②。

【注释】

①交杯酒：传统婚俗之一。古语有"合卺（jǐn）而醑（xǔ）"，"卺"的意思是一个瓠分成两个瓢，"醑"指用器物漉酒，去糟取清。新郎与新娘各执一瓢，以酒漱口。宋代的"交杯酒"由"合卺"婚仪演变而来。

②"掷盏并花冠子于床下"几句：按，宋代的"交杯酒"不仅有"合卺"的"合体之义"，又增添了占卜吉凶的意味。所用饮器，称为"珓""珓杯"或"杯珓"，本为占卜用具，以竹、木或蛤壳制成。宋人叶梦得《石林燕语》："太祖皇帝微时，尝被酒，入南京高辛庙。香案有竹杯珓，因取以占己之名位。"南宋程大昌《演繁露·卜教》："后世问卜于神，有器名'杯珓'者，以两蚌壳投空掷地，观其俯仰，以断休咎……或以竹，或以木，略斫削，使如蛤形，而中分为二，有仰有俯，故亦名'杯珓'。"唐人韩愈《谒衡岳庙遂宿岳寺题门楼》诗中说自己被贬潮州，路过衡岳庙，庙令"手持杯珓导我掷，

云此最吉余难同"，可见以"杯珓"占卜吉凶，其风由来已久。生活于北宋徽宗时期的王得臣在《麈史·风俗》中说："四方不同风，甚者，京师尤可笑。古者婚礼合卺也，(今)以双杯彩丝连足，夫妇传饮，谓之'交杯'。媒氏祝之，掷杯于地，验其俯仰，以为男女多寡之卜，媒即怀之而去。"孟元老所记"交杯酒"仪式，饮酒后掷盏于地，观其仰合以占吉凶，应是兼具夫妇共饮与占卜子嗣之意。

【译文】

"合髻"之后拿两只酒盏，用彩缎连结起来，新人交互各饮一盏，称为"交杯酒"。饮完之后，将酒盏和花冠子掷于床下，如果酒盏一仰一合，当时风俗以为是"大吉"之兆，众人就会前来贺喜。

然后掩帐讫，宫院中即亲随人抱女婿去[1]；已下人家，即行出房，参谢诸亲，复就坐饮酒。

【注释】

[1]宫院：古代世俗对王子住处的称呼。南宋赵彦卫《云麓漫抄》："皇子之居，谓之'某王宫'；王子则分院，世俗目之为'宫院'。"亲随人：亲信随从之人。

【译文】

然后掩好床帐，如果是王子家，便由亲信随从将新郎抱出去；王子以下的人家，新郎就自己走出房间，参拜各位亲戚长辈，礼毕，重新就坐饮酒。

散后，次日五更，用一卓[1]，盛镜台[2]、镜子于其上，望上展拜[3]，谓之"新妇拜堂"[4]。次拜尊长、亲戚，各有彩段、巧作、鞋枕等为献，谓之"赏贺"[5]。尊长则复换一匹回之，谓之"答贺"。

【注释】

①卓:同"桌"。

②盛:放,置。镜台:古代女子的梳妆台,下方备有小抽屉,用以放置胭脂、妆粉、眉笔等化妆工具,外形大方,实用。也是女子出嫁的必备嫁妆,如同妆奁。镜台流行于秦汉时期,东晋顾恺之《女史箴图》中有贵族女子对镜梳妆的画面,地面上放置着简单的镜台。最早记载"镜台"的文献资料,是汉末三国时期的《魏武杂物疏》:"镜台,出魏宫中,有纯银参带镜台一,纯银七子贵人公主镜台四。"河南安阳西高穴东汉曹操高陵曾出土刻有"镜台一"三字的石牌,表明东汉时期"镜台"已成为置镜的常用之物。随着坐具、桌具的普遍使用,镜台发展出放于台面的经典样式,并逐渐走向民间,在宋明时期得到广泛使用。

③展拜:谓拜谒,行跪拜之礼。

④新妇拜堂:"拜堂"一词正式出现于唐代,通常指第二天"妇见舅姑(公婆)",王建《失钗怨》诗有"双杯行酒六亲喜,我家新妇宜拜堂",即指此。

⑤赏贺:女家赠男家之礼,由新娘开箱,将箱中礼物分赠公婆、伯婶长亲、兄弟、子侄晚辈,此举谓之"赏贺"。近代"开箱礼"亦称"见面礼",即其遗风。

【译文】

酒席散后,第二天五更时分,用一张桌子,把镜台、镜子放在桌子上,新媳妇朝上行跪拜之礼,称为"新妇拜堂"。其次是拜见长辈、亲戚,向每个人进献彩缎、巧作、鞋子、枕头之类的物品,称为"赏贺"。长辈们则要另换一匹彩缎回赠新媳妇,称为"答贺"。

　　婿往参妇家,谓之"拜门"。有力能趣办①,次日即往,谓之"复面拜门",不然三日、七日皆可。赏贺亦如女家之礼。酒散，女家具鼓吹^②、从物^③，迎婿还家^④。

【注释】

①趣（cù）办：很快办妥。趣，从速，急。

②鼓吹：演奏乐曲的乐队。

③从物：仪式所需要的其他物品。

④迎：据文意，当为"送"。

【译文】

新女婿前去参拜女家长辈，称为"拜门"。有财力能够很快办妥礼品的，第二天就前往女家，称为"复面拜门"。如果次日不去，在结婚的第三日或第七日前往，也都可以。新女婿赏贺的礼品也像女家的礼数一样。酒席散后，女家准备乐队和礼物，送新女婿回家。

三日，女家送彩段、油蜜蒸饼，谓之"蜜和油蒸饼"^①。其女家来作会^②，谓之"煖女"^③。

【注释】

①蜜和油蒸饼：近代北京地区，新婚之家贺礼，多有锡质油灯一架，内盛香油和蜜，以取"蜜里调油"之意，以寓新婚夫妇亲密和美。蒸饼则寓"蒸蒸日上"之意。

②作会：举办聚会活动。

③煖女：宋代婚俗，女嫁三日后，娘家送食物至婿家以温慰之。北宋赵令畤《侯鲭录》："世之嫁女，三日送食，俗谓之'煖女'。"煖，同"暖"。北宋邵博《闻见后录》中记载了学者宋祁（谥景文）严厉斥责"煖女"为错误写法的轶事："大儒宋景文公，学该九流，于音训尤邃，故所著书用奇字，人多不识。尝纳子妇，三日，子以妇家馈食物书白。一过目，即曰：'书错一字，姑报之。'至白报书，即怒曰：

'吾薄他人错字,汝亦尔邪?'子皇骇却立,缓扣其错。以笔涂'煖'
字。盖妇家书'以食物煖女'云,报亦知之。子益骇,又缓扣当用
何煖字。久之,怒声曰:'从食,从而,从大!'子退检字书,《博雅》
中出'餪(nuǎn)'字,注云:'女嫁三日饷食为餪。'始知俗闻'餪
女'云者,自有本字。"

【译文】

婚后第三天,女家送来彩缎、油蜜蒸饼,称为"蜜和油蒸饼"。女家有
人前来聚会,称作"煖女"。

七日,则取女归,盛送彩段、头面与之,谓之"洗头"。

【译文】

婚后第七日,女家就来人接女儿回娘家,送给她丰盛的彩缎和各种
饰物,称为"洗头"。

一月,则大会相庆,谓之"满月"。自此以后,礼数简矣①。

【注释】

①礼数:犹礼节。

【译文】

结婚一个月,就有大聚会以示庆贺,称作"满月"。从这以后,礼数就
简省了。

育子

【题解】

古代儒家经典著作《礼记·昏义》中说:"昏礼者,将合二姓之好,上以事宗庙,而下以继后世也。"在古人看来,婚姻的目的就是有序生育,使得家族在肉体与精神两个方面后继有人,绵延不绝,也就是通常所说的"传宗接代",这是中国古代最基本的生育观念。宋代社会各阶层深受这种观念的影响,对子嗣问题相当重视;相对稳定的社会环境促进了经济的发展与繁荣,北宋人享受着富足优雅的生活,民俗活动丰富多彩。孟元老所记"育子"习俗,展现了当时东京城围绕新生命诞生而进行的一整套习惯程序,包括预祝孕妇顺利生产的"催生礼"、庆祝新生命降生的礼仪、三朝落脐灸囟的新生儿护理、降生七天的"一腊"之俗、满月之时隆重进行的"洗儿会"、生子百天的"百晬"宴会、周岁生日时的"试晬"(即抓周)盛礼等,繁冗程序中寄托着人们预祝后代健康成长的共同愿望。北宋东京城流行的这些育子礼俗相沿不衰,有的一直流传到了今天。

凡孕妇入月①,于初一日,父母家以银盆,或铤或彩画盆②,盛粟秆一束③,上以锦绣或生色帕复盖之④,上插花朵及通草帖罗五男二女花样⑤。用盘合装送馒头,谓之"分痛"。并作眠羊、卧鹿羊生果实,取其"眠卧"之义⑥。并牙儿衣物⑦、棚籍等⑧,谓之"催生"。

【注释】

①入月:妇女孕期足月。

②铃(líng):金名。彩:色彩,花纹。

③粟秆:即谷秆。粟,北方通称谷子,亦称小米。

④锦绣:花纹色彩精美鲜艳的丝织品。生色帕:色彩艳丽的布巾。帕,本意是指"空白的布巾""包裹布",也指包头或擦手、脸用的布或绸,多为方形。

⑤通草帖罗五男二女花样:用通草粘贴纱罗制作五男二女的形象。通草花样采用的通草片材料,是将通草的内茎趁湿时取出,截成段,理直晒干,切成纸片状制成的,纹理细软洁白,有可塑性,可制成媲美真花的通草花作为饰物,亦可粘贴纱罗,制成其他手工艺品。而且通草本身有药用价值,有明目、退热、催生、下胞、下乳等功效。五男二女花样,据说周武王有五男二女,后世用以表示子孙繁衍,有福气。宋人经常绘印五男二女图案于纸笺或礼品上,以示祝福。给即将临盆的孕妇送"通草帖罗五男二女花样",是祝福生产顺利、子嗣兴旺。

⑥并作眠羊、卧鹿羊生果实,取其"眠卧"之义:此处"羊生"二字,目前所见《东京梦华录》各版本及通行的校注本均如此,然注家多谓其义难解,猜测"羊生"有误,或为衍文。"羊生"应为"象生"之误。生活于清代道光年间(1821—1850)的河南籍诗人李于潢以《东京梦华录》等史籍为底本,创作了描写开封风土方物的《汴宋竹枝词》一百首,该书卷下有描写"育子"的诗:"眠羊卧绿号催生,隔月商量制绣绷。何处犊牛坐阿姆,尘沙扑面进新城。"诗后完整引用《东京梦华录》卷五《育子》中"凡孕妇……谓之'催生'"这段文字,但是所引应为一个今人未见过的版本,其中"羊生果

实"为"象生果实"，词意明白可晓，即模仿动物形象制成的"果实"。开封方言将祭品糕点称为"果"或"供果"，称各种形状的花馍为"花糕"或"花果"。因此，孟元老所谓"作眠羊、卧鹿象生果实"，即是制成眠羊、卧鹿形象的面食，正像今天许多地方蒸制的动物花馍一样。《宋史·礼志十八》中记载诸王纳妃的定礼，也有"眠羊卧鹿花饼"，显然也是眠羊卧鹿花样的饼；南宋杨万里《三月三日上忠襄坟因之行散得十绝句》之七则有"粉捏孩儿活逼真，象生果子更时新"，均可为证。

⑦牙儿：即伢儿，小孩子。此指婴儿。

⑧褓籍（jiè）：亦作"绷接""绷褯"，包裹婴儿的衣被和尿垫之类。褓，同"绷"，婴儿的包被。籍，通"藉"，垫在下面的东西。

【译文】

凡是孕妇怀孕足月，此月的初一日，父母家用银盆，或用铙或彩画图案的盆，盛放一束粟秆，上面覆盖着精美的丝绸或色彩鲜艳的头巾，粟秆上插着花朵以及通草粘贴纱罗制成的五男二女形象。用盘盒装着馒头送给女儿，称为"分痛"。并且用面粉制作眠羊、卧鹿样的象生花糕，取其"眠卧"之义。并且送上婴儿的衣物、包被等用品，称为"催生"。

就蓐分娩讫^①，人争送粟、米、炭、醋之类。

【注释】

①就蓐（rù）：临蓐，分娩。蓐，草席，草垫子。

【译文】

待到产妇临盆分娩之后，人们争相送来粟、米、炭、醋之类的物品。

三日，落脐^①，灸囟^②。

【注释】

① 落脐:脐带脱落。在正常情况下,脐带在婴儿出生一天后自然干瘪,三至四天开始脱落,十天以后自行愈合。南宋绍兴二十八年(1158)所刊医书《小儿卫生总微论方》中有"断脐论":"儿生下,须当以时断脐。若不以时断脐者,则令脐汁不干而生寒,为脐风之由。断脐之法,当隔单衣,以牙咬断之,将暖气连呵七遍。若用刀断之,须用剪刀,先纳怀中暖透,然后方用。不得便用冷刀,多致伤脐生病,宜切戒之。其断脐带,当令长至足跌,或云当长六寸。若太短则伤脏,令儿腹中不调;若太长则伤肌,令儿皮枯鳞起。才断脐讫,须用烙脐饼子安脐带上,烧三壮,炷如麦大,若儿未啼,灸至五七壮。灸了,上用封脐散。封裹之法,须捶治帛子,令柔软,用方四寸许,上置新绵,厚半寸,及上置药末,适紧慢以封之。如不备其药,即用极细熟艾一块置于上封之,但不令封帛紧急,急则令儿吐呃。又须常切照顾,勿令湿着。及襁褓中,亦不可令儿尿湿,恐生疮肿及引风也。"书中并有"烙脐饼子""封脐散"和治小儿脐疮的"胡粉散"的配方及制作方法。

② 灸囟(xìn):用灸法处理小儿的囟门,以预防惊风等症。囟,指囟门。人体头部前方、发际正中直上二寸处,有囟会穴,是颅骨冠状缝和矢状缝的会合处。婴儿脑髓未充,头骨不合,俗称"囟门"。出生三朝灸囟,属于古人摸索积累出的新生儿预防保健方法之一。古代没有无菌接生条件,新生儿如果断脐不洁,或断脐后脐部护理不当,受风冷、水湿、秽毒之邪所侵,会导致脐部感染,继而感染全身,病死率很高,现代医学称为"新生儿破伤风",传统中医称为"脐风"。古人发现此症多于出生后四至七天发病,故而称其为"四六风"或"七朝风";又发现用姜、艾等灸囟有较好的疗效,故而逐渐演化为新生儿护理中的固定程式,习俗背后确有一定的科学道理。

【译文】

婴儿出生后三天,脐带脱落,艾灸囟门。

七日,谓之"一腊"。

【译文】

生后七日,称为"一腊"。

至满月①,则生色及绷绣钱②,贵富家金、银、犀、玉为之③,并果子④,大展"洗儿会"⑤。亲宾盛集,煎香汤于盆中⑥,下果子、彩、钱、葱、蒜等,用数丈彩绕之,名曰"围盆"。以钗子搅水,谓之"搅盆"。观者各撒钱于水中,谓之"添盆"⑦。盆中枣子直立者,妇人争取食之,以为生男之征。浴儿毕,落胎发,遍谢坐客,抱牙儿入他人房,谓之"移窠"⑧。

【注释】

① 满月:目前所见唐宋文献中,"洗儿会"又称"洗三",是在孩子出生三天后举行,比如著名的杨贵妃"三日洗禄山",见于北宋司马光所著《资治通鉴》;又如唐代张谔为岐王妃生女赋诗,标题即为《三日岐王宅》;唐代李德裕《次柳氏旧闻》中说"代宗之载诞也,三日,上(按,玄宗)幸东宫,赐之金盘,命以浴";唐代韩偓《金銮密记》"天复二年,大驾在岐,皇女生三日,赐洗儿果子";宋代苏轼《借前韵贺子由生第四孙斗老》中说"况闻万里孙,已报三日浴"等,皆与孟元老所记满月洗儿不同。

② 绷:包裹婴儿的布。唐人张谔《三日岐王宅》记载:"玉女贵妃生,婴婗(yī ní)始发声。金盆浴未了,绷子绣初成。"绣钱:未详,或

指丝线缠绕精美的钱。《资治通鉴·唐纪三十二》:"(安)禄山生日,上及贵妃赐衣服、宝器、酒馔甚厚。后三日,召禄山入禁中,贵妃以锦绣为大襁褓,裹禄山,使官人以彩舆舁之。上闻后宫欢笑,问其故,左右以贵妃三日洗禄儿对。上自往观之,喜,赐贵妃洗儿金银钱。"

③贵富家金、银、犀、玉为之:富贵人家洗儿,不可避免地会有奢侈夸富因素。宋人蔡绦《铁围山丛谈》:"祖宗故事,诞育皇子、公主,每侈其庆,则有浴儿包子并赉巨臣戚里。包子者,皆金银大小钱、金粟、涂金果、犀玉钱、犀玉方胜之属。如诞皇子,则赐包子罢,又逐后命中使人赍密赐来,约颁诸宰相,余臣不可得也。密赐者必金合,多至二三百两,中贮犀玉带或珍珠瑰宝。及太上朝,皇子既洗,时何执中为相,因力丐罢去密赐故事,上可之。"古人认为犀角有种种灵异的作用,比如镇妖、解毒、分水等,故而用于洗儿会上。一生困穷的北宋诗人梅尧臣晚年得子,也对好友欧阳修说"自磨丹砂调白蜜,辟恶辟邪无宝犀"(《依韵答永叔洗儿歌》)。

④果子:指洗儿果子,为洗儿仪式准备的枣子等果品。

⑤展:开。此指举办。洗儿会:婴儿出生后三日或满月时替其洗身,谓之"洗儿"。邀集亲朋友好友参加洗儿的聚会,在最初为了保健卫生的洗浴行为之中,增加赠赏、宴乐等内容,主要是为小儿祈福。这一风俗至迟在唐代贞观初年已经出现,到开元时期基本定型,以后盛行不衰。北宋苏轼有著名的《洗儿》诗:"人皆养子望聪明,我被聪明误一生。惟愿孩儿愚且鲁,无灾无难到公卿。"宋徽宗《宫词》其三则记诞育皇子的超豪华版浴儿会:"浴儿三日庆成均,宝带龙衣赐近臣。骏马金鞍新遴选,先令羁控过延春。"

⑥香汤:调以香料的热水。北宋梅尧臣《依韵答永叔洗儿歌》中有"画盆香水洗且喜"的描写。

⑦添盆:北宋李廌《王实洗儿歌》中说:"昔闻吉梦占黑熊,今见得子

如阿戎。……愧我尘埃非太真，难使此儿名作温。劝君大作容驷
门，作诗聊代添金盆。"

⑧移窠(kē)：婴儿出生满一月后，移乳母处。窠，昆虫、鸟兽的巢穴，
借指人安居或聚会的处所。南宋吴自牧《梦粱录·育子》："浴儿
落胎发毕，以发入金银小合盛，以色线结绦络之。抱儿遍谢诸亲
坐客，及抱入姆婶房中，谓之'移窠'。"

【译文】

到了婴儿满月，则用色彩鲜艳的丝线、包布、彩钱，富贵人家则用金、
银、犀牛角、美玉等贵重物品制作，并准备洗儿果子，大办"洗儿
会"。亲戚朋友举行盛会，煎煮香汤倒入盆中，投下洗儿果子、彩、钱、葱、蒜等物
品，用几丈长的丝带绕在盆上，名叫"围盆"。用发钗搅动盆中的香水，称
为"搅盆"。观看洗儿的亲友纷纷将钱撒入水中，称为"添盆"。盆中有
直立起来的枣子，妇女们争相取食，认为这是生儿子的征兆。婴儿沐浴
完毕，剃落胎发，向坐中所有来客一一致谢，然后抱着婴儿进入姆婶等别
人的房屋，称为"移窠"。

生子百日，置会，谓之"百晬"①。

【注释】

①百晬(zuì)：婴儿诞生满百日举行的贺宴，祈愿孩子长命百岁，是希望
婴儿能平安成长之意。现称"过百岁儿"。旧时民间以为婴儿长至百日，
基本摆脱早夭之患，皮肤粉嫩润泽，惹人喜爱，有"一个月红孩儿，两个
月毛孩儿，三个月看孩儿"的俗语。晬，周，满一周期。

【译文】

婴儿生下一百天，置酒设会，称为"百晬"。

至来岁生日，谓之"周晬"①。罗列盘盏于地，盛果木、

饮食、官诰②、笔研③、算秤等，经卷④、针钱、应用之物，观其所先拈者，以为征兆，谓之"试晬"⑤。此小儿之盛礼也。

【注释】

①周晬：小儿周岁。唐人李商隐《骄儿》诗："文葆未周晬，固已知六七。"

②官诰（gào）：皇帝赐爵或授官的诏令。

③笔研（yàn）：即笔砚，泛指文具。研，同"砚"。

④经卷：本指儒家经典，此指书籍。

⑤试晬：又称"试儿""试周"或"抓周"，于婴孩周岁之日举行，以此占其将来志向。南北朝人颜之推《颜氏家训·风操》："江南风俗，儿生一期，为制新衣，盥浴装饰。男则用弓矢纸笔，女则刀尺针缕，并加饮食之物及珍宝服玩，置之儿前，观其发意所取，以验贪廉愚智，名之为'试儿'。亲表聚集，致宴享焉。"北宋释文莹《玉壶清话》中记载北宋开国名将曹彬轶事："曹武惠彬始生，周晬日，父母以百玩之具罗于席，观其所取。武惠左手捉干戈，右手取俎豆。斯须，取一印，余无所视。后果为枢密使相，卒赠济阳王，配享帝食。"

【译文】

到小孩第二年生日，称为"周晬"。父母家人在地上罗列盘子、杯盏，里面盛放果木、饮食、官诰、笔砚、算秤等，以及书籍、针线和各类应用物品，观察小孩先去拈取的物品，以此作为他未来人生成就的征兆，称为"试晬"。这是小孩隆重的礼仪。

卷六

正月

【题解】

本卷六专记北宋东京城正月期间的各种活动,活动地点从东京全城到皇宫大内;参与人群,从皇帝到平民,还包括来自各国的使臣。本条"正月",描写对象是整个城市中的居民,他们除了一大早就"互相庆贺"新年、穿上新衣"把酒相酬",还可以参加或旁观一项官府特别允许的活动:关扑。实际上,这种以实物进行的大规模博戏活动,才是孟元老在本条中的描写重点。

所谓"关扑",是中国古老的赌博游戏在宋代商品经济背景下延伸出的一种新形式,既是一种带有赌博性质的游戏,也是一种以掷钱来决定商品归属权的交易方式。北宋前期,官府严厉禁止关扑活动,之后随着禁赌法律日渐废弛,犯之者众,皇帝和大臣甚至带头参与赌博,禁赌法令变成一纸空文。在此情况下,官府开始有限制地放宽对关扑的禁令,关扑活动由此获得一个上升期,并在徽宗朝达到极盛。东京作为当时全国最大的商品交易中心和娱乐中心,关扑受到普遍欢迎,成为元旦、寒食、冬至等节日期间的首选娱乐项目之一,上至统治阶层,下到普通民众,无不趋之若鹜,就连贵族妇女也可以入场观赌,不受约束。

正月一日,年节①。开封府放关扑三日②。士庶自早互相庆贺,坊巷以食物、动使、果实、柴炭之类,歌叫关扑③。如马行、潘楼街,州东宋门外,州西梁门外踊路④,州北封丘门外及州南一带,皆结彩棚⑤,铺陈冠梳、珠翠、头面、衣着、花朵、领抹、靴鞋、玩好之类。间列舞场歌馆,车马交驰⑥。向晚,贵家妇女纵赏关赌⑦,入场观看,入市店饮宴,惯习成风,不相笑讶⑧。至寒食⑨、冬至三日⑩,亦如此。小民虽贫者⑪,亦须新洁衣服,把酒相酬尔⑫。

【注释】

①年节:即今所谓春节,又称"新春""新岁""新年""新禧""年禧""大年"等。

②放关扑:解除禁令,允许关扑。放,解除约束,使自由。关扑,以商品为诱饵赌掷财物的博戏,即以实物进行赌博。这种博戏平时为官府所禁止,南宋赵彦卫《云麓漫抄》:"掔扑食物,法有禁。惟元正、冬至、寒食三节,开封府出榜,放三日。或以数十笏银,或以乐艺女人为一掷,其他百物无不然,非如今常得掔扑也。"南宋金盈之《醉翁谈录·京城风俗记》中说:"(正月)三日,放士庶赌博,多扑元夕所用百品灯笼之具。"

③歌叫:歌唱喊叫。

④踊路:一指楼房之间有棚顶的通道,一指院落中用砖石砌成的路。

⑤彩棚:用彩纸、彩绸、松柏等装饰的棚架。

⑥交驰:交相奔走,往来不断。

⑦关赌:此犹关扑。

⑧笑讶:嘲笑和惊讶。

⑨寒食:节令名,在清明前一或二日。据《左传》记载,春秋时晋国公子重耳回国继位,是为晋文公,他没有封赏一直追随辅佐他的

介之推，介之推遂隐于绵山之中。文公悔悟，烧山逼令出仕，介之推抱树焚死。晋文公为了悼念他，禁止民间在介之推死日生火煮食，只吃冷食。以后相沿成俗，称为"寒食禁火"，也称"寒食节"。然据《周礼·秋官·司烜氏》"仲春，以木铎修火禁于国中"，则禁火为周之旧制。西汉刘向《别录》有"寒食蹴蹴"的记述，与介之推死事无关；晋人陆翙《邺中记》《后汉书·周举传》等始附会为介之推事。

⑩冬至：俗称"冬节""长至节"等，被视为冬季的大节日，在古代民间有"冬至大如年"的说法。

⑪小民：指一般老百姓。

⑫酬：劝酒，敬酒。

【译文】

正月初一，是新年。开封府解除禁令，允许关扑三天。士子平民从早上起就互相庆贺新年，坊巷中人以食物、应用器具、果品糕点、柴草木炭之类的物品，歌唱叫喊，招徕人们前来博戏。比如马行街、潘楼街，州城东面的宋门外，州城西面的梁门外踊路，州城北面的封丘门外，以及州城南面一带，全都结扎彩棚，铺排陈列着冠帽梳篦、珍珠翡翠、头饰、衣物、花朵、领抹、鞋靴、奇珍异宝之类的物品。其间排列着舞场歌馆，车马往来不断。傍晚时分，高门大族之家的妇女出来尽情欣赏关扑这种赌博，或者进入歌舞场馆观看演出，或者进入街市中的店铺饮酒宴会，这种习惯已经成为风俗，人们对此既不嘲笑也不惊讶。至于寒食、冬至的三天之中，也是这样。普通百姓即便是贫困之人，也都要穿上崭新洁净的衣服，置酒待客，相互敬酒，庆贺节日。

元旦朝会

【题解】

本条 490 余字，专记北宋东京"元旦朝会"（正旦大朝会）的盛况。

"夫朝会，礼之本也。"（《新唐书·柳冕列传》）大朝会是中国古代朝会礼仪之首，是皇帝确认统治帝国的重要仪式之一，政治意义非常重大。北宋大朝会于元旦、五月朔、冬至日举行，三者在礼制构造上有明显不同，彰显着不同的政治意涵：正旦、冬至以朝贺为主，朝见仪与宴会仪相衔接，在体现君王威仪、四方来朝的基础上，更注重君臣之间的融洽，突出礼遇与庆贺的意涵。其中元旦大朝会，更有着奏诸方镇表、呈献祥瑞与贡物的重要仪程，且诸国使节依次位列朝班，使中央对地方的控制及对正统、国力的宣扬在祥和的气氛中顺利体现；五月朔则只朝不贺、有朝无会，是对君王威仪及中央统摄力的严肃而直接的表达。不过，大朝会礼仪虽然重要，也可能因为战争、灾害、国丧等原因停止举行。在北宋立国的一百六十七年之间，大朝会实际上只举行过五十次，即便是最重要的正旦大朝会，也只举行了三十次，在频次上呈现出递减的趋势。

孟元老在东京生活的二十四年间，徽宗朝只举行过三次元旦朝会，分别是大观二年（1108）、政和八年（1118）、宣和六年（1124）。本条记载，先较为简略地介绍朝会场面和仪程：百官朝服依品阶班立，各路举人解元亦随同冠服位列，诸州进奏官进献方物等；然后极为详细地描写前来朝贡的"诸国使人",包括他们朝见时的服饰与礼仪、在京期间居住的馆驿以及宋廷"就馆赐宴"的情况；最后专门介绍北宋专为大辽使人在南御苑举行的比射与宴饮活动。这条记载中包含着非常丰富的细节，若非亲眼目睹，很难"得之于人"（《自序》），感觉孟元老应该就在大庆殿朝会和南御苑射弓的现场。可惜此人身份成谜，北宋末世繁华中的这次万国来朝，具体发生在哪一年，也难以确指。不过，本卷"元宵"条中说："至正月七日，人使朝辞，出门，灯山上彩，金碧相射，锦绣交辉，……上有大牌，曰'宣和与民同乐'"，所记应为宣和六年（1124）北宋王朝最后一次正旦大朝会，东京汴梁最后的辉煌。

　　正旦大朝会①，车驾坐大庆殿②。有介胄长大人四人立于殿角③，谓之"镇殿将军"④。诸国使人入贺⑤。殿庭列法驾仪仗⑥，百官皆冠冕、朝服⑦。诸路举人解首⑧，亦士服立班⑨，其服二量冠⑩、白袍青缘⑪。诸州进奏吏⑫，各执方物入献⑬。

【注释】

①正旦大朝会：正旦，农历正月初一。大朝会属于古代"五礼"中的"宾礼"，始于西周时期的诸侯朝见天子，为后世所沿用的大朝会则主要形成于秦汉之际，是百官及外国使者朝见天子的礼仪，是礼仪规格最高的朝仪。大朝会凸显出以皇帝为绝对核心的礼仪构造，其仪制分为朝见仪与宴会仪，前者体现君王威仪，后者凸显君臣融洽。"宋承前代之制，以元日、五月朔、冬至行大朝会之礼"（《宋史·礼志十九》），三者在礼制构造上有明显不同，彰显着不同的政治意涵：元日新年伊始，万象更新，众臣与蕃使齐贺，意在昭示一年的祥瑞；冬至"一阳初生，万物潜动，所以自古圣帝明王，

皆以此日朝万国,观云物,礼之大者,莫逾是时"(北宋王溥《唐会要·受朝贺》);五月朔为"昔者圣贤,仰观法象,因天地交会之序,为父子相见之仪,沿袭成风,古今不易"(同上)。《宋史·礼志十九》载"大朝会仪"甚详。宋朝每年岁首举行的正旦大朝会,始于太祖"陈桥兵变"的第二年即建隆二年(961):"太祖建隆二年正月朔,始受朝贺于崇元殿,服衮冕,设宫县、仗卫如仪。仗退,群臣诣皇太后宫门奉贺。帝常服御广德殿,群臣上寿,用教坊乐。"(《宋史·礼志十九》)

②车驾:帝王所乘的车,亦用为帝王的代称。大庆殿:北宋皇宫的正殿,是皇宫里最为雄伟壮丽的殿宇。凡元旦、冬至、圣节称贺大礼、册封尊号等,皇帝必亲御大殿宝座,举行盛大的朝会大典。

③介胄:甲胄,披铠甲,戴头盔。介,铠甲。胄,头盔。长大:体貌高大壮伟。

④镇殿将军:禁军特种卫士名,宋人高承《事物纪原·殿门》:"沈括《笔谈》曰:《周礼·天官·掌舍》:'无宫,则供人门。'今谓之'殿门'。天武官,极天下长人之选,上御前殿,则执钺立于紫宸门下,行幸则为禁围,行于仗门之前。今俗谓为'镇殿将军'者也,盖始于古人门。"明人陶宗仪《辍耕录》:"国朝镇殿将军,募选身躯长大异常者充。"

⑤使人:即使者,受命出使的人。

⑥殿庭:宫殿阶前平地,此指宫中。法驾:天子车驾的一种。天子的乘舆卤簿有大驾、法驾、小驾之别,大驾郊天,法驾祀明堂、宗庙,小驾拜陵及行幸,其仪卫繁简各有不同。北宋中后期,法驾卤簿凡一万一千八百八十八人。

⑦朝服:君臣朝会时穿的礼服,举行隆重典礼时亦穿朝服。据《宋史·舆服志四》:"朝服:一曰进贤冠,二曰貂蝉冠,三曰獬豸冠,皆朱衣朱裳。"

⑧举人：宋时凡应贡举考试的各科士人，均称"举人"，俗称"举子"。登科即授官，应试不合格须再应举。无出身，但可免除丁役、身丁钱米。曾赴礼部试者，犯徒以下公罪和杖以下私罪，均许赎。解（jiè）首：又称"解元""解头"，各类解试第一名之称。宋代解试包括州试（乡试）、转运司试（漕试）、学馆（太学）试等，每三年举行一次。举人考试合格，即由州、转运司或太学等按解额送礼部，参加礼部试（称"省试"，即明清时的会试）。礼部试前，举人群见皇帝，解元另立一班，排在最前；有时只准解元进见。

⑨士服：封建时代士人的服饰。立班：上朝时依官位品级站立。

⑩二量冠："量"应为"梁"，即二梁冠，本是汉代博士至中二千石官员所戴的一种顶上有两条横脊的帽子。古代以冠上梁数区分官职级别，宋代以二梁冠为第七等进贤冠的规格。《宋史·舆服志四》："进贤冠，以漆布为之，上镂纸为额花，金涂银铜饰，后有纳言。以梁数为差，凡七等，以罗为缨结之：第一等七梁，加貂蝉笼巾、貂鼠尾、立笔；第二等无貂蝉笼巾；第三等六梁，第四等五梁，第五等四梁，第六等三梁，第七等二梁。"

⑪青缘：青色的镶边。

⑫进奏吏：即进奏官。宋承唐制，各州置邸于京师，以本州人为进奏官，掌呈送本州公文，并接受诏令与朝廷各部门公文，送回本州。

⑬方物：本地物产，土产。

【译文】

正月初一，举行朝会大典，皇帝坐大庆殿。有四名披甲戴盔、身躯高大壮伟的武士分别站在大殿四角，称为"镇殿将军"。各国使节入殿朝贺。大殿庭院中排列法驾仪仗，文武百官全都头戴冠冕、身穿朝服。各路举人解元，也身穿士人的衣服依秩站立，他们的冠冕是二梁冠、镶有青边的白袍。各州驻京城的进奏官，各自捧着本地土产入殿进献。

诸国使人①：大辽大使顶金冠②，后檐尖长如大莲叶③，服紫窄袍，金蹀躞④；副使展裹⑤，金带，如汉服。大使拜，则立左足，跪右足⑥，以两手着右肩为一拜。副使拜，如汉仪。夏国使、副皆金冠，短小样制，服绯窄袍，金蹀躞⑦，吊敦⑧。背叉手展拜。高丽与南番交州使人⑨，并如汉仪。回纥皆长髯高鼻⑩，以匹帛缠头⑪，散披其服⑫。于阗皆小金花毡笠⑬，金丝战袍，束带。并妻男同来，乘骆驼，毡兜铜铎入贡⑭。三佛齐皆瘦脊⑮，缠头，绯衣上织成佛面⑯。又有南蛮五姓番⑰，皆椎髻乌毡⑱。并如僧人礼拜⑲。入见，旋赐汉装锦袄之类⑳。更有真腊㉑、大理㉒、大石等国㉓，有时来朝贡。

【注释】

①诸国使人：各国派到北宋的使臣。按，孟元老列举北宋的主要邦交对象大辽、夏国和高丽，乃至南番交州、回纥、于阗、三佛齐、南蛮五姓番、真腊、大理、大石等国，唯独不写最后灭亡北宋的大金国。徽宗政和四年（1114），女真首领完颜阿骨打起兵反辽，翌年在上京会宁府（今黑龙江哈尔滨阿城）立国，国号金。宋金外交，始于重和二年（1118）八月，当时宋派马政出使金朝，金太祖随即派使节回访宋朝，宋金使节往来由此开始。根据《三朝北盟会编》《大金吊伐录》等史料，金朝派往北宋的贺正旦使有两批，即宣和五年（1123）贺正旦使高居庆、杨意，宣和六年（1124）贺正旦使高居庆、丘忠。徽宗在位期间，大观二年（1108）、政和八年（1118）、宣和六年（1124）曾举行元旦朝会，《宋史·徽宗本纪四》中说"（宣和五年）十二月乙巳，金人遣高居庆等来贺正旦"《续资治通鉴长编拾补·徽宗宣和六年》则有"乙卯，金国贺正旦使高居庆等辞于紫宸殿"，乙卯为正月初六日，金朝贺正旦使到紫宸

殿向徽宗辞行。《东京梦华录》"元宵"说"至正月七日,人使朝辞,出门,灯山上彩,……上有大牌,曰'宣和与民同乐'",推测此处所记"元旦朝会"很可能就是宣和六年,应该有金朝贺正旦使在场。如果这一推论成立,孟元老的有意漏记,原因耐人寻味。

② 大辽大使顶金冠:契丹以金冠为重,金冠为契丹贵族阶层所用。顶,戴。

③ 后檐:金冠后面的帽沿。檐,凡物下覆,四旁冒出的边都叫"檐",今也作"沿"。

④ 蹀躞(dié xiè):蹀躞带,一种多功能腰带,是由北朝胡服中的腰带演变而来。蹀躞带的形制,大抵由带鞓(tīng,皮革腰带的带身)、带銙(kuǎ,即蹀躞,附于腰带上的扣版,作方、椭圆等形。原用来受环悬物,后纯用作装饰。其质料、数目随时代或饰者的身份而异)、带头及带尾等组成,上面带有能挂载小物品的小勾,用以悬挂水壶、钱包、扇子、香囊、刀剑、乐器、箭袋、笔墨纸砚等物。北宋沈括《梦溪笔谈·故事一》详细记载了蹀躞带的起源、功能与演变过程:"中国衣冠,自北齐以来,乃全用胡服。窄袖、绯绿短衣,长靿靴,有蹀躞带,皆胡服也。……带衣所垂蹀躞,盖欲以佩带弓剑、帉帨、算囊、刀砺之类。自后虽去蹀躞,而犹存其环。环所以衔蹀躞,如马之鞦根,即今之带銙也。天子必以十三环为节,唐武德、贞观时犹尔。开元之后虽仍旧俗,而稍褒博矣。然带钩尚穿带本为孔。本朝加顺折,茂人文也。"

⑤ 展裹:辽、金职官公服名。《辽史·仪卫志二》:"公服谓之'展裹',着紫。"

⑥ 立左足,跪右足:当指左脚屈膝,右膝跪地,亦即右腿单膝下跪。

⑦ "夏国使、副皆金冠"几句:《辽史·二国外记·西夏》:"其冠用金缕贴,间起云,银纸帖,绯衣,金涂银带,佩蹀躞,解锥、短刀、弓矢,穿靴,秃发,耳重环,紫旋襕六袭。"北宋司马光《涑水记闻》:

"元昊遣使，戴金冠，衣绯，佩蹀躞，奉表纳旌节告敕。"夏国，即西夏（1038—1227），中国历史上由党项人在西北部建立的政权。祖先原居四川松潘高原，唐朝时迁居陕北。因平乱有功，被唐帝封为夏州节度使，先后臣服于唐朝、五代诸朝与宋朝。宋仁宗宝元元年（1038）李元昊称帝，建立大夏国，简称夏，又自称"邦泥定国"或"白高大夏国"。因其在宋朝西方，宋人称之为"西夏"。西夏建国时，其疆域范围在今宁夏、甘肃西北部、青海东北部、内蒙古以及陕西北部地区，东尽黄河，西至玉门，南接萧关，北控大漠，占地两万余里。夏朝在崛起与扩张过程中，与北宋和辽都发生过战争，夏朝大胜，形成三国鼎立局面。金朝崛起并灭辽、北宋后，西夏改臣服于金朝。西夏保义二年（1227），亡于蒙古，历经十帝，享国一百八十九年。样制，式样。

⑧吊敦：即袜裤，俗名"膝裤"，其形为一种连袜套裤，紧紧束缚住腿与足，在骑马剧烈运动时，对腿部起到包裹与保护作用，有效防止裤筒上卷而暴露腿部。这是一种起源于匈奴的骑装，汉代伴随着骑兵及其戎服传入中原，魏晋南北朝时得以广泛传播。在唐代，不仅骑兵、武官、胡人，甚至女性都有着吊敦的习惯。唐代衰亡以后，吊敦仍盛行于辽、金、夏等北方马上民族中间。

⑨高丽：朝鲜半岛上的一个古代国家，又称"高丽王朝""王氏高丽"。918年，泰封君主弓裔部下起事，拥立王建为王，935年合并新罗，936年灭后百济，实现"三韩一统"。高丽都城为开京（今朝鲜开城）。国土大体上相当于今天朝鲜半岛中南部，11世纪中叶后以千里长城与辽、金为界。高丽历经三十四代君主，共四百七十五年，对外先后向后唐、后晋、后汉、后周、北宋、契丹（辽朝）、金朝、蒙古（元朝）、明朝等大陆国家称臣。1392年，李成桂废黜恭让王自立，建立了朝鲜王朝。宋人叶梦得《石林诗话》："高丽自太宗后，久不入贡。至元丰初，始遣使来朝。神宗以张诚一馆伴，令问其

复朝之意。云：其国与契丹为邻，每因契丹诛求，藉不能堪。国主王徽常颂《华严经》，祈生中国。一夕，忽梦至京师，备见城邑宫阙之盛，觉而慕之，乃为诗以记曰：'恶业因缘近契丹，一年朝贡几多般。移身忽到京华地，可惜中宵漏滴残。'"宋人朱彧《萍洲可谈》："京师置都亭驿待辽人，都亭西驿待夏人，同文馆待高丽，怀远驿待南蛮。元丰待高丽人最厚，沿路亭传皆名'高丽亭'。高丽人泛海而至明州，则由二浙溯汴至都下，谓之'南路'；或至密州，则由京东陆行至京师，谓之'东路'。二路亭传一新。常由南路，未有由东路者，高丽人便于舟楫，多赍辎重故尔。""高句骊，古箕子之国，虽夷人能文。先公守润，得其使先状云'远离桑域，近次蔗封'，盖取食蔗渐入佳境之义。崇宁中，遣使贺天宁节，表有'良月就盈'之句，盖谓十月十日，其属辞如此。"宋徽宗《宫词》其九十五记述厚待高丽使者："丽人航海觐宸都，嘉奖勤劳顾遇殊。币帛从来将厚意，益添异品及真珠。"南番交州：泛指今岭南及今越南一带。番，对少数民族或外国的称呼。交州，东汉到唐朝初期的行政区划名称，包括今中国广西和广东、越南北部和中部。北宋初年，越南正式脱离中国而自立，后来接受宋太祖册封为交趾郡王，正式列为藩王。宋人赵汝适《诸蕃志·交趾国》："交趾，古交州。东南薄海，接占城；西通白衣蛮，北抵钦州。历代置守不绝，赋入至薄，守御甚劳。皇朝重武爱人，不欲宿兵瘴疠之区，以守无用之土，因其献款，从而羁縻之。王系唐姓，服色、饮食略与中国同；但男女皆跣足，差异耳。……土产沉香、蓬莱香、生金银、铁、朱砂、珠贝、犀象、翠羽、车渠、盐、漆、木棉、吉贝之属；岁有进贡。其国不通商。"

⑩ 回纥：中国古族名。北魏时，东部铁勒的袁纥部落游牧于鄂尔浑河和色楞格河流域。隋称"韦纥"。大业元年（605），因反抗突厥的压迫，与仆固、同罗、拔野古等成立联盟，总称"回纥"。唐天宝

三载（744），破东突厥，建政权于今鄂尔浑河流域，居民仍以游牧为生。辖境东起兴安岭，西至阿尔泰山，最盛时曾达中亚费尔干纳盆地。有文字。曾助唐平安史之乱，进一步密切了与唐朝的关系。贞元四年（788）自请改称"回鹘"。开成五年（840），为黠戛斯所破，部众分三支西迁：一迁吐鲁番盆地，称"高昌回鹘"或"西州回鹘"；一迁葱岭以西楚河一带，即"葱岭西回鹘"；一迁河西走廊，称"河西回鹘"。到了宋朝，回鹘因曾与唐朝联姻，故而称宋朝为舅。《宋史·外国列传六》说："先是，唐朝继以公主下嫁，故回鹘世称中朝为舅，中朝每赐答诏，亦曰外甥。五代之后皆因之。"

⑪匹帛：整匹的帛。帛，丝织物。

⑫散：此有"随意""不拘束"之意。

⑬于阗：古西域国名，位于今新疆和田一带，居民从事农牧，多麻桑，产美玉。有文字。西汉时传入佛教，北宋时改信伊斯兰教。西汉通西域后，属西域都护。东汉初，为莎车所并。至广德为王，击灭莎车，势力强大。和帝永元六年（94），班超联合于阗等国，击败焉耆。西晋封其王为"亲晋于阗王"。南北朝时属北魏。唐于其地置毗沙都督府，属安西都护府。后晋天福三年（938），封其王李圣天为"大宝于阗王"。北宋时，为回鹘所并。

⑭毡兜：毡制的口袋一类的东西。铜铎：铜制的风铃。

⑮三佛齐：即室利佛逝国，7至13世纪印度尼西亚苏门答腊古国，都城约在今巨港。极盛时，势力达西爪哇、马来半岛、加里曼丹西部，控制中国、印度、阿拉伯国家间的交通贸易要冲，与我国长期保持友好关系，使节、高僧、商人往来不绝。我国唐代高僧义净在往来印度途中，曾先后在该地停留多年，得到当地友僧协助，译成佛经多卷，促进两国之间文化交流。13世纪，为麻喏巴歇国代替。我国宋代以后的史籍称之为"三佛齐"。瘦脊：当作"瘦瘠"，指人长得瘦小。

⑯绯:红色。佛面:佛像。

⑰南蛮:南方的少数民族。蛮,对少数民族的称呼。五姓番:即"五姓蕃",宋代西南少数民族中的五个部族。《宋史·蛮夷列传四》:"黔州、涪州徼外有西南夷部……宋初以来,有龙蕃、方蕃、张蕃、石蕃、罗蕃者,号五姓蕃,皆常奉职贡,受爵命。"

⑱椎髻:亦作"椎结"。一撮之髻,其形如椎。乌毡:当指黑色毡帽。

⑲礼拜:此指信教者向神行礼致敬。

⑳旋:即。锦袄:锦制的袄。袄,短于袍而长于襦的有衬里上衣。

㉑真腊:我国史籍对 7 至 17 世纪中南半岛吉蔑王国的通称,其国土包括今柬埔寨一带。该国向与中国友好往来。宋人赵汝适《诸蕃志·真腊国》:"真腊,接占城之南,东至海,西至蒲甘,南至加罗希。自泉州舟行,顺风,月余日可到。其地约方七千余里。国都号禄兀。天气无寒。……奉佛谨严。……厥土沃壤,田无畛域,视力所及而耕种之。……土产象牙、暂速细香、粗熟香、黄蜡、翠毛(此国最多)、笃耨脑、笃耨瓢、番油、姜皮、金颜香、苏木、生丝、绵布等物。番商兴贩,用金银、瓷器、假锦、凉伞、皮鼓、酒、糖、醯醢之属博易。……唐武德中,始通中国。国朝宣和二年,遣使入贡。"

㉒大理:古国名,宋代以"白蛮"为主体建立的政权,辖境相当于今云南全境、四川西南部等地,分八府、四郡、三十七部。农业、畜牧业、手工业、冶铁技术均甚发达,接近汉族水平,主要以马与内地进行贸易。其王曾受宋封为云南节度使、大理王。吸收汉族先进文化,统治集团通用汉文。佛教流行。1253 年为蒙古忽必烈所灭,元至元十三年(1276),建云南行省。

㉓大石:即"大食"。原系一波斯部族的名称。唐代以来,称阿拉伯帝国为大食。宋人赵汝适《诸蕃志·大食国》记载了该国自隋唐以后与中国的交往:"其国本波斯之别种,隋大业中,有波斯之桀黠者探穴得文石以为瑞,乃纠合其众,剽略资货,聚徒浸盛,遂自

立为王,据有波斯国之西境。唐永徽以后,屡来朝贡。其王盆尼末换之前,谓之'白衣大食';阿婆罗拔之后,谓之'黑衣大食'。皇朝乾德四年,僧行勤游西域,因赐其王书,以招怀之。开宝元年,遣使来朝贡。四年,同占城、阇婆致礼物于江南李煜;煜不敢受,遣使上其状,因诏'自今勿以为献'。淳化四年,遣副使李亚勿来贡,引对于崇政殿;称其国与大秦国为邻,土出象牙、犀角。太宗问取犀、象何法,……赐以袭衣冠带,仍赐黄金,准其所贡之直。雍熙三年,同宾瞳龙国来朝。咸平六年,又遣麻尼等贡真珠,乞不给回赐。真宗不欲违其意,俟其还,优加恩礼。景德元年,其使与三佛齐、蒲甘使同在京师,留上元观灯,皆赐钱纵饮。四年,偕占城来贡,优加馆饩,许览寺观苑囿。大中祥符,车驾东封,其主陁婆离上言,愿执方物赴泰山;从之。四年,祀汾阴,又来;诏令陪位。"

【译文】

各个番国的使者:大辽国的大使头戴金冠,金冠后沿尖长宛如一张大莲叶,身穿紫色窄袍,腰带上以金蹀躞为饰物;副使身穿紫色官服,腰束金带,如同汉人服饰。大使拜见天子时,左足屈膝,右足下跪,以两手抱拳碰右肩为一拜。副使拜见天子,如同汉人礼节。西夏国的使臣、副使都头戴金冠,形制短小,穿红色窄袍,腰带饰以金蹀躞,穿吊敦。背后叉手,行跪拜之礼。高丽和南番交州的使节,都与汉人的礼仪一样。回纥使者都是长胡子高鼻梁,用整匹的帛缠绕在头上,松散地披着衣服。于阗国的使者都戴小金花毡笠,身穿金丝战袍,束着腰带。他们带着妻儿一起来,乘坐骆驼,带着毡兜、铜铎前来入贡。三佛齐国的使者都身材瘦小,布帛缠头,红色衣服上织成佛像的图案。又有南蛮五姓番的使臣,都把发髻梳成椎形,戴着乌毡帽。所行之礼,就如僧人礼拜一样。入见天子后,即赏赐汉装锦袄之类的衣物。还有真腊、大理、大食等国,有时也遣使前来朝见进贡。

其大辽使人，在都亭驿^①；夏国，在都亭西驿^②；高丽，在梁门外安州巷同文馆^③；回纥、于阗，在礼宾院^④；诸番国，在瞻云馆或怀远驿^⑤。唯大辽、高丽，就馆赐宴^⑥。

【注释】

① 都亭驿：安置辽国使臣的馆驿，位于东京西大街北侧。南宋王应麟《玉海·宋朝都亭驿》："（后）晋天福五年九月戊子，改东京上源驿为都亭驿。在光化坊，旧制待河西蕃部，其所专馆契丹使。"

② 都亭西驿：在惠宁西坊，右掖门外宝相寺以东。起初用以接待河西蕃部诸贡使，后来成为接待西蕃、阿黎、于阗、新罗、渤海使者之所。西夏立国后，成为接待西夏使者的专用馆驿。史书中可见仁宗庆历三年（1043）、六年（1046）和嘉祐七年（1062），神宗熙宁元年（1068），徽宗崇宁二年（1103）都亭西驿接待西夏使者的记载。

③ 同文馆：官署名，宋神宗熙宁年间（1068—1077）创置，元丰改制后属鸿胪寺，掌接待高丽使节。在东京延秋坊，梁门（阊阖门）外西北安州巷。神宗熙宁十年（1077）十月、哲宗元符三年（1100）二月，青唐贡使曾寓于同文馆。靖康之变中毁于金兵。《宋会要辑稿·职官二五》："同文馆在延秋坊，熙宁中创置，以待高丽国进奉人使。舍宇二百七十八间，看馆执役者二十二人，后减十二人。

④ 礼宾院：官署名，属鸿胪寺，掌回鹘、吐蕃、党项、女真等国朝贡，及互市交易、译语之事。其址位于东京金梁桥西南、汴河南岸。毁于金兵。《宋会要辑稿·职官二五》："礼宾院在归德坊，掌蕃夷朝贡、互市。以合门祗候已上及三班内侍二人监。旧有蕃驿院，景德三年并入。又有监生料内侍二人，复省领回鹘、吐蕃、党项、女真、南蛮、蕃客通事各二人。"按，据《宋史》等记载，于阗使人当住怀远驿，而非礼宾院。

⑤ 瞻云馆：北宋待诸蕃国之馆驿，设立时间不详，建于东京宜秋门

（郑门）外。瞻云，在很近的地方观看彩云。形容拜谒君王。怀远驿：宋官署名，属鸿胪寺。始置于真宗景德三年（1006）十二月，在侍卫都虞候旧公廨基础上创制，在东京兴道坊，临丽景门，位于汴河北岸。大中祥符六年（1013）五月，曾修怀远驿为南宅，赐皇从侄惟正等人暂住之。仁宗嘉祐以后，曾作臣僚安下之所，嘉祐五年（1060）苏轼、苏辙兄弟为专心准备制科考试，曾经住在怀远驿，苏轼《初秋寄子由》中回忆当年的生活："忆在怀远驿，闭门秋暑中。藜羹对书史，挥汗与子同。"宋神宗熙宁七年（1074）十一月，罢此例，专以待海南诸国进贡使节，掌交州、龟兹、占城、大食、于阗、甘州、沙州等地贡奉与通使事项。

⑥唯大辽、高丽，就馆赐宴：专待大辽使臣的都亭驿，是北宋东京最大的馆驿，除了为外邦使节提供住宿之所外，也是一些重要外事活动的场所。北宋徽宗宣和以前，每逢元旦、皇帝生日，常在此设御筵款待辽国派来的贺正旦使、贺生辰使，《宋会要辑稿》中有许多相关活动的记载，比如赐宴贺正旦使，有真宗（景德）"三年正月一日，命资政殿大学士王钦若宴契丹使于都亭驿。自后贺正旦使在馆皆然"（《宋会要辑稿·礼四五》），"神宗熙宁元年正月一日，大辽国信使赐宴于都亭驿，命枢密副使邵亢主之"（《宋会要辑稿·礼四五》）等；仁宗生日（四月十四日）乾元节赐宴，有天圣三年（1025）"命枢密副使张士逊赴都亭驿押伴北朝人使御筵，用教坊乐"（《宋会要辑稿·礼四五》），明道二年（1033）四月乾元节，"赐契丹使宴于都亭驿"（《宋会要辑稿·礼五七》）；徽宗生日（十月十日）天宁节赐宴，有元符三年（1100）徽宗登基当年，"十月天宁节，群臣及辽、夏使上寿于垂拱殿，以谅暗赐辽使宴于都亭驿"（《宋会要辑稿·礼五七》）等。

【译文】

大辽使节，安置在都亭驿；夏国使节，安置在都亭西驿；高丽使节，安置在梁门外安州巷的同文馆；回纥、于阗使节，安置在礼宾院；各番国使节，安置在瞻云馆或怀远驿。只有大辽、高丽使节，皇帝派官员到馆驿中赏赐御宴。

　　大辽使人朝见讫，翌日^①，诣大相国寺烧香^②。次日，诣南御苑射弓^③。朝廷旋选能射武臣伴射，就彼赐宴^④，三节人皆与焉^⑤。先列招箭班十余于垛子前^⑥。使人多用弩子射^⑦，一裹无脚小幞头子、锦袄子辽人，踏开弩子，舞旋搭箭^⑧，过与使人^⑨。彼窥得端正，止令使人发牙^⑩。例本朝伴射用弓箭，中的^⑪，则赐闹装^⑫、银鞍马、衣着、金银器物有差。伴射得捷，京师市井儿遮路争献口号^⑬，观者如堵^⑭。

【注释】

①翌（yì）日：明天，第二天。

②诣（yì）：往，到。

③南御苑：指玉津园，位于东京南郊，始建于后周，宋初加以扩建。苑内仅有少量建筑，环境幽静，林木繁茂。宋人叶梦得《石林燕语》："玉津园，则五代之旧也。……半以种麦，每仲夏，驾幸观刈麦。自仁宗后，亦不复讲矣，惟契丹赐射为故事。"《宋会要辑稿·方域三》："（玉津园）在南薰门外，夹道为两园，中引闵河水别流贯之。（后）周显德中置，宋朝因之。以三班及内侍监领，军校兵隶兵及主典凡二百六十六人，岁时节物，进供入内。……凡契丹朝贡使至，皆就园赐射宴。"

④朝廷旋选能射武臣伴射，就彼赐宴：北宋与契丹使者在南御苑的比射与宴饮活动，称为"宴射"，友好比赛中不无相互夸示武力的用意，故而伴射武臣也尽量遴选箭术高超者。宋人朱彧《萍洲可

谈》中记载徽宗朝王恩因箭术不高而遭到伶人嘲笑之事："王德用（按，仁宗朝名将）为使相，黑色，俗号'黑相'。尝与北使伴射，使已中的，黑相取箭焊头，一发破前矢，俗号'劈筈箭'。姚麟（按，神宗朝名将）亦善射，为殿帅十年，伴射常蒙奖赐。崇宁初，王恩以遭遇处位殿帅，不习弓矢，岁岁以伴射为窘。伶人对御作俳，先一人持一矢入，曰：'黑相劈筈箭，售钱三百万。'又一人持大矢入，曰：'老姚射不输箭，售钱三百万。'后二人挽箭一车入，曰：'车箭卖一钱。'或问：'此何人家箭，价贱如此？'答曰：'王恩不及垛箭。'"

⑤三节人："三节人从"的省称。宋代（包括夏、辽、金）出国使节的随员。他们与外交使、副使共同组成外交使团，合称"使节"。与（yù）：参与。

⑥招箭班：北宋禁军番号，属于殿前司诸班之一。其职责是禁卫皇宫，另外也有为外国使者表演射技或陪伴皇帝射弓娱乐的任务。垛子：亦称"射垛"或"箭垛"，土筑的箭靶子。

⑦弩子：即弩弓，古代一种利用机械力量射箭的弓。

⑧舞旋：本为古代一种回旋的舞蹈，此处有"摆花架子"之意。搭箭：拉开弓弦，放上箭矢，准备射箭。

⑨过：传递。

⑩发牙：拨动机牙。牙，机牙，弩上发箭的含矢处和钩弦制动的机件。

⑪中的：射中靶子。

⑫闹装：亦作"闹妆"，指用金银珠宝等杂缀而成的腰带或鞍、辔之类饰物。

⑬市井儿：市井少年。市井，街市。口号：颂诗的一种。《宋史·乐志十七》："每春秋圣节三大宴：其第一、皇帝升坐，宰相进酒……第六、乐工致辞，继以诗一章，谓之'口号'，皆述德美及中外蹈咏之情。"苏轼有《集英殿春宴教坊词致语口号》《王氏生日致语口

《号》等。

⑭观者如堵：观看的人像一堵墙一样。形容观看人数众多。堵，墙壁。

【译文】

大辽使臣朝见天子完毕，第二天，前往大相国寺烧香。次日，到南御苑射箭。朝廷随即选派善射的武臣陪伴射箭，并在南御苑赐宴，辽国使臣的随行人员全都参加宴射。先派十余名招箭班的军士分列在垛子前面警戒。辽国使臣大多使用弩弓射箭，由一名裹无脚小幞头子、身穿锦袄子的辽国人，踏开弩弓，回旋舞蹈一番后搭上箭矢，递给使臣。那个辽人已将弩弓瞄准箭垛，只让使臣拨动弩弓的牙机而已。按照惯例，本朝武臣伴射使用弓箭，射中箭靶，即赏赐闹装、银鞍马、衣着、金银器物之类，数量不等。伴射者取胜，京城中的市井少年争相拦路献上颂诗，围观者站成人墙，堵塞道路。

翌日，人使朝辞①。朝退，内前灯山已上彩②，其速如神。

【注释】

①朝辞：本指大臣外任，入朝叩辞帝王。此指诸番使节在大殿辞别北宋皇帝。

②内前：大内前，即皇宫前。灯山：山形的大型灯彩。彩：彩色的丝织品。此应指灯山上的各种装饰物。

【译文】

次日，各国使节入朝叩辞皇帝。刚刚退朝，皇宫前的灯山就已布置了各种装饰物，速度之快，如有神助。

立春

【题解】

　　本条记录北宋东京立春习俗。"立春"为二十四节气之首,古人非常重视,《礼记·月令》中就有天子亲帅公卿、诸侯、大夫迎春东郊的仪式。孟元老记载了北宋末年东京城中的迎春活动,以"鞭春"仪式为主要内容,还有自王公贵戚到平民百姓普遍插戴春幡的浓郁习俗。五代时人丘光庭《兼明书·土牛仪》中说:"季冬之月,二阳已动,土脉已兴,故用土作牛,以彰农事。"后世相沿附会,原本不着颜色的土牛,在《大唐开元礼》中已是"王城四门,各出土牛,悉用五行之色";到了丘光庭所生活的五代时期,"州县所造春牛,或赤或青,或黄或黑,又以杖扣之",已经演变成"以杖打之"的"鞭春"仪式。据生活在北宋末年的庄绰记载,当时有"造春牛毛色之法,以岁干色为头,支色为身,纳音色为腹,立春日干色为角耳尾,支色为胫,纳音色为蹄。至于笼头缰绳与策人衣服之类,亦皆以岁日为别"(《鸡肋编》),所以苏轼用"衣被丹青"来形容"土牛"(《梦中作祭春牛文》)。

　　立春前一日①,开封府进春牛入禁中鞭春②。开封、祥符两县③,置春牛于府前。至日绝早,府僚打春④,如方州仪⑤。府前左右,百姓卖小春牛,往往花装栏坐,上列百戏人物⑥。

春幡雪柳⑦，各相献遗⑧。春日⑨，宰执、亲王、百官，皆赐金银幡胜⑩，入贺讫，戴归私第。

【注释】

①立春：二十四节气之首，"立"是"开始"之意，俗以此为春季开始。《礼记·月令》："是月也，以立春。先立春三日，大史谒之天子，曰：'某日立春，盛德在木。'天子乃斋。立春之日，天子亲帅三公、九卿、诸侯、大夫，以迎春于东郊。"

②春牛：打春用的土牛。旧俗，立春前一日，用土牛打春，以示迎春和劝农。打春之牛，后亦以苇或纸制。鞭春：旧俗，州县于立春日鞭打春牛，以祈丰年。也称"打春"。南宋陈元靓《岁时广记·缠春杖》："春杖子，用五彩丝缠之，官吏人各二条，以鞭春牛。"

③开封、祥符两县：均为开封府属县，同为开封府治。在今河南开封。

④府僚：府署辟置的属僚。打春：即打春牛。南宋陈元靓《岁时广记·鞭春牛》："《国朝会要》：令立春前五日，都邑并造土牛、耕夫、犁具于大门外之东。是日黎明，有司为坛，以祭先农。官吏各具彩杖，环击牛者三，所以示劝耕之意。"神宗时的龙图直阁学士韩维在题为《立春观杖牛》一诗中，形象描写了当时场景："清霜凉初曙，高门肃无哗。行树迎初日，微风转高牙。兹辰亦何辰，见此气候嘉。有司谨春事，象牛告田家。微和被广陌，缨弁扬葳蕤。伐鼓众乐兴，剞劂彩杖加。盛仪适未已，观者何纷拏。因思古圣人，时儆在不差。礼实久已废，所重存其华。吾非鲁观宾，胡为亦咨嗟。"官吏们手挥鞭杖，在鼓乐伴奏之下抽打"土牛"，揭开了"立春"的序幕。

⑤方州：指州郡长官。《资治通鉴·宋纪十六》宋顺帝昇明元年（477）："讹以其私用人为方州。"注："古者八州八伯，谓之'方伯'，后世遂以州刺史为方州。"仪：仪规。

⑥"百姓卖小春牛"三句：南宋陈元靓《岁时广记·卖春牛》："立春之节，开封府前左右，百姓卖小春牛，大者如猫许，漆涂板而牛立其上；又或加以泥，为乐工、为柳等物。其市在府南门外近西至御街，贵家多驾安车就看，买去相赠遗。"春牛不仅是北宋京城迎春仪式上的主角，也成了新春之际的吉祥物。花装，彩色的服装。栏坐，栏座，即有栏杆的底座。百戏，古代乐舞杂技表演的总称。

⑦春幡：立春时戴在头上的一种簪形饰物，簪尾与一片长形小片相连，小片悬于簪上，似幡。立春时佩戴，以示迎春之意。南宋潘自牧《记纂渊海》载："立春之日，士夫之家，剪彩为小幡，谓之'春幡'。或悬于家人之头，或缀于花枝之下。"宋人高承《事物纪原·春幡》："《后汉书》曰：立春皆青幡帻，今世或剪彩错缯为幡胜，虽朝廷之制，亦镂金银或缯绢为之，戴于首。……或于岁旦刻青缯为小幡样，重累凡十余，相连缀以簪之。此亦汉之遗事也。"宋代王公大臣的春幡由文思院用金银制造，一般的士大夫和平民百姓则剪纸为春幡。雪柳：宋代妇女在立春日和元宵节时插戴的一种绢或纸制成的头花。宋人李清照《永遇乐》："中州盛日，闺门多暇，记得偏重三五。铺翠冠儿，捻金雪柳，簇带争济楚。"宋人辛弃疾《青玉案·元夕》："蛾儿雪柳黄金缕，笑语盈盈暗香去。"

⑧献遗（wèi）：奉赠财物，此指赠送礼物。

⑨春日：即立春之日。

⑩幡胜：即彩胜，一种用金银箔纸或绢剪裁制作的装饰品，有的形似幡旗，故名。立春日，戴在头上，或系在花下。南宋周密《武林旧事》："是日，赐百官春幡胜，宰执、亲王以金，余以金裹银及罗帛为之。系文思院造进。各垂于幞头之左入谢。"

【译文】

立春前一天，开封府进献春牛到宫中供打春之用。开封、祥符两县，把春牛放到开封府衙前。立春当天一大早,开封府中的僚属就开始打春,就像州郡长官所行的仪规一样。开封府衙前面的左右两边,百姓们出售小春牛,往往给春牛穿上彩色衣裳,放置在有栏杆的底座上,上面还排列着各种百戏人物。京城中的人们将春幡、雪柳等饰物,相互赠送。立春之日,宰执、亲王、百官,都获赐金银幡胜,到宫中庆贺立春完毕,戴着幡胜,回归私第。

元宵

【题解】

　　本条"元宵"至"十六日",孟元老以四个条目、2000余字的巨大篇幅,详细记载了北宋东京城中"上元观灯"习俗之盛况。

　　元宵,又称"元夜""元夕",也称"元宵节"或"灯节"。唐宋时期有"三元观灯"的习俗,正月十五上元节、七月十五中元节、十月十五下元节,均有灯会,是随着佛教从域外传入的习俗。《宋史·礼志十六》中说:"三元观灯,本起于方外之说。自唐以后,常于正月望夜,开坊市门然灯。宋因之,上元前后各一日,城中张灯,大内正门结彩为山楼影灯,起露台,教坊陈百戏。天子先幸寺观行香,遂御楼,或御东华门及东西角楼,饮从臣。四夷蕃客,各依本国歌舞,列于楼下。东华、左右掖门、东西角楼、城门大道、大宫观寺院,悉起山棚,张乐陈灯,皇城雉堞亦遍设之。其夕,开旧城门达旦,纵士民观。后增至十七、十八夜。"北宋上元观灯始于太祖建隆二年(961),直到北宋灭亡,仅有若干年份"不观灯",原因包括皇帝准备出席重要礼仪(如郊祀、籍田、宣读天书)、皇帝出巡、战争、皇族重要人物的丧事、岁饥、皇帝身体原因、阴雪或京城积雪等天气原因以及彗星出现等特殊天象,均被作为特殊情况载入史册。

　　由此可见,"上元观灯"在北宋时期是一套相当复杂的礼仪,尤其是徽宗政和三年(1113)以后,上元观灯更由原来的"上元前后各一日,城中张灯",改为"放灯五日"(《宋会要辑稿·帝系》),因此孟元老在"元宵"一条中,实际只是介绍了为上元观灯所做的各项准备工作,包括场地布置和娱乐表演等。具体包括以下内容:

一,御街上的百戏表演。御街两旁的御廊变成了巨大的表演场,荟萃各色民间艺人与教坊子弟表演"奇术异能,歌舞百戏",乐声传出十余里地之外,日复一日,总有新奇的花样让人耳目一新;

二,宣德楼前的彩棚。冬至刚过,开封府就着手在皇宫宣德楼前搭建彩棚,正月初七,诸国使臣叩辞皇帝、走出宫门之时,灯山装饰完毕,有扎出的各色神仙人物、彩结金字匾额,有人工瀑布和由数万盏灯烛组成的巨龙;

三,灯山至宣德楼前,围起"棘盆",内设乐棚;

四,宣德楼上,为皇帝准备了御座;

五,宣德楼下搭建起临时的表演舞台(露台)。

正月十五日,元宵。

【译文】

正月十五日,元宵节。

大内前,自岁前冬至后①,开封府绞缚山棚②,立木正对宣德楼。游人已集御街,两廊下奇术异能③,歌舞百戏,鳞鳞相切④,乐声嘈杂十余里。击丸⑤,蹴鞠⑥,踏索⑦,上竿⑧,赵野人倒吃冷淘⑨,张九哥吞铁剑,李外宁药法傀儡⑩,小健儿吐五色水⑪,旋烧泥丸子⑫,大特落灰药,榾柮儿杂剧,温大头、小曹嵇琴⑬,党千箫管⑭,孙四烧炼药方⑮,王十二作剧术⑯,邹遇、田地广杂扮⑰,苏十、孟宣筑毬⑱,尹常卖五代史,刘百禽虫蚁^⑲，杨文秀鼓笛^⑳。更有猴呈百戏^㉑，鱼跳刀门，使唤蜂蝶^㉒，追呼蝼蚁^㉓。其余卖药、卖卦、沙书地谜^㉔，奇巧百端，日新耳目。

【注释】

①冬至：二十四节气之一。此日太阳直射南回归线，北半球夜最长，昼最短。古人认为，冬至是阴极之至，阳气始至，日南至，日短之至，日影长之至，所以叫做"冬至"。冬至在古代被认为是吉日，是冬季的重要节日，有"冬至大如年"之说。

②绞缚山棚：扎建山棚。绞缚，犹结缚，此有捆扎、搭建之意。山棚，为庆祝节日而搭建的彩棚，其状高耸如山，故名。

③奇术异能：宋人蔡絛《铁围山丛谈》记神宗时的"奇术"："百戏诸伎甚精者，皆挟法术。元丰中有艺人，善藏舟，用数十人举而置之，当场万众不见也。尝经御楼前，上下莫不骇异。裕陵（按，即宋神宗）见之曰：'其人但行往来舟上耳。'故知假诳不能诳真人。"

④鳞鳞：形容多得像鱼鳞。切：靠近，贴近。

⑤击丸：应即"捶丸"，是流行于宋元时期的一种运动或游戏项目，以球杖击球入穴。其前身可能是唐代马球中的"步打球"，类似现代的曲棍球，有较强的对抗性。宋朝，由原来的同场对抗性竞赛逐渐演变为依次击球的非对抗性比赛，球门改为球穴，名称也随之改称"捶丸"。一般认为关于捶丸活动的最早记述，是元世祖至元十九年（1282）署名"宁志斋"者所编写专门论述捶丸的著作《丸经》，其序言中说"至宋徽宗、金章宗，皆爱捶丸"。据宋人魏泰《东轩笔录》所载："余为儿童时，尝闻祖母集庆郡太守陈夫人言：江南有国日，有县令钟离君，与邻县令许君结姻。钟离女将出适，买一婢以从嫁。一日，其婢执箕帚治地，至堂前，熟视地之窊处，恻然泣下。钟离君适见，怪问之，婢泣曰：'幼时我父于此穴地为毬窝，

道我戏剧。岁久矣,而窆处未改也。'锺离君惊曰:'而父何人?'
婢曰:'我父乃两考前县令也,身死家破,我遂流落民间,而更卖为
婢。'锺离君遽呼仵伛问之,复质于老吏,得其实。"根据婢女所言,
父亲在她年幼时"于此穴地为毬窝",带她游戏,说明五代南唐时,
捶丸已经成为儿童的游戏,在晚唐五代时应该已经流行。

⑥ 蹴踘(cù jū):又名"蹴鞠""蹴毬""蹴圆""筑球""踢圆"等。蹴,
有用脚蹴、蹋、踢的含义。鞠,最早系外包皮革、内实米糠的球。
因而"蹴鞠"就是指古人以脚蹴、蹋、踢皮球的活动,类似今日的
足球。据史料记载,早在战国时期,民间就流行娱乐性的蹴鞠游
戏,汉代以之为兵家练兵之法,宋代出现了蹴鞠组织与蹴鞠艺人。
元人马端临在《文献通考·乐考二十》中说:"蹴毬盖始于唐,植
两修竹,高数丈,络网于上为门以度毬。毬工分左右朋,以角胜负
否。"宋代从皇宫内院到平民家庭,都以蹴鞠为乐。元代钱选所
绘《宋太祖蹴鞠图》,描绘了宋太祖赵匡胤与赵炅、赵普等人踢球
的场面。

⑦ 踏索:即走索,又称"缒戏",演员在悬空的绳索上进行表演,类似
今日的走钢索。

⑧ 上竿:古时杂技,似今之爬竿,是一项危险性很高的杂技。宋人叶
梦得《避暑录话》中说:"仁庙(按,即仁宗)初即位,秋宴百戏,有
缘撞竿者,忽坠地,碎其首死。上恻然怜之,命以金帛厚赐其家,
且诏自是撞竿减去三之一,晏元献(按,即晏殊)作诗纪之曰'君
王特轸推沟念,诏截危竿横赐钱'。余往在从班侍燕时,见百戏撞
竿才二丈余,与外间绝不同。一老中贵人为余言,后阅元献诗,果
见之。庙号称仁,信哉!"晏殊另有《咏上竿伎》,极言其玩命赚
钱的性质:"百尺竿头袅袅身,足腾跟挂骇傍人。汉阴有叟君知否,
抱瓮区区亦未贫。"宋祁《都街见缘橦伎感而成咏》也感叹说:"迥
望场中百尺竿,趫材飞捷过跳丸。垂堂亦有千金子,不敢中衢徙

倚看。"本书卷七"驾幸临水殿观争标锡宴""驾登宝津楼诸军呈百戏"、卷八"六月六日崔府君生日、二十四日神保观神生日"、卷九"宰执亲王宗室百官入内上寿",均有"上竿"表演。

⑨赵野人:艺人名。倒吃冷淘:一种杂技,表演者向后弯腰成反弓状,衔起"冷淘"来吃。冷淘,一种凉面,一说为凉粉。据傅起凤、傅腾龙《中国杂技史》第六章《都会杂技的繁荣》:"倒吃冷淘"这个节目一直保留到近代,杂技舞台上的倒喝水和当代转碟中的"垂腰采莲",就是由这个节目演变而来。

⑩药法傀儡:亦称"药发傀儡",宋代傀儡戏的一种。又叫"竿火""架子火",是由火药引线引燃花炮,使折叠的纸制人物突然展开,然后借助火药爆炸燃烧的力量,使纸制人物飞腾旋转起来的一种烟火。

⑪吐五色水:百戏之一种。五色水,指用草药制成的青、赤、黑、白、黄五种颜色的药水。吐五色水的杂技,可能与佛教的浴佛习俗有关。据南朝梁慧皎《高僧传》:"四月八日浴佛,以都梁香为青色水,郁金香为赤色水,丘隆香为白色水,附子香为黄色水,安息香为黑色水,以灌佛顶。"

⑫旋烧泥丸子:流行于宋代城市中的一种表演,以泥丸为道具,属于幻术或戏法类型,表演者多为道士。南宋洪迈《夷坚志·景灵宫道士》记述了靖康之变后流落南方的一位道人表演"泥丸"幻术的全过程:"绍兴中,临安有老道人,年八十余岁,言旧为京城景灵宫道士。尝以冬日在三省门外空地聚众,用湿纸裹黄泥向日,少时即干,已成坚瓦。因白众曰:'有小术呈献诸君子为戏,却觅几文钱沽酒。'乃随地方所画金、木、水、火、土五字,各捻一丸泥,包以湿纸,置其上,就日色晒之,告观者勿遮阳光。少顷去纸,东方者色青如靛,南者则赤如丹,西则白如珠,北则黑如墨,中央如黄蜡然。往来人以千百计,相顾叹异,各与之钱,而无取其泥者。天正寒,其人发黄面鬵,只着单衣,必有道者也。"据傅起凤、傅腾龙

《中国杂技史》第六章《都会杂技的繁荣》，中国著名的典型手彩幻术"仙人栽豆"就产生于宋代，也就是当时所称的"泥丸"。其基本表演形式是：桌上反扣着两只小瓷碗和五个红豆或泥丸，在艺人巧妙的翻碗和扣碗之间，红豆随心所欲地变来或遁走。高明的艺人招数极多，从"一粒下种""双耳招风""三星归洞"直至五粒、十粒的"珠还合浦"，到变来满碗红豆的"秋收万颗子"，千变万化，全凭十指和手掌肌肉的控制。表演者往往要下几年功夫，才能掌握全部技巧，有的艺人以毕生精力研习、表演此类节目。

⑬嵇琴：即"奚琴"，唐代从北方奚族传入中原的乐器，其形制类似于今天的二胡，或可说是二胡的前身。北宋沈括《梦溪笔谈·乐律》中有记载："熙宁中，宫宴，教坊伶人徐衍奏嵇琴。方进酒，而一弦绝，衍更不易琴，只用一弦终其曲。"唐宋时期，奚琴既是拉弦又是弹弦乐器，两种演奏方法兼而有之。北宋欧阳修在《试院闻奚琴作》诗中说"奚琴本出奚人乐，奚虏弹之双泪落"，演奏方法则是弹拨；欧阳修的好友刘敞写道："吴人作琴便马上，弦以双茧绝清壮。高堂一听风雪寒，坐客低回为凄怆。深入洞箫抗如歌，众音疑是此最多。可怜繁手无断续，谁道丝声不如竹。"南宋陈元靓《事林广记》所谓"嵇琴本嵇康所制，故名曰'嵇琴'"，为宋人望文生义，不足为据。

⑭箫管：并非箫与管的合称，乃今日本通行乐器尺八，亦称"竖笛""中管"。乃唐代吕才所制，在中国久已失传。宋人陈旸《乐书·胡部·八音》："箫管之制，六孔，旁一孔，加竹膜焉。足黄钟一均声。或谓之'尺八管'，或谓之'竖笛'，或谓之'中管'。尺八，其长数也，后世官县用之；竖笛，其植如笛也；中管，居长笛、短笛之中也。今民间谓之'箫管'，非古之箫与管也。"

⑮烧炼药方：南唐尉迟偓《中朝故事》中一则似可与"烧炼药方"互证："咸通初，有布衣爨，忘记其名。到京华，云黔巫，间来王公之

第。以羊挺炭三十斤,自出小锯并小刀斧剪截其炭,叠成二楼,数
刻乃成。散药末于上,下用火烧之,药引火势,斯须即通彻,二楼
光明赫然,望其檐宇窗户、雕楹刻桷并阑槛,罔不周备。又有飞桥
连接二楼,有人物男女,若来往其上。移时后,炭渐飞扬成灰,方
无所睹。懿皇闻之,召入宫禁,久而不知所之。"

⑯剧术:杂手艺之一种。南宋耐得翁《都城纪胜·瓦舍众伎》:"杂
手艺皆有巧术:踢瓶、弄碗、踢磬、弄花鼓捶、踢墨笔、弄毬子、拶
筑毬、弄斗、打硬、教虫蚁及鱼、弄熊、烧烟火、放爆仗、火戏儿、水戏
儿、圣花、撮药藏压、药法傀儡、壁上睡。小则剧术:射穿弩子、打弹、
攒壶瓶(即古之投壶)、手影戏、弄头钱、变线儿、写沙书、改字。"

⑰杂扮:宋代流行的一种小戏,以剧情简单,逗人喜笑著称。一般为
杂剧之散段。南宋吴自牧《梦粱录·妓乐》:"又有杂扮,或曰'杂
班',又名'纽元子',又谓之'拔和',即杂剧之后散段也。顷在汴
京时,村落野夫罕得入城,遂撰此端,多是借装为山东、河北村叟,
以资笑端。"

⑱苏十、孟宣筑毬:筑毬,宋代蹴鞠活动中的一种形式,设有毬门,多
用在朝廷举办的各种盛会上,往往由宫廷中专业的蹴鞠艺人"筑
毬军"组建的毬队出场表演。据《宋史·乐志十七》,宋代教坊中
包括"筑毬军三十二人"。本书卷九"宰执亲王宗室百官入内上
寿"中,在徽宗生日宴会的表演安排中,详细记述了一场"左右军
筑毬"表演,其中"左军毬头苏述……右军毬头孟宣并十余人,皆
青锦衣",两位领队应该就是此处所说的"苏十、孟宣"。他们并非
民间艺人,而是教坊中技艺精湛的专业毬员,孟宣有"教坊大使"
之称。

⑲刘百禽虫蚁:弄虫蚁高手刘百禽的虫蚁表演。虫蚁,对禽鸟等小
动物的通称。

⑳鼓笛:指鼓笛曲,宋代教坊乐中有"鼓笛三部"。

㉑猴呈百戏：指猴戏。以猴耍把戏，旧为百戏之一，具有悠久的历史。宋人叶梦得《避暑录话》："太宗敦奖儒术，初除张参政泊、钱枢密若水为翰林学士，喜以为得人，谕辅臣云：'学士清切之职，朕恨不得为之。'唐故事，学士礼上例弄獬猴戏，不知何意。国初久废不讲，至是乃使敕设日举行，而易以教坊杂手伎，后遂以为例。"

㉒使唤蜂蝶：宋人佚名《分门古今类事·燕王遇张》："张九哥，不知何地人。庆历间游京师，人皆言有道者，燕王常以酒与之。一日，诣门见王，取匹帛重迭，剪为蜂蝶，随剪飞去，或集王衣，或聚美人钗髻，王甚悦。少顷，九哥曰：'恐失王帛。'乃呼之，一一皆来，复为罗一端。"

㉓追呼蝼蚁：驱使蝼蚁作各种表演，属于动物戏之一种。南宋金盈之《醉翁谈录·雕木为技剧术》，记载了唐穆宗时的"蝇虎子戏"："韩志和，本倭国人也。……于怀中出一桐木合，方数寸，中有物名'蝇虎子'，不啻一二百焉。其形皆赤，云丹砂啖之。乃令为五队，令舞【梁州】。上令召乐工举其曲，而虎子盘回宛转，无不中节。每遇致词处，则隐隐如蝇声，及曲终，累累而退，若有尊卑等级。志和臂虎子于上前，猎蝇于数百步之内，如鹘捕雀，无有不获。"

㉔沙书地谜：一种技艺表演，用手撮细沙或石粉，挥洒成字。宋人张君房《云笈七签·续仙传》："杜昇，字可云，自言京兆杜陵人也，莫测其年寿。……常游城市间，醉行。能沙书，好于水碗及盆内，以沙书'龙'字，浮而左右转，或叱之，则飞起，高丈余，隐隐若云雾，作小龙形。呼之，复下水中。"南宋周密《武林旧事·诸色伎艺人》："沙书：金道、姚遇仙、李三郎。"据伊永文考证，清代同治时，北京天桥有相声艺人"穷不怕"，擅长表演"沙书地谜"。据成善卿《天桥史话》："穷不怕"于露天设场，表演时总要以白沙子撒成字形，边撒边说唱，用这种办法来招徕观众。还有"穷不怕"的盟兄弟"沙字颜"，亦能用白沙写得一手好字，故得此绰号。

【译文】

皇宫前面,从年前的冬至日以后,开封府就开始搭建山棚,所竖立的巨木正面对着宣德楼。从那时起,游人已经开始聚集。御街东西两廊下有表演各种奇特技艺、新异本领的人,歌舞百戏,一个接着一个,乐声喧闹,声闻十余里。那些表演包括:击丸,蹴鞠,踏索,上竿,赵野人倒立吃冷淘,张九哥口吞铁剑,李外宁的药法傀儡,小健儿口吐五色水,旋烧泥丸子,大特落的灰药,榾柮儿的杂剧,温大头、小曹演奏秕琴,党千吹奏箫管,孙四烧炼药方,王十二表演的剧术,邹遇、田地广表演杂扮,苏十、孟宣表演筑毬,尹常卖说五代史,刘百禽训练虫蚁,杨文秀演奏鼓笛。此外还有猴子表演百戏,鲤鱼跳过刀门,以及使唤蜂蝶,追呼蝼蚁等演出。其余还有卖药、卖卦、沙书地谜等等,奇异巧妙的演出各式各样,每天都能令人耳目一新。

至正月七日,人使朝辞,出门①,灯山上彩,金碧相射,锦绣交辉。面北②,悉以彩结山沓③,上皆画神仙故事,或坊市卖药、卖卦之人。横列三门,各有彩结金书大牌:中曰"都门道",左右曰"左右禁卫之门"。上有大牌,曰"宣和与民同乐"④。彩山左右⑤,以彩结文殊⑥、普贤⑦,跨狮子、白象,各于手指出水五道,其手摇动。用辘轳绞水上灯山尖高处,用木柜贮之,逐时放下⑧,如瀑布状。又于左右门上,各以草把缚成戏龙之状,用青幕遮笼。草上密置灯烛数万盏,望之蜿蜒,如双龙飞走⑨。

【注释】

①人使朝辞,出门:指诸番国的使臣叩辞皇帝,走出宫门。

②面北:朝北的一面,即朝向宣德门和皇宫的方向。

③山沓(qǐ)：疑为"山沓(tà)"之误。山沓，堆迭如山。形容器物众多。

④宣和：宋徽宗的最后一个年号(1119—1125)。此处指代宋徽宗，亦即"天子与民同乐"之意。宋人蔡絛《铁围山丛谈》："国朝上元节烧灯盛于前代，为彩山峻极而对峙于端门。彩山故隶开封府，仪曹及仪鸾司共主之；崇宁后有殿中省，因又移隶殿中，与天府同治焉。大观元年，宋乔年尹开封，乃于彩山中间高揭大牓，金字书曰'大观与民同乐万寿'，彩山自是为故事，随年号而揭之，盖自宋尹始。"

⑤彩山：宋代元宵节放花灯，灯彩堆迭而成山形，故称。又称"鳌山"。《大宋宣和遗事》："自冬至日下手，架造鳌山。高一十六丈，阔三百六十五步。中间有两条鳌柱，长二十四丈，两下用金龙缠柱。每一个龙口里点一盏灯，谓之'双龙衔照'。中间有一个牌，长三丈六尺，阔二丈四尺，金书八个大字，写道'宣和彩山与民同乐'。"

⑥文殊：佛教菩萨名，文殊师利或曼殊室利的省称，意译为"妙吉祥""妙德"等。其形顶结五髻，象征大日如来的五智；持剑、骑青狮，象征智慧锐利威猛。为释迦牟尼佛的左胁侍，与司"理"的普贤菩萨相对。中国传说山西五台山为文殊说法道场。

⑦普贤：佛教菩萨名，也译为"遍吉"，与文殊菩萨并为释迦牟尼佛之二胁侍。寺院塑像，侍立于释迦牟尼佛之右，乘白象，以"大行"著称，其道场为四川峨眉山。

⑧逐时：按时。依次排列曰"逐"。

⑨"草上密置灯烛数万盏"几句：宋徽宗《宫词》其七十五写双龙灯："元夕风光属太平，烛龙衔耀照严城。鳌峰屹立通明观，绛炬宵辉上下明。"

【译文】

到了正月初七日，各番国使者入朝辞行，出了宫门，灯山已经装饰了各种彩带，金碧辉煌，相互照射，锦绣灿烂，交相辉映。灯山朝向北面，全都以彩带结扎，重重叠叠，堆积如山，上面画着各种神仙故事，或是坊市中卖药、卖卦人的形象。山棚前面横着排列三座彩门，各自悬有彩带装饰、金泥书写的巨大牌匾：中间的彩门名为"都门道"，左右两边名为"左右禁卫之门"。上面的大牌匾写着"宣和与民同乐"。彩山左右，用彩带装饰出文殊菩萨、普贤菩萨的形象，分别骑跨着狮子、白象，各从手指中流出五道水柱，他们的手不停地摇动。又用辘轳把水提到灯山的最高处，用木柜贮存，按时放下，犹如瀑布之状。又在左右两座彩门上，各用草把扎成正在嬉戏的巨龙形状，用青色的帷幕遮笼。草把上密密麻麻地放置几万盏灯烛，远远望去，蜿蜒起伏，宛如双龙腾飞游走。

　　自灯山至宣德门楼横大街，约百余丈，用棘刺围绕[1]，谓之"棘盆"[2]。内设两长竿，高数十丈。以缯彩结束，纸糊百戏人物，悬于竿上，风动宛若飞仙。内设乐棚[3]，差衙前乐人作乐[4]、杂戏[5]，并左右军百戏在其中[6]，驾坐一时呈拽[7]。

【注释】

①棘刺：山野丛生的带刺小灌木。

②棘盆：用荆刺围绕起来的临时演出场地。南宋金盈之《醉翁谈录·京城风俗记》："诸灯之最繁者，棘盆灯为上。是灯于上前，为大乐坊，以棘为垣，所以节观者，谓之'棘盆'。山棚上、棘盆中，皆以木为仙佛、人物、车马之像。尽集名娼，立山棚上。开封府奏衙前乐，选诸绝艺者在棘盆中。"

③乐棚：古代演出伎艺百戏的场所。

④衙前乐人：亦称"衙前乐"，指宋代州府衙门所置的乐队。《宋史·乐志十七》："诸州皆有衙前乐。"南宋吴自牧《梦粱录·皇太后圣节》："初八日，寿和圣福皇太后圣节。前一月，尚书省、枢密院文武百僚诣明庆寺，启建祝圣道场，州府教集衙前乐乐部及妓

女等。"

⑤杂戏：古代娱乐形式之一，包括百戏、杂乐、歌舞戏、傀儡戏等，又称"杂伎"。唐代白居易《立部伎》诗中说："立部伎，鼓笛喧；舞双剑，跳七丸；袅巨索，掉长竿。太常部伎有等级，堂上者坐堂下立。堂上坐部笙歌清，堂下立部鼓笛鸣。笙歌一声众侧耳，鼓笛万曲无人听。立部贱，坐部贵，坐部退为立部伎，击鼓吹笙和杂戏。"

⑥左右军百戏：由隶属于左右军的伎人表演的百戏。元人马端临《文献通考·乐考二十》："宋朝杂乐百戏……皆隶左右军而散居。每大飨燕，宣徽院按籍召之。"孟元老在本书卷九"宰执亲王宗室百官入内上寿"条中，特别说明"所谓左右军，乃京师坊市两厢也，非诸军之军"，并对"左右军百戏"专场表演进行详细描述。

⑦驾坐：驾驶，乘坐。此指表演。呈拽(yè)：安置，安排。拽，同"曳"。牵引，拖，拉。

【译文】

从灯山到宣德门城楼前面的东西向横大街，大约有百余丈，用荆棘芒刺围绕起来，称为"棘盆"。中间设置两根长竿，高达数十丈。用彩色缯帛扎缚纸糊的百戏人物，悬挂在竿上，被风吹动，宛如在空中飞行的神仙。棘盆内设有乐棚，差遣衙前乐队演奏乐曲、演出杂戏，连同左右军百戏，统一安排表演。

　　宣德楼上，皆垂黄缘帘。中一位乃御座，用黄罗设一彩棚，御龙直执黄盖①、掌扇②，列于帘外。两朵楼各挂灯毬一枚③，约方圆丈余，内燃椽烛④。帘内亦作乐，宫嫔嬉笑之声，下闻于外。

【注释】

①御龙直：宋代禁军步军番号，录殿前司诸直，专掌仪仗之事。长官

为御龙直指挥使、指挥副使。黄盖：黄色的盖伞，为皇帝专用。

②掌扇：即障扇，古时仪仗的一种，长柄掌形扇。

③朵楼：正楼两旁的楼。灯球：即灯球，球形的彩灯。

④椽烛：如椽之烛，通常释为"大烛"。然而宋人使用"椽烛"，并非泛泛夸饰之词，而是专指某种大烛，非常珍稀难得，为宫廷、政府重要机构及贵官专用，卷十"郊毕驾回"中，皇帝"自小次祭服还大次，惟近侍椽烛二百余条，列成围子"。《续资治通鉴长编·哲宗元祐二年》："冬至，诏赐御筵于吕公著私第。初，有司以故事赐冬至节会，既获免矣，至是，以嘉雪应期，朝廷无事，中旨特令公著与辅臣、近侍宴乐"，又赐教坊乐人、遣中使赐上醖酒及禁中果实、镂金花、香药等，"至晡，复赐椽烛二十秉，且传令继烛坐"，时人以为"异恩"。《大金吊伐录》有靖康元年正月十五日《宋少主与左副元帅府报和书》，书信后所附礼物清单中，有"龙脑一百两、椽烛三百条、薰香三百帖"。宋人朱弁《曲洧旧闻》记宋祁在成都知府任上修《新唐书》的排场："宋子京修《唐书》，尝一日逢大雪，添帟幕，燃椽烛一、秉烛二，左右炽炭两巨炉，诸姬环侍"，"椽烛"和"秉烛"都是蜡烛的类型。苏轼贬谪黄州时期所写《武昌西山》诗中，亦有"当时相望不可见，玉堂正对金銮开。岂知白首同夜直，卧看椽烛高花摧"，也说"椽烛"为"玉堂"（翰林院）的标配物品。"椽烛"如此珍贵，与宋代制烛技术有关。宋人所使用的照明工具，大致包括油灯、烛灯与火把三种，烛灯明亮且少油烟，但价格昂贵，有资料显示，神宗熙宁七年（1074）"秉烛每条四百文，常料烛每条一百五十文"（《宋会要辑稿·礼四四》），而孟元老所记北宋末年东京城中冬季鱼价"每斤不上一百文"，可知蜡烛属于奢侈品，"椽烛"更几乎为宫廷的专用品。

【译文】

宣德楼上，都垂挂着镶黄边的帘子。楼上正中设一个座位，是天子的御座,用黄罗设置一个彩棚,御龙直军士手执黄盖、掌扇,排列在帘子外面。宣德楼两旁的朵楼上,分别悬挂一只灯球,方圆约一丈有余,灯球中燃着椽烛。帘子里面也奏乐,宫嫔的嬉笑之声,飘下城楼,外面都能听到。

楼下用枋木垒成露台一所①,彩结栏槛。两边皆禁卫排立,锦袍、幞头簪赐花,执骨朵子②,面此乐棚。教坊③、钧容直④、露台弟子⑤,更互杂剧。近门亦有内等子班直排立⑥。万姓皆在露台下观看,乐人时引万姓山呼⑦。

【注释】

①枋(fāng)木:在柱子之间起联系和稳定作用的水平方向或者与梁垂直方向的穿插构件。枋,较小于梁的辅材,也是主要的木作构件,截面为矩形。露台:高台,临时搭建的演出舞台。

②骨朵子:指顶端缀有一个蒜形、蒺藜形或扁圆球形头的长棒,以铁或坚木制成,即皇朝兵士所执的金瓜。此物原为兵器,唐代以后用作刑杖,宋代以后主要用为仪仗,殿前司诸直禁军中有"御龙骨朵子直"。北宋学者宋祁《宋景文公笔记》中记载:"国朝有骨朵子直,卫士之亲近者。予尝修日历,曾究其义:关中人谓腹大者为'胍肝',上孤下都,俗因谓杖头大者亦为'胍肝'。后讹为'骨朵','朵'从平声,然'朵'难得音。今为军额,固不可改矣。"

③教坊:古代管理宫廷音乐的官署。《宋史·乐志十七》:"教坊本隶宣徽院,有使、副使、判官、都色长、色长、高班、大小都知。天圣五年,以内侍二人为钤辖。嘉祐中,诏乐工每色额止二人,教头止三人,有阙即填。异时或传诏增置,许有司论奏。使、副岁阅杂剧,把色人分三等,遇三殿应奉人阙,即以次补。诸部应奉及二十年、年五十已上,许补庙令或镇将,官制行,以隶太常寺。同天节,宝慈、庆寿宫生辰,皇子、公主生,凡国之庆事,皆进歌乐词。……

旧例用乐人三百人,百戏军百人,百禽鸣二人,小儿队七十一人,女童队百三十七人,筑毬军三十二人,起立门行人三十二人,旗鼓四十人(以上并临安府差),相扑等子二十一人(御前忠佐司差)。"

④钧容直:宋代禁军番号名,隶属殿前司,属于诸班骑军。钧容直是从禁军中选拔组成的仪仗乐队,以骑吹形式,在御驾出行时演奏教坊音乐。

⑤露台弟子:宋元时称民间剧团的艺人,与官府的教坊、钧容直相对而言,也简称为"弟子"。"露台"这一建筑概念始现于宋朝,多由石头或枋木建成,用于演出戏曲。此种露台规模很大,高达丈余,与现代的"舞台"同义,故而衍生出"露台弟子"一词,用以指称非官方的演员。"露台弟子(或弟子)"在《东京梦华录》一书中多次出现,除此"元宵"条外,卷五"京瓦伎艺"中有"弟子:薛子大、薛子小、俏枝儿、杨总惜、周寿奴、称心等",卷七"驾登宝津楼诸军呈百戏"中也有"继而露台子弟杂剧一段"。

⑥内等子:皇宫中的禁卫。宋代担任御前仪卫的军职人员中有"等子",即卫兵,隶属于军头引见司。

⑦山呼:古代对皇帝的祝颂仪式,叩头高呼"万岁"三次。宋人高承《事物纪原·山呼》:"后人以呼万岁为山呼者,其事盖起于汉武时。按《前汉·武帝本纪》曰:'元封元年正月,登嵩高,御史乘属在庙旁,吏卒咸闻呼万岁者三。'迄今三呼以为式,而号山呼也。"

【译文】

楼下用枋木垒成一座露台,用彩带装饰栏杆。露台两边都有禁卫兵士排列,兵士身穿锦袍,幞头上簪插天子所赐的花朵,手执骨朵子,面朝这座乐棚。教坊、钧容直、露台弟子,轮流演出杂剧。靠近露台门口,也有内等子班直排列警卫。百姓们都在露台下观看演出,乐人不时带领百姓高呼"万岁"。

十四日车驾幸五岳观

【题解】

据《宋史·礼志十六》，上元观灯礼仪中，"天子先幸寺观行香，遂御楼，或御东华门及东西角楼，饮从臣"；《宋会要辑稿·帝系一〇》则说："国朝之制，每岁正月十一日，车驾诣寺观祖宗神御殿朝谒，十四日始幸诸寺观焚香。是夕还，御正阳门楼观灯。"孟元老此条专记正月十四日皇帝驾幸五岳观烧香、赐群臣宴并返回大内宣德楼的场景，重点放在对皇帝出行排场阵势的描写，具体包括：

一，护驾禁军的装束与所执御用物品；

二，皇帝御辇前后左右的人员排列情况；

三，御辇进入灯山后，皇帝观灯山后驾登宣德楼的情况。尤其是"御辇团转一遭，倒行观灯山"、被称为"鹁鸽旋"或"踏五花儿"的场景，如闻其声，如见其形，相比于诗人笔下那种"紫雾氛霏闾阖开，团团明月上天来。香车百两天街晚，清跸一声仙仗回"（北宋张耒《上元日驾回登楼》）的典雅，别有一种谐谑之趣、喜乐之感。

　　正月十四日，车驾幸五岳观迎祥池^①。有对御^②，谓赐群臣宴也。至晚还内。

【注释】

①车驾：指代天子。幸：帝王亲临某地曰"幸"。五岳观：即集禧观，旧名"会灵观"，奉祀五岳之神的观宇。位于东京外城南薰门内、御街大道之东，规模巨大，景象壮丽。迎祥池："凝祥池"的俗称。池在五岳观内，池内的水心殿上供奉有玉石三清真像。北宋王辟之《渑水燕谈录》："元祐中，上元，驾幸迎祥池，宴从臣，教坊伶人以先圣为戏（按，唐宋时期的"弄孔子戏"）。刑部侍郎孔宗翰奏：'唐文宗时，尝有为此戏者，诏斥去之。今圣君宴犒群臣，岂宜尚容有此？'诏付伶官置于理。或曰：'此细事，何足言？'孔曰：'非尔所知。天子春秋鼎盛，方且尊德乐道，而贱伎乃尔亵慢，纵而不治，岂不累圣德乎？'闻者惭羞叹服。"

②对御：皇帝赐宴，与群臣共饮，赐臣僚极其珍贵的滴粉缕金花。宋人蔡絛《铁围山丛谈》："国朝燕集，赐臣僚花有三品：生辰大燕，遇大辽人使在庭，则内用绢帛花，盖示之以礼俭，且祖宗旧程也。春秋二燕，则用罗帛花，为甚美丽。至凡大礼后恭谢、上元节游春或幸金明池琼花，从臣皆扈跸而随车驾，有小燕，谓之'对御'。凡对御，则用滴粉缕金花，极其珍巧矣。又赐臣僚燕花，率从班品高下，莫不多寡有数。至滴粉缕金花为最，则倍于常所颁。此盛朝之故事云。"

【译文】

正月十四日，天子亲临五岳观迎祥池行香祈福，有对御，就是赐群臣宴饮。直到晚上，天子方才回宫。

围子亲从官①，皆顶毬头大帽②，簪花，红锦团答戏狮子衫，金镀天王腰带③，数重骨朵。天武官④，皆顶双卷脚幞头⑤，紫上大搭天鹅结带宽衫⑥。殿前班⑦，顶两脚屈曲向后花装幞头⑧，着绯、青、紫三色燃金线结带望仙花袍⑨，跨弓剑，乘马，一扎鞍辔^⑩，缨绋前导^⑪。御龙直^⑫，一脚指天、一脚圈曲幞头，着红方胜锦袄子^⑬，看带、束带。执御从物，如金交椅^⑭、唾盂^⑮、水罐、果垒^⑯、掌扇、缨绋之类。御椅子皆黄罗珠蹙^⑰，背座则亲从官执之。诸班直皆幞头、锦袄、束带。

【注释】

①围子：又称"禁卫围子"或"禁围子"，帝王巡幸时的仪卫。由殿前司天武军中的宽衣天武充任，有严格的择选标准。《宋史·兵志二》："禁围子合用天武人兵，令殿前司今后并选定四十已上、有行止无过犯、不系新招拣到人充，遇阙选填。"南宋周密《武林旧事·四孟驾出》中有南宋时期围子的详细阵列："亲从方围子（两行各一百四十人），步帅（乘马行围子内），围子两边各四重：第一重（内殿直已下，两边各一百人）；第二重（崇政殿围子，两边各一百人）；第三重（御龙直两边各一百人）；第四重（崇政殿围子两边各一百人）。"亲王仪仗中也有围子，皇帝也以围子赐宠臣，比如宋人蔡絛《铁围山丛谈》中，有徽宗赏赐蔡京的记录："上因赐鲁公（按，即蔡京）以三接青罗伞、涂金从物、涂金鞍、异锦鞯、马前围子二百人，大略皆亲王礼仪……鲁公乃拜赐。"亲从官：北宋禁军兵卒，隶皇城司。"亲从，最为亲兵也"（《续资治通鉴长编》），职掌官殿门管钥契勘，皇宫内巡察、宿卫及洒扫诸殿等事。徽宗政和五年（1115）十一月，皇城亲从司共有五指挥，共二千九百七十人，标准身高为宋尺五尺九寸一分六厘，约今180厘米多一点。

②毡头大帽：未详。似指装饰有球状饰物的大帽子。

③金镀天王腰带：未详。似指天王腰带款式的镀金腰带。金镀，镀金。天王，佛教称护法神为天王。古代天王形象多身穿铠甲，系腰带。

④天武官：北宋禁军，隶属殿前司，职掌为守京师、备征戍、供仪卫，并

分管京师开封旧城右厢及殿前司马军。此指天武军中的宽衣天武。

⑤双卷脚幞头：其形制是幞头两脚弯曲，幞头角向上卷起。北宋邵伯温《邵氏闻见录》："熙宁初，洛阳有老人党翁者卖药，日于水街南北往来，行步甚快，少年不及也。自言五代清泰年为兵，尝事柴世宗，有放停公帖可验。戴卷脚幞头，衣黄衫，系革带，犹唐装也。有妻无子，问其事，则不答。至元丰中，不知所在。余尝亲见之，亦异人也矣。"

⑥衫：古代指无袖头的开衩上衣。多为单衣，亦有夹衣。

⑦殿前班：指殿前司诸班中的指挥使直左右班，是皇帝出行时的随驾马队。

⑧两脚屈曲向后花装幞头：幞头两脚屈曲向后，上面插花。

⑨橪：似当为"撚"，揉搓，搓捻。捻金线，以金线捻丝用作装饰。

⑩一扎：此似有"一式"之意。鞍辔：鞍子和驾驭牲口的嚼子、缰绳。

⑪缨绋：犹拂尘。

⑫御龙直：宋代殿前司步军诸军之一，专掌仪仗之事。

⑬方胜：方胜纹，由两个菱形压角相叠组成图案。胜，原为神话中西王母所戴的发饰，被古人视为祥瑞之物。《山海经》中说："玉山，是西王母所居地。西王母其状如人，豹尾、虎齿，而善啸。蓬发，戴胜，是司天之厉及五残。"作为首饰的胜，形状像由两个菱形部分重叠相连而成。后来演化成方胜纹。袄子：即"袄"，短于袍而长于襦的有衬里上衣。

⑭金交椅：金漆交椅。帝王或显贵的坐具。在《水浒传》中，宋江上梁山后，晁盖用"请宋江为山寨之主，坐第一把金交椅"的提议，作为对其救命之恩的回报。交椅，坐具。腿交叉，有靠背，能折叠。古时称"胡床""交床"，后世称"太师椅"。宋人高承《事物纪原·胡床》引《风俗通》："汉灵帝好胡服，景师作胡床，此盖其始也，今交椅是也。"隋朝忌讳"胡"字，故而根据椅子双脚交叉的特

点,改称"交床"。胡三省《资治通鉴注》中说:"交床以木交午为足,足前后皆施横木,平其底,使错之地而安;足之上端,其前后亦施横木而平其上,横木列窍以穿绳绦,使之可坐。足交午处复为圆穿,贯之以铁,敛之可挟,放之可坐;以其足交,故曰'交床'。"

⑮唾盂:又称"渣斗",古代日常生活用具,主要用于装鱼刺、小骨类和吐痰。此处为皇帝所用,出行时由随从捧之。南宋朱熹《朱子语类》:"汉世,禁中侍卫亦是士大夫,以孔安国大儒而执唾盂,虽仪盆,亦是士人执之。"

⑯果垒:用各式"看果"垒叠在盘中,作为观赏的摆设。南宋周密《武林旧事•高宗幸张府节次略》,记录绍兴二十一年(1151)十月清河郡王张俊府第招待宋高宗的御筵,其中有"绣花高饤一行八果垒",由香圆、真柑、石榴、橙子、鹅梨、乳梨、榠查、花木瓜垒叠而成。

⑰御椅子皆黄罗珠蹙:皇帝专用的椅子,铺设着黄色罗纱,边沿镶缀着密集连缀的珍珠。御椅子,北宋对皇帝专用坐具的称呼,南宋以后称为"御座",明代以后出现"御榻",明宪宗后,称为"宝座"。蹙,接近,迫近。一种刺绣方法,刺绣时紧拢其线,使之紧密匀贴。

【译文】

作为禁卫围子的亲从官,全都头戴毡头大帽,上面插花,身穿红锦团答戏狮子衫子,束着镀金天王腰带,手持数重骨朵,作为仪仗。天武军官,都头戴双卷脚幞头,身穿紫色上大搭天鹅结带的宽衫。殿前指挥使直左右班的军士,头戴两脚屈曲向后花装幞头,身穿红、青、紫三色捻金线结带望仙花袍,身佩弓箭,骑马,统一装饰的鞍辔,拿着缨绋做前导。御龙直的军士,头戴一脚指天、一脚圈曲幞头,身穿有红色方胜纹的锦袄子,系着看带、束带,手捧天子的随身用具,如金交椅、唾盂、水罐、果垒、掌扇、缨绋之类的东西。天子的御用椅子铺着黄罗,边沿镶缀着密集连缀的珍珠,背座则由亲从官拿着。殿前司诸班直的军士们,全都戴幞头、穿锦袄、束腰带。

每常驾出①，有红纱帖金烛笼二百对②，元宵加以琉璃玉柱掌扇灯③。快行家各执红纱珠络灯笼④。驾将至，则围子数重。外有一人捧月样兀子⑤，锦覆于马上，天武官十余人簇拥扶策⑥，喝曰"看驾头"⑦。次有吏部小使臣百余⑧，皆公裳⑨，执珠络毬仗⑩，乘马听唤。近侍余官皆服紫、绯、绿公服⑪。三衙⑫、太尉⑬、知阁⑭、御带罗列前导⑮。两边皆内等子，选诸军膂力者⑯，着锦袄、顶帽，握拳顾望，有高声者，捶之流血。教坊、钧容直乐部前引⑰，驾后诸班直马队作乐。驾后围子外，左则宰执、侍从⑱，右则亲王、宗室南班官⑲。

【注释】

①每常：平时，平常。

②帖金：即贴金。贴于衣服器玩的黄金饰物。烛笼：即灯笼。

③掌扇灯：宫廷中的仪仗用灯，下部为长柄，上面为灯笼，多用彩色宝石装饰，由一个人手执而行。这种灯极为华贵，常用于节庆时皇帝出行。

④快行家：即快行、快行客，宋代宫廷中供奔走传达命令的吏役。珠络：缀珠而成的网络。此指缀有珍珠。

⑤兀子：即杌子，小矮凳。南宋曾慥《类说》："唐明皇召安禄山，用矮金裹脚杌子赐坐。"杌子原为非正式的坐具，《宋史·丁谓列传》中记载天禧四年（1018）真宗赐丁谓坐，"左右欲设墩，谓顾曰：'有旨复平章事。'乃更以杌进"，墩供久坐，杌只暂坐，对比非常清楚。南宋陆游《老学庵笔记》中说"往时士大夫家妇女坐椅子、兀子，则人皆讥笑其无法度"。大约正是在宋代，杌子逐渐成为正式坐具。

⑥天武官：天武军军士。扶策：搀扶，支撑。

⑦喝曰"看驾头"：约相当于向围观路人喝令"圣驾到了，小心"！驾头，本为御座，因为是太祖即位时所用，故列朝重之，帝出则载之以行，列于车驾之前，令老内臣马上抱之，故称。据《宋史·仪卫志二》所载，仁宗皇帝"幸睦亲宅，抱驾头内臣坠马，坏驾头"，因此嘉祐六年（1061）以后，"车驾出，以合门祗候并内臣各二员，分驾头左右扇筤后编拦，仍以皇城司亲从官二十人随之"，即孟元老所记"天武官十余人簇拥扶策"，作为保护。由于"驾头"相当于皇帝出行的标志，宋元时期出现"驾头杂剧"，专指有皇帝出现的剧目，如《梧桐雨》《汉宫秋》《遇上皇》等剧目，都有"驾"（皇帝）出现，故都属"驾头"类。明成祖永乐九年（1411）七月，规定"但有亵渎帝王圣贤之词曲驾头杂剧，非律所该载者，敢有收藏传诵印卖，一时拿送法司究治"（明人顾起元《客座赘语》）。

⑧吏部：古代六部之一。置尚书等官，主管官吏任免、考课、升降，调动之事。《宋会要辑稿·职官八》："吏部旧有三铨，尚书主其一，侍郎二人各主其一，分铨注拟。其后，但存尚书铨，余东、西铨，印存而事废。今但以朝官二人判流内铨，其吏部之职，别以朝官二人主判，兼领南曹格式司，但主京朝官叙绯紫、申请祠祭差官摄事及拔萃举人。格式司主幕职州县官格式、阙簿、辞谢，流内铨主考试附奏京百司人吏。"小使臣：使臣，是宋代八、九品等武阶官的总称，不同时期有不同称谓，所包括的武阶也不尽相同。但通观两宋，多以正八品敦武郎（原称"内殿承制"，后又改称"训武郎"）和修武郎（原称"内殿崇班"）为"大使臣"；以从八品从义郎（原称"东头供奉官"）和秉义郎（原称"西头供奉官"），正九品忠训郎（原称"左侍禁"）、忠翊郎（原称"右侍禁"）、成忠郎（原称"左班殿直"）和保义郎（原称"右班殿直"），从九品承节郎（原称"三班奉职"）和承信郎（原称"三班借职"）为"小使臣"。有时亦以诸司正使、诸司副使等称"大使臣"。在军中，使臣可任统兵官，或派作

侦察、传递公文等差使。

⑨公裳:犹公服。

⑩毬杖:亦作"球仗",本是击毬用具。宋时以击毬之杖涂饰金银,作
　为仪仗,用于导引。《宋史·仪卫志六》:"毬仗,金涂银裹,以供
　奉官骑执之,分左右前导。"

⑪服紫、绯、绿公服:《宋史·舆服志五》:"公服:凡朝服谓之'具服',
　公服从省,今谓之'常服'。宋因唐制,三品以上服紫,五品以上服
　朱,七品以上服绿,九品以上服青。其制,曲领大袖,下施横襕,束
　以革带,幞头,乌皮靴。自王公至一命之士,通服之。"

⑫三衙:宋掌管禁军的军事机构,即殿前都指挥使司、侍卫亲军马军都
　指挥使司、侍卫亲军步军都指挥使司,合称三衙。此当指三衙首领。

⑬太尉:宋代三公之一。政和二年(1112)改为武臣之首。

⑭知阁:当为"知阁门事"的省称。宋代阁门司主管官员,掌朝会、游
　幸、宴享赞相礼仪等事。

⑮御带:武官名。宋初,选三班以上武官亲信者带橐鞬、御剑,称御
　带,或以宦官充任。咸平元年(998),改称"带御器械"。

⑯膂(lǚ)力:体力。此指有力者。

⑰乐部:此当指乐队。

⑱侍从:宋代侍从官有侍从(如翰林学士、给事中、六尚书)、小侍从
　(如中书舍人、起居舍人、起居郎)和外侍从(观文殿学士以下至
　带诸阁学士、直学士、待制等职)之分。诸阁学士待制以上,皆谓
　之"侍从官"。侍从官皆为四品以上重臣或清要官,皆文学极选,
　有侍从皇帝、献纳之职,以及备顾问、荐士举官之职。南宋程大昌
　《雍录·侍从》:"汉世之谓侍从者,以其职掌近君也。行幸则随从,
　在官则陪侍,故总撮凡最,而以侍从名之也。……皆非今世之谓
　侍从者也。今世侍从,汉之九卿也。张安世持橐簪笔,事孝武皇
　帝十数年者,此即今世侍从之事也。盖安世尝为光禄勋,后又有

大司马、车骑将军也。若摘汉语以称今世侍从,则笔橐正其事矣。今时侍从,又名'两制'。两制者,分掌内外两制也。内制为翰林学士,外制为中书舍人。在元祐未置权侍郎以前,自中书舍人已上,方为侍从也。故率内外制而名其官,所以别乎汉世之侍从而未为九卿者也。"

⑲宗室:指北宋皇帝的宗族。北宋太祖时,规定以太祖及其两个弟弟匡义(即后来的太宗赵光义)、匡美(廷美)为三支,这三支的后裔均为宗室成员;在《玉牒》中为每支设立十四字作为排行字,以彰显源流,排立昭穆。为了防止宗室危害皇权,北宋初年(特别是太宗统治时期),给宗室以有名无实的高官以及厚禄、美爵,但是禁止他们担任任何实质性的政治职位,所以宋代宗室长期作为一个礼仪性群体而存在。南班:宋代宗室子弟授予"南班官"的虚衔。北宋仁宗早期,统一了宗室的起家官,确立了相应的迁转官阶序列。宗室的所有官阶,名义上都属于皇帝的环卫官。宗室都带环卫官官衔,总称为"南班官","南班"是指他们在朝会中处于殿廷南部的位置。"南班官"并非空名,它描述了宋代普通宗室最基本的公共职能,就是作为一个有形而无声的整体出席朝会等礼仪性场合。北宋沈括《梦溪笔谈·故事二》:"宗子授南班官,世传王文正太尉为宰相日,始开此议,不然也。故事:宗子无迁官法,唯遇稀旷大庆,则普迁一官。景祐中,初定祖宗并配南郊,宗室欲缘大礼乞推恩,使诸王宫教授习约草表上闻。……自此遂有南班之授。近属自初除小将军,凡七迁,则为节度使,遂为定制。"到了神宗初期,赵宋宗室家族已经诞育出第四、第五代子孙,其中大多数人与皇帝的关系已经超出五服。为了减少开支,熙宁二年(1069)神宗签署了宋代宗室史上最重要的一份诏书,规定除了真宗、仁宗和濮王赵允让的直系子孙这一小部分人以外,该宗族所有第五代(魏王一系的第四代)及以后的子孙都是无服纪的族

人，虽然仍旧列名皇家玉牒，但是不再享有赐名和授予南班卫官的特权，可以参加科举考试。

【译文】

平时天子车驾出行，有红纱贴金灯笼二百对，元宵节增加琉璃玉柱掌扇灯。快行家手执缀有珍珠的红纱灯笼。车驾将至，布设数重卫士。外面有一个人，手捧月牙形状的杌子，用锦缎覆盖在马上，十余名天武军士簇拥扶持，大声喝叫"看驾头"。接着有百余名吏部小使臣，都穿公服，手执缀着珍珠的毬仗，骑在马上，听候使唤。近侍和其余官员都穿着紫色、红色、绿色的公服。三衙的长官、太尉、知阁门事、御带，排列成行，作为前导。两边全是皇宫禁卫，是从殿前司诸军中遴选出的有力气者，穿锦袄、带帽，握着拳头四处张望，有高声喧哗者，就拳打脚踏直至流血。教坊、钧容直的乐队在前面引路，天子车驾后面，诸班直马队奏乐。车驾后方的卫士外面，左面是宰执、侍从，右面是亲王、宗室南班官。

　　驾近则列横门，十余人击鞭。驾后有曲柄小红绣伞，亦殿侍执之于马上①。驾入灯山，御辇院人员辇前喝"随竿媚来"②，御辇团转一遭③，倒行观灯山，谓之"鹁鸽旋"④，又谓之"踏五花儿"⑤，则辇官有喝赐矣。驾登宣德楼，游人奔赴露台下。

【注释】

①殿侍：北宋无品武阶官名，位三班借差下，大将上。政和后，改名"下班祗应"。是最低级的供奉武官。

②御辇院：宋代掌供奉乘舆、步辇、车乘的机构，以诸司使、内侍充任监官。所属有供御指挥使、副兵马使、供御辇官、次供御辇官、下都军使、下都辇官等，分掌轮直御辇、车舆，以供所需。《宋会要辑稿·职官一九》："御辇院在右承天门外，掌乘舆、步辇供奉及官闱

车乘之事，……车院兵士八十九人，掌禁中及诸宫院驾车。"喝"随竿媚来"：亲近皇帝的御辇院官吆喝"随竿媚来"，大体如"乐人时引万姓山呼"，为惯用套话。竿，指执竹竿调度演出者。卷九"宰执亲王宗室百官入内上寿"中有"参军色执竹竿、拂子，念致语口号"和"参军色执竹竿子作语，勾小儿队舞"即指此。媚，伎艺表演者随竹竿子指挥献艺。南宋末年，蒋捷元夜阅《梦华录》，有感而作《齐天乐》词，其中有"沸一簇人声，道随竿媚"，亦指此。

③团转：绕着周围转。

④鹁（bó）鸽旋：皇帝倒行观灯，居高临下，如同鹁鸽俯视。这一比喻颇为奇特。鹁鸽是鸽子的一种，身体上面灰黑色，颈部和胸部暗红色，可饲养。本书卷三"相国寺内万姓交易"中说"大三门皆是飞禽猫犬之类"，飞禽之中就包括鹁鸽。北宋周邦彦《汴都赋》中说"其鸟则有鹁鹈鸪鹅……群鸽香啄"，说明当时开封城中鹁鸽饲养已很普遍，且颇受欢迎，甚至用来形容皇上，也不为不恭。北宋诗人孔平仲在《孔氏谈苑》中记欧阳修之语："开封多为皇亲所扰，送一卒云：'为鹁鸽飞而不下。'"则是用鹁鸽飞比喻皇亲。

⑤踏五花儿：推测其作为"鹁鸽旋"的别称，应是具有一定表演性质的花式行进方式。五花儿，一种舞蹈动作。南宋周密《癸辛杂识·舞谱》："予尝得故都德寿宫舞谱二大帙，其中皆新制曲，多妃嫔阁分所进者。所谓谱者，其间有所谓……五花儿、踢、搕、刺、撅、系、搠、捽……"

【译文】

车驾临近，仪仗队列成横门，十余人击鞭壮威。车驾后面有曲柄的小红绣伞，也由殿侍手持骑马紧随。车驾进入灯山，御辇院人员在辇前呼喝"随竿媚来"，御辇围绕灯山转一圈，倒退行走，观看灯山，称为"鹁鸽旋"，又叫"踏五花儿"，辇官因此得到赏赐。天子登上宣德楼，游人奔赴露台之下，观看演出。

十五日驾诣上清宫

【题解】

十五日，是上元节的正日子，理应是期待已久的"宣和与民同乐"，标题却是"驾诣上清宫"，正文只有"十五日诣上清宫，亦有对御，至晚回内"15个字。此前的"元宵"一条，介绍了上元观灯的各项准备和预热活动，"十四日车驾幸五岳观"一条，极力铺排描写皇帝驾行仪卫，结束于皇帝车辇"倒行观灯山"，"驾登宣德楼，游人奔赴露台下"，已将元宵气氛推向最高潮，也让读者期待看到正月十五的盛况，"十五日"的宣德楼上却不见大宋天子，简直让人以为丢失了文字，但是这短短一段分明叙事要素完备、首尾十分完整。更奇怪的是，"十六日"标题下，写万姓游赏、瞻见天表，写宫廷盛筵、露台表演，写皇帝"时传口敕，特令放罪"，都是应该安排在正月十五的活动。正月十四的鼓乐喧天、正月十六的华灯宝炬，映衬出正月十五的无比冷清。与民同乐的上元节，皇帝为何不在宣德楼，而是去了上清宫？孟元老有意在此留下一片巨大的空白，隐藏一个巨大的秘密。谜底不在《东京梦华录》一书，而是要到徽宗朝的历史中去寻找。

蔡絛《铁围山丛谈》记录了宣和六年（1124）上元节发生的一个意外事件：按照惯例，天子御楼观灯，开封府尹要在西朵楼下安排警卫，控制局面。天子由六宫妃嫔侍御陪伴，凭楼观望开封府决遣罪犯，帘幕重密，楼下无从知道天子行迹。这一天，皇上偶然独自站在西楼之上，身边没有宦官跟随，楼下万众聚集。突然，人群中跳出一个人，穿着黑色布衣，像是寺院中的学徒僧，用手指着帘幕后的皇上，大声说："汝是耶，有何神？乃敢破坏吾教！吾今语汝，报将至矣！吾犹不畏汝，汝岂能坏诸佛菩萨耶？"当时楼上楼下听闻此言，全都大惊失色，将此人捕获，押到楼下。皇上命令中使传呼开封府尹立即审问，亲自坐在楼上观看，结果那人又说："我怎么会逃跑呢？我本来就是故意做给你看，让你知道你根本不能把我们佛教怎样。随便你怎样用刑，我从现在开始不再说话。"于是严刑拷打，又施炮烙之刑，逼问他到底是谁，那人一声不吭，也看不出丝毫痛苦的样子。皇上更是愤怒，命人召来善行天法、手段神奇的宋冲妙法师。宋法师到现场看过之后，回奏皇上说："臣所治者邪鬼，此人者，臣所不能识也。"于是断其足筋，俄施刀锯，血肉狼藉，一直审到傍晚，到底也不知道此人身份，只得将其交付狱卒处死，时人为之发出"呜呼，浮屠氏实有人"的感叹。

《铁围山丛谈》最后说，"上大不怡，为罢一日之欢"，孟元老在此补充记录：皇上罢宣德楼观灯宴饮，去了上清宫。

此处所谓"上清宫"，是位于大内东北角的上清宝箓宫。据《宋史·地理志一》："上清宝箓宫，政和五年作，在景龙门东，对景晖门。既又作仁济、辅正二亭于宫前，命道士施民符药，徽宗时登皇城下视之。又开景龙门，城上作复道，通宝箓宫，以便斋醮之路，徽宗数从复道上往来。"这座上清宝箓宫在徽宗时期是重要的道教活动场所，仅《宋史·徽宗本纪》就有政和六年四月"会道士于上清宝箓宫"、七年二月"会道士二千余人于上清宝箓宫，诏通真先生林灵素谕以帝君降临事"、"幸上清宝箓宫，命林灵素讲道经"等记载，政和年间铸造的神霄九鼎就安放在上清宝箓宫，后来改称艮岳的万岁山，也正是建在上清宝箓宫的东面。正是借由上清宝箓宫道士们的活动，徽宗被册封为"教主道君皇帝"，成为兼跨俗世与道教两界的君主。

宣和六年（1124）正月十五发生在宣德楼下的意外事件，正是源于徽宗政和、宣和年间在全国范围内大规模崇奉道教、贬斥佛教的政策。政和六年（1116），徽宗听信道士林灵素编造的虚妄神话，相信自己是上帝之长子神霄玉清王下凡，号"长生大帝君"。宣和元年（1119）春正月，诏令"佛改号大觉真仙，余为仙人、大士之号；僧为德士，易服饰，称姓氏；寺为宫，院为观"，又改称尼为女德。徽宗废佛举措引起轩然大波，不仅遭到僧侣反抗，朝中很多大臣也持反对意见，支持佛教的皇太子赵桓甚至针锋相对，与林灵素展开辩论。宣和二年（1120）六月，迫于内外压力，徽宗下诏恢复寺院和僧尼称号，但是废佛造成的伤害却非一道诏书所能修复，元宵节"搅局"的学徒僧事件就是明证。本应御宣德楼与民同乐的元宵节，徽宗一反常态驾诣上清宝箓宫，应该正是为消除这一诡异事件造成的阴影。孟元老不是简单记录东京汴梁元宵节的风俗，而是用极其特殊的手法，暗示徽宗朝的政治事件。

十五日，诣上清宫，亦有对御。至晚回内。

【译文】

正月十五日，天子前往上清宫，亦赐宴群臣共饮。到晚上，返回大内。

十六日

【题解】

本条以将近1000字的篇幅，描写当时灯火辉煌、满路行歌的狂欢场面。作者仿佛手持摄影机，行走在"万姓游赏"的东京城中，从"华灯宝炬""乐声鼎沸"的宣德楼前，到"竞陈灯烛，光彩争华"的官观寺院，再到或"繁盛浩闹"或"雅会幽欢"的万街千巷，将各色人等、各种风物一一收入镜头之中。

东京城正月十六的日程表，开始于庄严巍峨、金碧辉煌的宣德楼。皇帝早饭后就驾临此地，宣召百姓，观看表演，举行盛大宴会，赦免囚犯，君民同乐的活动一直持续到三更时分。之后，舞台转到"诸军作乐""竞陈灯烛"的大相国寺，其他官观寺院也都挤满烧香礼佛的百姓，通宵达旦。放眼午夜的东京城，从热闹的马行街到各处城门，灯烛遍地，乐声喧天，就连"于法不得夜游"的禁军们，也用竹竿挑起灯笼举到半空，仿佛努力参与到这节日氛围之中。满街都是叫卖节令饰品、食物的小商小贩，宝马香车载着赴约的少年，特别是为收拢与家人走散的孩童而特意搭在巷口的小影戏棚，温馨周全的设计，折射出北宋东京人内心的那份安稳。这是狂欢夜，是多情夜，是万千民众可以无忧无虑地呼吸着、拥抱着、享受着的一世繁华。

本条最后特别提到徽宗统治后期景龙门"预赏"元宵之事。孟元老说此事发生在宣和年间（1119—1125），《宋史》则认为自政和五年（1115）景龙门东面的上清宝箓宫建成就开始了。此项记载，耐人寻味。

　　长期以来，《东京梦华录》作者孟元老的身份一直是个谜。有研究者提出，此书记东京各街巷、大内诸宫殿，却对北宋后期东京城中最大的皇家园林、徽宗朝最大的蠹政艮岳只字不提，据此推测孟元老与主持修建艮岳的孟揆，都出自依仗蔡京势力荣耀一时的孟昌龄家族。无论孟元老因为何种原因避艮岳而不谈，艮岳并非在书中无迹可寻，这座园林于政和七年（1117）兴工，宣和四年（1122）竣工，"预赏"元宵就发生在这里。如果说"五夜城阈不禁"的上元灯节是东京繁华的最璀璨记忆，绵延一月的"预赏"元宵则真有及时行乐、唯恐不及之意了。关于为何要从腊月就开始在景龙门放灯，徽宗说是"实欲观民风，察时态，黼饰太平，增光乐国，非徒以游豫为事"（《宋史·礼志十六》），讲史话本《大宋宣和遗事》却直截了当地说："盖恐正月十五日阴雨，有妨行乐。"姓名淹没无考的一位宋人也在《贺圣朝·预赏元宵》词中说："奈吾皇，不待元宵景色来到。只恐后月，阴晴未保。"徽宗竭天下之力构建起一座梦幻园林，将上元观灯拉长为空前绝后的整月狂欢，还在预赏景龙之时追悼盛年夭亡的宠妃明节皇后，写下一首缠绵哀婉的《醉落魄》："无言哽噎。看灯记得年时节。行行指月行行说。愿月常圆，休要暂时缺。　　今年花市灯罗列。好灯争奈人心别。人前不敢分明说，不忍抬头，羞见旧时月。"不到数年，北宋灭亡，二帝北狩，时人以为末句"不忍抬头，羞见旧时月"即为谶语。

　　十六日，车驾不出。自进早膳讫，登门①，乐作，卷帘，御座临轩②，宣万姓。先到门下者，犹得瞻见天表③：小帽红袍，独卓子④。左右近侍，帘外伞、扇执事之人⑤。须臾下帘⑥，则乐作，纵万姓游赏⑦。

【注释】

①登门：指登上宣德楼门楼。

②御座：亦作"御坐"，本指皇帝的宝座，此指徽宗皇帝。临轩：指皇帝不坐正殿而御前殿。殿前堂陛之间近檐处两边有槛楯，如车之轩，故称。此指在宣德楼门楼靠近栏杆而坐。

③瞻见：瞻仰到，见到。天表：天子的仪容。

④卓子：同"桌子"，几案。

⑤执事：供役使之人。

⑥须臾：片刻。

⑦纵：此有"听凭""听任"之意。游赏：游览观赏。

【译文】

正月十六日，天子不出皇宫。自用完早膳，登上宣德楼门楼，音乐奏起，卷起帘子，天子坐在门楼栏杆近旁，宣召百姓。先赶到城楼下的人，还能瞻仰到天子的仪容：天子头戴小帽，身穿红袍，单独一张几案。两旁近侍拱立，帘外是撑盖伞、持掌扇等供役使的人。片刻之后，放下帘子，然后乐声大作，听任百姓游览观赏。

两朵楼相对①：左楼相对郓王以次彩棚幕次②，右楼相对蔡太师以次执政、戚里幕次③。时复自楼上有金凤飞下诸幕次，宣赐不辍④。诸幕次中，家妓竞奏新声⑤，与山棚露台上下，乐声鼎沸。

【注释】

①朵楼：宣德楼之东西侧楼。

②郓王：宋徽宗第三子赵楷（1101—？），封郓王，母懿肃贵妃王氏。禀资秀拔，为学精到，深得徽宗宠爱。《宋史·宗室列传三》："郓王楷，帝第三子。……政和八年，廷策进士，唱名第一。……出入

禁省,不复限朝暮。于外第作飞桥复道,以通往来。北伐之役,且将以为元帅,会白沟失利而止。"金军攻破开封时,郓王与其他皇室宗亲皆被押赴北国,此后没有任何相关记载。宋人邓椿《画继·侯王贵戚》中说郓王"性极嗜画,颇多储积。凡得珍图,即日上进,而御府所赐亦不为少,复皆绝品,故王府画目至数千计。又复时作小笔花鸟便面,克肖圣艺,乃知父尧子舜,趣尚一同也。今秘阁画目,有《水墨笋竹》及《墨竹》《蒲竹》等图"。以次:按照次序,含有按地位尊贵高低排列之意。幕次:临时搭的帐幕。

③戚里:帝王外戚聚居之处。后因借指外戚。

④时复自楼上有金凤飞下诸幕次,宣赐不辍:晋人陆翙《邺中记》:"石季龙与皇后在观上,为诏书五色纸,著凤口中。凤既衔诏,侍人放数百丈绯绳,辘轳回转,凤凰飞下。凤凰以木作之,五色漆画,脚皆用金。"宋代应该也是在宣德楼与诸幕次之间拉上丝绳,用辘轳之类的动力牵动木制金凤,携带皇帝赏赐之物,从宣德楼上不停飞到赏赐对象面前。时复,时常,不时。宣赐,帝王赏赐。辍,停,中止。

⑤家妓:豪门贵族家中所蓄养的歌妓。

【译文】

宣德楼下,两座朵楼遥遥相对:左楼正对着郓王以下依次排列的诸位亲王的彩棚、帐幕,右楼正对着蔡太师以下依次排列的各位执政、外戚的彩棚、帐幕。不时有金凤从城楼上飞下来,落到各个帐幕上,不停地带来天子的赏赐。各个帐幕之中,王公贵族家里的歌妓们竞相演奏新制的乐曲,与山棚、露台的演出上下交融,乐声鼎沸。

西朵楼下,开封尹弹压^①,幕次罗列,罪人满前,时复决遣^②,以警愚民。楼上时传口敕^③,特令放罪^④。于是华灯宝炬^⑤,月色花光,霏雾融融^⑥,动烛远近。

【注释】

①开封尹：开封府尹，开封府的长官。不常设。宋时选差亲王担任，兼功德使，主管京城民政、狱讼、捕除寇盗。南宋章如愚《群书考索·京尹》引《四朝志》："宋朝牧尹不常置。太宗、真宗皆尝尹京，后亲王无继者。权知府一人，以待制以上充掌尹正。畿甸之事，中都之狱讼，皆受而听焉。小事则专决，大事则禀奏。若承旨已断者，刑部、御史台无辄纠察典司穀下。建隆以来，为要剧之任。崇宁三年，蔡京乞罢权知府，置牧、尹各一员，专总府事。牧以皇子领，尹以文臣充。"又引《圣朝职略》："尹以亲王为之，号'判南衙'。凡命知府，必带'权'字，以翰林为之。翰林学士及杂学士，若待制，则权发遣而已。所选皆人望，盖四方取则之地也。"弹压：控制，制服。

②决遣：审判发落。

③口敕：帝王的口谕。

④放罪：赦罪开释。

⑤炬：烛。

⑥霏雾：飘拂的云雾。融融：和乐的样子。

【译文】

西朵楼下面，开封府尹派军士进行严格管控，帐幕相连，前面站满罪犯，不时进行审判发落，以此警示愚昧无知之人。城楼上不时传下天子口谕，特令赦罪开释某些犯人。此时，华灯巨烛竞放，月色映着花光，飘拂的轻雾中洋溢着和乐的气氛，晃动的烛光远近连成一片。

至三鼓①，楼上以小红纱灯毬，缘索而至半空②，都人皆知车驾还内矣。须臾，闻楼外击鞭之声，则山楼上下灯烛数十万盏，一时灭矣。于是，贵家车马自内前鳞切③，悉南去，游相国寺。

【注释】

①三鼓:三更,相当于现在的半夜十一时至翌晨一时。南北朝人颜
之推《颜氏家训·书证》:"汉魏以来,谓为甲夜、乙夜、丙夜、丁
夜、戊夜;又云鼓,一鼓、二鼓、三鼓、四鼓、五鼓;亦云一更、二更、
三更、四更、五更:皆以五为节。"

②缘索:沿着绳索。宋徽宗《宫词》其六十:"元宵五日宴龙楼,同乐
斯民一豫游。宝辇欲回人仰望,彩绳高处堕星毬。"

③鳞切:紧密排列如鱼鳞。

【译文】

到三更时分,城楼上用小红纱灯毬沿着绳索升至半空,京城中人
都知道天子回宫了。很快,就听到城楼外击鞭的声音,于是山棚上下几
十万盏灯烛,一时之间全都熄灭了。此时,富贵人家的车马从皇宫前面
密如鱼鳞般紧密排列着驶出,全都朝着南面驶去,都去游览相国寺了。

寺之大殿前设乐棚,诸军作乐。两廊有诗牌灯云"天
碧银河欲下来,月华如水照楼台"①,并"火树银花合,星桥
铁锁开"之诗②。其灯以木牌为之,雕镂成字,以纱绢幂之③,
于内密燃其灯,相次排定,亦可爱赏④。资圣阁前安顿佛牙,
设以水灯⑤,皆系宰执、戚里、贵近占设看位⑥。最要闹:九
子母殿⑦,及东西塔院⑧、惠林、智海、宝梵⑨,竞陈灯烛,光彩
争华,直至达旦。

【注释】

①诗牌:题上诗的木板。天碧银河欲下来,月华如水照楼台:出自北
宋初年著名文学家杨亿的《上元》诗:"天碧银河欲下来,月华如
水浸楼台。谁将万斛金莲子,撒向星都五夜开。"照,原诗作"浸"。

②火树银花合,星桥铁锁开:出自初唐诗人苏味道的《正月十五夜》
（一作《上元》）:"火树银花合,星桥铁锁开。暗尘随马去,明月逐
人来。游伎皆秾李,行歌尽落梅。金吾不禁夜,玉漏莫相催。"这
首诗描写唐中宗神龙年间（705—707）神都洛阳元宵夜花灯盛
况,被誉为"绝唱"。唐人刘肃《大唐新语》:"神龙之际,京城正月
望日盛饰灯影之会,金吾弛禁,特许夜行,贵游戚属及下隶工贾无
不夜游,车马骈阗,人不得顾。王、主之家,马上作乐,以相竞夸。
文士皆赋诗一章,以纪其事。作者数百人,惟中书侍郎苏味道、吏
部员外郭利贞、殿中侍御史崔液三人为绝唱。"

③幂（mì）:遮,蒙。

④爱赏:喜爱赞赏。

⑤水灯:浮于水面的灯。南宋僧人道冲在《水灯》诗中写道:"万里
烟波接素秋,银缸耿耿泛中流。自从一点光明后,逐浪随波未肯
休。"唐人白居易《白孔六帖·岁除》中有"点水盆灯":"洛阳人
家,除夜,则铜刀刻门,埋小儿砚,点水盆灯。"

⑥贵近:显贵的近臣。

⑦九子母:中国古人崇奉的生育之神,应是由先秦时期楚国传说中
的女神女歧、春秋时期鲁国的寡母师和佛教中被佛祖点化、弃
恶从善的鬼子母形象融合而成。女歧出自屈原《天问》"女歧无合,
夫焉取九子",汉代王逸注说:"女歧,神女,无夫而生九子也。""鲁
之母师"见于西汉刘向《列女传》:鲁有寡母,育九子,有德行。鲁
君嘉之,尊为母师。鬼子母则见于《佛说鬼子母经》等佛经,亦称
"魔母"或"诃利帝",本书卷三"相国寺内万姓交易"中有"大殿
两廊皆国朝名公笔迹……右壁佛降鬼子母揭盂"。佛教传入中国
后,女歧、母师形象和佛教中的鬼子母事迹渐渐合三为一,图像统
一成为一怀抱婴儿的妇人左右侧各四个小孩的造型,唐代画师周
昉绘有《九子母图》。明人陶宗仪《说郛》引南朝梁代宗懔《荆楚

岁时记》："四月八日,长沙寺阁下有九子母神。是日,市肆之人无子者,供养薄饼以乞子,往往有验。"北宋开封城中有九子母祠,时人还在祠中塑造了"九子母夫"的形象。南宋陆游在《老学庵笔记》中记载了一则轶事:"钱穆父风姿甚美,有九子。都下九子母祠,作一巾帻美丈夫,坐于西偏,俗以为九子母之夫,故都下谓穆父为'九子母夫'。东坡赠诗云'九子羡君门户壮',盖戏之也。"

⑧东西塔院:东西塔,据宋人高承《事物纪原·相国寺》记载,相国寺"东塔曰'晋满',唐至德二载建,开宝六年,太祖修。西塔曰'广愿',元祐元年,僧中惠立"。塔院,建有佛塔的院子。

⑨惠林、智海,宝梵:相国寺中的惠林禅院、智海禅院和宝梵律院。

【译文】

相国寺的大殿前搭设乐棚,诸军奏乐。大殿两廊悬有诗牌灯,上面写着"天碧银河欲下来,月华如水照楼台",以及"火树银花合,星桥铁锁开"等诗句。那些灯用木牌做成,木牌上雕镂成文字,用纱绢遮盖在木牌上,在里面密集地点上灯烛,按次序排列,也颇值得喜爱赏玩。资圣阁前面安顿着佛牙,设置水灯,全是宰执、外戚、显贵近臣们占据地方,安放观看的座位。寺中最热闹的地方:九子母殿以及东西塔院、惠林禅院、智海禅院、宝梵律院,这些地方竞相陈列灯烛,光彩夺目,争奇斗艳,直至天明。

　　其余宫观寺院①,皆放万姓烧香。如开宝②、景德③、大佛寺等处④,皆有乐棚,作乐燃灯。惟禁宫观寺院⑤,不设灯烛矣。次则葆真宫⑥,有玉柱玉帘窗隔灯。

【注释】

①宫观寺院:此指佛教、道教的庙宇。

②开宝:开宝寺,北宋东京四大寺之一。在开封内城以北,旧封丘门

外,有供奉佛舍利的宝塔。

③景德:景德寺,在相国寺东面,旧宋门外以东,上清宫北面。为相国寺下院,俗称"东相国寺"。

④大佛寺:即宝相寺,亦称"宝相禅院"。在右掖门外瓮市子西。寺内慈尊阁有弥勒佛大像,故俗称"大佛寺"。

⑤禁宫观寺院:应指皇家后妃出家后所在的宫观寺院。

⑥葆真宫:又称"宝真宫",皇家宫观,始建于徽宗政和五年(1115)四月(《宋史·徽宗本纪三》)。北宋末年,葆真宫是上元之夜张灯供赏的宫殿之一,南渡词人向子諲在高宗绍兴十四年(1144)上元赋《水龙吟》,回忆当年汴京元夜盛况:"华灯明月光中,绮罗弦管春风路。龙如骏马,车如流水,软红成雾。太一池边,葆真宫里,玉楼珠树。见飞琼伴侣,霓裳缥缈,星回眼,莲承步。"

【译文】

其余的宫观寺院,都放百姓入内烧香。如开宝寺、景德寺、大佛寺等地方,都设有乐棚,奏乐点灯。只有那些皇家禁地的宫观寺院,不设灯烛。其次是葆真宫,有玉柱玉帘窗隔灯最为著名。

诸坊巷:马行诸香药铺席、茶坊、酒肆灯烛,各出新奇。就中莲华王家香铺灯火出群,而又命僧道场①,打花钹②、弄椎鼓③,游人无不驻足。诸门皆有官中乐棚。万街千巷,尽皆繁盛浩闹④。每一坊巷口,无乐棚去处,多设小影戏棚子⑤,以防本坊游人小儿相失,以引聚之⑥。

【注释】

①命僧道场:此指做道场。命,用,使。道场,请和尚或道士做法事。

②打花钹(bó):花式击钹。表演者数人,根据表现内容的需要,边舞边击钹,不断变换队形。钹,乐器。二圆铜片,中部隆起为半球形,

穿孔，以革贯之，两片合击发声。其大者谓之"铙"，亦统称为"铙钹"。

③弄椎鼓：明人陶宗仪《说郛》引元人李东有《古杭杂记》中说："杭
州市肆有丧之家，命僧为佛事，必请亲戚妇人观看。主母则带养
娘随从。养娘首问来请者曰：'有和尚弄花鼓棒否？'请者曰有，
则养娘争肯前去。花鼓棒者，谓每举法乐，则一僧三四鼓棒在手，
轮转抛弄。诸妇人竞观之以为乐。"椎鼓，击鼓。此指鼓椎。

④浩闹：繁盛热闹。

⑤影戏：宋代伎艺，即现代的皮影戏、纸影戏。

⑥引聚：招引聚集。

【译文】

城中各坊巷：马行街上的各家香药店铺、茶坊、酒肆的灯烛，各自做
出新奇的样式。其中莲华王家香铺的灯火最为出众，而且又请和尚道士
做道场，打花钹、弄椎鼓，经过的游人无不驻足观看。京城各门都有官府
设置的乐棚。城中万街千巷，到处都繁华热闹。每一处坊巷口上，没有
乐棚的地方，大多设有小影戏棚子，以防备本街坊游人的小孩与家人走
失，可以小影戏吸引孩子们聚集在那里，方便家人寻找，与之团聚。

殿前班在禁中右掖门里①，则相对右掖门设一乐棚，放
本班家口登皇城观看②。官中有宣赐茶酒、妆粉钱之类③。
诸营、班、院④，于法不得夜游⑤，各以竹竿出灯毬于半空，远
近高低，若飞星然。

【注释】

①殿前班：指殿前司诸班中的指挥使直左右班，是皇帝出行时的随驾
马队。本书卷四"军头司"中说"殿前指挥使直在禁中，有左右班"。

②家口：家中人口，引申为家人。

③妆粉钱：指赏赐给女眷的钱。

④诸营、班、院：指各军营、诸班直以及为帝王服务的机构，如御辇院等。

⑤于法不得夜游：南宋周密《齐东野语·张魏公二事》："高宗视师金陵，张魏公为守，杨和王领殿前司。有卒夜出，与兵马都监喧竞。卒诉之，公判云：'都监夜巡，职也；禁兵酉点后不许出营，法也。牒宿卫司照条行。'杨不得已，斩之。"

【译文】

殿前指挥使直左右班驻扎在皇宫的右掖门里，因此在对着右掖门的地方设置一个乐棚，允许本班禁军的家人登上皇城观看。宫中有天子赏赐的茶酒、妆粉钱之类。各营、各班、各院的禁军，按照法律规定不得夜间出游，各在驻地用竹竿挂出灯毬，悬在半空，远远近近，高高低低，随风摇曳，宛若划过夜空的流星。

　　阡陌纵横①，城闉不禁②。别有深坊小巷③，绣额珠帘，巧制新妆④，竞夸华丽。春情荡飏⑤，酒兴融怡⑥，雅会幽欢⑦，寸阴可惜⑧，景色浩闹，不觉更阑⑨。宝骑骎骎，香轮辘辘⑩，五陵年少⑪，满路行歌⑫；万户千门，笙簧未彻⑬。

【注释】

①阡陌：本指田界、田间小路，此指街道、道路。

②城闉（yīn）：城内重门，亦泛指城郭。闉，城门外的瓮城。

③深坊小巷：此指东京城中妓馆聚集的地方。深坊，幽深的坊巷，指离闹市较远的街坊。

④新妆：女子新颖别致的打扮修饰。

⑤荡飏（yáng）：飘扬，飘荡。

⑥融怡：融洽，和乐。

⑦雅会：风雅的集会。幽欢：欢乐的幽会。

⑧可惜：值得珍惜。

⑨更阑：更深夜残。

⑩宝骑骎骎（qīn），香轮辘辘：宝骑、香轮，华丽的车子，珍贵的宝马，指考究的车骑。即"香车宝马"。骎骎，形容马跑得很快的样子。辘辘，车轮转动的样子。

⑪五陵年少：指京都富豪子弟。五陵，汉代五个皇帝的陵墓，即长陵、安陵、阳陵、茂陵、平陵，在长安附近。当时富家豪族和外戚都居住在五陵附近，因此后世诗文常以"五陵"为富豪人家聚居之地。

⑫行歌：边行走边歌唱。

⑬笙簧：笙的乐音。簧，笙中之簧片，作为发声的振动体。彻：尽，完。

【译文】

京城内外，道路纵横交错，节日期间出入京城不加禁止。城内那些深坊小巷之中，门上垂挂着绣额珠帘，歌妓舞女精心描画出新颖别致的妆容，竞相夸耀华美艳丽。春情荡漾，酒兴融融，风雅的聚会，欢愉的幽会，每一寸光阴都分外令人珍惜，景色热闹繁华，不觉更深夜残。名贵的宝马扬蹄飞奔，华丽的车子车轮飞转，京都富家子弟充斥街道，边走边唱；千家万户吹笙鼓簧，乐声整夜不绝。

　　市人卖玉梅①、夜蛾②、蜂儿③、雪柳④、菩提叶⑤、科头圆子⑥、拍头焦㾕⑦。唯焦㾕，以竹架子出青伞上，装缀梅红缕金小灯笼子⑧，架子前后亦设灯笼。敲鼓应拍，团团转走，谓之"打旋罗"⑨，街巷处处有之。

【注释】

①玉梅：人工制作的白绢梅花。宋代元宵节，节物尚白色，每年正月十四、十五、十六日夜，青年妇女盛行戴玉梅，以为应时的头饰。南宋周密《武林旧事·元夕》："元夕节物，妇人皆戴珠翠、闹蛾、

玉梅、雪柳、菩提叶、灯毬、销金合、蝉貂袖、项帕，而衣多尚白，盖月下所宜也。"

②夜蛾：亦称"闹蛾儿"或"蛾儿"，古代妇女的一种头饰。宋代妇女多于元宵节前后插戴在冠上，取"飞蛾赴火"之意，以为应时饰物。宋人对其有很多描述记载，如陈元靓《岁时广记·上元》中有"纸飞蛾"："都人上元以白纸为飞蛾，长竹梗标之，命从卒插头上。昼日视之，殊非佳物。至夜，稠人列柜中，纸轻竹弱，纷纷若飞焉。"赵令畤《清平乐》词中说"搓得蛾儿黄欲就"，可见其制作手法；杨无咎《人月圆》中有"闹蛾斜插"之语，显示其具体插戴方式是斜插冠上或鬓上，举手投足，微风吹拂，饰物摇颤，造成"闹蛾儿满路，成团打块，簇着冠儿斗转"（康与之《瑞鹤仙·上元应制》）的效果，显得活泼而有生气，辛弃疾《青玉案·元夕》中也有"蛾儿雪柳黄金缕"。闹蛾至明代仍很流行，"闹嚷嚷"即其遗制。明人刘若愚《酌中志·饮食好尚纪略》："自岁莫正旦，咸头戴闹蛾。乃乌金纸裁成，画颜色装就者。亦有用草虫、蝴蝶者。"清人王夫之《杂物赞·活的儿》："以乌金纸剪为蛱蝶，朱粉点染，以小铜丝缠缀针上，旁施柏叶。迎春元日，冶游者插之巾帽，宋柳永词所谓'闹蛾儿'也，或亦谓之'闹嚷嚷'。"

③蜂儿：用与夜蛾同样制作工艺，做成蜜蜂形象的头饰。明人刘若愚《酌中志·饮食好尚纪略》中说时人除了"咸头戴闹蛾"，"亦有用草虫、蝴蝶者"，蜜蜂即为一种。

④雪柳：宋代妇女在立春日和元宵节时插戴的一种绢或纸制成的头花。

⑤菩提叶：一种用纸或罗绢制成的菩提树叶形状的饰物，呈鸡心形。古代妇女在元宵节插在头上作为装饰。或说指菩提叶制成的灯笼。宋人郑刚中《北山集》有诗云："初疑云母光相射，又似秋蝉翼乍枯。智慧有灯千佛供，菩提叶巧一孤灯。"其诗题即此灯制作方法："广中菩提树，取其叶，用水浸之，叶肉尽溃，而脉理独存，

绡縠不足为其轻也。土人能如莲花累之,号菩提灯,见而戏为此绝。"菩提树原产于印度,相传释迦牟尼在菩提树下悟道成佛,菩提树因而受到佛家珍视。上元节源于佛教,菩提叶是应景的物品。南宋时赵晋臣元宵张挂菩提灯,赵茂嘉扶病携歌者赴会,辛弃疾为作《菩萨蛮》词:"看灯元是菩提叶,依然会说菩提法。法似一灯明。须臾千万灯。　灯边花更满。谁把空花散。说与病维摩。而今天女歌。"

⑥科头圆子:应指汤圆或元宵。圆子,用糯米粉做成的食品,分包馅和实心二种。南宋朱淑真《圆子》诗:"轻圆绝胜鸡头肉,滑腻偏宜蟹眼汤。纵有风流无处说,已输汤饼试何郎。"宋人史浩《粉蝶儿·咏圆子》:"玉屑轻盈,鲛绡霎时铺遍。看仙娥、骋些神变。咄嗟间,如撒下、真珠一串。火方然,汤初滚、尽浮锅面。　歌楼酒垆,今宵任伊索唤。那佳人、怎生得见。更添糖,拼折本、供他几碗。浪儿门,得我这些方便。"科头,当指小而圆的样子。

⑦焦䭔(duī):蒸饼、烧饼一类的食品。南宋陈元靓《岁时广记·咬焦䭔》:"《岁时杂记》:京师上元节食焦䭔最盛且久。又大者名'柏头焦䭔'。凡卖䭔,必鸣鼓,谓之'䭔鼓'。每以竹架子出青伞,缀装梅红缕金小灯毬儿,竹架前后亦设灯笼,敲鼓应拍,团团转走,谓之'打旋(罗)'。罗列街巷,处处有之。"

⑧梅红:像红梅那样的颜色。缕金:以金丝为饰。

⑨打旋罗:古时小贩卖蒸饼、烧饼等食品时招揽生意的一种方法。

【译文】

商人们卖玉梅、夜蛾、蜂儿、雪柳等应景饰物,卖菩提叶灯,还有科头圆子、拍头焦䭔等节日食品。特别是卖焦䭔的,用竹架子支出一把青色伞,上面装饰点缀梅红色镶金丝的小灯笼。架子前后也放置灯笼。卖焦䭔的人敲着鼓点,应着节拍,围着架子团团转走,称为"打旋罗",这种景象街巷中处处可见。

至二九日收灯，五夜城阙不禁①。尝有旨展日②。

【注释】

① 至二九日收灯，五夜城阙不禁：从正月十四日开始烧灯，到正月十八日晚，在这五个夜晚，东京城解除宵禁，可以出入城门。十九日收灯，恢复宵禁。据《宋会要辑稿·帝系一〇》记载，北宋上元灯节，始于宋太祖乾德三年（965），"正月上元节，御明德门楼观灯，召江南、两浙、泉州进奉使及孟昶降将悉预会"；至乾德五年（967）正月十六日，"诏以朝廷无事，年谷屡丰，上元观灯可更增十七、十八两夜。自后每至十六日，开封府以旧例奏请，皆诏更放两夜"。蔡絛《铁围山丛谈》记此事："上元张灯，天下止三日，都邑旧亦然。后都邑独五夜，相传谓吴越钱王来朝，进钱若干，买此两夜，因为故事，非也。盖乾德间，蜀孟氏初降，正当五年之春正月，太祖以年丰时平，使士民纵乐，诏开封增两夜，自是始。开宝末，吴越国王始来朝。"至徽宗政和六年（1116）元宵节前夕，正月七日，徽宗亲书诏书，以适逢闰月、天气寒冷、不宜游宴为由，将上元节提前至正月十四日开始："今岁闰余候晚，犹未春和。暑短气寒，于宴集无舒缓之乐。景灵宫朝献移十四日东宫，十五日西宫。毕，诣上清储祥宫烧香。十六日诣醴泉观等处烧香。上元节移于正月十四日为始。"此后观灯五天，正月十九日收灯。二九日，指正月十八日。收灯，指灯节结束。

② 展日：指因为某些特殊原因，上元观灯未按惯例，从正月十四或十五日开始，而是延期举行。据《宋会要辑稿·帝系一〇》记载，政和三年（1113），本来按照皇室重要成员丧事不观灯的惯例，"以秦兖国大长公主之丧，降旨更不观灯"，但是"太宰兼门下侍郎何执中奏：'祖宗朝曾展观灯日数，而近年因雪亦曾展日。欲乞特展放灯日，以尽众庶欢欣傒望之意。'"于是"正月十一日，诏放灯

五日，自二十一日为始"。如此，则迟至正月二十五日方才收灯，
孟元老特为记载。

【译文】

从正月十四日到正月十八日收灯，五个夜晚，城门不加禁止。曾经
有过天子下旨灯节延期的事情。

宣和年间，自十二月，于酸枣门（二名景龙）门上①，如
宣德门元夜点照②，门下亦置露台。南至宝箓宫③，两边关
扑、买卖。晨晖门外④，设看位一所，前以荆棘围绕，周回约
五七十步。都下卖鹌鹑骨饳儿⑤、圆子、馉拍、白肠、水晶鲙⑥、
科头细粉⑦、旋炒栗子、银杏⑧、盐豉汤⑨、鸡段、金橘⑩、橄榄、
龙眼、荔枝，诸般市合⑪，团团密摆，准备御前索唤⑫。以至
尊有时在看位内，门司⑬、御药⑭、知省⑮、太尉，悉在帘前，用
三五人弟子祗应⑯。粞盆照耀⑰，有同白日。仕女观者，中贵
邀住，劝酒一金杯，令退⑱。直至上元，谓之"预赏"⑲。惟周
待诏瓠羹，贡余者，一百二十文足一个，其精细果别如市店
十文者。

【注释】

①于酸枣门（二名景龙）门上：景龙门为北宋东京内城北墙中间的
　城门。此门距离宫城很近，周围密集皇家建筑：徽宗政和五年
　（1115），在景龙门东面建上清宝箓宫；政和七年（1117），在景龙
　门东南兴工建造著名宫苑艮岳，至宣和四年（1122）竣工；徽宗
　诸子所居的"蕃衍宅"，则在景龙门外。哲宗元祐时以诗赋见称
　于时的万俟咏在《凤皇枝令》词的序言中说："景龙门，古酸枣门
　也。自左掖门之东，为夹城南北道，北抵景龙门。自腊月十五日

放灯，纵都人夜游。"酸枣门（二名景龙），原文应为"酸枣门（门名景龙）"，现今所见版本中的"二名"，应为"门名"之误。古人书写或刻书时，常用斜向右下方的"="来表示对上一字的重复，后人误将省写的后一"门"字误认为"二"。

②点照：点灯照明。

③宝箓宫：即上清宝箓宫，北宋东京道观。在景龙门东，对晨晖门。

④晨晖门：宋徽宗所扩建后的延福宫的东门。

⑤骨饳儿：即馉饳儿，面食的一种。有馅。

⑥水晶脍：将切细的鱼、肉碎片配以佐料，经烹饪，冷冻后而成的半透明块状食品。

⑦科头细粉：以淀粉为原料制成的一种食品名。

⑧银杏：即白果。

⑨盐豉汤：南宋陈元靓《岁时广记·卖节食》："盐豉捻头杂肉煮汤，谓之"盐豉汤"。

⑩金橘：据欧阳修《归田录》，"金橘产于江西，以远难致，都人初不识"，仁宗明道（1032—1033）、景祐（1034—1038）年间才运至开封。金橘"香清味美，置之樽俎间，光彩灼烁，如金弹丸"，是十分珍贵的果品，但是起初并不为东京人所看重。后来因为仁宗宠爱的张贵妃（温成皇后）爱吃，"由是价重京师"。

⑪市合：集市聚集，开始买卖交易。

⑫御前：皇帝座位之前，因指帝王所在之处。

⑬门司：守门的小吏。

⑭御药：当指御药院官员。御药院，至道三年（997）置，掌按验秘方，调制药品供皇帝及宫廷用。勾当官无常员，以入内内侍省宦官充任。

⑮知省：宫廷的内侍官。省，指内侍省。南宋周密《武林旧事》："（淳熙三年五月二十一日天申圣节）太上宣谕知省云：'官家已醉，可一路小心照管。'知省等领圣旨还内来。早上，遣知省至官，恭问

二圣起居,并奏欲亲到宫谢恩。"

⑯祗应:恭敬地伺候。

⑰粓(shēn)盆:指以麻粓为燃料照明的火盆。粓,芝麻榨油后之枯滓。古代岁时送神或祠祭、燕设之时,燃火于门外以祀神,兼取旺盛之相,亦谓之"粓盆",南宋仇远《除夜新居》诗中有"粓盆夹道明,爆竹小儿惊"之语。粓盆燃料不限于麻粓,后讹为"生盆"。宋人刘昌诗《芦浦笔记·粓盆》:"今人祠祭或燕设,多以高架然薪照庭下,号为'生盆',莫晓其义。予因执事合官,见御路两旁火盆皆叠麻粓,始悟为'粓盆',俗呼为'生'也。"

⑱"仕女观者"几句:北宋万俟咏有《凤皇枝令》,词前小序记录当时轶事:"自腊月十五日放灯,纵都人夜游。妇女游者,珠帘下邀住,饮以金瓯酒。有妇人饮酒毕,辄怀金瓯。左右呼之,妇人曰:'妾之夫性严,今带酒容,何以自明?怀此金瓯为证耳。'隔帘闻笑声曰:'与之。'"其词上阕云:"人间天上。端楼龙凤灯先赏。倾城粉黛月明中,春思荡。醉金瓯仙酿。"即咏此情景。仕女,指官宦人家的女子。中贵,显贵的侍从宦官。

⑲预赏:提前放灯供人观赏。"预赏元宵"始于徽宗政和五年(1115),这一年,上清宝箓宫建成,《宋史·地理志一》:"徽宗时登皇城,下视之。又开景龙门,城上作复道,通宝箓宫,以便斋醮之路。徽宗数从复道上往来。是年十二月,始张灯于景龙门上下,名曰'预赏'。"关于为何要在"景龙门预为元夕之具",徽宗本人的说法是"实欲观民风,察时态,黼饰太平,增光乐国,非徒以游豫为事"(《宋史·礼志十六》)。《大宋宣和遗事》中则说:"为甚从腊月放灯?盖恐正月十五日阴雨,有妨行乐,故谓之'预赏元宵'。"

【译文】

徽宗宣和年间,从十二月起,在酸枣门(此门正式名称是景龙门)上,像宣德门元宵之夜那样点灯照明,门下也搭设露台。从酸枣门往南一直到宝箓宫,两边都是各类关扑、买卖。晨晖门外,设有一个看位,前面用荆棘围绕,周围约有五七十步。京城中那些卖鹌鹑馉饳儿、圆子、馉拍、白肠、水晶鲙、科头细粉、现炒栗子、白果、盐豉汤、鸡段、金橘、橄榄、龙眼、荔枝的,各种物品纷纷上市,围着看位密密摆放,准备天子随时索要呼唤。因为天子有时就在看位里面,门司、御药、知省、太尉等人,全在帘前站立,有三五个教坊弟子小心伺候。柴盆中火光照耀,有如白天一般明亮。官宦人家的女子前来观看,天子身边的侍从宦官邀请她们停下来,劝酒一金杯,然后才命她们退下。这样一直延续到元宵节,称为"预赏"。其中特别要说周待诏瓠羹店里的瓠羹,那些上贡皇帝剩余下来的,要一百二十文足钱才能买一份,其精美细致程度果然与街市店铺中十文钱一份的那种不同。

收灯，都人出城探春

本条标题"收灯，都人出城探春"，既对北宋东京正月间的各项活动加以收束，又将京都之人带出这座四方城，以"探春"方式，集中介绍东京附近的各种园林景观以及京城人丰富多彩的游赏活动。

北宋时期，中国古典园林发展到新的阶段，园林建设日趋成熟。宋都东京城内城外，星罗棋布着数目众多的园林，据史籍所载，仅有名可举的苑囿就有近百处，无名园圃更是难以计数。这些园林或以园为名，或以池、苑、观、冈、桥、楼、台、陂、林、寺、庙等冠名，大致包括以下几种类型：一，皇家园林和其他官办园林；二，达官贵人和富商们的私人花园；三，佛寺道观之中开辟的大小不等、情趣各异的园林等。孟元老大体按照州南、州东、州北、州西的次序，记录东京城外的园林，总体来看，东京南面和西面园林分布密集，东面较为稀少，北部最少。这与东京城的地势特点与城市布局有关，也与孟元老的记录并不完全有关。

北宋皇城居于整个城市的西北部，皇城北面毗邻皇室聚居区和艮岳等皇家禁苑。孟元老介绍州北园林，仅有"李驸马园"，后面又补充了几处寺庙和酒店。这座李驸马园的主人，是驸马都尉李遵勖。李遵勖出身勋臣之家，尚真宗之妹万寿长公主，授左龙武将军、驸马都尉，在真宗、仁宗时期有政绩。《宋史·外戚列传中》本传称其"所居第园池冠京城。

嗜奇石，募人载送，有自千里至者。构堂引水，环以佳木，延一时名士大夫与宴乐"。其住宅东面"得隙地百余亩，悉疏为池，力求异石名木，参列左右，号静渊庄，俗言'李家东庄'者也。宣和间，木皆合抱，都城所无有。其家以归有司，改为撷芳园。后宁德皇后徙居，号宁德坊"。司马光、孔武仲等人都有诗赞美此园盛景，徽宗宣和年间（1119—1125）大兴园林，所建撷芳园，即以李氏园为基础，钦宗即位后，尊徽宗郑皇后为太上皇后，所居宁德宫，亦即原来的李氏园。孟元老于城北只写一处"李驸马园"，也许是借这座最著名的驸马园，说明开封北城为皇家禁地，不宜游春。

　　孟元老以"大抵都城左近皆是园圃，百里之内，并无闲地"结束对东京园林的介绍之后，转用骈俪文体描写东都人的各种游赏活动，整齐流利的语言节奏仿佛带着读者一路飞奔，绚丽多彩的画面简直令人目不暇接，最后以一句"于是相继清明节矣"缓和下来。节序流转，岁月静好，那些清明承平的时光，大概就是这般模样。

收灯毕，都人争先出城探春^①。

【注释】

①探春：早春郊游。唐宋风俗，都城士女在正月十五日收灯后争先　　至郊外宴游，称为"探春"。五代时人王仁裕《开元天宝遗事》中　　有"探春"："都人士女，每至正月半后，各乘车跨马，供帐于园圃　　或郊野中，为探春之宴。"北宋苏轼有《浪淘沙·探春》词，描写其　　情其景甚妙："昨日出东城，试探春情。墙头红杏暗如倾。槛内群　　芳芽未吐，早已回春。　　绮陌敛香尘，雪霁前村。东君用意不　　辞辛。料想春光先到处，吹绽梅英。"

【译文】

元宵节收灯之后，京都中人争先出城探访春光。

　　州南，则玉津园①、外学方池亭榭②、玉仙观③。转龙弯西去④，一丈佛园子⑤、王太尉园⑥，奉圣寺前孟景初园⑦，四里桥望牛冈⑧、剑客庙⑨。自转龙弯东去，陈州门外，园馆尤多。

【注释】

①玉津园：原为后周旧苑，宋初加以扩建，是东京四苑之一，在南薰门外，属于北宋皇家园林，又称"南御苑"。苑内仅有少量建筑，环境幽静，林木繁茂。苑内既有皇帝检阅骑射的校场，又有大面积的农作物种植区，还有动物养殖区和亭台楼榭，也是北宋朝廷举行"射宴"的场所，文献中也常见北宋皇帝赐宴玉津园的记载。宋人叶梦得《石林燕语》："琼林苑、金明池、宜春苑、玉津园，谓之'四园'。……玉津园，则五代之旧也。……半以种麦，每仲夏，驾幸观刈麦。自仁宗后，亦不复讲矣，惟契丹赐射为故事。"宋人也有不少描写玉津园的诗文，如苏轼有《玉津园》诗："承平苑囿杂耕桑，六圣勤民计虑长。碧水东流还旧派，紫坛南峙表连冈。不逢迟日莺花乱，空想疏林雪月光。千亩何时躬帝藉，斜阳寂历锁云庄。"穆修《城南五题》其五《玉津园》："君王未到玉津游，万树红芳相倚愁。金锁不开春寂寂，落花飞出粉墙头。"

②外学：太学以外的学校。此指北宋徽宗时，为推行替代科举选士的"三舍法"，在蔡京建议下所营建的作为太学的预备学校的"辟雍"。《续资治通鉴·宋徽宗崇宁元年》："诏天下兴学贡士，建外学于国南。"徽宗为此御撰《辟雍记》。《宋史·选举志三》："（徽宗崇宁元年）命将作少监李诫，即城南门外相地，营建外学，是为辟雍。蔡京又奏：'古者国内外皆有学，周成均盖在邦中，而党庠、遂序则在国外。臣亲承圣诏，天下皆兴学贡士，即国南郊建外学以受之，俟其行艺中率，然后升诸太学。……外学为四讲堂、百斋，

斋列五榻，一斋可容三十人。'"

③玉仙观：道观名，在东京外城陈州门（宣化门）外，内有"万年松化石"三块，"龙牙石"二段，赏者颇多。宋人胡仔《苕溪渔隐丛话后集》引《复斋漫录》："玉仙观，在京城东南宣化门七八里间。仁宗时，有陈道士修葺亭台，四时游客不绝。东坡诗所谓'玉仙洪福花如海'是也。"

④转龙弯：在南薰门外。本书卷十"除夕"记载"埋祟"时说，"至除日，禁中呈大傩仪。……共千余人，自禁中驱祟，出南薰门外转龙弯，谓之'埋祟'而罢。"

⑤一丈佛：应指北宋仁宗、神宗时的宦官王中正。王中正，字希烈，以才智勇力，仁宗时即受嘉赏。神宗元丰四年（1081）五路大军伐夏，王中正统领一军出河东，"失期，粮道不继，士卒多死"（《宋史·宦者列传二》），被贬官。南宋陆游《老学庵笔记》："东坡在黄州时，作《西捷诗》曰：'汉家将军一丈佛，诏赐天闲八尺龙。露布朝驰玉关塞，捷烽夜到甘泉宫。似闻指麾筑上郡，已觉谈笑无西戎。放臣不见天颜喜，但觉草木皆春容。''一丈佛'者，王中正也。以此诗为非东坡作耶，气格如此，孰能办之？以为果东坡作耶，此老岂誉王中正者？盖刺之也。以《三百篇》言之，'君子偕老'是矣。"

⑥王太尉：应指北宋初期名相王旦（957—1017）。王旦，字子明，太平兴国五年（980）登进士第，以著作郎预编《文苑英华》。真宗咸平时，累官同知枢密院事、参知政事。澶渊之战时，因东京留守雍王暴疾，驰还代理东京留守事务。景德三年（1006）拜相，监修《两朝国史》。掌权十八载，为相十二年，深受真宗信赖。尝劝真宗行祖宗之法，慎所改变。善知人，多荐用厚重之士。晚年屡请逊位，因病罢相，以太尉掌领玉清昭应宫使。卒赠太师、尚书令兼中书令、魏国公，谥"文正"。乾兴元年（1022）配享真宗庙庭，为昭勋

阁二十四功臣之一。

⑦奉圣寺：传为孔圣人庙，因在土冈上，故得名"奉圣寺"。明人李濂《汴京遗迹志·寺观》："奉圣寺，在城南凤城冈之上，金季兵毁。"孟景初园：北宋徽宗时教坊使孟景初的园林。本书卷十"除夕"中提及此人："禁中呈大傩仪……教坊使孟景初身品魁伟，贯全副金镀铜甲，装将军。"

⑧四里桥：北宋时期蔡河上的主要津渡，在东京南城戴楼门外。望牛冈：东京城外西南方向的一处高冈。明人李濂《汴京遗迹志·冈堆坡陂关梁井墓》："望牛冈，在城西南十里。汴京城形势如卧牛状，登是冈以望之，则居然可见，故名。"

⑨剑客庙：战国时期魏国大梁屠者朱亥的祠庙和墓园。北宋王得臣《麈史》："朱亥墓在都城南。过所谓四里桥之道左，旁有祠，垣宇甚全，木亦茂，呼为屠儿墓园。清明，则众屠具酒肴祠之，出于人情也。"明人李濂《汴京遗迹志·冈堆坡陂关梁井墓》："朱亥墓，在城西南朱仙镇保，俗称为屠儿墓。"仁宗嘉祐五年（1059）年初，苏轼赴京师途经此地，作《朱亥墓》诗，自注"俗谓屠儿原"，诗曰："昔日朱公子，雄豪不可追。今来游故国，大冢屈称儿。平日轻公相，千金弃若遗。梁人不好事，名字寄当时。鲁史盗齐豹，求名谁复知。慎无怨世俗，犹不遭仲尼。"

【译文】

州城南面，有玉津园、外学中的方池亭榭、玉仙观。从转龙弯向西去，有一丈佛园子、王太尉园，奉圣寺前有孟景初园，四里桥有望牛冈、剑客庙。从转龙弯向东去，陈州门外一带，园林楼馆特别多。

州东，宋门外，快活林、勃脐陂①、独乐冈②、砚台③、蜘蛛楼、麦家园。虹桥，王家园。曹、宋门之间，东御苑④，乾明⑤、崇夏尼寺⑥。

【注释】

① 勃脐陂(bēi)：在北宋东京宋门外，临近汴河，地势低洼，多池沼。此地水中多生荸荠，故名"勃脐陂"。勃脐，荸荠，又名"乌芋""地栗"。陂，池塘。

② 独乐冈：开封城东郊的一处高冈，现今开封县城关镇独乐岗犹有老辈人流传下来的民谣"独乐冈，三里长"。明人李濂《汴京遗迹志·冈堆坡陂关梁井墓》卷九："独乐冈，在城东十五里。相传宋时有一富翁居此，男女婚嫁已毕，翁不问家事，日邀故旧饮酒为乐。徽宗微行，见之羡曰：'斯人其独乐哉！'后因而名其冈。"据考证，北宋一代名相、有"全德元老"之誉的王旦的墓地就在独乐冈，20 世纪 50 年代，地面上还可见石人、石马、石羊、望柱等。

③ 砚台：为战国纵横家张仪、西汉开国功臣张耳的墓地。宋人乐史《太平寰宇记·河南道一·东京上》："张仪墓，在县东北七里。《史记》云：'仪，魏人，相秦一十年。'卒，葬于此。俗以坟形似砚，因名'砚子台'。与张耳墓南北相对，因谓张耳墓为南砚台，此为北砚台。张耳墓，在县东七里。《汉书》：'耳，大梁人。高祖布衣时，尝从耳游。后破赵有功，受封。'卒，葬于此。"

④ 东御苑：即宜春苑，最早叫"迎春苑"，位于东京内城朝阳门(新宋门)外道南，距城二里，为北宋东京四园之一。此园为五代后周时所建，周世宗柴荣常临幸此地。迎春苑靠近汴河，是宋初水军的通行道路，北宋初期，太祖常在此检阅水军。后来这里是太祖四弟、秦王赵廷美的园林，赵廷美后获罪被贬，东京人习惯上称之为"庶人园"。南宋人王应麟《玉海·太平兴国宜春苑》记载，太宗太平兴国七年(982)，"以迎春苑自通津门外汴水濒，乃迁置改名，以其故地为富国仓(或云以皇城宜春旧苑为富国仓，遂迁于此)。差三班及内臣监领军校兵隶及主典，凡二百九十人。每岁内苑赏花，则诸苑进牡丹及缠枝杂花；七夕、中元，进奉巧楼花殿

杂果实、莲菊花木，及四时进时花入内园苑，并准此。上巳、重阳，则宗室、驸马，或馆阁三司、开封府、刑部法官及典军臣僚，与玉津、瑞圣园分互选胜赐宴。凡皇城东诸园榭入官者尽隶焉。"宜春苑由于池沼美丽，花卉齐全，宋初为宴新进士之所，后来宋廷又多在此设宴。北宋中后期缺乏应有的管理，虽未废掉，但已不如往日之盛。宋人叶梦得《石林燕语》："宜春，俗但称庶人园，以秦王故也，荒废殆不复治。"钦宗靖康元年（1126）四月，李纲自南京迎回太上皇，曾暂居于此，四月初三日，钦宗"迎道君皇帝于迎春苑，奉道君皇帝入居龙德宫"（《续资治通鉴长编拾补·钦宗靖康元年》）。

⑤乾明：乾明寺，原名"报先寺"，太平兴国二年（977）八月以太宗生日乾明节而改名，并重新修茸。此寺原在景灵宫东门大街路北，徽宗政和年间（1111—1118）改为五寺三监，新寺改至曹门和宋门之间的安业坊席箔巷的西面。后毁于金兵。

⑥崇夏尼寺：崇夏寺，据《宋史·太祖本纪一》，建隆二年（961）八月，"辛亥，幸崇夏寺，观修三门"。南宋洪迈《夷坚志·杨戬毁寺》："崇宁以来，既隆道教，故京城佛寺多废。先以崇夏寺地为殿中省，政和中，又以乾明寺为五寺三监。"

【译文】

州城以东，宋门外面，有快活林、勃脐陂、独乐冈、砚台、蜘蛛楼、麦家园。虹桥附近，有王家园。在新曹门和新宋门之间，有东御苑，尼姑寺院乾明寺、崇夏寺。

州北，李驸马园①。

【注释】

①李驸马园：驸马都尉李遵勖的园林。李遵勖（988—1038），初名勖，真宗赐改今名，字公武，枢密使李崇矩孙。举进士。大中祥

符元年（1008），娶真宗妹万寿长公主，授左龙武将军、驸马都尉。后出知澶州，黄河大水，遵劝督工筑堤，仅七天完工。迁昭德军节度观察留后，徙镇国军节度使，知许州，极力整顿水军。天圣间，奏请章献皇太后撤帘还政于仁宗。尝疏论时政。为文师事杨亿，通晓佛学。卒，赠中书令，谥和文。《宋史·外戚列传中》本传称其"所居第园池冠京城。嗜奇石，募人载送，有自千里至者。构堂引水，环以佳木，延一时名士大夫与宴乐"。宋人叶梦得《避暑录话》则说："李公武尚太宗献穆公主。……好学，从杨大年作诗，以师礼事之，死为制服，士大夫以此推重。私第为闲燕、会贤二堂，一时名公卿皆从之游，卒谥和文。外戚未有得'文'谥者，人不以为过。其后李用和之子玮复尚真宗（按，应为仁宗）福康公主，故世目公武为'老李驸马'。所居为诸主第一。其东得隙地百余亩，悉疏为池，力求异石名木，参列左右，号静渊庄，俗言'李家东庄'者也。宣和间，木皆合抱，都城所无有。"此园之美，吸引京都中人络绎不绝前往游玩，"门前蹀躞金羁满，坐上连翩玉斝飞"（北宋司马光《二月三十日与同舍宴李氏园晚归马上赋诗》），被诗人赞美为"沁园天下名，鲁馆当年筑。百年犹盛丽，风景冠辇毂"（北宋孔武仲《游城北李氏园池》）。据宋人朱彧《萍州可谈》记载，太皇太后、皇太后和皇后"幸其第，爱赏，以为披香、太液所不及"，甚至有一条名为"海哥"的神鱼，钻进李园池沼，再也不肯出来。至徽宗政和年间（1111—1118）大兴园林，所建撷芳园，即以李氏园为基础；钦宗即位后，尊徽宗郑皇后为太上皇后，所居宁德宫，亦即原来的李氏园。

【译文】

州城北面，有李驸马园。

州西，新郑门大路，直过金明池西道者院①，院前皆妓馆。以西,宴宾楼,有亭榭,曲折池塘,鞦韆画舫[2]。酒客税小舟[3],帐设游赏[4]。相对祥祺观[5],直至板桥[6],有集贤楼、莲花楼,乃之官河东、陕西五路之别馆[7]。寻常钱送[8],置酒于此。过板桥,有下松园、王太宰园[9]、杏花冈[10]。金明池角南去,水虎翼巷[11],水磨下[12],蔡太师园[13]。南,洗马桥西巷内,华严尼寺、王小姑酒店。北,金水河,两浙尼寺、巴娄寺、养种园,四时花木,繁盛可观。南去,药梁园、童太师园[14]。南去,铁佛寺、鸿福寺[15]、东西柏榆村。

【注释】

①金明池:北宋皇家园林,又名"西池""教池",在东京新郑门(顺天门)外,道路北侧,池北临近汴水,为东京四园之一。宋人叶梦得《石林燕语》:"琼林苑、金明池、宜春苑、玉津园,谓之'四园'。琼林苑,乾德中置。太平兴国中,复凿金明池于苑北,导金水河水注之,以教神卫虎翼水军习舟楫,因为水嬉。"道者院:原为普安禅院,始建于后周世宗显德五年(958)。宋太祖建隆(960—963)初为报答该寺僧馈赠食物、银钱之恩,命在其地建寺,赐名"普安"。后亦为宋太宗元德皇后暂殡之所。《宋会要辑稿·道释二》:"普安禅院,周显德中建,建隆初赐额,昭宪太后(按,太祖之母)建佛殿。端拱二年,遣内侍郑守均部兵卒以重建,又造法华千佛、地藏不动尊佛阁,凡六百三十八区。初,元德太后攒宫在此院,及改,上又别起殿,塑元德真容。"据本书卷七"清明节"中"禁中出车马,诣奉先寺、道者院,祀诸宫人坟",则道者院亦为北宋宫廷妃嫔殡葬之地。北宋李廌《师友谈记》:"东坡言:普安禅院,初在五代时,有一僧曰某者,卓庵道左,蓻蔬丐钱,以奉佛事。一日,于庵中昼寝,梦一金色黄龙来食所蓻莴苣数畦。僧寤,惊曰:'是必有

异人至此。'已而见一伟丈夫，于所梦地取莴苣食之。僧视其貌，神色凛然，遂摄衣迎之，延于庵中，馈食甚勤。复取数镮饯之，曰：'富贵无相忘。'因以所梦告之，且曰：'公他日得志，愿为老僧只于此地建一大寺，幸甚。'伟丈夫，乃艺祖（按，即宋太祖）也。既即位，求其僧，尚存，遂命建寺，赐名曰'普安'，都人至今称为'道者院'。元祐八年，因送范河中是院，闲言之尔。"可见此处亦多有士人游观。北宋孙宗鉴《东皋杂录》："予昔为太学生，暇日游西池，过道者院，池上壁间，见东坡题诗：'下马逢佳客，携壶傍小池，清风乱荷叶，细雨出鱼儿。井好能冰齿，茶甘不上眉。归途更萧瑟，真个解催诗。'后有诸公和，独记（晁）无咎一联云：'雨园鸠逐妇，风径燕将儿。'亦佳句也。"

②鞦韆：即秋千。相传由齐桓公引入中原。一说本作"千秋"，为汉武帝宫中祝寿之词，取"千秋万岁"之义。后倒读为"秋千"，又转为"鞦韆"。南朝梁代宗懔《荆楚岁时记》：立春时，有鞦韆戏，"鞦韆，本北方山戎之戏，以习轻趫者。后中国女子学之，乃以彩绳悬木立架，士女炫服坐立其上，推引之，名曰'鞦韆'。楚俗亦谓之'施钩'，《涅槃经》谓之'胃索'"。唐宋时人多于春季以此为戏，五代王仁裕《开元天宝遗事》中有"半仙之戏"："天宝宫中至寒食节，竞竖鞦韆，令宫嫔辈戏笑以为宴乐，帝呼为'半仙之戏'。都中士民因而呼之。"画舫：装饰漂亮、美丽的游船，专供游人乘坐的船。

③税：租借，租赁。

④帐设：帐具，帷帐几筵。指备办膳食。

⑤祥祺观：清人周城《宋东京考·祥祺观》："在新郑门外金明池之右。始建未详，元末兵毁。"

⑥板桥：在东京城西，为京城西方门户，自唐代即为汴州驿站，也是著名的送别之地。唐代大诗人白居易有《板桥路》诗："梁苑城西

二十里，一渠春水柳千条。若为此路今重过，十五年前旧板桥。曾共玉颜桥上别，不知消息到今朝。"北宋司马光有《酬次道板桥晚望见寄》："春来曾约醉河桥，深负垂杨千万条。今日都门相望处，西风乱叶正萧萧。"

⑦之官：上任，前往任所。之，去。河东、陕西五路：河东路、陕西路、鄜延路、泾原路、环庆路、熙河路五路。河东，即河东路，北宋至道三年（997）所设十五路之一，治并州（嘉祐四年升为太原府，今山西太原）。陕西，即陕西路，北宋至道三年（997）所设十五路之一，治京兆府（今陕西西安）。熙宁五年（1072）分为永兴军、秦凤二路，元丰元年（1078）仍并为陕西路。元丰四年（1081）分为鄜延、泾原、环庆、熙河四路，因有"河东、陕西五路"之说，次年又并为陕西路，八年（1085），又分为永兴军、秦凤二路。别馆：客馆，招待宾客的住所。

⑧饯送：设酒送别。

⑨王太宰园：北宋末年宰相王黼（fǔ）宅第西侧的园林，号称"西村"。宅第在东京城西竹竿巷，为徽宗所赐，穷极奢华，堂阁张设、宝玩山石，拟于宫禁，徽宗曾多次临幸。王黼（1079—1126），原名王甫，字将明。有口才无学识，善于巧言献媚。初因何执中推荐而任校书郎，迁左司谏。因助蔡京复相，骤升至御史中丞。宣和元年（1119）任特进、少宰。王黼由通议大夫超升八阶而为宰相，为大宋开国以来所未有。金兵攻入汴京，王黼私带妻儿逃跑，钦宗诏贬其为崇信军节度副使，籍没其家。开封尹聂山与王黼有宿怨，将其杀死。宋人朱胜非《秀水闲居录》："王黼作相，初赐第相国寺东，又赐第城西竹竿巷。穷极华侈，垒奇石为山，高十余丈。便坐二十余处，种种不同，如螺钿阁子，即梁柱、门窗、什器，皆螺钿也。琴光漆花、罗木雕花、碾玉之类，悉如此。第之西号'西村'。以巧石作山径，诘屈往返数百步，间以竹篱茅舍为村落之状。都

城相第乃有村名，识者以为不祥。"元人所著《宋史全文》记载："（宣和四年）十一月丙寅，（徽宗）幸王黼赐第，观芝草。"后有"史臣曰"："王黼专结梁师成，既为相，蒙赐大第于城西，开便门，与师成宅对街，以相往来。及燕告功，黼益得意，乃妄托言家之屏风生玉芝。上为临幸，睹黼之堂阁张设、宝玩山石，侔拟宫禁，喟然叹曰：'此不快活耶？若太师居处，粪壤坑耳。'太师，谓蔡京也。时上既幸黼第，又设便门，过师成，复来黼家驻跸，因大醉。黼自传旨支赐，命放散侍从百官。于是禁卫诸班直争愿见上始谢恩，不肯散，因大讻讻。师成与谭稹乃扶持上而出，面谕之。上醉，不得语矣，复入。夜漏十五刻，乃开过龙德宫复道小墙（谓鹿寨门者）以还内。宦者十余人执兵接之而去，三衙卫士无一人得入者。是夜诸班禁从皆集教场备不虞，几生变。翌日犹不御殿，殆半日，人心始安。祖宗以来临幸，未之有也。"

⑩ 杏花冈：明人李濂《汴京遗迹志·冈堆坡陂关梁井墓》："在城西南十五里，一名'青龙冈'。"

⑪ 水虎翼巷：因隶属侍卫步军司神卫军的虎翼水军驻扎该地而得名。《宋史·兵志一》："大中祥符六年，诏在京诸军选江淮士卒善水者，习战于金明池，立为虎翼水军。"南宋王应麟《玉海·祥符初置虎翼军神卫水军》："初，太祖置神卫水军，以习舟师。及江淮平，不复用。祥符六年七月，诏在京诸军内选江淮习水卒，于金明池试战棹，立为虎翼军，置营于池侧。"

⑫ 水磨：即北宋东京城西水磨。北宋太祖开宝三年（970），置水磨务，掌水硙磨麦，以供尚食及内外之用。分东、西二务：东务在永顺坊，西务在嘉庆坊。各有监官二员，以三班内侍充任，匠人共二百五十人。淳化元年（990），又置大通门水务。西水磨在金明池及汴河附近，北宋中后期，成为东京人躲避都市喧嚣、寻觅江湖野趣的胜地。神宗元丰二年（1079）杨杰所作《西水磨记》中说：

"都下水磨务有三,皆国朝所置,以供尚食暨中外之用,然其景趣不同。而所谓有山林江湖之气象者,西务是已。将造其门,水声先出乎林间。行及其旁,则长槽泻波,巨轮激涛,雷轰电射,雪迸雨飞,若并谷帘,若临洪崖,使人毛发森然,语言不能相接。有景如此,而都人罕有知者。自宛陵梅平叔、太原王汉卿之领是局也,荐绅往往至焉。主人、嘉客之来,临流设樽,拂石为坐,垂钓清渊,鱼泳而同食;弹琴曲渚,鸥驯而不惊。沙泉盈尺,跣可以涉;渔艇一叶,醉可以卧。方是时也,宾主陶然,如在江湖之上、山林之中,乌知车马阛阓之喧哉? 朝野诸公,多有诗咏,或形汗简,或题屋壁,凡数十篇。汉卿官满,惧异日之遗坠,乃镵诸石,以传永久。"

⑬蔡太师园:指徽宗赏赐蔡京开封西郊的园林,称为"西园";与之相对,阊阖门(梁门)外徽宗所赐宅第,称为"东园"。南宋周煇《清波杂志》中说,徽宗宣和年间,钧天乐部有个名叫焦德的人,因为善于谐谑而受徽宗宠幸,经常以诙谐之语讽谏皇帝。"蔡京罢政,赐邻地以为西园,毁民屋数百间。一日,京在园中,顾焦德曰:'西园与东园景致如何?'德曰:'太师公相,东园嘉木繁阴,望之如云;西园人民起离,泪下如雨。可谓"东园如云,西园如雨"也。'语闻,抵罪。或云:一伶人何敢面诋公相之非,特同辈以飞语嫁其祸云。"北宋庞元英《谈薮》:"京师士人出游,迫暮过人家,缺墙似可越。被酒,试逾以入,则一大园,花木繁茂,径路交互,不觉深入。……他日迹其所过,乃蔡太师花园也。"

⑭童太师园:北宋末年权宦童贯的园林。童贯(1054—1126),字道夫(一作道辅),宦官。因善迎合徽宗意图而获宠,与蔡京相勾结。京为相,童贯被荐监西北边军,积军功,迁武康军节度使。使契丹还,开府仪同三司,领枢密院事,权比宰相,握兵权二十年,骄恣专横,势倾一时,为"六贼"之一。钦宗时,贬窜英州(今广东英德),后处死于南雄州(今广东南雄)。南宋徐梦莘《三朝北盟会编》中

说"其家园池沼，甲于京师，金玉数十万计，服食无异御府"。

⑮鸿福寺：明人李濂《汴京遗迹志·寺观》："鸿福寺有二：一在城西金水河北，元末兵毁。一在城东北沙窝冈，宋崇宁元年建。"此应指前者。另，20世纪50年代考古队在今开封西门外大梁路北侧发现一处大型建筑基址，根据所出土的部分建筑构件与带有刻字的石碑残块等综合分析，认为很可能就是北宋时期东京城鸿福禅院旧址，为宋仁宗生母李宸妃葬所，寺内曾经奉安真宗御容。

【译文】

州城西面，沿着新郑门大路，一直走到金明池西面道者院，院前都是妓馆。再向西，是宴宾楼，有亭台阁榭，有曲折的池塘，有鞦韆，有画舫。酒客可以租赁小舟，置备膳食，到池上游玩观赏。与宴宾楼相对的是祥祺观，从那里走到板桥，沿路有集贤楼、莲花楼，乃是到河东、陕西五路赴任官员下榻的客馆。平常都城人饯别送行，都在两楼置办酒宴。过了板桥，有下松园、王太宰园、杏花冈。从金明池角上向南去，是水虎翼巷，水磨下可以游玩，还有蔡太师园。向南去，洗马桥西巷内，有华严尼寺、王小姑酒店。向北去，是金水河，有两浙尼寺、巴娄寺、荞种园，四时花木繁茂值得观赏。向南去，是药梁园、童太师园。再往南去，是铁佛寺、鸿福寺和东西柏榆村。

州北，模天坡①、角桥，至仓王庙、十八寿圣尼寺②、孟四翁酒店。

【注释】

①模天坡：应即慕天坡，李纲战胜金兵处，今开封东北焦街村，尚遗残土。清人顾祖禹《读史方舆纪要·河南二》："慕天坡，亦在城西。宋靖康初，李纲帅军救姚平仲，与金人遇，战于慕天坡，即此。金人败走，姚平仲始得由坡而还。"

②十八寿圣尼寺：在开封城北新封丘门外以东，因有白塔，亦称白塔寺。始建未详，金季兵毁。

【译文】

州城北面，有模天坡、角桥，可以抵达仓王庙、十八寿圣尼寺、孟四翁酒店。

州西北，元有庶人园①，有创台、流杯亭榭数处②，放人春赏。

【注释】

①元：原。庶人园：宋人叶梦得在《石林燕语》中说，时人称宜春苑为庶人园，原属因谋反而被废为庶人的太祖四弟秦王赵廷美。宜春苑在城东，州西北的这座庶人园，有可能是宋太宗长子楚王赵元佐的园林。据《宋史·宗室列传二》，"秦王廷美迁涪陵，元佐独申救之。廷美死，元佐遂发狂"，雍熙二年（985）重阳节，纵火焚烧王宫，被废为庶人。

②流杯亭榭：中国园林里所特有的一种娱乐性建筑，也是一种特殊形式的凉亭，内中设有流杯渠，基本形制是在石基座上开辟蜿蜒的水渠，以作泛觞之戏。流杯，亦称"流觞"，是在曲折水流中泛杯而饮，多用于三月三日上巳节的酒宴，源于临水沐浴、除灾求福的"祓禊"习俗，后与春游联系起来，逐渐发展成临流赋诗、饮酒赏景的风雅之举，并由室外缩小到在凿有弯曲回绕水槽的亭子内进行，流杯亭即应运而生。北宋李诫《营造法式·造流杯石渠之制》："方一丈五尺（用方三尺石二十五段造）。其石厚一尺二寸，剜凿渠道，广一尺，深九寸（其渠道盘屈，或作'風'字，或作'國'字。若用底版垒造，则心内施看盘一段，长四尺，广三尺五寸；外盘渠道石并长三尺，广二尺，厚一尺。底版长广同上，厚六寸余，

并同剜凿之制）。出入水斗子石二段，各长三尺，广二尺，厚一尺二寸（剜凿与身内同。若垒造，则厚一尺，其下又用底版石，厚六寸）。出入水斗子二枚，各方二尺五寸，厚一尺二寸。其内凿池，方一尺八寸，深一尺（垒造同）。"

【译文】

州城西北，原有庶人园，园中有创台、流杯亭榭等数处景致，允许游人进园赏春。

　　大抵都城左近皆是园圃①，百里之内，并无阒地②。次第春容满野③，暖律暄晴④。万花争出粉墙，细柳斜笼绮陌⑤。香轮暖辗，芳草如茵⑥。骏骑骄嘶，杏花如绣。莺啼芳树，燕舞晴空。红妆按乐于宝榭层楼⑦，白面行歌近画桥流水⑧。举目则鞦韆巧笑⑨，触处则蹴踘疏狂⑩。寻芳选胜，花絮时坠金樽；折翠簪红，蜂蝶暗随归骑。于是相继清明节矣。

【注释】

①左近：邻近，附近。园圃：种植蔬菜、花果、树木的园地。此指园林。

②阒（qù）：空也。

③次第：依一定顺序，一个挨一个地。

④暖律：古代以时令合乐律，温暖的节候称"暖律"。此指春天。暄晴：温暖晴朗。

⑤绮陌：繁华的街道，亦指风景美丽的郊野道路。

⑥茵：衬垫，褥子。

⑦红妆：指美女。按乐：奏乐。

⑧白面："白面书生"的略语，指相貌清秀、白净的年轻读书人。

⑨巧笑：美好的笑容。语出《诗经·卫风·硕人》："巧笑倩兮，美目

盼兮。"

⑩疏狂:狂放不羁的样子。

【译文】

大体来说,京城附近皆是园林,百里之内,并无闲置的地方。渐渐地春色遍布原野,气候温暖晴朗。万花竞放,争相伸出粉白的围墙;细柳斜飘,笼罩着美丽的道路。香车的车轮辗过温暖的路面,茸茸香草如同铺展开柔软的茵褥。骏马在欢快地嘶叫,盛放的杏花犹如锦绣。黄莺在芳树间鸣啼,燕子在晴空下飞舞。红妆美女在宝榭层楼上弹奏乐曲,白面书生在画桥流水旁且行且歌。举目所见,是秋千架上妙龄女郎美好迷人的笑容;所到之处,是蹴鞠场上青葱少年狂放不羁的身影。探寻芳花、择选胜景,落花飞絮不时坠入金色的酒樽;攀折翠叶、簪插红花,游蜂舞蝶暗暗追随归家的骏马。于是,接下来就是清明节了。

卷七

清明节

【题解】

本条虽以"清明节"为题，实则介绍寒食、清明两个节日的习俗与人文景观。这两个节日有着截然不同的来源，其地位、功能在很长时间内也不可相提并论，但是由于时间相近，大约在唐代开始出现混融，经过宋代的发展，清明逐渐包含并最终取代寒食节，成为礼敬祖先、慎终追远的节日。孟元老生活的北宋末年，恰是"清明"节日化的重要时期，他的记载，为观察寒食、清明的习俗变迁提供了重要参考。

"寒食"是中国最古老的节日之一，在魏晋南北朝时已成为全国性的节日，以禁火、冷食为主要习俗，禁火时间为三天。唐代人不仅传承了长期以来寒食节禁烟火、吃冷食的传统，而且衍生出"郊祭"这一新的重要节俗。官方顺应人情，因俗制礼，将其编入《大唐开元礼》的"吉礼"，成为官方认同并倡导的礼制。为了方便大臣们扫墓祭祖，朝廷专门安排假日，这在一定程度上推动了郊祭这一节俗的盛行。

不过，寒食节正值季春，春和景明，春光烂漫，自六朝以来极为盛行的三月三上巳节，也在这一时段。上巳节源于古老的修禊习俗，在唐代发展为临水宴饮、郊外游春的盛大节日。朝廷对这种"上墓欢乐"的风气很是不满，高宗、玄宗都曾下诏申斥，却终究无法阻止唐人在寒食期间并行郊祭、踏青之事，"今年寒食好风流，此日一家同出游"（元稹《寒食日》)、"美人寒食事春风，折尽青青赏尽红"（薛能《寒食》），本应悲凉肃穆的寒食节，被唐人过成了绚丽多彩的节日。

"清明"作为节气名称，早在先秦就已出现，但是直到唐代早期，依然只是节气，并未形成节日习俗，以"清明"为主题的作品，偏重于表现时节之美好、游乐之欢欣，宋初王禹偁怜惜自己"无花无酒过清明，兴味萧然似野僧"，俨然以赏花饮酒为清明标配，苏轼更是特意给好友李公择写信，郑重其事地强调说："人生唯寒食、重九，慎不可虚掷，四时之美，无如此节者。"不过，唐代政府把"清明"这一天定为禁火后改用新火的日期，而且由于寒食节是一个时间段，清明被包含在寒食节之中，作为节气的"清明"与作为节日的"寒食"，由于时间巧合的缘故而被联系在了一起。

北宋沿袭了唐代以来对寒食节的重视，休假七日。"太平日久"，"辇毂之下"遂呈现孟元老在"清明节"标题下描绘的场景：寒食节流行炊熟、插柳与女子上头等习俗；清明成为拜扫新坟的正日子，街道中车马填塞，市面上香烛纸马生意火爆；踏青游春之人把开封郊野变成了闹市。在一个节日里，同时呈现禁火扫墓与踏春赏青的矛盾主题，在唐代还显得有些尴尬，唐代皇帝还将"寒食上墓，复为欢乐"视为伤风败俗之举而试图加以遏制；到了北宋时期，这种纠结从上到下似乎都已不复存在，一悲一喜的两种节俗出现混融，孟元老以"清明节"统领寒食、清明这一时段，似乎已有"清明成节"的意识，本来作为主角的寒食节，反倒被吸收在"清明节"之内了。

北宋徽宗时期出现的叙事长卷《清明上河图》，对人间烟火、民风百态进行了活色生香的展现，成为北宋末年东京繁华的见证。研究者认为，此画的创作时间约在徽宗崇宁末至大观初年，正是蔡京势焰熏天、炙手可热之时，身为画院画家的张择端应是受命作画，对其所倡言的"丰亨豫大"之说做出具象化的呈现。但是细心观看画家笔下的清明繁华，却感到隐隐不安，现在很多研究者倾向于认为张择端是以画"曲谏"，展现其对经济民生、城市管理、军事防守等诸多问题的忧虑。

　　孟元老是否曾经见过张择端的绘画,我们不得而知,但是人们习惯于在《清明上河图》与《东京梦华录》之间寻找对应关系,也确实非常容易找到。如果说张择端用画笔在表面繁荣中暗藏了玄机,呈现出一幅带有忧患意识、令人心惊肉跳的"盛世危图",孟元老在用文字记述"节物风流"的明线之下,也极有可能用"春秋笔法"埋下了一条令人心悸的暗线,用委婉甚至沉默,揭示出"当时之盛"如何在旦夕之间变成一场"华胥之梦"。

　　清明节。寻常京师以冬至后一百五日,为大寒食①。前一日,谓之"炊熟"②。用面造枣锢飞燕,柳条串之,插于门楣,谓之"子推燕"③。子女及笄者④,多以是日上头⑤。

【注释】

①寻常京师以冬至后一百五日,为大寒食:南朝梁代宗懔《荆楚岁时记》:"去冬节一百五日,即有疾风甚雨,谓之'寒食'。"冬至,俗称"冬节""长至节"等。古人以冬至一阳生、天地阳气回升,视其为大节日,有"冬至大如年"的说法。大寒食,即寒食节。寒食日有在春、在冬、在夏诸说,惟在春之说,为后世所沿袭。

②炊熟:北宋时期,寒食严格禁火,因此节前一日必须准备好熟食,故有此称。北宋吴则礼《二月二十九日作》诗中说:"屋头澜翻闻布谷,惊怪儿童问饧粥。争向衡门插柳条,要遣老子知炊熟。"北宋庄绰《鸡肋编》记载:"寒食火禁,盛于河东,而陕右亦不举爨者三日。以冬至后一百四日,谓之'炊熟日',饭面饼饵之类,皆为信宿之具。"南宋周密《癸辛杂识》:"绵上火禁,升平时禁七日,丧乱以来犹三日。相传火禁不严,则有风雹之变。社长辈至日就人家,以鸡翎掠灶灰,鸡羽稍焦卷,则罚香纸钱。有疾及老者不能冷食,就介公庙卜乞小火,吉则燃木炭取,不烟;不吉,则死不敢用

火。或以食暴日中，或埋食器于羊马粪窖中，其严如此。戊戌岁，贾庄数少年以禁火日饮酒社树下，用柳木取火温酒。至四月，风雹大作，有如束箱柳根者在其中，数日乃消。又云火禁中，虽冷食，无致病者。"

③"用面造枣𩜾（hú）飞燕"几句：寒食节，是为了纪念介子推，因有"子推燕"之说。北宋庄绰《鸡肋编》记载："以柳枝插枣糕，置门楣，呼为'子推'，留之经岁，云可以治口疮。"宋人高承《事物纪原·子推》："故俗，每寒食前一日，谓之'炊熟'，则以面为蒸饼样，团枣附之，名为'子推'。穿以柳条，插户牖间。相缘云介子推逃禄，晋文公焚山求之。子推焚死，文公为之寒食断火，故民从此物祀之，而名'子推'。相传之谬，至于如此也。"枣𩜾飞燕，嵌有枣的面食，略取燕形。𩜾，饼。门楣，门上横梁，门框上的横木。

④子女：指女孩子。及笄（jī）：古代女子满十五周岁结发，用笄贯之，因称女子满十五周岁为及笄。也指已到了结婚的年龄。《礼记·内则》："（女子）十有五年而笄。"注："谓应年许嫁者。女子许嫁，笄而字之；其未许嫁，二十则笄。"笄，古代女子用以插住挽起的头发的簪子。

⑤上头：指女子束发插笄，为成年的象征。前蜀花蕊夫人《宫词》："年初十五最风流，新赐云鬟便上头。"

【译文】

清明节。通常京城以冬至后第一百零五天，为大寒食。大寒食的前一日，称为"炊熟"。用面粉蒸制成飞燕状的枣𩜾，用柳条串起来，插在门楣上，称为"子推燕"。到了十五岁及笄之年的女孩子，大多在这一天束发插簪，以示成年。

寒食第三节，即清明日矣①。凡新坟，皆用此日拜扫。都城人出郊。禁中前半月，发宫人车马朝陵②。宗室南班近亲③,亦分遣诣诸陵坟享祀④。从人皆紫衫、白绢三角子⑤、青行缠(皆系官给)⑥。节日,亦禁中出车马,诣奉先寺⑦、道者院,祀诸宫人坟⑧。莫非金装绀幰⑨,锦额珠帘,绣扇双遮,纱笼前导,士庶阗塞⑩。诸门纸马铺⑪,皆于当街,用纸衮叠成楼阁之状⑫。

【注释】

①寒食第三节,即清明日矣:似当为"寒食第三日,即清明节矣","节"与"日"二字当互易。寒食节在清明节的前一两天。

②发:派遣。宫人:官名,负责君王的日常生活事务。朝陵:帝王拜扫祖先陵墓。北宋帝陵位于今河南郑州、洛阳之间的巩义市,南有嵩山,北有黄河。陵墓群涵盖了北宋除徽、钦二宗之外的其余七帝,加上赵匡胤的父亲赵弘殷的陵墓,统称"七帝八陵"。围绕八座帝陵,有皇后陵、皇室宗亲墓、名将勋臣墓三百余座,如寇准、包拯等大臣的陵墓也在其中。北宋梅尧臣《送宋中道朝陵仍于西都省亲》诗有"西出虎牢关,南瞻园庙载。汉殿拜衣冠,魏台严帐帟。春风石阙冷,晓气田涂白"的描写。

③南班:宋代宗室子弟授予"南班官"的虚衔。

④陵坟:指皇帝的陵墓和皇族的坟墓。享祀:祭祀。

⑤三角子:似指有三个角的头巾之类的东西。

⑥行缠:即裹足布、绑腿布。古时男女都用,后唯兵士或远行者使用。《乐府诗集》中有《双行缠》:"新罗绣行缠,足趺如春妍。"隋人杜宝《大业杂记》:"(炀帝御龙舟)其引船人并名殿脚一千八十人,并着杂锦采妆袄子、行缠、鞋袜等。"

⑦奉先寺:在东京南城外,郊坛东南。北宋初年,宋太祖赵匡胤的父亲宣祖赵弘殷、母亲杜太后均葬于此。宣祖与杜太后迁葬永安陵

后，遂以其地建奉先寺。此后宫中妃嫔去世，殡于此。北宋邵博《邵氏闻见录》："太祖登极未久，杜太后上仙，初，从宣祖葬国门之南奉先寺，后命宰相范质为使，改卜，未得地。质罢，更命太宗为使，迁奉于永安陵。"宋人叶梦得《石林燕语》："宣祖初葬今京城南，既迁陵寝，遂以其地建奉先寺，仍为别殿，岁时奉祠宣祖、昭宪太后。其后祖宗山陵，遂皆即京师寺宇为殿，如奉先故事。兴国开先殿以奉太祖，启圣院永隆殿以奉太宗，慈孝崇真殿以奉真宗，普安殿以奉元德皇后。元丰间，建景灵宫，于是皆奉迎，以置原庙，自奉先而下皆废。"

⑧祀诸宫人坟：宫人，妃嫔、宫女的通称。此当指低级妃嫔。北宋"苏门四学士"之一的张耒有两首《奉先寺》诗，其一曰："荒凉城南奉先寺，后宫美人棺葬此。角楼相望高起坟，草间柏下多石人。秩卑焚骨不作冢，青石浮屠当丘垄。家家坟上作享亭，朱门相向无人声。树头土枭作人语，月黑风悲鬼摇树。宫中养女作子孙，年年犊车来作主。废后陵园官道侧，家破无人扫陵域。官家岁给半千钱，街头买饼作寒食。"其二曰："定知生不出长门，禾黍萧萧寺后村。松柏城南万丘冢，伤心最说内人园。"

⑨金装：应指用铜装饰。古代称铜为"吉金"。绀幰（gàn xiǎn）：天青色车幔，亦指张天青色车幔的车驾。绀，带有紫色的深蓝色，是蓝色系中最深的颜色。幰，车帷。

⑩阗（tián）塞：拥挤堵塞。阗，盛，满。

⑪纸马铺：经营香烛纸马的店铺。《清明上河图》于郊外进市区之地，有一临街铺，门前竖牌，上书"王家纸马"四字，即为纸马铺。纸马，旧俗祭祀时所用的神像纸，祭毕随即焚化。古代祭祀用牲币，秦俗用马，后演变为用木马。唐王玙以纸为币，用纸马以祀鬼神。后世刻板，以五色纸印神佛像出售，名曰"纸马"。或谓旧时所绘神像，皆画马其上，以为神佛乘骑之用，故称"纸马"，又称"甲

马"。《宋史·礼志二十七》中记载真宗大中祥符三年（1010）正月，"契丹贺正使为本国皇太后成服，……焚纸马，皆举哭"。

⑫用纸衮（gǔn）叠成楼阁之状：《清明上河图》中"王家纸马"铺前，有一座用纸堆成的高到房檐、十分精巧的阁楼。衮叠，卷曲折迭。衮，卷曲。

【译文】

寒食第三天，就是清明节了。大抵新坟，都在这一天拜奠祭扫。京城中人纷纷出城，到郊外扫墓。宫中则在清明节前半个月，就派宫人乘坐车马去朝谒帝陵。宗室南班官等皇室近亲，也分别被派遣到各处陵墓坟茔祭祀。随从之人全都身穿紫衫，戴白绢三角子，裹着青色绑腿（这些衣物全由官方供给）。节日期间，宫中也派出车马，前往奉先寺、道者院，祭祀诸位妃嫔的坟墓。所有车子全都以金铜作为装饰，垂挂天青色车幔，有锦缎的车额、珍珠的门帘，两侧用掌扇遮挡，前面有绢纱灯笼引导，士人和庶民拥塞道路，驻足观看。京城各门的纸马铺，都在当街，用纸卷曲折叠成楼阁的形状。

　　四野如市，往往就芳树之下①，或园圃之间，罗列杯盘，互相劝酬。都城之歌儿舞女，遍满园亭。抵暮而归，各携枣䭔、炊饼②、黄胖③、掉刀④、名花、异果、山亭⑤、戏具⑥、鸭卵⑦、鸡雏，谓之"门外土仪"⑧。轿子即以杨柳杂花装簇顶上⑨，四垂遮映。自此三日，皆出城上坟，但一百五日最盛⑩。

【注释】

①芳树：泛指佳木，花木。

②炊饼：蒸饼。宋仁宗名赵祯，"蒸"音近"贞"，为避讳而改称"炊饼"。《二程遗书·伊川先生语》："仁宗时，宫嫔谓'正月'为'初

月'，'蒸饼'为'炊饼'。"

③黄胖：也称"游春黄胖"或"泥孩儿"，是用黄土为泥塑成的土偶。据说起于金明池，有杏花园，游人取其黄土，戏捏为人形，此后成为游春时应景的玩具，也寓有祈求生子之意。南宋陆游《老学庵笔记》："承平时，鄜州田氏作泥孩儿，名天下，态度无穷。虽京师工效之，莫能及。一对至直十缣，一床至三十千（一床者，或五或七也）。小者二三寸，大者尺余，无绝大者。予家旧藏一对卧者，有小字云'鄜畤田玘制'。"江苏镇江博物馆收藏有一批宋代泥像，都是用泥捏塑后经烧制而成，不施釉，略加彩绘，形态各异，真实生动。

④掉刀：当为棹刀，古代战刀的一种。长柄，刀两面有刃，刃首上阔下窄，木杆，末端安铁镈。为宋军常用兵器之一。此指玩具刀。

⑤山亭：泥制建筑、人物等小玩具的统称。明人冯梦龙《警世通言》中有《万秀娘仇报山亭儿》："合哥挑着两个土袋，撅着二三百钱，来焦吉庄里，问焦吉上行些个'山亭儿'，拣几个物事，唤做山亭儿、庵儿、宝塔儿、石桥儿、屏风儿、人物儿。"

⑥戏具：赌具和游戏用具的统称。明人胡应麟《少室山房笔丛·庄岳委谈上》："今之戏具与古同，而盛行于世者，围棋、象戏、握槊而已。弹棋、樗蒲、打马、打弶（kōu）、采选、叶子等俱不传。"

⑦鸭卵：蛋壳上染有颜色、雕镂花纹的鸭蛋，作为礼品互相赠送，或放在盘中作为祭品。孟元老此处说是"鸭卵"，文献中以用鸡蛋更常见，又称"镂鸡子"或"画卵"。南朝梁代宗懔《荆楚岁时记》："寒食禁火三日……斗鸡、镂鸡子、斗鸡子。"又引《玉烛宝典》"古之豪家，食称画卵。今代犹染蓝茜杂色，仍加雕镂，送相饷遗，或置盘俎"，则镂鸡子即为雕镂染色的鸡蛋。生活在北宋仁宗时期的宋祁有《一百五日官舍作》，诗中有"宴豆雕文夸瀹卵"之语，正是借用《管子·侈靡》"雕卵然后瀹之"（先在蛋上雕刻花纹然后再

煮,形容极其奢侈)的典故,描写寒食节人们热衷的"斗卵"游戏。这种"画卵"也成为带有时令特点的工艺品。

⑧土仪:用来送人的土特产品。

⑨轿子:与卷四"皇后出乘舆"之"舆"、卷五"娶妇"之"檐子",名称虽异,实为一物。古人所谓辇、茵、辒、舁车、檐舆、板舆、竹舆、肩舆、腰舆等,至宋代逐渐统称为"轿子"。舆与轿之稍异处,"舆"多用于贵族,"轿"已为平民大众化代步工具。《清明上河图》所绘二人肩抬而行之轿子,亦可印证。

⑩但一百五日最盛:唐代以前扫墓,都在寒食期间。将清明与寒食相混淆,大约始自唐朝;将寒食扫墓混淆为清明扫墓,大约也是从唐朝才开始的。宋人诗文中多见寒食扫墓场景,如北宋苏轼《寒食雨》中说"那知是寒食,但见乌衔纸。君门深九重,坟墓在万里",南宋杨万里有《寒食上冢》诗,南宋末年林景熙以《归自越,避寇海滨,寒食不得祭扫》为题赋诗。一百五日,指寒食日,为唐宋时人习见说法,比如唐代杜甫有《一百五日夜对月》、晚唐陆龟蒙有《新定陪太守一百五夜南馆玩月》、北宋宋祁有《一百五日官舍作》、梅尧臣有《宋次道一百五日往郑拜墓》、苏辙有《次韵王适一百五日太平寺看花》等,直到南宋陆游还有《一百五日行》这样的诗作。宋代之后,此说少见。盛,普遍,广泛。

【译文】

东京郊外四方的原野热闹如同集市,踏青扫墓之人,往往聚集在美丽的树下,或在园林花圃之中,摆列杯盘,相互敬酒。京城中男男女女的歌舞艺人,遍布各处亭园献艺。直到日暮时分,人们返回城里,各自携带枣餬、炊饼、黄胖、掉刀、名花、异果、山亭、戏具、鸭蛋、雏鸡等饮食玩物,称为"门外土仪"。轿子则用杨柳的枝条、各色的鲜花加以装点,堆簇在轿子顶上,四面垂挂下来,将轿子遮蔽掩映起来。自大寒食起的三天中,京城中人都出城上坟,但以冬至后一百零五日寒食当天最为繁盛。

节日,坊市卖稠饧^①、麦糕^②、乳酪^③、乳饼之类^④。

【注释】

①稠饧(xíng):饧粥,一种黏稠的粥,常加杏仁粉,古人为寒食而备的"炊熟"之一,逐渐演变为寒食前后的节令食物,在唐宋诗文中多有描写,如"岭外无寒食,春来不见饧"(初唐沈佺期《岭表逢寒食》)、"捣杏沃饧纷节物,更惭多病怯寒瓯"(北宋宋祁《一百五日官舍作》)等。人们还在节日期间以饧粥相互馈赠,唐人李商隐有《评事翁寄赐饧粥走笔为答》诗,诗中说"粥香饧白杏花天,省对流莺坐绮筵"。古代卖饧人多以箫声作为唤头,称为"卖饧箫"或"饧箫",这个词在唐宋寒食诗词中出现频率很高,比如北宋初年刘筠奉和真宗圣制寒食诗,其中有"饧市喧箫吹,鸡场隘酒车"之语,秦观《春词绝句》中有"懒读夜书搔短发,隔垣时听卖饧箫",宋末元初人陈允平《应天长》词中有"又见杏浆饧粥,家家禁烟食",直到明清时期,饧和饧箫仍散见于诗词作品之中。

②麦糕:一种以面粉为主料的食品,古人多于寒食节食用。宋人高承《事物纪原·陵糕》:"《邺中记》云:'并州之俗,冬至一百五日,为介子推冷食,作干粥食之,故谓之寒食。'干粥,即今日之陵糕是也。世俗每至清明,以麦成秋,以杏酪煮为姜粥。俟其凝冷,裁作薄叶,沃以饧若蜜而食之,谓之'麦糕',此即其起也。《玉烛宝典》曰:'今人研杏仁为酪,以煮麦粥,以饧沃之。即此也。'"据此,麦糕制法,是先将大麦加研好的杏仁糊煮熟,冷凝后切成块状,食用时浇上糖稀。

③乳酪:用牛、羊等动物乳汁提炼而成的食品。

④乳饼:乳制食品名。明人邝璠《便民图纂·造乳饼》:"取牛乳一斗,绢滤,入锅煎三五沸。先将好醋以水解淡,俟乳沸点入,则渐结成。漉出,用绢布之类包盛,以石压之。"按,北宋与辽长期交往,

游牧民族的饮食也为京城民众所接受。宋代官廷有专门负责制作乳饼酥酪以供御用的乳酪院，京城中也有"乳酪张家正店"。由于寒食期间禁止燃火，都市商人提前准备方便储存与食用的各种熟食，在节日期间售卖，乳酪、乳饼都是合适的品种。

【译文】

节日期间，街坊集市中卖稠饧、麦糕、乳酪、乳饼之类的食品。

　　缓入都门，斜阳御柳；醉归院落，明月梨花。诸军禁卫，各成队伍，跨马作乐四出，谓之"摔脚"①。其旗旄鲜明②，军容雄壮，人马精锐，又别为一景也。

【注释】

①摔脚：骑快马疾行的俗语。摔，疾。脚，脚力，指代步的牲口。

②旗旄：亦作"旍旄"，注犛牛尾于杆首的旌旗，军将所建。此泛指军中的旗帜。

【译文】

　　缓缓进入都门，斜阳的余晖映照濠边的杨柳；醉后回归院落，明月的清辉笼罩洁白的梨花。驻扎在东京城里的那些禁军护卫，各自排成队伍，骑着战马，奏响军乐，四出踏青，称为"摔脚"。队伍旗帜鲜明，军容雄壮，人马精锐，又是节日期间另一种不同的景观了。

三月一日开金明池、琼林苑

【题解】

本书第七卷除去首条"清明节",其实只剩下一个主题,就是皇帝驾幸金明池、琼林苑的游赏活动。这是精彩纷呈的系列活动,包括金明池观水戏、琼林苑看奇花、宝津楼赏百戏以及射殿射弓等;这是万民期待的倾城狂欢,景色优美的皇家园林向公众开放,叹为观止的娱乐表演纵百姓欣赏。锣鼓喧天,龙船竞渡,争标赛进入白热化阶段,高高在上的皇帝与社会最底层的庶民,视线集中于同一个目标,心情追随着同样的节奏,儒家理想中天子与庶民同乐的图景,在北宋东京城西的金明池上真正得以实现,这在中国古代历史上绝无仅有,成为宋代特有的政治文化景观。

究其原因,唐宋之际,中国社会经历了巨大的动乱与变革,平民化成为重要趋势。在这种大背景下,统治者的治国理念也发生了深刻变化,一个重要表现就是"与民同乐"理念的形成,无论天子还是官员士大夫,都不约而同地将这一理念付诸实践,将其看成国泰民安的象征。通过元宵节观灯、开放金明池观水戏等活动,在轻松愉悦的氛围中实现君民互动,使得帝国政治不断向底层渗透,"润物细无声"地达成对庶民阶层的教化。这在一定程度上稳定了社会,两宋三百余年从未爆发全国性的农民战争,"与民同乐"理念的贯彻实行是一个重要原因。

但是,许民众以太平盛世,还需能护得住这太平盛世,北宋统治者却未能做到。皇帝驾幸金明池观水戏"与民同乐",其实有着令人忧虑的另一面:北宋太祖凿金明池,是仿照汉武帝开昆明池以习水战,目的是训练水军,为讨伐凭恃长江天险的南唐政权做准备,当时称之为"讲武池",造楼船百艘,选精兵,号为"水虎捷",习战池中。宋军攻占南唐国都金陵,后主李煜投降后,长江成为大宋的内河,水军不再是国家军事战略的重点,但是太祖保留了幸金明池观习水战的传统,以示不忘武功。到了太宗朝,"观习水战"已经变成了"观水嬉(戏)",有教坊作乐,纵都人围观,皇帝兴起之时,还有从宝津楼往人群中投掷金钱彩帛或赏赐高年皓首者白金器皿之举。肃杀的水战演习变成了热闹的嬉水游戏,金明池由军事训练基地,变成了皇帝与民同乐的大舞台。

靖康元年(1126)正月,金国二太子完颜宗望率军渡河,北宋在黄河南岸竟无一兵一卒防守。正月初七,金军占领了东京西北的牟驼冈天驷监,北宋牧养在那里的两万匹马和堆积如山的草料落入金人手中。当天晚上,金兵开始攻城,选择金明池附近的汴河西水门作为进攻重点。金明池是北宋虎翼水军的驻地,史书中未见这支军队参战的记录。金人"以火船数十,顺流而下。李纲临城,募敢死士二千人,列布拐子城下,火船至,摘以长钩,投石碎之"(《续资治通鉴·宋纪九十六》),又在汴河中排置杈木,运来蔡京宅院里的山石堵塞门道,方才转危为安。到了年底,金兵再围东京,北宋灭亡,金明池沦为废墟,逐渐被黄河泥沙淤埋在地下。但是,它曾经作为天子"与民同乐"的场所,它的繁华成为王朝帝国昌盛的象征,印刻在南渡宋人的心中,又在他们对故国的追思歌咏中鲜活再现,赋予了消亡在历史中的东京城以永不褪色的存在意义。孟元老桑榆晚景中仍念念不忘"瞻天表则元夕、教池",曾经身临其境、呼吸体验,这种印象实在是太深刻了。

"三月一日,州西顺天门外,开金明池、琼林苑",孟元老像开池仪式中一个极为出色的导游,以舒缓的语气向那些没有故国记忆的后生晚辈介绍教池纵赏的政令,然后逐一介绍金明池的地理位置和主要建筑、水戏所用的龙船等设施、观看水戏的彩棚幕次以及相关服务等。孟元老对金明池整体布局与建筑特征的描写，精细准确到令人惊讶，可与传世宋画《金明池争标图》（相传出自《清明上河图》作者张择端之手）中的细节一一对应。孟元老在"驾登宝津楼，诸军呈百戏"末尾感慨说"人间但见其图画矣"，或许在他写作《东京梦华录》时，金明池主题绘画还是比较容易见到的。

舞台准备完毕，大戏即将登场。

三月一日，州西顺天门外，开金明池①、琼林苑②，每日教习车驾上池仪范③。虽禁从士庶许纵赏④，御史台有榜，不得弹劾⑤。池在顺天门外，街北，周围约九里三十步，池西直径七里许⑥。

【注释】

①金明池：北宋皇家园林，又名"西池""教池"，在东京顺天门（新郑门）外，道路北侧，为东京四园之一。金明池始建于五代后周世宗显德四年（957），宋太宗太平兴国元年（976）又发动士卒三千五百人凿池，以引金河水注之，故称"金明池"。该池与其南面的又一皇家园林琼林苑夹道相对，池岸四周砌以石砖，池中心建有水心五殿，南岸为临水殿。金明池开凿的初衷是教练水军，以示不忘水战，后来逐渐变成娱乐性质。宋人叶梦得《石林燕语》："今惟琼林、金明最盛。岁以二月开，命士庶纵观，谓之'开池'；至上巳，车驾临幸毕，即闭。岁赐二府从官燕及进士闻喜燕，皆在其间。金明水战不复习，而诸军犹为鬼神戏，谓之'旱教'。"历仕五朝、哲宗朝拜相、徽宗初年进太子太保的北宋名臣苏颂，有《和胡俛学士游西池书事》诗，以长达740字的五言排律，记金明池的壮丽景色、历史沿革、都人纵游之乐、良辰嘉会之感，堪称西园

诗史,引其开头部分:"皇都有沧池,近在金商陌。渊源控河汴,襟带引京索。众派泻寒光,一鉴涵空碧。晴明天垂幕,阴霭地滋脉。烟岚隘五湖,气象吞七泽。潆涟十余里,缣练千万尺。楼殿起参差,门阖开岸岝。人间识方壶,古来惭太液。美哉台沼名,壮我帝王宅。"北宋灭亡后,金明池荒废,为历代黄河泥沙淤埋于地下。

②琼林苑:北宋皇家苑囿,在开封西郊,顺天门外路南,与路北的金明池相对。始建于太祖乾德二年(964),直至徽宗时才最终建成,规模宏大。琼林苑负责向宫中进献岁时节物,皇帝驾临金明池时,都会同访琼林苑。新科进士放榜,则赐宴琼林苑,故称"琼林宴"。

③教习:教练,训练。上池:南宋周辉《清波杂志·别志》:"上池初曰'教池',以泰陵(按,即宋哲宗)服药久未康复,俗谓语病,乃改焉。岁自元宵后,都人即办上池,遨游之盛,唯恐负于春色。"上,到,去。仪范:礼法,礼仪。

④禁从:帝王侍从,特指翰林学士之类的文学侍从官。纵赏:听任观赏。《宋会要辑稿·刑法二》:"(天圣)三年三月二十二日诏:'金明池教习船,有司列水嬉,士民观者甚多,有蹴踏而死者。令本地分巡防人员止约,令勿奔凑。'"按,金明池水戏许士庶纵赏,应始于宋太宗时期。据《宋史·太宗本纪二》,雍熙二年(985)"丁未,幸金明池观水嬉,遂习射琼林苑,登楼,掷金钱缯彩于楼下,纵民取之",淳化三年(992)三月"庚申,帝幸金明池观水戏,纵京城观者,赐高年白金器皿"。

⑤御史台有榜,不得弹劾:苏颂《和胡俛学士游西池书事》记都人纵赏:"吾皇兹豫顺,庶物遂闿怿。灵囿无禁止,都人任游适。轮蹄去若狂,锦绣委如积。临流错杯盘,列肆张幄帟。金缯乐挥散,采翠乱狼藉。"南宋周辉《清波杂志·别志》:"当二月末,宜秋门下揭黄榜云:'三月一日,三省同奉圣旨,开金明池,许士庶游行,御史台不得弹奏。'迨南渡,故老客临安,泛西湖,怀旧都,作诗云:

'曾见宜秋辇路门,大书黄榜许游行。汉家宽大风流在,老去西湖乐太平。'"御史台,官署名。宋承唐制,置御史台为监察机关,以御史中丞为长官。所属有三院,台院有侍御史,殿院有殿中侍御史,察院有监察御史。至元丰改制,始正官名,尽废诸使,御史台掌纠察官邪,肃正纲纪,大事廷辩,小事弹奏。榜,公开张贴的文书、告示。弹劾,由国家的专门机关对违法失职或职务上犯罪的官吏采取揭发和追究法律责任的行为。

⑥"池在顺天门外"几句:据宋城考古,金明池东岸位于东京外城西墙以西约 300 米处,为一南北稍短、东西略长的狭长方形湖泊,东西长约 1240 米,南北宽约 1230,周长 4940 米,与此所说"九里三十步"大致吻合。金明池西北角有一段向西北延伸的金水河河道,北宋张择端《金明池争标图》中即绘出金明池西北角金水河注水门,"池西直径"应指包括金水河河道在内的东西最大直径,约七里许。

【译文】

三月一日,州城西面顺天门外,开放金明池、琼林苑,每天操练天子车驾来金明池的仪式规范。即使是天子身边的侍从官员、士人庶民也允许随意观赏,有榜文规定御史台对此不得进行弹劾。金明池在顺天门外,御街北面,周围大约九里三十步,池向西面直径大约有七里多。

入池门内,南岸西去百余步,有面北临水殿。车驾临幸,观争标①、锡宴于此②。往日旋以彩幄③,政和间④,用土木工造成矣。

【注释】

①争标:争夺优胜。标,锦标。

②锡(cì)宴:赐宴,指皇帝赐予群臣共同喝酒吃饭。锡,给予,赐给。

③彩幄：彩绸制的篷帐。

④政和：宋徽宗年号，1111—1118 年。

【译文】

进入金明池的大门，沿着池的南岸向西去百余步，有一座朝北的临水大殿。天子亲临金明池，观看争夺锦标、赐宴群臣，都在此殿。以往天子驾临，只是临时搭建彩色幕帐，到政和年间，就用土木建造了。

又西去数百步，乃仙桥①。南北约数百步，桥面三虹②，朱漆阑楯③，下排雁柱④，中央隆起，谓之"骆驼虹"⑤，若飞虹之状。桥尽处，五殿正在池之中心⑥，四岸石甃向背⑦。大殿中坐，各设御幄⑧，朱漆明金龙床⑨，河间云水戏龙屏风⑩。不禁游人。殿上下回廊，皆关扑钱物、饮食，伎艺人作场⑪，勾肆罗列左右⑫。桥上两边，用瓦盆内掷头钱⑬，关扑钱物、衣服、动使。游人还往，荷盖相望⑭。

【注释】

①仙桥：金明池中的核心建筑之一，由南岸通向建于湖心岛上的水心殿，宛如连接人间与仙境的桥梁。宋人郑獬《游金明池》诗以"波底画桥天上动，岸边游客鉴中行"描写湖水如镜、天水一色，水上拱桥与水下桥影融为一体、浑然天成的景色。

②三虹：指桥有三拱。虹，本指彩虹，此当指桥拱。因彩虹系圆弧形彩带，而桥拱亦略呈弧形，故以虹借指。

③阑楯：栏杆。

④雁柱：原指乐器筝和箜篌上整齐排列的弦柱，因其斜排如雁行，故得此名。此处应指仙桥的桥柱。北宋柳永《破阵乐》描写金明池虹桥："千步虹桥，参差雁齿，直趋水殿。""雁齿""雁柱"同义。

⑤骆驼虹：虹桥通常为单拱，金明池中的仙桥造型奇特，酷似双峰驼背上驼峰的形状，故有"骆驼虹"之称。

⑥五殿正在池之中心：指建于金明池中心岛上的水心殿，整个殿基以石砌就，上下两层，各建回廊连通。北宋皇帝登临此殿，观水嬉，习射。

⑦石甃（zhòu）：本指石砌的井壁。从北宋张择端《金明池争标图》来看，水心殿建在一"亞"字形平台上，平台四面外壁砌石。则此当指石砌的平台外壁。向背：正面和背面，面对和背向。此当指对称。

⑧御幄：皇上的帐篷，皇帝亲征或游玩时所住之处。

⑨明金：明亮的金色。

⑩河间云水戏龙屏风：据宋人郭若虚《图画见闻志》："任从一，京师人，仁宗朝为翰林待诏。工画龙水海鱼，为时推赏。旧有金明池水心殿御座屏扆，画出水金龙，势力道怪。今建隆观翊教院殿后，有所画龙水二壁。"

⑪伎艺人：有技艺之人。作场：民间艺人在空地上表演献艺。

⑫勾肆：勾栏瓦肆，古时伎人俳优的卖艺场所。

⑬头钱：一种博具，共用钱六枚。博者掷下去，根据"字"（正面）和"镘"（背面）的多少，决定输赢。为区分他钱，头钱染色以标明，元人李文蔚《同乐院燕青博鱼》第二折描写了用头钱博物的情形："（正末云）这个是头钱。（燕大云）这钱昏，字镘不好。（正末云）哥也，这钱不昏，你则睁眼儿看者。（唱）【油葫芦】则这新染来的头钱不甚昏，可不算选的准，手心里明明白白摆定一文文。（燕大做博科，云）我博了六个镘儿，我赢了也。（正末唱）呀呀呀，我则见五个镘儿乞丢磕塔稳，更和一个字儿急留骨碌滚。唬的我咬定下唇，掐定指纹，又被这个不防头爱撒的砖儿稳，可是他便一博六浑纯。"

⑭荷盖：传说中用荷叶做的车盖。语出《楚辞·九歌·河伯》："乘水车兮荷盖，驾两龙兮骖螭。"此处指游人的车盖，形容车辆来往之多。

【译文】

从临水殿再向西走几百步，是仙桥。仙桥自南到北长约数百步，桥面有三个拱，朱红涂漆的栏杆，下面的桥柱排列如同雁行，桥的中央隆起，称为"骆驼虹"，远远看去，宛若凌空飞架的彩虹之状。桥在北面的尽头，水心五殿恰在金明池的中心，五殿所在的平台四岸石砌为壁，互相对称。每间大殿中心的座位，各自设有御用帷幄，安放着朱漆明金的龙床，后面有河间云水戏龙的屏风。大殿并不禁止游人观赏。大殿上下的回廊，都是赌掷钱物或饮食的人，以及围起场子表演献艺的人，勾栏瓦肆分列左右。仙桥桥上行人通道的两边，有人用瓦盆在盆内掷头钱，以赌博钱物、衣服及各种器具。游人来来往往，车辆接连不断。

桥之南，立棂星门①。门里对立彩楼②，每争标作乐，列妓女于其上。门相对街南，有砖石甃砌高台③，上有楼观④，广百丈许，曰宝津楼⑤。前至池门，阔百余丈，下阚仙桥⑥、水殿。车驾临幸，观骑射、百戏于此。

【注释】

①棂星门：牌楼式建筑。唐代称为"乌头门"，六品以上官员可用。至宋代，称为"棂星门"。北宋李诫《营造法式·乌头门》："《唐六典》：'六品以上，仍通用乌头大门。'上官仪《投壶经》：'第一箭入，谓之"初箭"；再入，谓之"乌头"，取门双表之义。'《义训》：'表楬，阀阅也（楬音竭。今呼为棂星门）。'"据此，棂星门建筑式样似为黑色门楣、立有双表的双开大门。

②彩楼：用彩色绸帛结扎的棚架，一般用于祝贺节日盛典喜庆之事。

③甃砌：垒砌。

④楼观：泛指楼殿之类的高大建筑物。

⑤宝津楼：建于金明池边的一座重要建筑，故以"宝津"命名。北宋很多诗吟咏此楼，比如李廌《有怀都下寒食》诗中说："上国兹晨每豫游，仙仗缭绕来瀛洲。天王高御宝津楼，侍臣壁立环诸侯。……阑干仙人深雾縠，楼前彩缆系龙舟。"北宋文人文同有《和子山种花》诗："曾宴琼林烂熳红，宝津楼下看春风。今朝忽向君家见，犹忆当年醉眼中。"韩维《城西》诗："千重翠木开珍圃，百尺朱楼压宝津。"徽宗朝名臣张纲也有《江城子》词，回忆自己在政和四年（1114）御赐状元及第、参加闻喜宴时的盛事："宝津楼下柳阴重。画桥东。戏鱼龙。闻喜当时，开宴盛仪容。遥想新年寻故事，扶醉帽，夕阳中。"

⑥阚（kàn）：望，远看。

【译文】

仙桥的南面，耸立着棂星门。棂星门里面相对设立两座彩楼，每当争夺锦标时都要奏乐，演奏乐曲的妓女就列坐在彩楼之上。与棂星门相对，在街道南面，有砖石垒砌的高台，台上建有楼殿，宽达百丈有余，名为宝津楼。从楼前直到金明池大门，宽有百余丈。从楼上可以向下俯瞰仙桥、水心殿。天子亲临，在这座楼上观看骑射、百戏。

池之东岸，临水、近墙皆垂杨。两边皆彩棚幕次，临水假赁①，观看争标。街东皆酒食店舍、博易场户②、艺人勾肆、质库③，不以几日解下，只至闭池，便典没出卖④。

【注释】

①临水假赁：指临近金明池水边的彩棚幕次，可供游人租赁。北宋张择端《金明池争标图》绘池之东岸彩棚幕席，游人密集，可见临

　　水假赁之盛况。假赁，租借，租赁。

②博易：交易，贸易。场户：此指店家。

③质库：即后世的当铺。南宋吴曾《能改斋漫录·事始》："江北人谓以物质钱为'解库'，江南人谓为'质库'。"

④"不以几日解下"几句：所典当的物品，不在几天内赎回，金明池关闭之后，就会被质库没收变卖。孟元老在此特别强调，因为金明池属于北宋皇家园林，平时不向民众开放，园中的质库与东京城中其他当铺不同，在赎回时间上有特殊规定。解下，指以钱赎回之前所典当的物品。典没，没收典押物品。

【译文】

　　金明池东岸，临近水边和靠近围墙的地方，都栽种垂柳。两边都是彩棚、幕帐。临近水边的彩棚幕帐，游人可以租赁，在内观看争夺锦标；街道东侧的彩棚、幕帐，都是酒食店铺、交易店家、艺人演出的勾栏瓦肆和当铺，所典当的物品，如果不能在几天内赎回，一到金明池关闭，当铺就会将其没收变卖。

　　北去，直至池后门，乃汴河西水门也①。

【注释】

①汴河西水门：即汴河上水门，北宋时期汴河流入外城西墙时的水门，南距新郑门遗址约 910 米。

【译文】

　　向北去，一直到金明池后门，就是汴河西水门了。

　　其池之西岸亦无屋宇，但垂杨蘸水，烟草铺堤，游人稀少，多垂钓之士。必于池苑所买牌子①，方许捕鱼。游人得鱼，倍其价买之，临水斫脍②，以荐芳樽③，乃一时佳味也④。

习水教罢⑤，系小龙船于此。

【注释】

①池苑所：指金明池、琼林苑的管理机关。池苑，指有池水花木的风
　景园林。

②斫脍：亦作"斫鲙"，薄切鱼片。唐人段成式《酉阳杂俎·物革》：
　"进士段硕尝识南孝廉者，善斫鲙，縠薄丝缕，轻可吹起，操刀响
　捷，若合节奏。"

③荐：佐食。芳樽：酒杯，此指代酒。

④一时：难得的时机或时刻。《后汉书·吴汉传》："君何不合二郡精锐，
　附刘公击邯郸，此一时之功也。"注："一时，言不可再遇也。"按，北
　宋王安石有《金明池》诗，记述金明池垂钓之事："宜秋西望碧参差，
　忆看乡人禊饮时。斜倚水开花有思，缓随风转柳如痴。青天白日春
　常好，绿发朱颜老自悲。跋马卧堪尘满眼，夕阳偷理钓鱼丝。"

⑤水教：在水上操练。

【译文】

金明池的西岸也没有房屋殿宇，但见垂柳点蘸水面，烟草铺满长堤，
游人稀少，所见多是垂钓之人。垂钓者必须先到池苑所购买牌子，方才
允许入池捕鱼。游人赶上有鱼上钩，可以双倍价钱买下，就在水边薄切
鱼片，用以佐酒，实为难得一遇的美味佳肴。水上操练的训练结束，将小
龙舟系在此处。

　　池岸正北，对五殿，起大屋，盛大龙船，谓之"奥屋"①。

【注释】

①"池岸正北"五句：介绍金明池大龙船的专用停放场所。奥屋，本
　指深广的屋宅，此指金明池中为停放大龙船而修建的大屋，实际

是世界上最早有记载的船坞。据北宋沈括《梦溪笔谈·补笔谈》：
"国初，两浙献龙船，长二十余丈。上为宫室层楼，设御榻，以备游
幸。岁久腹败，欲修治，而水中不可施工。熙宁中，宦官黄怀信献
计，于金明池北凿大澳，可容龙船，其下置柱，以大木梁其上。乃
决水入澳，引船当梁上，即车出澳中水，船乃笐于空中。完补讫，
复以水浮船，撤去梁柱，以大屋蒙之，遂为藏船之室，永无暴露
之患。"考诸《续资治通鉴长编》，奥屋的修建是在神宗熙宁六年
（1073），黄怀信因监修大龙船而受到赐钱十万的厚赏。奥屋不仅
解决了维修大船的困难，为大船的停泊养护提供了专用场所，同
时为金明池增添了特殊的风景。

【译文】

金明池岸的正北面，对着池中心的五座大殿，盖起高大的屋子，用以
盛放大龙船，称为"奥屋"。

　　车驾临幸，往往取二十日。诸禁卫班直，簪花①，披锦绣
撚金线衫袍，金带②、勒帛之类③，结束竞逞鲜新④。出内府金
枪⑤、宝装弓剑、龙凤绣旗、红缨锦瞥⑥，万骑争驰，铎声震地⑦。

【注释】

①簪花：插花于冠。宋代男子簪花，一般在有关祝寿、闻喜宴、祭祀
之类喜事的宴会上，或皇帝游幸之时。所簪之花的种类，根据官
员品阶高低和官职不同，而分等级和类别。《宋史·舆服志五》：
"大罗花，以红、黄、银红三色；栾枝，以杂色罗；大绢花，以红、银红
二色。罗花以赐百官，栾枝卿监以上有之，绢花以赐将校以下。"

②金带：南宋陆游《老学庵笔记》："国初，士大夫戏作语云：'眼前何
日赤，腰下几时黄？'谓朱衣衣及金带也。宣和间，亲王、公主及
他近属戚里，入宫辄得金带关子，得者旋填姓名卖之，价五百千。

虽卒伍屠酤，自一命以上，皆可得。方腊破钱唐时，朔日，太守客
次有服金带者数十人，皆朱勔家奴也。时谚曰：'金腰带，银腰带，
赵家世界朱家坏。'"

③勒帛：丝织腰带。南宋陆游《老学庵笔记》："背子率以紫勒帛系之，
散腰则谓之不敬。至蔡太师为相，始去勒帛。"

④结束：装束，打扮。

⑤内府：皇宫内负责监管制造器具的部门。

⑥锦辔：锦制的马嚼子和缰绳。辔，驾驭牲口用的嚼子和缰绳。

⑦铎：铃铛，悬挂在牛马的颈项。

【译文】

天子亲临金明池，往往选取三月二十日。诸禁卫班直的军士们，头
上插花，身披锦绣镶嵌金钱的衫袍，束金带或丝织腰带之类，装束竞相显
示鲜明新奇。还取出皇家府库中的金枪和用珍宝装饰的弓箭、绣着龙凤
的旗帜、系着红缨的锦辔，万马争相奔驰，铃声震动大地。

驾幸临水殿观争标锡宴

【题解】

此条记录皇帝驾临金明池最核心的活动：观水戏。

"观水戏"由太祖时期的"观习水战"演变而来。据元人马端临《文献通考·兵考》："太祖皇帝乾德初，凿大池于京城之南，引蔡水以注之。造楼船百艘，选精兵，号水虎捷，习战池中。开宝六年，诏以新池为讲武池。七年，将有事于江南，是岁凡五临幸，观习水战。"开宝八年（975）宋军渡江攻占南唐国都金陵，南唐覆灭。次年四月，太祖依然幸金明池习水战，"御水心殿，命从臣列坐，以观战舰角胜，鼓噪以进，往来驰突，为回旋击刺之状"，太祖对身边的侍臣说："兵棹之技，南方之事也。今已平定，固不复用，但时习之，不忘武功耳。"

到了太宗朝，"观习水战"变成了"观水嬉（戏）"。据《宋史·太宗本纪》，雍熙四年（987）四月十五，"幸金明池观水嬉，遂习射琼林苑，登楼，掷金钱缯彩于楼下，纵民取之"；淳化二年（991）三月乙卯（十六），"幸金明池，御龙舟，遂幸琼林苑宴射"；淳化三年（992）三月二十六"幸金明池，命为竞渡之戏，掷银瓯于波间，令人泅波取之。因御船奏教坊乐，岸上都人纵观者万计。帝顾视高年皓首者，就赐白金器皿"。此时的"水戏"比较简单，是水兵的游泳比赛，所夺之"标"为掷于金明池中的银杯。而且太宗重视与围观百姓的互动，增加了彩头和赠品。"龙舟争标"大约形成于真宗时期。《宋史·礼志十六》记载：咸平三年（1000）五月，真宗"幸金明池观水戏，扬旗鸣鼓，分左右翼，植木系彩，以为标识，方舟疾进，先至者赐之"。"百戏竞集"应该也是这一年新增的节目，真宗"自是凡四临幸"，作为固定程序保留下来。金明池不再演习水战，诸军在舟船或露台上"为鬼神戏，谓之'旱教'"（叶梦得《石林燕语》），肃杀的水战演习变成了热闹的陆上表演，金明池由水军训练基地变成了皇帝与民同乐的大舞台。

其实"水戏"古已有之，自先秦至明清，历代宫廷都有丰富多彩的水上演出活动。水戏与古人对水的崇拜和水神信仰有关，最初是修禊仪式中的歌舞表演。春秋时期吴王夫差建姑苏台，作大池，造青龙舟，陈妓乐，与西施为水嬉，被认为是最早区别于祓禊的宫廷"水嬉"。此后则有汉代昆明池水戏、三国时的水转百戏、隋代的水饰等，汉武帝刘彻、魏武帝曹操、后赵皇帝石虎和隋炀帝杨广，都是知名的水上演出活动爱好者。大唐盛世，玄宗李隆基也好歌舞优戏，但是更重西域之风，水上演乐活动发展有限，仅在大明宫建有鱼藻池，中唐以后的帝王于此处观赏竞渡和水嬉。

孟元老所记北宋徽宗朝的金明池水戏，已经发展成极其繁复斑斓的大型水上演出活动，荟萃宫廷水嬉、燕乐、百戏等不同艺术形式于一体，整个活动流程大体如下：（1）皇帝在临水殿赐群臣宴，观看水傀儡、水秋千等水戏表演；（2）观看虎头船、飞鱼船、鳅鱼船等形态各异的小船牵引大龙船出奥屋；（3）小龙船作"旋罗""海眼""交头"等表演；（4）小龙船和各类花式小船按类别展开夺标竞赛；（4）小船牵引大龙船入奥屋，水戏结束。水傀儡、水秋千等水戏表演部分，主要是对前代宫廷水戏表演的继承，而最精彩的龙舟竞渡，在形式上继承太祖训练水军时的"战舰角胜，鼓噪以进"，可能也受民间端午节赛龙舟以纪念屈原这一习俗的影响。

不过，金明池水戏在徽宗朝盛况空前，还有一个特殊原因，就是孟元老在介绍小龙船以及各类小船时所说："皆进花石朱缅（勔）所进。"龙舟竞渡活动的重要支撑，其实就是臭名昭著的花石纲，孟元老这是在点名批评了。金明池水戏无疑需要花费巨额资金，龙舟竞渡更需要大小船只等专业设施，蔡京与其所举荐的朱勔在其中扮演了极其重要、极其恶劣的角色。花石纲是徽宗大兴园囿营建工程的起点，不仅使百姓遭受巨大灾难，直接触发声势浩大的方腊起义，而且使得国家府库空虚，粮食纲运系统几近瘫痪，以致开封"粮运由此不继，禁卫至于乏食"。金明池水戏，成为竭天下之力来支撑的一个歌舞升平的表象，那就已经不是与民同乐，而是统治者置天下于不顾的盲目享乐了。

　　驾先幸池之临水殿，锡燕群臣①。殿前出水棚，排立仪卫②。近殿水中横列四彩舟，上有诸军百戏③，如大旗狮豹④、棹刀蛮牌神鬼⑤、杂剧之类。又列两船，皆乐部⑥。又有一小船，上结小彩楼，下有三小门，如傀儡棚⑦，正对水中乐船。

【注释】

①锡燕：即赐宴。宋人蔡絛《铁围山丛谈》载哲宗元符年间（1098—1100）金明池赐宴时其父蔡京遭遇的惊险一幕："元符初，上巳，锡辅臣侍从宴。故事，公裳，簪御花。早集竟，时有旨宣侍臣以新龙舟。而龙舟既就岸，于是侍臣以次登舟。至鲁公适前，而龙舟忽远开去，势大且不可回，鲁公遂堕于金明池。万众喧骇，仓卒召善泅水者。未及用，而鲁公自出水，得浮木而凭之矣，宛若神助。既得济岸，入次舍，方一身淋漓，蒋公颖叔之奇訚公曰：'元长幸免潇湘之役。'鲁公颜色不变，犹拍手大笑，答曰：'几同洛浦之游。'一时服公之伟度也。公时为翰林学士承旨，蒋时为翰林学士云。"

②仪卫：仪仗与卫士的统称。

③诸军百戏：元人马端临《文献通考·乐考二十》："宋朝杂乐百戏，

有踏毬、蹴毬、踏跷、藏挟、杂旋、弄枪、锛瓶、蜓剑、踏索、寻橦、筋斗、拗腰、透剑门、飞弹丸、女伎百戏之类，皆隶左右军而散居。每大飨燕，宣徽院按籍召之。”本书下文“驾登宝津楼诸军呈百戏”有详细描写。

④大旗狮豹：耍弄大旗，舞狮子和豹子。应即“驾登宝津楼诸军呈百戏”中的“鼓笛举，一红巾者弄大旗。次狮豹入场，坐作进退，奋迅举止。毕，次一红巾者，手执两白旗子，跳跃旋风而舞，谓之'扑旗子'”。

⑤棹刀蛮牌神鬼：戴着神鬼面具，以棹刀与蛮牌对打，属于军队中进攻与防守技能训练项目。宋人滕元发《征南录》：“又闻贼之长技，用蛮牌捻枪，每人持牌以蔽身，二人持枪夹牌以杀人，众进如堵，弓矢莫能加。”卷十“下赦”中的“御龙直装神鬼，斫真刀倬刀”也属于同类性质的表演。卷八“二十四日神保观神生日”中的“倬刀装鬼”由此演变而来，表演者戴面具耍倬刀，所用为道具刀。

⑥乐部：指教坊乐部。据《文献通考·乐考》，宋代皇帝观水戏，所用乐部应该是云韶部和钧容直。云韶部为“黄门乐”，属于朝廷内黄门系统的音乐组织；乐队由歌者、演奏乐器的乐工、杂剧（傀儡）表演者组成，所用乐器有琵琶、筝、笙、筚篥、笛、方响、杖鼓、羯鼓、大鼓、拍板等，所奏大曲十三，包括【中吕宫·万年欢】【黄钟宫·中和乐】【南吕宫·普天献寿】（以上并太宗所制）、【正宫·梁州】【林钟商·泛清波】【双调·大定乐】【小石调·喜新春】【越调·胡渭州】【大石调·清平乐】【般涉调·长寿仙】【高平调·罢金钲】【中吕调·绿腰】【仙吕调·采云归】等。钧容直是军乐队，乐队也由歌者、演奏乐器的乐工和杂剧表演者组成，但是皆由军中善乐者充任，在御楼观灯、赐酺，或赏花、习射、观稼等场合，与教坊配合演出。

⑦傀儡棚：演傀儡戏搭的棚架。南宋魏了翁《次韵李参政湖上杂咏

录寄龙鹤坟庐》："世有傀儡棚,帐幕深遮围。衣冠巧装饰,观者迷是非。自谓真好手,不知若为归。"宋人洪咨夔《谨和老人初冬寓笔》："当场弄出百般奇,傀儡棚中老偃师。满眼机关无着处,到头线索有收时。"

【译文】

天子车驾先到金明池的临水殿,赐宴群臣。临水殿前搭出水棚,排列着仪仗和卫士。在靠近水殿的水中横向排列四条装饰华美的舟船,上面由诸军呈演百戏,诸如弄大旗、舞狮豹、两人戴鬼神面具持棹刀蛮牌对打、演杂剧等等。又排列两条船,上面都是乐队。又有一条小船,船上扎起小彩楼,下面有三扇小门,宛如演傀儡戏的戏棚,正对着水中的乐队船。

上参军色①,进致语②。乐作,彩棚中门开,出小木偶人。小船子上有一白衣垂钓,后有小童举棹划船,辽绕数回③,作语④,乐作,钓出活小鱼一枚。又作乐,小船入棚。继有木偶筑毯舞旋之类⑤,亦各念致语、唱和、乐作而已,谓之"水傀儡"⑥。又有两画船,上立鞦韆,船尾百戏人上竿,左右军院虞候⑦、监教⑧,鼓笛相和。又一人上蹴鞦韆,将平架,筋斗掷身入水,谓之"水鞦韆"⑨。水戏呈毕,百戏乐船并各鸣锣鼓,动乐舞旗,与水傀儡船分两壁退去。

【注释】

①参军色:宋代宫廷教坊中的乐官,属于"杂流命官"性质。其主要职责是担任乐舞表演的引导和指挥,有时也参加表演。由于其指挥舞队进出场时,手持一根形如竹竿的道具,故俗称"竹竿子"。

②进:向前。致语:又名"乐语"或"教坊致语",古代宫廷艺人在演出开始时的说唱,一般都带有祝颂和说明性质,在宋代又被称为

"乐语"，由文人创作。明人徐师曾《文体明辨序说》云："乐语者，优伶献伎之词，亦名'致语'。……宋制，正旦、春秋、兴龙、坤成诸节皆设大宴，仍用声伎，于是命词臣撰致语，以畀教坊，习而诵之。而吏民宴会，虽无杂戏，亦有首章，皆谓之'乐语'。"

③辽绕：回环旋转。

④作语：致语。

⑤筑毬：击毬。舞旋：古代一种回旋的舞蹈。

⑥水傀儡：具体表演形式，见于明清人的记载。清初高士奇《金鳌退食笔记》记明代玉熙宫中的水嬉："水嬉之制，用轻木雕成海外诸国及先贤文武男女之像，约高二尺，彩画如生。有臀无足而底平，下安卯榫，用竹板承之。设方木池，贮水令满，取鱼虾萍藻实其中。隔以纱障，运机之人皆在障内，游移转动。一人鸣金，宣白题目，代为问答。惟暑天白昼作之，以销长夏。"今越南尚有"水傀儡"表演，起源可追溯到公元1121年，即宋徽宗宣和三年。

⑦虞候：五代时，侍卫亲军中置都虞候，为高级军官，宋沿置。凡殿前司、侍卫亲军马军司、侍卫亲军步军司，各置都虞候，位仅次于都指挥使和副都指挥使。又有将虞候、院虞候等低级武官。宋代虞候也有作为官僚随从人员之称。此指将虞候、院虞候之类。

⑧监教：似指军中的都监、教头之类低级军官。都监，官名，位钤辖下。官高资深者为都监，或称"兵马都监"；官低资浅者为监押，或称"兵马监押"。

⑨水鞦韆：北宋朱翌《端午观竞渡曲江》："却忆金明三月天，春风引出大龙船。二十余年成一梦，梦中犹记水秋千。"

【译文】

　参军色上场，向前说唱颂辞。音乐奏起，彩棚的中门打开，出来小木偶人。小船上有一个白衣人在水中垂钓，身后有小童子举桨划船，小船回环旋转好几圈，白衣人说唱颂辞，音乐响起，白衣人从水中钓出一条鲜活的小鱼。又奏起音乐,小船回到彩棚之中。继而有木偶出来表演筑毯、舞旋等节目,也各自说唱颂辞、相互应和、奏乐等等,这叫"水傀儡"。又有两条装饰华美的船,船上树立着秋千架,船尾有杂技演员表演爬竿,左右军院虞候、监教等人,擂鼓吹笛相和。又有一人表演荡秋千,将要荡平之时,翻着筋斗纵身跃入水中,称为"水秋千"。水戏献演完毕,百戏船和乐船都各自敲起锣鼓,奏响乐曲,挥舞旗帜,与水傀儡船分别从两边退下去。

有小龙船二十只,上有绯衣军士各五十余人,各设旗鼓铜锣。船头有一军校舞旗招引,乃虎翼指挥兵级也①。又有虎头船十只,上有一锦衣人,执小旗立船头上。余皆着青短衣、长顶头巾,齐舞棹,乃百姓卸在行人也②。又有飞鱼船二只,彩画间金,最为精巧。上有杂彩戏衫五十余人③,间列杂色小旗、绯伞,左右招舞,鸣小锣、鼓、铙、铎之类。又有鳅鱼船二只④,止容一人撑划,乃独木为之也,皆进花石朱缅所进⑤。诸小船竞诣奥屋,牵拽大龙船出诣水殿。其小龙船争先团转翔舞⑥,迎导于前,其虎头船以绳牵引龙舟。

【注释】

①虎翼指挥:北宋禁军番号,为水军,隶属侍卫亲军步军司。《宋史·兵志一》"虎翼"下原注:"大中祥符五年,择本军善水战者为上虎翼。六年,又选江淮习水卒于金明池,按试战棹,立为虎翼军。"兵级:宋代对兵丁和级节的合称。此指军士。

②卸在行人:似指脱离原专业团体,流入民间的伎艺表演者。卸在,卸任。行人,小吏差役。

③杂彩:杂色丝织品。戏衫:戏衣,戏曲演员演戏时所穿服装。

④鳅鱼:亦作"鳝鱼",即泥鳅。

⑤花石:即花石纲。宋徽宗在蔡京等人怂恿下,竭天下以自奉。崇宁元年(1102),命宦官童贯置苏杭造作局,役工匠数千人,制作宫廷器用,材料悉于民间科配。四年(1105),又以朱勔领苏杭应奉局,搜刮民间奇花异石,以纲船运至开封,建造园林,以供游乐。运送花石的纲船往返淮、汴,称为"花石纲"。苏杭应奉局官吏巧取豪夺,驱迫人民服重役苦役,东南地区及运河沿岸人民深受其害。方腊起义时,罢花石纲,起义失败,复置。宣和七年(1125),金军南下,徽宗始下罪己诏,再罢。朱缅:当为朱勔。朱勔(1075—1126),苏州人。因父朱冲诣事蔡京、童贯,父子均得官。时徽宗垂意花石,朱勔取浙中奇石异卉进献。政和中,设置应奉局于苏州,勒取花石,声势煊赫,诣事之人即得官,不附己者辄罢去,时称"东南小朝廷"。与蔡京、童贯、王黼、梁师成、李彦,并称为"六贼",豪夺渔取,凌虐百姓达二十年。方腊起义,即以"诛朱勔"为名。钦宗即位,削官,放归田里,后编管循州,遣使杀之。

⑥翔舞:飞舞。

【译文】

有二十条小龙船,每条船上各有穿红衣军士五十余人,各自设置旗鼓铜锣。船头上站着一名军校,舞动旗帜,招呼引领,这些人是虎翼水军的军士。又有十条虎头船,每条船上有一名身穿锦衣的人,手执小旗立在船头上。其余人都穿着青色短衣,头裹长顶头巾,整齐地划着船桨,这是百姓和卸任的小吏差役们。又有两条飞鱼船,船上画着五彩间金的图画,制作最为精巧。船上有身穿杂色戏装的五十余人,中间插着杂色小旗和红伞,左右挥舞,敲响小锣、鼓、铙、铎之类的乐器。又有两条鳅鱼船,只能容下一个人撑划,是用一根大木制成的,都是由运送花石纲的朱勔进献的。那些小船竞相赶往奥屋,牵引拉拽大龙船,驶出奥屋,前往临水殿。那些小龙船争先围着大龙船划行飞舞,在前面迎接引导,那些虎头船则用绳索牵引大龙船。

　　大龙船约长三四十丈，阔三四丈，头尾鳞鬣皆雕镂金饰①，榥版皆退光②。两边列十阁子，充阎分歇泊③。中设御座，龙水屏风。榥板到底深数尺，底上密排铁铸大银样如卓面大者，压重，庶不欹侧也④。上有层楼、台观、槛曲⑤，安设御座。龙头上人舞旗，左右水棚排列六桨，宛若飞腾。至水殿，舣之一边⑥。

【注释】

①鳞鬣：指龙的鳞片和鬣毛。

②榥（huáng）版：也作"榥板"，舱板或船舱面板。榥，船队的领头船。退光：指退光漆，一种生漆，初漆时光泽较暗，后逐渐发亮，故名。此指涂着退光漆。

③阎分：宋代对妃嫔的称呼。歇泊：安顿休息。

④"底上密排铁铸大银样如卓面大者"几句：据宋人蔡絛《铁围山丛谈》："绍圣末，诏名匠杨谈者新作（龙舟）焉。久之落成，华大于旧矣。独铁费十八万斤，他物略称是。盖楼阁殿既高巨，舰得重物，乃始可运。"大银，大钱。庶，几乎，差不多。欹（qī）侧，倾斜，歪斜。

⑤槛曲：栏杆。

⑥至水殿，舣（yǐ）之一边：宋徽宗《宫词》其二十九写乘龙舟观争标情景："龙舟舣岸簇楼台，兰棹轻飞两翅开。击鼓鸣铙飔旗帜，早来观赏暮方回。"舣，使船靠岸。

【译文】

大龙船约长三四十丈，阔三四丈，船头至船尾的龙鳞和鬣毛都精雕细镂，配以金饰，舱板都涂着退光漆。大龙船的两边排列着十间阁子，供各宫妃嫔们休息。龙船中间设有天子御座，安放着龙水屏风。舱板到底深达数尺，船底上密密排列着铁铸的大钱，像桌面那样大，以此压重，使大龙船不发生倾斜。大龙船上建有层楼、馆阁和曲折的栏杆，上面也安设着御座。龙头上有人挥舞旗帜，龙船两边的水棚中排列着六支船桨，划动时宛如在水面上飞腾。大龙船到达临水殿，停靠在一边。

水殿前至仙桥，预以红旗插于水中，标识地分远近。所谓小龙船，列于水殿前，东西相向。虎头、飞鱼等船，布在其后，如两阵之势。须臾，水殿前水棚上，一军校以红旗招之。龙船各鸣锣鼓出阵，划棹旋转，共为圆阵，谓之"旋罗"。水殿前又以旗招之，其船分而为二，各圆阵，谓之"海眼"。又以旗招之，两队船相交互①，谓之"交头"。又以旗招之，则诸船皆列五殿之东，面对水殿，排成行列。则有小舟，一军校执一竿，上挂以锦彩银碗之类，谓之"标竿"，插在近殿水中。又见旗招之，则两行舟鸣鼓并进。捷者得标，则山呼拜舞②。并虎头船之类，各三次争标而止③。其小船复引大龙船，入奥屋内矣。

【注释】

①交互：交叉错综。

②拜舞：跪拜与舞蹈。古代朝拜的礼节。

③各三次争标而止：北宋名臣苏颂《和胡俛学士游西池书事》描写龙舟争标盛况："舟师校艨冲，乐倅锵金石。翔禽鼓轻翰，潜鳞跃修额。鸣鼍促繁节，阴兽荡精魄。浮吹时往来，彩标纵争获。鱼龙随变态，波浪相激射。"北宋王珪《宫词》："内人稀见水秋千，争擘珠帘帐殿前。第一锦标谁夺得，右军输却小龙船。"描写了宫人观争标的情形，可与此文相印证。

【译文】

从临水殿向前一直到仙桥，预先将红旗插在水中，以标志地域的远近。前面所说的那些小龙船，排列在临水殿前面，东西两排，船头相对。虎头、飞鱼等船，分布在小龙船的后面，就像两军对阵之势。片刻，临水殿前的水棚上，一名军校摇动红旗，向小龙船发出号令。小龙船各自鸣锣击鼓出阵，划桨转向，共同组成一个圆阵，称为"旋罗"。临水殿前的军校又用红旗发令，那些船分为二队，各自组成圆阵，称为"海眼"。又用红旗发令，两队船只相互交叉错综，称为"交头"。又用红旗发令，则见所有船全都排列在五殿的东面，面对临水殿，排成行列。此时有一条小舟，舟上一名军校手执一根长竿，上面挂着织锦、银碗之类的物品，称为"标竿"，插在靠近临水殿的水中。又见红旗一招，只见两队船只各自鸣鼓，齐头并进。快的一方夺得标竿，就三呼"万岁"，跪拜、舞蹈。连同虎头船等，各进行三次争夺锦标，便告结束。那些小船重新牵引大龙船，进入奥屋之中。

驾幸琼林苑

【题解】

本条标题"驾幸琼林苑",风格极似《宋史》本纪对帝王活动的记录。北宋偃武修文,金明池的功能随之发生变化,史书记载也由太祖、太宗"幸金明池,观习水战"(《宋史·太宗本纪一》),变成了真宗以后"幸金明池,观水嬉,遂幸琼林苑宴射"(《宋史·真宗本纪一》)这样典型的表述形式。

琼林苑创建于太祖乾德二年(964),太宗朝,曾对琼林苑及对面的金明池进行扩建,使得"池若汉之昆明,苑若周之灵囿,足以为陛下宴游之所,足以为圣朝宏大之规"(北宋田锡《论军国机要朝廷大体》)。琼林苑与城东的宜春苑、城南的玉津园、城北的瑞圣园,同为北宋东京四大皇家园林之一,朝廷设置园苑提举官,掌管种植蔬莳以待供进、修饬亭宇以备游幸宴设(《宋史·职官志》)。

琼林苑不单纯是皇家游幸享乐的园林,一些皇家祭祀和仪式活动也在这里举行,因而又被称为"西青城",在北宋政治生活中发挥着重要作用。宋代有着相对宽松的政治环境,皇帝注重与大臣们的联络沟通,史书中皇帝在琼林苑赐宴群臣、簪花赋诗、觥筹交错的记载有很多。这些活动加强了皇帝与群臣之间的联系,也为大臣们营造出更加和谐的氛围,不同政见的矛盾能在轻松愉悦的氛围内得到一定程度的缓解,这体现了统治者的智慧,是维护朝廷稳定的有益举措。

琼林苑中最著名的设宴活动，是赐及第进士的闻喜宴。唐代科举，礼部放榜后，及第进士醵饮曲江，号"闻喜宴"。五代时，多在佛寺、名园中举行。北宋初年，沿用五代旧制，太平兴国八年（983），太宗赐进士宴于琼林苑，自此成为定制。北宋学者杨侃在《皇畿赋》中写道："波池之南，有苑何大。既琼林而是名，亦玉辇而是待。其或折桂天庭，花开凤城，则必有闻喜之新宴，掩杏园之旧名。于是连镳上苑，列席广庭，盖我朝之盛事，为士流之殊荣。"琼林宴是朝廷盛事，是士流殊荣，参与琼林宴成为北宋进士终生难忘的记忆。宋初名臣王禹偁恰是首批赐宴琼林的进士，礼部试中还是省元，后来他有《杏花》诗："登龙曾入少年场，锡宴琼林醉御觞。争戴满头红烂熳，至今犹杂桂枝香。"北宋太宗以后百余年间录取的一万多名进士，曾经享受赐宴琼林、御苑簪花的殊荣。宋代皇帝"与士大夫共治天下"，琼林宴可以说是君臣合作的良好起点，这座皇家园林的意义正在于此。

孟元老说："驾方幸琼林苑。"皇上刚好游幸琼林苑。此时的琼林苑，筑起了巍峨高耸、金碧相射的华觜冈，遍植"闽、广、二浙所进南花"，苑中的园亭水榭多为酒家所占，却见不到金榜题名、风流儒雅的绿衣郎。据此可知，孟元老介绍的应是徽宗政和四年（1114）以后的琼林苑，"南花"即是提示时间的线索，核心仍是"花石纲"。

徽宗崇宁四年（1105）成立应奉局，专门为皇帝搜罗各种名花异石、珍禽奇兽、适口之味，编成"纲"转运到东京。坐镇京城遥控指挥的蔡京因此而倍受恩宠，在苏州专领其事的朱勔"得以自恣，横行吴中"，时号"东南小朝廷"。各地官员争相效仿，政和四年（1114）以后，东南监司、郡守、二广市舶也纷纷进奉；到了政和六、七年间（1116—1117），不仅江浙一带进献花石，"福建异花、荔子、龙眼、橄榄，海南椰实，湖湘木竹，江南诸果，登、莱、淄、沂海错，文石，二广、四川异花、奇果，贡大者越海渡江，毁桥梁、凿城郭而至。植之，皆生成异味珍苞。率以健步捷走，虽万里，用四三日即达，色香未变也"（宋人蔡絛《史补》），俨然北宋版的"一骑红尘皇上笑，无人知是南花来"。

　　至于沿袭百年的新科进士琼林宴，已在政和二年（1112）永远成为历史。徽宗改变了科举取士之法，崇宁三年（1105）在国都南郊营建辟雍，作为太学的"外学"，罢州郡发解试和礼部省试，取士皆由学校考评，按"三舍法"升贡。政和二年，徽宗下诏"赐贡士闻喜宴于辟雍……罢琼林苑宴"。失去了客观标准与约束的选人任官体制下，"杂流阉宦，俱玷选举，而祖宗之良法荡然矣"（《宋史·选举志一》）。孟元老看到，皇帝一如祖先"幸琼林苑"，琼林苑里名花盛开，宴会主题只剩下了踢毬看戏和射箭表演。

　　驾方幸琼林苑①。在顺天门大街，面北，与金明池相对。大门牙道，皆古松怪柏。两傍有石榴园、樱桃园之类，各有亭榭②，多是酒家所占。

【注释】

①方：又。

②亭榭：亭阁台榭。

【译文】

　　天子又临幸琼林苑。琼林苑在顺天门大街，面朝北，与金明池相对。琼林苑大门前面官道两边，全是古松怪柏。道路两旁有石榴园、樱桃园之类，园中各有亭台阁榭，大多为酒家所占据。

　　苑之东南隅，政和间，创筑华觜冈，高数十丈。上有横观层楼①，金碧相射；下有锦石缠道②，宝彻池塘③。柳锁虹桥，花萦凤舸④。其花皆素馨⑤、末莉⑥、山丹⑦、瑞香⑧、含笑⑨、射香等闽、广、二浙所进南花⑩。有月池、梅亭、牡丹之类，诸亭不可悉数。

【注释】

①横观:宽广的楼观。横,广,宽广。

②锦石:有美丽花纹的石头。缠道:蜿蜒曲折的道路。缠,盘绕。

③宝砌:名贵的石料砌就。

④凤舸(gě):雕绘华美的大船。舸,大船。

⑤素馨:初秋开花,花朵小而密,通体雪白,盛开时花朵攒簇缀满枝头,香气清冽。南宋吴曾《能改斋漫录·方物》:"岭外素馨花,本名'耶悉茗花',……唯花洁白,南人极重之,以白而香,故易其名。"

⑥末莉:即茉莉。叶色翠绿,花色洁白,香气浓郁。晋人嵇含《南方草木状》:"耶悉茗花、末莉花,皆胡人自西国移植于南海,南人怜其芳香,竞植之。"北宋张邦基《墨庄漫录》:"闽广多异花,悉清芬郁烈,而茉莉花为众花之冠。岭外人或云'抹丽',谓能掩众花也。至暮则尤香。"

⑦山丹:四月开红花,六瓣四垂,似百合花。南宋刘克庄有《山丹》诗:"偶然避雨过民舍,一本山丹恰盛开。种久树身樛似盖,浇频花面大如杯。怪疑朱草非时出,惊问红云甚处来。何惜书生无事力,千金移入画栏栽。"

⑧瑞香:春季开花,花集生顶端,其花虽小,却锦簇成团,如丁香状,有黄、白、紫三色。花香馥郁清烈。北宋张邦基《墨庄漫录》:"瑞香花,其香清婉,在余花上,窠株少见大者。……李居仁大夫尝言:舒州山中深岩间,附石生一株,高二三丈,下可坐十客,不可移也。今浙中以丁香本接者,芳香极短,不如天生者其香沤郁清烈也。不十年,即瘦悴就槁矣。"

⑨含笑:初夏开花,色象牙黄,染红紫晕,开时常不满,如含笑状,有香蕉气味。北宋李纲《含笑花赋》:"南方花木之美者,莫若含笑。绿叶素容,其香郁然。……凭雕栏而凝彩,度芝阁而飘香;破颜一笑,掩乎群芳。"

⑩射香：香草名。闽：大体指今福建。广：指今广东、广西。二浙：宋
　代有浙江东路、浙江西路两路，因称"二浙"。

【译文】

　　琼林苑的东南角，徽宗政和年间，创筑华觜冈，高达数十丈。冈上
有宽广的台观层楼，金碧辉煌，相互映照；冈下有彩纹石子铺成的蜿蜒小
道，有名贵石料砌成的池塘。垂柳如烟，锁住飞架池面的虹桥；鲜花如带，
环绕雕绘华美的大船。那些花都是素馨、茉莉、山丹、瑞香、含笑、射香等
由闽、广、两浙进献的南方花卉。冈上有月池、梅亭、牡丹亭之类的亭台，
诸多亭台无法一一细数。

驾幸宝津楼宴殿

【题解】

本条标题"驾幸宝津楼宴殿",一如"驾幸琼林苑",类似史家的"君举必书"。正文只有寥寥 170 余字,包括两方面内容:其一,介绍宝津楼附近的建筑,包括宴殿、射殿以及殿南"都人击毬"的横街、水心的攒顶亭子;其二,介绍"习旱教"的场景和"御马上池"的仪仗。从整卷的结构编排来看,前有"观争标"的紧张刺激,后有"诸军呈百戏"的眼花缭乱,夹在中间的这条记录平淡至极,简直没有单独存在的必要。

但是,孟元老的重点可能是在"虾蟆亭"和"习旱教"。

琼林苑为皇家园林,苑中亭台楼阁自然拥有美名,孟元老却用与"琼林""金明"极不和谐的"虾蟆亭",称呼那座碧波环绕、绿柳掩映的攒顶亭子,难道只是"欲上下通晓"而故用"鄙俚"之语?就目前所见文献,对琼林苑"虾蟆亭"的记载,除了《东京梦华录》,还有生活在两宋之际的庄绰所写的《鸡肋编》,书中一则专记徽宗时期朝臣的绰号:"有扬州人黎珣字东美,崇宁中作郎官监司,又有京师开书铺人陈询,字嘉言,皆以貌像呼为'虾蟆'。而琼林苑西南一亭,地界近水,俗号'虾蟆亭'。天清寺前多积潦,亦名'虾蟆窝'。都中轻薄子戏咏虾蟆诗云:'佳名标上苑,窝窟近天清。道士行为气,梢工打作更。嘉言呼舍弟,东美是家兄。莫向南方去,将君煮作羹。'"一位朝臣,一个书商,都因长相而被叫成"虾蟆",

还被借用琼林苑的虾蟆亭和天清寺的虾蟆窝，编成歌谣四处传唱，"戏咏"者诚为"轻薄子"，却又何至于揶揄他们被当成虾蟆煮了吃呢？戏谑到近乎恶毒的绰号和诗歌，绝非为了逗乐取笑，而是讥刺时政，传达着都中人对他们的憎恨。

黎珣字东美，少警敏，过目成诵，为文有巧思，尤长于词赋。弱冠之年，声名尤甚。熙宁三年（1070）进士，元祐初年被派到"岭海之远，吏轻为奸"的南雄州做知州。绍圣年间（1094—1098）为夔州路转运判官，崇宁元年（1102）官至尚书仓部郎中。这个官职是在户部尚书、侍郎领导下，掌管国家的仓庾储积与收支事务，属于要职，《鸡肋编》说他"作郎官监司"，即指此而言。当初任命黎珣担任此职，任命诏书被门下省给事中以黎珣为"大臣姻亲"而封驳，殿中侍御史龚夬也上书支持门下省的意见，指出这一任命"士论纷纷，不以为当"（《论封驳差除状》），然而群臣反对无效。崇宁元年（1102），徽宗效仿"熙宁条例司故事"，设置"讲议财赋"的讲议局，由宰相蔡京总理其事，物色僚属，共议因革。蔡京走马上任，举荐的首批七名朝臣中就有黎珣。黎珣担任制置讲议司参详官，"才能卓异，深称上意"，崇宁三年（1104）升任朝散大夫、卫尉少卿，以制置讲议司推恩转一官。作为蔡京嫡系，此人手握国家仓库的钥匙，具体作为虽然史书没有记载，看京城人给他取的"虾蟆"绰号与所编歌谣，其实可想而知。

庄绰足迹遍及大江南北，其书多识轶闻旧事；孟元老久居京师，从"内诸司"和"外诸司"条来看，对徽宗时期的仓廪赋敛尤为关心。庄、孟二人年龄相仿，都是遭时乱离、南渡之人，他们以不同形式提到琼林苑中的"虾蟆亭"，应该反映出对徽宗时政的共同记忆。所谓"莫向南方去，将君煮作羹"，表面是说南方人喜食蛙肉，其实也许是在讽刺黎珣阿附蔡京，热衷于从南方转运花石纲，充实东京城的园林苑囿。

"旱教"一词，文献中也仅见两处，一为孟元老所记，另一条见于北宋叶梦得《石林燕语》："太平兴国中，复凿金明池于苑北，导金水河水注之，以教神卫虎翼水军习舟楫,因为水嬉。……今惟琼林、金明最盛。岁以二月开,命士庶纵观,谓之'开池';至上巳,车驾临幸毕,即闭。岁赐二府从官燕及进士闻喜燕,皆在其间。金明水战不复习,而诸军犹为鬼神戏,谓之'旱教'。"叶梦得与孟元老生活在同一时代,年龄可能稍长,他的这条记录可能写于宣和五年(1123),细节上与孟元老所记稍有出入,对北宋末年金明池的"旱教"记载更为详细。旱教具体内容,见于下一条"驾登宝津楼诸军呈百戏"。

宝津楼之南有宴殿①,驾临幸,嫔御车马在此②。寻常亦禁人出入,有官监之。殿之西,有射殿③。殿之南有横街,牙道柳径④,乃都人击毬之所⑤。西去,苑西门,水虎翼巷横道之南,有古桐牙道,两傍亦有小园圃、台榭。南过画桥⑥,水心有大撮焦亭子⑦,方池柳步围绕⑧,谓之"虾蟆亭"⑨,亦是酒家占。

【注释】

①宴殿:皇帝退朝后休息的便殿。宴,安乐,安闲。

②嫔御:古代帝王、诸侯的侍妾与宫女。

③射殿:供皇帝射箭之所。

④牙道:官道。柳径:两边栽种柳树的道路。径,步道。

⑤击毬:亦作"击鞠"或"打毬",是我国古代一种在马上打毬的运动,盛行于唐宋时期。游戏者必须乘坐于马上击毬,所击之毬如拳头大小,毬体中间被掏空,制毬的原料是一种质地轻巧且柔韧的木材,毬的外面雕有精致的花纹。

⑥画桥:雕饰华丽的小桥。

⑦撮焦亭子:即"撮角亭子",即四檐有尖角、向上翘起的攒顶亭子。

⑧柳步：每隔一步栽有一棵柳树。

⑨虾蟆：亦作虾蟆，即蛤蟆。

【译文】

宝津楼的南面有供皇帝休息的便殿，天子驾临金明池，妃嫔和宫女们的车马停在此处。平时也禁止游人出入，有官员负责监管。宴殿的西面，有天子射箭的宫殿。宴殿的南面有横街，官道两旁栽着垂柳，是京城中人打马毬的地方。向西去，是琼林苑西门，水虎翼巷横道南面，有古桐覆盖的官道，两旁也有小巧的园圃和台阁亭榭。向南经过一座精致的桥，水中心有一座大攒顶亭子，方形池塘，被柳树围绕，称为"蛤蟆亭"，也被酒家占有。

寻常驾未幸，习旱教于苑大门①，御马立于门上，门之两壁皆高设彩棚，许士庶观赏，呈引百戏②。御马上池，则张黄盖，击鞭如仪③。每遇大龙船出及御马上池，则游人增倍矣。

【注释】

①旱教：本义应指水军在陆地上进行模拟训练。古代水军所要求的基本能力，包括谙熟水性与作战能力两方面。宋代水军所用武器，仍以刀、枪、牌、弓弩等冷兵器为主，远距离依靠弓弩攻击、盾牌防卫，用钩枪拉近船距，然后与敌人进行近身格斗。水军士兵在掌握水性后，与陆战技能有相似之处。南宋名将刘整受吕文德陷害而被迫降元后，为元军训练水战，成为元朝水军的创始人之一。他的训练方法是"造船五千艘，日练水军，虽雨不能出，亦画地为船而习之"（《元史·刘整列传》），"画地为船"进行的训练，应该是以格斗训练为主，大约就是"旱教"的内容。在北宋，"旱教"演变为诸军演练供观赏的"百戏"。

②呈引：献演。

③如仪：按照礼制。

【译文】

平时皇帝未曾驾临，就在琼林苑大门口演习诸军百戏，天子驾临时，御马立于琼林苑大门口。大门两边的围墙处，全都架设高高的彩棚，准许士人庶民观赏，献演诸军百戏。天子乘御马前往金明池，则张起黄罗伞盖，军士击鞭，都按照礼制进行。每当遇到大龙船出来，以及天子乘御马到金明池，游人便会成倍增加。

驾登宝津楼诸军呈百戏

【题解】

孟元老在本卷中记徽宗活动,包括金明池临水殿观争标、宝津楼观诸军呈百戏、琼林苑射殿射弓等环节,与前朝相比,"诸军呈百戏"不仅是新增项目,而且是主要内容,大致包括以下几组节目:(1)舞大旗狮豹与列阵表演蛮牌木刀,这类节目最接近古代军中的旗帜训练与攻防技能训练;(2)各种神鬼造型的表演,大量使用烟火营造氛围,表演者用涂料涂抹面孔甚至身体,或者戴着面具。这类表演应该源于古代军礼中的"大傩仪",增加了火药之类的元素,更具观赏性与舞台效果;(3)列阵格斗和剧情类表演,前者类似后世的武戏打斗场面,后者接近民间小戏;(4)骑术表演系列,包括马上射箭、执旗以及控御身体、使用兵器等,属于古代骑兵的训练项目;(5)"妙法院女童"的骑术表演,包括射箭与野战等,与前一场表演性质相同,但是表演者女扮男装,极具观赏性;(6)击毬(击鞠)表演,分为"小打"和"大打"两场,参加者都有百余人,前者为花装男子以驴为坐骑执杖击毬,后者为宫女跨小马执杖击毬。

孟元老记录了北宋末年宝津楼前的诸军百戏,也记录了中国体育发展史、中国戏剧和戏曲发展史上一个至关重要的时刻:以克敌制胜为目标而进行的枯燥严苛的军事技能训练,逐渐发展为以娱乐为目标的舞台表演;此前局限于军队中的训练项目、局限于宫廷贵族小范围的娱乐活动,搬到北宋开封城西这座皇家园林,通过皇帝驾临时的诸军呈百戏以及此前在琼林苑大门前的"习旱教",向公众开放,向民间渗透,演变成武戏打对程式与街头卖艺。至于马毬,本是由古代骑兵训练发展出的军中之戏,在唐代盛极一时,北宋太祖、太宗出身军旅,深知马毬对军队的意义,将"打毬"列为"军礼"之一,令有司详定其仪,也会亲临毬场参加比赛。北宋末年,官中有女子马毬队,军中有高俅训练的军士马毬队,故而出现孟元老慨叹的"人间但见其图画"的精彩表演,这也是马毬这种激烈对抗性运动在汉文化中最后的辉煌。

南宋人周辉在《清波杂志》中记录了政和五年(1115)四月徽宗在宣和殿举行的一次宫廷宴会:"先御崇政殿,阅子弟五百余人驰射,挽强精锐。毕事赐坐,出官人列于殿下,鸣鼓击拊,跃马飞射,剪柳枝,射绣毬,击丸,据鞍开神臂弓,妙绝无伦,卫士皆有愧色。上曰:'虽非妇事,然女子能之,则天下岂无可教。'"蔡京说:"士能挽强,女能骑射。安不忘危,天下幸甚。"并特意写下《从游宣和殿记》,记录盛况。《大金国志》等史料中却记录了这样一件事:宣和初年,徽宗派马扩使女真,协商联盟灭辽之事。金国皇帝阿骨打带他远行射猎,每天清晨,阿骨打在雪地上席虎皮而坐,纵骑打围,说:"此吾国中最乐事也。"

宋太祖开金明池,作为水军训练基地。天下已定,承平日久,"金明水战不复习,而诸军犹为鬼神戏,谓之'旱教'"(叶梦得《石林燕语》)。水军要求谙熟水战环境,具备水上作战能力。开凿金明池可以训练水军"习舟楫",水军使用刀、枪、牌等兵器进行近身格斗的技能,其实与陆军有相似之处,故而部分训练可以在陆地上进行,此为"旱教"一词的本义,也是古代水军训练的通用方法。宋室南渡之后,长江成为对抗北方劲敌的重要防线,水军训练尤为重中之重,诸如叶梦得、孟元老这样的南渡之人,回忆故国金明旧事,对"旱教"尤为敏感。徽宗时期的金明池"旱教"异彩纷呈,却已背离宋代礼制以金明池观水战(戏)为阅兵之礼的目的,流于享乐与炫耀了。千疮百孔的兵制,质量低下的兵源,纪律废弛的军队，捉襟见肘的军费，腐败愚蠢的军官，金明池上精彩至极的诸军百戏，完全成了中看不中用的花架子。

　　驾登宝津楼，诸军百戏，呈于楼下。先列鼓子十数辈①，一人摇双鼓子②，近前进致语，多唱"青春三月"（【蓦山溪】也）③。唱讫，鼓笛举，一红巾者弄大旗。次狮豹入场，坐作进退④，奋迅举止⑤。毕，次一红巾者，手执两白旗子，跳跃旋风而舞，谓之"扑旗子"。及上竿、打筋斗之类⑥。讫，乐部举动【琴家弄令】⑦。有花妆轻健军士百余⑧，前列旗帜，各执雉尾⑨、蛮牌、木刀。初成行列，拜舞，互变开门⑩、夺桥等阵，然后列成偃月阵⑪。乐部复动【蛮牌令】。数内两人出阵对舞，如击刺之状。一人作奋击之势⑫，一人作僵仆⑬。出场凡五七对，或以枪对牌、剑对牌之类。忽作一声如霹雳⑭，谓之"爆仗"⑮，则蛮牌者引退。

【注释】

①鼓子：古时军中乐器，此用以指代敲鼓子之人。

②双鼓子：应即鼗（táo）牢。宋人陈旸《乐书·鼗牢上》："鼗牢，龟兹部乐也。形如路鼗，而一柄叠二枚焉。古人尝谓'左手播鼗牢，右手击鸡娄鼓'是也。"路鼗，一种有柄的小鼓，类似拨浪鼓。

③"青春三月"（【蓦山溪】也）：【蓦山溪】，曲谱名，敦煌舞谱中有该谱；也是词牌名，又名【上阳春】【心月照云溪】【弄珠英】，北宋欧阳修、黄庭坚、贺铸等人都用过该词牌。"青春三月"为当时所演唱的第一句。

④坐作：坐与起，止与行。本指古代练兵的科目之一，多与"进退"连用。

⑤奋迅:精神振奋,行动迅速。

⑥打筋斗:亦作"打觔斗",即翻跟斗。

⑦举动:演奏音乐,弹奏令曲。【琴家弄令】:明人陶宗仪《辍耕录》记载金代戏剧"院本名目"中的"赌扑名"中,有【琴家弄】,推测应该源于宋代关扑买卖者奏乐助兴、招徕顾客。令,唐宋杂曲的一种。

⑧花妆:应指表演者脸上贴或涂成特定的妆容,化妆手法接近梅花妆或桃花妆。按,此表演应与"棹刀蛮牌神鬼"属同一性质,表演者戴着面具或把面孔涂抹成神鬼的形象。本书卷八"二十四日神保观神生日"中的"倬刀装鬼"和卷十"下赦"中的"御龙直装神鬼,斫真刀倬刀",也属于同类性质的表演。轻健:轻捷强健。

⑨雉尾:雉尾部的长羽,为仪仗用具。

⑩互变:交互变换。

⑪偃月阵:古代阵法,半月形的军阵。

⑫奋击:奋力攻击,奋力搏击。势:姿势,姿态。

⑬僵仆:身体直挺倒地。

⑭霹雳:又急又响的雷。

⑮爆仗:古时在节日或喜庆日,用火烧竹,毕剥发声,以驱除山鬼和瘟神。火药发明后,以多层纸密卷火药,接以引线,燃之使爆炸发声,亦称"爆竹"。

【译文】

天子登上宝津楼,诸军百戏,即在楼下献演。最先排列出十几个敲鼓人,其中一人摇着双鼓子,走上前去说唱颂辞,大多演唱"青春三月"(【蓦山溪】)的曲子。唱毕,鼓笛齐鸣,一个头上裹着红巾的人舞弄大旗。接下来舞狮豹者入场,坐下、站起、前进、后退,精神振奋,行动迅猛。舞弄完毕,又有一个头上裹着红巾的人,手执两面白色旗子,跳跃着,像旋风似地转圈,称为"扑旗子"。还有爬竿、翻筋斗之类的表演。结束之后,乐队奏起【琴家弄令】。有身穿彩色服装、轻捷矫健的军士百余人,前面排列旗帜,各自手执雉尾、蛮牌、木刀。起初,他们排成行列,跪拜舞蹈,接着交互变换开门、夺桥等阵形,然后又列成偃月阵。乐队重又奏起【蛮牌令】。偃月阵中有两个人出阵对舞,就如进击劈刺之状。一个人做出奋力搏击之势,另一个人则做直挺挺倒在地上之状。出场表演劈刺者共有五七对,有用枪对蛮牌、剑对蛮牌之类的表演。忽然发出一声巨响,如同霹雳一般,称为"爆仗",然后持蛮牌的人引退。

　　烟火大起,有假面披发、口吐狼牙烟火如鬼神状者上场。着青帖金花短后之衣[1],帖金皂袴[2],跣足[3],携大铜锣,随身步舞而进退,谓之"抱锣"。绕场数遭[4],或就地放烟火之类。又一声爆仗,乐部动【拜新月慢】曲[5]。有面涂青碌[6]、戴面具、金睛,饰以豹皮锦绣看带之类,谓之"硬鬼"。或执刀斧,或执杵棒之类[7],作脚步蘸立[8],为驱捉视听之状。又爆仗一声,有假面长髯、展裹绿袍[9]、靴简如锺馗像者[10],傍一人以小锣相招和舞步[11],谓之"舞判"[12]。继有二三瘦瘠[13],以粉涂身,金眼白面,如髑髅状[14],系锦绣围肚看带[15],手执软仗[16],各作魁谐趋跄[17],举止若排戏[18],谓之"哑杂剧"[19]。又爆仗响,有烟火就涌出,人面不相睹。烟中有七人,皆披发文身,着青纱短后之衣、锦绣围肚看带。内一人,金花小帽,执白旗,余皆头巾,执真刀,互相格斗击刺,作破面剖心之势,谓之"七圣刀"[20]。忽有爆仗响,又复烟火出。散处以青幕围绕,列数十辈,皆假面异服,如祠庙中神鬼塑像,谓之"歇帐"。又爆仗响,卷退。

【注释】

①短后之衣：后幅较短的上衣，便于活动，多为武士之衣。

②皂袴：黑色裤子。袴，裤。

③跣（xiǎn）足：光着脚。

④遭：回，次。

⑤【拜新月慢】：又名【拜星月】【拜新月】。原为唐教坊曲名，宋初经过改造，后演化为词牌。《宋史·乐志十七》中说，"太宗洞晓音律，前后亲制大小曲及因旧曲创新声者，总三百九十"，其中因旧曲造新声者"般涉调"中有【拜新月】。

⑥青碌（lù）：又称"碌青"，一种青色的矿物质颜料。碌，矿物名，又称"石碌"或"碌石"，即孔雀石。

⑦杵棒：棍棒。

⑧蘸立：踮起脚跟站立。

⑨展裹：契丹公服名，形制为紫窄袍。此处或仅就窄身公服而言。

⑩简：笏，手版。锺馗：中国民间传说中能打鬼、驱除邪祟的神。唐人题吴道子画锺馗像，略云：明皇梦二鬼，一大一小。小者窃太真紫香囊及明皇玉笛，绕殿而奔。大者捉其小者，擘而啖之。上问何人，对曰："锺馗，即武举不捷之士也。誓与陛下除天下之妖孽。"后世图其形，以除邪驱祟。民间传说他是阴间罚恶司判官。像：模样。

⑪相招：相呼应。和：配合。

⑫舞判：又名"跳锺馗"或"跳判官"，宋代民间乐舞，扮作判官或锺馗的舞蹈。

⑬瘦瘠：指很瘦的人。

⑭髑髅（dú lóu）：头骨，多指死人头骨。

⑮围肚看带：有花纹装饰的阔腰巾。又叫"裹肚"。

⑯软杖：柔软的棍棒。

⑰魁谐：似当作“诙谐”。又，伊永文《东京梦华录笺注》引宋人王明清《挥麈录》谓乐官孟子书“为平昔侥滥渠魁”，认为“‘魁谐’当为效仿伎艺者首领之谐”，可备一说。趋跄：形容步趋中节。古时朝拜晋谒，须依一定的节奏和规则行步。

⑱排戏：似为“俳戏”。俳戏，指杂戏、滑稽戏。

⑲哑杂剧：如前描述，指没有台词、单纯依靠表演的一种哑剧。有研究者指出，浙江上虞与杭州西溪的《哑目连》，俗称“哑鬼戏”，全剧无一句台词，完全凭身段、手势、表情、舞蹈以及武技的表演，伴之以锣鼓及目连号，展开故事，是北宋“哑杂剧”的遗踪。

⑳七圣刀：或称“七圣法”，指杀人复活的魔术。源于唐代从西亚传入的祆教（拜火教）下神幻术仪式。敦煌《沙州伊州地志》（残卷）中记载了唐代沙州祆主表演的这种幻术。唐人张鷟《朝野佥载》记载：“河南府立德坊及南市西坊，皆有胡祆神庙。每岁商胡祈福，烹猪羊，琵琶鼓笛，酣歌醉舞。酹神之后，募一胡为祆主，看者施钱并与之。其祆主取一横刀，利同霜雪，吹毛不过，以刀刺腹，刃出于背，仍乱扰肠肚流血。食顷，喷水咒之，平复如故。此盖西域之幻法也。”西安面世的三件宋代陶塑，人物均为穿着铠甲的行法者模仿胡人形象，披发、跣足表演，铠甲外有罩衣，腰间系织物腰带和围肚，这种衣饰与《东京梦华录》里诸军表演“七圣刀”时的服饰基本吻合。这种令唐宋世人惊骇的幻术，与“身体发肤受之父母应予爱惜”的道德观念不符，据《册府元龟》记载，唐高宗显庆元年（656）正月，朝廷曾下令禁断这类幻术表演。明代以后，基本消亡。

【译文】

随后烟火大起，有戴着假面具、披散着头发、口吐狼牙烟火如同鬼神模样的人上场。身穿青色贴金花、短后幅的上衣，贴金的黑色裤子，光着脚，携带着大铜锣，随着身形步伐的舞动而时进时退，称为“抱锣”。绕场数周，或者就地燃放烟火等等。又一声爆仗响，乐队奏起【拜新月慢】的乐曲。有脸上涂着青绿颜色、戴着面具、眼睛涂成金色、装饰着豹皮锦绣看带之类的人出场，称为"硬鬼"。有的手持刀斧，有的手持棍棒之类的物件，踮起脚跟站立，做出驱赶、捉拿、察看、倾听的样子。又一声爆仗响，有戴着假面具、挂着长胡子、身穿绿色窄身官服、脚蹬靴子、拿着手版装成锺馗模样的人登场，旁边有一个人敲着小锣，招引应和着锺馗的舞步，称为"舞判"。接着又有两三个极瘦之人出场，用粉涂抹全身，涂成金睛白脸，犹如髑髅之状，系着锦绣围肚看带，手执软棒，各自做出诙谐、步趋中节的样子，举手投足就像在演俳戏，称为"哑杂剧"。又有一声爆仗响，又有烟火涌出，近在咫尺，也看不清对方的面目。烟中有七个人，全都披散头发，刺画纹身，穿着青色纱质短后幅的上衣，腰间系着锦绣围肚看带。其中一个人，头戴金花小帽，手执白旗，其余的人都裹着头巾，拿着真刀，互相格斗劈刺，做出破面剖心的架势，称为"七圣刀"。忽然又听爆仗响，又有烟火涌出。烟火散处，只见用青色帷幕围绕，周围排列着数十个人，全都头戴面具，身穿异服，犹如寺庙中的神鬼塑像，称为"歇帐"。又听到爆竹响，帷幕卷起，诸人退下。

　　次有一击小铜锣，引百余人，或巾裹，或双髻，各着杂色半臂[1]、围肚看带，以黄白粉涂其面，谓之"抹跄"。各执木棹刀一口，成行列。击锣者指呼[2]，各拜舞起居[3]。毕，喝喊变阵子数次，成一字阵，两两出阵格斗，作夺刀、击刺之态百端。讫，一人弃刀在地，就地掷身[4]，背着地有声，谓之"扳落"。如是数十对。讫，复有一装田舍儿者入场[5]，念诵言语[6]。讫，有一装村妇者入场，与村夫相值[7]，各持棒杖，互相击触[8]，如相殴态[9]。其村夫者以杖背村妇出场。毕，后部乐作，诸军缴队杂剧一段[10]。继而露台弟子杂剧一段[11]。是时弟子萧住儿、丁都赛[12]、薛子大、薛子小、杨总惜、崔上寿之辈,后来者不足数⑬。

【注释】

①半臂:短袖或无袖上衣。明人陶宗仪《说郛》引唐人刘孝孙《事原·半臂》:"《实录》曰:隋大业中,内官多服半除,即今之长袖也。唐高祖减其袖,谓之'半臂'。"

②指呼:指挥,使唤。

③起居:问安,问好。

④掷身:犹纵身跃起摔在地下。

⑤田舍儿:农家子弟。

⑥念诵:原为佛教语,谓心念口诵佛名及经咒。此为念台词。

⑦相值:犹相遇。

⑧击触:相打,碰撞。

⑨如相殴态:好像相互殴打之状。南宋吴自牧《梦粱录·妓乐》:"又有杂扮,或曰'杂班',又名'经元子',又谓之'拔和',即杂剧之后散段也。顷在汴京时,村落野夫罕得入城,遂撰此端。多是借装山东、河北村叟,以资笑端。"

⑩缴队:似有"联合组队""结队"之意。

⑪露台弟子:宋元时称民间剧团的艺人。

⑫丁都赛:北宋末年开封著名杂剧艺人,大约活跃于徽宗政和至宣和年间(1111—1125)。平时在瓦子中表演,节日庆典时则以"露台弟子"身份登台献艺。国家博物馆收藏一块宋代建筑构件"丁都赛砖",长28厘米,宽8厘米,厚3厘米。砖上人物头戴小帽,脑侧簪有花叶,腰后插有一把圆扇,双手抱拳,作打揖状站立。身着长衫,腰部系一条巾帻,足下蹬平底靴。人物头部的右上方,有一个印着"丁都赛"三字的字牌。据宋代文献记述,砖雕所反映的正是丁都赛表演戏曲时的情景。

⑬后来者：指"以下"，即前述著名艺人以下。不足数：不足以一一
　　点数。

【译文】

接着有一人敲打着小铜锣，引领百余人登场，有的裹着头巾，有的梳
着双髻，各穿杂色半袖上衣，系着围肚看带，用黄粉、白粉涂在脸上，称为
"抹跄"。这些人各执一口木棹刀，排成行列。敲锣者指挥诸人跪拜舞蹈，
向天子请安。完毕之后，呼喊众人变换几次阵形，然后列成一字阵，两两
出阵格斗，做出夺刀、劈刺等各种动作。之后，一人弃刀在地，就地摔倒，
后背着地，发出声响，称为"扳落"，像这样的有几十对。表演完毕，又有
一个装扮成农家子弟的人入场，念诵祝颂之辞。念完后，有一个装扮成
村妇模样的人入场，与村夫相遇，各自手持棍棒，互相击打碰撞，如同相
互殴打的样子。那个扮成村夫的人用杖子背"村妇"出场。演出完毕，
后部乐声响起，诸军联合演出杂剧一段。接下来，露台弟子演出一段杂
剧。当时著名艺人有萧住儿、丁都赛、薛子大、薛子小、杨总惜、崔上寿等
人，以下艺人不值得逐一细数。

　　合曲舞旋讫，诸班直常入祗候子弟所呈马骑①。先一
人，空手出马，谓之"引马"。次一人，磨旗出马②，谓之"开
道旗"。次有马上抱红绣之毬，系以红锦索，掷下于地上。
数骑追逐射之，左曰"仰手射"，右曰"合手射"，谓之"拖绣
毬"③。又以柳枝插于地，数骑以划子箭或弓或弩射之，谓
之"褙柳枝"④。又有以十余小旗，遍装轮上而背之出马⑤，
谓之"旋风旗"。又有执旗挺立鞍上，谓之"立马"。或以
身下马，以手攀鞍而复上，谓之"骗马"⑥。或用手握定镫
袴⑦，以身从后鞦来往⑧，谓之"跳马"。忽以身离鞍，屈右
脚挂马鬃，左脚在镫，左手把鬃，谓之"献鞍"，又曰"弃鬃

背坐"。或以两手握镫袴,以肩著鞍桥,双脚直上,谓之"倒立"⑨。忽掷脚着地倒拖,顺马而走,复跳上马,谓之"拖马"。或留左脚着镫,右脚出镫,离鞍,横身在鞍一边,右手捉鞍,左手把鬃存身⑩,直一脚,顺马而走,谓之"飞仙膊马";又存身,拳曲在鞍一边,谓之"镫里藏身"。或右臂挟鞍,足著地,顺马而走,谓之"赶马"。或出一蹬,坠身著鞦,以手向下绰地⑪,谓之"绰尘"。或放令马先走,以身追及,握马尾而上,谓之"豹子马"⑫。或横身鞍上,或轮弄利刃,或重物、大刀、双刀百端讫。

【注释】

①常入祗候:在内宫当值的官。祗候,宋代阁门使的属官,协助阁门舍人,掌朝会宴享赞相礼仪之事。马骑:此处应指马术表演或马戏。

②磨旗:摇旗,挥动旗帜。

③拖绣毬:骑马追射红绣毬。北宋著名画家李公麟画有神宗君臣观赏马毬的盛大场面,可惜现今已经失传。其中所绘骑射拖毬的精彩场面,被南宋楼钥记录在《题龙眠画骑射拖毬戏》诗中:"绿杨几枝插平沙,柔梢袅袅随风斜。红绡去地不及尺,锦袍壮士斫鬈射。横磨箭锋满分靶,一箭正截红绡下。前骑长缨抱绣毬,后骑射中如星流。绣毬飞砣最难射,十中三四称为优。元丰策士集英殿,金门应奉人方倦。日长因过卫士班,飞骑如云人马健。驾幸宝津知有日,穷景驰驱欣纵观。龙眠胸中空万马,骇目洞心千万变。追图大概写当时,至今想象如亲见。静中似有叱咤声,墨淡犹疑锦绣眩。闲窗抚卷三太息,五纪胡尘暗畿甸。安得士马有如此,长驱为决单于战。"

④"又以柳枝插于地"几句:这段文字展示了以刬(chǎn)子箭射柳

的游戏场景。褚（zhà）柳枝，即指驰马射柳，又称"躤（jí）柳""射柳""斫柳""剪柳""扎柳""走骠骑"。射柳游戏源于辽国的"瑟瑟仪"。相传此礼仪为遥辇氏苏可汗所制定。天旱时，选择吉日，行此仪以祈雨，射柳为仪式中的重要环节，故名"褚柳枝"。射柳所用之箭为"划子箭"，箭头如铲形，箭镞虽然增阔，但所射之的却极小，而且柳枝、飞马都在动中，极难射中，成为对射箭水准的考验。南宋章良能《题李伯时飞骑习射图》中说："红绡低击柳枝碧，满满弯弓斫髻射。偶然穿叶未为奇，截下红绡方破的。彩绳长曳彩毯轻，闪烁眩转如奔星。弦头霹雳起马脚，回看一箭落樏枪。"南宋程大昌《演繁露·躤柳》记载了南宋抗金名将李显忠军营中的"躤柳"表演："壬辰三月三日，在金陵预阅李显忠马司兵，最后折柳环插毯场，军士驰马射之，其矢镞阔于常镞，略可寸余，中之辄断，名曰'躤柳'。"女真人亦有此仪，《金史·礼志八》中记载说："射柳、击毬之戏，亦辽俗也，金因尚之。凡重五日……插柳毬场为两行，当射者以尊卑序，各以帕识其枝，去地约数寸，削其皮而白之。先以一人驰马前导，后驰马以无羽横镞箭射之，既断柳，又以手接而驰去者，为上。断而不能接去者，次之。或断其青处，及中而不能断，与不能中者，为负。每射，必伐鼓以助其气。"到了清代，射柳仍是端午节的一项重要风俗。褚，同"蜡"，古代年终祭祀名。划，同"铲"。

⑤轮：当指风轮。

⑥骗（piàn）马：侧身抬腿跳上马背。骗，侧身抬起一条腿跨上马。

⑦镫袴：当指镫圈。袴，同"胯"。

⑧后鞦：马屁股后面。鞦，指马的屁股之间。

⑨"或以两手握镫袴"几句：这四句展现了马上倒立的技艺。元人陈及之《便桥会盟图》中有"倒立"骑马人形象。鞍桥，亦作"鞍鞒"，马鞍其拱起处形似桥，故称。

⑩存身：安身，此为"稳住身子"之意。

⑪绰地：擦地。绰，拂拭。

⑫豹子马：得名于马术表演者动作迅猛敏捷，不亚于徒手缚豹。

【译文】

露台弟子们合着乐曲歌舞完毕，诸班直常入祗候的子弟呈上马术表演。先有一个人，空手骑马而出，称为"引马"。接着有一个人，挥舞着旗帜骑马出场，称为"开道旗"。接着有人骑在马上，怀抱红绣毬，系着红色锦绳，把绣毬抛在地上，飞马拖着前行。几个人在后面骑马追逐，用箭射绣毬，用左手的称为"仰手射"，用右手的称为"合手射"，这个表演称为"拖绣毬"。又把柳枝插在地上，几个人骑着马，将划子箭或用弓或用弩射向柳枝，称为"褙柳枝"。又有人用十几面小旗，团团插在风轮之上，背着风轮出马，称为"旋风旗"。又有人手执旗帜，挺立在马鞍之上，纵马飞奔，称为"立马"。或者从飞奔的马背上跳下，然后又用手攀住马鞍，抬腿重新跳回马上，称为"骗马"。或者用手抓住镫圈，将身体在马后跳来跳去，称为"跳马"。或者突然使身体离开马鞍，屈起右脚挂住马鬃处，左脚踩在镫里，左手抓住马鬃，称为"献鞍"，又叫"弃鬃背坐"。或者用两手握住镫圈，用肩贴住马鞍，双脚向上伸直，称为"倒立"。或者突然以脚触地，倒拖在地上，随马而走，再跳上马背，称为"拖马"。或者保留左脚踩着马镫，右脚从马镫中取出，人则离马鞍，将身体横在马鞍的一边，右手抓住马鞍，左手抓住马鬃，稳住身体，伸直一条腿，随马而走，称为"飞仙膊马"；又将身子蜷曲在马鞍的一侧，称为"镫里藏身"。或者用右臂夹住马鞍，两脚着地，随马而走，称为"赶马"。或者一脚离镫，坠下身子，靠着绊带，用手向下触地，称为"绰尘"。或者放开马，让马先跑，自己在后面追上，抓住马尾，纵身上马，称为"豹子马"。或者横身卧于马鞍之上，或者轮动利刀，或者重物、大刀、双刀之类，各种马术一一表演完毕。

有黄衣老兵（谓之"黄院子"）数辈[①]，执小绣龙旗前导。

宫监马骑百余②,谓之"妙法院女童",皆妙龄翘楚③,结束如男子④,短顶头巾,各着杂色锦绣撚金丝番段窄袍⑤、红绿吊敦、束带。莫非玉羁金勒⑥、宝镫花鞯⑦,艳色耀日,香风袭人。驰骤至楼前⑧,团转数遭⑨,轻帘鼓声,马上亦有呈骁艺者⑩。中贵人许畋押队⑪,招呼成列,鼓声一齐掷身下马,一手执弓箭,揽缰子就地⑫,如男子仪⑬,拜舞山呼。讫,复听鼓声,骗马而上。大抵禁庭如男子装者⑭,便随男子礼起居⑮。复驰骤团旋,分合阵子。讫,分两阵。两两出阵,左右使马,直背射弓,使番枪或草棒,交马野战⑯。呈骁骑讫⑰,引退。

【注释】

①黄院子:宋朝时内廷的杂役人员。

②宫监:宫禁,此借指宫女。马骑:骑兵。

③妙龄:青春年少。翘楚:语本《诗经·周南·汉广》:"翘翘错薪,言刈其楚。"笺:"楚,杂薪之中尤翘翘者。"本指高出杂树丛的荆树,后用以比喻杰出的人才或突出的事物。

④结束:装束,打扮。

⑤番段:即"番缎",指外国绸缎。段,同"缎"。窄袍:相对于宽袍而言,唐代士兵戎服中的一种即为盘领窄袍。

⑥莫非:没有一个不是,全都是。玉羁:玉做的马络头。金勒:金饰的带嚼口的马络头。

⑦鞯(jiān):马鞍下的垫子。

⑧驰骤:驰骋,疾奔。

⑨团转:绕着周围转。

⑩骁艺:犹马戏。

⑪中贵人:皇帝宠信的宦官。押队:北宋时,军队作战或教阅,编排

　　列队，临时设押队一职。神宗时实行将兵法和结队法，每二十队差押队使臣一名，简称"押队"，地位仅次于正、副将。北宋末至南宋，押队作为队的头领之一，战斗时引领全队作战。

⑫缰子：即缰绳，系马的绳索。

⑬如男子仪：宋人王楙《野客丛书·古者拜礼》："古者男女皆跪，男跪尚左手，女跪尚右手，以此为别。自唐武后尊妇人，始易今拜而不屈膝。"宋徽宗《宫词》其七十四写宫廷女子男装打毬，行男子礼仪："控马攀鞍事打毬，花袍束带竞风流。盈盈巧学儿男拜，惟喜先赢第一筹。"

⑭禁庭：亦作"禁廷"，即宫廷。

⑮起居：举动，行动。此有"行事"之意。

⑯交马：指马上交锋。野战：交战于旷野。此指在宝津楼前的空旷场地像野战一样交锋。

⑰骁骑：此指骁勇的骑术。按，"妙法院女童"为北宋宫廷女子马毬队。

【译文】

　　有几个身穿黄衣的老兵（称为"黄院子"），手执绣有龙的小旗帜在前面引导。由宫女组成的骑兵百余人，称为"妙法院女童"，全都是青春年少的美貌女子，装束却如同男子一般，头裹短顶头巾，身穿各色锦绣镶嵌金丝的番缎窄袍，系着红绿吊敦和腰带。所骑之马全都配着美玉络头、金制嚼子、名贵的马镫和华美的鞍垫，艳丽的色彩在日光下闪耀，队伍中飘来阵阵香风袭人。妙法院女童们疾驰至宝津楼前，绕场几圈，随着轻灵的鼓声，马上之人中也有呈献马戏的。宦官许畋担任押队，指挥女童们排成队列，听到鼓声一齐纵身下马，一手持握弓箭，一手揽住缰绳落到地面上，用男子的礼仪，向天子跪拜，三呼"万岁"。礼毕，重又听鼓声为令，一齐骗腿上马。大致来说，宫廷中的宫女穿男子装束者，就用男子的礼仪行事。重又疾驰旋转，忽分忽合，变换阵形。表演完毕，分成两阵。女童们两两出阵，左右两边放开战马，在马上挺直脊背弯弓射箭，用番枪或棍棒在马上像野战一样交锋。呈献骁勇骑术完毕,女童引退。

又作乐①,先设彩结小毬门于殿前②。有花装男子百余人,皆裹角子向后拳曲花幞头,半着红半着青锦袄子、义襕③、束带、丝鞋,各跨雕鞍花鞿驴子④,分为两队,各有朋头一名⑤,各执彩画毬杖,谓之"小打"⑥。一朋头用杖击弄毬子如缀⑦。毬子方坠地,两朋争占,供与朋头,左朋击毬子过门入孟为胜⑧,右朋向前争占,不令入孟。互相追逐,得筹谢恩而退⑨。续有黄院子引出宫监百余,亦如"小打"者,但加之珠翠装饰,玉带红靴,各跨小马,谓之"大打"⑩。人人乘骑精熟,驰骤如神,雅态轻盈,妍姿绰约⑪,人间但见其图画矣。呈讫⑫。

【注释】

①作乐:所用应为龟兹部鼓乐。据宋人李攸《宋朝事实·仪注》:"太平兴国五年,令有司详定打毬仪。三月,会鞠于大明殿,用其仪。……教坊设龟兹部鼓乐于两厢,鼓各以五。"

②先设彩结小毬门于殿前:据宋人李攸《宋朝事实·仪注》:"有司于毬场东西树双木为毬门,高丈余,首刻金龙,下施石莲花座,加以彩绘。"

③义襕:假襕。南宋洪迈《容斋随笔·人物以义为名》:"人物以义为名者,其别最多。……自外入而非正者曰'义','义父''义儿''义兄弟''义服'之类是也。衣裳器物亦然,在首曰'义髻',在衣曰'义襕''义领',合中小合曰'义子'之类是也。"襕,古代衣与裳相连的长衣下摆所加的作为下裳形制的横幅,称为"襕"。襕衫到膝处有一道接缝,称为"横襕",通常认为这道横襕是为恪

守衣裳古意而刻意所加。

④各跨雕鞍花韉(zhàn)驴子:跨驴击毬,应属对马毬的发展。《宋史·郭从义列传》中说:"从义善击毬,尝侍太祖于便殿,命击之。从义易衣跨驴,驰骤殿庭,周旋击拂,曲尽其妙。既罢,上赐坐,谓之曰:'卿技固精矣,然非将相所为。'从义大惭。"可见北宋初年,跨驴击毬会遭到嘲笑。但是驴毬还是发展起来,以至于后来出现专门饲养调训毬场用驴的"打毬驴骤务"。对此,宋人李攸《宋朝事实·仪注》中有这样的记载:"又有步击及跨驴骤击者,时令供奉,分朋戏于御前以为乐。后以打毬驴骤务名不经,改为击鞠院,军中之戏也。"雕鞍,华美的马鞍。韉,鞍下的垫子。

⑤朋头:游戏、竞赛中相对抗两队的首领。朋,游戏或竞赛时临时组成的集体。

⑥小打:即驴鞠,由马毬分化发展出来的一种打毬形式,毬手以驴为坐骑。

⑦缀:连缀。

⑧"毬子方坠地"几句:描写两队激烈争夺情形。宋徽宗有看打毬诗曰:"锦袍骏马晓棚分,一点星驰百骑奔。夺得头筹须正过,无令绰拨入斜门。"绰拨、斜门,皆打毬术语。按,此诗见于《三朝北盟会编》引曹勋《北狩闻见录》,是徽宗被掳北去至真定时应命所做。入孟,似应为"孟入",即"猛入"。据宋人曾慥《类说》引《纪异录》:"(后唐)庄宗召孟知祥镇成都。先是,蜀人打毬,一棒便入湖子者为'猛入',语讹为'孟入',得荫一筹。后孟氏尽得两蜀。"宋人吴处厚《青箱杂记》中则有"韩魏公(按,即韩琦)应举时,梦打毬,一棒孟入。时魏公年仅弱冠,一上登科,则一棒孟入之应也"。南宋熊克《中兴小记》引《闲居录》:"京师里巷作打毬戏,以一击入窠者为胜,谓之'孟入'。"结合"一棒便入湖子""一棒孟入""一击入窠"来看,所谓"猛入"或"孟入",即一竿进毬,

类似今天高尔夫球以最少杆数击球入洞者胜的规则。

⑨得筹谢恩而退：毬场上记录胜负的方式及礼仪。据宋人李攸《宋朝事实·仪注》记载太平兴国五年（980）所定打毬仪："设绣旗二十四于毬门两旁，又设虚架于殿东西阶下。每朋得筹，即取旗一，立架上以记之。"如果皇帝亲自上场，"上得筹，乐少止，从官呼'万岁'；群臣得筹，即唱好，得筹者下马称谢"。徽宗《宫词》其三："金鞍宝辔簇骅骝，乐奏相从共击毬。花帽两边成锦阵，谢恩长喜上头筹。"得筹，指竞赛中获得筹码，以所得筹码多少定胜负。

⑩大打：与以驴为坐骑的"小打"相对而言，指称传统的标准马毬比赛。

⑪妍姿：美好的姿态。绰约：柔婉美好的样子。

⑫呈讫：此指整场诸军百戏表演呈献完毕。

【译文】

乐队又奏起音乐，先在宝津楼前设置用彩缎扎成的小毬门。有百余位身穿彩色服装的男子，全都裹着角子向后拳曲的花幞头，一半人穿红色、一半人穿青色的锦袄子、义襕、束带，脚穿丝鞋，各自骑跨配有雕花鞍子、精美鞍垫的驴子，分为两队，各有一名领队，各自手持画有彩色图案的毬杖，称为"小打"。一方领队用毬杖击弄毬子，毬子就像连缀在毬杖上一样不落下来。毬子一旦坠落到地上，两队争相抢夺，然后传送给领队。左队击毬、一杖进门为胜，右边向前争抢，不让对方将毬击入毬门。两队相互追逐，最终以所得筹码领取赏赐，谢恩而退。接着，有黄院子引出宫女百余人，也如"小打"的形式，但是宫女们都用珍珠翠玉装饰，腰束玉带，脚蹬红靴，各骑小马，称为"大打"。人人骑术精湛娴熟，疾驰如神，神态优雅轻盈，风姿绰约柔美，人世间只能在图画中才能见到这般优美的场景。诸军百戏至此呈献完毕。

驾幸射殿射弓

【题解】

"幸金明池观水嬉"之后"习射琼林苑"或"宴射琼林苑",是北宋时期的常规流程。

早在先秦时期,"射"就是贵族的基本素养,被列为"六艺"之一,不仅是一种军事素养,也是一种礼仪。周代的射礼分为大射、宾射、燕射、乡射四种,天子"以射选诸侯,以射饰礼乐,以射观容志"(《唐会要》),"射礼"作为礼乐制度的重要组成部分,天子以射礼威慑诸侯、维护统治,儒家以射礼立德正己,塑造君子人格。

秦汉以后,随着中央集权的确立,治国之道发生变化,射礼渐趋衰落。秦朝和西汉都未举行大射礼,东汉明帝永平二年(59)初行大射礼,魏晋南北朝时期也多有举行射礼的记载,更偏重于军事演习功能,也就是《颜氏家训》所谓"弧矢之利,以威天下,先王所以观德择贤"。有唐一代,明确将"大射礼"列为"军礼"之一,共举行十七次,始于高祖,终于玄宗。射礼由嘉礼变成军礼,可以说是时代变化的结果。按照《周礼》的界定,两种礼仪的作用截然不同,"以军礼同邦国","以嘉礼亲万民",前者注重武力惩戒与征伐,后者注重与各方的交流。周代实行分封制,礼乐是维护这一制度的基础。秦灭六国、行郡县制以后,"礼"在国家政治生活中的作用渐趋衰落。即使是在唐代前期,射礼也长期处于虚设状态,直到景云三年(712)玄宗登基后,才举行了唐代历史上规模空前绝后的一次大射礼,射礼重新回到国家政治生活中。但是由于礼仪程序过于繁复,而且大臣多不善射,因而在具体实施中,礼官往往简化射礼程序,增加宴会内容,发展出"燕游小射"的形式,原本严谨的军事仪式变得充满了娱乐性。

唐玄宗开元二十年(732)颁布的《大唐开元礼·军礼》中,有"皇帝射于射宫"和"皇帝观射于射宫"两种,前者是皇帝随乐连射四箭,然后侍射者随乐连射四箭;后者是王公等在殿上随乐射四箭,四品以下于殿下射四箭。两种都是射中者受赏,不中者罚酒。在"皇帝射于射宫"条,附"燕游小射之礼",参与者"常服,不陈乐悬,不行会礼"。

北宋是射礼频繁举行的高峰期,不过主要采用《开元礼》中顺带提及的"燕游小射之礼",宋人称为"宴射"。特别是在太祖、太宗、真宗三朝,宴射极为频繁,太宗时期,确立了幸金明池观水戏之后幸琼林苑宴射的流程,真宗朝则在宴射中增添了文学气息,皇帝作诗赏赐近臣、大臣应制奉和,是这一时期的常规形式。

至于《大唐开元礼》中明确作为"军礼"的"皇帝观射",其实在北宋并未实行,性质上比较接近的,是雍熙元年(984)太宗"幸金明池,观习水战,因幸讲武台观射,赐武士帛"(《宋史·太宗本纪》),性质上类似《开元礼》中的"皇帝观射"。淳化四年(993),四川爆发了王小波、李顺起义,五年(994)八月初五,太宗命有司以《大唐开元礼》为基础,草定大射礼仪注。九月,有司完成《大射图》进奏,"帝览而嘉之,谓宰臣曰:'俟弭兵,当与卿等行之。'"太宗希望恢复"军礼"性质的"大射礼",不是以之作为威慑天下的军事手段,而是彰显和平的礼仪象征。不过大射礼并未付诸实施,因为起义扑灭不久,太宗就驾崩了。仁宗朝编纂国家礼典《太常因革礼》,也将"皇帝射于射宫"列于"军礼"之中,但在现实中从未实施。

北宋皇帝希望通过"射弓"表示"不忘武功",但又一直采用宴射形式,而且越来越重视宴会功能。徽宗大观三年(1109)编修《政和五礼新仪》，"皇帝宴射仪"被列入"嘉礼"之中，说明对"射礼"功能的界定发生了颠覆性变化，成为和合君臣关系、沟通联络感情的礼仪。"皇帝宴射仪"规定王公大臣、驸马宗亲都要到场，与会之人都要射箭，礼仪程序非常繁复。但是看孟元老所记徽宗"驾幸射殿射弓"，却只是极其简单的"皇帝亲射"而已。

徽宗还有《宫词》一首，记录自己治国理政之余练习射箭的情景："弓矢寻常锁太清，三山相对射侯明。乘闲自习和容艺，金碗时闻中的声。""和容"谓能合《雅》《颂》之乐，出自《周礼·地官·乡大夫》："以乡射之礼，五物询众庶，一曰和，二曰容，三曰主皮，四曰和容，五曰兴舞。"徽宗心目中的"射礼"，的确是复古到了西周礼乐文明的时代。

　　驾诣射殿射弓[1]。垛子前列招箭班二十余人[2]，皆长脚幞头、紫绣抹额[3]、紫宽衫、黄义襕[4]，雁翅排立[5]。御箭去则齐声招舞[6]，合而复开，箭中的矣[7]。又一人，口衔一银碗，两肩、两手共五只。箭来皆能承之[8]。射毕，驾归宴殿。

【注释】

①射殿：应指金明池水心殿。北宋杨亿《应制赋射弓诗》："水涨方塘绿，花开禁籞红。同瞻万乘主，亲御六钧弓。曲应《驺虞》节，春回太皞功。还须殪大兕，何只落惊鸿。一箭天山定，三边虎穴空。浔阳射蛟者，宁与此时同。"

②垛子：亦称"射垛"或"箭垛"，土筑的箭靶子。招箭班：北宋禁军番号，属于殿前司诸班之一。其职责是禁卫皇宫，另外也有为外国使者表演射技或陪伴皇帝射弓娱乐的任务。

③抹额：也称"额带""发箍""头箍""眉勒""脑包"，为束在额上的巾饰，一般多饰以刺绣或珠玉。抹额最早为北方少数民族所创的避寒之物，《后汉书·舆服志下》注引胡广曰："北方寒凉，本以

貂皮暖额,附施于冠,因遂变成首饰。"此即抹额之滥觞。唐宋时期,抹额作为男子幞头内所衬的头饰,官阶不同,抹额的色彩、工艺也不相同,如宋代教官用红绣抹额、招箭班为紫绣抹额等。

④黄义襕:北宋王得臣《麈史·礼仪》:"衣冠之制,上下混一。尝闻杜祁公欲令人吏、伎术等官,少为差别。后韩康公又议改制,如人吏公袍裈加袯,俗所谓'黄义襕'者是也。"

⑤雁翅排列:大雁飞行时的行列,喻排列整齐。

⑥招舞:此指呼喊舞蹈。

⑦的:箭靶。

⑧承:接,受。此指接住。

【译文】

天子前往射殿射箭。射殿的箭垛子前面排列着二十几个招箭班的军士,全都戴长脚幞头,头束紫色刺绣抹额,穿紫色宽衫,外加黄色义襕,像大雁飞行那样整齐排列。御箭飞过去,招箭班的军士们便齐声欢呼舞蹈,他们聚合而后重又分开,此时箭已射中靶子了。又有一个人,口中衔着一只银碗,两肩、两手各放一只,共有五只银碗。箭射过来,都能用碗接住。射箭完毕,天子车驾重又回到宴殿。

池苑内纵人关扑游戏

【题解】

本条以"池苑内纵人关扑游戏"为题,介绍金明池、琼林苑向公众开放期间的各种活动,以类似博彩游戏的关扑为重点。按照孟元老的描述,所扑物品五花八门,所开出的赔率之高令人瞠目,还有提供赌具、以霸气绰号闻名东京城的大小庄家。北宋前期,因为关扑的负面影响太大,曾经严厉禁止这种活动。后来禁赌法律日渐废弛,熙宁变法期间酒类官卖,官吏甚至有意利用关扑作为诱导民众消费的手段,其结果正如苏轼在奏章中所言,"官吏无状,……或关扑卖酒牌子,农民至有徒手而归者"(《乞不给散青苗钱斛状》)。鉴于关扑已成习俗,官府在特定节日放开禁令,不过也仅限于"元正、冬至、寒食三节,开封府出榜放三日"(宋人赵彦卫《云麓漫钞》),金明池却"自三月一日至四月八日闭池",关扑无虚日,俨然一块法外之地。孟元老在此处用一"纵"字,表面上是写政府在这段时间内允许在此关扑,实际上也有"有意纵容"民众关扑以从中渔利之意。

重点介绍关扑之后,又附带提及以下情况:

池苑所进奉池塘、园苑中出产的物品以供皇帝赏赐,后苑作进献由其打造的精巧小龙船以为应景之物。按照北宋的机构设置,池苑所和后苑作的进奉都属正常履职,但是在徽宗朝,这些部门都由宠臣和宦官把控,中官杨戬就曾提举后苑作。这些人打着满足皇室需求的旗号牟取私利,且不说装饰池苑的花石纲穷竭民力,各类造作之物极尽奢华,而且主管官员从中虚报冒领,更是常规操作。

随驾艺人在金明池的精彩表演。这些表演供开京城民免费观看,堪称公众福利。但是,联系后面介绍"池上饮食"以及占尽优越位置的酒家,这些表演其实是招徕顾客的手段,亦即苏轼奏章中所谓"设鼓乐倡优"之法。这些酒家和饮食摊贩能够开到池苑之中,自然也要接受池苑所的管控。

最后还有池游活动。池上水教结束后,各类船只就成为明码标价的租赁设施,而这笔租金是不可能列入北宋政府官方收入的。"岁岁开园成故事,年年行乐不辜春",徽宗皇帝与民同乐、东京市民纵享繁华的金明池,笼罩着权力织就的金钱暗网,孟元老在此只不过悄悄掀开了一角。

　　池苑内,除酒家艺人占外,多以彩幕缴络①,铺设珍玉、奇玩②、匹帛、动使、茶酒器物关扑。有以一笏扑三十笏者③。以至车马地宅、歌姬舞女,皆约以价而扑之④。出九和合⑤,有名者任大头、快活三之类⑥,余亦不数。

【注释】

①缴络:应指用丝络交错编织。缴,缠绕。

②奇玩:供玩赏的珍品。

③以一笏扑三十笏:犹言以一赌三十,意即关扑的赔率最高可以达到一赔三十。笏,本指手版,也可用作量词。

④约以价而扑:约定一个价格,就可以用来赌博。

⑤出九:亦作"出玖",指提供赌具。"玖"是像玉一样的浅黑色石头,可作骰子等赌具。南宋程大昌《演繁露·投五木琼橪玖骰》中说:"古惟斫木为子,一具凡五子,故名'五木'。后世转而用石、用玉、用象、用骨,故《列子》之谓'投琼',律文之谓'出玖'。凡琼与玖,

皆玉名也。"和合：指聚众赌博。

⑥快活三：宋元方言称体胖者。宋人张知甫《张氏可书》："邓知刚任待制，守军器监。形貌魁伟，每以横金炫众，未尝衣衫。京师谚曰：'不着凉衫，好个金稜快活三。'盖一时目肥人为'快活三'也。"

【译文】

金明池内，除了酒家、艺人所占场地之外，大多用彩色幕帐交错连接，里面铺设珍宝美玉、奇异珍玩、各类丝织品、日常用具、茶酒器具等，作为博戏的物品。甚至有以一赌三十的情况。甚至车马、田地屋宅、歌儿舞女，都可以约定价钱，用来赌博。提供赌具、聚众赌博的人，有名的有任大头、快活三等人，其余也不一一细数了。

池苑所进奉鱼①、藕、果实，宣赐有差②。后苑作进小龙船③，雕牙缕翠④，极尽精巧。

【注释】

①池苑所：管理琼林苑和金明池的机构。应为徽宗朝所设诸局所之一，由其宠臣和宦官控制。

②宣赐：帝王赏赐。有差：不一，有区别。

③后苑作：指后苑造作所，官署名，分生色、缕金等七十四作，掌制造宫廷及皇属婚娶名物。监官三人，以内侍充任。掌园圃、池沼、台殿以备游幸，是其职责之一。宋徽宗《宫词》其七十五："苑作群工各述劳，纤纤奇巧斗相高。花钿虽盛珠珍数，不使伤生用羽毛。"

④雕牙缕翠：雕琢象牙，镂刻翠玉，作为装饰。缕，当作"镂"，雕刻。

【译文】

池苑所进献鲜鱼、莲藕以及各类果实，天子赏赐臣下，数量不等。后苑造作所进献的小龙船，雕琢象牙、镂刻翠玉作为装饰，极尽精细巧妙之能事。

随驾艺人池上作场者①,宣、政间②,张艺多、浑身眼、宋寿香、尹士安小乐器③,李外宁水傀儡④,其余莫知其数。

【注释】

①作场:在空地上表演献艺。

②宣、政间:宣和、政和,均为宋徽宗年号。"政和(1111—1118年十月)"在前,"宣和(1119年二月—1125年)"在后,中间还有短暂的"重和(1118年十一月—1119年二月)"年号。"政、宣"的顺称之式与"宣、政"的逆数之式,并见于南宋文献。总的来看,南宋人回忆北宋最后的繁华,往往以近溯远,多称"宣、政",称"政、宣"者为少。

③小乐器:一两种乐器合奏。南宋耐得翁《都城纪胜·瓦舍众伎》:"小乐器,只一二人合动也,如双韵合阮咸,稽琴合箫管。"

④李外宁水傀儡:水傀儡为宋代傀儡戏,舞台设于船上,木偶表演钓鱼、划船、击球、舞旋等技艺。李外宁为北宋末年表演水傀儡的著名艺人,也善作药法傀儡。

【译文】

跟随天子在金明池现场表演的艺人,宣和、政和年间,有张艺多、浑身眼、宋寿香、尹士安等人演奏小乐器,李外宁表演水傀儡,其余的不知道有多少人。

池上饮食:水饭①、凉水菉豆②、螺蛳肉饶梅花酒③、查片、杏片、梅子、香药脆梅④、旋切鱼脍⑤、青鱼、盐鸭卵、杂和辣菜之类⑥。

【注释】

①水饭:犹今之泡饭。

②凉水菉豆：绿豆汤。

③螺蛳肉饶梅花酒：买螺蛳肉送梅花酒。螺蛳，性寒、味甘、无毒，具有清热、利水、明目的功效。梅花酒，南宋吴自牧《梦粱录·茶肆》中记载南宋临安茶肆"暑天添卖雪泡梅花酒，或缩脾饮、暑药之属"，南宋周密《武林旧事·凉水》列述当时的冷饮名称，亦有"雪泡缩脾饮、梅花酒、五苓大顺散、香薷饮、紫苏饮"等，可知梅花酒为暑天的一种清凉饮料。

④香药脆梅：用香料、药材腌制的梅子。

⑤旋切鱼脍：现场制作的生鱼片。

⑥杂和辣菜：犹今之什锦辣菜。

【译文】

金明池出售的饮食：水饭、凉水绿豆汤、螺蛳肉附送梅花酒、查片、杏片、梅子、香药脆梅、现切生鱼片、青鱼、盐鸭蛋、杂和辣菜之类。

　　池上水教罢①，贵家以双缆黑漆平船、紫帷帐，设列家乐游池②。宣、政间，亦有假赁大小船子，许士庶游赏，其价有差。

【注释】

①水教：水上操练，教阅。

②家乐：指富豪之家蓄养的歌妓。

【译文】

　　金明池水上教阅结束后，富贵之家用系着双缆的黑漆平底船，张设紫色帷帐，陈列家中乐班的歌妓游池。宣和、政和年间，也有大小船只可以租赁，准许士人庶民到金明池游览赏玩，租船价格多少不等。

驾回仪卫

【题解】

本条题目"驾回仪卫",实则只有"前后从驾臣寮、百司仪卫,悉赐花"一句,简直敷衍了事,只有"从驾"之人所戴价值不菲的"赐花"算是亮点。这些赐花造价极其昂贵,由中官杨戬提举的后苑作负责制作,一次赏赐靡费几何,主管官员从中贪污多少,徽宗本人都未必知道。

"驾回仪卫"后半段切换到"游人士庶,车马万数"的场景,更耐人寻味:披着凉衫的妓女逾越礼制公然骑马,后面跟着跨马的少年狎客;俗称"花褪马"的文身恶少年,在街道上纵马横冲直撞……北宋皇家在金明池与琼林苑的活动,虽以彰显太平盛世、与民同乐为宗旨,但是孟元老挑出妓女、狎客、恶少之流,以及传统认为不合礼制的车马舆服,与皇帝的"驾回仪卫"放在一起大书特书,潜台词也未免太丰富了,表面像是纪实,实则更像使用"镜头拼接"的手法来暗示某种倾向。而且,这段文字中还有一个重点,就是那匹靠着撒娇卖萌耍脾气"要官"、徽宗欣然敕赐"龙骧将军"的御马。

"龙骧将军"最早出现在西晋时期,是晋武帝封给王濬的官职。武帝与驻守襄阳的羊祜商议灭吴方案,羊祜认为伐吴需借长江上游形势,建议任用益州刺史王濬训练水军。武帝听从建议,封王濬为龙骧将军,造战船,练水军。之所以用"龙骧将军"这个名号,与东吴流传的童谣有关:

"阿童复阿童,御刀浮渡江。不畏岸上兽,但畏水中龙。""水中龙"暗示伐吴当用水军,王濬的小名正是"阿童"。结果正如刘禹锡《西塞山怀古》一诗所言:"王濬楼船下益州,金陵王气黯然收。千寻铁锁沉江底,一片降幡出石头。"王濬确实表现出"神龙骧首奋翼"的威武气概。西晋的龙骧将军为三品将军,著武冠,裹黑色平巾帻,佩水苍玉。徽宗幸金明池观水戏,封黑色御马为龙骧将军,虽是胡闹,却也贴切应景。

驾回,则御裹小帽,簪花乘马。前后从驾臣寮、百司仪卫,悉赐花①。大观初②,乘骢马至太和宫前③,忽宣小乌。其马至御前,拒而不进,左右曰:"此愿封官。"敕赐龙骧将军④,然后就辔⑤。盖小乌,平日御爱之马也。

【注释】

① "驾回"几句:此处描写宋徽宗从金明池回宫时的场景,特别突出自皇帝到随从全都簪花的习俗。簪花是古人的一种头饰,所簪之花,可以是鲜花,也可以是绢花、罗花、缎花等假花。不仅妇女可以戴簪花,两宋时期男子簪花也很流行。在一些重大宴会活动上,皇帝还会赐花给百官,以示恩泽。据宋人蔡絛《铁围山丛谈》:"国朝燕集,赐臣僚花有三品:……幸金明池琼花,从臣皆扈跸而随车驾,有小燕,谓之'对御'。凡对御,则用滴粉缕金花,极其珍巧矣。又赐臣僚燕花,率从班品高下,莫不多寡有数。至滴粉缕金花为最,则倍于常所颁。"至南宋后期,太后寿宴,理宗还"赐宰臣百官及卫士、殿侍、伶人等花,各依品位簪花。上易黄袍小帽儿,驾出再坐,亦簪数朵小罗帛花帽上。宰臣以下起居坐。有诗咏曰:'玉带黄袍坐正衙,再颁花宴侈恩华。近臣拜舞瞻龙表,绛蕊高笼压帽纱。'"(南宋吴自牧《梦粱录·宰执亲王南班百官入内上寿赐宴》)臣寮,百官,百吏。寮,后多作"僚"。百司,百官。

②大观：宋徽宗年号，1107—1110年。按，南宋周煇《清波杂志》也
　　有"龙骧将军"的记载，然所记时间与《梦华录》不同："崇宁三年，
　　驾幸金明池，乘乌马还内，道路安平，赐名龙骧将军。"

③骢（cōng）马：青白色相杂的马。太和宫：女道士观，在州城西部
　　的洪桥子大街。

④敕：自上命下之词，特指皇帝诏书。龙骧将军：古代武职官名。始
　　于西晋武帝伐吴，因吴童谣"不畏岸上兽，但畏水中龙"之语，故
　　拜益州刺史王濬为龙骧将军，使其造船备战。南北朝时广泛沿置，
　　地位高下不一。隋代以后无此官职。据《南齐书·高帝纪上》，
　　齐高帝萧道成所乘赤色骏马，曾受封此号。宋徽宗《宫词》其
　　六十五中写到龙骧马："三月西城淑景多，羽林旌旆拥鸣珂。珠鞍
　　玉镫龙骧进，宝苑珍亭喜一过。"北宋王仲修《宫词》则说："西池
　　曼衍鱼龙戏，燕罢回銮近夕阳。路远不乘双凤辇，玉鞍珠镯御龙
　　骧。"龙骧，亦作"龙襄"，昂举腾跃貌。

⑤就辔：此指小乌允许人牵缰绳，即允许皇上骑乘。就，靠近。

【译文】

　　天子车驾回宫，则围裹便帽，帽上插花，骑乘御马。车驾前后随从
的臣僚、百官以及仪仗卫队成员，全都赐花。大观初年，徽宗骑乘骢马走
到太和宫前，忽然宣召小乌马。那匹马来到皇上面前，却拒不前进，左右
侍从说："这是希望能被封官。"于是徽宗下诏赐给小乌马龙骧将军的封
号，然后小乌才顺从地让人牵起缰绳。那是因为小乌是徽宗平日里心爱
之马。

　　莫非锦绣盈都，花光满目，御香拂路，广乐喧空①，宝骑
交驰，彩棚夹路。绮罗珠翠②，户户神仙；画阁红楼③，家家
洞府④。游人士庶，车马万数。妓女旧日多乘驴⑤，宣、政间
惟乘马，披凉衫⑥，将盖头背系冠子上⑦。少年狎客往往随后⑧，

亦跨马,轻衫小帽。有三五文身恶少年控马⑨,谓之"花褪马"⑩。用短缰促马头刺地而行⑪,谓之"鞅缰"。呵喝驰骤,竞逞骏逸⑫。游人往往以竹竿挑挂终日关扑所得之物而归。仍有贵家士女,小轿插花,不垂帘幕。自三月一日至四月八日闭池,虽风雨亦有游人,略无虚日矣⑬。

【注释】

①广乐:盛大之乐。

②绮罗:泛指华贵的丝织品。

③画阁:彩绘华丽的楼阁。

④洞府:道教称神仙所居的地方。

⑤妓女旧日多乘驴:宋人王栐《燕翼诒谋录》中介绍北宋初年官员阶层的交通情况:"国初,士大夫往往久任,亦罕送迎。小官到罢,多芒屦策杖以行。妇女乘驴,已为过矣。"普通官员的家属,能够乘驴远行,都属奢侈之举。北宋江休复《嘉祐杂志》记载司马光关于"旋裙"在北宋流行的看法,"妇人不服宽袴与襜。制旋裙必前后开胯,以便乘驴。其风始于都下妓女,而士大夫家反慕之,曾不知耻辱如此",可证"妓女乘驴"的习俗。

⑥凉衫:用褐绸制成的便服,用以代替"毳袍"(毛制长衣),穿着更为凉爽。据北宋神宗时翰林学士韩维说:凉衫始于宫廷近臣,渐及士人,以至于枢密院和中书门下的高官们也纷纷穿起凉衫,用以遮护朝服。但是自己认为这种服制不合礼制,独不肯服(见北宋江休复《嘉祐杂志》)。北宋沈括《梦溪笔谈》中也说"近岁京师士人朝服乘马,以黪衣蒙之,谓之'凉衫'",但他认为"亦古之遗法也"。据孟元老此处所载,北宋末年,连妓女也披凉衫了。

⑦盖头:旧时妇女外出时,用以蔽尘的面巾披肩。南宋周辉《清波别志》:"妇女步通衢,以方幅紫罗障蔽半身,俗谓之'盖头'。"冠子:

古代贵族妇女所戴的一种帽子。

⑧狎客：嫖客。

⑨恶少年：恶少，品行恶劣的年轻男子。控马：驾驭马匹，骑马。

⑩花褪马：应为"花腿马"，形容腿上有大量纹身覆盖，是北宋时期纹身之风盛行的产物。据北宋庄绰《鸡肋编》，南宋将领张俊曾将所部精壮士兵从臀下至足刺上花纹，谓之"花腿"："车驾渡江，韩（世忠）、刘（光世）诸军皆征戍在外，独张俊一军常从行在。择卒之少壮长大者，自臀而下文刺至足，谓之'花腿'。京师旧日浮浪辈以此为夸。"

⑪刺：插。此似为"擦"之意。

⑫逞：显示，夸耀。骏逸：疾速奔驰。

⑬略：全，皆。虚日：空闲的日子，间断的日子。

【译文】

那些日子，都城里处处充盈锦绣，满眼皆是花光，御香轻拂路面，音乐响彻天空，宝马交相驰骋，彩棚排满街道。每一户都是绮罗珠翠，仿佛天仙所居；每一家都是画阁红楼，如同神仙洞府。游人不论士子还是平民，乘车骑马，数以万计。妓女往日大多乘驴，宣和、政和年间只乘马，身披凉衫，将盖头披在背后，系在冠子上。少年嫖客往往跟随在后面，也骑着马，身穿轻衫，头戴便帽。有三五个纹身的轻浮少年操控马匹，称为"花褪马"。用短缰绳迫使马头擦地而行，称为"鞚缰"。这些人大声吆喝，纵马飞奔，竞相夸耀坐骑的迅捷俊逸。游人们往往用竹竿挑着一整天博戏所得的物品返回城里。还有富贵之家的妇女，乘坐的小轿上插着花朵，并不垂下轿子的帘幕。从三月初一日至四月八日金明池闭池，即使刮风下雨，池中也有游人，全无间断的日子。

是月季春①，万花烂熳，牡丹、芍药②、棣棠③、木香④，种种上市。卖花者以马头竹篮铺排，歌叫之声，清奇可听⑤。

晴帘静院,晓幕高楼,宿酒未醒^⑥,好梦初觉,闻之莫不新愁易感,幽恨悬生^⑦,最一时之佳况。诸军出郊,合教阵队^⑧。

【注释】

①季春:春季的最后一个月,农历三月。

②芍药:花大且美,有芳香,花期四至五月。古人评花"牡丹第一,芍药第二",谓牡丹为"花王",芍药为"花相"。因为芍药开花较迟,故又有"殿春"之称。

③棣棠:暮春开花,金黄色,单生于短枝顶端。

④木香:蔓生,春末夏初开白色或黄色花,略有香气。宋人朱弁《曲洧旧闻》:"木香有二种,俗说檀心者为酴醾,不知何所据也。京师初无此花,始禁中有数架,花时民间或得之相赠遗,号'禁花',今则盛矣。"北宋"苏门四学士"之一的张耒有《木香》诗:"紫皇宝辂张珠帏,玉女熏笼覆绣衾。万紫千红休巧笑,人间春色在檀心。"

⑤歌叫之声,清奇可听:宋徽宗《宫词》其二十九写开封城中的卖花声:"娇云溶漾作春晴,绣毂清风出凤城。帘底红妆方笑语,通衢争听卖花声。"南宋亡国遗民陈著有《夜梦在旧京,忽闻卖花声有感,至于恸哭,觉而泪满枕上,因趁笔记之》诗,起首也有对故都临安卖花之声的描写:"卖花声,卖花声,识得万紫千红名。与花结习夙有分,宛转说出花平生。低发缓引晨气软,此断彼续春风萦。"

⑥宿酒:隔夜仍使人醉而不醒的酒力。

⑦悬生:凭空而生。

⑧合教:共同操练。

【译文】

这个月已是暮春,万花烂漫,牡丹、芍药、棣棠、木香,种种鲜花上市。卖花人用马头竹篮摆放鲜花,歌唱着的卖花之声,清新奇妙,十分动听。

置身于幽静的庭院，晴暖的阳光照着垂帘，或是在那楼阁之上，拂晓的霞光映着帷幕，隔夜的酒力还没醒透，刚从美好的梦景中惊觉，闻听这卖花之声，都很容易触动新愁，平添幽恨。那一刻，真是最难得的美妙景况。这个月，驻防东京的那些军队也都出城，到郊外进行战阵队形的联合演习。

卷八

四月八日

【题解】

本条标题中的"四月八日",是佛教认为佛祖释迦牟尼的生日。据《过去现在因果经》记载,释迦牟尼的母亲摩耶夫人临近产期之时,路经蓝毗尼园,行至无忧树下,诞生了悉达多太子。这位太子一出世便与众不同,一手指天,一手指地,大地为之震动,难陀和优波难陀龙王吐清净水,灌太子身(一说九龙吐水为之沐浴)。悉达多王子长大后离开皇宫,在菩提树下静坐七天七夜,悟道成佛,以余生岁月走遍恒河流域,向各阶层说法教化,被尊称为"释迦牟尼",意为释迦族的圣人。释迦涅槃之后,佛教徒们便在其诞生之日举行浴佛仪式,一则为了纪念佛祖,二则人们认为浴佛之水是吉祥水,参加浴佛活动的僧俗用此水滴在头顶,能生清净之心,荡去昏沉之业。千余年来,浴佛仪式在印度相沿成习。东汉时期佛教传入中国,浴佛节遂成为沿丝路东传的第一个宗教节日。南北朝时期,浴佛活动得到皇家的赞助与支持,皇帝甚至亲自参加,浴佛节活动极其热闹与奢华。

到了宋代,浴佛习俗仍很流行。当时人把"四月八日"称为"浴佛日",甚至衍生出一系列词汇,比如称这一时期的天气为"浴佛天",苏轼《南歌子》中有"烘暖烧香阁,轻寒浴佛天";称这一时段的降雨为"浴佛雨",比如葛绍体《四月八日永嘉卢子高酿西湖》中有"飞来几点浴佛雨,湿住杨花粘落红"的诗句。南宋中期人袁说友的《慈感寺四月八日浴佛会》诗,写出当时浴佛的场景与体悟:"一刹传经地,诸天诞佛辰。犹将清净水,更浴涅盘身。居士应无垢,菩提各有因。要须凭苦海,万里涤情尘。"直到南宋末年,文天祥还有《四月八日》诗:"今朝浴佛旧风流,身落山前第一州。赣上瑶桃俄五稔,海中玉果已三周。人生聚散真成梦,世事悲欢一转头。坐对薰风开口笑,满怀耿耿复何求。"

孟元老在"四月八日"这个标题下,只用寥寥数语,简介东京十大禅院以浴佛水赠送信徒之事,却没有详细描写,这可能与宋徽宗推行崇道抑佛的政策有关。此后便转入对"浴佛节"气候特征与饮食习俗的介绍,特别写到东华门以新上市的茄瓠供奉禁中,"一对可直三五十千",是对卷一"大内"条中"茄瓠之类新出,每对可直三五十千,诸阁分争以贵价取之"的再次强调,可见孟元老对北宋后期宫廷奢靡消费的深刻印象。

　　四月八日,佛生日①,十大禅院②,各有浴佛斋会③,煎香药糖水相遗,名曰"浴佛水"④。

【注释】

①四月八日,佛生日:释迦牟尼的诞生日,中国汉族地区相传一般认为是农历四月初八日,称"佛诞节",亦称"浴佛节""龙华会"。佛寺届时举行诵经法会,并根据"佛生时龙喷香雨浴佛身"的传说,以各种名香浸水,浇洗佛像,并供养各种花卉。同时,还有斋会、结缘、放生、求子等活动。宋代释道生在《偈颂》中描述说:"我佛生辰四月八,地涌金莲随步发。天上天下独称尊,微妙真机俱漏泄。雪山成道度众生,四十九年无剩说。滔滔苦海架舟航,杳杳昏衢悬日月。"南宋释师范《偈颂》中有"今朝又值四月八,天下丛林皆浴佛"之语,释祖钦也有"四月八,生悉达。九龙吐水浴金躯"的描述。

②十大禅院：北宋汴京禅院多达数十所，《宋会要辑稿·道释一》记载仁宗天圣二年（1024）二月诏在京寺观特剃度名额，寺院依次提及开宝寺、相国寺、太平兴国寺、天清寺、景德寺、显宁寺、显净寺、显圣寺、报恩寺、启圣院、定力院、实相院、观音院、天寿院、皇建院、普净院、洪福院、普安院、等觉院、奉先资福院、鸿禧院、长庆院、护国院、广福院、光教院、乾明寺、崇夏寺、崇真资圣院、妙觉院等。此处"十大禅院"应指最著名的十大寺院，因宋人对此鲜有记载，无法确指。

③浴佛：佛教信徒在释迦牟尼生日这天，用拌有香料的水灌洗佛像，称为"浴佛"，亦称"灌佛"。浴佛的起源，源于悉达多太子在蓝毗尼园无忧树下（亦称"婆罗树"或"波罗叉树"）降生时，九龙（亦说二龙）吐水洗浴圣身的传说。南朝梁代宗懔《荆楚岁时记》："荆楚以四月八日，诸佛寺各设会，香汤浴佛，共作龙华会，以为弥勒下生之征也。"斋会：禅寺在特定日子举行的集会。《后汉书·陶谦列传》："每浴佛，辄多设饮饭，布施于路。"

④浴佛水：浴佛日浴洗佛像的香汤。唐人宝思惟译《浴像功德经》中说："若欲沐像，应以牛头栴檀、紫檀、多摩罗香、甘松、芎䓖、白檀、郁金、龙脑、沉香、麝香、丁香，以如是等种种妙香，随所得者，以为汤水，置净其中。先作方坛，敷妙床座，于上置佛。以诸香水次第浴之。用诸香水周遍讫已，复以净水于上淋洗。其浴像者，各取少许洗像之水置自头上，烧种种香以为供养。初于像上下水之时，应诵以偈：'我今灌沐诸如来，净智功德庄严聚。五浊众生令离垢，愿证如来净法身。'"

【译文】

四月八日，是释迦牟尼佛的生日，京城中十大禅院，各自都要举行浴佛斋会，煎熬放有香药的糖水，赠送给前来参加浴佛斋会的人，这种香水称为"浴佛水"。

逦迤时光昼永①，气序清和②。榴花院落③，时闻求友之
莺；细柳亭轩，乍见引雏之燕④。在京七十二户诸正店，初卖
煮酒⑤，市井一新。唯州南清风楼，最宜夏饮。初尝青杏⑥，
乍荐樱桃⑦，时得佳宾，觥酬交作⑧。

【注释】

①逦迤（yǐ lǐ）：渐次，逐渐。

②气序：气候。清和：清朗和暖。

③榴花：石榴花，入夏方开。

④雏：泛指幼鸟。

⑤初：开始。煮酒：煮酒新熟，指新酒。南宋范成大《冬日田园杂兴》
中说"煮酒春前腊后蒸"，即指冬酿春熟之酒。在宋代，"煮酒"经
常出现在与春天有关的诗歌中，比如晏殊《诉衷情》"青梅煮酒斗
时新。天气欲残春"、苏轼《赠岭上梅》"不趁青梅尝煮酒，要看细
雨熟黄梅"、陈著《念奴娇》"趁取酴醾新煮酒，烧笋煎花为具"等。

⑥青杏：尚未完全成熟的杏子，因颜色青绿，俗称"青杏"。

⑦乍：刚，开始。与上文"初尝青杏"中的"初"字同义。荐：送上，
进献。樱桃：樱桃成熟于五六月份，以其"先百果而熟，故古人多
贵之"（北宋苏颂《本草图经》）。宋徽宗《宫词》其四十二写樱桃：
"清和景物称游遨，金屋亭亭瑞日高。节物应时来别院，合中连络
进樱桃。"

⑧觥（gōng）酬：犹酬酢，主客相互敬酒。

【译文】

渐渐地白昼越来越长，气候清明和暖。榴花盛开的院落，不时听到
黄莺求偶的啼鸣；细柳轻拂的亭轩，偶然可见带领雏鸟的飞燕。在京城
中的七十二户著名酒店，开始出售新熟的酒，整个市面为之一新。特别
是州城南面的清风楼，最适宜夏日宴饮。人们开始尝到青杏，吃到樱桃，

时而遇到佳宾胜友,觥筹交错,开怀畅饮。

　　是月,茄瓠初出上市,东华门争先供进,一对可直三五十千者①。时果则御桃②、李子、金杏③、林檎之类④。

【注释】

①"茄瓠初出上市"几句:东华门为皇宫东门,门外即是市场,本书卷一"大内"条中说:"东华门外市井最盛,盖禁中买卖在此。凡饮食、时新花果、鱼鰕鳖蟹、鹑兔脯腊、金玉珍玩、衣着,无非天下之奇。……其岁时果瓜蔬茄新上市,并茄瓠之类新出,每对可直三五十千,诸阉分争以贵价取之。"茄瓠,茄子和瓠子。

②时果:时令水果。御桃:果名。宋人袁文《瓮牖闲评》:"今之小金桃名曰'御桃'。汉献帝自洛迁许,许州有小李,色黄,大如樱桃。帝爱而植之,亦曰'御桃'。"

③金杏:杏的一种。唐人段成式《酉阳杂俎·木篇》:"济南郡之东南,有分流山,山上多杏,大如梨,色黄如桔,土人谓之'汉帝杏',亦曰'金杏'。"

④林檎:也作"林禽",又名"花红""沙果",是北方常见的水果。

【译文】

　　这个月,茄子、瓠子等时鲜蔬菜开始上市,东华门集市上,争先进献宫廷,每一对可值三五十千钱。时令水果则有御桃、李子、金杏、林檎等。

端午

【题解】

"端午"原名"端五节",在农历五月五日,传统上是全年四大节之一。据统计,端午节的名称多达二十几个:唐玄宗八月初五生,出于避讳,改"端五"为"端午";又名"端阳节""重五节""重午节""天中节"等。关于端午节的来源,各地说法不一:有说纪念介之推、伍子胥、曹娥等,但多以为纪念战国时期楚国的爱国诗人屈原。端午节的习俗,有赛龙舟、包粽子、饮雄黄酒等。

古人之所以重视端午节,在很大程度上是出于畏惧。古代民间称五月为"恶月",此时天气迅速变热,日照强烈,容易出现各种瘟疫和疾病。因此,端午节庆的目的之一就是转"恶"为安,体现在各种节物与习俗中。孟元老所记北宋东京流行的"端午节物",包括佩饰或头饰、屋宇装饰物以及各类食物等,很多都一直流传到今天。宋代写"端午"的诗词也不胜枚举,可与孟元老的记载相印证。北宋著名文学家苏轼似乎对端午节情有独钟,他有著名的《浣溪沙·端午》词:"轻汗微微透碧纨,明朝端午浴芳兰。流香涨腻满晴川。　彩线轻缠红玉臂,小符斜挂绿云鬟。佳人相见一千年。"即使在贬谪黄州期间,也写下"好将沉醉酬佳节,十分酒、一分歌"的诗句。"苏门四学士"之一的晁补之《永遇乐》,更有极为详细的描写:"红日葵开,映墙遮牖,小斋端午。杯展荷金,簪抽笋玉,幽事还数。绿窗纤手,朱杏轻缕。争斗彩丝艾虎。 想沉江怨魄归来,空惆怅、对菰黍。朱颜老去,清风好在,未减佳辰欢聚。趣蜡酒深斟,菖蒲细糁,围坐从儿女。还同子美,江村长夏,闲对燕飞鸥舞。算何须、楚王雄风,方消畏暑。"

　　端午节物①:百索②、艾花③、银样鼓儿④、花花巧画扇⑤;香糖果子⑥、粽子⑦、白团⑧;紫苏⑨、菖蒲⑩、木瓜⑪,并皆茸切⑫,以香药相和,用梅红匣子盛裹。

【注释】

①端午:即端午节。节日里有赛龙舟、包粽子、饮雄黄酒等习俗。节物:应节的物品。

②百索:用五色丝线编结的索状饰物,亦名"长命缕",端午节佩戴以避邪祟。唐代如韩鄂《岁华纪丽·端午》有"百索绕臂,五彩缠筒"的记载;窦叔向《端午日恩赐百索》诗则反映了唐代帝王于端午节赏赐臣下"仙官长命缕"的做法。宋代高承《事物纪原·岁时风俗》也记载:"汉五月五日,以朱索五色印为门户饰,以禁止恶气。今有百索,即朱索之遗事也。盖始于汉,本以饰门户,而今人以约臂,相承之误也。又以彩丝结纽而成者,为百索纽。"北宋中期大臣夏竦有《御阁端午帖子》中"续命彩丝登茧馆,长生金篆献琳宫",描写宫廷之中佩戴"续命彩丝"的习俗;苏轼《浣溪沙·端午》词中也有描写"百索"的句子:"彩线轻缠红玉臂,小符斜挂绿云鬟。"

③艾花:古代端午节妇女的头饰,流行于中原和江南地区。艾花可以是真艾做成,也可以将绸、纸之类剪成艾枝状作为主体部分,上面再点缀上蜈蚣、蚰蜒、蛇蝎、草虫之类,以及天师形象,或做成石榴、萱草等假花,有的还用香药做成。妇女将艾花簪戴在头上,以为能辟恶祛邪。南宋张炎有《蝶恋花·赋艾花》词,可见艾花的

制作与簪戴方法："巧结分枝粘翠艾。翯翯香痕，细把泥金界。小簇葵榴芳锦隘。红妆人见应须爱。　　午镜将拈开凤盖。倚醉凝娇，欲戴还慵戴。约臂犹余朱索在。梢头添挂朱符袋。"艾，植物名，一名"冰台"，又名"艾蒿"，菊科，多年生草本。茎、叶皆可以作中药，有除湿、止血、活血、养血的功效。

④银样鼓儿：一种小鼓，端午节时悬于屋梁，或置于台座之上。其形制，或为鼗（táo）鼓，即拨浪鼓，或为雷鼓，即八面鼓，古代祭祀天神时所用。

⑤花花巧画扇：绘有花卉等图案的精巧的扇子。从宋代开始，相互赠送团扇就成为端午节的重要礼仪，北宋欧阳修写端午节的《渔家傲》词中，即有"金盘送，生绡画扇盘双凤"之语，南宋皇室还经常在端午节把画扇赏赐给宫廷内眷、宰执和亲王们，宋高宗即有《题丹桂画扇赐从臣》诗。端午扇上最常见的绘画题材，是当月盛开的花卉植物，比如蜀葵、石榴花、萱草花、栀子花等，多有降火消灾、万物生长、地祈丰产、人祈健康等寓意。南宋金盈之《醉翁谈录》："鼓、扇、百索市在潘楼下，丽景门外，阊阖门、朱雀门内外，相国寺东廊，睦亲、广亲宅前，皆卖此等物。自五月初一日以后，富贵之家多乘车马，萃潘楼下。亦次于七夕。鼓、扇者，俗造小鼓，悬于梁，或置台座上，或鼗鼓，或雷鼓，其制不一；又造小扇子，或红、或白、或青、或绣、或画、或缕金、或合二色。以相馈遗。"

⑥香糖果子：以各种果子为原料、用糖腌制的甜食。此处指专为端午节而制成的果子。南宋陈元靓《岁时广记》中说："都人以菖蒲、生姜、杏、梅、李、紫苏，皆切如丝，入盐曝干，谓之'百草头'。或以糖蜜渍之，纳梅皮中，以为酿梅。皆端午果子也。"

⑦粽子：端午节食品。《太平御览》引《风土记》曰："俗以菰叶裹黍米，以淳浓灰汁煮之，令烂熟，于五月五日及夏至日啖之。一名'粽'，一名'角黍'，盖取阴阳尚相裹、未分散之时像也。"《宋史·礼志

二十二》"时节馈廪"中就有"端午粽子"。2010 年 12 月,江西德安县一座宋墓中,墓主右手拿一根长 40 厘米的桃枝,枝上吊有两个棱形粽子。粽子长 6 厘米,宽 3 厘米,分别系于桃枝两边,外皮为粽叶,苎麻捆扎。这是我国目前发现最早的粽子实物。

⑧白团:以麦面蒸团,称为"白团",与粽子一起互相馈赠。据说今山西长治(宋代潞州)一带仍有此习俗。

⑨紫苏:又名"桂荏"。草本植物,茎方形,花淡紫色,种子可榨油,嫩叶可以吃,叶、茎和种子均可入药。紫苏叶性味辛温,具有发表、散寒、理气、和营的功效。治感冒风寒、恶寒发热、咳嗽、气喘、胸腹胀满等。紫苏子性味辛温,具有下气消痰、润肺、宽肠的功效,治咳逆、痰喘、气滞、便秘、止霍乱呕吐反胃、补虚劳。唐人孙思邈《千金要方》中记载:"紫苏子汤,治脚弱上气。"宋代太医局将此方收入《太平惠民和剂局方》,更名为"苏子降气汤",作为国家御制成药处方加以保存。

⑩菖蒲:水生草本植物,有香气。叶狭长,似剑形。民间在端午节常用来和艾叶扎束,挂在门前;亦用菖蒲叶浸制药酒饮之,谓可去疾疫。北宋人如欧阳修描写端午节的《渔家傲》词中有"菖蒲酒美清尊共";苏轼《元祐三年端午贴子词·皇太后阁》中有"万寿菖蒲酒,千金琥珀杯";任希夷《五日东宫赐酒肴》诗中有"重来六泛菖蒲酒,储禁黄封岁岁攽";都特别强调端午节饮菖蒲酒的习俗。

⑪木瓜:蔷薇科植物贴梗海棠的果实,又名"铁脚梨""皱皮木瓜""宣木瓜"。长圆形,表面紫红色或红棕色,有不规则的深皱纹;剖面边缘向内卷曲,果肉红棕色,中心部分凹陷,棕黄色。气微清香,味酸。可入药,有平肝和胃、祛风去湿、活血通络、滋脾益肺等功效,主治风湿麻痹、脚气肿痛、霍乱、吐泻等症。宋代诗歌中多有关于木瓜医脚气病的描写,比如释道枢《颂古三十九首》中有"口念木瓜医脚气,纸画锺馗驱鬼祟";方回《病后夏初杂书近况》诗

中有"今年春夏极穷忙,日检医书校药方。甫得木瓜治膝肿,又须荆芥沐头疡";张耒《瓜洲谢李德载寄蜂儿木瓜笔》诗中有"蜂儿肥腻愈风痹,木瓜甘酸轻病股"等。

⑫茸切:切得十分细碎。

【译文】

端午节应节的物品有:百索、艾花、银样鼓儿、花花巧画扇;香糖果子、粽子、白团;紫苏、菖蒲、木瓜,全都切成细碎的茸末,用香药相伴和,盛在梅红色的盒子里。

自五月一日及端午前一日,卖桃、柳、葵花①、蒲叶②、佛道艾③。次日,家家铺陈于门首,与粽子、五色水团④、茶酒供养⑤,又钉艾人于门上⑥。士庶递相宴赏⑦。

【注释】

①葵花:指蜀葵花,为锦葵科植物蜀葵的花朵,而非向日葵的花。蜀葵,别称"一丈红""大蜀季""戎葵"。二年生直立草本,开单瓣或重瓣花,有紫、粉、红、白等色,花期六月至八月。蜀葵的嫩叶及花可食,皮为优质纤维。全草入药,有清热止血、消肿解毒之功,治吐血、血崩等症,宋人王柏《蜀葵韵》中称赞它"紫粟绿房医士宝,黄裳紫袂道家妆"。蜀葵在中国栽培历史悠久,历代诗文都给予很高的评价,更是端午画扇上的主要花卉之一。在现存的南宋团扇画中有多件"蜀葵图",如上海博物馆与台北"故宫博物院"各藏有一件画法精细的《蜀葵图》。北京故宫博物院所藏《夏卉骈芳图》团扇,以粉红的蜀葵为中心,左边陪衬黄色的萱花,右边陪衬白色的栀子花。

②蒲叶:指菖蒲叶。

③佛道艾:即伏道艾,产于汤阴伏道的艾草。艾是菊科的多年生草

本植物,叶可制成艾绒,供艾灸用。佛道艾生长于神医扁鹊墓旁,宋时以为艾中之佳品,端午节用以辟邪。南宋范成大《揽辔录》:"过伏道,有扁鹊墓,墓上有幡竿。人传云四傍土可以为药,或于土中得小团,黑褐色,以治疾。伏道艾,医家最贵之。"明人陶安《龟头山》诗中说:"白艾最可妙,土产入贡献。低叶拂婆娑,大叶展葱蒨。草深妨长茂,耘耨如治佃。端午官采刈,禳毒先祭墠。精制似纯绵,硝疾胜瞑眩。一炷火力透,贯串速如箭。暖具作毡褥,裹膝疗寒倦。赠名张化主,灵响起塔院。遂名佛道艾,且可充赠饯。"

④五色水团:一种用糯米粉制作的团子,因杂五色人兽花果之状,故称。两宋诗词中多有描写,如北宋张耒有残句曰"水团冰浸砂糖裹。有透明角黍松儿和";南宋道士诗人白玉蟾《端午述怀》诗中有"羹鹅鲙鲤办华筵,冷浸水团包角黍";舒邦佐《寄端夫》诗中有"萱草榴花照眼明,水团角黍满盘清"等。

⑤供养:供品。

⑥艾人:古代端午节门饰,采集艾草扎成人形,挂在大门或房门上,认为可辟毒气。也有做成虎形,称为"艾虎"。南宋道士诗人白玉蟾《端午述怀》诗中有"庭前绿艾制绿虎"之语。这种风俗由来已久,南朝梁代宗懔《荆楚岁时记》中说:"五月五日,谓之'浴兰节'。四民并踏百草之戏。采艾以为人,悬门户上,以禳毒气。"宋人无名氏的《阮郎归·端午》词,更是活灵活现:"门儿高挂艾人儿。鹅儿粉扑儿。结儿缀着小符儿。蛇儿百索儿。纱帕子,玉环儿。孩儿画扇儿。奴儿自是豆娘儿。今朝正及时。"

⑦宴赏:本指设宴犒赏,此指设宴招待。

【译文】

从五月初一到端午节的前一日,街市上卖桃、柳、葵花、蒲叶、佛道艾等物品。到了次日端午节,家家户户都将这些东西放置在门口,与棕子、五色水团、茶酒等一起作为供品,又将艾草扎成的草人钉在门上。京城中的士子、庶民都互相设宴招待。

六月六日崔府君生日、二十四日神保观神生日

【题解】

本条介绍六月里两位神仙的生日,实际上是宋代官方设定的道教节日。

六月六日过生日的崔府君,是唐宋时期所信仰的幽冥地府中一个位高权重的神灵。崔府君的本庙在磁州,当地对崔府君的供奉约始于八世纪,官方对崔府君的封赐,有据可查者是在北宋前期。太宗淳化初年,在首都开封城北建起崔府君庙。真宗时期重修祠庙,命京师北郊与磁州奉之如岳祠,每年春秋遣官致祭。仁宗景祐二年(1035)封"护国显应公",哲宗元符二年(1099)封"护国显应王";徽宗大观年间赐庙额,政和年间赐冠冕,七年(1117)加封"护国显应昭惠王"。宣和三年(1121)命磁州郡守修葺庙宇,祠曰"敷灵",观曰"显应",并依旧碑作记。

崔府君在北宋不断受到褒封,并且正如孟元老所记,徽宗年间,每年六月六日都要为其举办盛大的庆祝活动。这位崔府君到底是谁,其实宋人自己也说不清楚。但是这并不重要,重要的是崔府君信仰在北宋末年、南宋初年的政治生活中意外地发挥了重要作用。

靖康元年(1126)十一月,金军分道南下,逼近汴京。钦宗派遣其弟康王赵构出使河北,刑部尚书王云为副使,前往金将完颜宗望的军营,以

割三镇、尊金主为皇叔等条件,请求金人缓师。赵构一行离京北上,十一月二十日抵达磁州,守臣宗泽劝阻说:"肃王(按,即徽宗五子赵枢)一去不返,金军已经迫近,再去有何益处?请留在磁州。"赵构恳请宗泽陪他前去拜谒城北的嘉应侯崔府君庙,磁人以为王云诱骗康王北去,遮道拦阻劝谏,王云说:"大王谒庙之后就回来,不是去河北。"康王入庙卜得吉签,庙吏抬应王轿舆、拥庙中神马,请康王乘归馆舍。纷乱之中,力主使金的王云被杀,赵构见事势汹汹,便南还相州,被钦宗任命为河北兵马大元帅;次年三、四月间,徽、钦二帝被金军掳掠北去,北宋灭亡。五月初一日,赵构在南京(今河南商丘)即帝位,改元建炎,是为南宋。

南宋初年,官方极力宣扬"崔府君显圣""泥马渡康王",以"神马拥舆"为康王赵构即位之兆,加封崔府君为"护国显灵真君",崔府君成为宋高宗"神道设教"、稳定政权的工具。绍兴二年(1132),高宗收养太祖七世孙赵伯琮为子,即为宋孝宗。社会上又流传着孝宗的出生传说,说他的母亲梦见崔府君"拥一羊遗之,曰'以此为识'"(《宋史·孝宗本纪一》),不久怀孕。南宋官方将崔府君渲染为护佑了南宋两代帝王的中兴功臣,在西湖之滨兴建宏丽的庙宇,历朝隆重奉祀。孟元老正是在这种背景下记录北宋开封旧事,只有"六月六日,州北崔府君生日,多有献送,无盛如此"19字的简要介绍,或许有其不便多说的理由吧。

与之形成鲜明对照的,是"二十四日神保观神生日"。神保观祭祀的"灌口二郎",原为蜀人崇奉的治水护国神祇,仁宗朝与西夏发生战争时,又被认为是能降雪退兵之神。徽宗佞崇道教,政和七年(1117)下诏为二郎神修建神保观。东京之人素来畏惧此神,自春及夏,全城男女争先恐后负土以献,在大街上张挂榜文,上书"某人献土"。还有人扮成鬼使模样,挨门挨户催促"纳土"。后来有人对蔡京说"献土、纳土,非佳语也",不久有旨禁绝类似说法。《宋史·五行志四》则说:"后金人斡离不围京师,其国谓之'二郎君'云。"斡离不就是完颜宗望,是金太祖完颜阿骨打的第二个儿子,英勇善战,屡建殊功,一次攻辽,两次攻宋,制造了靖康之变、俘虏了徽、钦宗二帝的人，正是这位金国二太子。

北宋灭亡之后，这些传说必然成为回忆灌口二郎与神保观时人们自然而然产生的联想。解读孟元老笔下"最为繁盛"的灌口二郎生日，不能只看《东京梦华录》中的这段描写，而要联系徽宗朝大力推崇道教的背景，看到引导国民狂热崇奉道教最终对北宋政局造成的深刻影响。靖康元年（1126）金兵围城之际，钦宗君臣居然听信自言能够"撒豆为兵、撒草为马"、能用"六甲法"生擒二酋的郭京，不仅对其礼遇有加，赐金万计，使其自行募兵，而且相信他能用六甲法使人隐形，撤去城上守军，大开陈州城门，致使金兵乘机入城，开封陷落。北宋后期，道教在官方支持下的畸形膨胀，潜移默化地塑造着人们的精神世界，才会出现军事史上愚蠢到令人难以置信的错误决策。

六月六日，州北崔府君生日①。多有献送，无盛如此②。

【注释】

①崔府君：唐宋以来我国北方地区民间诸神之一，北宋东京以北十五里有其庙宇。有关崔府君的各种文献，都说"府君姓崔名子玉"；南宋时，有人说他是东汉崔瑗，也有人说是北魏崔浩，北宋官方给出的说法则是唐代滏阳县令崔某。《宋大诏令集》中有宋仁宗景祐二年（1035）七月颁布的"崔府君封护国显应公诏"，据《续资治通鉴长编·仁宗景祐二年》引证《仁宗实录》的记载："府君，唐贞观中为滏阳令，再迁蒲州刺史，失其名。在滏阳有爱惠名，立祠后，因葬其地。（真宗）咸平三年，尝命磁州葺其庙，而京师北郊及郡县建庙宇，奉之如岳祠，于是因民所向而封崇之。"诏书中也说崔府君"惠存滏邑，恩结蒲人。生著令猷，殁司幽府。按求世系，史逸其传"。也就是说，北宋在东京北郊立祠时，时人认为所祭祀是"唐代滏阳县令崔某"，"滏阳"是与之相关的最明确信息。

而据伦敦大英博物馆编号为 S2630 的敦煌写卷《唐太宗入冥记》，
唐太宗因"杀兄弟于前殿，囚慈父于后宫"，生魂被摄入冥界接受
审判。在阳间为"辅阳县尉"，以生人而判冥司的冥府判官崔子
玉解脱了唐太宗，后被太宗封为蒲州刺史兼河北廿四州采访使。
"辅"与"滏"字异音同，"辅阳"应该就是"滏阳"，在宋属磁州（今
河北邯郸磁县），则当时已有崔府君为崔子玉的说法。据当代学
者研究，磁州地区对于崔府君的供奉始于八世纪，朝廷对崔府君
的封赐，有据可查者是在北宋前期。宋太宗淳化（990—994）初
年，汴京城北建起崔府君庙，至道二年（996）晋国公主祈祷有应，
太宗遣内侍修缮庙宇并赐庙名。此后，真宗、仁宗、神宗、哲宗或
赐庙额，或遣官祭告。徽宗政和七年（1117）加封府君为"护国显
应昭惠王"。靖康元年（1126）金兵逼近汴京，康王赵构受命出使
河北，途经磁州时曾经拜谒应王庙，卜得吉签，南宋初年，官方则
极力宣扬"崔府君显圣""泥马渡康王"，以"神马拥舆"为康王赵
构即位之兆，借以稳定政权。由于崔府君救助了宋高宗，被加封
为"护国显灵真君"，又经过文人的编排润饰，遂演化为无所不能
的神人（参见邓小南《关于"泥马渡康王"》）。孟元老对北宋开封
州北崔府君的追忆中，或也掺杂了这样的影响。

②多有献送，无盛如此：据南宋陈元靓《岁时广记·献香楮》："崔府
　君庙在京城北十五里，世传府君以六月六日生，倾城具香楮，往献
　之。本庙在磁州，是日尤盛，事具碑记。"献送，献送供品。

【译文】

六月初六日，是在州城北面立庙祭祀的崔府君的生日。民众献送很
多供品，没有像这样兴盛的。

二十四日，州西灌口二郎生日①，最为繁盛。庙在万胜
门外一里许②，敕赐神保观③。

【注释】

①灌口二郎：即二郎神。相传秦时李冰及其次子曾在灌口离堆锁孽
龙，有德于蜀人，被蜀人作为"护国"神祇而加以崇奉。据《古今
图书集成·神异典·杂录》："二郎神衣黄弹射拥猎犬，实蜀汉王
孟昶像也。宋艺祖平蜀，得花蕊夫人，奉昶小像于宫中。艺祖怪问，
对曰：'此灌口二郎神也，乞灵者辄应。'因命传于京师，令供奉。
盖不忘昶，以报之也。"宋初，由于王小波、李顺之乱，灌口神受到
牵连，一度被禁。灌口二郎在东京受到崇奉，最初是因为祈水疗
病，显灵京师，而由"灵惠侯"进封为"灵惠应感公"，《宋大诏令集》
中有《灵惠侯进封灵惠应感公制》。而在宋仁宗康定元年（1040）
西夏大军围困延州，因突降大雪而退兵，宋廷以为神佑，开始褒封
"延州嘉岭山神"，随后《灵惠应感公封昭惠灵显王制》制文中则将
这一功绩转移到京师熟知的灌口二郎身上。及至佞崇道教的徽宗
政和时期，政和七年（1117）诏修神保观，"自春及夏，男女负土以
献"，掀起一个二郎神崇拜的"小高潮"；政和八年（1118）八月徽
宗又颁《昭惠显灵王封真人赐中书门下诏》，昭惠显灵王"可改封
昭惠显灵真人"，意味着正式从"人"变成了"神"。此即本书记叙
二郎神崇拜之由来（参见胡小伟《宋代二郎神崇拜》）。

②万胜门：北宋东京外城西墙中部的城门，正名"开远门"，因为此门
可通京城西部的万胜镇（今河南中牟东北），故又俗称"万胜门"。

③神保观：徽宗政和七年（1117）下诏修造。

【译文】

二十四日，州城西灌口二郎生日，最为热闹兴盛。二郎庙在万胜门
外约一里处，天子特赐名神保观。

　　二十三日，御前献送后苑作与书艺局等处制造戏玩①，
如毬杖、弹弓②、弋射之具③、鞍辔、衔勒④、樊笼之类⑤，悉皆

精巧。作乐，迎引至庙。于殿前露台上设乐棚，教坊、钩容直作乐，更互杂剧舞旋。太官局供食⑥，连夜二十四盏，各有节次⑦。

【注释】

①御前：皇帝座位之前，指代帝王所在之处。此指宫中。后苑作：指后苑造作所，官署名，分生色、缕金等七十四作，掌制造宫廷及皇属婚娶名物。书艺局：即翰林书艺局，翰林院所设四局之一。掌以书籍、笔墨、琴棋等供奉内廷，隶内侍省。戏玩：指游戏的用具。

②弹弓：宋徽宗《宫词》其二十六记打弹弓情景："刺花弹篋紫檀弓，何处星丸入苑中。惊起流莺花里去，纷纷如雨落残红。"

③弋射：泛指射猎禽兽。

④衔勒：马嚼口和马络头。

⑤樊笼：关鸟兽的笼子。

⑥太官局：勾当太官局，差遣名，隶殿中省尚食局。宋徽宗崇宁二年（1103）五月十四日，以勾当御厨官改。系太官局监官，由内侍充。

⑦节次：次序。

【译文】

二十三日，宫中献送由后苑作与书艺局等处制造的各种游戏玩乐之具，比如毬杖、弹弓、射猎禽兽的工具，以及鞍辔、衔勒、笼子之类的物品，全都制作得十分精巧。乐队作乐，迎接引导宫中所献之物，直至庙里。在神保观殿前的露天台榭上，设置演出伎艺百戏的乐棚，教坊、钩容直奏乐，交替上演杂剧、舞蹈。太官局供奉饮食，从白天到晚上，供奉二十四盏食品，都有一定的次序。

　　至二十四日夜，五更争烧头炉香，有在庙止宿、夜半起以争先者。天晓，诸司及诸行百姓献送甚多①。其社火呈于露台之上②，所献之物，动以万数。自早呈拽百戏③，如上竿、跃弄④、跳索⑤、相扑、鼓板⑥、小唱、斗鸡、说诨话、杂扮、商谜、合笙⑦、乔筋骨、乔相扑⑧、浪子杂剧、叫果子、学像生⑨、倬刀装鬼⑩、砑鼓⑪、牌棒、道术之类⑫，色色有之，至暮呈拽不尽。殿前两幡竿⑬，高数十丈。左则京城所，右则修内司，搭材分占⑭，上竿呈艺解⑮。或竿尖立横木，列于其上，装神鬼，吐烟火，甚危险骇人。至夕而罢。

【注释】

①诸司：各官署。诸行：各种行业。

②社火：也写作"社夥"，原指社日扮演的各种杂戏。古时春秋两次祭祀土神的日子称为"社日"，一般在立春、立秋后第五个戊日。后凡在节日时所扮演的杂戏、杂耍，也叫"社火"。南宋范成大《上元纪吴下节物排谐体三十二韵》有句曰"轻薄行歌过，颠狂社舞呈"，并自注："民间鼓乐谓之'社火'，不可悉记，大抵以滑稽取笑。"明人田艺蘅《留青日札·社夥》："今人看街坊杂戏场，曰'社夥'，盖南宋遗风也。宋之百戏，皆以社名，如杂剧曰'绯绿社'，蹴毬曰'齐云社'，唱赚曰'遏云社'，行院曰'翠锦社'，撮弄曰'云机社'之类，详见《武林旧事》。夥者，《方言》：'凡物盛而多也。'或作'社火'，言如火然，一烘即过也。"

③呈拽：安置，安排。此指表演。

④跃弄：古代一种杂技。可能是指跳跃之类的技艺。

⑤跳索：即走索，杂技的一种。

⑥鼓板：宋元民间的表演艺术，艺人用鼓、板、箫管、笙等乐器演奏。

⑦合笙：一作"合生"，宋代说书的一个流派。艺人当场指物赋诗，也称"唱题目"。其内容滑稽并含讽劝意味的，称为"乔合生"。南

宋洪迈《夷坚志·合生诗词》："江浙间路岐伶女，有慧黠，知文墨，能于席上指物题咏、应命辄成者，谓之'合生'；其滑稽含玩讽者，谓之'乔合生'。盖京都遗风也。"南宋耐得翁《都城纪胜·瓦舍众伎》："合生与起令、随令相似，各占一事。"宋代抚州乐妓因临川太守、庐陵太守同席，"太守呼为五马，今日两州使君对席，遂成十马"，应命即席作《郡宴合生》："同是天边侍从臣，江头相遇转情亲。莹如临汝无瑕玉，暖作庐陵有脚春。五马今朝成十马，两人前日压千人。便看飞诏催归去，共坐中书秉化钧。"

⑧乔相扑：滑稽相扑。乔，古代戏曲术语，指以夸张的滑稽动作，表演各种人物、事件，以为笑乐。

⑨学像生：宋元时期杂艺的一种，以模仿各种声音与动作娱悦观众。像生，含有"像真的、赛活的"的意思，如"像生花朵"即指手工花朵有足以乱真的效果，"像生鱼灯"即是说鱼灯做得栩栩如生；作为一种艺术，有时和"乔""学"等字连在一起，即为以摹拟为特点的说唱表演技艺。

⑩倬刀装鬼：应指表演者戴鬼面具或脸上涂抹成鬼的样子，表演耍刀或刀盾攻守格斗。本书卷十"下赦"中有"御龙直装神鬼，斫真刀倬刀"，是禁军版本的"倬刀装鬼"：御龙直是宋代皇帝随身卫兵，"装神鬼"说明这些禁军是戴着面具表演斫刀技艺的，而且所用为真刀，有别于百戏艺人用的假刀。推测这种表演可能是宫廷用于驱祟的傩礼与军礼相融合的产物，更具有娱乐化、世俗化倾向。

⑪砑（yà）鼓：宋时百戏之一。南宋洪迈《夷坚志·胡道士》："胡五者，宜黄细民。每乡社聚戏作砑鼓时则为道士，故目为胡道士。"北宋苏辙《戏题三绝》："懊恼嘉荣白发年，逢人依旧唱《阳关》。渭城朝雨今谁听，砑鼓跳踉一破颜。"又有《闻旧曲一首》："短舞长讴撩性情，狗翻砑鼓醉承平。六么花下西湖集，三叠云凝玉塞

聋。治世之音岂沦谢，淫哇已极返和清。《关雎》正雅终知律，前
圣尝云畏后生。"

⑫道术：方术。

⑬幡竿：系旗幡之竿，其材质有木、铁或铜等，主要竖立在寺院中，在
旗幡上标出寺名。宋人又进一步发展，将幡竿作为表演武艺之工
具。幡竿高大，还要承载攀爬，其根基要十分牢固。北宋李诫《营
造法式》的《幡竿颊》和《石作功限》中，均有对幡竿之形制、尺寸
以及造作、安装等的相关记载。幡，用竹竿等挑挂的长条形旗子。

⑭搭材：各出材料。搭，本指安置、安放。

⑮呈艺解：献演技艺套数。

【译文】

到了二十四日晚上，习俗上五更争烧头炉香，甚至有在庙内住宿、半
夜起床以争第一的。天亮后，各官署以及各行业的百姓献送的供品很多。
那些迎神赛会扮演的各种杂戏，在露台上献演，所献的物品，动辄数以万
计。从早上开始安排演出百戏，如上竿、跃弄、跳索、相扑、鼓板、小唱、
斗鸡、说诨话、杂扮、商谜、合笙、乔筋骨、乔相扑、浪子杂剧、叫果子、学
像生、倬刀装鬼、研鼓、牌棒、道术之类的演出，样样皆有，至傍晚时仍表
演不完。大殿前立起两根幡竿，高几十丈。左边的幡竿由京城所、右边
的由修内司各出材料竖起，分别由两所分占，艺人们上竿献演伎艺套数。
有人在竿顶安放横木，站在上面，装神弄鬼，口吐烟火，非常危险，令人惊
骇。百戏表演到傍晚方才结束。

是月巷陌杂卖

本条以"是月巷陌杂卖"为题，记录六月间东京城中各种夏令饮食，并以"都人最重三伏"，引起一段关于东京城中消夏纳凉之法的介绍，读来令人羡慕北宋东京市民物质生活水平之优越，真切感受到太平岁月里人们内心的稳定与宁和。

古代之所以重视三伏，是因这段时间阳光毒恶，销烁万物，损人健康，故而伏藏以避之。汉代人甚至说"伏日，万鬼所行，故伏"。由于闭关在家，诸事不做，汉魏时人"日有饮食之会"，此风在东汉末年袁绍的军队中尤其盛行，史书记载袁绍子弟与部下"常以三伏之际，昼夜酣饮极醉，至于无知，云以避一时之暑"（唐人徐坚等《初学记·岁时部》），后世北方河朔一带，遂有"避暑饮"的习俗。在"别无时节"的六月天，在东京汴梁的大街小巷，居于风亭水榭，享受消暑冰饮，远迩笙歌通宵达旦，这种无处不在、习以为常的小幸福，真是太平岁月的最佳注脚。

不过，当孟元老经历靖康烽火，追念昔日繁华，这段记录是在单纯感慨"当时只道是寻常"吗？也许并非如此简单。五代时期，后蜀翰林学士王仁裕在后蜀灭亡后，"采摭民言"，写成笔记小说《开元天宝遗事》，多记唐代安史之乱以前，玄宗宫廷、王公贵胄所用各种奇异物品、奢华开支以及人物故事、节日习俗等。这本书在宋代人中颇为流行，不少人以诗文形式写下自己的读后感，比如苏轼就有三首《读开元天宝遗事》诗，记录自己从"遗事"中读出的历史教训，南宋人范成大、刘克庄也都有类似作品。《开元天宝遗事》中说："唐都人，伏天于风亭水榭，雪槛冰盘，浮瓜沉李，流杯曲沼，通夕而罢。"再看孟元老本条文辞："都人最重三伏，……往往风亭水榭，峻宇高楼，雪槛冰盘，浮瓜沉李，流杯曲沼，苞鲊新荷，远迩笙歌，通夕而罢。"如此大面积"抄袭"，未尝不是有意为之。

是月时物①：巷陌路口，桥门市井，皆卖大小米水饭、炙肉、干脯、莴苣笋、芥辣瓜儿、义塘甜瓜②、卫州白桃③、南京金桃④、水鹅梨⑤、金杏、小瑶李子⑥、红菱沙角儿⑦、药木瓜、水木瓜、冰雪凉水荔枝膏。皆用青布伞，当街列床凳堆垛。

【注释】

①是月：六月。此条紧承上条，因作"是月"。时物：应时的食物。

②义塘甜瓜：北宋张邦基《墨庄漫录》："襄邑义塘村出一种瓜，大者如拳，破之，色如黛，味甘如蜜，余瓜莫及。顷岁贡之。以其子莳他处，即变而稍大，味亦减矣。"

③卫州白桃：卫州产的白桃。卫州，辖境相当于今河南新乡、卫辉、辉县、浚县及淇县等地。

④南京金桃：南京产的金桃。金桃，《广群芳谱·果谱一·桃》："金桃，形长，色黄如金，肉黏核，多蛀，熟迟。用柿接者，味甘色黄。"南京，宋代指应天府，治今河南商丘。

⑤水鹅梨：似即"鹅梨"，梨之一种。皮薄多浆，香味浓郁。两宋之交的刘子翚有《食鹅梨三首》，回忆在南方吃到中原鹅梨的感受：其一曰："寒烽夜灭楚淮长，客舸轻摇度碧光。北果初来珍重意，层层般纸透清香。"其二曰："拂拂鹅黄初借色，涓涓蜜醴为输津。泠然一涤心渊净，热恼无因著莫人。"其三曰："雕盘一卵宁论价，

新带中原雨露来。却忆春行梁宋野，雪花琼蕊数程开。"

⑥小瑶李子：亦作"小密李"，许州（今河南许昌）出产的李子。宋人
江少虞《事实类苑·小密李》引杨亿《杨文公谈苑》："许州小密
出好李，太常少卿刘蒙正有园在焉，多植之。每遣人负担归京师，
以遗贵要。窃得尝之，绝大而味佳，所谓'小密李'也。"

⑦红菱沙角儿：嫩菱角。元人潜说友《咸淳临安志·物产》："菱初生，
嫩者名'沙角'，硬者名'馄饨'。湖中生，如栗样者极鲜。"明人文
震亨《长物志·菱》："两角为菱，四角为芰。吴中湖泖及人家池沼，
皆种之。有青、红二种。红者最早，名'水红菱'，稍迟而大者，曰
'雁来红'；青者曰'莺哥青'，青而大者，曰'馄饨菱'，味最胜。最
小者曰'野菱'。又有白沙角，皆秋来美味。"

【译文】

此月的应时食品：街巷的路口，桥头、城门的集市店铺，都卖大小米
水饭、炙肉、干脯、莴苣笋、芥辣瓜儿、义塘甜瓜、卫州白桃、南京金桃、水
鹅梨、金杏、小瑶李子、红菱沙角儿、药木瓜、水木瓜、冰雪凉水荔枝膏。
卖家全都张开青布伞，在当街支起床凳，堆放食品。

冰雪惟旧宋门外两家最盛①，悉用银器：沙糖菉豆②、水
晶皂儿③、黄冷团子④、鸡头穰⑤、冰雪细料馉饳儿⑥、麻饮鸡
皮、细索凉粉⑦、素签成串熟林檎⑧、脂麻团子⑨、江豆碢儿⑩、
羊肉小馒头、龟儿沙馅之类⑪。

【注释】

①冰雪：宋人做冷饮时用的不是人造冰，而是天然冰。每年寒冬腊
月，河水结冰，将冰块凿下，运到专门存放冰块的地下冰窖里，密
封储存，待到夏天运出来，直接出售或供做冷饮时冰镇之用。北

宋初人田锡有《霭冰咏》,写盛夏霭冰情景:"赫日生炎晖,霭冰方及时。邀利有得色,冰消俄若遗。"学者刘攽则有《戏作卖雪人歌》:"北风沍寒红日短,火炉燃薪不知暖。南山阑干雪塞满,连玉叠琼何足算。时移事异不可言,眼看星火垂南天。道傍暍死常比肩,市儿相与赢金钱。彻功有时难久全,物生岂有金石坚。煎汤沸腾在眼前,可得意气长矜权。"

②沙糖菉豆:即沙糖绿豆,用绿豆加糖煮成的冷饮。

③水晶皂儿:将皂角树的种子(生于皂荚内,光滑浑圆如米,称"皂角米")煮熟,泡在糖水中浸透,软糯甜美,如紫红色的水晶,故名"水晶皂儿"。

④黄冷团子:应为用黄米制成的团子,有黏性,冷食。

⑤鸡头穰(ráng):芡实肉。鸡头,芡实。穰,同"瓤",果实的肉。

⑥冰雪细料馉饳儿:一种面食。应是一种冰镇的加了精细配料的面制食品。

⑦细索凉粉:切得很细的凉粉,应以豆粉之类为原料,制成胶状凝固物,暑天可作消暑食品。

⑧素签成串熟林檎:应为用竹签穿起、过油或用水煮熟的林檎果,类似于今天的糖葫芦。

⑨脂麻团子:即芝麻团子。

⑩江豆碢(tuó)儿:或以豇豆为原料的食品。碢,通"砣",指成团、成堆、成块的东西。现在还有"油砣"一类小吃,面粉裹馅炸制而成,"豇豆碢儿"似指豇豆馅的油炸面食。

⑪龟儿沙馅:龟儿,宋代城市中流行的一种点心,如南宋吴自牧《梦粱录·荤素从食店》中有寿带龟儿桃、子母龟等。沙馅,应指豆沙馅、澄沙糖馅之类。

【译文】

卖冰雪的要数旧宋门外的两家店铺最为兴盛,全都用银器盛装:沙糖绿豆、水晶皂儿、黄冷团子、鸡头穰、冰雪细料馉饳儿、麻饮鸡皮、细索凉粉、素签成串熟林檎、芝麻团子、豇豆碢儿、羊肉小馒头、龟儿沙馅之类。

都人最重三伏①，盖六月中别无时节。往往风亭水榭，峻宇高楼，雪槛冰盘②，浮瓜沉李③，流杯曲沼④，苞鲊新荷⑤，远迩笙歌，通夕而罢。

【注释】

①三伏：即初伏、中伏、末伏。农历夏至后第三庚日起为初伏，第四庚日起为中伏，立秋后第一庚日起为末伏。"三伏"出现在小暑与处暑之间，相当于阳历的七月中旬到八月中旬，是一年中气温最高且又潮湿闷热的时候。按，孟元老此段描写，全袭五代人王仁裕《开元天宝遗事》："唐都人伏天，于风亭水榭，雪槛冰盘，浮瓜沉李，流杯曲沼，通夕而罢。"

②雪槛：雪柜。

③浮瓜沉李：语出三国魏人曹丕《与朝歌令吴质书》："浮甘瓜于清泉，沉朱李于寒水。"谓天热把瓜果用冷水浸后食用，后以"浮瓜沉李"借指消夏乐事，亦用以泛指消夏果品。宋徽宗《宫词》其五十五："绿槐阴合正炎曦，高叠盆冰匝座围。沉李浮瓜清玉槛，水晶宫殿正忘机。"

④流杯曲沼：流觞曲水。流杯，犹流觞。曲沼，犹曲水，亦作"流杯曲水"。古代习俗，每逢三月上旬的巳日（后定为三月三日），人们于水边相聚宴饮，认为可被除不祥。后人仿行，于环曲的水流旁宴集，在水的上流放置酒杯，任其顺流而下，杯停在谁的面前，谁就取饮。

⑤苞鲊（zhǎ）新荷：即裹鲊，指经过腌制并用荷叶包裹而成的便于贮藏的鱼类食品。鲊，用盐和红曲腌制的鱼。苞，通"包"。这种食

品制作方法由来已久。北魏贾思勰《齐民要术·作鱼鲊》中有"作
裹鲊法":"脔鱼,洗讫,则盐和,糁。十脔为裹,以荷叶裹之,唯厚
为佳,穿破则虫入。不复须水浸镇迮之事。只三二日便熟,名曰
'暴鲊'。荷叶别有一种香,奇相发起,香气又胜凡鲊。有茱萸、橘
皮则用,无亦无嫌也。"东晋王羲之有《裹鲊帖》,其文曰:"裹鲊味
佳,今致君。所须可示,勿难。当以语虞令。"以荷叶裹鲊,古诗
词中亦习见,比如唐人白居易《桥亭卯饮》中有"就荷叶上包鱼鲊,
当石渠中浸酒瓶",皮日休《奉和鲁望四月十五日道室书事》中有
"竹叶饮为甘露色,莲花鲊作肉芝香",南宋人宋伯仁《荷包鲊》中
有"买得荷包酒旋沽,荷包惜不是鲈鱼",元代马致远《金字经》中
有"絮飞飘白雪,鲊香荷叶风"等。

⑥远迩(ěr):远近。笙歌:合笙之歌。亦泛指奏乐唱歌。

【译文】

　　京都中人最看重三伏,因为六月里没有其他时令节日。往往去那临
风面水的亭榭,登上高峻巍峨的楼宇,让瓜李浮沉于雪柜冰盘的冰水之
中,在流觞曲水边把酒品尝新荷包裹的鱼鲊,不论远近,随处都能听到悠
扬的笙歌,通宵达旦,方才结束。

七夕

【题解】

"七夕"是古老的节日,起源于对牵牛、织女星的自然崇拜和牛郎织女的传说。其作为节日大约出现在汉代,节俗有可能起源于西汉都城长安,此后历代沿袭,因时因地而有所变化。观察七夕的发展历史,呈现一条由低而高、又从高向低的变化曲线,北宋东京汴梁则处于这条历史曲线的最高峰阶段。具体有以下表现:

其一,"七夕节"一词首见于宋代,最早使用这个词汇的人,正是宋太祖赵匡胤。建隆元年(960)太祖亲征北汉,从前线派人送手札回汴梁城,说:"今七夕节在近,钱三贯,与娘娘充作剧钱;千五与皇后、七百与妗子,充节料。"(宋人蔡絛《铁围山丛谈》)

其二,北宋以前,各地七夕节的时间并不一致,北宋政府在时间上予以规范。太平兴国三年(978)七月初二,宋太宗颁布《改用七日为七夕节诏》:"七夕佳辰,著于式令。近代多用六日,实紊旧章,讹俗相承,未之或改。自今宜以七日为七夕,仍令颁行天下,为定制。"

其三,节日活动丰富多彩,节令应时物品种类繁多。汉晋时期的七夕,节日物品不外乎糜粥、汤饼之类的食物,唐代则出现斫饼、明星酒、同心鲙等饮食以及蜡婴化生等玩具;北宋时期,如孟元老所记,已经涵盖饮食或食品衍生工艺品、精致玩具或摆设、特色观赏植物、笔砚等。东京城中出现集中售卖节令物品的市场,民间出现争相夸耀新添物品的风俗,商人的营利诉求与民众的消费心理相应和,使得七夕具备了商业化节日的特征。北宋前期著名画家燕文贵有一幅《七夕夜市图》,"自安业界北头向东至潘楼竹木市尽存,状其浩穰之所,至为精备"(宋人刘道醇《圣朝名画评》),看孟元老本条记载,更令人想象当时盛况。

此外,北宋时期的七夕节其实已经由传统的七月七日当天,向前延伸了七至十天,成为一个节日周期,也是一个商业盛会。正如孟元老所说,"七夕前三五日,车马盈市,罗绮满街",这种浓浓的节日气氛弥漫在整个城市,影响着每一个人。七夕本来是妇女乞求幸福的节日,到了北宋后期,最受欢迎的七夕节物是"磨喝乐"儿童玩偶形象,庭中铺陈的物品中包括文人所用的笔砚,还增加了儿童裁诗等活动内容,七夕已经融汇了北宋人望子成龙、读书做官等科举时代的流行观念,变得更有文化内涵。

与七夕联系最为紧密的牛郎织女传说,本来是对男耕女织幸福图景遭受破坏的一种补偿,节日底色未免悲凉;加之此前这个节日主要流行于汉唐宫廷之中,更交织着漫漫深宫岁月的哀怨。唐代以七夕为主题的诗歌,普遍倾向于感叹离愁别恨,比如杜牧《七夕》诗:"云阶月地一相过,未抵经年别恨多。最恨明朝洗车雨,不教回脚渡天河。"只有"三千宠爱在一身"的唐明皇与杨贵妃,才会携手并肩,由衷享受"七月七日长生殿,夜半无人私语时。在天愿作比翼鸟,在地愿为连理枝"(白居易《长恨歌》)的人间美满。

北宋百年承平,社会安定,七夕成为普遍流行于民间的节日,人们对七夕的感受也与此前大为不同。宋代诗词更津津乐道于七夕仪式的欢娱美好,更坦然地表达"暗付金钗清夜半。千秋愿。年年此会长相见"(欧阳修《渔家傲》)的祈盼。北宋最善言情的婉约词宗秦观更以一首《鹊桥仙》,完美诠释了宋代人心目中七夕节的内涵,留下"金风玉露一相逢,便胜却人间无数""两情若是久长时,又岂在朝朝暮暮"的千古名句。纵使天遥地隔却能笃信两情长久,敢于相信有情之人终会在金风玉露的美好时刻再次相逢,稳定的时代给予了人们这份信心,他们也有理由尽其所能地享受一年之中这个最轻松的节日。

徽宗赵佶有两首《宫词》以七夕为主题,写出了帝王家的生活与心境:"七夕新秋玉露清,月钩遥挂碧云平。珍庭祈巧贪娱宴,唯恨残更促晓声。""洞箫声歇酒初阑,星斗凝辉宇宙宽。唯有真仙为侣伴,夜深同倚玉阑干。"这是大宋版的"七月七日长生殿",唐明皇与杨贵妃塑造的七夕经典形象,宋徽宗写下这首《宫词》诗时应该会想起,孟元老写下这则《七夕》回忆录时,一定会想起。盛世大唐的天子和贵妃祈祷神仙的生活,宋代皇帝甚至相信自己已经过上了神仙的生活。历史惊人的相似,冥冥中似有轮回。华胥梦觉,"天长地久有时尽,此恨绵绵无绝期"。

七月,七夕①。

【注释】

①七夕:农历七月初七之夕,传说牛郎织女每年此夜在天河相会。
　　旧俗妇女多进行乞巧活动,又称"七巧节""乞巧节"。

【译文】

七月,有七夕。

潘楼街东①、宋门外瓦子、州西梁门外瓦子、北门外、南朱雀门外街及马行街内,皆卖磨喝乐②,乃小塑土偶耳,悉以雕木彩装栏座③,或用红纱碧笼,或饰以金珠牙翠,有一对直数千者,禁中及贵家与士庶,为时物追陪④。又以黄蜡铸为凫雁⑤、鸳鸯⑥、䴔䴖⑦、龟、鱼之类,彩画金缕,谓之"水上浮"。又以小板上傅土⑧,旋种粟,令生苗,置小茅屋、花木,作田舍家小人物,皆村落之态,谓之"谷板"⑨。又以瓜雕刻成花样，谓之"花瓜"⑩。又以油面糖蜜造为笑靥儿，谓之"果食"⑪，花样奇巧百端，如捺香、方胜之类。若买一斤，数内有一对被介胄者⑫，如门神之像。盖自来风流⑬，不知其从⑭，谓之"果食将军"。又以菉豆、小豆、小麦，于磁器内，以水浸之，生芽数寸，以红、蓝彩缕束之，谓之"种生"⑮。皆于街心彩幕帐设出络货卖。

【注释】

①潘楼街东：据宋人罗烨《醉翁谈录》："七夕，潘楼前买卖乞巧物。自七月一日，车马嗔咽，至七夕前三日，车马不通行，相次壅遏，不复得出，至夜方散。嘉祐中，有以私忿易乞巧市乘马行者，开封尹得其人，窜之远方。自后再就潘楼。其次丽景、保康诸门及睦亲门外，亦有乞巧市，然终不及潘楼之繁盛也。"北宋司马光《和公达过潘楼观七夕市》对潘楼七夕市场盛况有详细描写："帝城秋色新，满市翠帏张。伪物逾百种，烂漫侵数坊。谁家油壁车，金碧照面光。土偶长尺余，买之珠一囊。安知杼轴劳，何物为蚕桑。纷华不足悦，浮侈真可伤。"

②磨喝乐：亦作"磨合罗""摩诃罗""摩侯罗""摩孩罗"等，也称为"化生"或"化生儿"。原为佛教八部众神之一的摩睺罗神，唐宋时借其名，制作为土木偶人，于七夕供养以祝祷生育男孩，因此成为七夕乞巧节送姻亲家的应时礼物。唐人薛能《吴姬》诗"芙蓉殿上中元日，水拍银台弄化生"即指此；南宋杨万里则有《谢余处恭送七夕酒果、蜜食、化生儿》诗，其一中说："跳踉儿孙忽满庭，折荷骑竹臂春莺。巧楼后夜邀牛女，留钥今朝送化生。"南宋许棐在《泥孩儿》诗中对磨喝乐的功用进行了描述："牧渎一块泥，装塑恣华侈。所恨肌体微，金珠载不起。双罩红纱厨，娇立瓶花底。少妇

初尝酸,一玩一心喜。潜乞大士灵,生子愿如尔。"

③栏座:有围栏的底座。

④追陪:追随,伴随。

⑤黄蜡:应指蜂蜡,色黄,故称。北宋苏轼《蜡梅一首赠赵景贶》:"蜜蜂采花作黄蜡,取蜡为花亦其物。"明人李时珍《本草纲目·蜜蜡》:"蜡乃蜜脾底也。取蜜后炼过,滤入水中,候凝取之,色黄者俗名'黄蜡'。"凫雁:鸭与鹅。

⑥鸳鸯:水鸟,比鸭小,栖息于池沼之上,旧传雌雄偶居不离,古称"匹鸟"。

⑦鸂鶆(xī lái):亦名"鸂鶒(chì)",水鸟名。形大于鸳鸯,而多紫色,好并游。俗称"紫鸳鸯"。唐人温庭筠《开成五年秋以抱疾郊野一百韵》:"暝渚藏鸂鶆,幽屏卧鹧鸪。"清人顾嗣立补注:"《临海异物志》:鸂鶆,水鸟,毛有五采色,食短狐,其在溪中无毒气。"

⑧傅土:铺上泥土。傅,涂,此处有涂抹、铺散之意。

⑨谷板:宋代七夕时民间流行的一种应时陈设,以谷寓丰收之意。另有诗云:"乞巧谁从贷聘钱,瓜花谷板献初筵。阿侬采得同心果,不为双星证凤缘"。

⑩花瓜:宋人赵师侠《鹊桥仙》:"花瓜应节,蛛丝卜巧,望月穿针楼外。"

⑪以油面糖蜜造为笑靥儿,谓之"果食":以油面糖蜜等制成的花式点心。南宋陈元靓《岁时广记·为果食》:"京师人以糖面为果食,如僧食。但至七夕,有为人物之形者,以相饷遗。"笑靥儿,笑容,笑颜。现今闽南地区七夕节时制作的七夕果,为糯米粉团的小圆饼,中间用拇指压出一个圆窝,据说即是沿袭了宋代"笑靥儿"的造型。

⑫数内:其中,里头。被:同"披"。介胄:铠甲和头盔,

⑬自来:由来,历来。风流:风行,流传。

⑭从:根据,因由。

⑮种生:实为"种生求子",七夕节期间的传统习俗,其实是一种生育

信仰,寄寓着朴素的审美情趣和对美好生活的追求。

【译文】

　　潘楼街东、旧宋门外瓦子、州城以西梁门外瓦子、北门外、南朱雀门外街以及马行街内,都卖磨喝乐,乃是小巧的泥塑土偶,全都用雕花木料做成带有栏杆的底座,加以彩绘,安放磨喝乐,有的用红纱碧笼罩起来,有的用黄金、珍珠、象牙、翠玉加以装饰,有的一对磨喝乐可值数千钱。宫禁中人、富贵之家以至士子平民,都以磨喝乐作为七夕必不可少的应时物品。又用黄蜡浇铸成大雁、鸳鸯、鸂鶒、龟、鱼之类的小动物,加以彩绘金饰,称为"水上浮"。又在小木板上铺上泥土,随即种上粟米,使其长出幼苗,又在小木板上放置小茅屋和各种花木,再制作农家小人物,都像村落的样子,称为"谷板"。又用瓜雕刻成各种花样,称为"花瓜"。又用油、面、糖、蜜为原料制作笑靥儿,称为"果食",花样新奇细巧,各式各样,比如做成捺香、方胜之类的形状。如果买一斤果食,其中就会有一对披甲顶盔的小面人,像门神的模样。这一习俗一直流传下来,却不知道源自何处,这对小面人称为"果食将军"。又把绿豆、小豆、小麦放在瓷器内,用水浸泡,使其生芽,长到几寸高,用红、蓝彩色丝线捆扎起来,称为"种生"。这些七夕时物,都放置在街心彩色幕帐中出售。

　　七夕前三五日,车马盈市,罗绮满街。旋折未开荷花,都人善假做双头莲①,取玩一时,提携而归,路人往往嗟爱②。又小儿须买新荷叶执之,盖效颦磨喝乐③。儿童辈特地新妆④,竞夸鲜丽。

【注释】

①假做:做成假的。双头莲:两朵莲花并排地长在同一茎上。

②嗟爱:赞叹喜爱。

③"又小儿须买新荷叶执之"几句:儿童模仿磨喝乐人偶的样子,手

执新荷叶。这种场景,宋人赵师侠在写七夕的《鹊桥仙》中有形象反映:"摩孩罗荷叶伞儿轻,总排列、双双对对。"效颦,典出《庄子·天运》。相传春秋时美女西施有心痛病,经常捧心而颦。邻居有丑女认为西施这个姿态很美,也学着捧心皱眉,反而显得更丑,大家见了都避开她。后因以"效颦"指不善模仿,弄巧成拙。此处为"学样"之意,不含贬义。颦,皱着眉头。

④新妆:新装,新的衣裳。

【译文】

七夕前的三五天,京城中已是车马往来不绝,身穿罗绮者充斥街道。京城中人擅长用刚折下来的未开的荷花制作成假的双头莲,赏玩一时,然后带回家去,路人见了,纷纷流露出赞叹喜爱的神情。另外小孩子们要买新荷叶拿在手中,这是摹仿磨喝乐的模样。小孩子们为此特地穿上新装,竞相夸耀鲜艳亮丽。

至初六日、七日晚①,贵家多结彩楼于庭,谓之"乞巧楼"②。铺陈磨喝乐、花瓜、酒炙③、笔砚、针线,或儿童裁诗④,女郎呈巧⑤,焚香列拜⑥,谓之"乞巧"。妇女望月穿针,或以小蜘蛛安合子内,次日看之,若网圆正,谓之"得巧"⑦。里巷与妓馆往往列之门首,争以侈靡相向⑧。"磨喝乐"本佛经"摩睺罗",今通俗而书之。

【注释】

①至初六日、七日晚:北宋七夕并非一直固定在初七日,有提前于初六日即开始过节者。针对各地七夕节时间不一致的情况,太平兴国三年(978)七月初二,宋太宗专门颁布《改用七日为七夕节诏》,规定七月七日为七夕,然据孟元老此处所记,仍有初六日过节者。

②乞巧楼:古时七夕节,人家往往于庭前结彩棚,称为"彩楼"或"乞

巧楼"。唐人王建《宫词》中说："画作天河刻作牛,玉梭金镊采桥头。每年宫里穿针夜,敕赐诸亲乞巧楼。"

③酒炙:酒和肉,亦泛指菜肴。古人称七夕所用之酒为"七夕酒",南宋杨万里有《谢余处恭送七夕酒、果蜜食、化生儿》诗。

④裁诗:作诗。唐人韩偓少时遇李商隐,即席作诗相送,一座皆惊,李商隐因有诗曰:"十岁裁诗走马成,冷灰残烛动离情。桐花万里丹山路,雏凤清于老凤声。"

⑤呈巧:呈献精巧的物件,多指青年女子制作的针线活。

⑥列拜:依次叩拜。

⑦"妇女望月穿针"几句:旧时民俗,七月七日夜捉蜘蛛藏盒中,天明启盒以视蛛网稀密,密者为巧多,稀者为巧少,亦称为"卜巧"。据说源于唐代宫廷,五代人王仁裕《开元天宝遗事·蛛丝卜巧》:"帝与贵妃每至七月七日夜,在华清宫游宴。时宫女辈陈瓜花酒馔,列于庭中,求恩于牵牛、织女星也。又各捉蜘蛛于小合中,至晓开视蛛网稀密,以为得巧之候。密者言巧多,稀者言巧少。民间亦效之。"唐人白居易《七夕》:"忆得少年长乞巧,竹竿头上愿丝多。"北宋梅尧臣《七夕》:"古来传织女,七夕渡明河。巧意世争乞,神光谁见过。隔年期已拙,旧俗验方讹。五色金盘果,蜘蛛浪作窠。"合子,盒子。圆正,圆匀端正。

⑧侈靡:奢华。相向:相对,面对面。

【译文】

到了初六、初七的晚上,富贵之家大多在庭院中扎起彩楼,称为"乞巧楼"。陈列磨喝乐、花瓜、酒菜、笔砚、针线等物品,或者由儿童作诗,或者由女郎呈献所制精巧物件,焚香依次叩拜,称为"乞巧"。这天晚上,妇女对着月亮穿针,或者把小蜘蛛装进盒子里,第二天打开观看,如果蛛网织得圆匀端正,称为"得巧"。街市里巷中的人家与妓馆,往往将各种物品陈列在门口,互相比赛奢华。"磨喝乐"本于佛经中的"摩睺罗",现今通俗地写作"磨喝乐"。

中元节

【题解】

在古代中国,尤其是北宋时期,"中元节"是一个极其特殊的节日。

"中元节"的概念来自早期道教"五斗米道"天、地、水的"三官信仰":天官主天界,为赐福之官;地官主地下,为赦罪之官;水官主水中,为解厄之官(参见《三国志·张鲁传》)。到了北魏时期,"三元说"正式出现,以正月、七月、十月的望日(十五日)为"三元",七月十五日被定为中元地官的赦罪日(参见清人赵翼《陔馀丛考》),道教徒在七月里举行斋醮之事。

南北朝时期,在中国南方则流行着另一个与佛教有着直接渊源的节日,称为"盂兰盆斋"或"盂兰盆节"。据《佛祖统纪》记载:南朝梁代大同四年(538),梁武帝"幸同泰寺,设盂兰盆斋"。《荆楚岁时记》有"七月十五日,僧尼道俗悉营盆供诸佛寺"的记载,颜之推《颜氏家训》也提到"七月半,盂兰盆"。这一仪式源自佛教典籍《盂兰盆经》中"目连救母"的故事:大目健连因为其母堕饿鬼趣中,于是就在僧人结夏安居的最后一天,备办斋饭、五果、百味,置于盆中,以供十方,其母因而得食。"盂兰盆"为梵语音译,意为"救倒悬器",没有文献表明这个节日与道教的中元节存在关联。

到了唐代,道教的中元节和佛教的盂兰盆节都得到极大发展。李唐王朝追认道家学派创始人老子李耳为祖先,奉道教为国教;唐朝对佛教也采取包容态度,尤其是武则天执政期间,更是假托佛教"女主为王"的符谶证明其特殊地位的合理性,因而大力推崇佛教。佛教盂兰盆斋节所讲目连救母的故事又与儒家伦理的孝道契合,容易为民众所接受,在时间上又与自先秦以来便已施行的孟秋时祭相重合。在这种背景下,源于汉末道教"三官"中地官救罪观念的"中元节"、源于佛教超度亡灵之说的"盂兰盆节"以及中国古代孟秋荐新的祭祖习俗,都选择了七月十五日,于是出现了道教中元、佛教盂兰、儒家尝秋三节并行、相互混融的奇异景象。唐人韩鄂《岁华纪丽·中元》以"道门宝盖,献在中元;释氏兰盆,盛于此日"描述这种情景。

　　北宋太祖、太宗时期,规定中元节开封城也要依上元之例,张灯三夜,区别只在于正门不设灯山。皇帝御楼观灯,赐宴从官。神宗元丰五年(1082),在景灵宫中建十一殿,奉安帝后神御,确定朝献之仪,"孟春用十一日,孟夏择日,孟秋用中元日,孟冬用下元日"(《宋史·礼志十二》)。而在民间,与儒、释、道三教均有渊源的中元节,节日礼俗丰富多彩,在孟元老的记述中,开封城中出现集中售卖明器的市场,民间以竹竿搭建成巨大的盂兰盆,勾肆乐人演出《目连救母》杂剧;七月十四日,预售享祀所用练叶、麻谷窠儿、鸡冠花,七月十五日则有供养祖先的素食之类巡门叫卖;上自皇家,下至民间,普遍流行扫墓习俗;向道者院颁发度牒,集资设立孤魂道场,祭奠军阵亡殁之人。

　　自唐代中叶至北宋时期,是民间礼俗形成与发展的重要时期。儒家重视"慎终追远",祭祀祖先的习俗最为完备,《东京梦华录》记录了寒食上坟扫墓、中元节供养祖先、十月朔日烧献、冬至日享祀先祖等,祭祀对象都是先人,唯有那些没有留下子嗣的深宫美人,清明、中元日宫廷派人祭祀,聊慰身后凄凉。但是,世间尚有许多无人祭扫的孤坟,更有无处可归的游魂,在儒家的祭祀传统中无法得到安慰。中元节具有特殊的佛教背景,北宋官方"设大会,焚钱山,祭军阵亡殁,设孤魂之道场",两宋之交战乱频仍的年代里,孟元老回忆旧京这个节日,更会有特别的感触吧。

《枫窗小牍》的作者与孟元老一样曾经生活在北宋末年的东京城,靖康之难后猝迫渡江,侨寓临安山中,书中一则,专记鸡冠花:"鸡冠花,汴中谓之'洗手花',中元节则儿童唱卖,以供祖先。今来山中,此花满庭,有高及丈余者。每遥念坟墓,涕泪潸然,乃知杜少陵'感时花溅泪',非虚语也。"

七月十五日,中元节①。

【注释】

①中元节:农历七月十五日为"盂兰盆节""盂兰盆会",也称"中元节",有些地方俗称"鬼节""施孤",又称"亡人节""七月半"。印度佛教徒为了追荐祖先而举行"盂兰盆会",佛经《盂兰盆经》以修孝顺励佛弟子的旨意,合乎中国"慎终追远"的俗信。中国从梁代开始照此仿行,相沿而成中元节。一般而言,"中元节"归属道教,"盂兰盆节"归属佛教。北宋王仲修《宫词》中说:"殿阁新秋气象清,玉阶露冷半雕冥。六宫最重中元节,院院烧香读道经。"宋徽宗崇道抑佛,大观四年(1110)曾经明令议礼局讨论中元节民间结盂兰盆、铺练叶祭祖、设水陆斋会、以狗肉做礼料等习俗。

【译文】

七月十五日,是中元节。

先数日,市井卖冥器①:靴鞋、幞头、帽子、金犀假带、五彩衣服。以纸糊架子,盘游出卖②。潘楼并州东、西瓦子,亦如七夕,要闹处亦卖果食、种生、花果之类,及印卖《尊胜》《目连经》③。又以竹竿斫成三脚④,高三五尺,上织灯窝之状⑤,谓之"盂兰盆"⑥,挂搭衣服、冥钱⑦,在上焚之⑧。构肆乐人⑨,自过七夕,便般《目连救母》杂剧⑩,直至十五日止,观者增倍。中元前一日，即卖练叶^⑪，享祀时铺衬卓面。又卖麻谷窠儿^⑫，亦是系在卓子脚上，乃告祖先秋成之意^⑬。又卖鸡冠花，谓之"洗手花"^⑭。

【注释】

① 冥器：也作"明器"，古时殉葬的器物，后多指焚化给死者的纸做的器物。南宋赵彦卫《云麓漫抄》："古之明器，神明之也。今之以纸为之，谓之'冥器'。"以下"靴鞋"等物，均指焚化给死者之物。

② 盘游：亦作"槃游"，游乐。此处应指商贩四处转悠、兜售货物。

③《尊胜》：《尊胜经》，全称《佛顶尊胜陀罗尼经》，一卷，唐佛陀波利译。《尊胜经》讲述善住天子命终之后，将受七度畜生恶道之苦，帝释天怜悯其业因，于是向佛陀恳请救济善住天子，佛陀宣说尊胜陀罗尼及持诵功德。《目连经》：全称《佛说鬼问目连经》，东汉安世高所译佛经。本经记述佛在王舍城迦兰陀竹园时，目连说"饿鬼"的受罪因缘，以"饿鬼"问、目连答的方式展开，凡十七则。

④ 斫：用刀斧等砍或削。

⑤ 灯窝：即灯碗，油灯中盛油和放置灯芯的碗形物。

⑥ 盂兰盆：指农历七月十五日用于超度亡人的供器。盂兰，是梵语，译作"倒悬"，指人被倒挂。盆，此指供品的盛器。佛法认为供此具可解救已逝父母、亡亲的倒悬之苦。相传源出于目连救母的故事。北宋徽宗大观四年（1110）闰八月，徽宗曾给议礼局下诏，命其讨论中元节盂兰盆习俗，诏书说："士庶每岁中元节拆竹为楼，纸作偶人，如僧居侧，号曰'盂兰盆'，释子曰'荐度亡者，解脱地狱，往生天界'。以供孝德，行之于世俗，可矣。景灵官，祖考灵游所在，不应俯徇流俗、曲信金狄不根而设此物，纵复释教藏典具载此事，在先儒典籍，有何据执？并是月于帝后神御坐上，铺陈麻株练叶，以藉瓜花。下委逐项，可与不可施之宗庙？"（《续资治通鉴长编拾

补·徽宗大观四年》）

⑦冥钱：为亡人焚化的纸钱。

⑧在上焚之：北宋人不仅用盂兰盆祭祀祖先，还通过在盂兰盆中焚化纸钱，看其倒的方向，以此来预测气候。南宋陆游《老学庵笔记》："故都残暑，不过七月中旬。俗以望日具素馔享先，织竹作盆盎状，贮纸钱，承以一竹，焚之，视盆倒所向，以占气候。谓向北则冬寒，向南则冬温，向东西则寒温得中，谓之'盂兰盆'，盖俚俗老妪辈之言也。又每云：'盂兰盆倒则寒来矣。'晏元献诗云：'红白薇英落，朱黄槿艳残。家人愁溽暑，计日望盂兰。'盖亦戏述俗语耳。"

⑨构肆：勾栏瓦肆。乐人：歌舞演奏艺人的泛称。

⑩般：借作"搬"，搬演。《目连救母》杂剧：宋代杂剧，本于佛教故事，最早见于东汉初由印度传入我国的《佛说盂兰盆经》。目连（亦作"目莲"）为释迦牟尼十大弟子之一，神通广大，能飞抵兜率天。母死，堕饿鬼道中。为救母脱离饿鬼道之苦，目连以神通之力亲往救之，不成。佛向目连说，须十方众僧之力，至七月十五，具百果于盆中，供十方大德，最后救出母亲。宋人林同《仙佛之孝十首·目连》："能将身入地，拔取母生天。岁岁盂兰会，今犹说目连。"

⑪练叶：即楝叶，楝树的叶子。《尔雅翼·楝》："楝木高丈余，叶密如槐而尖。三四月开花，红紫色，芬香满庭。实如小铃，至熟则黄，俗谓之'苦楝子'，亦曰'金铃子'。可以练，故名'楝'。"唐人刘禹锡《武陵书怀五十韵》中有"俗尚东皇祀，谣传义帝冤。桃花迷隐迹，楝叶慰忠魂"之语。

⑫麻谷窠儿：指用麻、谷草编织成的窠状之物。

⑬秋成：收获，收成。此有"丰收"之意。

⑭又卖鸡冠花，谓之"洗手花"：鸡冠花原产于亚热带和热带地区，

在印度被称为"波罗奢花"，据说与佛教一起传入中国。最早咏鸡
冠花者，应为晚唐诗人罗邺，至宋代则屡见不鲜，据此可以推测其
流传情况。北宋东京又称其为"洗手花"，据说因为中元节以鸡冠
花供祖，需先洗手，再将花摆上供桌，"洗手花"称呼中含有敬畏
的成分。

【译文】

中元节前几天，街市上出售各种冥器：靴鞋、幞头、帽子、金玉犀牛假
带、各种颜色的衣服。商贩用纸糊成架子，四处转悠着出售。潘楼以及
州城东、西瓦子，亦如七夕节一样，热闹的地方也有卖果食、种生、花果之
类的物品，也卖印好的《尊胜经》和《目连经》。又将竹竿砍削成三脚，高
约三五尺，上端编成灯碗的形状，称为"盂兰盆"，挂搭衣服、冥钱，在上面
焚烧。勾栏瓦肆中的艺人，自从过了七夕，便开始演出《目连救母》杂剧，
到十五日结束那天，观看的人成倍增加。中元节的前一日，城中就开始
卖楝树叶，祭祀祖先时，用这种叶子来铺衬桌面。又有卖麻谷窠儿的，也
是用来系在桌子脚上，这是用来祭告祖先秋天大获丰收的意思。又有卖
鸡冠花的，称为"洗手花"。

十五日，供养祖先素食①。才明，即卖穄米饭②，巡门叫
卖③，亦告成意也④。又卖转明菜花、花油饼、馂馅⑤、沙豏之
类。城外有新坟者，即往拜扫。禁中亦出车马，诣道者院谒
坟⑥。本院官给祠部十道⑦，设大会，焚钱山，祭军阵亡殁，
设孤魂之道场⑧。

【注释】

①供养：奉祀，摆设供品。
②穄（jì）米饭：用穄米做的饭。穄米，去壳后的穄子。穄子，不黏的
　黍类，又名"穈（méi）子"。

③巡门：沿门，挨门挨户。

④告成：上报所完成的功业。后泛指事情完成。《诗经·大雅·江汉》："经营四方，告成于王。"疏："告其成功于宣王也。"

⑤馂臁（jùn xiàn）：即馂馅，一种包馅的面食，用于祭祀，以表尊亲之义。宋代僧人释印肃《偈颂》中有"馂馅饼皮纱布绢，猪羊犬马折经金"之语。馂，指祭祀之余，《礼记·祭统》中说："夫祭有馂，馂者，祭之末也。"臁，豆馅儿。

⑥道者院：原为普安禅院，后亦为宋太宗元德皇后暂殡之所，亦为北宋宫廷妃嫔殡葬之地。

⑦本院：指道者院。祠部：指祠部牒，祠部所颁发的度牒。《释氏要览》："祠部牒：此牒自尚书省祠部司出，故称'祠部'。"《宋史·职官志三》："祠部郎中、员外郎，掌天下祀典、道释、祠庙、医药之政令。"南北朝时，始有证明僧尼身份的官方文凭，持度牒者可免地税和徭役。度僧给牒，始于唐玄宗天宝六载（747）。为了弥补编民为僧所造成的财政损失，唐中宗时开始向出家者收取一定数量的钱财；发放度牒，也是控制僧尼人数的手段。北宋英宗后，出卖度牒成为弥补财政亏空的手段，有时竟超过朝廷一年总收入额的十分之一。

⑧孤魂：孤独无依的魂灵。道场：泛指佛教、道教中规模较大的诵经礼拜仪式。

【译文】

七月十五日，在祖先灵前奉祀素食。当天早晨天刚亮，就有卖稦米饭的，挨门挨户地叫卖。以稦米饭祭祖，也是报告祖先收获有成之意。还有卖转明菜花、花油饼、馂臁、沙臁之类食品的。在城外有新坟的人家，就在这一天前往祭拜扫墓。宫中也派出车马，前往道者院祭坟。道者院由官府发给祠部度牒十道，举办盛大法会，焚烧纸钱叠成的钱山，祭奠军中的阵亡将士，设置超度孤魂的道场。

立秋

【题解】

　　古人称立春、立夏、立秋、立冬四个节气为"四立",分别是春、夏、秋、冬四季中的第一个节气,标志着每个季节的开始。中国古代以农业立国,"四立"是农业生产中生、长、收、藏四个重要节点的开始,"四立"之日要"迎气于四郊",举行祭祀活动。孟元老记录北宋东京剪楸叶为花样佩戴的习俗,就与"迎秋气"有关。

　　楸树的历史非常久远,是经历中国史前地质地貌结构变迁而得以保存下来的为数不多的古老活化石树种之一。楸树树干通直,木质坚硬,是良好的建筑用材,早在春秋战国时期,人们已经掌握楸树的栽培经验而广泛种植,还有栽种楸树作为财产遗赠子孙后代的习惯,许多地方流传着"千年柏,万年杉,不如楸树一枝桠"的谚语。楸树与梓树同为紫葳科、梓树属,古代很多文献中认为它们是同一种树,汉代学者许慎的《说文解字》,就以梓、楸互训,因而楸树与桑、梓一样,被古人视为故乡、故园的象征,屈原因楚国郢都被秦国攻陷而创作《哀郢》,其中就有"望长楸而太息兮,涕淫淫其若霰"之语。

　　楸树得名于"秋",因为它和"一叶落而天下知秋"的梧桐一样,早秋就开始落叶,加之叶片阔大,极为引人注目、动人秋思。战国时期宋玉写下被称为"千古言秋之祖"的抒情长诗《九辩》,一开头就说"悲哉! 秋之为气也,萧瑟兮,草木摇落而变衰",其中"皇天平分四时兮,窃独悲此廪秋。白露既下百草兮,奄离披此梧楸"的诗句,即以梧桐与楸树并提。

北宋时期,在相对稳定的社会环境中,一些祈盼美好生活的民俗得到发展,戴楸叶就是其中之一,一则沿袭古老的迎秋传统,一则祈求身体康健。这是北宋承平年代东京城中立秋之日最典型的活动,孟元老多年以后回忆旧都立秋,最先浮现在眼前的,就是这一情景。曾经受教于苏轼的北宋文学家晁说之,比孟元老生年略早,靖康之难后,以将近古稀之年南渡,写了一首以《秋》为题的诗:"长年何事不悲秋,今日天涯愁复愁。故国老槐空寂寂,半天归雁自悠悠。故知庾信多清泪,何事陶潜亦白头。前日家人带楸叶,求身强健更何求。"晁说之本以"活成陶潜"为人生理想,命运却让他遭逢国难,颠沛流离,漂泊天涯,像宋玉一样发出悲秋之叹。立秋时节,家人不忘旧都习俗,纷纷佩戴楸叶,但是衰暮之年,北归无望,除了祈求身体强健,还能求什么呢? 晁说之的这首诗,写出了南渡之人共同的心声,孟元老或许曾经读过。

关于"立秋"的记录,孟元老把最大篇幅,给了大批上市的瓜果梨枣,极写其品类之丰、品质之高。舌尖上的故都,令人魂牵梦绕,也令人黯然神伤。

立秋日[1],满街卖楸叶,妇女儿童辈皆剪成花样戴之[2]。

【注释】

[1]立秋:是农历二十四节气中的第十三个节气,更是秋天的第一个节气,标志着孟秋时节的正式开始。《礼记·月令》:"是月也,以立秋。先立秋三日,大史谒之天子曰:'某日立秋,盛德在金。'天子乃斋。立秋之日,天子亲帅三公、九卿、诸侯,大夫,以迎秋于西郊。"

[2]满街卖楸叶,妇女儿童辈皆剪成花样戴之:唐宋习俗,取"楸"之

谐音,簪戴楸叶剪成的花样,象征迎秋之意。北宋晁说之《秋》诗
"前日家人带楸叶,求身强健更何求",元人张野《满江红·秋日》
词"人乍起、一簪楸叶,不堪裁剪",都是这种习俗的反映。

【译文】

立秋那天,东京城里满街都卖楸叶,妇女、儿童们都将楸叶剪成各种
花样,戴在头上。

是月,瓜果梨枣方盛。京师枣有数品:灵枣^①、牙枣^②、
青州枣^③、亳州枣^④。鸡头上市^⑤,则梁门里李和家最盛。中
贵戚里,取索供卖^⑥;内中泛索^⑦,金合络绎^⑧。士庶买之,一
裹十文^⑨,用小新荷叶包,糁以麝香^⑩,红小索儿系之。卖者
虽多,不及李和一色拣银皮子嫩者货之^⑪。

【注释】

①灵枣:枣的一种,形大而甜美。

②牙枣:枣的一种,其形尖长似牙。明人李时珍《本草纲目·枣》引
　　寇宗奭曰:"又有牙枣,先众枣熟,亦甘美,微酸而尖长。"

③青州枣:出产于青州(今属山东潍坊)的枣。据文献记载,北魏青
　　州枣树栽培已经相当兴盛。北周时,杨广曾将一石青州枣作为珍
　　肴赐给高僧法藏。隋唐以后,青州成为全国最著名的产枣区,唐
　　代青州枣与安邑枣同为献给朝廷的贡物。明人李时珍《本草纲
　　目·枣》引陶弘景曰:"今青州出者形大而核细多膏,甚甜。"又引
　　苏颂曰:"近北州郡皆出枣,惟青州之种特佳。"北宋名相王安石
　　《赋枣》诗中说:"缅怀青齐间,万树荫平陆。"青州枣也是时人的
　　馈赠佳品,著名书法家黄庭坚《糟姜帖》就说:"庭坚顿首。承惠
　　糟姜、银杏,极感远意。雍酥二斤,青州枣一蓜,漫将怀向之勤,轻

渎不罪。庭坚顿首。"宋代佛家偈语中常以青州枣与梨相对而言，如"冷地思量真可笑。笑什么，等闲拾得一颗苏州梨，看来却是青州枣"（释祖钦）、"等闲摘个郑州梨，放手元是青州枣"（释通理）、"三钱买个郑州梨，元来是青州枣"（释道宁）、"郑州梨，青州枣，大抵还他出处好"（释师观）等。

④亳州枣：出产于亳州（今安徽亳州）的枣。

⑤鸡头：鸡头肉，即芡实。北宋欧阳修《初食鸡头有感》："都城百物贵新鲜，厥价难酬与珠比。金盘磊落何所荐，滑台拨醅如玉醴。"

⑥供卖：进奉出售。

⑦内中：宫中。泛索：古代宫中供帝王所用的点心。非定时所进，故名。

⑧金合：金盒。

⑨裹：包。

⑩糁：杂，混和。

⑪一色：全部一样。

【译文】

这个月，瓜果梨枣正大量上市。京城中的枣有几个品种：灵枣、牙枣、青州枣、亳州枣。鸡头上市，则要数梁门里面的李和家生意最为兴盛。宫中的显贵宦官和皇亲国戚们，向这家店铺索取，李和家要供奉出售；宫中将其作为御用零点，李和家要用金盒盛放，络绎不绝地送入内庭。士子庶民购买鸡头，一包十文钱，用一小张新鲜荷叶包裹，杂以麝香，用红色小细绳系扎起来。出售鸡头的店铺虽多，但是都不如李和店铺中是清一色地挑选银色皮子鲜嫩的出售。

秋社

　　中国古代以农业立国,农耕生产是人们赖以生存的基础。先民们认为,人类得以在大地上繁衍生息,是因为土地具有孕育生命、承载万物的能力,因此对土地的崇拜,成为古代先民思想中最重要的内容之一。祭祀土地神的祭坛称为"社",从天子到诸侯乃至平民,凡有土地者均可立"社"。古人认为土神名叫句龙,是神农氏的第十一世孙,共工之子。颛顼打败共工氏,任命句龙为土正官,主管土地社稷,负责平整土地、疏导河流。句龙取得巨大成就,被尊为"后土"之神。古人在立春后的第五个戊日举行"春社",祈求风调雨顺,能有好的收成,陆游"萧鼓追随春社近,衣冠简朴古风存",描写的就是"春社"场景;立秋后的第五个戊日,则要举行报告丰收的谢神活动,并祈盼来年再获丰收,称为"秋社",这就是所谓的"春祈而秋报也"(宋人吴自牧《梦粱录·八月》)。

　　由于春、秋社日,人们需要聚在一起举行迎赛土神的活动,"社日"也逐渐成为民众聚会宴飨的节日。初唐诗人苏颋有题为《秋社日崇让园宴,得"新"字》的诗,描写秋社日大家宴饮赋诗的欢乐场面:"鸣爵三农稔,句龙百代神。运昌叨辅弼,时泰喜黎民。树缺池光近,云开日影新。生全应有地,长愿乐交亲。"到了宋代,秋社活动更为流行,酬神意味相对淡化,更增加了世俗化的色彩,上至天子下到平民,都于此日聚会宴饮,

"社会"一词即由此而来。陆游有一首《秋社》诗,详细描写了丰收和乐的场面:"明朝逢社日,邻曲乐年丰。稻蟹雨中尽,海氛秋后空。不须谀土偶,正可倚天公。酒满银杯绿,相呼一笑中。"

　　根据孟元老的记载,北宋东京城中,还有妇女在社日回娘家的习俗,外公、姨妈、舅舅会赠送礼物,祝福孩子健康成长。教书先生也会组织学生聚会,城里还有专门为这种"社会"提供各种服务的人。孟元老在《自序》中说,"暗想当年,节物风流,人情和美",汴京繁华固然在青楼画阁、天街御路,在宣德楼,在金明池,最美却是故都的风俗人情。在孟元老笔下,人们在祖祖辈辈生息繁衍的城市里,遵循着由来已久的习俗,庆祝这个人神共享的节日。此时此刻,他们不是挤在御街边上观看皇家车马仪仗的看客,不是宣德楼下仰瞻天表的小民,他们是这座繁华城市的主人,他们在这里勤勤恳恳劳作、认认真真生活,有尊严,有祈盼。

　　直到金人的铁蹄踏碎他们或宏丽或卑微的梦想,与一城繁华。

　　八月,秋社[①],各以社糕、社酒相赍送[②]。贵戚、宫院[③],以猪羊肉、腰子、奶房、肚肺、鸭饼[④]、瓜姜之属,切作棋子片样,滋味调和,铺于饭上,谓之"社饭"[⑤],请客供养[⑥]。

【注释】

①秋社:旧时秋季祭祀土神的日子,立秋后第五个戊日。南宋吴自牧《梦粱录·八月》:"秋社日,朝廷及州县差官祭社稷坛,盖春祈而秋报也。"宋代描写秋社的诗如苏辙《秋社分题》:"天公闵贫病,雨止得丰穰。南亩场功作,东家社酒香。分均思孺子,归遗笑东方。肯效拾遗住,休嫌父老狂。"

②社糕、社酒:秋社祭祀土神,所备之糕称为"社糕",酒称"社酒"。南宋陆游有《社酒》诗:"农家耕作苦,雨阳每关念。种黍踏曲蘖,终岁勤收敛。社瓮虽草草,酒味亦醇酽。长歌南陌头,百年应不

厌。"赍送：赠送。

③宫院：帝王后妃居住的宫室、庭院，借指后妃。

④鸭饼：应指鸭蛋饼。北魏贾思勰《齐民要术·饼法》中有"鸡鸭子饼"："破，写（泻）瓯中，少与盐。锅铛中膏油煎之，令成团饼，厚二分。"

⑤社饭：旧时于社日以猪羊肉等美味食品铺于饭上，谓之"社饭"。宋人晁说之在《约圆机来吃社饭，以雨不果》中开玩笑说："何能陪社饭，应为厌侯鲭。"侯鲭指精美的荤菜，可知社饭之丰盛美味。

⑥供养：奉祀，摆设供品。

【译文】

八月，举行秋社，人们各用社糕、社酒相互赠送。天子的亲族、宫中的后妃，用猪羊肉、腰子、奶房、肚肺、鸭饼、瓜姜之类为原料，切成棋子样的片状，加佐料调和味道，铺在饭上，称为"社饭"，以此招待客人、作为祭品。

　　人家妇女皆归外家①。晚归，即外公、姨、舅皆以新葫芦儿、枣儿为遗，俗云"宜良外甥"②。

【注释】

①外家：女子出嫁后称娘家为"外家"。《资治通鉴·梁简文帝大宝元年》"犯者刑及外族"注："男子谓舅家为'外家'，妇人谓父母之家为'外家'。"

②宜：当，合当，合宜。良：好，美。外甥：姐或妹的儿子。某些地区亦称外孙为外甥。

【译文】

京城人家的妇女都回娘家。晚上回来，外公、姨妈、舅舅们都会赠送新上市的葫芦儿、枣儿，俗语称之为"宜良外甥"，认为能给外甥带来吉祥。

市学先生预敛诸生钱①,作社会②,以至雇倩祗应③、白席④、歌唱之人。归时各携花篮、果实、食物、社糕而散。春社⑤、重午、重九,亦是如此。

【注释】

①市学:私塾。诸生:学生。

②社会:学塾中每逢春秋祀社之日或其他节日举行的集会。

③雇倩:出钱雇请。祗应:祗应人,即祗候人,官府中供奔走驱使之人,亦指官府衙役或势家仆从头目。此泛指侍从、仆人。

④白席:白席人。古代北方民间宴席上相礼、供杂役的人。

⑤春社:古时于春耕前(周代用甲日,后多于立春后第五个戊日)祭祀土神,以祈丰收,谓之“春社”。《礼记·明堂位》:“是故夏礿、秋尝、冬烝,春社,秋省而遂大蜡,天子之祭也。”注:“春田祭社。”唐人王驾《社日》:“桑柘影斜春社散,家家扶得醉人归。”

【译文】

私塾先生预先收取学生们的学费,用于兴办社会,乃至雇请祗应人、白席人、歌唱艺人。从社会归来之时,大家各自携带花篮、果实、食物、社糕而散去。春社、重午、重九,也是这样。

中秋

【题解】

"中秋"之名源于节令，南宋吴自牧《梦粱录·中秋》："八月十五日中秋节，此日三秋恰半，故谓之'中秋'。此夜月色倍明于常时，又谓之'月夕'。"《礼记·月令》中说：仲秋之月，"养衰老，授几杖，行糜粥饮食"，反映了先秦时期秋季从饮食生活方面关怀老年人的制度，但与节日无关。"中秋"成为节日，大约是在隋唐时期。关于节日起源，说法不一，大致可以归为三类，一是"祭拜月神活动的孑遗"，二是"秋报遗俗"，三是东晋时期镇西将军谢尚"牛渚玩月"的典故，对后世中秋赏月之风有直接影响。据《晋书·袁宏传》，袁宏"有逸才，文章绝美，曾为咏史诗，是其风情所寄。……谢尚时镇牛渚，秋夜乘月，率尔与左右微服泛江。会宏在舫中讽咏，声既清会，辞又藻拔，遂驻听久之，遣问焉。答云：'是袁临汝郎诵诗。'即其咏史之作也。尚……即迎升舟，与之谭论，申旦不寐，自此名誉日茂。"唐代大诗人李白有《夜泊牛渚怀古》诗，专咏此事："牛渚西江夜，青天无片云。登舟望秋月，空忆谢将军。余亦能高咏，斯人不可闻。明朝挂帆去，枫叶落纷纷。"

到了唐代，中秋赏月、玩月开始盛行。唐初主要是官员、文人阶层与家人或朋友在八月十五之夜聚在一起赏月、赋诗、饮酒、聊天等。中唐时期，赏月聚会的风尚影响到下层社会，寻常百姓家庭兴起聚会、宴饮、祭月等习俗。中秋还与嫦娥奔月、吴刚伐桂、玉兔捣药、杨贵妃变月神、唐明皇游月宫等神话故事结合起来,充满浪漫色彩。唐代出现诸多以中秋望月为题材的名篇佳作,比如张九龄有"海上生明月,天涯共此时。情人怨遥夜,竟夕起相思"(《望月怀远》),王建有"中庭地白树栖鸦,冷露无声湿桂花。今夜月明人尽望,不知愁思落谁家"(《十五夜望月寄杜郎中》)、白居易有"西北望乡何处是,东南见月几回圆。临风一叹无人会,今夜清光似往年"(《八月十五日夜湓亭望月》)等。尤其是杜甫写于安史之乱中的《月夜忆舍弟》诗:"戍鼓断人行,边秋一雁声。露从今夜白,月是故乡明。有弟皆分散,无家问死生。寄书长不达,况乃未休兵。"虽未明确为中秋之夜,不过"月是故乡明"一句,几乎被认为是中秋望月思乡的最美代言。

到了宋代,中秋节成为全民性的节日。孟元老回忆北宋末年开封城中的中秋节,重点记录中秋之前街市上卖新酒、螃蟹与应季果品的情况,以及中秋之夜饮酒赏月的习俗。苏轼元符三年(1100)八月作于廉州(今广西北海)的《留别廉守》诗中,有"小饼如嚼月,中有酥与饴",据说描写的就是月饼,但据孟元老所记,月饼在开封城中似乎尚未出现。

或许由于苏轼所写"但愿人长久,千里共婵娟"的《水调歌头》被誉为"中秋绝调",无形中提高了中秋在后世人心中的位置,使人误认为中秋在宋代的节日系统中非常重要,其实并非如此。与元旦、冬至等节日相比,中秋节缺乏深厚的礼俗传统支持,属于较晚诞生的节日,与其关联最密切的是魏晋以来的文人雅好与唐代的宫廷娱乐,思乡与团圆的节日主题尚在凝练之中。对于远离战乱、稳定生活在北宋开封城中的人们来说,中秋节主要是尽情吃喝玩乐的日子,街巷之间丝篁鼎沸,靠近内庭的居民"夜深遥闻笙竽之声,宛若云外",正与宋徽宗《宫词》相印证:"英华相背露台高,夹道双亭气象饶。每待中秋开夕宴,月轮平处奏箫韶。"

中秋节前[①],诸店皆卖新酒,重新结络门面彩楼,花头画竿[②],醉仙锦旆[③]。市人争饮,至午、未间[④],家家无酒,拽下望子⑤。是时,螯蟹新出⑥,石榴、楒勃⑦、梨、枣、栗、孛萄⑧、弄色橙桔⑨,皆新上市。

【注释】

①中秋节:时在农历八月十五,因其恰值三秋之半,故名。《礼记·月令》中说:仲秋之月"养衰老,授几杖,行糜粥饮食"。过中秋始于唐朝初年,传说唐玄宗梦游月宫,得到《霓裳羽衣曲》,此后民间开始过中秋,至宋朝尤为盛行,至明清时,已成为与春节齐名的中国传统节日之一。民间习俗,中秋节家家团聚,吃月饼,赏月。

②花头画竿:顶端装饰有花样形状的彩绘旗杆。

③醉仙锦旆:画有醉仙的锦旗。醉仙,指李白。锦旆,亦称"酒望""酒帘""青旗""酒旗"等。酒旗历史悠久,《韩非子·外储说右上》中说"宋人有酤酒者……悬帜甚高","帜"就是酒旗。酒旗上通常署有店家字号,或悬于店铺之上,或挂在屋顶房前,或另立望杆,扯上酒旗,让其随风飘扬,以达到招徕顾客的目的。酒旗在古时的作用,大致相当于现在的招牌、灯箱或霓虹灯之类。

④至午、未间:约相当于下午一两点的时候。古代将一天分为十二个时辰,每个时辰为现在的两个小时,以子、丑、寅、卯、辰、巳、午、未、申、酉、戌、亥十二地支来纪时,称为"地支纪时"。午,为正午前后两个小时,即上午十一点到下午一点。未,为下午一至三点。

⑤望子:即酒旗。酒旗除了用以标示店铺、招徕顾客,还有一个重要作用,就是以酒旗升降作为店家有酒或无酒、营业或不营业的标志。早晨开始营业,有酒可卖,便高悬酒旗;等到无酒可售,就收下酒旗。

⑥螯蟹:指螃蟹。

⑦楒勃:即楒梓。又名"金苹果""木梨"。果实秋季成熟,黄色,梨形,有香气,味甘酸,可以吃,又供药用。

⑧孛萄：即葡萄。

⑨弄色橙橘：皮色鲜亮的橙橘类的果品。弄色，显现美色。

【译文】

中秋节前夕，京城中各家酒店都卖新酿的酒，都重新结扎门前的彩楼。顶端装饰有花样形状的彩绘旗杆上，高挂着画有醉仙的锦旗。京城中人争相进店饮酒，到午时和未时之交，家家无酒可卖，于是拽下酒旗，停止营业。此时，螃蟹已经出水，石榴、榅勃、梨、枣、栗子、葡萄、颜色鲜亮的橙橘等各类水果或干果，也都刚刚上市。

中秋夜，贵家结饰台榭，民间争占酒楼玩月①，丝篁鼎沸②。近内庭居民，夜深遥闻笙竽之声③，宛若云外。闾里儿童④，连宵嬉戏⑤，夜市骈阗⑥，至于通晓。

【注释】

①玩月：赏月。玩，观赏，欣赏。玩月为唐宋时人习见说法，单是以此为题的诗词，即有唐代王维《东溪玩月》、杜甫《十六夜玩月》、北宋寇准《奉和御制中秋玩月歌》、欧阳修《飞盖桥玩月》等。

②丝篁：弦管乐器，借指音乐。鼎沸：形容喧闹、嘈杂。

③笙竽：笙和竽，因形制相类，故常联用，亦借指音乐。

④闾里：里巷，平民聚居之处。

⑤连宵：通宵。

⑥骈阗：犹"骈田"，聚会，连属。形容多。

【译文】

中秋之夜，富贵之家装饰楼台水榭，百姓则争着抢占酒楼上的座席赏月，丝竹乐声鼎沸。靠近皇宫的居民，深夜还能远远听到宫中传来的笙竽之声，宛若云外传来的仙乐。里巷间的儿童，通宵达旦地嬉闹玩耍。夜市热闹异常，一直持续到天亮。

重阳

【题解】

　　"重阳"是农历九月九日,是中国的传统节日。《周易》以"九"为阳数,九月九日,两九相重,故曰"重阳"。"重阳"一词,最早可能出现于战国时期屈原《远游》诗"集重阳入帝宫兮,造旬始而观清都",不过这里的"重阳"指的是天,而不是节日。

　　重阳节的一些习俗最初可能源于西汉宫廷。据葛洪《西京杂记》记载,汉高祖刘邦所宠爱的戚夫人被吕后残害,戚夫人的侍女贾佩兰也被逐出皇宫,嫁与段儒为妾。据贾佩兰说,每年九月九,皇宫中人都要佩茱萸、食蓬饵(即蓬糕)、饮菊花酒,以求长寿。汉代宫中的这些习俗,成为重阳习俗的雏形。

　　重阳节登高的习俗则另有来源,宋代高承《事物纪原》说"齐景公始为登高"。齐景公是春秋时期齐国君主,好治宫室、聚狗马、奢侈享乐、厚税重刑。有一天,他率领群臣登上牛山,远眺繁华的临淄城,不禁心生无限感慨,流着眼泪感叹说:"国都如此壮美,让我怎能忍心抛弃这份繁华,甘心去死呢?"左右两个佞臣都跟着他一起哭,晏子在旁发出冷笑。齐景公问他为何发笑,晏子说:"假使贤者不死,那么太公、桓公将常守此国;假使勇者不死,那么庄公、灵公将常守此国。国君您怎么可能得到这个君位呢?至于您想一直拥有它,是不仁;两位臣子跟着哭泣,是谄谀。

我见到这两种情况,所以窃笑。"故事见于《列子》。清醒的晏婴嘲笑齐景公白日做梦,因为"乐极"而生"悲感",后世便留下"牛山对泣"的典故,在以重阳为主题的诗词中频繁出现,苏轼就曾在《定风波·重阳》中反用其意,写下"古往今来谁不老,多少,牛山何必更沾衣"的词句。后世重阳节登高,祈求健康长寿,与这个来源有关。

不过,此时的登高活动并不固定在重九。重九登高的习俗,相传源于东汉"桓景登高避难"。南朝梁代吴均《续齐谐记》中说:"汝南桓景,随费长房游学累年,长房谓曰:'九月九日汝家中当有灾,宜急去,令家人各作绛囊,盛茱萸以系臂,登高,饮菊花酒,此祸可除。'景如其言,举家登山,夕还,见鸡犬牛羊一时暴死。长房闻之,曰:'此可代也。'今世人九日登高饮酒,妇人带茱萸囊,盖始于此。"这个来源的"登高",实则出于避祸消灾的目的。

最晚在三国时期,重阳节已经衍变成固定节日,人们以为"九九"寓意"长久",在这一天享宴高会,祈求健康长寿,并且仿效屈原"夕餐秋菊之落英",以菊花制作节令饮食。魏文帝曹丕曾在这一天给锺繇送去菊花,并附上书信,他的这封题名《九日与锺繇书》的书信,成为对重阳节的经典表述:"岁往月来,忽复九月九日。九为阳数,而日月并应,俗嘉其名,以为宜于长久,故以享宴高会。是月律中无射,言群木庶草,无有射地而生,至于芳菊,纷然独荣,非夫含乾坤之纯和,体芬芳之淑气,孰能如此!故屈平悲冉冉之将老,思飧秋菊之落英。辅体延年,莫斯之贵。谨奉一束,以助彭祖之术。"

重阳节在唐代中期被正式定为节日,至宋代更为盛行,成为社会各阶层普遍参与的节日,节日习俗与饮食丰富多彩,孟元老在本条之中都有介绍,尤以对北宋末年东京重阳赏菊之风靡细至极的描写,最为引人注目。

古代中原地区,菊花是秋季最常见的花卉。魏晋时人对菊花的兴趣主要表现在服食以求长生,重视其药用价值;宋代则以观赏为主,菊花成为纯粹的审美对象,赏菊成为一种高雅的趣味。这种转变,一方面与宋人对陶渊明的追慕不无关系,另一方面也与皇室好尚推动艺菊技术的发展密不可分。菊花的命名始于宋代,成书于徽宗崇宁三年(1104)的刘蒙泉《刘氏菊谱》是我国现存最早的菊花专著。孟元老在本条中提到的万龄菊、桃花菊、木香菊、金铃菊、喜容菊等五种菊花名品,曾经出现在北宋名臣韩维、韩亿等人描写重九宴会的诗中,最初应为禁中贵品。直到南宋末年,这些名花乃是官扇的重要题材,宋度宗为此还有《题诸色扇》诗:"秾华照水澄秋静,冷艳欺风醉露凉。一枝翠叶凝秋色,万粟金英喷古香。月筛秾影虚窗静,秋染繁英净几香。千叶喜容迎晓日,万铃黄色映朝霞。日丽柳塘莺语滑,雨收桃岸燕飞忙。"

九月,重阳①。

【注释】

①重阳:即重阳节。此节战国时已形成,正式定为节日是在唐代,至宋尤盛,在节日诗词中蔚为大观。重阳节中,有登高、赏菊、插茱萸、祭神祭祖及饮宴求寿等习俗。

【译文】

九月,重阳节。

都下赏菊,有数种①:其黄白色,蕊若莲房,曰"万龄菊"②;粉红色,曰"桃花菊"③;白而檀心,曰"木香菊"④;黄色而圆者,曰"金铃菊"⑤;纯白而大者,曰"喜容菊"⑥。无处无之,酒家皆以菊花缚成洞户⑦。

【注释】

①都下赏菊,有数种:成书于宋徽宗崇宁三年(1104)的刘蒙泉《刘

氏菊谱》,是我国第一部菊花专著,书中所记载的菊花品种已有一百六十三种。南渡后,则有史正志《史氏菊谱》、范成大《范村菊谱》等。宋徽宗《宫词》其九:"清晨檐际肃霜鲜,晓日初消万瓦烟。隆德重阳开小宴,竟将黄菊作花钿。"

②蕊若莲房,曰"万龄菊":万龄菊,应为"万铃菊"。宋人史正志《史氏菊谱》:"万铃菊,心茸茸突起,花多半开者如铃。"北宋中期名臣韩维《招景仁饮》诗中有"万铃嘉菊重台莲"之语,正指此花。蕊,花蕊。莲房,莲蓬。莲花开过后的花托,倒圆锥形,有许多小孔,各孔分隔如房,故名。

③桃花菊:一种粉红色的菊花,枝叶繁茂,花期较早。宋人刘蒙泉《刘氏菊谱》:"桃花,粉红。单叶中有黄蕊,其色正类桃花,俗以此名,盖以言其色尔。花之形度虽不甚佳,而开于诸菊未有之前,故人视此菊,如木中之梅焉。枝叶最繁密,或有无花者,则一叶之大,逾数寸也。"宋人咏桃花菊之诗有十余首,如韩维有《桃花菊二首》,其一曰:"谁测天工造化情,巧将红粉傅金英。武陵溪上分佳色,陶令篱边得异名。不使秋光全冷淡,却教阳艳再鲜明。瓮头消息香醪熟,何必黄花便可倾。"其二曰:"霜女星娥不俗情,施朱点出浅深更。《平泉记》上遗嘉品,《本草经》中注别名。气得清凉开早,色沾寒露久逾明。今朝樽酒来篱下,不为重阳为尔倾。"

④白而檀心,曰"木香菊":原名"蜜香菊",因香气芬芳浓郁如蜂蜜,故名。南宋范成大《范村菊谱》:"木香菊,多叶,略似御衣黄。初开浅鹅黄,久则淡白。花叶尖薄,盛开则微卷。芳气最烈。一名'脑子菊'。"南宋史铸有《木香菊》:"秋花也与药名同,素彩鲜明晓径中。多少清芬通鼻观,何殊满架拆东风。"檀心,浅红色的花蕊。

⑤黄色而圆者,曰"金铃菊":一种花形圆小如铃的菊花。南宋史铸《百菊集谱》:"金铃菊,花头甚小,如铃之圆,深黄一色。其干之长与人等,或言有高近一丈者,可以上架,亦可蟠结为塔,故又名

‘塔子菊’。一枝之上，花与叶层层相间有之，不独生于枝头。绿叶尖长七出，凡菊叶多五出。”北宋韩亿《重九席上赋金铃菊》：“黄金缀菊铃，兖地独驰名。细蕊浮杯雅，香筒贮露清。风休沉夜警，雨碎入寒声。自此传仙种，秋芳冠玉京。”

⑥纯白而大者，曰“喜容菊”：喜容菊，亦省作“喜容”。南宋史铸《百菊集谱》：“喜容，千叶。花初开微黄，花心极小，花中色深，外微晕淡，欣然丰艳，有喜色，甚称其名。久则变白。尤耐封殖，可以引长七、八尺至一丈，亦可揽结，白花中高品也。”

⑦洞户：门户。

【译文】

京城中观赏的菊花，有几个品种：那种花瓣呈黄白色、花蕊像莲房的，名叫“万龄菊”；花瓣为粉红色的，名叫“桃花菊”；花瓣白色、花蕊浅红的，名叫“木香菊”；花瓣黄色、花呈圆形的，名叫“金铃菊”；花瓣纯白、花形硕大的，名叫“喜容菊”。京城中到处都有菊花，酒家都用菊花扎缚成门户。

　　都人多出郊外登高（如仓王庙①、四里桥、愁台②、梁王城③、砚台④、毛驼冈⑤、独乐冈等处⑥）宴聚。

【注释】

①仓王庙：在东京城北面。仓王，或写作“苍王”，就是传说中创造汉字的仓颉，古代书吏以其为保护神。北宋时期，每年秋冬之际（大概十月底），京司百官都会集资举办赛神会，以祭祀字神仓颉。宋代官局正门里会放一尊不动尊佛，以祈求不受长官训斥，刀笔生涯顺畅。届时，仪仗、箫鼓、杂戏，迎出神像集会酬祭，吏史列坐，聚饮合乐终日。宋人叶梦得《石林燕语》记载：“京师百司胥吏，每至秋，必酿（jù）钱为赛神会，往往因剧饮终日，苏子美进奏院会

正坐此。余尝问其何神,曰'苍王',盖以苍颉造字,故胥吏祖之。"

②愁台:在东京城西北方向,故址在今河南中牟县城北,大孟乡万胜村东南隅。据《旧五代史·唐书·庄宗纪八》,同光四年(926)三月,后唐庄宗李存勖率兵从洛阳东征,至中牟万胜镇,闻李嗣源已据大梁,神色沮丧,登上荒冢,置酒环视。时乡人进雉,因问冢名,乡人对曰:"里人相传为愁台。"庄宗不悦,即命还师。北宋王安石有《愁台》诗:"颓垣断堑有平沙,老木荒榛八九家。河势东南吹地坼,天形西北倚城斜。倾壶语罢还登眺,岸帻诗成却叹嗟。万事因循今白发,一年容易即黄花。"

③梁王城:战国时梁惠王故城,在东京城西北。清人钱泳《履园丛话·梁王城》:"在今开封府城西北二里,即战国时梁惠王故城。唐高常侍所谓'古城苍莽绕荆棘,驻马凄凉愁杀人'是也。"

④砚台:战国纵横家张仪、西汉开国功臣张耳的墓地,在东京城东面。

⑤毛驼冈:又作"牟驼冈""驼牟冈""摩驼冈"。在今河南开封市西北。北宋设天驷监于此,牧养马匹。北宋末年,有马两万匹,饲料堆积如山。《靖康传信录》中说:"牟驼冈者,城外西北隅地也。冈势隐鳞如沙碛,然三面据水,前枕雾泽陂,即孳生马监之所。"北宋江休复有《牟驼冈阅马》诗,对该地的环境与历史记述甚详:"牧马散近坰,阅视乘高秋。驼冈似沙苑,堆阜带川洲。坡陁故梁城,萦薄西南陬。连棚映林槛,星罗倚层丘。回风吹阵云,奔腾欻来游。野性脱羁鞿,饮龁遂所求。腹干颇肥张,郁怒何彪休。群驱骤麇鹿,逸势凌蛟虬。军戎选轻捷,和銮御调柔。毛物有千名,众美归骅骝。梁王愁思台,佛刹居上头。揭来一凭眺,遗墟莽悠悠。信陵骨已朽,岩穴谁见收。当时英豪辈,事逐东波流。置酒临风轩,聊以纾烦忧。"北宋靖康元年(1126)正月,金将斡离不军在郭药师带领下,至京城西北,屯牟驼冈。郭药师本为辽将,辽朝灭亡时投降北宋,徽宗对其恩宠有加。郭药师在北宋期间,曾得旨打毬于牟驼冈一

带，熟知情况，所以做为向导，带领金人径趋其所，占领了北宋的养马基地。二月，宣抚司都统制姚平仲率步骑万人，欲夜劫牟驼冈金兵营寨，生擒斡离不，救回时在金营议和的康王赵构。但是由于数日之前就走漏消息，金人空寨设伏，宋军大败，李纲亦因此而受到牵连。牟驼冈劫寨之战是当时的重大战事之一，对宋朝的政治和军事方面均产生重大影响。《清一统志·开封府》中说，黄河决口之后，牟驼冈夷为平陆。

⑥独乐冈：开封城东郊的一处高冈，北宋有"全德元老"之誉的名相王旦墓地就在此地。

【译文】

京城中人大多出城，到郊外登高（像仓王庙、四里桥、愁台、梁王城、砚台、毛驼冈、独乐冈等处），宴饮聚会。

前一二日，各以粉面蒸糕遗送①，上插剪彩小旗，掺钉果实②，如石榴子、栗子黄、银杏、松子肉之类。又以粉作狮子、蛮王之状③，置于糕上，谓之"狮蛮"。

【注释】

①前一二日，各以粉面蒸糕遗送：反映了北宋时期"重阳糕"流行的情况。早在南朝时，已有重阳食糕的习俗，约为以"吃糕"代替"登高"之意。《说郛》引《玉烛宝典》："九日食饵，饮菊花酒者，其时黍秫并收，以因黏米嘉味，触类尝新，遂成积习。"饵即糕饼。北宋邵博《邵氏闻见后录》中记载了北宋学者宋祁写诗嘲讽中唐诗人刘禹锡之事："刘梦得作《九日》诗，欲用'糕'字。以五经中无之，辍不复为。宋子京以为不然。故子京《九日食糕》有咏云：'飙馆轻霜拂曙袍，糗餈花饮斗分曹。刘郎不敢题糕字，虚负诗中一世豪。'遂为古本绝唱。"唐宋以后，重阳糕成为普遍习俗，糕的制

作更是花样繁多，名称则有"花糕""菊花糕"等。明人谢肇淛《五杂组》中说："九日天明时，以片糕搭儿女头额，更祝曰'愿儿百事俱高'，此古人九日作糕之意。"重阳糕在流传中被赋予了更美好的寓意。

②掺：混杂。钉（dìng）：堆放食品于器，一般供陈设。引申为准备、安排食品。

③以粉作狮子、蛮王之状：清人朱彝尊《洞仙歌》中有"花糕九日，缀蛮王狮子"。蛮王，指南方少数民族的首领。

【译文】

节前一二天，京城人各自用面粉蒸糕相互赠送，糕上插着用纸剪成的彩色小旗，还掺杂堆放各种果实，诸如石榴子、栗子黄、银杏、松子肉之类。又用面粉做成狮子、蛮王的形状，放置在糕上，称为"狮蛮"。

诸禅寺各有斋会①，惟开宝寺、仁王寺有狮子会②。诸僧皆坐狮子上③，作法事讲说④，游人最盛。

【注释】

①斋会：禅寺在特定日期的集会。

②狮子会：北宋时重阳节东京僧人举行的法会。

③诸僧皆坐狮子上：指诸僧都坐在狮子座上。狮子座，或称"狮子床"，本指佛所坐之处。《大智度论》："佛为人中师子，佛所坐处，若床若地，皆名师子座。"师子，即狮子。泛指高僧说法的座席。

④法事：指供佛、礼忏、打醮、修斋等宗教法会、仪式。讲说：讲述解说。

【译文】

京城中的各禅寺都有斋会，其中只有开宝寺、仁王寺有狮子会。众僧全都坐在狮子座上，做法事、讲解佛教经义，此两寺游人最多。

下旬，即卖冥衣、靴鞋、席帽^①、衣段^②，以十月朔日烧献故也^③。

【注释】

①席帽：古代的帽名。以藤席为骨架，形似毡笠，四缘垂下，可蔽日遮颜。晋人崔豹《古今注·席帽》："本古之围帽也，男女通服之。以韦之四周，垂丝网之，施以朱翠。丈夫去饰。……丈夫藤席为之，骨鞔以缯，乃名席帽。"宋人吴处厚《青箱杂记》："盖国初犹袭唐风，士子皆曳袍重戴，出则以席帽自随。"

②衣段：衣物布帛。段，同"缎"。

③朔日：农历每月的第一天，即初一。烧献：向神祇等焚化奉献品。

【译文】

九月下旬，即有卖冥衣、靴鞋、席帽、衣缎等物品的，因为有十月初一向神祇烧献的习俗。

卷九

十月一日

【题解】

本条记录北宋时期"十月一日"（十月朔）的主要习俗，包括授衣、祭祖和暖炉会。

《诗经·豳风·七月》中写道："七月流火，九月授衣。"九月天气转凉，应为即将到来的严冬添置衣裳，因此九月被称为"授衣时节"。这是一个时间段，可以从重阳节前后算起，欧阳修《渔家傲》中写道："九月霜秋秋已尽。烘林败叶红相映。惟有东篱黄菊盛。遗金粉。人家帘幕重阳近。　　晓日阴阴晴未定。授衣时节轻寒嫩。新雁一声风又劲。云欲凝。雁来应有吾乡信。"其中"人家帘幕重阳近"和"授衣时节轻寒嫩"就是并写。古代官方会为大臣和将士们发放御寒衣物，称为"授衣"或"赐衣"，多在九月，日期不确定，宋代则定在十月朔日（初一）。

《礼记·祭义》中说："霜露既降，君子履之，必有凄怆之心，非其寒之谓也。"从中衍生中"霜露之思"的成语，表达对过世父母和祖先的思念之情。古人讲究"以侍生之心侍死"，因而从备办御寒衣物的节俗里发展出祭祖的习俗。大唐天宝二年（743）八月，唐玄宗颁布诏令："禋祀者，所以展诚敬之心；荐新者，所以申霜露之思。是知先王制礼，盖缘情而感时。……自流火届期，商风改律，载深追远，感物增怀。且《诗》著'授衣'，《令》存'休浣'，在于臣子，犹及恩私，岂可园陵，未标典式。自今以后，每至九月一日，荐衣于陵寝，贻范千载，庶展孝思。"（《唐大诏令集》）由于这一诏令，后世遂衍生出拜墓送衣的习俗。由于十月方入冬，九月稍嫌早，这一习俗在宋代便推移到十月朔日。"授衣念祖节，阖棺伤故人"（梅尧臣《九月一日》），授衣节成为缅怀逝者的日子。

北宋乾德元年（963），太祖令掌管天文、历法、祥瑞兆候的司天监官员赵修己、内客省使王仁赡等人卜选吉地，在西京洛阳附近的巩义兴建永安陵，将埋葬于东京开封东南的父母遗骨迁葬于此，这是北宋帝陵兴建之始。到了徽宗执政时期，经过一百五六十年的经营，这个陵墓群中已经安葬了太祖、太宗之父赵弘殷以及太祖、太宗、真宗、仁宗、英宗、神宗、哲宗等七位皇帝，统称"七帝八陵"。围绕着这八座帝陵，还有皇后陵、皇室宗亲墓以及名将勋臣墓等三百余座。仁宗庆历二年（1042）朝廷下诏，每年寒食与十月朔日，允许宗室和刺史以上的官员前往西京朝陵。

靖康之难，宋室南渡，放弃宗庙陵寝这一根本之地。南宋高宗绍兴初年，失去保护的宋陵甚至遭到金人在中原扶植的"大齐"皇帝刘豫的大规模盗掘，宋廷鞭长莫及。据《宋史·礼志二十六》："绍兴元年九月，起居郎陈与义言：'陛下躬履艰难之运，驻跸东南。列圣陵邑，远在洛师，顾瞻山川，未得时省。虽欲遣使，道路不通，圣怀日愤。近闻道路少通，差易前日，愿诏执事，每半年择遣使臣两员，往省诸陵。'诏令枢密院每半年差使臣两员前去。三年正月，礼部、太常寺言：'春秋二仲，荐献诸陵，乞于行在法惠寺设位，望祭行礼。'从之。自是每岁荐献，率循此制。"直到绍兴九年（1139）宋金议和，高宗对辅臣说："祖宗陵寝，久沦异域。今金国既割还故地，便当遣宗室、使相与臣僚前去修奉洒扫。"派去荐献的宗室、官员回报高宗："诸陵下石涧水，自兵兴以来，涸竭几十五年。二使到日，水即大至，父老惊叹，以为中兴之祥。"然而，《绍兴和议》的生效，是以宋高宗按照金人要求杀害主战将领岳飞为条件的。高宗以向金国纳贡称臣为代价，换回了东南半壁江山的统治权，北方的宗庙陵寝之地永远沦陷。这就是孟元老写下"十月一日"的时代背景。

"霜露既降，君子履之，必有凄怆之心，非其寒之谓也。""缘情而感时"的"霜露之思"，已经变成了无法平复的亡国之恨，变成沁入骨髓的凄寒，又岂是暖炉之会可以消释。

十月一日，宰臣已下受衣，着锦袄①。三日（今五日），士庶皆出城飨坟②。禁中车马，出道者院及西京朝陵③。宗室车马，亦如寒食节。有司进暖炉炭④。民间皆置酒，作暖炉会也⑤。

【注释】

①"十月一日"几句：介绍了北宋时期十月一日赐服之制。北宋建国之初，沿用历朝制度，冬服止赐将相、翰林学士、诸军大校，宋太祖建隆三年（963）十月，"太祖谓侍臣曰：'冬服不赐百官，甚无谓也。'遂并赐之。始赐文武常参官冬服"（《宋会要辑稿·仪制九》）。至太宗太平兴国二年（977）十月，"赐百官、诸军校百夫长以上冬服有差，将校之在外者及藩镇州郡，悉遣赍以赐之。自是岁以为常"（同上）。《宋会要辑稿·仪制九》中有针对各级官员赐服的详细规定。宰臣，帝王的重臣，宰相。

②三日（今五日），士庶皆出城飨坟：介绍了北宋时期拜墓送衣的习俗，也是"寒衣节"形成中的重要阶段。《唐大诏令集》中收录了唐玄宗天宝二年（743）八月的制书，规定"自今以后，每至九月一日，荐衣于陵寝，贻范千载，庶展孝思"。这一诏令直接影响到中国民间拜墓送衣的习俗。发展到北宋时期，这一习俗推移到十月初。飨，通"享"，祭祀，祭献。

③西京：宋时以洛阳为西京。北宋历代帝王陵寝在巩义，距洛阳不远。

④暖炉：冬天取暖的炉子，由火盆逐渐发展演变而来，出现于唐代。白居易《岁除夜对酒》诗中有"醉依香枕坐，慵傍暖炉眠"。宋徽

宗《宫词》其四十四："早临书殿启芸香，冰砚难开肃晓霜。谁制暖炉新样巧，云龙突镂遍金箱。"

⑤暖炉会：冬天围炉饮宴。一般认为真正意义上的暖炉会出现于宋代，发展为大众化的节日。南宋金盈之《醉翁谈录》："旧俗，十月朔开炉向火，乃沃酒及炙脔肉于炉中，围坐饮啖，谓之'暖炉'。"南宋初人顾禧《小春词》中有"暖炉高会乐未央，鸿雁南飞百草黄"之语。

【译文】

十月初一日，宰相以下的官员领受天子赏赐的衣着锦袄。十月三日（现今在十月五日），京城中的士子庶民都出城祭祀祖先的坟茔。宫中派出车马，前往道者院祭奠，并往西京朝谒陵寝。皇族的车马也前往诸陵祭祀，如寒食节一样。官府向宫中进献暖炉所用的木炭。民间都置备酒水，举办暖炉会。

天宁节

【题解】

天宁节是庆祝徽宗皇帝生日的节日，时间是农历十月十日。中国古代以帝王生辰设立节日，称为"诞节名"或"圣节"，始设于唐玄宗开元十七年（729），当时宰相源乾曜、张说等人建议，以玄宗生日八月五日为"千秋节"。北宋诸帝的诞节，太祖为长春节（二月十六日）、太宗为乾明节（后改寿宁节，七月七日）、真宗为承天节（十二月二日）、仁宗为乾元节（四月十四日）、英宗为寿圣节（正月三日）、神宗为同天节（四月十日）、哲宗为兴龙节（十二月八日）、徽宗为天宁节（十月十日）、钦宗为乾龙节（四月十三日）。

祝贺圣节的典礼，属于古代"五礼"中的嘉礼。唐玄宗将自己的生日确定为全国性节日，也将上寿仪式引入诞节庆典，通过法令形式保存下来，《大唐开元礼》中有详细记载。孟元老所记录的宋徽宗天宁节，其上寿仪，在《宋史·礼志十五·嘉礼·圣节》中有一千六百多字的详细记述，篇幅之大，超过对此前七位皇帝圣节仪典记录文字的总和，这应该与徽宗政和年间编撰《政和五礼新仪》，详细记录礼仪程式有关。

圣节的庆祝活动，分别在京城和地方官府所在地举行，参加人员主要包括宗室亲贵、在朝文武百官、僧道、命妇等，还有外国派来的贺生辰使。有关部门一般需要提前一个月做好各项准备工作，诸如礼物的制作与送纳、祝寿道场的启建、表演剧目的演练、祝寿礼仪的预习等。圣节当天，皇帝坐殿，文武百官依次上殿祝寿，向皇帝敬献寿酒，地方官代表敬献礼物，然后皇帝退入另殿，赐群臣酒和衣物，乐坊伶人致语、奏乐，大宴百官。

到了徽宗时期，庆贺天宁节的活动已经不限于生日当天，从十月初八到十二的五天时间，都有不同类型的庆祝活动。按照孟元老的记载，初八和初十两天分别在相国寺设祝圣斋筵，初八宴会参加者为修武郎（正八品）以上的武官，由枢密院率官赴宴；初十宴会参加者为宣教郎（正七品）以上的文官，由尚书省宰执率官赴宴，结束后再赴尚书省都厅，参加皇帝的赐宴。天宁节当日，皇帝御垂拱殿，宰相率文武百官上寿，辽国等贺生辰向皇帝贺寿。之后又赴紫宸殿后阁举行常朝，受群臣上寿。十二日则在集英殿举行宴会，宴请宰执、亲王、宗室、百官和贺生辰使，有大型歌舞表演，孟元老在"宰执亲王宗室百官入内上寿"条有详细记载。

皇帝至高无上的特殊身份，决定了圣节庆祝活动的盛大与隆重，同时也决定了其花费数目的惊人与庞大。官节开支名目繁多，花费铺张，圣节花费由国家和地方政府共同负担，地方进献应是主要来源。北宋神宗朝大臣毕仲衍《中书备对》统计神宗元丰年间诸路为圣节和南郊大礼进奉金帛的数目，其中神宗皇帝同天节，单是江南东路就进奉金一千两，诸路"同天节进奉一十二万七百四十三贯匹两"。20 世纪 80 年代，在赤峰地区的辽上京汉城遗址出土了一件宋代银铤，正面錾刻铭文"京西北路提举学事司进奉崇宁肆年天宁节银每铤伍拾两"。"京西北路"是北宋首都开封西部的一个地方行政区，"提举学事司"是徽宗崇宁二年（1103）增置的机构，"掌一路州县学政，岁巡所部，以察师儒之优劣、生员之勤惰，而专举刺之事"（《宋史·职官志七》），表面上看以文化教育与思想控制为职能，却也在天宁节进奉银铤。

朝野上下大事庆贺的天宁节，地方官吏一方面借机进奉财货，另一方面也极度铺张浪费，中饱私囊。按照惯例，各州每遇天宁节，除了常规用于招待的"公使钱",国家财税部门还特别拨出一笔钱存留在地方,称为"系省钱",专门用于举办庆祝天宁节的宴会。但是朝廷派往诸路的监司和提总官却倚仗特殊身份,又从本部门支取费用,排办宴席,致使"一郡之间,连日宴设"。这些官员的宴会不仅极其奢侈,"一筵之馔,有及数百千者,浮侈相夸,无有艺极"(《宋史·食货志下一》),而且"多造酒数,分受所余,殊失法意"(《续资治通鉴长编拾补·徽宗宣和七年》)。天宁节变成了普天之下骚扰不宁的日子。

　　初十日,天宁节①。前一月,教坊集诸妓阅乐②。初八日,枢密院率修武郎以上③;初十日,尚书省宰执率宣教郎以上④,并诣相国寺。罢散祝圣斋筵⑤,次赴尚书省都厅赐宴⑥。

【注释】

①天宁节:宋代节日,农历十月十日,宋徽宗生日。元符三年(1100)正月宋哲宗驾崩,端王赵佶即皇帝位。四月"丁未,以帝生日为天宁节"(《宋史·徽宗本纪一》)。建中靖国元年(1101)十月"丁酉天宁节,群臣及辽使初上寿于垂拱殿"(同上)。按,天宁节属于中国古代的"诞节名",即以皇帝诞生日定为节日。诞节始于唐开元十七年(729),当时宰相源乾曜、张说等人建议以玄宗生日八月初五为"千秋节"。玄宗在位期间,千秋节都会举行盛大奢侈的纪念活动,对后世产生深远影响。

②阅乐:审查音乐技艺。

③枢密院:官署名。宋以枢密院为最高军事机关。修武郎:低级武阶名,徽宗政和二年(1112)由内殿崇班改名。南宋绍兴年间(1131—1162)厘定入品武阶五十二阶之第四十四阶。

④尚书省:官署名。宋初,尚书省长官为尚书令,但不预政事。自尚书令以下官员,仅用以定官位俸禄,无实际职掌。元丰改制后,尚

书省掌执行皇帝命令，以左、右仆射为宰相，左仆射兼门下侍郎，执行门下省长官侍中的职务；右仆射兼中书侍郎，执行中书省长官中书令的职务。故而文中称"尚书省宰执"。宣教郎：原名"宣德郎"，元丰改制前为正七品下阶文散官，元丰三年（1080）废文散官，遂为新寄禄官，相当于旧寄禄官大理寺丞、著作佐郎。政和三年（1113）改名"宣教郎"。

⑤罢散：结束。斋筵：做斋事时所设筵席。

⑥都厅：尚书省的总办事厅。

【译文】

十月初十日，天宁节。节日前一个月，教坊召集所有艺妓校阅音乐技艺。十月初八日，枢密院长官率领修武郎以上官员；初十日，尚书省由宰执率领宣教郎以上官员，全都前往相国寺。等到相国寺中祝贺圣上天宁节的斋筵结束，大家再赶赴尚书省都厅，参加天子的赐宴。

宰执亲王宗室百官入内上寿

【题解】

本条详细记录天宁节"宰执亲王宗室百官入内上寿"、集英殿举行盛大宫廷宴会的场面。根据孟元老在天宁节中提到的官职"修武郎"(政和二年改)、"宣教郎"(政和四年改),以及宴会所用大晟府新制竹部乐器"箎"、新创徵招调"中腔"和"踏歌"等新乐调来看,所记可能是政和四年(1114)庆祝徽宗33岁生日的天宁节大宴,正是大晟乐最初应用于宫廷燕乐的见证。

自周公"制礼作乐",奠定了中国王朝统治的基础,"乐"被置于政治生活的重要位置,所谓"王者致治,有四达之道,其二曰'乐',所以和民心而化天下也"(《宋史·乐志一》)。然而,北宋建国于五代乱世之后,"礼乐道丧久矣",太祖草创,任用五代后周乐官勉强建立起的乐制,存在诸多问题。太祖、仁宗、神宗、徽宗都曾致力于改进旧乐,因而《宋史·乐志一》开篇即说:"有宋之乐,自建隆讫崇宁,凡六改作。"徽宗创立的"大晟乐",就是北宋乐制最后一次改革的硕果。

"徽宗锐意制作,以文太平"(《宋史·乐志一》),他所主导的乐制改革,要全面解决乐制讹谬残阙、太常乐器弊坏、合奏乐器制度参差不同、雅俗乐器配置混乱、八音乐器不全、舞不象成、曲不协谱、乐工失于训练等一系列问题,是一次雄心勃勃、全面彻底的改革。大观四年(1110)八月，徽宗御制《大晟乐记》，宣布所制新乐"永为一代之制"。政和三年（1113），下诏将此前已经"荐之郊庙"的大晟乐"施于燕享"，"旧乐悉禁"。孟元老用1800余字的鸿篇巨制详细记录天宁节集英殿大宴，他所看到的正是发展到鼎盛时期、"施于燕享"的大晟乐，对于研究宋代音乐以及宫廷大宴仪礼，都弥足珍贵。

天宁节集英殿大宴，是北宋最高规格的国宴，是一场宏大的政治表演，为参与者描绘了一幅政通人和、四海升平的虚幻景象。徽宗所创新乐，是这场极尽奢华的宫廷宴会中不可或缺的要素，也以"分盏"的形式引领着整个宴会的节奏。天宁节的宫廷燕乐实行九盏制，每一盏酒，皇帝饮御酒、宰臣酒、百官酒，都使用不同的音乐，直观呈现尊卑等级；从一盏到九盏，则穿插使用不同风格的乐舞、百戏、筑毬、相扑等娱乐形式，或庄重典雅，或轻松诙谐，或热闹刺激，既富有政治意味与教化作用，又极具观赏价值与娱乐效果。根据孟元老所记流程，列表如下：

盏数	御酒用乐	宰臣酒用乐	百官酒用乐	此后的乐舞表演
第一盏	歌板色唱"中腔"（笙、箫、笛和，众乐和）	乐部起【倾杯】	【三台】舞	
第二盏	歌板色唱（如前）	慢曲子	【三台】舞	
第三盏	左右军百戏			
第四盏	歌板色唱（如前）	慢曲子	【三台】舞	［参军色］大曲舞
第五盏	独奏琵琶	独打方响	【三台】舞	［参军色］小儿队乐舞、杂剧
中场休息				
第六盏	笙起慢曲子	慢曲子	【三台】舞	左右军筑毬
第七盏	慢曲子	慢曲子	【三台】舞	［参军色］女童队舞唱、杂戏
第八盏	歌板色唱"踏歌"	慢曲子	【三台】舞	
第九盏	慢曲子	慢曲子	【三台】舞	左右军相扑

九百多年以后，透过这些文字，我们仿佛身临其境，听到那歌，看到那舞。想来当时正在现场的年轻的孟元老，也应为一代之乐而欢欣鼓舞。通观《东京梦华录》，特详于礼乐制度，推想孟元老应是此道中人。即便"渐入桑榆晚景"，他在牢落情绪中执笔写下当年盛况，大约也还会手之舞之、足之蹈之吧？从宫廷雅乐角度而言，那的确是辉煌的巅峰时刻。

大晟乐的创立，蔡京出力不少。蔡京之子蔡絛在《铁围山丛谈》中详记大晟乐创立过程，现仅节录其因晁端礼（次膺）之词而生发的感想："时燕乐初成，八音告备，因作徵招、角招，有曲名《黄河清》《寿香明》，二者音调极韶美。次膺作一词曰：'晴景初升风细细，云疏天淡如洗。槛外凤凰双阙，匆匆佳气。朝罢香烟满袖，近臣报，天颜有喜。夜来连得封章，奏大河彻底清泚。君王寿与天齐。馨香动上穹，频降嘉瑞。大晟奏功，六乐初调角徵。合殿春风乍转，万花覆，千官尽醉。内家别敕，重开宴，未央宫里。'时天下无问迩遐小大，虽伟男鬌女皆争唱之。是时海宇晏清，四夷向风，屈膝请命。天气亦氤氲异常，朝野无事，日惟讲礼乐、庆祥瑞，可谓升平极盛之际。其后上心弗戒，群珰用事，……相继开边，小人为政，以致颠覆，惜哉！可为痛心！吾犹记歌次膺之词，时政太平，追叹为好时节也。故书其始末，以示后世云。""惜哉！可为痛心"，大约也是孟元老回忆大晟乐时的心情；"书其始末，以示后世"，应该也是孟元老作此记的用意所在。

十二日，宰执、亲王、宗室、百官，入内上寿①，大起居②。播箫舞蹈③。

【注释】

①上寿：向人敬酒，祝颂长寿。《后汉书·明帝纪》："公卿百官以帝威德怀远，祥物显应，乃并集朝堂，奉觞上寿。"注："寿者，人之所欲，故卑下奉觞进酒，皆言上寿。"

②大起居：宋制，文武朝官每五日赴内殿参见皇帝，称为"大起
居"。北宋宋敏求《春明退朝录》："本朝视朝之制：文德殿曰'外
朝'，……垂拱殿曰'内殿'，宰臣、枢密使以下要近职事者，并武
班，日赴，是谓'常起居'。每五日，文武朝臣釐务、令釐务，并赴
内朝，谓之'百官大起居'。"据《宋史·礼志十九》："凡常起居两
拜，大起居七拜。"

③搢笏：插笏。古代君臣朝见时均执笏，用以记事备忘，不用时插于
腰带上，引申指朝见。舞蹈：指臣下朝见君上时的礼节。

【译文】

十月十二日，宰执、亲王、宗室、百官，进入内廷为皇帝祝寿。手执笏
版，按礼节朝见天子。

乐未作，集英殿山楼上①，教坊乐人效百禽鸣②。内外
肃然③，止闻半空和鸣，若鸾凤翔集④。百官以下谢坐讫。宰
执、禁从⑤、亲王、宗室、观察使已上⑥，并大辽、高丽、夏国使
副⑦，坐于殿上；诸卿少⑧、百官，诸国中节使人⑨，坐两廊；军
校以下⑩，排在山楼之后。皆以红面青襫黑漆矮偏钉⑪。每
分列环饼⑫、油饼、枣塔为看盘⑬，次列果子。惟大辽加之猪、
羊、鸡、鹅、兔连骨熟肉为看盘，皆以小绳束之。又生葱、韭、
蒜、醋各一碟⑭。三五人共列浆水一桶⑮，立杓数枚⑯。教坊
色长二人⑰，在殿上栏杆边（皆诨裹⑱、宽紫袍、金带、义襕）
看盏⑲。斟御酒，看盏者举其袖，唱引曰"绥御酒"⑳，声绝，
拂双袖于栏干而止。宰臣酒，则曰"绥酒"，如前。

【注释】

①集英殿：北宋皇宫大内的宫殿，始建于宋初，原名"广政殿"，仁宗

明道元年（1032）更名"集英殿"，徽宗政和五年（1115）又改名"右文殿"。此殿主要作为宴殿，是每年举行春秋大宴的场所；神宗熙宁以后，此殿也是皇帝策试进士之所。山楼：临时搭建的彩色楼棚。

② 效百禽鸣：表演者借助口腔唇舌及手指运气发声，惟妙惟肖地模拟各类禽鸟的鸣叫，即以口哨学鸟鸣。这是盛行于宋代的百戏杂伎中之一种，也是传统口技表演的重要组成部分。表演者被称为"百舌人"，在宫廷燕乐教坊制度中，一般设"百禽鸣二人"（《宋史·乐志十七》）。两个人的表演，便能创造出"若鸾凤翔集"的艺术效果，足见表演技艺之高超。

③ 肃然：指安定平静，秩序良好。

④ 翔集：众鸟飞翔而后群集于一处。

⑤ 禁从：帝王侍从，特指翰林学士之类的文学侍从官。

⑥ 观察使：官名。唐代后期为一道行政长官。宋承唐制，置诸州观察使，无职掌，无定员，不驻本州，仅为武臣或宗室之寄禄官，高于防御使而低于承宣使。

⑦ 大辽、高丽、夏国使副：指辽、高丽、西夏派到北宋的"贺生辰国信使"（简称"生辰使"或"贺生辰使"）。当时北宋与诸国互遣特使，祝贺对方皇帝、皇太后或皇后生辰。使副，使臣和副使。

⑧ 卿少：宋代各寺长官与副长官（如太常卿、太常少卿）及各监长官（如将作监、将作少监）等的总称。太常卿、将作监等总称大卿监，太常少卿、将作少监等总称少卿监。此省作"卿少"。

⑨ 中节使人：使臣的随行官员。《金史·礼志十一》："新定夏使仪注：夏国使、副及参议各一，谓之'使'。都管三。上节、中节各五，下节二十四，谓之'三节人从'。"

⑩ 军校：担任辅助之职的军官。

⑪ 襚（tuí）：盖在棺木上的罩子。《广韵》："襚，棺覆。"于义不通，似

当为"墩",墩乃一种坐具。钉:于义不通,疑误。《梦粱录·宰执亲王南班百官入内上寿赐宴》作"黑漆矮偏凳坐物"。

⑫分:份。此指每席。环饼:一种环钏形的油炸面食,又称"馓子"。北宋庄绰《鸡肋编》:"食物中有馓子,又名'环饼'。"

⑬枣塔:一种食点,堆叠成宝塔形,周边镶嵌小枣,故名。看盘:供陈设的糕点果品,也有用猪羊肉等熟食的。

⑭堞:此字似误。堞,城上呈齿形的短墙,也称"女墙"。似当为"楪"。楪,器皿名。底平浅,比盘子小,多用于盛食物。后多作"碟"。

⑮浆水:水或其他食物汤汁。

⑯杓:同"勺"。

⑰色长:古代乐官名。色,即"执色",是宋代音乐中按乐器或乐种进行分类的一种音乐组织形式,某种乐器即称"某色"。南宋耐得翁《都城纪胜·瓦舍众伎》:"旧教坊有筚篥部、大鼓部、杖鼓部、拍板色、笛色、琵琶色、筝色、方响色、笙色、舞旋色、歌板色、杂剧色、参军色。色有色长,部有部头。"

⑱诨裹:不同于头巾的正常裹扎方式,别出心裁,裹成各类滑稽样式,以收取戏剧性效果。南宋耐得翁《都城纪胜·瓦舍众伎》:"杂剧部又戴诨裹,其余只是帽子、幞头。"

⑲看盏:宋代百官进宫给皇帝祝寿进酒的一种仪式,指察看宴席上斟酒的情况。

⑳唱引:吟咏歌曲,唱曲。《文选·成公绥〈啸赋〉》:"唱引万变,曲用无方,和乐怡怿,悲伤摧藏。"注:"引,曲也。"绥(suī)御酒:据宋人叶梦得《石林燕语》:"公燕合乐,每酒行一终,伶人必唱'唯(suī)酒',然后乐作。此唐人送酒之辞,本作'碎'音,今多为平声。文士亦或用之,王仁裕诗'淑景易从风雨去,芳樽须用管弦唯'。"据此,宋人所谓"绥酒",沿袭唐人熟语"唯酒",意为劝酒,席间祝辞催劝饮酒,唯"唯"讹为"绥"。南宋魏了翁《水调歌头》中"辇

路升平风月,禁陌清时钟鼓,唯送紫霞觞",仍用"唯"字。

【译文】

尚未奏乐,集英殿的彩楼上,教坊艺人仿效百鸟鸣叫。大殿内外一片肃静,只听到半空中百鸟和鸣之声,宛如鸾鸟凤凰翔集宫中。百官以下谢坐仪式完毕。宰执、禁从、亲王、宗室、观察使以上之人,以及大辽、高丽、夏国的贺生辰使、副使,坐在集英殿上。各寺、各监的正副长官以及百官,各国使臣的随行官员,坐在集英殿的两廊。军校以下人员,排列在彩楼后面。宴席都用红色面子青墩黑漆矮偏桌。每桌分别放置环饼、油饼、枣塔等糕点果品作为看盘,其次是摆放各色果子。只有大辽使臣的席面上,增加猪、羊、鸡、鹅、兔等的连骨熟肉作为看盘,全都用小绳系扎起来。又有生葱、韭菜、蒜、醋各一碟。三五个人共置一桶浆水,桶内放着几枚勺子。两位教坊色长站在大殿上的栏杆边(都将头巾裹成各类滑稽样式,身穿宽大紫袍、金带、义襕),负责察看宴席上斟酒的情况。给天子斟酒时,看盏的色长举起双袖,吟唱"绥御酒",声音刚停,将双袖轻拂栏杆而停止。给宰臣斟酒时,则吟唱"绥酒",举袖、甩袖如前。

教坊乐部[1],列于山楼下彩棚中。皆裹长脚幞头,随逐部服紫[2]、绯、绿三色宽衫、黄义襕,镀金凹面腰带。前列拍板[3],十串一行[4];次一色画面琵琶[5],五十面;次列箜篌两座[6]。箜篌高三尺许,形如半边木梳,黑漆镂花金装画[7],下有台座,张二十五弦,一人跪而交擘之[8]。以次高架大鼓二面[9],彩画花地金龙。击鼓人背结宽袖,别套黄窄袖,垂结带[10],金裹鼓棒,两手高举互击,宛若流星。后有羯鼓两座[11],如寻常番鼓子,置之小卓子上。两手皆执杖击之,杖鼓应焉。次列铁石方响[12],明金彩画架子[13],双垂流苏。次列箫、笙、埙[14]、篪[15]、觱篥[16]、龙笛之类[17]。两旁对列杖鼓二百面[18],皆长脚幞头、紫

绣抹额、背系紫宽衫、黄窄袖、结带、黄义襕。诸杂剧色皆诨
裹^⑲，各服本色紫、绯、绿宽衫，义襕，镀金带，自殿陛对立^⑳，直
至乐棚^㉑。每遇舞者入场，则排立者叉手^㉒，举左右肩^㉓，动
足应拍，一齐群舞，谓之"拽曲子"^㉔。"拽"字仍回反^㉕。

【注释】

①乐部：古代泛指歌舞戏曲演出单位。此犹言乐队、乐团。

②逐部：按照各部。部，指教坊中的筚篥部、大鼓部、杖鼓部等。

③拍板：又叫"板"或"檀板"，打击乐器。唐宋时，拍板为六片或九
片木板，以两手合击发音，故名。

④十串一行：即十人执拍板列成一行。一个拍板称"一串"。

⑤画面琵琶：面板上绘有图案的琵琶。宋徽宗《宫词》其五十一写
画面琵琶："玉钩红绶挂琵琶，七宝轻明拨更嘉。捍面折枝新御画，
打弦惟恐损珍花。"

⑥箜篌：古代拨弦乐器，有竖式和卧式两种，出自西域。箜篌有
二十五弦，亦有二十三弦者。演奏箜篌，"竖抱于怀，用两手齐奏，
俗谓之'擘箜篌'"（《旧唐书·音乐志二》）。

⑦金装画：精美的绘画。金装，美装，盛装。

⑧交擘：交替拨弦。擘，拨弹琴弦的指法，用拇指抬弦称"擘"。引申
为弹奏。

⑨大鼓：可能为大晟乐"革部"乐器中所列鼓之一种。据宋人刘昺《大
晟乐书》，大晟"革部"乐器有晋鼓、建鼓、鼗鼓、雷鼓、雷鼗、灵鼓、
灵鼗、路鼓、路鼗、雅鼓、相鼓、搏拊等十二种。

⑩结带：屈曲的带子。

⑪羯鼓：古代打击乐器的一种，从西域传入，盛行于唐代开元、天宝
时期。《通典·乐四》："羯鼓，正如漆桶，两头俱击。以出羯中，

故号'羯鼓',亦谓之'两杖鼓'。"《新唐书·礼乐志十二》:唐玄宗曰:"羯鼓,八音之领袖,诸乐不可方也。"

⑫方响:古磬类打击乐器。由十六枚大小相同、厚薄不一的长方铁片或石片组成,分两排悬于架上。用小铁槌击奏,声音清浊不等。创始于南朝梁代,为隋唐燕乐中的常用乐器。《宋史·乐志十七》:"上古世质,器与声朴,后世稍变焉。金石,钟磬也,后世易之为方响。"唐人李沇《方响歌》:"敲金扣石声相凌,遥空冷静天正澄。宝瓶下井辘轳急,小娃弄索伤清冰。穿丝透管音未歇,回风绕指惊泉咽。季伦怒击珊瑚摧,灵芸整鬓步摇折。十六叶中侵素光,寒玲震月杂佩珰。云和不觉罢余怨,莲峰一夜啼琴姜。急节写商商恨促,秦愁越调逡巡足。梦入仙楼戛残曲,飞霜棱棱上秋玉。"本次宴会所用"铁石方响",应指原有的铁方响与大晟府新制以白玉为材质的方响。宋徽宗《宫词》其二专写这一乐器:"方响新成白玉牌,叩声仍与八音谐。高低二八还相映,丝竹陶匏莫可偕。"

⑬明金:明艳的金色。

⑭埙(xūn):古老的吹奏乐器,《诗经·小雅》中有"伯氏吹埙"之语。《说文解字》中说"壎(埙),乐器也。以土为之,六孔",埙本以土烧制而成,形如鹅蛋或鸡蛋,顶部稍尖,底平,中空,顶上有吹口,前面有孔。但是宋代大乐中所用的埙均以木为之,宋太祖诏令涂成黄色,"以本土音"(《宋史·乐志一》)。到了徽宗政和年间,刘昺提举大晟府,以土烧制出陶埙(土埙),政和三年(1113)以后,埙亦施用于燕乐。本次宴会所用即为大晟埙。

⑮篪(chí):横吹竹管乐器,像笛,横吹。其开孔数目,古书记载不一,《广雅》谓有八孔,《周礼》中记载有七孔,据记载,则为六孔(包括上出孔)、底端封闭的横吹竹管乐器。宋代旧有大乐中原本没有这种乐器,为刘昺提举大晟府时所增制,列为大晟府"竹部"乐器。

本书卷十"驾诣郊坛行礼"条中有"截竹如箫管、两头存节而横吹者",正是孟元老对这种新制乐器的描写。南郊大礼中的用乐,属于雅乐,天宁节的宴会所用则为燕乐。宋人叶梦得《避暑录话》:"(大乐)旧又无篴,至是亦备,虽燕乐皆行用。"政和三年(1113)以后,大晟乐开始用于燕乐,孟元老此处描写,正是"篴"这种新制乐器在燕乐中的使用。

⑯觱篥(bì lì):古簧管乐器名,以竹为管,管口插有芦制哨子,有九孔,又称"笳管"或"头管"。本出西域龟兹,后传入内地,为隋唐燕乐及唐宋教坊乐的重要乐器。唐代诗人李颀有名作《听安万善吹觱篥歌》:"南山截竹为觱篥,此乐本自龟兹出。流传汉地曲转奇,凉州胡人为我吹。傍邻闻者多叹息,远客思乡皆泪垂。世人解听不解赏,长飙风中自来往。枯桑老柏寒飕飗,九雏鸣凤乱啾啾。龙吟虎啸一时发,万籁百泉相与秋。忽然更作《渔阳掺》,黄云萧条白日暗。变调如闻杨柳春,上林繁花照眼新。岁夜高堂列明烛,美酒一杯声一曲。"

⑰龙笛:指笛。据说其声似水中龙鸣,故称。语本东汉马融《长笛赋》:"龙鸣水中不见已,截竹吹之声相似。"后则多指管首为龙形的笛。

⑱杖鼓:鼓名,打击乐器。《新唐书·礼乐志十二》:"革有杖鼓、第二鼓、第三鼓、腰鼓、大鼓。"北宋沈括《梦溪笔谈·乐律一》:"唐之杖鼓,本谓之'两杖鼓',两头皆用杖。今之杖鼓,一头以手拊之,则唐之'汉震第二鼓'也。"《元史·礼乐志五》:"杖鼓,制以木为匡,细腰,以皮冒之,上施五彩绣带,右击以杖,左拍以手。"

⑲诸杂剧色:各杂剧部门。色,古代教坊所属部门的名称。

⑳殿陛:御殿前的石阶。

㉑乐棚:古代演出伎艺百戏的场所。

㉒叉手:两手在胸前相交,表示恭敬。

㉓举:耸起。

㉔挼（ruó）曲子：身体随节拍伴舞，以足踏地击打节拍，配合曲子的
　节奏与速度。唐人元稹《和李校书新题乐府十二首·五弦弹》中
　有"主第侯家最难见，挼歌按曲皆承诏"之语。挼，揉搓，摩挲。
㉕"挼"字仍回反：意思是说，取"仍"字的声母与"回"字的韵母，
　快速拼读，即为"挼"字的读音。反，反切，汉字的一种传统注音
　方法，亦称"反语"或"反音"。用两个汉字来注另一个汉字的读
　音。两个字中，前者称反切上字，后者称反切下字。被切字的声
　母和清浊，与反切上字相同；被切字的韵母和字调，与反切下字相
　同。但是古代的四声是平、上、去、入，与现代汉语的四声有出入，
　古今声母也有变化，所切出的读音未必准确。

【译文】

　　教坊的乐队，列于山楼下的彩棚之中。艺人们都头裹长脚幞头，随
所在各部，分别穿着紫、红、绿的三色宽衫、黄色义襕，腰束镀金凹面腰
带。最前排列拍板，十串一行；其次是清一色的面板上绘有图画的琵琶，
五十面；其次排列两座箜篌。箜篌高三尺左右，形状像半边木梳，黑漆底
色，雕镂花纹，绘有精美的图画。下面安有台座，箜篌上安着二十五根弦，
由一人跪着用双手交互弹拨琴弦。其次是两面高架大鼓，彩绘的花底上
绘有金龙。击鼓人把宽袖扎在背后，另套黄色窄袖，垂挂着丝带。鼓棒
用金箔包裹，两手高举，交替击鼓，速度之快，宛若流星。高架大鼓的后
面，是两座羯鼓，如同普通的番鼓子，安放在小桌子上面。鼓手两手都执
鼓杖击鼓，杖落鼓响，相互应和。其次排列着铁石制成的方响，悬挂在明
亮金色、彩绘图画的架子上，架子两端垂挂着流苏。其次排列有箫、笙、
埙、篪、觱篥、龙笛之类的乐器。乐队两旁相对排列二百面杖鼓，鼓手都
戴长脚幞头，束着紫色刺绣抹额，穿着背后系带子的紫色宽衫，套着黄色
窄袖，垂挂丝带，黄色义襕。各杂剧部分的艺人全都将头巾裹成各类滑
稽样式，各自穿着本部门的紫、红、绿色宽衫，义襕，腰束镀金腰带。从御
殿前的石阶，两两相对而立，一直排列到乐棚前面。每当歌舞者入场，这

些排列之人就将两手交叉在胸前，耸动左右肩膀，双足踏动，应和节拍，一起群舞，称为"按曲子"。"授"字仍回反。

第一盏：御酒，歌板色一名①，唱"中腔"一遍讫②：先笙与箫、笛各一管和；又一遍，众乐齐举，独闻歌者之声。宰臣酒，乐部起【倾杯】③；百官酒，【三台】④。舞旋多是雷中庆⑤，其余乐人舞者诨裹、宽衫，唯中庆有官，故展裹⑥。舞曲破、擛前一遍⑦，舞者入场；至歇拍⑧，续一人入场，对舞数拍，前舞者退，独后舞者终其曲，谓之"舞末"。

【注释】

①歌板色：又称"歌色"，乐队中手执拍板唱歌的角色。歌板，即拍板，歌唱时用以打拍子，故名。《宋史·乐志五》中说"大礼用乐，凡三十有四色：歌色一，笛色二，埙色三，篪色四，笙色五，……"，"歌色"为三十四色之首，本书卷十"驾诣郊坛行礼"条中有"余歌色及琴瑟之类"，即指此。南宋王灼《碧鸡漫志》中说："古人善歌得名，不择男女。……今人独重女音，不复问能否。而士大夫所作歌词亦尚婉媚，古意尽矣。政和间，李方叔在阳翟，有携善讴老翁过之者。方叔戏作品令云：'唱歌须是玉人，檀口皓齿冰肤。意传心事，语娇声颤，字如贯珠。老翁虽是解歌，无奈雪鬓霜须。大家且道，是伊模样，怎如念奴？'"南宋俞文豹《吹剑续录》亦载："东坡在玉堂，有幕士善讴，因问：'我词比柳词何如？'对曰：'柳郎中词，只好十七八女孩儿，执红牙拍板，唱"杨柳外，晓风残月"；学士词须关西大汉，执铁板，唱"大江东去"。'公为之绝倒。"所谓"十七八女孩儿，执红牙拍板"，应接近"歌板色"。

②中腔：关于"中腔"之义，说法不一，或以为是从大曲中摘出来单

谱单唱的一"遍",或以为是一种用中音(与高音、低音相对)演唱的特殊演唱方法。孟元老此处说的"中腔",应指徽宗朝大晟府新创徵招调的"中腔",属于用徵招调演唱、以祝寿为内容的曲词。宋乐中有宫、商、羽三个调子,没有角、徵二调。《宋史·乐志四》载:徽宗于大观二年下诏说:"自唐以来,正声全失,无徵、角之音,五声不备,岂足以道和而化俗哉?"于是网罗人才,旨在创立一代之乐。据宋人蔡绦《铁围山丛谈》记载,出身北宋名门晁氏家族的词人晁端礼,于政和三年(1113)六月接受蔡京推荐,应诏入大晟府为协律郎,"时燕乐初成,八音告备,因作徵招、角招,有曲名【黄河清】【寿香明】,二者音调极韶美"(按,【寿香明】应为【寿星明】之误)。晁端礼传世的《闲斋琴趣外篇》中有"新填徵调"八首存目,即《圣寿齐天歌》(逐唱)《圣寿齐天歌》《中腔》《中腔》(与前腔不同)《踏歌》《踏歌》(与前腔不同)《候新恩》《醉桃源》。而《钦定词谱》于"寿星明"则说:"凡曲,有歌头,有中腔。此徵招调之中腔也。"宋代另有《寿延长(中腔令)》:"彤云映彩色相映,御座中、天簇簪缨。万花铺锦满高庭。庆敞需宴欢声。千龄启统乐功成。同意贺、元珪丰擎。宝觞频举侠群英。万万载、乐升平。"按,南宋周密《武林旧事·圣节》载南宋理宗朝天基节(五月初五)情景:"第一盏:宣视盏,送御酒,歌板色唱《祝尧龄》"。

③【倾杯】:即【倾杯乐】,唐代教坊曲名,后用作词调名。《乐府杂录》云:"【新倾杯乐】,(唐)宣宗喜吹芦管,自制此曲。""倾杯"为进酒动作,此曲或源于酒席间所歌劝酒之词,最早可以追溯至北周时期六言体【倾杯曲】,用于宴饮娱情,劝觞进酒。经隋代牛弘改制,至唐初形成大曲,用龟兹乐。唐太宗曾诏命长孙无忌等制词,玄宗曾用以配合马舞,有数十曲之多。宋代用于宫廷朝仪乐,同时以旧调创新声,翻入词调。据《宋史·乐志十七》:"太宗洞晓音律,前后亲制大小曲及因旧曲创新声者,总三百九十。……

因旧曲造新声者五十八：正宫、南吕宫、道调宫、越调、南吕调，并【倾杯乐】【三台】。"则北宋太宗时，又对【倾杯乐】进行过改造。宋词调中今存【倾杯乐】词调十九首。

④【三台】：唐教坊曲名，或称【三台令】。曲名来源，说法不一，宋人郭茂倩《乐府诗集》将【三台】归为"杂曲歌辞"的古乐府中，引《乐苑》"唐天宝中羽调曲有【三台】，又有【急三台】"，及唐人刘禹锡《嘉话录》中"三台送酒，盖因北齐高洋毁铜雀台，筑三个台，官人拍手呼上台送酒，因名其曲为'三台'"之说（《乐府诗集·杂曲歌辞十五》）。【三台】是唐宋时期最常用的催酒之曲，宋代宴乐中以【三台】为舞曲音乐，三台舞表演形式有独舞，也有群舞。宋人李济翁《资暇录》中说："【三台】，今之催酒三十拍促曲。""催，合作崔。崔，送酒声。"宋人张表臣《珊瑚钩诗话》也说："乐部中有促拍催酒，谓之【三台】。"有研究者指出，日本京都的阳明文库所藏古谱《五弦琴谱》中记录了一首【三台】曲，可见其为慢二急三节拍形式。据上注，宋太宗"因旧曲造新声"的五十八个小曲中，也包括【三台】。

⑤雷中庆：北宋末年教坊乐官，也是著名舞人。宋人蔡絛《铁围山丛谈》："太上皇在位，时属升平。手艺人之有称者，……教坊琵琶则有刘继安。舞有雷中庆，世皆呼之为'雷大使'。笛有孟水清。此数人者，视前代之伎，一皆过之。"

⑥中庆有官，故展裹：雷中庆因有官职，故穿着公服跳舞。展裹，辽金职官公服名，如汉服。北宋陈师道《后山诗话》中说"退之以文为诗，子瞻以诗为词，如教坊雷大使之舞，虽极天下之工，要非本色"，应即缘此而发。

⑦舞曲破、撷：南宋王灼《碧鸡漫志》："凡大曲，有散序、靸、排、遍、撷、正撷、入破、虚催、实催、衮遍、歇拍、杀衮，始成一曲，此谓'大遍'。"北宋沈括《梦溪笔谈·乐律一》："所谓'大遍'者，有序、引、

歌、歊、嗺、哨、催、攧、衮、破、行、中腔、踏歌之类，凡数十解，每解有数叠者。"曲破，唐宋大曲的第三段称"破"，单演唱此段称"曲破"。节奏紧促，有歌有舞。宋代甚为流行，宫廷大宴时常同其他节目轮番演出。

⑧歇拍：唐代燕乐大曲的组成部分之一，在"杀衮"之前。后来指一段乐曲或一支乐曲演奏终了，节拍停歇。

【译文】

第一盏酒：斟御酒时，由歌板色一名，唱完中腔一遍：先由笙与箫、笛各一支应和；又唱一遍，各种乐器一齐奏起，然而却只听到歌唱者清亮的歌声。斟宰臣酒时，乐队奏起【倾杯乐】。斟百官酒时，乐队演奏催酒曲【三台】。跳回旋舞的通常是雷中庆。其余伴奏、伴舞者全都裹着花式头巾、身穿宽衫，只有雷中庆有官职，因而穿着官服。舞曲演奏到破、攧前一遍，舞蹈者入场表演；到歇拍时，又有一人入场，两人对舞数拍，先入场表演的舞者退场，只有后入场舞者一直跳到乐曲结束，称为"舞末"。

第二盏：御酒，歌板色唱如前；宰臣酒，慢曲子①；百官酒，【三台】舞如前。

【注释】

①慢曲子：慢曲，曲调舒缓。"慢"，古书上写作"曼"，即延长引伸之意。南宋张炎《词源》中说："慢曲不过百余字，中间抑扬高下，丁、抗、掣、拽，有大顿、小顿、大住、小住、打、掯等字，真所谓'上如抗，下如坠，曲如折，止如槁木，倨中矩，句中钩，累累乎端如贯珠'之语，斯为难矣。"从这一段夹杂许多艰涩术语的文字中，大致可以推知慢曲之所以慢，就因为有种种延长引伸的唱法。唐代诗人卢纶有一首《宴席赋得姚美人拍筝歌》，有句云："有时轻弄和郎歌，慢处声迟情更多。"可见慢曲更适宜表达曲折婉转、复杂变化

的情感。

【译文】

第二盏酒：斟御酒，歌板色演唱如前；斟宰臣酒，乐队奏起节奏舒缓的慢曲子；斟百官酒，随【三台】曲调起舞，如前面一样。

　　第三盏：左右军百戏入场，一时呈拽。所谓"左右军"，乃京师坊市两厢也①，非诸军之军。百戏，乃上竿、跳索②、倒立、折腰③、弄碗注④、踢瓶⑤、筋斗、擎戴之类⑥，即不用狮豹、大旗、神鬼也。艺人或男或女，皆红巾彩服。殿前自有石镌柱窠⑦，百戏入场，旋立其戏竿。凡御宴，至第三盏方有下酒：肉咸豉⑧、爆肉⑨、双下驼峰角子⑩。

【注释】

①"左右军百戏入场"几句：元人马端临《文献通考·乐考二十》："宋朝杂乐百戏，有踏毬、蹴毬、踏跷、藏挟、杂旋、弄枪碗瓶、蹴剑、踏索、寻橦、筋斗、拗腰、透剑门、飞弹丸、女伎百戏之类，皆隶左右军而散居。每大飨燕，宣徽院按籍召之。"坊市，犹街市。厢，靠近城的地区。

②跳索：即走索，也称"踏索"，演员在悬空的绳索上进行表演。

③折腰：古百戏节目之一，或指向后弯腰。《文献通考·乐考二十》："拗腰伎：盖翻折其身，手足皆至于地，以口衔器而复立也。"

④弄碗注：似是一种用碗注藏小珠子的戏法。宋人魏泰《东轩笔录》："丁谓有才智，然多希合，天下以为奸邪。……谓既为宫使，夏竦以知制诰为判官。一日，宴官僚于斋厅，有杂手伎俗谓'弄碗注'者，献艺于庭。丁顾语夏曰：'古无咏碗注诗，舍人可作一篇。'夏即席赋诗曰：'舞拂挑珠复吐丸，遮藏巧便百千般。主公端坐无由

见，却被傍人冷眼看。'丁览读变色。"

⑤踢瓶：也称"蹴瓶"，杂技之一种。元人马端临《文献通考·乐考二十》"蹴瓶伎：盖蹴其瓶，使上于铁锋杖端，或水精丸与瓶相植，回旋而不失也。"

⑥擎戴：杂技之一种。《文献通考·乐考二十》"擎戴伎：盖两伎以首相抵戴而行也。"

⑦镌：雕刻。窠：洞，坑。

⑧肉咸豉：据明人陈元靓《事林广记·肉咸豉》："精肉一斤骰子切，盐一两半，拌煞去腥。生姜四两薄切煤过，用猪脂烂剁炒过。豉一斤，取浓汁两碗，马芹半两，椒子一钱。先下肉于铫内炒，次下豉、姜、橘皮，尾下马芹、椒，候炒干，焙之，收取可食。佳。"咸豉，用黄豆或黑豆煮熟发酵而成，常用以调味。元代《居家必用事类全集·咸豆豉法》："黑豆一斗，蒸略熟，取出晒一日。用瓜二十条，茄四十个，先切小干下用。紫苏、陈皮各切碎拌和。用茴香四钱重，炒盐四两，拌和得所，罨之三日。然后用好酒遍洒令匀，再略蒸过。再用盐四两拌之，又用好酒微洒之，日中摊晒一日。却入磁小缸内紧筑数重，纸封之，或用泥封。置三伏日晒好。"

⑨爆肉：明人宋诩《竹屿山房杂部》："油爆猪：取熟肉，细切脍，投热油中爆香，以少酱油、酒浇，加花椒、葱。宜和生竹笋丝、茭白丝同爆之。"

⑩双下驼峰角子：用油、水、盐和面包馅儿烤熟的饺子，边缘可能做成驼峰状。元代《居家必用事类全集·驼峰角儿》："面二斤半，入溶化酥十两。或猪、羊油各半代之。冷水和盐少许。搜成剂。用骨鲁槌捍作皮。包炒熟馅子，捏成角儿。入炉熬煿，熟供。素馅亦可。"角子，饺子。

【译文】

第三盏酒：左右军百戏入场，安排演出。所谓"左右军"，指的是京城街市的两厢，而不是禁军诸军的"军"。所演百戏，包括上竿、跳索、倒立、折腰、弄碗注、踢瓶、筋斗、擎戴之类，即不演出装扮狮豹、舞弄大旗、装神弄鬼的节目。艺人不论男女，全都头裹红巾，身穿色彩鲜艳的衣服。殿前原本就有用大石凿成的柱坑，百戏艺人入场，很快竖起演出用的戏竿。大凡御宴，到第三盏酒时，方才有佐酒的菜肴：肉咸豉、爆肉、双下驼峰饺子。

第四盏：如上仪，舞毕，发谭子①，参军色执竹竿②、拂子③，念致语④、口号⑤，诸杂剧色打和；再作语，勾合大曲舞⑥。下酒榼⑦：炙子骨头⑧、索粉、白肉、胡饼。

【注释】

①发：歌唱，表演，演奏。谭子：似当为"诨子"。诨子，指诙谐逗笑的节目。

②参军色：宋代宫廷教坊中的乐官，属于"杂流命官"性质。其主要职责是担任乐舞表演的引导和指挥，有时也参加表演。由于其指挥舞队进出场时，手持一根形如竹竿的道具，故俗称"竹竿子"。

③拂子：用以拂除蚊虫的用具。即在柄上扎束兽毛、棉、麻等而成者，功用与麈尾同，而形状各异。又单称"拂"，或称"拂尘"。

④致语：又名"乐语"或"教坊致语"，古代宫廷艺人在演出前念诵的颂辞。"教坊致语"是整个演出活动的代表性致辞，大体以四六骈体形式，诵美帝王功绩，引入寿宴主题，一般由文人创作。目前尚未见为徽宗天宁节而创作的教坊词，北宋苏轼文集中保留有《乐语十六章》，其中有《兴龙节集英殿宴教坊词》，专为元祐二年（1087）哲宗生辰寿宴而作，在结构体制上应该非常接近孟元老所记徽宗天宁节宴会所用教坊词，以下特逐一征引。其《教坊致语》曰："臣闻帝武造周，已兆兴王之迹；日符祚汉，实开受命之

祥。非天私我有邦，惟圣乃作神主。仰止诞弥之庆，集于建丑之正。
瑞玉旅庭，爰讲比邻之好；虎臣在泮，复通西域之琛。式燕示慈，
与人均福。恭惟皇帝陛下，睿思冠古，浚哲自天。焕乎有文，日讲
六经之训；述而不作，思齐累圣之仁。夷夏宅心，神人协德。卜年
七百，方过历以承天；有臣三千，咸一心而戴后。彤庭振万，玉座
传觞。诵干戈载戢之诗，作君臣相悦之乐。斯民何幸，白首太平。
臣猥以微生，亲逢盛日。始庆猗兰之会，愿赓《击壤》之音。下采
民言，上陈口号。"

⑤口号：古代宫廷艺人念诵的赞美诗。《宋史·乐志十七》："乐工致
辞，继以诗一章，谓之'口号'，皆述德美及中外蹈咏之情。"北宋
苏轼《兴龙节集英殿宴教坊词·口号》："凛凛重瞳日月新，四方
惊喜识天人。共知若木初升旦，且种蟠桃莫计春。请吏黑山归属
国，给扶黄发拜严宸。紫皇应在红云里，试问清都侍从臣。"

⑥再作语，勾合大曲舞：教坊的这段致语，称为"勾合曲"。用两个
四六骈体句，承上之致语口号，启下之教坊合曲，具有典型的主
持人串场词性质。比如北宋苏轼《兴龙节集英殿宴教坊词·勾
合曲》："祝尧之寿，既馨于欢谣；象舜之功，愿观于备乐。羽旄在
列，管磬同音。上奉宸严，教坊合曲。"语，致语。勾合，结合。大
曲，古代歌曲的一种。唐宋大曲，系由同一宫调的若干"遍"组成
的成套乐舞。唐大曲多以诗句入乐叠唱，《乐府诗集》收有残篇。
宋大曲则为词体，系长篇叙事歌曲、歌舞结合。大曲与宋元戏曲
音乐有渊源关系。

⑦榼（kē）：古代盛酒的器具，泛指盒一类的器物。

⑧炙子骨头：元代《居家必用事类全集·骨炙》："带皮羊肋，每枝截
两段。用脑砂末一稔。沸汤浸，放温，蘸炙，急翻，勿令熟。再蘸
再炙，如此三次。好酒略浸，上铲一翻，便可食。凡猪羊脊膂，獐
兔精肉，用羊脂包炙之。"

【译文】

第四盏酒：一如上面的仪范，待舞蹈结束，开始表演诙谐逗笑的节目。参军色手执竹竿、拂尘上场，念诵"教坊致语"和"口号"，各种杂剧角色在旁边应和；再次念诵"勾合曲"词，引导大曲舞蹈上场。盛放下酒菜肴的食盒中有：炙子骨头、索粉、白肉、胡饼。

　　第五盏：御酒，独弹琵琶①。宰臣酒，独打方响。凡独奏乐，并乐人谢恩讫，上殿奏之。百官酒，乐部起【三台】舞如前。毕，参军色执竹竿子，作语，勾小儿队舞②。小儿各选年十二三者二百余人，列四行。每行队头一名，四人簇拥。并小隐士帽③，著绯、绿、紫、青生色花衫，上领四契④，义襕、束带，各执花枝排定。先有四人，裹卷脚襆头、紫衫者，擎一彩殿子⑤，内金贴字牌，擂鼓而进，谓之"队名"⑥。牌上有一联，谓如"九韶翔彩凤，八佾舞青鸾"之句⑦。乐部举乐，小儿舞步进前，直叩殿陛。参军色作语问⑧，小儿班首近前进口号⑨，杂剧人皆打和。毕，乐作，群舞合唱，且舞且唱。又唱破子⑩。毕，小儿班首入进致语⑪，勾杂剧入场⑫，一场两段。是时，教坊杂剧色：鳖膨、刘乔、侯伯朝、孟景初、王彦喜而下⑬，皆使、副也⑭。内殿杂戏⑮，为有使人预宴，不敢深作谐谑，惟用群队，装其似像，市语谓之"拽串"⑯。杂戏毕，参军色作语，放小儿队⑰，又群舞【应天长】曲子出场⑱。下酒：群仙炙、天花饼、太平毕罗⑲、干饭、缕肉羹⑳、莲花肉饼㉑。驾兴㉒，歇座㉓，百官退出殿门幕次㉔。须臾追班㉕，起居而坐。

【注释】

①独弹琵琶：北宋王仲修《宫词》："圣人独看临轩陛，殿后双龙捧翠

华。明日集英排大宴,御前先隆出琵琶。"

②作语,勾小儿队舞:教坊的这段致语,称为"勾小儿队",由四六句式承上启下,以结束于"教坊小儿入队"为固定说法。北宋苏轼《兴龙节集英殿宴教坊词·勾小儿队》:"鱼龙奏技,毕陈诡异之观;龆龀成童,各效回旋之妙。嘉其尚幼,有此良心。仰奉宸慈,教坊小儿入队。"勾,引,招引。《宋史·乐志十七》记载宋代教坊乐舞的队舞,分为小儿队和女弟子队两大类,每类各有十个小分队:"队舞之制,其名各十。小儿队凡七十二人:一曰柘枝队,衣五色绣罗宽袍,戴胡帽,系银带;二曰剑器队,衣五色绣罗襦,裹交脚幞头,红罗绣抹额,带器仗;三曰婆罗门队,紫罗僧衣,绯挂子,执锡镮拄杖;四曰醉胡腾队,衣红锦襦,系银鞊鞢,戴毡帽;五曰诨臣万岁乐队,衣紫、绯、绿罗宽衫,诨裹簇花帕头;六曰儿童感圣乐队,衣青罗生色衫,系勒帛,总两角;七曰玉兔浑脱队,四色绣罗襦,系银带,冠玉兔冠;八曰异域朝天队,衣锦袄,系银束带,冠夷冠,执宝盘;九曰儿童解红队,衣紫、绯绣襦,系银带,冠花砌凤冠,绶带;十曰射雕回鹘队,衣盘雕锦襦,系银鞊鞢,射雕盘。"按,北宋早期宫廷大宴仪,所用乐舞为教坊妓乐与军妓,没有用小儿队与女弟子队,用此二队,为神宗熙宁九年(1076)之事。《宋史·礼志十六》:"九年,阁门言:'大宴不用两军妓女,只用教坊小儿之舞。'王拱辰请以女童代之。"这种改变与枢密使任职范围的改变有关,也牵涉到宫廷宴会仪式的礼仪。蔡絛《铁围山丛谈》中说:"祖宗时,朝班燕会多袭用唐制。枢密使乃宦官为之也,其位叙甚卑,故遇大燕,则亲王一人伴食于客省。又燕设,则亲王、宗室率不坐,以用倡故也。国朝枢密使乃儒士为之,实股肱大臣。至神庙时,谓用倡则君臣亦不合礼,始改为女童队、小儿队。于是枢密使、亲王、宗室皆得列坐而与燕会矣。"然《宋史》谓"小儿队凡七十二人",孟元老此处所记则为"小儿各选年十二三者二百余人",推测

徽宗小儿队或极大扩充，或有临时点集市人补充。据孟元老所描述的小儿队服饰，可能为诨臣万岁乐队和儿童感圣乐队。南宋高宗命罢小儿及女童队。

③隐士帽：又名"三山帽""三山冠"。自唐代以来，隐士戴三山帽以表示神仙之风，后为士大夫所仿效，以彰表自身的高雅趣味。南宋陆游《老学庵笔记》："曾子宣、林子中在密院，为哲庙言：'章子厚以隐士帽、紫直掇，系绦见从官，从官皆朝服。其强肆如此。'"

④上领：指衣领。四契：四面开叉。契，即褉（xiè），又作"衩"。

⑤殿子：应指手工扎成的殿宇模型。先用竹竿、木杆、高粱竿等扎成骨架，用彩纸和金箔等制作殿顶和墙体，安装脊、兽、花等零件，再加以装饰性的绫缎等。

⑥队名：贴在"队名牌"上的一联偶句，由四名队员擎舞展现，是教坊乐语中唯一不用念诵出来的文字。队名通常为五言联语，与宴会性质相配合，如徽宗生辰宴会，即用适合帝王身份的"九韶翔彩凤，八佾舞青鸾"之句，而宋哲宗时期，为庆祝其母向太后生日（坤成节），苏轼制《坤成节集英殿宴教坊词》，队名为"愿同千岁乐，长奏太平谣"；《集英殿春宴教坊词》中的队名为"初成暮春服，来献太平谣"；《集英殿秋宴教坊词》中的队名为"登歌依颂磬，下管舞成童"等。

⑦九韶翔彩凤，八佾舞青鸾：两联均用与帝王相关的典故，以诵美徽宗皇帝。九韶，一名"九招"，相传为舜乐"箫韶"。后世常用以泛指圣君明时的宫廷乐曲，而此处则应专指大晟乐，晁端礼也有为大晟乐新填的徵调曲"舜韶新"。《庄子·至乐》"昔者海鸟止于鲁郊，鲁侯御而觞之于庙，奏'九韶'以为乐，具太牢以为膳"，疏："'九韶'，舜乐名也。"《史记·五帝本纪》："四海之内，咸戴帝舜之功，于是禹乃兴'九招'之乐，致异物，凤皇来翔。"八佾（yì）：古代只有天子才有资格使用的舞蹈规格，为八行八列，故称"八

佾"。《论语·八佾》:"孔子谓季氏,八佾舞于庭,是可忍也,孰不可忍也!"南宋朱熹集注:"佾,舞列也;天子八,诸侯六,大夫四,士二。"青鸾,古代神话传说中凤凰一类的神鸟。赤色多者为凤,青色多者为鸾。多为神仙坐骑。

⑧参军色作语问:教坊参军色的这段问语,称为"问小儿队",以四六句式为主,以结束于"未知来意,宜悉奏陈"为固定说法。北宋苏轼《兴龙节集英殿宴教坊词·问小儿队》:"工师在列,各怀自献之能;倡子盈庭,必有可观之技。未知来意,宜悉奏陈。"

⑨小儿班首近前进口号:应为四句诗,然包括苏轼所制六套教坊词在内的所有现存北宋教坊词中,均没有孟元老所记"小儿班首近前进口号"这一项,《问小儿队》之后,即是《小儿致语》。班首,首领,魁首。

⑩破子:即"破",唐宋舞乐大曲第三段。其乐歌舞并作,繁声促节,破其悠长,转入繁碎,故名。北宋王谠《唐语林·补遗一》:"天宝中,乐章多以边地为名,若《凉州》《甘州》《伊州》之类是焉。其曲遍繁声为破。"比如《寿延长》大曲以《破字令》收尾,宋代有"青春玉殿和风细。奏《箫韶》络绎。瑞绕行云飘飘曳。泛金尊、流霞艳溢。瑞日晖晖临丹扆。广布慈德宸遐迩。愿听歌声舞缀。万万年、仰瞻宴启";《后庭花》则以《后庭花破子》收尾,五代南唐后主李煜有"玉树后庭前,瑶草妆镜边。去年花不老,今年月又圆。莫教偏,和月和花,大教长少年。"

⑪小儿班首入进致语:小儿班首的这段致语,称为"小儿致语",是一段相对较长的文字,在整套教坊词中,仅次于作为开场的"教坊致语"。在体式上有固定套路,均以"臣闻"开篇,以"未敢自专,伏取进止"之类谦敬之语收束;内容仍是诵圣,以"嬉游""弱龄""垂髫""龆龀"等词汇,突出小儿身份。北宋苏轼《兴龙节集英殿宴教坊词·小儿致语》:"臣闻生民以来,未有祖宗之仁厚;上帝所

眷，锡以圣神之子孙。孚佑下民，笃生我后。瞻舜瞳之日月，望尧颡之山河。若帝之初，达四聪于无外；如川方至，倾万宇以来同。恭惟皇帝陛下，齐圣广渊，刚健笃实。识文武之大者，体仁孝于自然。歌《诗·思齐》，见文王之所以圣；诵《书·无逸》，法中宗之不敢康。诞日载临，舆情共祝。神策授万年之算，洛书开五福之祥。臣等嬉游天街，沐浴皇化。欲陈舞蹈之意，不知手足之随。未敢自专，伏取进止。"

⑫勾杂剧入场：所诵文字，名为"勾杂剧"，是一段简短的串场词，承上启下，以"杂剧来欤"的问句，作为固定收束语，引导杂剧入场。北宋苏轼《兴龙节集英殿宴教坊词·勾杂剧》："金奏铿纯，既度《九韶》之曲；霓衣合散，又陈八佾之仪。舞缀暂停，伶优间作。再调丝竹，杂剧来欤？"

⑬鳌膨、刘乔、侯伯朝、孟景初、王彦喜：皆当时著名杂剧艺人，也是教坊乐官。孟景初，北宋徽宗时教坊使，本书卷十"除夕"中说"禁中呈大傩仪，……教坊使孟景初身品魁伟，贯全副金镀铜甲，装将军"。王彦喜，又作王颜喜，应为北宋徽宗时教坊中的杂剧色，或为都色长或色长。卷五"京瓦伎艺"中有"王颜喜、盖中宝、刘名广，散乐"。

⑭皆使、副也：使，指教坊使，副，指教坊副使。然孟元老谓前举五人"皆使、副也"，恐与事实不符。据《宋会要辑稿·职官二二》，"(教坊)置使一人，副使二人"，总共只有三人。教坊使、副以下，又有"都色长四人，色长三人，高班都知二人，都知四人"，孟氏或将以上在教坊中有职衔者，一并视为教坊使和副使了。

⑮杂戏：应指散乐百戏，是古代由传统民间音乐、技艺发展而成的多种艺术和娱乐表演品种的泛称，大体包括歌舞、器乐、角抵、武术、杂技、魔术以及杂剧等。表演场所，先秦以宫廷为中心，南北朝时开始扩展到寺庙，宋代进一步扩展到城市瓦肆。元人马端临《文

献通考·乐考二十》:"散乐非部伍之正声,其来尚矣。其杂戏盖起于秦汉,有鱼龙蔓延(假作兽以戏),高絙凤皇,安息五桉(并石季龙所作,见《邺中记》),都卢寻橦(今之缘竿,见《西京赋》),丸剑(丸一名'铃',见《西京赋》),戏车、山车、兴云动雷(见李尤《长乐观赋》),跟挂腹旋(并缘竿,所作见傅玄《西都赋》),吞刀、履索、吐火(并见《西京赋》),激水转石,噀雾扛鼎(并见李尤《长乐观赋》),象人(见《西汉书》韦昭曰,今之假面),怪兽、舍利之戏。若此之类,不为不多矣。然其诡怪百出,惊俗骇观,非所以善民心、化民俗,适以滔堙心耳,归于淫荡而已。"

⑯市语:指行话。北宋陶榖《清异录·百八丸》:"和尚市语,以念珠为百八丸。"按,念珠通常为一百零八颗,故名。《水浒传》:"(燕青)说的诸路乡谈,省的诸行百艺的市语。"拽串:据研究,此处表演,应即古代戏曲中的"五花爨(cuàn)弄"。"五花爨弄"是南诏、大理的高级迎宾馆"五花楼"内所表演的一种爨系乐舞,是一种带有滑稽特色的歌舞杂技表演。这种表演源于爨氏统治时期的"乐人幻戏",北宋末年传入内地,宋徽宗名之为"五花爨弄"。民间所谓"拽串",为"杂爨"的谐音。随着插科打诨成分加重,爨弄与丑戏混为一谈,王国维《古剧脚色考》中说:"余疑丑或由五花爨弄出,……爨与丑本双声字,又爨字笔画甚繁,故省作丑,亦意中事。"(参见段启明《五花爨弄及其意义新探》)

⑰参军色作语,放小儿队:参军色所诵文字,即名"放小儿队",是一段简短的串场词,总结小儿表演,最后固定以"再拜天阶,相将好去"引导小儿队下场。北宋苏轼《兴龙节集英殿宴教坊词·放小儿队》:"游童率舞,逐物性之熙怡;小技毕陈,识天慈之广大。清歌既阕,叠鼓屡催。再拜天阶,相将好去。"

⑱【应天长】:舞曲名。

⑲太平毕罗:毕罗,也作"饆饠",是一种包有馅心的面制点心,约相

当于今天的馅饼。唐人李匡乂《资暇集》："毕罗者,蕃中毕氏、罗氏好食此味。今字从'食',非也。"唐代毕罗是盛行于南北各地的著名小吃,内有馅,可蒸而食之或烤而食之;品种较多,有樱桃毕罗、天花毕罗、蟹黄毕罗等。北宋王怀隐、王祐等奉敕编写的《太平圣惠方·食治》记载:"治脾胃久冷气痢,瘦劣甚者,宜食猪肝毕罗";"治下焦虚损羸瘦,腰胯疼痛,或多小便,羊肾毕罗方";而"治脾胃气弱,不能食饮,四肢羸瘦",则选用"羊肝毕罗方"为宜。书中记有好多种毕罗的具体做法,比如"羊肝毕罗"的原料及做法:"白羊肝一具,去筋膜,细切;肉豆蔻一枚,去壳末;干姜一分,炮制,末;吴茱萸一分,末;芜荑仁一分,末;荜拨一钱,末;薤白一合,切。先炒肝薤欲熟,入豆蔻等末。盐汤溲面作毕罗,炉里爆熟。"孟元老所谓"太平毕罗",可能与《太平圣惠方》有关。南宋朱熹《次秀野沧波馆刘麦》诗中有"霞觞政自夸真一,香钵何烦问毕罗"之语。

⑳缕肉羹:肉丝羹。

㉑莲花肉饼:应指花式点心。北宋陶毂《清异录·馔羞门》记有"莲花饼":"郭进家能作莲花饼馅,有十五隔者,每隔有一折枝莲花,作十五色。自云周世宗有故宫婢流落,因受雇于家。婢言宫中人号'蕊押班'。"这种"莲花饼"的饼坯分层分格(隔),上盖可以取下,露出饼坯之格,每格有一折枝莲花,十五格有十五种颜色。

㉒驾兴:天子起身。驾,指代天子。

㉓歇座:古代酒宴中间的短暂休息。宋人倪思《经锄堂杂志·筵宴三感》:"今夫筵宴,以酒十行为率。酒先三行,少憩,俗谓之'歇坐'。"

㉔幕次:临时搭起的帐篷。

㉕追班:百官按位次排列谒见皇帝。

【译文】

第五盏酒:斟御酒,只弹奏琵琶。斟宰臣酒,只击打方响。凡单独奏乐，待乐人谢恩毕，即由官员上殿奏明。斟百官酒时，乐队奏起【三台】舞曲，舞蹈表演和前面一样。表演结束，参军色手执竹竿子，上前念诵"勾小儿队"词，招引小儿队舞上场。小儿都挑选年龄在十二三岁上下者，约有二百多人，列成四行。每行有一名队头，由四人簇拥着。小儿都戴小隐士帽，身穿红、绿、紫、青等色彩鲜艳的花衫，衣领四面开叉，义襕，束带，手中各执花枝，按秩序排定。先有四个人，头裹卷脚幞头、身穿紫衫，共同擎着一个用彩缎等装饰的殿子，里面贴着金色字牌，擂鼓前进，称为"队名"。字牌上有一副联语，写的是如"九韶翔彩凤，八佾舞青鸾"之类的句子。乐队奏乐，小儿队踩着舞步前进，一直来到殿前石阶下，叩见天子。参军色致"问小儿队"词，小儿队的首领向前致颂口号，杂剧艺人皆在旁应和。礼毕，音乐声响起，小儿们群舞合唱，边舞边唱。然后又唱"破子"。唱完，小儿队的首领走上前去，念诵"小儿致语"，并念诵"勾杂剧"词，引导杂剧入场，一场演出两段。当时，教坊杂剧脚色：鳌膨、刘乔、侯伯朝、孟景初、王彦喜以下，都是教坊使、副使。内殿演出的杂戏，因为有各国使臣参加宴会，不敢过分诙谐逗趣，只是由几人组成群队，化装成爨弄的样子，行话称为"拽串"。杂戏表演完毕，参军色致"放小儿队"词，引导小儿队出场，群舞【应天长】舞曲出场。下酒菜肴：群仙炙、天花饼、太平毕罗、干饭、缕肉羹、莲花肉饼。天子起身离座，稍事休息，百官退出殿门到幕帐中歇息。片刻之后，百官按位次朝见天子，重新入座。

　　第六盏：御酒，笙起慢曲子。宰臣酒，慢曲子。百官酒，【三台】舞。左右军筑毬①。殿前旋立毬门，约高三丈许，杂彩结络，留门一尺许②。左军毬头苏述，长脚幞头、红锦袄。余皆卷脚幞头，亦红锦衫，十余人。右军毬头孟宣，并十余人，皆青锦衣。乐部哨笛③、杖鼓断送④。左军先以毬团转⑤，众小筑数遭⑥；有一对次毬头，小筑数下，待其端正⑦，即供毬与毬头，打大臁过毬门⑧。右军承得毬⑨，复团转，众小筑数遭；次毬头亦依前供毬与毬头，以大臁打过。或有即便复过者胜⑩。胜者赐以银碗、锦彩，拜舞谢恩，以赐锦共披而拜也。不胜者毬头吃鞭，仍加抹枪⑪。下酒：假鼋鱼⑫，密浮酥捺花⑬。

【注释】

①左右军筑毬：据南宋周密《武林旧事》，为皇家服务的教坊乐部专设筑毬队，共三十二人，左右军各十六人，毬头（应即队长）、跷毬、正挟、副挟、左竿网、右竿网各一人，其余为散立。比较明人汪云程《蹴鞠图谱·毬门人数》与佚名《蹴鞠谱·校尉职事》两张单子上的人员名目，可以确定的上场毬员共有正挟、副挟、解蹬、跷毬、挟色、守网、骁色等七种称呼，尽管与《武林旧事》七种叫法上略有异同，但在人数上基本一致。

②"殿前旋立毬门"几句：这里介绍了北宋宫廷中设置了毬门的筑毬对抗赛。据南宋陈元靓《事林广记》所载毬门图，两门柱高三丈二尺，中间阔九尺五寸。两门柱上端张挂一横幅状的网罩，正中开一直径二尺八寸的圆孔，名叫"风流眼"，气毬射入风流眼，才算有效。但据《蹴鞠谱》上的毬门图，风流眼直径仅有尺二，比前者小了一半多，这一直径与孟元老此处所记集英殿祝寿筑毬时"留门一尺许"，是完全一致的，射中的难度自然更高。杂彩，各色丝织物。结络，连接交错。

③哨笛：俗乐中所用的乐器。据元人马端临《文献通考·乐考三》记载，徽宗政和三年（1113）大晟府正乐，"旧来淫哇之声，如打断、哨笛、砑鼓、十般舞、小鼓腔、小笛之类与其曲名，悉行禁止，违之者与听之者悉坐罪"。然燕乐中仍然使用。

④断送：宋元间戏曲名词，犹"饶头"。本条后面尚有"且舞且唱，乐

部断送【采莲】,讫,曲终,复群舞"之语。南宋周密《武林旧事·最后归谒家庙》:"勾杂剧色吴国宝等做【年年好】,断送【四时欢】。"金人董解元《西厢记诸宫调》有"断送引辞"。钱南扬《宋元南戏百一录·总说二》:"杂剧之后均有断送。……求诸现代江浙方言,当即'饶头'之意。"此处大致相当于筑毬时的伴奏音乐。据研究,东汉蹴鞠即有音乐伴奏。据唐人韦应物《寒食后北楼作》,唐代蹴鞠比赛依然鼓乐助兴:"园林过新节,风花乱高阁。遥闻击鼓声,蹴鞠军中乐。"宋代蹴鞠表演有乐队伴奏的记载亦不少见,《宋史·礼志》记载,朝廷款待辽、金使臣,蹴鞠艺人入宫献演时,还征调旗鼓乐人四十名。时人张公庠有《宫词》说:"再坐千官花满头,御香烟上紫云楼。万人同向青霄望,鼓笛声中度彩毬。"似乎射门时尤其注重鼓笛伴奏。《蹴鞠谱》也印证了这点,气毬"不着网,不过者,鼓不响",说明射门中的必有鼓乐齐鸣以示祝贺。

⑤团转:此有"旋转"之意。

⑥小筑:古代毬戏的一种踢毬动作。"小筑数遭"除了控毬之外,应具有一定的表演性质。

⑦端正:妥帖,停当。

⑧膁(qiǎn):同"肷",本指身体两旁肋骨和胯骨之间的部分,即腰部。此为古代毬戏中的踢法之一。据《蹴鞠谱》,有所谓"官场七踢":膁、膝、拐、搭、肩、妆、捻,膁为其一,要诀是"须要肩尖对脚尖,要宜身倒腿微偏,直腰挺身脚跟出,方可平撞使放膁"。有一首描写宋代踢毬团体圆社的《满庭芳》词,开篇即说"若论风流,无过圆社,拐膁蹬蹴搭齐全",词中还有"毬落处、圆光膁拐,双佩剑、侧蹴相连"的描写。元代关汉卿描写女子蹴鞠的越调【斗鹌鹑·蹴踘】,其中则有"打得个桶子膁特硬,合扇拐偏疾"和"折末你转花枝勘膁当对"之语,指的都是这种踢法。

⑨右军承得毬:即左军射毬,落在右军场地,右军毬员接住毬。

⑩即便:立即。复:反复,重复。

⑪"胜者赐以银碗"几句:介绍北宋皇家筑毬对抗赛中,对胜负双方的奖惩。据南宋吴自牧《梦粱录》所载南宋度宗时为皇太后上寿的宴会上,筑毬比赛仍沿用"胜赐银碗并彩缎,负击麻鞭又抹枪"的奖惩办法。吃鞭,受鞭打。抹枪,亦作"抹跄"或"摸枪",原指宋代百戏艺人以色粉涂面,此指在毬员脸上涂抹白粉以为羞辱。

⑫假鼋(yuán)鱼:做成鼋鱼形状的面食,属于当时流行的一种"假菜"。鼋,大鳖。假鼋鱼的做法,据南宋陈元靓《事林广记·饮馔类》记载,是先用鸡腿肉做成"甲鱼肉",再取黑羊头上的嫩肉做"甲鱼"裙边,成为鼋鱼形状,还要用山药和面粉制成鼋鱼蛋。

⑬密浮酥捺花:北宋庞元英《文昌杂录》作"蜜浮斯奈花",南宋陆游《老学庵笔记》记集英殿宴金使,第七盏为"奈花、索粉",据此,"密浮酥捺花"当为"蜜浮酥奈花",大约是一种用蜜浸的茉莉花形的牛羊奶酪。酥,酪,用牛羊乳制成的食品。奈花,即茉莉花。

【译文】

第六盏酒:斟御酒时,笙奏起节奏舒缓的慢曲子。斟宰臣酒时,也奏慢曲子。斟百官酒时,奏【三台】舞曲,起舞。左右军表演筑毬。殿前旋即立起毬门,约高三丈左右,用各色彩带交错连接,仅留一尺多宽的毬门。左军毬头是苏述,头戴长脚幞头,身穿红色锦袄。左队其余诸人都戴卷脚幞头,也都穿红色锦袄,总共有十几个人。右军毬头是孟宣,以及十余名毬手,都穿青色锦衣。乐队用哨笛、杖鼓等乐器给毬队伴奏。左军先把毬旋转起来,转给本队众毬手,每人略略踢毬数次;有两位副队长,将毬略踢几下,待毬停好,就将毬供给毬头,毬头使个大臁,将毬踢过毬门。右军得到毬后,重新让毬旋转起来,转给本队众毬手,每人略踢数次;次毬头也像左军那样将毬供给毬头,毬头以大臁将毬踢过毬门。两队中即时多次击毬过毬门的得胜。获胜的毬队,天子赐给银碗、锦缎,毬员跪拜,山呼谢恩,所有毬员一起披着天子赏赐的锦缎拜谢。不胜的毬队,毬头要承受鞭打的惩罚,而且还要在脸上涂抹白粉。下酒菜肴:假鼋鱼、蜜浮酥捺花。

　　第七盏:御酒,慢曲子。宰臣酒,皆慢曲子。百官酒,【三台】舞讫,参军色作语,勾女童队入场①。女童皆选两军妙龄容艳过人者四百余人,或戴花冠,或仙人髻②,鸦霞之服③;或卷曲花脚幞头,四契红、黄生色销金锦绣之衣④。结束不常,莫不一时新妆,曲尽其妙⑤。杖子头四人⑥,皆裹曲脚向后指天幞头,簪花,红、黄宽袖衫、义襕,执银裹头杖子⑦。皆都城角者⑧,当时乃陈奴哥、俎姐哥、李伴奴、双奴,余不足数。亦每名四人簇拥,多作仙童丫髻,仙裳,执花,舞步进前成列(或舞【采莲】⑨,则殿前皆列莲花槛曲⑩)。亦进队名⑪。参军色作语问队⑫,杖子头者进口号⑬,且舞且唱。乐部断送【采莲】,讫,曲终,复群舞,唱中腔。毕,女童进致语⑭,勾杂戏入场⑮,亦一场两段。讫,参军色作语,放女童队⑯,又群唱曲子,舞步出场。比之小儿,节次增多矣⑰。下酒:排炊羊、胡饼、炙金肠⑱。

【注释】

①参军色作语,勾女童队入场:参军色所诵文字,即名"勾女童队",是一段简短的串场词,突出"女童"特点,最后固定以"上奉××,两军女童入队"引导女童队入场。北宋苏轼《兴龙节集英殿宴教坊词·勾女童队》:"垂鬟在列,敛袂稍前。岂知北里之微,敢献南山之寿。霓旌坌集,金奏方谐。上奉威颜,两军女童入队。"《宋史·乐志十七》:"队舞之制,其名各十。小儿队凡七十二人:……女弟子队凡一百五十三人:一曰菩萨蛮队,衣绯生色窄砌

衣，冠卷云冠；二曰感化乐队，衣青罗生色通衣，背梳髻，系绶带；三曰抛毬乐队，衣四色绣罗宽衫，系银带，奉绣毬；四曰佳人剪牡丹队，衣红生色砌衣，戴金冠，剪牡丹花；五曰拂霓裳队，衣红仙砌衣，碧霞帔，戴仙冠，红绣抹额；六曰采莲队，衣红罗生色绰子，系晕裙，戴云鬟髻，乘彩船，执莲花；七曰凤迎乐队，衣红仙砌衣，戴云鬟凤髻；八曰菩萨献香花队，衣生色窄砌衣，戴宝冠，执香花盘；九曰彩云仙队，衣黄生色道衣，紫霞帔，冠仙冠，执旌节、鹤扇；十曰打毬乐队，衣四色窄绣罗襦，系银带，裹顺风脚簇花帕头，执毬杖。"据孟元老此处所记"女童皆选两军妙龄容艳过人者四百余人"，则北宋徽宗时期的女童队人数有极大扩充；观其服饰、道具，徽宗天宁节所用，应有佳人剪牡丹队、采莲队、凤迎乐队等。

②仙人髻：双鬟或多鬟的发髻样式，因为多是仙子玉女所梳，故名。

③鸦霞之服：黑色的轻柔艳丽的舞衣。鸦，黑色。霞服，轻柔艳丽的舞衣。

④销金：镶嵌金色线。

⑤曲尽其妙：委婉细致地把妙处都表现出来。曲，委婉细致地。

⑥杖子头：头领，领队。元人无名氏《郑月莲秋夜云窗梦》第一折："两京诗酒客，烟花杖子头。"

⑦杖子：棍棒，多指仪仗或刑杖。

⑧角者：本义为"出类拔萃之人"，此处特指风流美貌、才艺出众的名妓，宋元时人称其为"角妓"。明人徐渭《西厢记眉批》说："宋人谓风流蕴藉为'角'，故有'角妓'之名。"《大宋宣和遗事》称名妓李师师"这个佳人，名冠天下，乃是东京角妓"。元人马致远《江州司马青衫泪》第一折："这教坊司有个裴妈妈家一个女儿，小字兴奴，好生聪明，尤善琵琶，是这京师出名的角妓。"

⑨【采莲】：即【采莲曲】，乐府清商曲名。本于"江南可采莲，莲叶何田田"的《江南曲》，南朝梁武帝有《江南弄》七曲，《采莲曲》为

其一,词曰:"游戏五湖采莲归。发花田叶芳袭衣。为君艳歌世所希。世所希,有如玉。江南弄,采莲曲。"据《宋史·乐志》,【采莲】属于教坊大曲,双调。宋人陈旸《乐书·乐图论》有"采莲":"采莲之舞,衣红绘短袖,晕群云鬟髻,乘彩船,持花。唐人和凝《采莲曲》曰'波上人如潘玉儿,掌中花似赵飞燕'是也。今教坊双调有焉。"《采莲舞》是宋代队舞的代表作,表演者扮成美丽的仙女下凡人间,驾一叶彩舟,徜徉于碧波之间,采撷盛开的莲花,载歌载舞,呈现神韵超然、清新自然的画面,旨在表达太平盛世的景象。生活在两宋之交的史浩在《鄮峰真隐漫录》中记述了《采莲舞》的全套唱词和音乐,可见《采莲舞》表演自始至终穿插【采莲曲破】【渔家傲】和【画堂春】三首曲子,舞蹈为五人(孟元老所记为四人)群舞、双人舞、独舞,表演期间变换队形;舞蹈朗诵、对答、齐唱、独唱、器乐演奏交替进行。史浩所记《采莲舞》,应与北宋宫廷队舞"女弟子队"中的"采莲队"有一定关联,可以据以推测徽宗时期宫廷《采莲舞》的面貌。

⑩槛(jiàn)曲:即曲槛,曲折的栏杆。

⑪亦进队名:在苏轼为元祐二年(1087)哲宗生辰寿宴所作《兴龙节集英殿宴教坊词》中,女童队的队名为"君臣千载遇,歌舞八方同"。

⑫参军色作语问队:"问队"指向队列发问。参军色问队文字,即名"问女童队",在对此前表演进行总结之后,引入女童队,并突出其身份特点,最后以"欲知来意,宜悉奏陈"之类,引导女童队长致词。北宋苏轼《兴龙节集英殿宴教坊词·问女童队》:"掺挝屡作,旌旆前临。顾游女之何能,造彤庭而献技。欲知来意,宜悉奏陈。"

⑬杖子头者进口号:应为四句诗,然包括苏轼所制六套教坊词在内的所有现存北宋教坊词中,均没有孟元老所记"杖子头者进口号"这一项,《问女童队》之后,即是《女童致语》。

⑭女童进致语:这也是一段相对较长的文字。在体式上有固定套路,

均以"妾闻"开篇，以"未敢自专，伏候进止"之类谦敬套话收束；内容仍是诵圣，以"妾等"等词汇，突出女童身份。北宋苏轼《兴龙节集英殿宴教坊词·女童致语》："妾闻瑞虬来翔，共纪生商之兆；群龙下集，适同浴佛之辰。佳气充庭，和声载路。辇出房而雷动，扇交翠以云开。喜动人天，春还草木。恭惟皇帝陛下，凝神昭旷，受命穆清。三后在天，宜兴王之世有；四人迪哲，知享国之无穷。乃眷良辰，欲均景福。庭设九宾之礼，乐歌《四牡》之章。妾等幸观昌期，获瞻文陛。虽乏流风之妙，愿输率舞之诚。未敢自专，伏候进止。"

⑮勾杂戏入场：所诵文字，名为"勾杂剧"，是一段简短的串场词，承上启下，常有意强调杂剧表演要诙谐戏谑；以"杂剧来欤"的问句，作为固定收束语，引导杂剧入场。北宋苏轼《兴龙节集英殿宴教坊词·勾杂剧》："清净自化，虽莫测于宸心；诙笑杂陈，示俯同于众乐。金丝再举，杂剧来欤？"

⑯参军色作语，放女童队：参军色所诵文字，即名"放女童队"，是教坊词中最后一段串场词，对女童表演进行总结，突出时间流逝、演出即将结束之意，最后固定以"再拜天阶，相将好去"引导女童队下场。北宋苏轼《兴龙节集英殿宴教坊词·放女童队》："分庭久立，渐移爱日之阴；振袂再成，曲尽回风之态。龙楼却望，鼍鼓屡催。再拜天阶，相将好去。"

⑰节次：程序，次序。此有表演内容之意。

⑱炙金肠：应该是将羊肠或猪肠进行烧烤，过程中涂以蛋黄，边烤边涂，成品色泽金黄，故名。北魏贾思勰《齐民要术·炙法》中记载了二十款菜肴的制作方法，其中不少炙品（烧烤菜品）采取了涂料上色的工艺，用蛋黄涂色即为方法之一。

【译文】

第七盏酒：斟御酒时，奏慢曲子。斟宰臣酒时，也奏慢曲于。斟百官酒时，奏【三台】舞曲。舞毕，参军色上前致"勾女童队"词，引导女童队入场。女童全都挑选京城两厢青春年少、容颜艳丽过人者，有四百多人。有的头戴花冠，有的梳着仙人髻，身穿黑色的轻柔艳丽的舞衣；有的戴着卷曲花脚幞头，身穿四边开叉颜色鲜亮的红、黄色镶嵌金线的锦绣之衣。所有人的装束都非同寻常，无一不是当时最时新的妆扮，婀娜多姿，曲尽其妙。女童队有杖子头四人，都裹着曲脚向后指天幞头，上面簪花，身穿红、黄色宽袖衫，义襕，手执银裹头的杖子。担任杖子头的，都是京城名妓，当时是陈奴哥、俎姐哥、李伴奴、双奴，其余之人不值得一一数来。杖子头也是每人由四个人簇拥着，这些人大多梳着仙童丫髻，身穿仙裳，手执花朵，踏着舞步，向前排成行列（如舞【采莲曲】，集英殿前就全都摆列莲花和曲折的栏杆，模拟荷塘的景观）。像小儿队一样，女童队也到殿前进队名。参军色致"问女童队"词，担任杖子头的女童上前致颂诗，边舞边唱。乐队演奏【采莲令】，演奏完毕，女童们又群起舞蹈，演唱中腔。演唱完毕，女童向前致语，又致"勾杂剧"词，引导杂戏入场，也是一场两段。演毕，参军色致"放女童队"词，指挥女童队下场，女童们又合唱曲子，踏着舞步出场。与小儿队相比，女童队的演出内容增加了许多。下酒菜肴：排炊羊、胡饼、炙金肠。

第八盏：御酒，歌板色一名，唱"踏歌"①。宰臣酒，慢曲子。百官酒，【三台】舞，合曲破舞旋。下酒：假沙鱼②、独下馒头、肚羹。

【注释】

①踏歌：应为徽宗政和三年（1113）大晟府所创徵调新曲之一，见于大晟府协律郎晁端礼的词集《闲斋琴趣外篇》，卷六"新填徵调各首"中《踏歌》一首、又一首（与前腔不同）"。"踏歌"，应与此次宴会开场所唱"中腔"的创调背景相同，均为大晟府新增乐调，可

惜仅有存目而原词已佚。目前可见宋代词人朱敦儒、辛弃疾及无名氏的三首《踏歌》，均为三片。《钦定词谱》中说："朱敦儒《踏歌》，三段，八十三字。前两段各四句，四仄韵；后一段六句，四仄韵。"以朱敦儒《踏歌》为例："宴阑。散津亭鼓吹扁舟发。离魂黯、隐隐阳关彻。　更风愁雨细添凄切。恨结。叹良朋雅会轻离诀。一年价、把酒风花月。便山遥水远分吴越。　书情雁，梦借蝶。重相见、且把归期说。只愁到他日，彼此萍踪别。总难如、前会时节。"词以"宴阑"开始（阑，终了），表达"良朋雅会"即将结束、山遥水远、后会未可期的惆怅之情，与天宁节将此曲编排在第八盏酒的位置，正相吻合。考察"踏歌"发展历史，作为歌舞技艺，其实起源甚早，在唐代多为"队舞"。《钦定词谱》卷二："《踏歌词》，唐《辇下岁时记》：'先天初，上御安福门观灯，令朝士能文者为踏歌。'陈旸《乐书》云：'【踏歌】，队舞曲也。'""踏歌"在唐代应用非常广泛，所配歌词形式多样，宋人郭茂倩《乐府诗集》将这类曲辞归入"近代曲辞"，有五言、七言两种形式，比如五言有谢偃《踏歌》"春景娇春台，新露泣新梅。春叶参差吐，新花重叠开。花影飞莺去，歌声度鸟来。倩看飘飖雪，何如舞袖回"，七言有张说《踏歌》"帝宫三五戏春台，行雨流风莫妒来。西域灯轮千影合，东华金阙万重开"，观其内容，均与宴会、离别没有关系。宋代宫廷宴会上演唱的"踏歌"，应与民间流行的"踏歌"有了相当大的区别；"踏歌"被放在全套乐舞倒数第二段的位置上，由歌板色独唱，预示宴会即将结束，相当于全部表演最后的压轴节目，地位相当重要。这应该是大晟府设计宫廷燕乐时刻意安排的结果。至于"踏歌"是固定的曲调名，还是类名，尚待进一步研究。

②假沙鱼：做成鲨鱼形状的面食。沙鱼，即鲨鱼。又名"鲛"。明人李时珍《本草纲目·鲛鱼》引苏颂曰："有二种，皆不类鳖，南人通谓之'沙鱼'。大而长喙如锯者曰'胡沙'，性善而肉美；小而皮粗

者曰'白沙',肉强而有小毒。"

【译文】

第八盏酒：斟御酒时，歌板色一名唱"踏歌"。斟宰臣酒时，奏慢曲子。斟百官酒时，奏【三台】舞曲，合着曲破舞蹈。下酒的菜肴：假沙鱼、独下馒头、肚羹。

第九盏：御酒，慢曲子。宰臣酒，慢曲子。百官酒，【三台】舞曲如前。左右军相朴。下酒：水饭、簇钉下饭①。驾兴。

【注释】

①簇钉：堆叠在食具中供陈设的食品。

【译文】

第九盏酒：斟御酒时，奏慢曲子。斟宰臣酒时，也奏慢曲子。斟百官酒时，奏【三台】舞曲，曲子如前一样。左右军表演相扑。此时的下酒菜肴：水饭、堆叠在食具中的食品。随后，天子起身离座。

御筵酒盏皆屈卮①，如菜碗样，而有手把子。殿上纯金，廊下纯银。食器，金、银、镂、漆碗楪也②。

【注释】

①屈卮：又作"曲卮"，一种酒杯。

②楪：通"碟"。

【译文】

御宴上使用的酒盏都用屈卮，如菜碗的样子，而有把手。殿上用的是纯金的，廊下用的是纯银的。食器则是金、银、镂、漆器的碗碟等物。

宴退，臣僚皆簪花，归私第，呵引从人皆簪花，并破官钱①。

诸女童队出右掖门,少年豪俊争以宝贝供送^②,饮食、酒果迎接,各乘骏骑而归。或花冠,或作男子结束,自御街驰骤,竞逞华丽,观者如堵。省宴亦如此^③。

【注释】

①破官钱:由官府出钱。

②少年豪俊:此指富贵人家的青年男子。

③省宴:应即孟元老《自序》中所谓"观妓籍则府曹衙罢,内省宴回",指"尚书省都厅赐宴"等场合所用的妓乐。

【译文】

宴毕退朝,群臣百官皆戴花回归私宅,在前呵喝开道的随从也都戴花,这些都由官府出钱支付。各女童队从右掖门出宫,那些富贵人家的青年子弟争相献上各种宝贝,奉献各色饮食酒果迎接她们归来,女童们各乘骏马而归。女童们有的戴花冠,有的作男子装束,从御街疾速奔驰,竞相逞献华丽,观者如墙,堵塞了街道。尚书省都厅赐宴结束后,也是这种场面。

立冬

立，建始也；冬，终也，万物收藏也。北宋东京汴梁城中"上至宫禁，下及民间"，所有人全都遵从自然节律的引导、遵照祖祖辈辈传下来的经验，立冬之前，就开始有条不紊地储存冬菜和各类食物，为"猫冬"做起了准备。孟元老笔下"车载马驼，充塞道路"，与北方现今依然可见的储存大白菜的场景，何其相似！所谓"家里有粮，心中不慌"，这寥寥60余字，写出东京人越冬物资品类之丰富、数量之充足，人们忙忙碌碌却从从容容，他们知道，冬天会如期过去，春天会如约到来，他们有"一时收藏，以充一冬食用"，没有什么值得慌张的。

然而，东京汴梁城的人们发现，靖康元年（1126）的冬天，竟是前所未有的寒冷而又漫长。

是月立冬^①。前五日，西御园进冬菜^②。京师地寒，冬月无蔬菜。上至宫禁，下及民间，一时收藏，以充一冬食用。于是车载马驼，充塞道路。时物：姜豉、剞子、红丝、末脏、鹅梨、榅桲、蛤蜊、螃蟹。

【注释】

①是月立冬：立冬节气在阴历十月。《逸周书·时训》："立冬之日，水始冰；又五日，地始冻；又五日，雉入大水为蜃。"立冬，二十四节气之一，是冬季的第一节气。立，建始也，表示冬季自此开始。冬是终了的意思，有农作物收割后要收藏起来的含意。完整地说，立冬是表示冬季开始，万物收藏，归避寒冷的意思。立冬与立春、立夏、立秋合称"四立"，在古代社会中是个重要的节日，古人会举办各种各样的庆祝活动。天子有出郊迎冬之礼，并有赐群臣冬衣、矜恤孤寡之制。《礼记·月令》："立冬之日，天子亲帅三公、九卿、诸侯、大夫，以迎冬于北郊。"《吕氏春秋·孟冬》："是月也，以立冬。先立冬三日，太史谒之天子，曰：'某日立冬，盛德在水。'天子乃斋。立冬之日，天子亲率三公九卿大夫以迎冬于北郊。还，乃赏死事，恤孤寡。"注："先人有死王事以安边社稷者，赏其子孙；有孤寡者，矜恤之。"晋人崔豹《古今注》："汉文帝以立冬日赐宫侍承恩者及百官披袄子。"又："大帽子本岩叟野服，魏文帝诏百官常以立冬日贵贱通戴，谓之'温帽'。"在民间有祭祖、饮宴、卜岁等习俗，以时令佳品向祖灵祭祀，以尽为人子孙的义务和责任，祈求上天赐给来岁的丰年，农民自己亦获得饮酒与休息的酬劳。

②西御园：指东京外城西面的宜春苑。清人周城《宋东京考·宜春苑》："宜春苑有二：一在固子门外，号'西御园'；一在丽景门外东北，号'东御园'。"冬菜：用于冬季储藏的蔬菜。

【译文】

这个月立冬。立冬前五天，西御园进献用于冬天储藏的蔬菜。京城寒冷，冬天没有蔬菜。上至宫廷，下到民间百姓，同时收藏储存，以备一冬食用。于是用车装载用马驮运，塞满了道路。应时物品有：姜豉、剒子、红丝、末脏、鹅梨、榅桲、蛤蜊、螃蟹。

卷十

冬至

【题解】

    冬至是"二十四节气"中的第二十二个节气。这一天太阳直射地面的位置到达一年中的最南端,太阳光几乎直射南回归线。北半球这一天夜最长、昼最短。对于中国古人来说,冬至是一个重要节日,有"冬至大如年"之说,孟元老所谓"京师最重此节",反映了北宋东京人对冬至的感受。

    民间重视冬至,与自然环境、生活状况不无关系。中州大地的气候特点,是冬至以后才开始进入最寒冷的日子,大约从南北朝开始,民间习惯从这一天开始"数九",南朝梁代宗懔《荆楚岁时记》中就有"俗用冬至日,数及九九八十一日,为寒尽"的说法。冬至,预示着一段最难熬的日子,所以人们才会格外重视。

    十一月,冬至。京师最重此节,虽至贫者,一年之间积累假借①,至此日,更易新衣,备办饮食,享祀先祖。官放关扑,庆贺往来,一如年节②。

【注释】

    ①积累:逐渐聚积。此有"省吃俭用"之意。假借:借贷。

②"官放关扑"几句：本书卷六"正月"："正月一日年节，开封府放
　关扑三日。"往来，以往与未来。此指新年将至。年节，阴历正月
　初一。今称"春节"。

【译文】

　　十一月，冬至。京城中人最看重这个节日，即使是最贫穷的人，一年
之中省吃俭用积攒些许钱物甚至借贷，到这一天也要换上新衣，置办饮
食，祭祀祖先。官府开放"关扑"禁令，人们庆贺新年将至，如同正月初
一年节那样。

大礼,预教车象

【题解】

《礼记·乐记》中说:"大乐与天地同和,大礼与天地同节。"后世常以"大礼"指称皇帝祭祀天地的仪式。此处大礼指皇帝南郊亲祀,于冬至日在南郊圜丘坛举行,是最为隆重的祭祀活动。

北宋南郊亲祀,自太祖立国,即遵从"三岁一郊"的惯例,其他年份仅"遣官摄事"。南郊大礼始于太祖乾德元年(963),终于徽宗宣和七年(1125),其中太祖亲郊四次、太宗五次、真宗四次、仁宗九次、英宗一次、神宗四次、哲宗二次、徽宗八次。北宋南郊大礼,并非自始至终都是祭天,而是经历了从"合祀天地"到"分祀天地"的过程。自乾德元年(963)太祖首行南郊亲祀,至建中靖国元年(1101)徽宗登基后首行南郊亲祀,这139年间,除了神宗元丰六年(1083)、哲宗元符元年(1098)祭昊天上帝于圜丘,其余均为合祀天地于圜丘;自徽宗崇宁三年(1104)至北宋灭亡,圜丘仅祀昊天上帝,共有七次;另在北郊方泽坛举行亲祀地祇的仪式,共计四次。南郊分祀、合祀之争,是北宋中后期政坛斗争在礼仪活动中的投射;徽宗最终实现分祭天地,既是因其以强力手段彻底排除了元祐党人的政治干扰,也与蔡京等人以"丰亨豫大"谬论撺掇蛊惑其奢侈浪费、不计成本地大搞礼仪活动有关。

北宋的南郊大礼是一套极其复杂的礼仪程序,并非单在南郊圜丘坛一个地方举行，而是一场贯通宫内宫外、不断转场的盛大活动；也不单在冬至这一天内完成。南郊大礼的具体仪程，北宋不同时期有所变化：太祖时比较简单，只在亲祀南郊前一天荐享太庙；真宗大中祥符年间建成景灵宫，到仁宗天圣三年（1025），逐渐形成荐享景灵宫→太庙→南郊的三大礼制度。神宗元丰年间（1078—1085），曾对郊庙礼制进行过较为全面的改革。徽宗政和年间（1111—1118）编修《政和五礼新仪》，确定了"祀昊天上帝仪"，大体流程如下：冬至行郊祀大礼的前三日，皇帝斋宿大庆殿（致斋第一日）→次日，献享景灵宫、太庙，当晚斋宿太庙（致斋第二日）→朝享太庙，诣南郊青城斋宫斋宿（致斋第三日）→冬至日，由青城斋宫诣圜丘，祀昊天上帝→礼毕，返回青城斋宫，百官称贺于端诚殿→返回皇宫，登宣德楼肆赦→择日诣景灵宫行恭谢之礼，郊祀大礼全部结束。

　　孟元老大体按照《政和五礼新仪》中"祀昊天上帝仪"的仪程分列条目，完整记述了徽宗南郊大礼的整个流程。综合文中所记郊坛的三层形制以及所用新制大晟乐器等情况，推测所记应为政和六年（1116）南郊大礼，是北宋圜丘坛由四层改为三层之后首次启用。《宋史·礼志》没有记录徽宗朝南郊大礼的情况，孟元老的记载不仅包含非常丰富的细节，而且与《宋史》所记神宗等朝的南郊仪注略有出入，对研究徽宗朝的礼乐改革乃至整个宋代的郊祀、礼乐制度，都是不容忽视的第一手文献资料。

　　南郊大礼的礼乐准备工作，在典礼前两个月就已经开始，本条所记"预教车象"就是重要内容。"车"指皇帝南郊所用的"五辂"，"象"指大驾卤簿中的礼仪用象，共用六头，作为整个队列的引导，分为左右两列，走在道路正中。以六象为引导的仪卫（孟元老所记为七象），属于最高等级的"大驾"，主要应用于郊祀的场合，这是北宋时期首创的卤簿制度，为后世所沿用。

　　北宋卤簿制度中重视用象，一般认为源于"驯象自至"事件。据《宋史·太祖本纪》，开宝元年（968）三月"乙巳，有驯象自至京师"。象通常生活在岭南地区，竟然自己出现在地处中原的开封城，而当时太祖正在进行统一南方的战争，所以"群臣表贺，以为国家当抚有南海之兆"，开宝四年（972）果然灭掉了南方十国中位于今天两广、海南的南汉政权。由于象被视为太祖平定南方的祥瑞表征，因而被列入仪卫，作为大驾先驱。为保障礼乐用象，宋朝在开封城南的玉津园设养象所，命南方贡象，以岭南人豢养。"每四月，送象于应天府宁陵县西汴北陂放牧，九月复归。岁令玉津园布种象食荻草十五顷"（《宋会要辑稿·职官二三》）。神宗熙宁六年（1073）七月，诏颁《南郊教象仪制》，对旗帜、锣鼓以及象的装饰等细节做出了详细规定。

　　遇大礼年①，预于两月前教车象。自宣德门至南薰门外，往来一遭②。车五乘③，以代五辂轻重④。每车上置旗二口、鼓一面，驾以四马。挟车卫士皆紫衫⑤、帽子，车前数人击鞭⑥。象七头，前列朱旗数十面，铜锣、鼙鼓十数面⑦。先击锣二下，鼓急应三下。执旗人紫衫、帽子。每一象则一人（裹交脚幞头⑧、紫衫），人跨其颈，手执短柄铜镬，尖其刃，象有不驯，击之⑨。象至宣德楼前，团转行步数遭⑩，成列，使之面北而拜，亦能唱喏⑪。诸戚里⑫、宗室、贵族之家，勾呼就私第观看⑬，赠之银彩，无虚日⑭。御街游人嬉集⑮，观者如织，卖扑土、木、粉捏小象儿并纸画⑯，看人携归，以为献遗。

【注释】

①大礼：庄严隆重的典礼。《礼记·乐记》中说"大乐与天地同和，大礼与天地同节"，后世常以"大礼"指称皇帝每三年一次举行的祭祀天地的仪式。对于宋代大礼的界定，有广义和狭义之分：广义的大礼指南郊大礼、正月祈谷大礼、季秋明堂大礼等皇帝亲自

参加的祭祀礼仪，"国家大礼，曰南郊，曰明堂，曰袷飨，曰恭谢，曰籍田，曰上庙号"（《续资治通鉴长编·神宗元丰五年》）；狭义的大礼，仅指冬至的南郊大礼。此处指的是南郊大礼。北宋的南郊大礼包括谒景灵宫、享太庙以及南郊亲祭三部分，享太庙和南郊亲祭太祖、太宗时就已存在，谒景灵宫的正式形成在真宗时期。

②往来一遭：据下文"赠之银彩，无虚日"看，当指每天来回走一遍。遭，回，次。

③乘（shèng）：本指兵车，此处是量词，用以计算车子。

④五辂（lù）：古代帝王所乘的五种车子，即玉辂、金辂、象辂、革辂、木辂。见于《周礼·春官·巾车》。辂，本指绑在车辕上用来牵引车子的横木，引申为古代的大车，多指帝王用的车子。轻重：本指尊卑贵贱，此指"规格""礼仪"。

⑤挟车：辅佐，从旁协助。此指护卫。

⑥击鞭：挥动静鞭，发出响声，使人肃静。"静鞭"是皇帝的仪仗之一，是一种很大的鞭子，为銮驾仪卫之警人用具。朝会或皇帝出行时，鸣之以发声，以示肃静。宋人释慧远《颂古》诗中有"静鞭声里驾头来"之语。

⑦"象七头"几句：《宋会要辑稿·职官二三》："神宗熙宁六年七月，诏颁《南郊教象仪制》，凡七驯象，御札降关应天府宁陵县，九月旦发赴京。所用转光旗十五，铜沙罗一，鼓十，乘骑人七，簇引旗鼓人三十一。排引日，选驯象六，在六引之前，行中道，分左右，各备鞍、莲花座、紫罗绣、蕉盘、铃王骦笔、杏叶络头。一人骑，四人簇引，并花脚乌巾、绯绸、青樱桃锦络缝四襟衣，涂金双麻带。一内侍押象，绣衣执挝。"鼙（pí）鼓，古代军队中用的小鼓，汉以后亦名"骑鼓"。古代乐队也用。

⑧交脚幞头：两脚翘起、于帽后相交成为交叉形的幞头，为武官所戴。

⑨"人跨其颈"几句:此即驯象的方法与器具。宋人周去非《岭外代答》:"凡制象,必以钩。交人之驯象也,正跨其颈,手执铁钩以钩其头:欲象左,钩头右;欲右,钩左;欲却,钩额;欲前,不钩;欲象跪伏,以钩正案其脑,复重按之。痛而号鸣,人见其号也,遂以为象能声喏焉。人见其群立而行列齐也,不知其有钩以前、却、左、右之也。盖象之为兽也,形虽大而不胜痛,故人得以数寸之钩驯之。"镢(jué),镢头,类似镐,是一种用来挖掘土地的农具。

⑩团转:绕着周围转。

⑪唱喏:下属对上级、小辈对长辈行礼作揖时,扬声致敬。南宋陆游《老学庵笔记》:"古所谓揖,但举手而已。今所谓喏,乃始于江左诸王。方其时,惟王氏子弟为之。故支道林入东见王子猷兄弟还,人问'诸王何如',答曰:'见一群白项乌,但闻唤哑哑声。'即今喏也。"此指象抬起两前脚,似作揖状,同时发出号鸣。见前注。按,北宋驯象用作车驾引导与皇家瑞征,以及祭祀前的大型表演活动。

⑫戚里:帝王外戚居住的地方,引申指外戚。

⑬勾呼:调集,传唤。

⑭虚日:间断的日子,空闲的日子。

⑮嬉集:聚集玩乐。

⑯粉捏:亦称"捏粉""面塑"等,是中国古代一项传统手工艺,属于泥塑之一种。是用面粉、糯米粉为主要原料,再加上色彩、石蜡、蜂蜜等成分,制成柔软的各色面团;捏塑艺人通过用手捏、搓、揉、掀以及用小竹刀点、切、刻、划等,塑成各种人物、动物、果品等艺术形象。本书卷八"七夕"条中"以油面糖蜜造为笑靥儿,谓之'果食',花样奇巧百端,如捺香、方胜之类"、卷九"重阳"条中"以粉作狮子、蛮王之状,置于糕上,谓之'狮蛮'",均属这种粉捏工艺。

【译文】

每逢南郊大礼的年份,预先在两个月前开始教阅辂车和大象。从宣德门到南薰门外，每天往返一次。车有五辆，用以代替"五辂"的仪规。每辆车上设置两面旗、一面鼓，用四匹马驾车。护车的卫士全都身穿紫衫、戴着帽子。车前有几个人击打静鞭。大象有七头，前面排列着几十面红旗，十几面铜锣、鼙鼓。先敲击两下锣，鼙鼓紧跟着应和三下。举旗的人全都身穿紫衫、戴着帽子。每一头象则有一个人（裹着交脚幞头、身穿紫衫）跨坐在它的颈部，手里拿着短柄的铜镼头，镼头的刃很尖利，象有不驯服的举动，驯象人就用镼头击打它。大象行至宣德楼前，绕着楼前空地行走几圈，排成队列，驯象人让它们面向北面跪拜，也能唱喏。那些外戚、宗室、贵族人家，纷纷传唤象队到自家宅第观看，赠送他们银两彩帛，象队没有空闲的时候。御街上的游人聚集玩乐，观看车象教阅，人山人海。商贩们扑卖泥塑、木刻、粉捏的小象以及纸画，看热闹的人们把这些东西带回家，作为礼物赠送亲朋。

车驾宿大庆殿

【题解】

　　大庆殿是北宋皇宫的正殿，是皇宫里最为雄伟壮丽的殿宇。皇帝南郊亲祀之前，需在大庆殿致斋。孟元老所记"车驾宿大庆殿"，主要包括以下内容：

　　一，太史局生测验刻漏、鸡唱报时，这是由于大礼对时间有严格要求，需要快捷接收最准确的时间；

　　二，介绍宰执、百官的法服制式以及标示执事人等活动区域的号牌，对北宋郊祀大典中各级官员加戴貂蝉冠的制度有详细描写；

　　三，简介大庆殿周围的仪仗车驾与禁卫布列情况；

　　四，重点介绍夜间担任警戒的"喝探兵士"与"武严兵士"。

　　在本条文字中，最值得注意的是对"喝探兵士"相互问答的描写："一名喝曰：'是与不是？'众曰：'是！'又曰：'是甚人？'众曰：'殿前都指挥使高俅。'"南宋灭亡后，吴自牧回忆钱塘盛况，仿效《东京梦华录》写成《梦粱录》，其书卷五记南宋皇帝亲郊典礼，"驾出宿斋殿"中也有对"喝探兵士"的描写，服饰之类大同小异，喝答部分写作："各队一名，喝曰：'是与不是？'众声答曰：'是！'又曰：'是甚人？'众声应曰：'殿前都指挥使某人。'及喝五使姓名，更互喝叫不停声。"并引前人诗咏："将军五使欲来时，停着更筹问是谁。审得姓名端的了，齐声喝道不容迟。"

吴自牧忠实记录了南宋亲郊大礼中的御营喝探制度，"殿前都指挥使某人"的答语及"审得姓名端的了"的引诗，说明制度要求喝探兵士必须直接回答殿前都指挥使的姓名，而不能像平时那样避长官名讳。从表面看，孟元老此处直书"殿前都指挥使高俅"，似乎也是客观记录当时情形。但是，这是《东京梦华录》唯一一次提到北宋高官姓名，孟元老很可能是利用喝探制度的规定直斥高俅之名，严厉谴责这位德不配位的殿前都指挥使。

高俅，是一个《宋史》认为不值得立传的人。他长于开封市井，府衙小吏出身，写得一手漂亮好字，略有诗词歌赋功底，会使枪弄棒，尤其善于蹴鞠，机缘巧合而凭此技获宠于端王赵佶。端王意外登基做了皇帝，府中旧僚按例超迁，高俅的官场出身就是"随龙人"，而且格外受到宠信。徽宗"欲显擢之"，将其交托给边帅刘仲武，到陕西混些"边功"。政和元年（1111）四月，高俅已经做到"三衙"中的侍卫马军副都指挥使，八月即迁殿前副都指挥使。按照孟元老所记，政和六年（1116）南郊大礼，高俅以殿前都指挥使身份统帅禁军，负责保卫皇帝安全。从车驾宿大庆殿的严密警戒，到御街上驾行仪卫的华彩亮相，都堪称高殿帅的高光时刻。南郊大礼结束之后不久，政和七年（1117）正月，徽宗擢升殿前都指挥使高俅为太尉。按照政和武官新制，太尉为武阶之长，与二府长官平列，高俅成为继童贯之后第二个担任太尉的武人。

高太尉管军，对大宋朝和徽宗皇帝都是灾难。《续资治通鉴·宋纪九十八》中说："初制，殿前、侍卫马、步司三衙禁旅合十余万人。高俅得用，军政懈弛，靖康末，卫士仅三万人，及城破，所存无几。"金兵围城之际，徽宗匆忙内禅，连夜出逃，甚至不敢通知高太尉前来护驾，只有蔡攸和内侍数人扈从。高俅与童贯得知上皇出逃，为保性命而领兵追至泗州，赶上道君皇帝，却在淮河边上起了冲突。徽宗与高俅不想继续南下，童贯诈传上皇御笔，命高俅守住浮桥，不得南来，自己则带亲兵挟持上皇渡河，甚至命令射倒攀辂阻止南逃的随驾卫士数百人。据说混乱之中，"高俅父子兄弟在傍,仅得一望上皇,君臣相顾泣下,意若有所欲言者,而群贼在侧,不敢辄发一语。道路之人,莫不扼腕流涕痛愤"(《续资治通鉴长编拾补·钦宗靖康元年》)。

论出身与资历,高俅并非严格意义上的军人,更不具备统领全国禁军的能力,"殿前都指挥使高俅"实为徽宗重用不知兵者渎乱军政的象征。高俅管理禁军,在军队训练上玩些花架子,在金明池导演诸军呈上热热闹闹的百戏,在南郊大礼中摆出华丽整齐的仪仗,这些都是他的强项;指望他训练出能够作战的军队,那真是难为他了。孟元老亲眼目睹东京沦陷,作为南渡之人,痛定思痛,此处绝非客观记录南郊大礼中的一个仪程,而是点名批评败坏禁军的首恶高俅,也未尝不是间接批评错误用人的宋徽宗。

冬至前三日,驾宿大庆殿①。殿庭广阔,可容数万人,尽列法驾仪仗于庭,不能周遍②。有两楼对峙,谓之"钟鼓楼",上有大史局生测验刻漏③。每时、刻作鸡唱④,鸣鼓一下,则一服绿者执牙牌而奏之。每刻曰"某时几棒鼓",一时则曰"某时正"。

【注释】

①驾宿大庆殿:即本书卷一"大内"条介绍大庆殿:"每遇大礼,车驾斋宿,及正朔朝会,于此殿。"驾,指代皇帝。宿,住宿,过夜。

②尽列法驾仪仗于庭,不能周遍:宋代皇帝出行的仪仗,分为四种,即大驾、法驾、小驾和黄麾仗,具体使用哪种,取决于皇帝所行事件的重要程度:"一曰大驾,郊祀大飨用之;二曰法驾,方泽、明堂、宗庙、籍田用之;三曰小驾,朝陵、封祀、奏谢用之;四曰黄麾仗,亲征、省方还京用之。"(《宋史·仪卫志一》)大驾卤簿最隆重,法驾卤簿是在大驾的基础上"三分减一"。北宋初年,南郊大驾仪仗

总共 11222 人（《文献通考·郊社考五》），到徽宗建中靖国元年（1101），太常寺奏报南郊仪仗为 21575 人（《宋史·仪卫志三》）。周遍，周全，全面。

③大史局生测验刻漏：大史局，太史局，掌管天文历法的机构。每日向朝廷报告所测日月、星辰、风云、气候、祥音，每年制订历法呈报皇帝后颁布。生，此指属员，应即卷一"大内条"中"庭设两楼，如寺院钟楼，上有太史局保章正，测验刻漏，逐时刻执牙牌奏"中的保章正。测验，观测检验。刻漏，又称"漏刻"，古代的一种计时器，壶底穿孔，壶中注水，水中立一有刻度的箭形浮标，壶中之水滴漏渐少，箭上度数渐次显露，视之可知时刻。古人认为漏刻的发明时间可追溯到传说的黄帝时代，"昔黄帝创观漏水，制器取则，以分昼夜"（《隋书·天文志上》）。《史记》记载春秋末期，齐国将领司马穰苴在军中"立表下漏"以待庄贾，日中而庄贾违令不至，即被处死，可见漏刻在当时已有较为普遍的使用。在历史发展中，漏刻发展出不同的结构形制，所用工作物质有水、水银、铁丸等，应用于不同的领域。宋代以壶漏、香漏、晷表及辊弹漏刻为四大计时工具（南宋薛季宣《序辊弹漏刻》："今之为晷漏者，其法有四：一曰铜壶、曰香篆、曰圭表、曰辊弹。"）司天机构使用的是水漏，这种刻漏制作精良，计量精密，代表着当时的最高计时精确度。

④每时、刻作鸡唱：每到整时整刻，负责报晓的吏人引唱报时。宋代十二时辰制，是将一天均分为十二个时辰，一个时辰相当于现在的两小时，分别用子、丑、寅、卯、辰、巳、午、未、申、酉、戌、亥十二地支来命名。宋代百刻制，是把一昼夜的时间均匀分为一百等份，每份称为"一刻"。由于一年之中昼夜长短变化，宋代时制"冬至昼漏四十刻，夜漏六十刻"（《宋史·律历志九》）。百刻计时制的原理就是在一昼夜中，把滴下的水量均分为一百个刻度的距离，以水流满一个刻划的时间为一刻。《周礼·春官》中有"鸡人"，"掌

共鸡牲,辨其物。大祭祀,夜呼旦以叫百官。凡国之大宾客、会同、军旅、丧纪,亦如之",后来把宫廷中专管更漏之人称为"鸡人"。唐人王维《和贾舍人早朝大明宫之作》首句说"绛帻鸡人报晓筹,尚衣方进翠云裘",李商隐《马嵬》诗中有"空闻虎旅传宵柝,无复鸡人报晓筹"。宋代鸡唱由唐代鸡人发展而来,宋代太史局有"鸡唱三人"(《宋史职官志补正》)。唐代时有鸡唱词,五代逐渐废弃,止唱和音。北宋仁宗景德四年(1007),司天监上书请复用旧词,"遂诏两制详定,付之习唱"。每当大礼、御殿、登楼、入阁、内宴、昼改时、夜改更时,鸡人就会吟唱,如五更五点后发鼓时候的鸡唱词为:"朝光发,万户开,群臣谒。平旦寅,朝辨色,泰时昕。日出卯,瑞露晞,祥光绕。食时辰,登六乐,荐八珍。禺中巳,少阳时,大绳纪。日南午,天下明,万物睹。日昳未,飞夕阳,清晚气。晡时申,听朝暇,湛凝神。日入酉,群动息,严扃守。"(《宋史·律历志三》)平常时改刻、改点则不用。旧题北宋苏轼《仇池笔记·鸡唱》:"光、黄人二三月群聚讴歌,不中音律,宛转如鸡鸣耳,与宫人唱漏微相似,但极鄙野。"宋徽宗《宫词》其三十八:"齐警开场设鼓钲,雷霆凛凛奏严声。通宵环卫无哗语,惟听鸡人巧唱更。"

【译文】

冬至前三日,天子住宿在大庆殿斋戒。宫殿阶前的平地广大开阔,可以容纳数万人,将天子的车驾、仪仗全部陈列出来,也占不满整个殿庭。庭中有两座楼相对峙,称为"钟鼓楼",楼上有太史局的属员测量检验刻漏。每一时、刻鸡人吟唱报时,敲一声鼓,于是就有一个穿绿衣服的人手执牙牌去奏报时辰。每到某一刻,就说"某时几棒鼓",每到某一时,就说"某时正"。

宰执、百官皆服法服①,其头冠各有品从②。宰执、亲王加貂蝉笼巾③,九梁④,从官七梁⑤,余六梁至二梁有差⑥,台谏增鵔角也⑦。所谓"梁"者,谓冠前额梁上排金铜叶也。皆绛袍皂缘⑧,方心曲领⑨,中单⑩,环佩⑪,云头履鞋⑫,随官品执笏⑬。余执事人⑭,皆介帻⑮、绯袍,亦有等差,惟阁门⑯、御史台加方心曲领尔。入殿祗应人给黄方号⑰,余黄长号、绯方长号,各有所至去处。

【注释】

①法服:古代根据礼法规定的不同等级的服饰。《孝经·卿大夫》:"非先王之法服不敢服。"注:"先王制五服,各有等差。"

②品从:正从,指古代官吏的正品与从品。泛指官吏的品级。

③貂蝉笼巾:即貂蝉冠,是以貂尾和附蝉为饰的冠冕。最初为胡冠,以金铛和貂尾为饰,战国赵武灵王胡服骑射之时将其引入赵国,作为将士的冠服,因而属于胡汉文化融合的产物。秦统一六国时,采纳了赵国的这种冠服,并将其改制为以蝉纹和貂尾作装饰的帽子,成为皇帝近侍的专服,"貂蝉冠"因而得名。至汉代,貂蝉冠又被文人赋以雅致幽远的文化深意,被认为寄托着古代帝王对臣工精神境界和政治才能的诫勉和期待。此后,貂蝉冠一直被视为贵族身份等级的象征。魏晋南北朝时期被大肆滥用,极度混乱。隋文帝曾对宫中穿戴貂蝉的制度进行整顿,严格限定使用范围。宋代貂蝉冠又称"笼巾",属于除天子外级别最高的冠服。其形制在前代基础上发生了变化,《宋史·舆服志四》描述宋代"貂蝉冠":"貂蝉冠一名'笼巾',织藤漆之。形正方,如平巾帻。饰以银,前有银花,上缀玳瑁蝉,左右为三小蝉,衔玉鼻,左插貂尾。"与前代相比,宋代貂蝉冠的装饰物更为讲究,蝉饰由原来的一个增加到四个;穿戴貂蝉的权贵范围也有所扩大,按照官品等级戴不同梁数的冠。

④梁：朝冠前额上装饰的横脊，梁数多少取决于官品高下，宋代不同时期有不同规定。

⑤从官：指侍从官。宋代称殿阁学士、直学士、待制与翰林学士，给事中、六部尚书、侍郎为侍从。

⑥有差：不等，不同。

⑦台谏：御史与谏官的合称。台指御史台，谏指谏院。唐宋时以专司纠弹的御史为台官，以职掌建言的给事中、谏议大夫等为谏官。两者虽各有所司，而职责往往相混，故多以"台谏"泛称之。北宋李纲《上渊圣皇帝实言封事》："立乎殿陛之间，与天子争是非者，台谏也。"廌（zhì）角：即豸角，獬豸（xiè zhì）的角。獬豸是古代传说中的神兽，额上生有一角，能别曲直，触邪佞，发现奸邪官员就用角触倒，吞入腹中。台谏官掌纠察百官，因在冠冕上增加廌角以标志身份。宋初诗人魏野《送王太博抽赴阙》诗中说"宪府吾皇注意偏，君今应诏合居先。蛾眉班缀千官上，廌角扬威万乘前"，宋末元初李思衍《上雷御史》诗中也有"星芒摇动龙阿剑，霜气横陈廌角冠"之语。按，以上介绍北宋郊祀大典中各级官员加戴貂蝉冠的制度。

⑧缘：衣服上的镶边。

⑨方心曲领：套在宋代朝服领上的饰件，上圆下方，形似璎珞，是宋代朝服最为显著的特点。曲领，是附在领上的装饰带，一般以白罗制成，作为饰物佩带，附于衣外胸前部位，起到雍颈压领、平整衣领、端严有礼的作用。北朝至隋唐时期为半圆形，衬于内衣的胸前项下，使曲领部位丰满凸起。帝王及七品以上官员服中单皆用，在朝列位及举行礼仪大典时更需佩饰。《隋书·礼仪志七》："曲领，案《释名》，在单衣内襟领上，横以雍颈。七品已上有内单者则服之，从省服及八品已下皆无。"又《新唐书·车服志》："具服……白裙襦，白假带，方心曲领。"唐代以后此领曾失传，宋代

始将方心曲领制成项圈下垂方心式,上圆下方,体现"天圆地方"的观念。一直沿用至明代。方心曲领形象可见于南京博物院藏宋代《范仲淹像》及《范梦麟像》、元代永乐宫壁画《朝元仙杖图》、明代《三才会图》、辽宁鞍山明昭勇将军崔源族墓出土石雕人像、南薰殿旧藏《历代帝王像》等。

⑩中单:古代朝服、祭服的里衣,古称"中衣"。自唐以后,渐趋简易,变通其制,腰无缝,下不分幅,故称"中单"。其衣领露在外面。

⑪环佩:古人所系的佩玉。《礼记•经解》:"行步则有环佩之声,升车则有鸾和之音。"注:"环佩,佩环、佩玉也。"

⑫云头履鞋:履头为云头如意形的朝靴。云头,云状的图案花纹。

⑬随官品执笏:笏是古代官员上朝时所执的狭长板子,用玉、象牙、竹木制成,也叫"手板"。宋时,官品不同,笏的材质也有区别。《宋史•舆服志五》:"文散五品以上用象,九品以上用木。武臣、内职并用象,千牛衣绿亦用象,廷赐绯、绿者给之。"

⑭执事人:主管具体事务者,仆役。

⑮介帻:古代的一种长耳裹发巾。始行于汉魏。《隋书•礼仪志六》中说:"帻,尊卑贵贱皆服之。文者长耳,谓之'介帻';武者短耳,谓之'平上帻'。各称其冠而制之。""董巴云:起于秦人,施于武将,初为绛袙,以表贵贱焉。至汉孝文时,乃加以高颜。孝元帝额有壮发,不欲人见,乃始进帻。"

⑯阁门:官署名,掌朝会宴幸、供奉赞相礼仪之事。

⑰祇(zhī)应人:此指当值的吏员、侍从。祇应,恭敬地伺候,照应,亦有"侍从""供职"之意。

【译文】

宰相、执政官与百官都穿着礼法规定的等级服饰,而他们所戴的头冠各有品级。宰相、执政官、亲王加戴貂蝉冠,九梁,侍从官七梁,其余官员从六梁到二梁各有不同,御史和谏官的貂蝉冠上增加鹰角。所谓的

"梁"，指的是冠前额梁上排列金铜叶。所有官员皆穿绛红色袍服，镶着黑边，颈部佩戴方心圆领，内穿里衣，身系佩玉，脚穿前部做成云头形状的朝靴，根据官品手执相应等级的笏板。其余那些管事人员，全都头裹介帻，身穿红色袍服，也有等级差别。只有阁门、御史台的人加佩方心圆领。到殿内当值的人发给黄色方形号牌，其余当值之人发给黄色长形号牌或红色方形、长形号牌，每种号牌都有各自能去的地方。

仪仗车辂，谓信幡①、龙旗②、相风鸟③、指南车④、木辂、象辂、革辂、金辂、玉辂之类⑤（自有《三礼图》可见⑥，更不缕缕⑦），排列殿门内外及御街远近。禁卫全装⑧，铁骑数万⑨，围绕大内。

【注释】

①信幡：古代题表官号，用为符信，是一种用各种不同图案和颜色制成的旗帜。晋人崔豹《古今注》："信幡，古之徽号也，所以题表官号以为符信，故谓为'信幡'也。乘舆则画为白虎，取其义而有威信之德也。魏朝有青龙幡、朱雀幡、玄武幡、白虎幡、黄龙幡，五而以诏四方。……信幡用鸟书，取其飞腾轻疾也，一曰以鸿雁燕钆者，去来之信也。"

②龙旗：宋代大驾卤簿中的一种旗帜，宋初为隶属于前队殳仗中的仪仗，徽宗政和时期（1111—1118）从卤簿队伍中独立出来，组成专门的龙旗队，列于朱雀旗队后面。据《宋史·仪卫志四》，政和大驾卤簿中的龙旗队有"大将军一员检校，骑；引旗十二人，风伯、雨师、雷公、电母旗各一，五星旗五，左、右摄提旗二，北斗旗一，护旗十二人，副竿二"。宣和时期（1119—1125），"检校改左右卫大将军，雷公、电母旗去公、母二字"。

③相风鸟：亦作"相风鸟"，是中国古代天文气象中观测风向的仪器。

《三辅黄图·台榭》："郭延生《述征记》曰：'长安宫南有灵台，高十五仞，上有浑仪，张衡所制；又有相风铜乌，遇风乃动。'"西晋潘岳《相风赋》："立成器以相风，栖灵乌于帝庭。"古代常用作帝王仪仗。据《宋史·仪卫志四》，政和大驾卤簿于大晟府前部鼓吹之后，有"次太史相风、行漏等舆。太史令及令史各一人，相风乌舆一。"《宋史·舆服志一》："相风乌舆，上载长竿，竿杪刻木为乌，垂鹅毛筒、红缓带，下承以小盘，周以绯裙，绣乌形。舆士四人。"

④指南车：我国古代用来指示方向的车，相传为黄帝所创，后来东汉张衡、三国魏国马钧、刘宋祖冲之、后赵魏猛和解飞、后秦令狐生等均造过指南车。原本多为军事用途，自晋代以后，皇帝车驾卤簿多用指南车为前导。北宋时期，有燕肃和吴德仁造指南车的记载，《宋史·舆服志一》及岳珂《愧郯录》中有对二人所造指南车结构的记载。《宋史·舆服志一》先载"指南车，一曰司南车。赤质，两箱画青龙、白虎，四面画花鸟，重台，勾阑，镂拱，四角垂香囊。上有仙人，车虽转而手常南指。一辕。凤首，驾四马"，然后介绍仁宗天圣五年（1027）工部郎中燕肃所造指南车情况，之后则说，大观元年（1107），"内侍省吴德仁又献指南车、记里鼓车之制，二车成，其年宗祀大礼始用之"。据此，孟元老所记徽宗朝郊祀大礼所用，应为吴德仁所造车，"车箱上下为两层，中设屏风，上安仙人一，执仗，左右龟鹤各一，童子四，各执缨，立四角，上设关戾。……行则仙童交而指南。车驾赤马二，铜面，插羽，鞶缨，攀胸铃拂，绯绢屈，锦包尾。"

⑤木辂、象辂、革辂、金辂、玉辂：即天子五辂，古代帝王所乘的五种车子。

⑥《三礼图》：应指五代学官聂崇义编纂的《三礼图》，是他在后周显德年间（954—959）奉诏参照前代六种旧图编纂而成，故又称《三礼图集注》。全书二十卷，有礼图三百八十余幅，解说文字约十余

万言，援据经典，考释器象。据南宋晁公武《郡斋读书志》："聂崇义周世宗时被旨纂集，以郑康成、阮谌等六家图刊定。皇朝建隆二年奏之，赐紫绶犀带，奖其志学。窦俨为之序。"据南宋陈振孙《直斋书录解题》，宋太祖下诏让国学将书中礼图绘制在先圣殿后面北轩的屋壁上；太宗至道年间（995—997），"改作于论堂之上，以版代壁，判监李至为之记"。今存南宋淳熙刻本、蒙古定宗二年（1247）刻本（《四部丛刊》本）、钱曾也是园影宋抄本（《四库全书》本）及清刻本多种，现存礼图之近于古者，莫若是书，对研究中国古代礼制具有重要的参考价值。

⑦缕缕：详尽。

⑧全装：整齐的装束。

⑨铁骑：本指披挂铁甲的战马，借指精锐的骑兵。

【译文】

仪仗车辂，是指信幡、龙旗、相风鸟、指南车、木辂、象辂、革辂、金辂、玉辂之类的东西（自然有《三礼图》中的礼图可以看见，不再详尽记述），排列在大庆殿门内外以及御街远近之处。禁卫兵士装束齐整，精锐骑兵数万，围绕在皇宫周围。

是夜，内殿仪卫之外，又有裹锦缘小帽、锦络缝宽衫兵士，各执银裹头黑漆杖子①，谓之"喝探兵士"②，十余人作一队，聚首而立③，凡数十队④。各一名喝曰："是与不是？"众曰："是！"又曰："是甚人？"众曰："殿前都指挥使高俅⑤。"更互喝叫不停，或如鸡叫。

【注释】

①杖子：棍棒。多作仪杖或刑杖。

②喝（hè）探：呵止并探查盘问。与旧时戒严呼询口令略同。《宋

史·兵志一》，侍卫步军司中有御营喝探。

③聚首：碰头，聚会。此有"聚集"之意。

④凡数十队：一作"十数队"。南宋吴自牧《梦粱录·驾出宿斋殿》记南宋时大礼之前斋宿情景，"是夜，殿前仪卫之外，左右六军、仪仗卤簿，分列于丽正、和宁。更有裹绿小帽、服锦络缝宽衫兵士，十余人作一队，各执银裹头黑漆杖子，谓之'喝探兵士'，聚首而立，凡十数队。"

⑤高俅（？—1126）：开封人。本为市井无赖，数被杖责，曾在苏轼门下做小吏，笔札颇工，被苏轼荐于驸马都尉王诜，后因善蹴鞠而受端王赵佶宠信。宋制，皇帝登基后，"凡东宫僚吏一概超迁，谓之'随龙'"（北宋司马光《郭昭选札子》），赵佶登帝位后，高俅的官场出身就是"随龙人"，并且是其中唯一受宠信而重用者。徽宗"欲显擢之"，就交托给边帅刘仲武，让他在陕西混些"边功"，"数年间建节，循至使相，遍历三衙者二十年，领殿前司职事"（宋人王明清《挥麈录》）。政和元年（1111）四月，高俅除侍卫马军副都指挥使，八月即迁殿前副都指挥使。高俅何时升任殿前都指挥使，暂不得而知，不过政和七年（1117）正月，高俅的官衔是殿前都指挥使、奉国军节度使、渤海郡开国公，徽宗将他升至正二品的太尉，按照政和武官新制，已为"武阶之长，为真两府，盖比参政、枢密也"（南宋赵彦卫《云麓漫抄》），已与二府长官平列。宣和七年（1125）岁末，宋徽宗传位后南逃，"童贯与殿前都指挥使开封高俅继领胜捷军及禁卫三万五千人扈从"（南宋李心传《建炎以来系年要录》）。靖康元年（1126）五月，高俅病死于开封。

⑥更（gēng）互：交替；轮流。

【译文】

这天夜里，内殿除了仪仗和卫队之外，又有头戴镶着织锦边小帽、身穿锦络所缝宽衫的兵士，分别手执银裹头黑漆杖子，称为"喝探兵士"，十余人编作一队，聚集站立在一起，一共有几十队。各队中有一个人高声喝道："是与不是？"众人答道："是！"那个人又喝道："是什么人？"众人答道："殿前都指挥使高俅。"各队轮流喝叫，不停歇，有的模仿鸡叫的声音。

又置警场于宣德门外①，谓之"武严兵士"②。画鼓二百面③，角称之④。其角皆以彩帛如小旗脚装结其上⑤。兵士皆小帽、黄绣抹额、黄绣宽衫、青窄衬衫。日晡时⑥、三更时⑦，各奏严也⑧。每奏，先鸣角；角罢，一军校执一长软藤条，上系朱拂子⑨，擂鼓者观拂子，随其高低，以鼓声应其高下也。

【注释】

① 警场：古代帝王祭祀行大礼前夕，在宫内大殿、太庙等处斋宿，设"夜警晨严"之制，由卫兵奏乐严鼓，警夜清场，谓之"警场"。也指负责警夜守鼓的卫士。《宋史·乐志十五》："国家大飨、乘舆斋宿，必设警场，肃仪卫而严祀事。"

② 武严兵士：唐宋时期大驾出行前奏乐严鼓、负责警戒的禁军。本书卷四"军头司"中有"武严"。南宋洪适《转对札子》："今所用鼓吹警场诸工，凡一千一百五十有九人。"

③ 画鼓：彩绘的鼓。

④ 角：古乐器名。出西北游牧民族，鸣角以示晨昏，军中多用作军号。称（chèn）：适合，相当。此有"相配"之意。

⑤ 旗脚：亦作"旆脚"，旗帜的尾端。北宋苏轼《泗州僧伽塔》诗："我昔南行舟系汴，逆风三日沙吹面。舟人共劝祷灵塔，香火未收旆脚转。"装结：作为装饰结系在号角之上。

⑥ 日晡（bū）：指申时，指下午三时至五时。

⑦ 三更：古代更点制中，指半夜子时，即二十三时至一时。宋代所用

夜间计时制度主要是更点制，它是将夜间时刻分为相等的五段，每段依次称为一更、二更、二更、四更、五更，每更又划分为五点。由于在一年中夜长是变化的，更、点的长度也就相应的随季节变化而改变，夏季短，冬季长。

⑧奏严：击戒严鼓。古人称戒夜为"严"，转指戒夜的更鼓。宋代皇帝銮驾出宫，如庙、南郊，于斋宿之辰，皆行夜警晨严之制。北宋初年，皇帝郊祀夜间更巡制度尚不完善。太祖建隆四年（963）十一月将行南郊大礼，卤簿使张昭上《请行夜警晨严之制奏》，以为"奏严之设，本缘警备，事理与作乐全殊。况斋宿之夜，千乘万骑，宿于仪仗之中，苟无鼓漏之徼巡，何警众多之耳目"。最终，张昭的奏议得以施行。

⑨拂子：即拂尘。古代用以掸拭尘埃和驱赶蚊蝇的器具，也用于杂技、歌舞等的指挥。唐人段安节《乐府杂录·龟兹部》："戏有五方狮子，高丈余，各衣五色。每一狮子有十二人，戴红抹额，衣画衣，执红拂子，谓之'狮子郎'。"

【译文】

又在宣德门外设置警场，担任警戒的禁军称为"武严兵士"。警场中设置画鼓两百面，号角的数目与之相应。那些号角都用彩帛做成像小旗尾一样的装饰物，系在上面。兵士都戴着小帽，裹着黄色刺绣抹额，身穿黄色刺绣宽衫，内穿青色窄衬衫。日晡时分、三更时分，分别击戒严鼓。每次击鼓之前，先鸣号角；号角鸣罢，一个军校手执一根长而柔软的藤条，上面系着朱红色拂子，擂鼓者看着拂子，随着拂子或高或低的舞动，用鼓声的高低来应和拂子的指挥。

驾行仪卫

【题解】

　　"仪卫"是仪仗与卫士的统称。关于"仪卫"的设置目的,《宋史·仪卫志》开宗明义:"蒡天下之贵,一人而已。是故环拱而居,备物而动,文谓之'仪',武谓之'卫'。一以明制度,示等威;一以慎出入,远危疑也。"皇帝是全天下最尊贵的人,因而安居则有卫兵环绕保护,出行则要备足仪仗器物。总而言之,由旗帜、障扇等构成的仪仗属于"文",主要目的是明确礼仪制度,展示与身份、地位相应的威仪;由不同军种组成的卫队属于"武",主要目的是严防闲杂人等靠近,消除任何可能存在的危险。

　　皇帝出行目的不同,所用卤簿等级不同。宋代皇帝所用卤簿有四等:"一曰大驾,郊祀、大飨用之;二曰法驾,方泽、明堂、宗庙、籍田用之;三曰小驾,朝陵、封祀、奏谢用之;四曰黄麾仗,亲征、省方还京用之。"南郊大礼要用大驾,是最高等级的卤簿,规模庞大、器具华美。现存北宋《大驾卤簿图卷》,研究认为是在宋仁宗时期宋绶《图记》基础上完成的,图中绘有官兵5481人、车辇61乘、马2873匹、牛36头、象6只、乐器1701件、兵杖1548件,而且此图并非如实呈现大驾卤簿全景,而是省略了很多重复的部分。据《宋史·仪卫志》等文献,北宋开国之初,大驾卤簿仅马步仪仗就有11222人,徽宗登基后,建中靖国元年(1101)首次亲郊,太常寺报告南郊仪仗所用人兵已经多达21575人。

孟元老此处所记南郊大礼所用驾行仪卫，是徽宗政和三年（1113）重新确立的"政和大驾卤簿"，记载于《宋史·仪卫志四》，大体包括以下几个部分：

象六，分左右（孟元老说是"象七头"，何以有此差异，原因待考）；

六引（开封令、开封牧、大司乐、少傅、御史大夫、兵部尚书，各用本品卤簿为皇帝做先导）；

然后是前队，主要包括金吾引驾仗司（执纛托槊而行，亦即孟元老所记"次第高旗大扇，画戟长矛"之类），朱旗队、龙旗队等（即"数十人唱引持大旗而过者"），指南、记里鼓车等，大晟府前部鼓吹，持钑前队等；

然后是皇帝的六军仪仗，主要包括引领皇帝车辂的金吾细仗、引驾旗、八宝、引驾官、五方色龙旗等，之后才是皇帝玉辂，"驾士一百二十八人，扶驾八人，骨朵直一百三十四人，行门三十五人，分左右，陪乘将军二员"，玉辂后面是奉宸队，孟元老所谓"高五丈，谓之'次黄龙'"的大黄龙旗，即在奉宸队中；

大驾卤簿的后队与前队基本呈对称分布，包括持钑后队、大晟府后部鼓吹、天子五辂中的另外四辂（金、象、革、木）、掩后队等。

孟元老此段 400 余字的记述，并非对大驾卤簿进行面面俱到的描写，而是将重点放在驯象、旗帜和卫兵服饰之上，以路人视角，展现队伍连绵不绝之状。千载之下，读其文字，但觉雕绘满纸，令人眼花缭乱，可以想见当日这皇家胜景铺排布列在隆冬时节的东京御街之上，该是多么引人注目的视觉景观，目睹这一盛况的东京百姓，内心会是何等震撼。

孟元老不仅关注大场面，更从细节上写出了徽宗"政和大驾卤簿"是如何极尽奢侈：卫兵衣服以织锦为料、腰带用铜（金束带）、衣物上的花纹用绣工，且多用金银、珍珠做装饰，堪称"高调奢华有内涵"。他还特别写到跨马之士所服"五色介胄"，这是徽宗时期独创的一种"铠甲"，专供仪卫士兵穿着。这种铠甲以布为里，黄绸为面，用青绿之色画出甲叶纹样，并用红锦缘边，从背后至前胸缠绕华丽的腾蛇锦带；又用青绸做成长可及膝的下裙,用红皮制成络带。仪仗队的士兵身穿这种五彩斑斓的丝绸"铠甲",装饰效果真可满分,却也只是充当装饰而已。

《宋史·仪卫志》追述历代帝王仪卫的演变过程:"《书》载弁戈、冕刘、虎贲、车辂,周官旅贲,王出入,执盾以夹王车。朝仪之制,固已粲然。降及秦、汉,始有周庐、陛戟、卤簿、金根、大驾、法驾千乘万骑之盛。历代因之,虽或损益,然不过为尊大而已。"由于历代帝王的奢侈之心,原本"明制度,示等威","慎出入,远危疑"的仪卫制度,蜕变为"尊大而已",尤其是宋徽宗,相信蔡京等人的"丰亨豫大""惟王不会"理论,以铺张浪费为帝王本分,更是将仪卫的"尊大"之弊发挥到登峰造极。

绍兴十三年(1143),宋高宗举行定都临安后的首次郊祀大礼,修订卤簿制度,纠正了徽宗时期的各种奢靡浪费:"准国初大驾之数,一万一千二百二十二人。内旧用锦袄子者,以缬缯代;用铜革带者,以勒帛代。而指挥使、都头仍旧用锦帽子、锦臂袖者,以方胜练鹊罗代;用绝者,以绸代。禁卫班直服色,用锦绣、金银、真珠、北珠者七百八十人,以头帽、银带、缬罗衫代。旗物用绣者,以错采代。车路院香镫案、衣褥、睥睨,御辇院华盖、曲盖及仗内幢角等袋用绣者,以生色代。殿前司仗内金枪、银枪、旗干,易以漆饰;而拂扇、坐褥以珠饰者,去之。"帝曰:"事天贵质,若惟事华丽,非初意矣。"(《宋史·仪卫志三》)

次日五更,摄大宗伯执牌,奏中严、外办[①]。铁骑前导番衮,自三更时,相续而行[②]。象七头,各以文锦被其身[③],金莲花座安其背,金辔笼络其脑,锦衣人跨其颈。次第高旗大扇[④],画戟长矛[⑤]。五色介胄跨马之士[⑥],或小帽锦绣抹额者,或黑漆圆顶幞头者,或以皮如兜鍪者[⑦],或漆皮如戽斗而笼巾者[⑧],或衣红、黄罨画锦绣之服者[⑨],或衣纯青、纯皂以至鞋袴皆青、黑者,或裹交脚幞头者,或以锦为绳如蛇而绕系其身者，或数十人唱引持大旗而过者，或执大斧者、胯剑者^⑩、执锐牌者、持镫棒者^⑪，或持竿上悬豹尾者，或持短杵者^⑫。其矛、戟皆缀五色结，带铜铎^⑬；其旗、扇，皆画以龙，或虎，或云彩，或山河。又有旗高五丈，谓之"次黄龙"^⑭。驾诣太庙、青城^⑮，并先到立斋宫前，又竿舍索旗坐约百余人^⑯。

【注释】

①摄大宗伯执牌，奏中严、外办：摄，本义为"牵曳"，假借为"代"，代理，兼理，兼职。唐以后，凡大官兼领小衔者曰摄。大宗伯，周代官名，春官之长，掌邦国祭祀、典礼等事。《周礼·春官·宗伯》："大宗伯之职，掌建邦之天神、人鬼、地示之礼，以佐王建保邦国。"明清时亦称礼部尚书为大宗伯。中严、外办，均为古代帝王出行的仪节（皇太后、皇后出行也有使用）。中，指宫禁范围之内。外，指皇帝将要出席的外间场所。严，有"整饬"之义。办，有"成""备"之义。奏请中严，指奏请内部做各项准备；奏报外办，指报告外边准备停当，请皇帝出行，乐队奏乐，相关人员各司其职。《新唐书·百官志二》门下省"侍中二人，正二品。掌出纳帝命，相礼仪。……行幸，则负宝以从，版奏中严、外办；还宫，则请降辂、解严。"《宋史·礼志五》："宣和元年三月，皇后亲蚕，即延福宫行礼。……前一刻，内命妇各服其服，内侍引内命妇妃嫔以下，俱诣殿庭起居讫。内侍奏请中严，少顷又奏外办，皇后首饰、鞠衣，乘龙饰肩舆如常仪，障以行帷，出内东门至左升龙门。"《宋史·礼志十三》："天圣二年，宰臣王钦若等五表请上皇太后尊号。……侍中奏中严、外办，太后服仪天冠、衮衣以出，奏《隆安》之乐，行障、步障、方团扇，侍卫垂帘，即御坐，南向，乐止。"北宋王禹偁《南郊大礼诗》中有"版奏中严夜未央"，正是指南郊大礼场合；北

宋王珪《宫词》"禁庭漏促斜沉月，殿烛光寒未卷帘。御仗催班元会集，牙牌先入奏中严"，则说的是元旦大朝会之前的"中严"；南宋文天祥《明堂庆成恭进诗》中亦有"中严外办三千礼，累洽重熙四十年"之语。

② "铁骑前导番衮"几句：指包括马队在内的前队，自三更时分就开始陆续转场。番衮，此词何意，历来诸说不一：京都译注本译"番衮"为军之次序，邓之诚据《梦粱录》解作"护卫铁骑导行"，伊永文以为"番""衮"皆与胡乐有关，由乐曲演奏形式衍生出"一遍又一遍翻滚而前之态势"，并推断此为"宣和市间之俗语"。此处应为接近"转场"或"调转"之意，指大礼中所用车仗、乐器之类，由一个典礼点转到另一处，有南宋高宗绍兴时太常寺官员在奏折中使用此语为证。绍兴十三年（1143），高宗令立吴贵妃为皇后。礼仪程序是皇帝在文德殿授册，皇后在穆清殿接受册封，两处都需设宫架之乐，但是乱离之后，乐器残缺，王赏建议等文德殿皇帝授册仪式结束，"令太常寺番衮宫架乐于穆清殿门外安设毕，以俟皇后行受册宝之礼"（王赏《皇后受册宝设官架之乐事奏》）。绍兴十六年（1146）朝廷准备郊祀大礼，游操（可能正代理礼部侍郎）上《乞增添乐工乐器札子》，重提此事，并列出所缺乐器详单，建议添造："昨绍兴十三年大礼，将所阙大乐名色缘为未曾制造，逐急番衮使用。今来制造礼器局添造逐处乐架，所阙下项，乞令军器所依样制造。"联系语境，王赏"令太常寺番衮宫架乐于穆清殿门外安设"、游操"所阙大乐名色缘为未曾制造，逐急番衮使用"所用"番衮"意即"迁移以供轮番使用"。孟元老此书写成于绍兴十七年（1147），且正是在郊祀大礼场合，皇帝大驾卤簿多达两万余人，组成一支连绵不绝的庞大队伍，包括大象、清游队、前队（仪仗、鼓吹、马队、步甲、黄麾仗）、天子所在的六军仪仗、后队（鼓吹、黄麾仗、步甲、马队、仪仗）、真伍队等。"车驾宿大庆殿"时，这些

仪仗"排列殿门内外及御街远近"。皇帝从大庆殿赴太庙之时,大
驾卤簿也需转场,是即"番衮"。

③文锦:文彩斑烂的织锦。文,同"纹"。

④次第:依次,按照顺序或以一定顺序,一个接一个地。

⑤画戟:戟是一种古兵器,合戈、矛为一体,略似戈,兼有戈之横击、
矛之直刺的作用,杀伤力比戈、矛为强。绘有彩饰的戟称为"画
戟",常作为仪饰之用。

⑥五色介胄:宋代用绢制成的一种轻型铠甲,专供仪卫中的军士穿
着使用。据《宋史•仪卫志六》:"甲以布为里,黄绸表之,青绿画
为甲文,红锦襟,青绸为下裙,绛韦为络,金铜铁,长短至膝。前
膺为人面二,自背连膺缠以锦腾蛇。"这种甲胄形式上依照军装,
只是以布为里,以黄绸为面,用青绿色画出甲叶纹样,并加红锦缘
边,以青绸为下裙,红皮为络带。长度到达膝盖,前胸处绘出人的
面目,从背后至前胸缠绕锦带("锦腾蛇"是历代皇朝服饰中的一
种装饰,多指衣袍上的华丽束带),五彩斑斓,十分华丽。五色,指
青、黄、赤、白、黑五色,也泛指各种色彩。

⑦兜鍪(dōu móu):古代战士戴的头盔。秦汉以前称"胄",后称"兜
鍪"。南宋辛弃疾《南乡子•登京口北固亭有怀》以"年少万兜鍪,
坐断东南战未休"描绘吴主孙权形象。

⑧戽(hù)斗:一种取水灌田用的旧式农具,用竹篾、藤条等编成。
略似斗,两边有绳,使用时两人对站,拉绳汲水。亦有中间装把供
一人使用的。

⑨罨(yǎn)画:色彩鲜明的绘画。多用以形容自然景物或建筑物等
的艳丽多姿。此词为宋人所常用,如晏殊《渔家傲》"罨画溪边停
彩舫"、晁补之《忆少年》"罨画园林溪绀碧"等。

⑩胯剑:腰间挂着剑。胯,通"挎",把东西挂在肩上或挂在腰里。

⑪镫棒:古代一种棒形武器,其一端饰马镫形铜制品。后用作仪仗。

⑫短杵（chǔ）：可能指"政和大驾卤簿"中"持钺前队"士兵所持"金节"，见《宋史·仪卫志》。杵，古代一种棒形武器。

⑬铎（duó）：古乐器，大铃，形如铙、钲而有舌，古代宣布政教法令使用。盛行于中国春秋至汉代。也指挂在牛马颈下或屋檐下的小铃。此处指悬挂在仪仗所用兵器上的铃铛。

⑭次黄龙：应指皇帝仪仗中的"大黄龙旗"。据《宋史·仪卫志一》："政和中，大祀飨立仗：大黄龙负图旗一，执绁（chè）二百人，陈于阙庭赤龙旗南少西、大黄龙旗之北（宣和冬祀，陈于大内前）。大黄龙旗一，执绁六十人，陈于逐顿官门外；宣德门，次大黄龙负图旗之南。"当与大黄龙负图旗一同插在宣德门之时，大黄龙旗插在大黄龙负图旗的南面，即"次大黄龙负图旗之南"，"次"即用动词"驻扎"之义，在语境中指"立旗于某地"，应亦有"规格上比大黄龙负图旗次一等"的双关义，因而俗称"次黄龙"。按，诸版本《宋史》均断句为"陈于逐顿官门外宣德门，次大黄龙负图旗之南"，不可解，推测应为"陈于逐顿官门外；宣德门，次大黄龙负图旗之南"，是分别介绍大黄龙旗的两种使用情况：一种情况是用于皇帝南郊大祀仪仗之中，皇帝先到太庙，再到青城斋宫，大黄龙旗"陈于逐顿官门外"，应即指随皇帝车驾行止，立于斋宫门外（"逐顿官"，《宋史·仪卫志三》亦写作"宿顿官"，"顿"应为止宿、驻扎之意）；一种情况是皇帝驾临宣德楼，此旗插在大黄龙负图旗的南面。孟元老于"下赦"条中，对二旗更有详细描述。

⑮青城：宋代斋宫名，是祭祀活动中附属于祭坛的构筑物。北宋时期有两处，一在南薰门外，为祭天斋宫，谓之"南青城"；一在封丘门外，为祭地斋宫，谓之"北青城"。本书"驾诣青城斋宫"有详细描写。

⑮并先到立斋宫前，叉竿舍索旗坐约百余人：此句难解，然大意是指负责树立"次黄龙"大旗的约有一百多人。叉竿，有注释本以为

是"带叉头的竿",然疑即为"插竿",插起旗竿。舍索旗坐,亦难解。南宋吴自牧《梦粱录》同样介绍南宋"驾诣景灵宫仪仗",也提到"有旗高三四丈,谓之'次黄龙旗',往太庙前立;若郊祀,移于青城行宫门外立之,亦名'盖天旗'也。更有含索旗座,约百余人立之"。或许此句应该标点为"并先到立斋宫前叉竿舍(含)索旗坐,约百余人",即在带有绳索的旗座上插起旗杆,立起大旗。《宋史·仪卫志一》说"大黄龙旗一,执绋六十人",绋,《集韵》释为"以绳维持也",孟元老说"叉竿舍索旗坐约百余人",或记忆不够准确,或徽宗时护卫此旗人数更多。

【译文】

次日五更,兼任大宗伯的礼官手执牙牌,奏报中庭戒严、外边准备停当。天子大驾卤簿中的前队骑兵等队伍,从三更时分就已相继出发。先有大象七头,各用文彩斑烂的织锦披在它们的身上,金莲花座安放在它们的背上,金銮头缠络在它们的脑门上,身着锦衣的驯象人跨坐在它们的脖颈上。接下来,依次为高大的旗帜、硕大的障扇、彩绘的戟、长长的矛。身披五色铠甲、骑在马上的武士,有头戴小帽、裹着锦绣抹额的,有戴着黑漆圆顶幞头的,有戴着用皮制成形状如同头盔的,有戴着漆皮制成状如屏斗而加笼巾的,有穿着红、黄底色上织出鲜明花纹的锦绣服装的,有穿纯青、纯黑色衣履以至鞋子、裤子全都是纯青、纯黑色的,有裹着交脚幞头的,有用锦做成绳索、像蛇一样缠绕在身上的,有几十个人唱着曲子、举着大旗走过的,有手执大斧的,有腰挎宝剑的,有手执锐牌的,有持着镫棒的,有手持长竿上面悬挂豹尾的,有手持短杆的。那矛、戟之上都缀着五色结,带着铜铃铛;那大旗、障扇上都画着龙、虎、云彩或山河等图案。又有一面旗高五丈,称为"次黄龙"。天子前往太庙、青城,有一百多人先到斋宫前,在带有绳索的旗座上插起旗杆,立起大旗。

或有交脚幞头、胯剑、足靴如四直使者千百数[1],不可名状。余诸司祗应人,皆锦袄。诸班直、亲从、亲事官[②],皆帽子、结带、红锦或红罗上紫团答戏狮子短后打甲背子[③]。执御从物御龙直,皆真珠结络短顶头巾、紫上杂色小花绣衫、金束带、看带、丝鞋[④];天武官,皆顶朱漆金装笠子[⑤]、红上团花背子;三衙并带御器械官[⑥],皆小帽、背子或紫绣战袍,跨马前导。千乘万骑,出宣德门,由景灵宫、太庙[⑦]。

【注释】

①如四直使者千百数:四直,应指"御龙四直",即本书卷四"军头司"中所记"御龙左右直(系打御从物)、御龙骨朵子直、弓箭直、弩直",均为北宋殿前司诸直禁军,合称"御龙诸直",《宋史·仪卫志》等常以"御龙四直"指称,如"圜坛东门外中道夹立诸班直主首引驾人员九人,御龙四直门旗六十人"。帝王出行,"御龙直百四十二人,御龙骨朵子直二百二十人,并全班祗应。御龙弓箭直百三十三人,御龙弩直百三十三人"(《宋史·仪卫志二》),与孟元老"千百数"之说亦相符。但因本段后面又单独说到御龙直,此处可能不是或不全是御龙直,故曰"如"。

②亲从、亲事官:均属皇城司,负责把守宫门、洒扫等事。《宋史·仪卫二》行幸仪卫:"凡皇城司随驾人数:……车驾导从、两壁随行亲从、亲事官共九十六人,并于驾前先行。行幸所到之处,充行宫司把门、洒扫祗应(各有正副都头、节级、十将)。"《政和五礼新仪》:"奉宸队人员服帽子,十将以下戴兜鍪并服红锦袄、背子(内人员绯背子)。"

③红锦或红罗上紫团答戏狮子短后打甲背子:应指在红锦或红罗上绣出紫色狮子图案,以之做成背子。团答,应即"团搭"或"团搭花"。《政和五礼新仪》中有"天武步队人员,帽子、锦后背子(袄

子。正副指挥使以黄师子,都使以绯罗夹绣小团搭花,都头以红罗绢画",下文"天武官,皆顶朱漆金装笠子、红上团花背子",正与"以绯罗夹绣小团搭花"相印证。背子,此处指作为戎装的背子,为武士、仪卫所穿着,其形制与当时社会上流行的背子有所区别,其穿着特征为:在长衫的外面罩一件短袖、交直领右衽且两侧开衩的罩袍。

④"执御从物御龙直"几句:执御从物,本书卷六"十四日,车驾幸五岳观":"执御从物,如金交椅、唾盂、水罐、果垒、掌扇、缨绋之类。"《政和五礼新仪》:"驾前玉龙直执从物人员,帽子、红锦袄,十将以下裹真珠头巾。"

⑤笠子:即箬笠,本为防雨遮阳的宽边帽,为宋代军队所采用,《清明上河图》中就有戴笠子的军官,《水浒传》中称这种笠子为"范阳毡帽"。据说可能是宋人受北方少数民族以皮革做头盔的启发,将头盔改造成了笠子。

⑥带御器械:官名。宋初,选三班以上亲信武官为近侍,佩带囊鞬、御剑,称为"御带",有时亦以宦官充任。真宗咸平元年(998)改称"带御器械",仁宗景祐二年(1035)诏员额不得超过六人。庆历元年(1041)诏遇缺员以曾历边任有功者补授之。南宋初,诸将在外,多以带御器械作为荣誉性的带职,无实际职掌。

⑦"千乘万骑"几句:宋代南郊大礼,皇帝先在皇宫中的大庆殿斋宿一晚,次日荐享于景灵宫,当晚斋宿于太庙。此处"出宣德门,由景灵宫、太庙",应即"由景灵宫至太庙"之意。千乘万骑,形容车马之盛。《三国志·魏书·董卓传》注引《献帝春秋》:"侯非侯,王非王,千乘万骑走北芒。"

【译文】

又有头戴交脚幞头、腰中挂剑、足蹬靴子,像御龙四直使者模样的人,成百上千,不能以言辞进行描述。其余各官署中的当差之人,全都身穿锦袄。殿前司诸班和诸直、皇城司的亲从和亲事官,都戴着帽子、结带、身穿红锦或红罗上绣着紫色团花戏狮子、后襟短的打甲背子。执御从物的御龙直军士,都戴珍珠结络短顶头巾,身穿紫色上有杂色小花的绣衫,系着金束带和看带,穿丝鞋。天武军官员,都戴朱红漆金装笠子,穿红色上有团花的背子。三衙和带御器械官员,都戴小帽,穿背子或紫绣战袍,跨在马上作为前导。成千上万的车马,从宣德门出来,前往景灵宫和太庙。

驾宿太庙，奉神主出室

【题解】

本条名为"驾宿太庙，奉神主出室"，斋宿与奉祀之礼却只作简单描写，最耀眼的主角是坐在玉辂上的皇帝。这段文字总共不到 300 字，信息量却丰富至极。

亮点之一是玉辂。北宋所用玉辂，是一辆名副其实的"老爷车"。这架玉辂建造于唐高宗显庆年间（656—661），故称"显庆辂"。关于这辆豪车的装饰，《宋史·舆服志》有将近三百字的专门介绍，无须赘述，最重要的是它有空前绝后的辉煌历史：唐高宗、武则天、唐玄宗和宋真宗，曾经乘着这驾玉辂"三至岱宗，一至崧高"（蔡絛《铁围山丛谈》），北宋著名科学家沈括称其"稳利坚久，历世不能窥其法，世传有神物护之"（《梦溪笔谈》），宋代正史、笔记中都有与之相关的神异故事，大致可以归为"必须走在最前面，否则就会怒吼不止"、"整死妄想顶替的新辂"以及最恐怖的"哪位皇帝试图换车就会死"三个类型，以蔡絛《铁围山丛谈》的记述最为精彩：仁宗晚年身体不好，苦于玉辂"行道摇顿"，下诏另制一辂。"及告成，因幸开宝寺，垂帘于寺门，命有司按行于通衢，亲视之焉。新辂既先，次引旧辂，而旧辂辄有声如牛鸣，不肯前。众力挽之，坚不动而止。仁庙未几登遐，终不克御前新辂也。其后神祖（按，指宋神宗）苦风眩，每郊祀，益恶旧辂之不安，又诏别创之。乃更考古制，加以严饰，甚美。新辂既就,天子未及御。元丰八年之元日,适大朝会,有司宿供张,设舆辂、仪物于大庆殿下,新辂在焉。迟明,撤去幄,屋坏,遂毁,玉辂为之碎,因杀伤銮仪司士数十人。未几,神祖复登遐。是后有司乃不敢易,但进旧辂。"孟元老看到宋徽宗盛服执圭所乘坐者,就是这架坚持四百五十多年不下岗的玉辂。

这架神奇的玉辂,金人也很喜欢。钦宗靖康元年(1126)十月,金兵再次南下,完颜宗望攻陷真定府,逼迫北宋议和,当时提出的三个条件就是玉辂、冠冕、上尊号,"十一月四日,康王、冯澥等奉玉辂同发出门"(《靖康要录》)。和议未成,汴梁陷落,包括玉辂之内的南郊法驾、大驾之属全部迁往北方。蔡絛远贬广西博白,还对玉辂念念不忘,说"地远不得闻阙详,不知旧辂能神否也"。《东京梦华录》成书于绍兴十七年(1147),此前的绍兴十三年(1143),高宗在临安举行南郊大礼,所用玉辂是"显庆辂"的仿制品。

亮点之二是冠服,孟元老说"如图画间星官之服"。所谓星官,是以人间的朝廷对应于天上的星辰,想象出一个以象征帝王的北极星为核心的星空体系。宋徽宗亲自绘制《九星二十八宿朝元冠服图》,颁行天下。孟元老也许是说,世人所见"图画"中的帝星,实则正是徽宗的自画像。

亮点之三是北珠。北珠产于女真人世代生活的东北黑龙江等流域,晶莹透澈、圆润巨大。而在南方,北宋的达官贵人自神宗熙宁时就开始崇尚北珠,徽宗崇宁四年(1103)梁子美任河北都转运使,倾漕计以奉上,甚至捐缗钱三百万,从辽朝购买北珠进贡,诸路漕臣仿效,争进"羡余"。辽国人从北珠贸易中获取巨额利润,又以为可以借此疲困宋朝,因而变本加厉地奴役凌虐女真人,迫使其进贡北珠。女真人不胜其求,在首领完颜阿骨打领导下起兵反抗,建国号"金"。公元1125年,金人成为世仇辽朝的掘墓人;1127年,金人成为盟友北宋的终结者。时人以为,北宋与辽的灭国之祸,正是源于北珠之求。一条北珠贸易链,牵动三个国家的命运,导致了两个王朝的覆灭。高宗即位后,有从京师前来投奔的内侍奉上两囊内府真珠，高宗下令全部倾入汴河，是对"头冠皆北珠装结"的否定。

亮点之四是元圭。北宋太祖行南郊大礼，"乘玉辂，执镇圭"；神宗元丰年间讨论礼制，确定郊庙之礼需有"镇圭"和"大圭"，镇圭由皇帝执于手中，大圭则在祀天行礼时插在腰带上，并依照前代玉笏制作出"大圭"。徽宗政和二年（1112），宦者谭稹进献玄圭（元圭），徽宗以之为安定四方的祥瑞，御大庆殿隆重举行受圭典礼，下诏以此代替"镇圭"，冬祀时执于手中。孟元老此处所记"执元圭"，正是见证了宋徽宗改变祖制、永为定制的时刻。

亮点之五是执绥。宋代礼制，皇帝乘坐玉辂时，需有大臣陪乘以备顾问，称为"执绥"。据《文献通考·郊社考五》记载，政和三年（1113）徽宗亲郊，蔡京长子蔡攸执绥。玉辂驶出南薰门，徽宗忽然问："玉津园东若有楼殿重复，是何处也？"蔡攸回答："我看见云间楼殿台阁，隐隐数重；再仔细看，却都离地几十丈高。"徽宗又问："见人物否？"蔡攸回答："若有道流童子持幡节盖，相继而出云间，衣服眉目，历历可识。"蔡攸建议史馆将这一"天神降于空中"的祥瑞载入史册，宰相蔡京率领百僚称贺。真相却是，所谓"祥瑞"，不过是术士王志老暗中做的手脚，徽宗朝道教之盛自此开始。此次政和六年（1116）郊祀大礼，更是道教发展的大好时机。七年（1117）二月，徽宗会道士二千余人于上清宝箓宫；四月，暗示箓院上章册封自己为教主道君皇帝；五月，命蔡攸提举秘书省并左右街道箓院。蔡攸飞黄腾达，道教一统天下。

驾乘玉辂①，冠服如图画间星官之服②，头冠皆北珠装结③，顶通天冠（又谓之"卷云冠"），服绛袍④。执元圭⑤。其玉辂，顶皆镂金大莲叶攒簇，四柱、栏槛镂玉盘花龙凤⑥，驾以四马⑦，后出旗、常⑧。辂上御座，惟近侍二人，一从官傍立，谓之"执绥"，以备顾问⑨。挟辂卫士，皆裹黑漆团顶无脚幞头，着黄生色宽衫、青窄衬衫、青袴，系以锦绳⑩。辂后四人，擎行马⑪。前有朝服二人，执笏面辂倒行。

【注释】

①玉辂：天子五辂之一，以玉为饰。宋代南郊大礼中，皇帝自太庙诣郊，乘玉辂。北宋一朝所用"玉辂，自唐显庆中传之，号'显庆辂'"，唐高宗、武后、唐玄宗与宋真宗，曾经乘坐此车，"三至岱宗，一至嵩高"（宋人蔡絛《铁围山丛谈》）。北宋张邦基《墨庄漫录》："本朝玉辂，乃隋朝所造，唐显德中尝修之（按，显德疑为武德）。凡三到泰山，故张芸叟《郊祀庆成》诗云：'大裘依古制，玉辂自隋传。'"古人认为"玉辂"本为商代的"大辂"，以"黄屋左纛"形容之，即黄色车盖、车衡左边或左骖上插犛牛尾或雉尾饰物（后改为旗）。但是据宋人蔡絛《铁围山丛谈》，宋朝所继承的玉辂，以青玉为饰，"盖自隋暨唐，讹而为青，疑以谓玉色为青苍，此因循缪尔"；徽宗政和年间（1111—1118）礼制局曾经建议"改尚黄"，徽宗说："朕乘此辂郊，而天真为之见时青色也，不可易以黄。"于是"有司遂不敢更"。北宋南郊大礼中，皇帝先要从皇宫前往太庙祭祖，然后前往斋宫。北宋早期历史上，前往太庙也乘玉辂。神宗元丰年间（1078—1085），以《周礼》"大驭，掌驭玉辂以祀"，认为郊祀才能乘坐玉辂，因而改为先乘金辂诣太庙，太庙仪式结束，才乘玉辂诣南郊（《宋史·仪卫志三》），孟元老此处特意指出皇帝由皇宫前往景灵宫和太庙，即"驾乘玉辂"，原因待考。关于这辆岁久年深、见过世面的"老爷车"，"稳利坚久，历世不能窥其法，世传有神物护之"（北宋沈括《梦溪笔谈》），宋人流传着不少神异故事，归结起来就是"必须走在最前面"，"四五百岁坚持不下岗"，"皇帝试图更换就会登遐（驾崩）"。靖康之难中，玉辂被送给金人，蔡絛还说"地远不得闻厥详"，不知"旧辂能神否也"。两宋笔记如

沈括《梦溪笔谈》、叶梦得《石林燕语》、庞元英《文昌杂录》亦有类似记载。

②冠服如图画间星官之服：中国古代为了认识星辰和观测天象，将天上的恒星分为若干组，每组各有名称，这种恒星组合称为"星官"，组成"三垣二十八宿"这样的星空体系。"三垣"包括紫微垣、太微垣与天市垣，其中紫微垣为象征帝王的北极星所在天区，有"七斗九星"等星宿（即北斗七星和左辅、右弼，依次名为天枢星、天璇星、天玑星、天权星、玉衡星、开阳星、瑶光星，洞明星、隐元星）。"二十八宿"分为四组，即东方青龙、北方玄武、西方白虎、南方朱雀，各有七星。据《宋史·徽宗本纪四》，宣和元年（1119）五月，徽宗下诏将其所绘《九星二十八宿朝元冠服图》颁行天下，孟元老所谓"图画"应即指此，为北宋末年、南宋初年之人所熟悉。今日本宝严寺藏有宋人所画《北斗九星图》，应属这一题材的图画。

③北珠：产于黑龙江、乌苏里江、鸭绿江流域的一种淡水珍珠，比一般珍珠晶莹透澈、圆润巨大。南宋徐梦莘《三朝北盟会编》："北珠美者，大如弹子，小者若梧子，皆出辽东海汊中。每八月望，月如昼，则珠必大熟。乃以十月方采取珠蚌。而北方沍寒，九十月则坚冰厚已盈尺矣。凿冰没水而捕之，人以为病焉。又有天鹅能食蚌，则珠藏其嗉；又有俊鹘号海东青者，能击天鹅。人既以鹘而得天鹅，则于其嗉得珠焉。"北宋神宗熙宁年间（1068—1077），达官贵人崇尚这种来自东北的珍珠，称之为"北珠"，"在宣和间，围寸者价至三二百万"（宋人蔡絛《铁围山丛谈》）。《宋史·梁子美列传》载：徽宗崇宁四年（1103），梁子美任河北都转运使，倾漕计以奉上，至捐缗钱三百万，从辽朝购买北珠进贡，诸路漕臣仿效，争进"羡余"。而北珠出自女真生活的东北一带，辽国人始欲禁绝，或曰："中国倾府库以事无用之物，此为我利，而中国可困

矣。"契丹人遂凌虐女真人,迫其捕海东青以求北珠,女真不胜其求,遂叛。时人以为北宋与辽的灭国之祸,源于北珠之求(参南宋陈均《皇朝编年纲目备要》)。装结:此指装饰。

④顶通天冠(又谓之"卷云冠"),服绛袍:即通天冠服,在宋代是仅次于冕服的皇帝官服。据《政和五礼新仪》:"通天冠,二十四梁,加金博山,附蝉十二,高一尺,广一尺,犀簪导,朱丝组带为缨。绛纱袍,织成云龙,皂罗襻襈,红罗为里。……大祭祀致斋、诣景灵宫、太庙行宫礼毕还宫,元正、冬至大朝会,临轩册命皇后、皇太子、诸王、大臣,亲耕籍田,服之。"宋代教坊乐队的女弟子队中有菩萨蛮队,"衣绯生色窄砌衣,冠卷云冠"(《宋史·乐志十七》),宋代官方礼书及史志中未见以"卷云冠"称通天冠之例,推测孟元老采用了民间俗称。

⑤元圭:应指徽宗政和二年(1112)宦者谭稹所献玄圭,因宋朝讳"玄"而称"元圭","其制,两旁刻十二山,若古山尊。上锐下方,上有雷雨之文,下无瑑饰。外黑内赤。中一小好,可容指,其长尺有二寸"。阿谀奉承的大臣告诉徽宗说,"周王执镇圭,缘饰以四镇之山;其中有好,为受组之地;其长尺有二寸,周人仿古为之,而王执以镇四方也"。徽宗以之为安定四方的祥瑞,"乃以是岁冬御大庆殿受圭焉",并于次年下诏,用这块"元圭"代替北宋先王传下来的"镇圭",冬祀时执于手中,永为定制(《宋史·舆服志三》)。在此,需要补述北宋南郊大礼中"圭"的使用情况。圭是古代帝王、诸侯在举行典礼时所执玉器,《周易》说"告公用圭",注:"天子以尺二寸元圭事天,以九寸事地也。"圭的含义、名称、形制以及具体应用场合,历代说法不一,即北宋一朝亦颇多变化。北宋太祖乾德元年(963)首行南郊大礼,"乘玉辂,执镇圭,赴景灵宫及太庙、青城,皆乘辂执圭",其圭名为"镇圭",依据的是《周礼》"王执镇圭"注"祭天地宗庙及朝日、夕月,则执之"。至神宗

元丰三年（1080）五月，以"郊庙之礼，有镇圭而无大圭，于礼为阙"，于"镇圭"之外又增"大圭"（内赤外黑，长三尺，皇帝祀天时插在腰带上），然而规定"乘辂不执圭，还内御大辇亦如之"，此即为"元丰新礼"中的规定。至哲宗元祐元年（1086），以为这种"圆首前诎"形制的大圭"于礼未合"，仿"西魏、隋、唐玉笏之制，方而不折，上下皆博三寸，长尺二寸，其厚以镇圭为约"。宋徽宗得到元圭后，政和三年（1113）下诏："先王以类而求祀：圜丘，以象形；苍玉，以象色；冬日以至，取其时；大裘而冕，法其幽。而未有以体其道。天玄而地黄，今大圭内赤外黑，于以体之。冬祀可搢大圭，执玄圭，永为定制。"（《宋史·舆服志三》）孟元老此处所记"执元圭"，正是见证宋徽宗改变祖制、永为定制的时刻。

⑥"其玉辂"几句：《政和五礼新仪》："玉辂，箱上置平盘，黄屋。四柱皆油画刻镂，左青龙，右白虎，龟文，金凤翅，杂花龙凤，金涂银装，间以玉饰花罗绣云龙，轮顶三层（内一层素）。轮顶上施涂金银山、花叶及翟羽。……五副辂并金涂铜装。右玉辂，凡大祭祀，皇帝乘之，金辂以下并以次列其后。若大朝会、册命皇太子、诸王、大臣，则设五辂于大庆殿庭，为充庭之仪。"攒簇，簇聚，簇拥。

⑦驾以四马：《宋史·舆服志一》："政和三年，议礼局更上皇帝车辂之制，诏颁行：玉辂，……驾青马六，马有铜面，插雕羽，鞶缨，攀胸铃拂，青线织屈，红锦包尾。又踏路马二，在辂前，饰同驾马。"《政和五礼新仪》所载，玉辂"驾青马六马"，"又踏路马二，在辂前"，《文献通考·王礼考十二》也说"驾六青马""又诞马二，在辂前"（诞马，也称"但马"，指仪仗队中不施鞍辔的备用马）。

⑧旗、常：旗即旂，常指太常（上绣日月五星），均为车旗。《周礼·春官·司常》："日月为常"，"王建太常"，疏曰："乘玉辂，亦建太常。"《宋史·舆服志一》：玉辂"左建太常，十有二旒；右载阘戟，绣黻文"。

⑨"辂上御座"几句：执绥（suí），原指持绳索登车，引申为驾车，宋代则专指在祀典中陪帝王乘车以备顾问的执绥官，因而充任此职者通常要求精通典仪。具体到南郊大礼中，皇帝乘玉辂，执绥官"先自右升，立于右柱下，以备顾问"（《宋史·舆服志一》）。南宋孝宗郊祀之时周必大执绥，描述其情形甚详："上自太庙服通天冠绛纱袍，乘辇至辂后，由木陛以登，惟留御药二宦者侍立。执绥官先从旁用小梯攀缘而上，卫士以彩绳围腰系于箱柱"，由于北宋所用唐代"显庆辂"已被金人掳走，南宋高宗重制，周必大说"辂行颇摇兀，宸躬亦觉危坐"（《玉堂杂记》）。北宋太祖皇帝乾德元年（963）首次亲郊，"诣太庙，乘玉辂，左谏议大夫崔颂摄太仆，上问仪仗名物甚悉，颂应对详敏，上大悦"（《续资治通鉴长编·太祖乾德元年》），《宋史·儒林列传》中介绍崔颂，"（太祖）每临幸国学，召颂与语，因及经义，颂应答无滞。及郊祀，以颂摄太仆，升车执绥，上问以一时典礼，颂占对闲雅，上甚重之"。仁宗天圣五年（1027）南郊，"以翰林学士宋绶摄太仆，陪玉辂。上问仪物典故，绶占对辨给，因使绶集群官撰集《天圣卤簿图记》上之"（《文献通考·郊社考四》）。《文献通考·郊社考五》则记录了宋徽宗得到元圭，次年南郊祀天时对执绥官蔡攸的一次"顾问"："上搢大圭，执玄圭，以道士百人执仪卫前导，蔡攸为执绥官。玉辂出南薰门至玉津园，上忽曰：'玉津园东若有楼殿重复，是何处也？'攸即奏：'见云间楼殿、台阁，隐隐数重，既而审视，皆去地数十丈。'顷之，上又曰：'见人物否？'攸即奏：'若有道流童子持幡节盖，相继而出云间，衣服眉目，历历可识。'攸请付史馆，宰相蔡京率百僚称贺。"所谓"执绥以备顾问"，变成君臣二人装神弄鬼、一唱一和制造祥瑞的即兴小品。

⑩"挟辂卫士"几句：挟，护卫。据《宋史·舆服志一》载玉辂"驾士六十四人"，《文献通考·王礼考十二》载南宋玉辂，"职掌驾士

二百三十八人，服平巾帻，绢抹额，罗绣对凤袍，皆以青绯罗绣对凤袄，又罗抹带、绢袴袜、麻鞋，皆青色"。

⑪辂后四人，擎行马：行马为阻拦人马通行的木架子，为皇帝车辂的附属物。《文献通考·王礼考十二》载，"（玉）辂之所止，有行马二，饰以彩绿"。

【译文】

天子乘坐玉辂，其冠服俨如图画中星官的服饰，皇冠全用北珠装饰结缀，戴通天冠（又叫"卷云冠"），穿绛红色袍服，手执元圭。那架玉辂，顶上皆用镀金大莲叶簇聚而成，四根柱子和栏杆上，刻镂着玉盘花和龙、凤作为装饰。玉辂由四马驾驭，后面紧随画有日月、蛟龙的旗子。玉辂上设有御座，只有两位亲信侍从服侍天子，另有一位侍从官站在一旁，称为"执绥"，以备天子不时询问。护卫玉辂的卫士，头上都裹着黑漆团顶无脚幞头，身穿色彩鲜艳的黄色宽衫、青色窄衬衫、青色裤子，束着锦绳。玉辂后面随行四人，托举着行马。玉辂前面，有两个身穿朝服的人，手执笏板，面对玉辂，倒退而行。

是夜宿太庙，喝探、警严，如宿殿仪。至三更，车驾行事①，执事皆宗室②。宫架乐作③，主上在殿上东南隅西面立④，有一朱漆金字牌曰"皇帝位"。然后奉神主出室⑤，亦奏中严、外办。逐室行礼毕，甲马⑥、仪仗、车辂番衮，出南薰门。

【注释】

①行事：本指办事、从事，此指行祭祀之事。

②执事皆宗室：执事，有职守之人，官员。此有"陪同""随行人员"之意。因系在太庙祭祀祖先，故均由宗室随行。

③宫架乐：是宋代对西周礼乐制中"宫悬之乐"的称呼，简称"宫架"，为宫廷雅乐中的一类，大量使用编钟、编磬等需要悬挂在架

子（称为"宫架"）上的乐器，故得"宫架"之名。唐代"天子宫架之乐，镈钟十二、编钟十二、编磬十二，凡三十有六虞。宗庙与殿庭同"（唐人李林甫等《唐六典》）。"至宋朝，惟天地、感帝、宗庙用乐，天子亲行，宫架、登歌具焉。有司摄祠，止奏登歌"（元人马端林《文献通考·乐考十三》）。北宋不同时期，宫架乐所用乐器有所不同，主要变革包括仁宗景祐年间（1034—1038）范镇等人重新改定雅乐和徽宗政和年间（1111—1118）的大规模议礼。《宋史·乐志四》中记载政和三年（1113）四月，议礼局所上皇帝亲祠以及景灵宫、宣德门、大朝会等典礼中的宫架之制："四方各设编钟三、编磬三。东方，编钟起北，编磬间之，东向；西方，编磬起北，编钟间之，西向；南方，编磬起西，编钟间之；北方，编钟起西，编磬间之：俱北向。设十二镈钟、特磬于编架内，各依月律。四方各镈钟三、特磬三：东方，镈钟起北，特磬间之，东向；西方，特磬起北，镈钟间之，西向；南方，特磬起西，镈钟间之；北方，镈钟起西，特磬间之，皆北向。（景灵宫、天兴殿镈钟、编钟、编磬，如每岁大祠宫架陈设。）"宫架乐规模巨大，乐器珍贵，数量有限，重大礼仪活动中需要紧急转场使用，乐器搬运与布设都是大工程。本卷"驾诣郊坛行礼"条，有对宫架乐的较为详细介绍。

④主上：古代臣子对君主的称呼。

⑤神主：古代为已故君主、诸侯做的牌位，用木或石制成。后民间亦立神主，祭祀先人。《论语·八佾》："哀公问社于宰我。宰我对曰：'夏后氏以松，殷人以柏，周人以栗。'"哀公向宰我打听用哪种木材为社神（土神）做牌位。后来多用栗木，取意"使民战栗"（《论语·八佾》）。死者身份不同，神主规格各异，有"天子长尺二寸，诸侯长一尺"（东晋范宁《春秋穀梁传集解》）之说。古祀中以东向为尊，因此祭祖活动中"神主之位东向"（《朱子语类·礼七·祭》），所以"主上在殿上东南隅西面立"。

⑥甲马：披甲的战马。借指马队。

【译文】

这天夜里，皇帝斋宿于太庙之中，喝探、警戒、严鼓，一如斋宿大庆殿的仪范。到三更时分，天子行祭祀之事，陪同人员皆为皇族。奏宫架之乐，天子在太庙大殿的东南角面朝西方站立，有一块朱红漆金字牌位，上面写着"皇帝位"。然后天子捧着祖宗牌位走出大殿，官员也会奏告中庭戒严、外间停当。天子到安放历代帝后的各室逐一行礼完毕，马队、仪仗、车辂从太庙折返，走出南薰门。

驾诣青城斋宫

【题解】

"驾诣青城斋宫",字面意思是皇帝车驾前往青城斋宫,但是并不记述驾行场面,百余字中,只记青城斋宫与铁骑宿卫。

青城斋宫,是北宋时期南郊大礼前斋宿的宫殿。之所以叫"青城",是因为在北宋的大部分时间里,都是在三年南郊大礼之前,临时绞缚木架、覆以布帛而成青色幔殿,礼毕即行拆除。神宗朝议定礼制,以为幔殿简陋,"宿者有风雨之忧,而又无望祭之位",而且每次搭建花费数万,一度计划创立斋宫,但因当时正在营建尚书省,工程浩大,资金紧张,修建斋宫之议搁浅。哲宗元符元年(1098),建成北郊斋宫。徽宗时期大兴营造,南郊青城斋宫也是营造项目之一,因而孟元老说"宣、政间,悉用土木盖造矣"。

斋宫外的铁骑。皇帝不在宫中,安保宿卫自是重中之重,孟元老却只用"至夜,严警、喝探如前"交代夜间警戒制度,用"诸军有紫巾、绯衣素队约千余,罗布郊野,每队军乐一火"描写诸军布列情况,从场面上看,自然也甚是铺张盛大。其中"素队"一词,通常注释为"卫队",并不准确;南宋吴自牧《梦粱录》记咸淳年间(1265—1274)宋度宗亲飨南郊"驾宿青城端诚殿","又有紫巾、绯衣数队千余人,罗布郊野守卫",基本上抄录《东京梦华录》,却改"素队"为"数队",实在是因为不知晓孟元老使用"素队"深意的妄改。

"素队"是不装备武器的军队,"素"字意为"有名无实",类似称有王者之道而无王者之位的人为"素王"、称没有实际权力的闲官为"素官"。金朝人辑录的《大金吊伐录》中说,天会四年(宋靖康元年,1126)金军占据青城作为军营,闰十一月二十五日攻陷东京城,"三十日昧爽,少主素队出南薰门,大臣侍从亲王等从者四百人"。靖康丙午之年(1126),孟元老目睹东京陷落、钦宗素队诣青城斋宫向金人奉表称臣;二十年后的绍兴丁卯岁(1147),他最终完成《梦华录》之书,以"驾诣青城斋宫"为题,记录徽宗政和六年(1116)南郊大礼时"罗布郊野"、不执兵器只拿乐器的"素队","素队"一词,背后是三十年间的天翻地覆、沧海横流!

《大金吊伐录》为金人辑录金、辽、宋三朝外交文件档案而成,难以确定所用"素队"一词出自何人之手。宋人最早使用"素队"者,应为南宋高宗建炎二年(1128)以"假刑部尚书"职衔出使高丽的杨应诚,出使目的是希望借道高丽"以图迎二圣"。在被高丽国王以"去金道路阻险,不可前行"为由拒绝后,杨应诚写了《上高丽国王语录》,其中有"若贵国虑金人因此生事,应诚等今此奉使,只是素队百十人,持国书、礼币前去讲和,即非争斗"。外交场合的话语权,从来以国家实力尤其是军事实力为底气。大宋王朝沦落至此,一支"素队"使团纵然再卑辞厚礼,曾经声称"世荷国恩"的高丽国主也不再将其放在眼里。这也是孟元老曾经见证过的"素队"。

据《宋史·仪卫志三》,南郊大礼,"车驾至青城,则周卫行宫及坛内外。其青城,坐甲布列三百三十六铺",合计"禁卫诸班共六千七百二十有四人",其中包括"钧容直一十铺,二百人",是专职的军乐队。据孟元老所记,徽宗朝的郊祀活动中,单是充当乐手的禁军就多达上千人,"郊毕驾回"中"诸军队伍鼓吹皆动,声震天地"的效果,绝非文学夸张之辞。

靖康元年(1126)闰十一月,钦宗素队诣青城斋宫投降,北宋实已灭亡。二年(1127)正月初十,钦宗再诣青城,被扣留。二月初七,太上皇帝、太上皇后同诣青城，郓王以下三十余人、诸王妃、公主、驸马都尉等皆从。三月二十七日，金人胁上皇北行，伪帝张邦昌率百官诣南薰门、五岳观内，望军前遥辞二帝。"夏四月庚申朔，大风吹石折木。金人以帝及皇后、皇太子北归"（《宋史·钦宗本纪》），钦宗皇帝"率后、诸王望拜城中，泣别宗庙，哭声振动青城。日色惨黩，风声如号，移时方止"（《续宋编年资治通鉴》）。北宋一百六十七年的历史，正是在青城斋宫最终落幕。

南宋灭亡后，罗公升倾资北游燕赵，联络赵宋宗室以图恢复，失败后回乡隐居以终。他有一首《蔡州》诗："中国衣冠礼乐先，国亡那得更求全。凄凉青盖端诚殿，何似幽兰一炬烟。"这或许也是幽兰居士孟元老的青城之思。

驾御玉辂[1]，诣青城斋宫。所谓"青城"，旧来止以青布幕为之，画砌、甃之文，旋结城阙、殿宇[2]。宣、政间，悉用土木盖造矣[3]。铁骑围斋宫外[4]。诸军有紫巾绯衣素队约千余[5]，罗布郊野，每队军乐一火[6]。行宫巡检部领甲马[7]，来往巡逻。至夜，严警、喝探如前。

【注释】

①御：驾驭车马。此引申为"乘坐"。

②"所谓'青城'"几句：据元人马端临《文献通考·郊社考四》，北宋的大部分时间内，青城的宫殿都是临时用布绞缚而成，称为"幔殿"，殿宇门名也是每次郊祀之前，命学士院撰进，并不固定。神宗时期，以"宿者有风雨之忧，而又无望祭之位。且青城之费，岁以万数"，曾设想"依照唐代城之制，创立斋宫，一劳而省重费，或遇风雨，可以行望祭之礼"，但因当时正在修建尚书省，工程浩大，修建斋宫之议作罢。神宗熙宁七年（1074）中书门下准诏参定南郊青城内殿宇门名，"大内门曰泰禋，东偏门曰承和，西偏门曰迎

禧。正东门曰祥曦，正西门曰景曜。后三门曰拱极。内门里东侧门曰龠明，西侧门曰肃成，大殿门曰端诚。大殿曰端诚，殿前东、西门曰左、右嘉德。便殿曰熙成。"砌，台阶。甃（zhòu），砖。旋（xuàn），临时（做）。城阙，城门两旁的瞭望阁楼。

③宣、政间，悉用土木盖造矣：据元人马端临《文献通考·郊社考九》，哲宗朝，始建北郊斋宫，"元符元年，帝幸瑞圣园，观新成北郊斋宫。故事，郊官悉设以幕布，其费不赀。上命缮营，不日而成，曰：'三岁一郊，次舍之费，缣帛三十余万，工又倍之。易以屋室，一劳永逸，所省多矣。'"同书《郊社考四》，"徽宗皇帝修建南北郊斋宿宫殿，南郊曰斋宫，北郊曰帷宫"，因"事体如一"而"并称斋宫"。

④铁骑围斋宫外：据《宋史·仪卫志三》，"车驾至青城"，禁军"周卫行宫及坛内外"，其中"青城坐甲（按，指披甲带兵的警卫）布列三百三十六铺……共六千七百二十有四人"。

⑤素队：不装备甲仗或装备不完善的军队。此处指郊祀活动中随驾演奏的军乐队。宋代大驾卤簿中所用鼓吹乐规模很大，"鼓吹局工多阙，每举大礼，一切取于军隶以足之"（元人马端临《文献通考·乐考二十》）。宋代诸军皆有军乐队，因兵种不同、驻防各异，形成许多乐队，不仅供军中使用，也参加宫廷和地方上的音乐活动。关于京师驻军中的乐队人员，据北宋晚期的陈旸在其《乐书·东西班乐》中记载："圣朝太宗朝，选东西两班善乐者，充而名之。其器独用小觱篥、小笙、小笛，每骑从车驾奏焉；或巡狩，则夜奏行宫之庭。又诸营军皆有乐工，率五百人得乐工五十员。每乘舆奉祠还宫，则诸工杂被绛、绿衣，自帷宫幔城至皇城门，分列驰道左右，作乐迎奉，丝竹鼙鼓之声相属数十里。""东西班"是宋代殿前诸班直中的禁军番号，是皇帝的近卫侍从。皇帝斋宿青城，东西班中的善乐者以及诸营军中的乐工充当严警乐队，不披甲执械，孟元老称其为"素队"。素，意为"有名无实"。"素队"一词辞

书未见收录,用例多见于宋元时人。南宋辛派词人刘克庄《进故事六》中"琨握空拳守并,遂以素队千人、布三千匹渡江"之语,是以"素队"指称"没有武器装备的军队"最明显的例证:西晋永嘉之乱后,晋室东渡,并州太守刘琨作为少数抵抗力量困守孤城,祖逖率众南下,劝说晋元帝司马睿派其带兵收复中原。"睿素无北伐之志,以逖为奋威将军、豫州刺史,给千人廪、布三千匹,不给铠仗,使自召募"(《资治通鉴·晋纪十》),祖逖率领的这支既无铠甲又无兵器的北伐军,就是刘克庄所说的"素队"。

⑥一火:十个士兵。古代兵制以十人为"火",同火之人互称"火伴",即"伙伴"。

⑦行宫巡检:行宫,是古代帝王出行时居住的宫室,可能由其他建筑改造而成,也指帝王出京后临时寓居的官署或住宅。巡检,出现于中晚唐时期,五代时设置范围扩大,各政权均于京师留都、州县军镇、沿边山地、江河湖海及各经济领域设置巡检官员,承担率军戍边御敌、弹压动乱、巡逻缉盗等维护社会治安之职责。北宋亦置巡检,并有按地方体制路、州、县三级设置的专任机构"巡检司",负责国家的治安管理工作。《宋史·职官志七》有比较详细的记载。此处行宫巡检一职,扈从皇帝出行,在行宫执行宿卫工作;与之相应,皇宫内有皇城巡检,隶属掌管宫禁宿卫的皇城司。此二官职均不见于《宋史·职官志》,然《宋史·宦者列传》中有真宗朝宦官卫绍钦,景德二年(1005)担任皇城使,真宗御驾亲征澶州,命卫绍钦担任"车驾前后行宫四面都巡检",景德三年(1006)"朝诸陵,复为行宫巡检。驻洛阳,命为皇城内外都巡检"。另外,仁宗朝做过枢密使、同平章事的杨崇勋,宋祁在《杨太尉行状》中叙其功绩,有"戎夷之纳款也,则七命为馆伴副使;郊祀之展案也,则屡擢为行宫巡检"之语。以上两例,可证北宋时期皇帝出行,有掌管宿卫的巡检、都巡检,既可任命宦官,也可任命朝臣,

总之皆为皇帝最亲信者。

【译文】

天子乘坐玉辂，前往青城斋宫。所谓"青城"，旧时只用青色布帛搭起帐幕作为斋宫，在青布上画出砖瓦、栏杆的纹样，临时扎结出城楼、宫殿、楼宇。徽宗宣和、政和年间，全都用土木建造了。精锐骑兵围护在斋宫之外面。诸军中有裹紫色头巾、穿红色衣服而不披甲执兵者，大约有千余人，分布在郊野之中，每队里有军乐十人。行宫巡检统帅骑兵，往来巡逻。到了夜间，严鼓、警戒、喝探，如同此前大庆殿和太庙斋宿那样。

驾诣郊坛行礼

【题解】

"驾诣郊坛行礼"为南郊大礼的重场戏,孟元老以770余字的篇幅,记录以下几方面内容:(1)南郊大礼的仪程,包括皇帝从青城出发、圜丘坛外"大次"更换祭服、登坛祭献以及燎祭场景等;(2)圜丘坛形制以及坛上的祭位、礼料等陈设以及登歌乐队等;(3)圜丘坛前的宫架乐队,以及祭祀之前的文舞、祭祀过程中的武舞等;(4)除昊天上帝以外的其他南郊神位。孟元老简略介绍祀昊天礼仪,其笔墨最集中者,为大礼中所用的宫廷雅乐,准确说,是徽宗倾全力完成的大晟雅乐。

大晟乐是在宋徽宗亲自推动下创制出的新乐。乐制改革始议于崇宁元年(1102),诏宰臣置僚属,博求知音之士,蔡京擢刘昺为大司乐,付以乐正。至崇宁三年(1104),蜀人魏汉津倡言"取身为度","以帝年二十四,当四六之数;取帝中指,以为黄钟之寸,而生度量权衡以作乐"(《续资治通鉴长编拾补·徽宗崇宁三年》原注),铸造出了帝鼎和景钟,为音乐定调,至崇宁四年(1105)八月,新乐制成,在崇政殿演奏,"八音克谐,尽善尽美",以为"追千载而成一代之制",赐名"大晟","将荐郊庙,享鬼神,和万邦,与天下共之"(《宋史·乐志四》)。大观四年(1110)八月,徽宗御制《大晟乐记》,宣布所制新乐"永为一代之制"。

何以知道此次南郊大礼使用的是大晟乐呢?因为孟元老有意留下

线索,最明确的就是"有琴而长者,如筝而大者,截竹如箫管、两头存节而横吹者,有土烧成如圆弹而开窍者,如笙而大者,如箫而增其管者"。这段文字为《东京梦华录》作注释者所轻忽,即如吴自牧仿《东京梦华录》写成《梦粱录》,其书卷五"驾宿明堂斋殿行祀礼"条,乐队部分几乎全抄《东京梦华录》文字,对于孟元老只描述形状而不提名字的这七类乐器,也原样照抄,实在是没有明白孟元老的用意。

徽宗朝的乐制改革,是一次全面系统的改革,不仅重新确定乐律,而且要解决雅俗乐器配置混乱、八音乐器不全等问题。改革后的大晟雅乐乐器,增置了景钟、篪(chí)等大晟乐器,清理了"木部"乐器的淆乱局面,补充了"匏、土二音",删汰了"熊罴按"等胡部乐器,体现出与宋代旧雅乐决然不同的乐器特点。孟元老对大晟乐新增乐器极为敏感,给予高度关注,可以说,这才是他介绍南郊大礼乐队的用心所在。具体包括:

"截竹如箫管、两头存节而横吹者",指的是大晟乐"竹部"乐器中新增的篪。《诗经·小雅》中有"伯氏吹篪"的记载,但是这种乐器早已失传。大晟府根据古代器物图谱重新研制出这一乐器,将其带回宫廷雅乐。

"有土烧成如圆弹而开窍者",指的是大晟乐"土部"乐器中唯一的乐器埙。《诗经·小雅》中有"伯氏吹埙",原始的埙以陶土制成,音色幽深哀婉、绵绵不绝。早在汉代,就出现以木为埙的现象,宋代旧乐中的埙都用木材制成,为了匹配"土"音,太祖诏令涂成黄色。徽宗时期改乐,刘昺以为以木埙代替陶埙,有违"八音"古制,因而制作出土埙。

"如笙而大者",应指大晟乐增制"匏部"乐器中为首的竽笙。"匏部"乐器以匏瓜为笙斗(共鸣腔),但在此之前,都是以木代匏,名实不符,故有"八音之中,匏音废绝久矣,后世以木代匏"(《宋史·乐志四》)之说。大晟府制作出了名实相副的六种"匏部"乐器,首推竽笙,"其形凤翼,其声凤鸣"(元人马端临《文献通考·乐考十一》引陈氏《乐书》),不仅具有政治上的象征意义,而且在乐队中属于定律性乐器。

"如箫而增其管者",应指"竹部"乐器中的箫,属于编管乐器,即今天所说的"排箫","箫集众律,编而为器:参差其管,以象凤翼,箫然清亮,以象凤鸣"(《宋史·乐志四》),是对其形其声的描绘。《尚书·益稷》中说"箫韶九成,凤凰来仪",箫不仅是一种作乐之器,而且承载着音乐理念。"乐始于律而成于箫",箫乃十二律之本体,在雅乐中扮演着"以合众声"的重要角色。

至于"有大钟曰景钟",正是依据魏汉津"以皇帝身为度"之法而铸造的景钟,高九尺,以应九九之数;垂则为钟,仰则为鼎。景钟为大晟乐之祖,为全国音高定调。刘昺《大晟乐书》的"八论"中有关于景钟的专门论述:"黄钟者,乐所自出。而景钟又黄钟之本,故为乐之祖,惟天子郊祀上帝则用之。自斋宫诣坛则击之,以召至阳之气。既至,声阕,众乐乃作。……音韵清越,拱以九龙,立于宫架之中,以为君围;环以四清声钟、磬、镈钟、特磬,以为臣围;编钟、编磬,以为民围。内设宝钟球玉,外为龙虞凤琴。"景钟是整个乐队中的君主,地位独一无二。

三更,驾诣郊坛行礼①。有三重壝墙②。驾出青城,南行,曲尺西去,约一里许,乃坛也③。入外壝东门,至第二壝里,面南设一大幕次,谓之"大次"④。更换祭服⑤:平天冠(二十四旒),青衮龙服,中单,朱舄,纯玉佩⑥。二中贵扶侍,行至坛前。坛下又有一小幕殿⑦,谓之"小次"⑧,内有御座。

【注释】

①郊坛:古代为祭祀所筑的土坛,设在南郊。北宋南郊圜丘坛位于东京城南薰门外。

②三重壝(wēi)墙:壝墙是古代祭坛四周的矮墙,不仅起着保护祭坛的作用,而且具有礼仪功能,用以区分不同身份的人。文献记载显示,北宋初期的圜丘坛,坛外"三壝"并不完善。仁宗天圣六年(1028)判太常寺孙奭以"皇地祇等十八坛皆有外壝,而南郊独

无，樵牧之人径至坛下，有渎严恭"，礼图中坛设三壝，因而"请筑外壝，仍于壝外筑短垣，四面各置棂星门。俟皇帝亲郊，则以青绳柱表其三壝，以合郊丘之制"，朝廷这才开始营建外壝(《续资治通鉴长编·仁宗天圣六年》)。但是直到神宗元丰初年，"有司乃以青绳代内壝"。元丰年间(1078—1085)，宋朝郊祀之礼出现重大变革，由"天地合祭于圜丘"改为罢合祀，南郊"祀昊天上帝，以太祖配"(实际上因神宗去世，并未执行)。在历时数年的礼制讨论中，确定"除去青绳，如仪注为三壝"(元人马端临《文献通考·郊社考四》)，成为三道同心圆形的矮墙，墙与墙之间二十五步，约合8米。至徽宗政和三年(1113)，礼制局言："为坛之制，当用阳数，今定为坛三成：……为三壝，墙三十六步，亦乾之策也。成与壝俱三，参天地之数也。"(《宋史·礼志二》)也就是说，孟元老所记"三重墙墙"之间的间隔，可能应为三十六步，约合11.52米。

③"驾出青城"几句：曲尺，本指木工用来求直角的尺，也指曲尺形的物品，比如唐人白居易《雨夜赠元十八》诗中"把酒循环饮，移床曲尺眠"，就是把两床纵横相接形成的直角称为"曲尺"。此处指道路相交处。据《宋史·礼志三》，"南郊青城至坛所五百一十八步"。唐代以后，工部使用营造尺，一尺等于0.32米，五尺为一步，约合1.6米。青城至郊坛五百一十八步，约合829米，则"曲尺西去约一里许，乃坛也"的记载应很准确。按，皇帝乘舆自青城斋殿诣坛，乐正撞响景钟，"以召至阳之气"，直至皇帝进入大次，景钟方才停止(《宋史·乐志五》及刘昺《大晟乐书》)。

④大次：帝王祭祀、诸侯朝觐时临时休息的大篷帐。次，旅行时停留的处所。《周礼·天官·掌次》："朝日祀五帝，则张大次、小次，设重帏、重案。……诸侯朝觐会同，则张大次、小次。"注："次，谓幄也。大幄，初往所止居也。"北宋时，祀前三日，仪銮司帅其属下张设大次。据《宋史·礼志二》"南郊坛制"，郊祀时"设皇帝

更衣大次于东壝东门之内道北，南向"，《政和五礼新仪》和《文献通考·郊社考五》等所记相同。孟元老说"入外壝东门，至第二壝里"，不知徽宗朝后来是否将大次移至中壝之内。

⑤祭服：古代祭祀时所服的礼服，为各类冠服中最庄严者。天子的祭服即为"冕服"。古人非常重视祭祀，所谓"国之大事，在祀与戎"（《左传·成公十三年》）。北宋时期，祭服皆以绫罗为之，"徽宗政和元年四月，诏就先蚕坛之侧，度地筑公桑蚕室，岁养蚕，以供祭服"（元人马端临《文献通考·郊社考二十》）。

⑥"平天冠（二十四旒）"几句：此处提到的冠、服、舄（xì）、佩，共同组成中国古代最高规格的冕服，是天子礼服之一种，宋代皇帝祭天地、宗庙，朝太清宫，飨玉清昭应宫、景灵宫，受册尊号，元日受朝，册皇太子，则服之。关于这套"衮冕之制"，《宋史·舆服志三》有详细记载："衮冕，广一尺二寸，长二尺四寸，前、后十二旒，二纩（kuàng），并贯真珠。又有翠旒十二，碧凤御之，在珠旒外。冕版以龙鳞锦表，上缀玉，为七星，旁施琥珀瓶、犀瓶各二十四，周缀金丝网，钿以真珠、杂宝玉，加紫云白鹤锦里。四柱饰以七宝，红绫里。金饰玉簪导，红丝绦组带。亦谓之'平天冠'。"旒，是古代帝王礼帽前后的玉串，其数目依典礼轻重和服用者身份而有区别。天子之冕十二旒，即前、后各有十二旒。此处说"二十四旒"，是前后合计之数。青衮龙服，即衮服，包括上衣、下裳两部分。上衣青色，绣着日、月、星、山、龙、雉、虎蜼七章；下裳即红裙，绣着藻、火、粉米、黼、黻五章。这十二"章"（图案）各有深刻寓义。此外还有配饰，包括红蔽膝、红罗襦裙、大带、绶等。中单，以白罗制成。舄，古代一种以木为复底的鞋，属于最尊贵的鞋，多为帝王、大臣所穿着。纯玉佩，北宋帝王"衮冕之制"中用的是"镂白玉双佩"。玉佩，是用玉石制成的装饰品，古时多系在衣带上。

⑦幕殿：郊祀时架设的房屋，上下四周围以帷幕，以象宫室，故称。

供皇帝在行礼间隙休整。

⑧小次：皇帝登坛举行祭天活动前的临时休息之所，位置是在圜丘坛南向台阶的东侧，西向，内设御座，由仪銮司帅其属下于祀前三日张设。北宋早期，只在坛壝东门设大次，供皇帝更换冕服。仁宗景祐三年（1034），始援引曹操《春祠令》中"坐俟乐阕，送神乃起"的做法，在郊坛南向台阶东侧增设小次，"每献毕，降坛若殿，就小次，俟终献彻豆，复就版位小次"（元人马端临《文献通考·郊社考五》）。

【译文】

三更时，天子前往圜丘坛行祭祀大礼。圜丘坛有三重壝墙。天子车驾从青城出发，向南行走，在转弯处折向西行，约一里左右，就是圜丘坛。进入外壝墙的东门，到第二壝墙里面，面朝南方张设一个大幕帐，称为"大次"。天子在大次中更换祭服：头戴平天冠（有二十四旒），身穿青色衮龙冕服，内衬中单，脚穿朱舄，腰悬纯白玉佩。天子由两名近臣扶侍，行至圜丘坛之前。坛下又有一个小幕殿，称为"小次"，里面安设天子御座。

坛高三层，七十二级，坛面方圆三丈许①。有四踏道：正南曰午阶，东曰卯阶，西曰酉阶，北曰子阶②。坛上设二黄褥位，北面南曰"昊天上帝"③，东南面曰"太祖皇帝"④。惟两矮案，上设礼料⑤。有登歌道士十余人⑥，列钟、磬二架，余歌色及琴、瑟之类⑦，三五执事人而已⑧。

【注释】

①"坛高三层"几句：据文献记载，北宋立国一百六十七年之中，开封南郊先后有过两个圜丘坛，形制差别很大。北宋建立之初，建于"国城之南薰门外"的郊坛，"依古制，四成，十二陛，三壝"，是有四层坛面的祭坛。北宋仁宗朝名臣、与欧阳修合修《新唐书》

的宋祁有《圜丘赋》，描述此坛是在一处天然土坡上堆叠三层泥土而成，借助地形，少用人力，简单朴素。徽宗政和元年（1111）颁行《政和五礼新仪》，卷一所载"坛壝"之制，即此旧坛："昊天上帝圜坛，四成：下成纵广二十丈，再成十五丈，三成十丈，四成五丈。高八尺一寸。为十有二陛，每成十有二级。三壝，每壝二十五步，周垣四门。"徽宗政和三年（1113）议筑新坛，礼制局言："为坛之制，当有度数，阳奇阴偶。王令诸侯为坛三成，用阳数也，然则化天之坛，宜为三成。自后周以来，始为四成，逮今未革。今定为圜坛三成，自后一成以九九之数，广八十一丈；再成用六九之数，广五十四丈；三成用三九之数，广二十七丈。每成高二十七尺，总三成。二百一十有六，乾之策也。为三壝，壝三十六步，乾之策三十有六也。成与壝俱三三，天之数也。"（南宋杨仲良《皇宋通鉴长编纪事本末·礼制局》）据此，这座符合所谓天用"极阳数"的三层新坛，底层直径应为旧坛的四倍多，所记坛的高度"每成高二十七尺，总三成。二百一十有六，乾之策也"，更令人难以置信：宋代所用营造尺八十一尺约合今天的 26 米多，绝无建此高坛之可能，应是记载有误。然《皇宋通鉴长编纪事本末》说徽宗"从之，候遇今次大礼施行"。《宋史·礼志二》应亦抄录同源文献，且误作"三成总二百七十有六"。而孟元老却说"坛面方圆三丈许"，不仅与新坛最上层（第三层）二十七丈的坛面尺寸相差甚远，较旧坛最上层（第四层）五丈的直径也有差距。据宋城考古，北宋南青城及南郊圜丘现今方位应在开封市西南小王屯东侧开封啤酒厂西南一带，据当地老人回忆，20 世纪 50 年代，村东南角有一百米见方的白土岗，土质特别，有可能是南青城西侧的郊坛。一百米约为宋代营造尺三十三丈左右。另据《宋史·礼志》，南宋高宗时期在杭州建圜丘坛，恢复北宋时期四层旧制，"第一成纵广七丈，第二成纵广一十二丈，第三成纵广一十七丈，第四成纵广二十二丈",每层都比旧坛扩大二丈,底层直径约合73米左右。徽宗朝所建三层圜丘坛具体数据,尚待进一步考证。

② "有四踏道"几句:踏道,是古代建筑中的石构件,一般用砖或石条砌造,置于台基与室外地面之间。宋称"踏道",清称"踏跺"。它不仅有台阶的功能,而且有助于处理从人工建筑到自然环境之间的过渡。此处提到圜丘四个方向的踏道名称,是以十二地支(子、丑、寅、卯、辰、巳、午、未、申、酉、戌、亥)来代表方位的。供皇帝礼仪间隙临时休息的小次,就设在午阶的东侧。

③ 北面南曰"昊天上帝":昊天上帝,是南郊大礼的祭祀主神,神位版设于坛上北方,面南设置。据《政和五礼新仪》,皇帝祀昊天上帝,"太史设神位版,昊天上帝位于坛上北方,南向,席以稿秸"。"昊天"的尊号最早出现在商朝,《尚书·尧典》中说"(帝尧)乃命羲和,钦若昊天",周朝正式出现"昊天上帝"的尊称,此后包括宋朝在内的部分王朝曾以"昊天上帝"作为祭祀的最高神明。之所以名为"昊天上帝","盖元气广大,则称昊天"(《通典·礼典》);"昊天上帝"具体所指,历代则有不同界定,如汉初曰"上帝",曰"泰一",曹魏曰"皇皇天帝",梁曰"天皇大帝",惟西晋、后齐、后周、隋、唐乃曰"昊天上帝"等。即在北宋一朝也有更革,反映出不同时期国家祀典性质的变化:宋初因袭唐代的开元礼,南郊神位即以"昊天上帝"为主神;至真宗,与宰相王钦若策划"天书降神",假托道教神仙为祖先,传玉皇之命授天书,开始一系列祭祀玉皇的活动,并于大中祥符八年(1015)尊上玉皇圣号为"太上开天执符御历含真体道玉皇大天帝",利用道教为宋朝政权的合法性提供依据;宋徽宗时期的南郊神位,正是对真宗时期国家祀典的全盘继承与创新。政和六年(1116)春正月,道士林灵素对宋徽宗说:"天有九霄,而神霄为最高",神霄玉清王是上帝长子,号长生大帝君,下凡成为宋徽宗,蔡京、童贯与徽宗宠妃刘贵妃等

人也都是仙宫中人(《宋史·方伎列传下》)。徽宗大喜,九月朔,"奉玉册、玉宝,上玉帝尊号曰'太上开天执符御历含真体道昊天玉皇上帝'",次年五月,"诣玉清和阳宫,奉上宝册"(《宋史·礼志七》)。编连此宝册的一片玉简,现存于北京故宫钦安殿,简上刻有"太上开天执符御历含真体"十一字,字内填金,为徽宗御书瘦金体。

④东南面曰"太祖皇帝":太祖皇帝,指宋太祖赵匡胤,为冬至南郊祭祀的配享之位。"祀天莫大于郊,祀祖莫大于配天"(元人马端临《文献通考·郊社考一》),古代帝王祭天,以先祖配祭,五代以前,既有以高祖配享,也有以皇考(当朝皇帝的父亲)配享者。据《宋史·礼志二》"神位"所载:北宋立国,乾德元年(963)太祖首次亲郊,确定以"积累勋伐,肇基王业"的宣祖(赵匡胤追赠其父赵弘殷的庙号)为配享,其在位期间四次亲郊,均是如此。太宗赵光义以皇弟身份继位,亲郊时的配享之位,经历了"太祖配天"到"宣祖配天"再到"太祖、宣祖同配"的变化过程,这是"兄终弟及"继承制度导致其尴尬地位在祭祀中的表现。真宗时期亲郊,则是"奉太祖、太宗并配"。景祐二年(1035)南郊大礼,是仁宗亲政后首次亲祀,"诏以太祖、太宗、真宗三庙万世不迁。南郊以太祖定配,二宗迭配,亲祀皆侑",皇祐五年(1053)又下诏"三圣并侑",此后则处于迭配与并侑的反复之中。至嘉祐七年(1062),以"对越天地,神无二主",确定南郊以太祖定配。此后终两宋之世,均是如此(《宋史·礼志二》)。孟元老此处所记"东南面曰'太祖皇帝'",疑应为"东面西曰'太祖皇帝'",证据有三:(1)本条后面有"先正北一位,……复诣正东一位",显然太祖皇帝的神位版既非"摆放在东南方位,面朝西北",也不是"朝向东南方向";(2)《政和五礼新仪》,皇帝祀昊天上帝:"太史设神位版,昊天上帝位于坛上北方,南向,席以稿秸;太祖位于坛上东方,西向,席以蒲

越";(3)《宋史·礼志二》载:"庆历元年判太常寺吕公绰言:'历代郊祀,配位无侧向……有司不谕先帝以告成报功、酌宜从变之意,每郊仪范,既引祥符侧置之文,又载西向北上之礼,临时择一,未尝考定。'乃诏南郊祖宗之配,并以东方西向为定。"

⑤礼料:祭祀用的各种供品。

⑥有登歌道士十余人:登歌,又名"登哥""登调",古代"登""升"通用,故登歌又称"升歌",大约起源于周朝宗庙祭祀礼,亦通用于乡饮酒礼、大射礼等,是这些活动中一个十分重要的组成部分,也是历代朝廷祀典、朝会宴飨等仪式的重要环节。登歌最早见于记载周朝礼仪的《周礼》《仪礼》《礼记》之中,《周礼·春官·大师》:"大祭祀,帅瞽登歌,令奏击拊。"东汉郑玄注引郑司农曰:"登歌,歌者在堂也。"登歌最初皆指歌工(周朝为瞽)登堂歌《诗经》雅、颂之《清庙》《鹿鸣》等诗篇,此后也指歌工登堂所唱诗歌,或统称登歌时的伴奏乐器。宋代是中国古代使用登歌的高峰期,形成登歌乐,作为朝廷雅乐之一种,与宫架乐并驾齐驱,而且由于登歌乐以歌者作为主体、配以伴奏的管弦乐队(有少数打击乐器),所需伴奏乐器相对简单,使用场合比宫架乐更为广泛。宋代大礼作乐,"坛殿上设登歌,坛殿下设宫架"(《宋史·乐志五》);郊祀大礼中,原本由太常负责陈设登歌之乐,徽宗时期改由大晟府负责,于祀前三日陈于坛上稍南,北向(《政和五礼新仪》)。登歌道士,即以道士作为登歌乐中的歌工。登歌所用工员人数历代不一,北宋太祖乾德时二十五人,仁宗庆历时三十一人,此谓"十余人",未知何故。

⑦列钟、磬二架,余歌色及琴、瑟之类:指登歌所用金钟、玉磬及其他伴奏乐器。据《宋史·乐志四》,徽宗政和三年(1113)四月议礼局所上亲祠登歌之制:"金钟一,在东;玉磬一,在西:俱北向。祝(zhù)一,在金钟北,稍西;敔(yǔ)一,在玉磬北,稍东。搏拊(bó fǔ）二：一在枕北，一在敔北，东西相向。一弦、三弦、五弦、七弦、九弦琴各一，瑟四，在金钟之南，西上；玉磬之南亦如之，东上。"钟，古代乐器，青铜制，悬挂于架上，以槌叩击发音，祭祀或宴享时用，战斗中亦用以指挥进退。大而单一的称"特钟"，十几个大小组成一套的称"编钟"。磬，古代打击乐器。用石或玉制成，形如曲尺，悬于架上，用木槌击奏，单一的叫"特磬"，成套的叫"编磬"。歌色，应指手执拍板歌唱者，即本书卷十"天宁节"中"第一盏：御酒，歌板色一名，唱'中腔'"中的"歌板色"。色，即执色，是宋代音乐中按乐器或乐种进行分类的一种音乐组织形式，某种乐器即称"某色"，"执色乐工"即为演奏不同乐器或乐种类别的乐工。这种分类在隋唐教坊乐部中已有端倪，形成稳定制度大约是在北宋中后期。《宋史·乐志五》中说"大礼用乐，凡三十有四色：歌色一，笛色二，埙色三，篪色四，笙色五，……奏坐三十三，麾幡三十四"，歌色为三十四色之首，元人马端临《文献通考·王礼考十二》载绍兴十三年大驾卤簿仪仗，有"歌色四十八人"，南宋耐得翁《都城纪胜·瓦舍众伎》中也说："旧教坊有筚篥部、大鼓部、杖鼓部、拍板色、笛色，琵琶色、筝色、方响色、笙色、舞旋色、歌板色、杂剧色、参军色。"琴，拨弦乐器。用桐木等制成，琴身狭长，有五根弦，后增至七根。演奏时左手按弦，右手拨弦。音域较宽，音色丰富。相传是神农发明的，是中国古代重要的拨弦乐器。然据前引《宋史·乐志四》，宋代亲祠登歌之制中的"琴"并非专指这种"古琴"，而是"一弦、三弦、五弦、七弦、九弦琴各一"。瑟，拨弦乐器。形状似琴，有二十五根弦，弦的粗细不同。每弦有一柱。按五声音阶定弦。最早的瑟有五十弦，故又称"五十弦"。

⑧执事人：主管具体事务者。此指执色乐工。

【译文】

圜丘坛高三层，有七十二级台阶，最顶层的坛面方圆三丈左右。圜丘坛有四条踏道:正南面的叫午阶,东面的叫卯阶,西面的叫酉阶,北面的叫子阶。圜丘坛上陈设着两张黄色褥垫,坐北面南的神位版上写着"昊天上帝",坐东面西的神位版上写着"太祖皇帝"。坛上只陈设两张低矮的桌案,上面陈设着各种供品。坛上有十几个登歌道士,排列着一架金钟、一架玉磬,共两架,其余歌板色以及琴、瑟之类,每种乐器只有三五位执色乐工而已。

坛前设宫架乐①:前列编钟、玉磬②,其架有如常乐方响③,增其高大。编钟形稍褊④,上下两层挂之,架两角缀以流苏。玉磬状如曲尺,系其曲尖处,亦架之,上下两层挂之。次列数架大鼓,或三或五,用木穿贯,立于架座上⑤。又有大钟曰景钟⑥,曰节鼓⑦。有琴而长者⑧,如筝而大者⑨,截竹如箫管、两头存节而横吹者⑩,有土烧成如圆弹而开窍者⑪,如笙而大者⑫,如箫而增其管者⑬。

【注释】

①坛前设宫架乐:此处介绍北宋徽宗南郊时宫架乐的布设情况。宋代宫架乐大致有以下几个特点:(1)所用乐器涵盖金、石、土、革、丝、竹、匏、木"八音"之器;(2)乐队排列有固定不变的位置;(3)随月用律,十二律旋相为宫;(4)礼仪功能突出;(5)乐队中弦管乐器较周代雅乐为多,有一定的艺术表现力;(6)乐队规模庞大,庄重威严;(7)有乐正、乐师、歌工、运谱人等非乐队演奏人员。徽宗崇宁年间(1102—1106)建大晟府,制大晟乐,对乐器形制、乐队组成做过改造,孟元老此处所写,正是大晟雅乐在郊祀中的亮相。

②玉磬:应指神宗元祐年间(1086—1094)范镇所造编磬,徽宗政

和年间（1111—1118）进行磨治，编入大晟乐器。南宋王应麟《玉海·乐·政和玉磬、金钟》："（政和）六年闰正月十二日大晟府言：'神宗命儒臣肇造玉磬，藏之乐府，久不施用。宜略加磨砻（lóng），俾与律合。并造金钟，专用于明堂，以荐在天之神。'从之。"《宋史·乐志四》也说："八月，帝亲制《大晟乐记》，命太中大夫刘昺编修《乐书》，……又为图十二：……十曰金钟、玉磬，……"序言说："金玉之精，禀气于乾，故堂上之乐，钟必以金，磬必以玉。《历代乐仪》曰：'歌磬次歌钟之西，以节登歌之句。'即《周官》颂磬也。神考肇造玉磬，圣上绍述先志，而堂上之乐方备，非圣智兼全、金声而玉振之者，安能与于天道哉？其图金钟、玉磬以此。"

③常乐：指普通礼仪中所用乐曲或乐器，相对于特殊用途或专门制作的乐器而言。《左传·昭公十二年》："夏，宋华定来聘，通嗣君也。享之。为赋《蓼萧》，弗知，又不答赋。"正义："享燕之礼，自有常乐，今特云'为赋《蓼萧》'者……非礼之常，公特命乐人以示意。"文献中亦可见"皇帝每行，皆如常乐"（元人马端临《文献通考·宗庙考七》）、"军乐是军容，与常乐不等"（同上《乐考二十一》）之类用例。孟元老所记徽宗南郊亲祀所用乐器，为大晟府所制雅乐乐器，与北宋此前郊祀中所用"常乐"不同，许多细节为《宋史·乐志》等文献所不载，弥足珍贵。

④编钟形稍褊（biǎn）：此处介绍大晟编钟形制。褊，通"扁"。徽宗所造大晟编钟，其形制取法于当时出土的宋公成钟。《续考古图》曰："崇宁三年甲申岁孟冬月，应天府崇福院掘地得古钟六枚，以宋公钟又获于宋地，宜为朝廷符瑞，寻上进焉。"据李幼平《见存大晟钟的考古学研究》，就目前已知的大晟钟实物来看，大晟钟虽称为"钟"，却更接先秦青铜乐器中的"镈"，腔体横截面近于合瓦状扁圆形，孟元老特别指出"编钟形稍褊"应即为此。

⑤"次列数架大鼓"几句：大晟"革部"乐器有晋鼓、建鼓、鼗鼓、雷

鼓、雷鼗、灵鼓、灵鼗、路鼓、路鼗、雅鼓、相鼓、搏拊等十二种。《乐书》斥为"夷乐",知大晟雅乐不用大鼓,此"大鼓"或为大晟"革部"乐器的通称。穿贯,穿通连接。

⑥景钟:指宋徽宗崇宁年间(1102—1106),依据魏汉律"以皇帝身为度"之法而铸造的景钟,属于大晟府"金部"乐器,黄钟律的代表乐器,为"乐之祖",为全国音高定调。此钟悬垂为钟,仰置为鼎,身高九尺,可容九斛,外饰九龙,并刻有长篇铭文。翰林学士承旨张康国撰《崇宁景钟铭》,其序言曰:"皇帝践位之五年,崇宁甲申,考协钟律,保合太和,以成一代之乐。有魏汉津者,年过九十,诵其师说,以谓今之所作乃宋乐也,不当稽用前王之法。宜以皇帝身为度,自度而为权量,以数乘之,则声谐而乐成,无所沿袭。其法始于鼎,以量容九斛为鼎之大,取斛之八加斗之一,则鼎变而为景钟。景,大也,九九之数兆于此,有万不同之所宗也。度高九尺,植以龙虡,其声则为黄钟之正,而律吕由是以生焉。大祭祀、大朝会、大享燕,惟天子亲御则用之,以肃群臣。其下则宝钟子以承继也,其周则四清之钟磬,莫方隅以拱卫也。平时弗考,风至则鸣,贵天籁而本自然也。"在徽宗大晟乐中,钟至关重要,徽宗敕撰《宣和博古图》之"钟总说"中说:"圣人之作乐也,文之以五声,播之以八音。而八音之始,必原于律吕;律吕之气,肇于黄钟。……钟固乐之始也。"景钟则是黄钟之本,宋人刘昺《大晟乐书》的"八论",其一即论景钟:"黄钟者,乐所自出。而景钟又黄钟之本,故为乐之祖,惟天子郊祀上帝则用之。自斋宫诣坛则击之,以召至阳之气。既至,声阕,众乐乃作。……音韵清越,拱以九龙,立于宫架之中,以为君围;环以四清声钟、磬、镈钟、特磬,以为臣围;编钟、编磬,以为民围。内设宝钟球玉,外为龙虡凤琴。景钟之高九尺,其数九九,实高八尺一寸。垂则为钟,仰则为鼎。鼎之大,中于九斛,退藏实八斛有一焉。"

⑦节鼓：古代乐器。状如博局，中开圆孔，恰容其鼓，击之以节乐。

⑧有琴而长者：指大晟琴。

⑨如筝而大者：此指大晟乐所用的瑟，属"丝部"六种乐器之一，为刘昺改制的结果。据元人马端临《文献通考·乐考三》，刘昺因大乐原来使用的筝、筑、阮三种乐器，是"秦、晋之乐也，乃列于琴、瑟之间"，因而罢去。但是由于筝退出后整个乐队"丝声稍下，乃增瑟之数为六十有四，则八八之数法乎阴"（《宋史·乐志四》）。这种大晟之瑟"长七尺二寸，阴爻之数二十有四，极三才之阴数而七十有二，以象一岁之候"（同上），孟元老称其"如筝而大"，确实非常准确，因为筝与瑟形制相似，东汉应劭《风俗通义·声音·筝》就说："今并、凉二州筝形如瑟，不知谁所改作也，或曰秦蒙恬所造。"西汉刘向《九叹·愍命》中有"挟人筝而弹纬"，注："筝，小瑟也。"至于筝的具体尺寸，却没有文献记载，元人马端临在《文献通考·乐考九》中说："自魏至隋，并存其器。至于制度之详，不可得而知。"孟元老见证了筝永远退出宫廷雅乐、为瑟所取代的历史时刻。而这种大晟瑟，也成为后世瑟的基础。南宋时姜夔定瑟之制，"桐为背，梓为腹，长九尺九寸"，所用为汉尺，汉尺九尺九寸与北宋大晟瑟的"长七尺二寸"并无出入，约为 2.3 米。

⑩截竹如箫管、两头存节而横吹者：应指箎（chí），属大晟府"竹部"乐器，据宋人陈旸《乐书》记载，应为六孔（包括上出孔）而底端封闭的横吹竹管乐器。宋代旧有大乐中原本没有这种乐器，为刘昺所增制。本书卷九记天宁节"宰执亲王宗室百官入内上寿"条，中有"次列箫、笙、埙、箎、觱篥、龙笛之类"，是箎这种新制乐器在徽宗朝燕乐中的应用（宋人叶梦得《避暑录话》所言，"虽燕乐皆行用"）。显然孟元老并非不认识"箎"这种乐器，而是因其为大乐中新增乐器，故而特意描述其形制。

⑪有土烧成如圆弹而开窍者：指埙（xūn），吹奏乐器，为大晟府"土

部"乐器中唯一一种乐器。埙是古老的吹奏乐器,《诗经·小雅·何人斯》中有"伯氏吹埙"之语。埙本以土烧制而成,宋代大乐中所用的埙均以木为之,宋太祖诏令涂成黄色,"以本土音"(《宋史·乐志一》)。徽宗时期改制,刘昺以为用木埙代替土埙,有违八音古制,雅乐改用土埙,故而孟元老特意描述南郊大礼所用不同于"常乐"的土埙形制。政和三年(1113)以后,埙亦施用于燕乐,"宰执亲王宗室百官入内上寿"条中有"次列箫、笙、埙、篪、觱篥、龙笛之类",所用也可能是大晟埙,而非原来以木制成者。

⑫ 如笙而大者:指大晟府增制的"匏部"乐器。"匏"指匏瓜,是古代对葫芦的称呼;匏类乐器,顾名思义,应以匏瓜为笙斗(共鸣腔)而制成乐器,包括笙、竽之类。唐时笙斗原为匏制,后改为木制,只是刻成匏的形状而已,北宋也沿用此法。徽宗崇宁年间(1102—1106)刘昺提举大晟府,"乃更其制,下皆用匏",制作出竽笙、巢笙、和笙、闰余匏、九星匏、七星匏等六种名副其实的"匏部"乐器,用于雅乐,政和三年(1113)以后,大晟"匏部"乐器亦用于燕乐。《文献通考·乐考十一》引宋人陈旸《乐书》:"盖笙为乐器,其形凤翼,其声凤鸣,其长四尺。大者十九簧,谓之'巢',以众管在匏,有凤巢之象也;小者十三簧,谓之'和',以大者唱则小者和也。"据此,笙的尺寸都是四尺,但是不同簧数的笙,调高不同,故有大、小之别,"大""小"指的是音调高低。孟元老所说"如笙而大者",说明大晟乐中的笙类乐器与原来的笙造型相同,但是更"大",他所描述的却应是笙的尺寸,很可能说的是列于大晟乐"匏部"之首的竽笙。笙是定律性的乐器,其形制上的变化,应与大晟乐律制度的改变有关。

⑬ 如箫而增其管者:应指大晟"竹部"乐器中的箫。宋人陈旸《乐书》:"竹部有三:曰长笛,曰篪,曰箫。"中国古代的箫是一种编管乐器,即我们今天所说的"排箫"。古人认为箫是模仿凤凰的一

种乐器,音色似凤凰之声,形状如凤凰之翼,不仅仅是一种作乐之
器,而且承载着音乐理念。《宋史·乐志四》:"乐始于律而成于箫。
律准凤鸣,以一管为一声。箫集众律,编而为器:参差其管,以象
凤翼,箫然清亮,以象凤鸣。"箫乃十二律之本体,在雅乐中扮演
着"以合众声"的重要角色。

【译文】

圜丘坛前面陈设宫架乐:前面陈列编钟、玉磬,悬挂钟、磬的架子,有
如寻常乐队中悬挂方响的架子,但是架子的高度和长度都有所增加。编
钟的形体稍扁,分上下两层悬挂在架子上,架子的两角缀着流苏。玉磬
的形状如同曲尺,挂绳系在玉磬向上弯曲的尖角处,也挂在架子上,分上
下两层悬挂。其次,排列几架大鼓,或者三个一组,或者五个一组,用木
棒串联连结,立着插在鼓架的底座上。又有一口大钟,名叫景钟;有一种
鼓,名叫节鼓。有琴,但是比普通的琴要长;有像筝的乐器,但是比筝要
大;有一种乐器,是截取竹子而成状如箫管、两头留存竹节、横着吹奏的;
有用泥土烧成状如圆球而在上面开孔的;有像笙却比笙大的;有像箫却
比箫的簧管有所增加的。

　　有歌者,其声清亮,非郑卫之比①。宫架前立两竿②,乐
工皆裹介帻(如笼巾),绯宽衫,勒帛③。二舞者,顶紫色冠,
上有一横板,皂服,朱裙,履④。

【注释】

①"有歌者"几句:郑卫,指郑卫之音,春秋战国时郑、卫两国的民间
音乐。因不同于雅乐,曾被儒家斥为"乱世之音"。《吕氏春秋·季
夏纪》:"郑卫之声,桑间之音,此乱国之所好,衰德之所说。"然孟
元老所谓"非郑卫之比",虽仅指歌者之声,背后亦有大司乐刘昺
改造大乐所用乐器之事。原本在朝会活动中,有熊罴十二案(亦

称"鼓吹十二案")陈设在编悬乐器的四周,配合钟、磬等乐器演奏,其起源于南朝梁的宫廷鼓吹乐,后在宋、辽、金用于朝会的鼓吹乐中成为定制。崇宁四年(1105),刘昺提出宫廷鼓吹乐中所用"熊罴十二案"中的金镈、箫、鼓、觱篥等,"所奏皆夷乐",只可用于"中天下而立,得四海之欢心"的大朝会之中,不能"施于广庭,与大乐并奏",否则就是"杂以郑卫""渎杂大乐"。徽宗接受建议,大乐中罢熊罴十二案(《宋史·乐志十七》)。

②宫架前立两竿:"竿"指舞表,是古代宴乐时为提示舞蹈队列进止而立的标志。《礼记·乐记》"其舞行缀短",疏:"舞人行位之处,立表缀以识之。"《宋史·乐志五》:"(南郊)前三日,太常……立舞表于缀缀之间"。

③"乐工皆裹介帻(如笼巾)"几句:此处描写天子亲祀时,文、舞二队舞师的装束。据《宋史·乐志四》载"上亲祠二舞之制":"文舞六十四人,执籥翟;武舞六十四人,执干戚,俱为八佾。"

④"二舞者"几句:二舞者,应指文舞队中的"舞头"和"舞郎"。《宋史·乐志四》载"上亲祠二舞之制":"舞色长幞头、抹额、紫绣袍。引二舞头及二舞郎,并紫平冕、皂绣鸾衫、金铜革带、乌皮履。"孟元老所谓"紫色冠"应即为紫平冕。在仪式开始之前,文舞排列在宫架的北面,靠近郊坛,仪式开始时先舞蹈;武舞则立于宫架南面等候,"文舞出,武舞入"(《宋史·乐志一》)。

【译文】

有歌唱的人,那歌声清越嘹亮,不是郑卫之音可以相比的。宫架前面树立着两根长竿,乐工们都头裹介帻(如同笼巾的样子),身穿红宽衫,束着丝织腰带。有两位舞者,顶着紫色冠子,上面有一片横板,穿着黑色衣服,朱红色裙子,脚穿乌皮履。

乐作①,初则文舞,皆手执一紫囊,盛一笛管,结带②。

武舞,一手执短稍,一手执小牌③。比文舞加数人④,击铜铙⑤、响环⑥,又击如铜灶突者⑦;又两人共携一铜瓮,就地击者⑧。舞者如击刺⑨,如乘云,如分手,皆舞容矣⑩。乐作,先击柷(以木为之,如方壶,画山水之状),每奏乐,击之内外,共九下。乐止,则击敔(如伏虎,脊上如锯齿),一曲终,以破竹刮之⑪。

【注释】

①乐作:开始奏乐。宋代郊祀典礼,在降神、皇帝升降、奠玉币、奉俎、酌献、饮福、亚献、终献、送神、皇帝还内等环节,都设有雅乐和乐歌,不同环节变换使用不同乐歌,推动仪式程序的进行,掌控整个仪式的节奏。具体曲名,因祭祀对象、主祭人身份和礼仪程序而有所区别;在同一个祭祀仪式中,祭祀者升降行止所奏乐歌的曲名是相同的,而降神、送神所用的曲名也是相同的,首尾呼应,显示出仪式的完整性;在同一个仪式的不同环节,所用曲名则是不同的,显示出仪式环节的向前推进。古代祭神所用雅乐,周朝多以"夏"为名,南朝宋以"永"为名,梁以"雅"为名,北周亦以"夏"为名,隋代因之,唐以"和"为名,五代后周以"顺"为名。至两宋,南郊圜丘用乐曲目皆以"安"为名。据《宋史·乐志一》,北宋初年,太祖命后周时负责制订雅乐的窦俨仍兼判太常,窦俨乃改后周"乐章十二'顺'为十二'安',盖取'治世之音安以乐'之义"。不过,宋代雅乐乐歌的曲名与曲调并无关系,即使是同一组雅乐乐歌之中,曲名相同,曲调也可能并不完全相同,这与宋词词牌是不同的。北宋皇帝亲郊所用乐歌,不同时期有所不同,从现存文献来看,以太祖建隆时期(960—963)、仁宗景祐时期(1034—1038)和神宗元丰时期(1078—1085)所制乐歌,沿用时间较为长久。徽宗时颁定《政和五礼新仪》,确定"皇帝祀昊天上帝仪"

所用曲目：皇帝入中壝用《乾安》、皇帝升降行止用《乾安》、降神用《景安》；昊天上帝位奠币用《嘉安》、太祖位奠币用《广安》；奉俎用《丰安》；昊天上帝位酌献用《禧安》、太祖位酌献用《彰安》；文舞退、武舞进用《正安》；亚献、终献用《正安》；饮福用《禧安》、彻豆用《熙安》、送神用《景安》、还内用《采茨》。孟元老此处所说"乐作"，应指宫架奏《景安》之乐，恭请神灵降临。

② "初则文舞"几句：介绍徽宗亲郊时的文舞场面。文舞，是古代宫廷雅乐舞蹈之一，与"武舞"相对，用于宫廷典礼与郊庙祭祀，歌颂帝王以文德治天下。据《宋史·乐志四》，徽宗时刘昺提举大晟府，改定二舞，"法《夏籥（yuè）》九成之数：文舞九成，终于垂衣拱手，无为而治；……每成进退疾徐，抑扬顾揖，皆各象方今之勋烈。……左执籥，右秉翟。盖籥为声之中、翟为文之华，秉中声而昌文德"。孟元老所说的装在紫囊中的笛管即为"籥"，是远古时期的一件关乎音律音阶的起源乃至华夏礼乐文明源头的神秘吹管乐器，其形制据汉代以降的历代文献记载，是一种如箫似笛的单管乐器，具体形制有不同说法。《吕氏春秋·古乐》中说："禹立，勤劳天下，日夜不懈，……于是命皋陶作为《夏籥》九成，以昭其功。"周代以来的历代宫廷多以"羽籥"为祭祀舞具，《诗经·邶风·简兮》"左手执籥，右手秉翟"即是描写这种舞容。

③ "武舞"几句：介绍徽宗南郊时武舞所执道具。西周初期已有"大武"等形式的武舞存在，但"武舞"一词最早见于南朝梁代沈约所撰《宋书》，与"文舞"相对，作为古代宫廷雅乐舞蹈之一种，用于郊庙祭祀及朝贺、宴享等大典。《尚书·大禹谟》中说"舞干羽于两阶"，疏："《明堂位》云：朱干玉戚，以舞大武。戚，斧也。是武舞执斧执楯。"通常谓"武舞"中舞者左干（盾牌）右戚（形似斧头的兵器），然而北宋时期武舞的情况却并非如此。据元人马端临《文献通考·乐考十八》，太祖时的武舞，"取武王'一戎衣而天下

大定'之义",名为《天下大定之舞》;舞工"被金甲,持戟",舞工
所执为戟。北宋武舞何时改执干戚,暂无文献可考,然神宗元丰
年间(1078—1085)讨论礼制,确定"武舞服平巾帻,左执干,右
执戈",并且提出反对执干戚而舞的理由,"古者人君自舞《大武》,
故服冕、执干戚。若用八佾,而为击刺之容,则舞者执干戈","武
舞战象,乐六奏。每一奏之中,率以戈矛四击刺。戈则击兵,矛则
刺兵,玉戚非可施于击刺。今舞执干戚,盖沿袭之误"(《宋史·乐
志二》)。至徽宗崇宁四年(1105),刘昺改定二舞,确定"武舞八
佾,执干戈而进,以金鼓为节","九成,终于偃武修文,投戈讲艺"
(《宋史·乐志四》),增加了舞蹈次数,仍是执干戈而舞。孟元老
所谓"一手执短矟(shuò),一手执小牌",是其所见徽宗政和七年
(1117)以前郊祀武舞所持道具。此处略有疑问:据《释名·释
兵》,"矛长丈八尺曰矟,马上所持","短矟"为短矛。矛的形制就
是柄端装矛头,是单纯的刺杀兵器,戈则带有横刃,兼具击刺、勾
啄等功能,故有"函矢殊用,矛戈异适"(《宋书·顾觊之传》)之说。
孟元老谓舞者所执为短矛,或即指戈。"小牌"即为"干"。

④比文舞加数人:这是比较文、武二舞人数。北宋时期皇帝亲祀,文、
武二舞俱用八佾(六十四人),差别在于引舞人。文舞引舞只有二
人,武舞引舞却有二十二人,包括"执旌二人,鼗(táo,即拨浪鼓)
二人,双铎二人,单铎二人,铙二人,持金镯四人,奏金镯二人,钲
二人,相二人,雅二人"(《宋史·乐志四》)。

⑤铜铙:即金铙,大晟"金部"七种乐器之一,与铎、钲、镯合称"四
金"。铙为青铜制,似铃而大,有柄,举奏。《宣和博古图》收录了
"汉舞铙"二器,并且说:"许慎谓铙,小钲也,如铃,无舌,鸣之以
止击鼓者也。是器颇近其制,而特有舌焉,盖欲便于作止,不待击
而后鸣也。然不独卒长职此而已,且舞人亦用之。《乐记》曰'复
乱以武',则以武为铙,谓舞人鸣此以治理之,而又以为退却之节

也。"于此可见大晟雅乐中铙之意义。《高丽史·乐志一》中载"宋新赐乐器",为政和六年(1116)宋徽宗赏赐高丽国第十六代君主睿宗的大晟雅乐,其"乐舞执擎法物"中有"铙铃二柄",既称"铙铃",应是有舌。

⑥ 响环:疑指大晟"金部"七种乐器之一中的金铎,与钲、镯、铙合称"四金"。元人马端临《文献通考·乐考七》:"《释名》曰:'铎,度也,号令之限度也。'则铎大铃也,舞者振之警众以为节。"铎是一种大铃,形如铙、钲,体腔内通常有舌,可摇击发声。《宋史·乐志四》载亲祀二舞之制,武舞中有"双铎二人,单铎二人",而徽宗赏赐高丽国主的大晟雅乐"乐舞执擎法物"有"双头铎二柄",推测北宋时期所用应为双铎。

⑦ 如铜灶突者:应指宋代宫廷雅乐中的"钲",大晟"金部"七种乐器之一,与铎、镯、铙合称"四金"。钲用在武舞的引舞队中,控制舞队节奏,与鼓配合使用,发出停止指令,即"闻鼓则知进,以鼓阳也;闻钲则知止,以钲阴也"(《宣和博古图》)。雅乐中的这种"钲",与胡部鼓吹乐中的圆形"钲"(锣类)不同,《宣和博古图》收录"钲"九器,其形体似钟,区别在于"钟之隧(钟上受敲击而洼下的地方)当在下,而钲之隧当在上",孟元老形容其像灶上垒起的烟囱。

⑧ 两人共携一铜瓮,就地击者:铜瓮,指大晟乐雅部"金部"中的金錞(chún),也叫"錞于",属于铜制钟类乐器。《周礼·小师》中有"以金錞和鼓",关于这种乐器的功能,《国语》说是"战以錞于,儆其民也"。春秋末年吴国倾全国之兵逐鹿中原,与中原霸主晋国的晋定公会于黄池,吴王夫差当时"亲鸣钟鼓、錞于,振铎"。这种乐器在中原久已失传,《南齐书·高帝十二王列传》中说,南齐高帝萧道成第十子始兴王萧鉴入蜀,做益州刺史,有广汉什邡人段祖进献錞于"高三尺六寸六分,围二尺四寸,圆如筒,铜色黑如漆,甚薄,上有铜马",就是这种古礼器。而在北方,自魏孝武帝从

洛阳西迁长安，"雅乐废阙"，乐器中绝无錞于之制。北周时，"或有自蜀得之，皆莫之识"，独太常卿斛斯徵精通"三礼"，说是錞于，"众弗信之。徵遂依干宝《周礼注》，以芒筒㧖之，其声极清，众乃叹服，徵仍取以合乐焉"（《北史·斛斯徵列传》）。但是此后只存其名，不传其制，宋徽宗敕编《宣和博古图》中收录了"錞"十九器，其"錞总说"中说："及观之近代，窦俨撰为《礼图》，当时未睹前制，徒取诸昔人传注之学，而臆度以成式，则有如杯盂之状，仰而系其两旁，以属于篁，固自以为得矣。今观斯器一出，以照映其陋，吁，可笑已！"且指出所收"周絷马錞"一器，与始兴王萧鉴所得"无少异"。据此推测，徽宗大晟乐器中的"錞"，确为依照当时所得古器而制，用于雅乐的武舞伴奏乐队中，使得乐舞疾徐有节，不致太过奔逸。至于演奏方法，南齐始兴王萧鉴在蜀中所得古錞于，是用绳系住錞上的铜马，"去地尺余，灌之以水，又以器盛水于下，以芒当心，跪注錞于，以手振芒，则如雷清响"，但是《宣和博古图》编纂者老实承认这种"灌水之制，不复考矣"，所以"今乐府金錞，就击于地"，这正是孟元老在南郊大礼中所见到的"两人共携一铜瓮，就地击者"。就地，在地面上。按，以上"击铜铙、响环"至此，介绍武舞引舞人所用的四种乐器：大晟金錞、金镯、金铙、金铎，所谓"六鼓之有四金"。

⑨击刺：戈矛劈刺。

⑩舞容：舞姿，舞蹈时的肢体语言或表情等，统指舞蹈时表达的精神面貌和给观众的感觉。容，模样，样式。按，据《宋史·乐志四》，崇宁四年（1105）制定大晟乐后，又依刘昺"改定二舞，各九成，每三成为一变，执籥秉翟，扬戈持盾，威仪之节，以象治功"，"新乐肇兴，法《夏籥》九成之数：文舞九成，终于垂衣拱手，无为而治；武舞九成，终于偃武修文，投戈讲艺。每成进退疾徐，抑扬顾揖，皆各象方今之勋烈。文舞八佾，左执籥，右秉翟。盖籥为声之中，翟为文

之华，秉中声而昌文德。武舞八佾，执干戈而进，以金鼓为节。"

⑪ "乐作"几句：此段介绍大晟府"木部"的两种乐器"柷（zhù）"和敔（yǔ）的形制与演奏方法，甚是详细。柷，木制，形如方斗。奏乐开始时击之。敔，又称"楬"。形如伏虎。以竹条刮奏，用于历代宫廷雅乐，雅乐将终时击以止乐。古人按照制作材质，将乐器分为金、石、土、革、丝、木、匏、竹八类，认为在八音之器中，木音最质朴，其余均为华美之音。北宋旧时大乐所用乐器，本为"匏部"的笙和竽、本为"土部"的埙，都用木质材料，一方面导致八音中"无匏、土二音"，另一方面使得"木部"乐器较为淆乱。大晟府革乐之失，"木部"仅保留柷、敔二器，均为鸣类击乐器，主要用于宫廷雅乐宫悬乐队和升歌乐队中：柷用以起乐，敔用以止乐。这两种乐器与其他乐器最大区别在于，它们并不贯穿音乐始终，柷仅用于音乐开始前或音乐暂停片刻后再起之时，敔仅用于音乐结束之时。两者既非节奏乐器也非旋律乐器，都是具有提示性质的乐器。古人以"八音"配"八卦"，柷、敔的来历及含义，与《周易》中的震、艮二卦密切相关。《宋史·乐志四》中说："（魏）汉津尝问于李良，良曰：圣人制作之旨，皆在《易》中。《易》曰：'震，起也；艮，止也。'柷、敔之义，如斯而已。"具体来说，柷的形制、演奏方法与作用，均是模仿震卦："柷以木为底，下实而上虚；震（☳），一阳在二阴之下，象其卦之形也。击其中，声出虚，为众乐倡；震为雷，雷出地奋，为春分之音，故为众乐之倡，而外饰以山林物生之状。"敔则是全方位模仿艮卦，"艮位寅，为虎，虎伏则以象止乐。背有二十七刻，三九阳数之穷。戛之以竹，裂而为十，古或用十寸，或裂而为十二，阴数。十二者，二六之数，阳穷而以阴止之。"孟元老描绘柷，特征有四：（1）木质；（2）如方壶（古代一种礼器，为腹圆口方的壶）形状；（3）"画山水之状"，正是"外饰以山林物生之状"；（4）乐作则奏，击之内外，共九下。可与《文献通考·乐

考十二》对于"柷"的考证参看："柷如漆桶,方二尺四寸,深一尺八寸,中有椎,柄连底,旁开孔,内手于中,击之以举乐。"孟元老描绘敔,指出其为伏虎之形,背上有锯齿,曲终"以破竹刮之"正是"戛(敲打)之以竹","破竹"正是裂开的竹子,既准确又通俗易懂。

【译文】

音乐奏起,开始是文舞,舞者都手执一个紫色袋子,里面盛着一支笛管,笛管上结着丝带。武舞,舞者一手执着短矛,一手执着小牌。武舞比文舞增加了几个人,这些人击打铜铙、响环,有的又击打如同铜灶突一样的乐器;又有两个人共同携着一个铜瓮,在地面上敲击。舞者做出如同戈矛劈刺、如同乘云飞升、如同分手告别等姿势,这些都是舞者的舞姿。雅乐开始,先击柷(柷是用木头制成的,形状如同方壶,外面画着山水的形状),每次开始奏乐都先击柷,敲击柷的内外,共九下。乐曲终止,则要击敔(敔的形状像蹲伏着的老虎,背脊上的刻痕如同锯齿),一曲将终,用破开的竹片敲打它。

礼直官奏请驾登坛①。前导官皆躬身侧引,至坛止,惟大礼使登之②。先正北一位,拜、跪、酒。殿中监东向一拜③,进爵盏④,再拜,兴。复诣正东一位。才登坛,而宫架声止,则坛上乐作;降坛,则宫架乐复作⑤,武舞上,复归小次。亚献、终献上,亦如前仪。当时燕、越王为亚、终献也⑥。第二次登坛,乐作如初,跪、酒毕,中书舍人读册⑦,左右两人举册而跪读。降坛,复归小次。亚、终献如前。再登坛,进玉爵盏,皇帝饮福矣⑧。亚、终献毕,降坛,驾小次前立,则坛上礼料、币帛⑨、玉册⑩,由西阶而下。南壝门外,去坛百余步,有燎炉,高丈许。诸物上台,一人点唱,入炉焚之⑪。坛三层回,踏道之间有十二龛,祭十二宫神,内壝外祭百星⑫。执事与陪祠官皆面北立班⑬。宫架乐罢,鼓吹未作⑭,外内数十万众肃然,惟闻轻风环佩之声。一赞者喝曰⑮:"赞一拜⑯!"皆拜,礼毕。

【注释】

①礼直官奏请驾登坛:南郊大礼共登坛三次,奠币、奉俎、酌献,此为第一次。礼直官,据《政和五礼新仪·皇帝礼昊天上帝仪》,应指"大礼五使"中的礼仪使,始设于唐代,北宋沿置。初以太常卿充任,缺则以学士、尚书丞、郎为之。元丰改制后,以礼部尚书、侍郎充任。礼仪开始前,皇帝在大次,"礼仪使当次前俯伏跪奏:'礼仪使臣具官某言请皇帝行事。'"

②惟大礼使登之:据《政和五礼新仪·皇帝礼昊天上帝仪》,"皇帝升降,大礼使皆从"。大礼使,北宋在唐、五代制度基础上设置的官名,行南郊等大礼时置,为"大礼五使"之首,以宰相充任,参掌大礼,事毕即罢。宋太祖乾德元年(963)首次南郊,沿用后唐之制,设"南郊五使",以宰相为大礼使,学士为礼仪使、卤簿使,御史中丞为仪仗使,知开封府为桥道顿递使。

③殿中监:官名。三国魏置,七品,掌殿中张设监护之事,领禁兵。此后历朝沿置,职掌有所不同,大体都以管理皇帝生活事务为主,地位虽低,颇有权势。宋承唐制,置殿中省,判省事一人,以无职事朝官充任,掌郊祀、朝会供具伞扇之事。殿中监为殿中省长官。神宗元丰改制后罢,徽宗崇宁二年(1103)复置。

④爵盏:此指盛酒的礼器。据《宋史·礼志一》,北宋太祖开宝年间(968—976),皇帝献天地、配帝"以玉斝(jiǎ)、玉瓒,亚献以金斝,终献以瓢斝",仁宗"庆历中,太常请皇帝献天地、配帝以匏爵,亚献以木爵",神宗元丰年间(1078—1085)又"以玉爵代匏爵"。

⑤ "才登坛"几句：此处介绍皇帝升降环节的用乐。据《政和五礼新仪·皇帝祀昊天上帝仪》，"礼仪使奏请，执大圭前导皇帝升坛，大礼使从"，这个过程中宫架乐作，皇帝行至坛下，乐止；皇帝沿着午阶开始升坛，登歌乐作；皇帝升至坛上，乐止。皇帝升坛和降坛，俱用《乾安》之乐，歌辞为："因山为高，爰陟其首。玉趾躞如，在帝左右。帝谓我王，予怀仁厚。眷言顾之，永绥九有。"（《宋史·乐志七》）

⑥ "亚献、终献上"几句：亚献、终献，古代祭祀时献酒三次，即初献爵、亚献爵、终献爵，合称"三献"。北宋太祖乾德元年（963）首次亲祀，"以皇弟开封尹光义为亚献，兴元尹光美为终献"（元人马端临《文献通考·郊社考四》）。宋真宗时，命知制诰李宗谔、杨亿、直史馆陈彭年详定郊庙之制，确定"亲行大祀，则皇子、弟为亚献、终献"（《宋史·礼志一》）。徽宗此次亲郊，担任亚献、终献的燕王赵俣、越王赵偲，为宋神宗第十二、十四子，其母皆为贤妃林氏，是宋徽宗的同父异母弟。神宗共有十四子，活到成年者六人，第六子煦即为哲宗。哲宗去世时，神宗第九子似以有目疾不得立，由第十一子端王佶即帝位。崇宁五年（1106）穆王似和楚王似虉逝后，徽宗只剩下魏王俣、邓王偲两个弟弟，大观二年（1108）正月"进封魏王俣为燕王，邓王偲为越王，并为太尉"（《宋史·徽宗本纪二》），政和三年（1113）正月，并迁太傅。二位皇弟所受荣宠前所未有，徽宗朝官之滥授亦为人诟病。宋承唐制，以太师、太傅、太保为"三师"，至徽宗朝，依三代旧制，改称"三公"。然而，"三公自国初以来，未尝备官。独宣和末，三公至十八人，……太师三人：蔡京、童贯、郑绅；太傅四人：王黼、燕王俣、越王偲、郓王楷；太保十一人：蔡攸、肃王枢至仪王"（《宋史·职官志一》）。对此，《文献通考》的作者马端临说，"三公、三师，官之滥授，莫甚于宣和以来。所授者皆非其人，固不待言，而名体尤有未正者"，太

傅中的郓王楷是徽宗第三子、太保中的肃王枢为徽宗第五子,"是
以子为师傅";太师童贯本是服务于宫廷之中的宦官,"是以厮役
为师傅";太傅燕王俣和越王偲,则是以弟弟为师傅者。燕王俣
生于元丰六年(1083)九月,越王偲生于元丰八年(1085)八月。
《宋史·礼志三》记录徽宗政和四年(1114)"五月夏至,亲祭地
于方泽,以皇弟燕王俣为亚献、越王偲为终献"。二人均在靖康二
年(1127)随徽宗北迁,四月十六日燕王俣"以绝食殁于庆源(今
河北赵县一带),敛以马槽,犹露双足"(《续资治通鉴长编·宋纪
九十八》);越王偲于高宗建炎三年(1129)八月殁于韩州。"绍
兴初,有崔绍祖者至寿春府,称越王次子,受上皇蜡诏为天下兵马
大元帅,兴师恢复。镇抚使赵霖以闻。召赴行在,事败,送台狱伏
罪,斩于越州市"(《宋史·宗室传三》)。

⑦中书舍人:官名,属中书省,掌起草诏令,如事有失当及除授非其
人,可奏请皇帝重新考虑。宋初为寄禄官,实不任职,而另置知制
诰及直舍人院起草诏令。元丰改制后,废舍人院,建为中书后省,
以中书舍人主管。册:古代帝王祭告天地神祇的文书。

⑧进玉爵盏,皇帝饮福矣:饮福,即"饮福受胙",为郊祀仪程之一,
指祭祀完毕饮食供神的酒肉,以求神赐福。古人把祭祀天地人鬼
的酒肴称为"福酒",于祭后食之,以象征天地祖先赐福于人。旧
题西汉焦延寿所著《易林》中有"安坐玉堂,听乐行觞,饮福万岁,
曰寿无疆"之语,北周庾信《周祀圆丘歌·皇夏·饮福酒》中则说:
"国命在礼,君命在天。陈诚惟肃,饮福惟虔。洽斯百礼,福以千年。
钩陈掩映,天驷徘徊。雕禾饰斝,翠羽承罍。受斯茂祉,从天之来。"
历代祭祀礼仪中进行"饮福"礼仪的顺序有所不同:"自汉以来,
人君一献才毕而受嘏(gǔ);唐开元礼,太尉未升堂而皇帝饮福。
宋元丰三年,改从亚、终献,既行礼,皇帝饮福受胙。"(明人陈邦
瞻《元史纪事本末·郊议》),这也正是《宋史·礼志四》所说"饮

福受胙,俟终三献"。此外,"饮福"在北宋时期还指郊祀礼成之
后的大宴群臣,始于宋太祖首次亲郊,"太祖皇帝乾德元年十一月
甲子,亲郊,奉宣祖配,大赦改元。……壬申,以南郊礼成,大宴广
政殿,号曰'饮福',自是为例"(元人马端临《文献通考•郊社考
四》)。至哲宗元祐七年(1092)十一月,"罢饮福宴","饮福"专
指皇帝祭祀中的仪程。南郊大礼中饮福所用的器具,据《宋史•礼
志一》,仁宗庆历时,议定郊庙饮福,皇帝用金斝,亚、终献用银斝。
斝为温酒器,三足,一鋬,两柱,圆口呈喇叭形。孟元老说"进玉
爵盏",或后有更改,待详考。

⑨币帛:缯帛。古代用于祭祀、进贡、馈赠的礼物。《墨子•尚同中》:
"其祀鬼神也……珪璧、币帛,不敢不中度量。"唐人封演《封氏闻
见记•纸钱》:"古者享祀鬼神,有圭璧、币帛,事毕则埋之。后代
既宝钱货,遂以钱送死。"

⑩玉册:帝王祭祀告天的册书,以金绳连编玉简为之,在玉简上刻字
填金。《宋史•舆服志六》记载玉册形制,"用珉玉简,长一尺二
寸,阔一寸二分",在北京故宫钦安殿所藏道教法器中,有一件题
为"玉尺"的藏品,上刻"太上开天执符御历含真体"十一字,字
内填金,为徽宗御书瘦金体;侧面在距离上、下端26毫米处,各开
一个直径2毫米的圆孔。据研究,这件所谓"玉尺",实为政和六
年(1116)宋徽宗为玉皇上帝加上圣号的祀典中所用玉册的一片
单简,其规格与文献记载的宋代玉册一致。该玉册在仪典结束后
入藏玉清和阳宫的玉虚殿,北宋灭亡后被金人掠走。

⑪"南墙门外"几句:介绍徽宗亲郊时燎(liǎo)祭的仪程。燎字最早
见于商代的甲骨卜辞,其字形"象木柴交积,火焰上腾之状",燎祭
就是燔柴致祭,使烟气直达上天,所用物品大致包括柴薪、牲畜、
玉帛等。燎炉,就是燎祭所用的大炉。周代以后,燎祭逐渐演变
为郊祀和封禅的主要祭仪,"燔柴于泰坛"是《礼记》中规定的祭

法。后世郊天时,燎祭仪式趋于固定化,祭天之始,先燔燎牲首或牲体,再把荐献过的祝币馔物送至燎坛,置于柴架之上。待燎至一半后礼成。望燎程序为:"宫架乐作,帝诣望燎位,南向立,乐止。礼直官曰:'可燎。'俟火燎半柴,礼仪使跪奏:'礼毕。'宫架乐作,帝出中壝门,殿中监受大圭,归大次,乐止。有司奏解严。"(《宋史·礼志二》)杨亿《奉和御制南郊礼毕五言六韵诗》中"燔柴就阳位,烟燎达高穹"、王仲修《宫词》"国家三岁一郊天,万骑云从锦绣鲜。陟降圆坛彻黄道,更虚小次待升烟",都是关于燎祭仪式的描写。点唱,清点叫唱。

⑫"坛三层回"几句:简介徽宗朝南郊祭祀中从祀诸神的神位设置情况。龛是供奉神佛或神主的石室或小阁子,圜丘坛的龛布设于三个圈层的曲面上,自上而下称为第一龛、第二龛、第三龛,又被四条蹉道分成十二格,习称"十二龛",如神宗元丰时葛胜仲所作《建斋宫上梁文》,其中有"儿郎伟! 抛梁南! 袤对圜丘十二龛。空际重楼先映现,辂前仙仗远相参"之语;哲宗绍圣年间(1094—1098)讨论北郊亲祀之礼,黄裳也说"南郊坛十二龛、壝中,布列从享星位,具载其名,凡三百三十有八"(元人马端临《文献通考·郊社考九》)。北宋南郊神位,不同时期有所不同,但均以昊天上帝为最上,以人间皇帝的坐向(坐北朝南)设于位置最高、最中心的南郊圜丘坛上,神位版为朱漆金字;其他神灵皆呈环形且空间位置逐级向下,拱卫于昊天上帝之周边,神位版皆为黑漆,第一等金字,第二等黄字,第三等以下均为朱字,尊卑有别,井然有序。《宋史·礼志二》记载政和三年(1113)议礼局上《五礼新仪》中所列南郊神位:"皇帝祀昊天上帝,太史设神位版,昊天上帝位于坛上北方南向,席以稿秸;太祖位于坛上东方西向,席以蒲越。天皇大帝、五帝、大明、夜明、北极九位,于第一龛;北斗、太一帝座、五帝内座、五星、十二辰、河汉等内官神位五十有四,于第二

龛;二十八宿等中官神位百五十有九,于第三龛。外官神位一百有六,于内壝之内,众星三百有六十于内壝之外。第一龛席以稿秸,余以莞席,皆内向配位。"此前注家疑"坛三层回踏道之间"应作"坛三层,四踏道之间",恐不必做此解,因为"坛三层"此前已有交待,不必重复;"层回"或即层叠迂回之意。十二官神,应即是南郊神位中列于第二龛(层级)中的"十二辰",隋唐五代和宋人亦称之为"十二辰神""十二时神"或"十二神"。"十二官神"这一名称,应是中国古代天文学中的"十二次"、干支纪年中的"十二支"、十二生肖纪年系统以及唐代随佛教传入中国的"黄道十二宫"等概念相互混融,又被道教加以吸收改造的结果。对应关系如下表:

十二次 (由西向东)	星纪	玄枵	娵訾	降娄	大梁	实沈	鹑首	鹑火	鹑尾	寿星	大火	析木
十二辰 (由东向西)	丑	子	亥	戌	酉	申	未	午	巳	辰	卯	寅
十二生肖	牛	鼠	猪	狗	鸡	猴	羊	马	蛇	龙	兔	虎
黄道十二宫	摩羯	宝瓶	双鱼	白羊	金牛	双子	巨蟹	狮子	室女	天秤	天蝎	人马

"十二官神"为北宋人所习用,李廌《德隅堂画品》(成书于1098年)一书中有他为五代时人所绘《紫微朝会图》写的题跋,其中有"帝被衮执圭,五星、二曜、七元、四圣左右执侍,十二官神、二十八星,各居其次"之语,宋人朱弁《曲洧旧闻》一书中更记载了宋徽宗禁止杀狗的轶事:"崇宁初,范致虚上言:'十二官神,狗居戌位,为陛下本命。今京师有以屠狗为业者,宜行禁止。'因降指挥,禁天下杀狗,赏钱至二万。"而在今天重庆大足石刻景区的玉皇观三清洞,洞的左、右壁外侧各有六个小圆龛,龛中残存的浮雕像,可辨识者为马、蟹、秤、二女、瓶,应即黄道十二宫,该窟最晚完成于南宋乾道五年(1169)。元人马端临在《文献通考·郊祀考五》

中谈到南宋郊祀,说"中兴以来,国势偏安,三岁亲祀,多遵(仁宗)皇祐明堂之礼",而在皇祐明堂神位,东廊二百零八个神位中有元枵(按,即玄枵,宋代读玄)、星纪、析木、大火、寿星、鹑尾,西廊一百七十五个神位中有鹑火、鹑首、实沈、大梁、降娄、娵訾,是"十二次"的名称。孟元老为何在南郊数百位从祀神位中单单提到"祭十二宫神"、徽宗南郊时"十二宫神"神位版上究竟写的是何名号、崇奉道教的宋徽宗与"十二宫神"之间有何关系,这些问题值得详考。

⑬执事:此指祭祀的主管官员。陪祠官:陪同天子祭祀的官员。立班:古代官员上朝时依品秩站立。此指典礼中陪祠官按品秩站立。

⑭鼓吹:即鼓吹乐,古代的一种器乐合奏曲,用鼓、钲、箫、笳等乐器合奏。

⑮赞者:赞礼的人,即举行典礼时司仪宣唱仪节,叫人行礼。

⑯赞一拜:即赞拜,古代举行朝拜、祭祀或婚礼仪式时赞礼的人唱导行礼。

【译文】

礼直官奏请天子登坛。前导官都躬身侧行,引导天子到圜丘坛而止,只有大礼使随天子登坛。先向着正北的一位,揖拜,跪伏,献酒,殿中监向东一拜,进献爵盏,拜了两拜,起身。又趋向正东的一位。天子才开始登坛,宫架乐声就停止了,而坛上的登歌乐开始演奏;天子下坛,宫架乐重又奏起,武舞队上前舞蹈,天子重又回到小次。亚献、终献上坛祭拜,也如之前的礼仪。当时,燕王、越王担任亚献、终献。天子第二次登坛,像之前一样奏乐,跪拜献酒完毕,中书舍人宣读宝册,左右两人举着册书,中书舍人跪着宣读。天子下坛,再回到小次。亚献、终献一如之前的礼仪。再次登坛,进献玉爵盏,天子饮福。亚献、终献完毕后,下坛,天子驾临小次之前站立,而坛上的供品、币帛、玉册,都从酉阶撤下。南侧墙墙的门外,距离圜丘坛一百多步的地方,设有一座燎炉,高约一丈左右。祭坛上撤下的各样物品送上炉台,一个人清点叫唱,送入炉内焚烧。圜丘坛的三层曲面和踏道之间,有十二龛,用以祭祀十二宫神,内墙墙的外面祭祀数百位星辰。主管祭祀的官员与陪同祭祀的官员皆面朝北面依品秩站立。宫架乐已经停止,鼓吹乐尚未奏起,郊坛外面和里面的几十万人全都恭恭敬敬,只听见轻风吹动衣上环佩发出清脆的撞击之声。一位赞礼者高声唱道:"赞一拜!"人们全都礼拜,郊祀大礼到此完毕。

郊毕驾回

【题解】

南郊祭天之礼顺利结束,人们的心情应该是轻松愉快的。北宋太祖乾德年间判太常寺的和岘,曾为郊毕驾回时所用鼓吹曲《导引》撰写乐章:"气和玉烛,睿化著鸿明。缇管一阳生。郊禋盛礼燔柴毕,旋轸凤凰城。森罗仪卫振华缨。载路溢欢声。皇图大业超前古,垂象泰阶平。岁时丰衍,九土乐升平。睹寰海澄清。道高尧舜垂衣治,日月并文明。嘉禾甘露登歌荐,云物焕祥经。兢兢惕惕持谦德,未许禅云亭。"(《宋史·乐志十五》)宋徽宗也曾经把这一时刻写入《宫词》:"三年禋祀散圜坛,星斗凝辉玉露寒。郊外燔柴烟欲断,禁街人已待回銮。"

孟元老所记"郊毕驾回",包括以下流程:皇帝着祭服自小次返回→至大次,更换常服,换乘大安辇→至青城,受百官贺,赐茶酒→乘法驾入南薰门,返回皇宫。几个地点之间的调度有条不紊,教坊、钧容直与诸军乐队齐奏、"声震天地"的场面庄严盛大,幕次看棚排满整条御路,更是热闹非凡。北宋自太祖乾德元年(963)首行南郊大礼,至徽宗宣和年间,"郊毕驾回"的场景,在开封城这条最庄严的御路上,已经重复了三十多遍。

九土升平、寰海澄清局面结束的不祥之兆,竟然就出现在北宋王朝最后一次南郊大礼中。宣和七年(1125)十一月丙戌(十九),徽宗举行执政以来的第八次南郊大礼,"礼毕,御郊宫端诚殿。天未明,百辟方称贺，忽有鸦止鸣于殿屋，若与赞拜声相应和，闻者骇之。时已报女真背盟，未逾月，内禅。明年，有陷城之难。"史家将其作为"野鸟入宫，宫室将空"的事例，载入《宋史·五行志》。

东京人再也没有恭候"拜郊孟享"的天子归来、以"瞻天表"的机会，南薰门永远铭记的是东京人绝望的等待。靖康元年（1126）闰十一月二十五日东京陷落，二年（1127）正月初十，钦宗再诣青城，都城百姓数万人阻拦车驾，以为"陛下不可出，既出，事在不测，号泣不与行"（《续宋编年通鉴》），与受金人委派逼迫钦宗出城的京城四壁都巡检使范琼发生冲突，范琼立斩攀辂之人。金人扣留钦宗，议立别姓为王，派人在东京城中大肆根括金银。史书记载，"自上再幸青城，都人日日迎驾，自内前抵南薰门，不可胜数，至有炙火于臂，或自烧其指，或望门侧而拜者，风寒雨雪不减"（同上）。

宋钦宗是北宋九位皇帝中唯一不曾举行南郊大礼者。作为徽宗长子，政和五年（1115）他被立为太子，宣和七年（1125）十二月二十四日，金兵包围汴梁城，他坐上了父亲强塞给他的皇帝位。靖康元年（1126）闰十一月二十五日，金人攻陷开封，三十日，他赴青城金营投降，靖康二年（1127）四月被金人掳往北方。在孟元老写完《东京梦华录序》的十年以后，南宋绍兴二十六年（1156），他在金朝的燕京去世，终年57岁。撰写《宋史·钦宗本纪》的史家评价他说："帝在东宫，不见失德。及其践阼，声技音乐一无所好。靖康初政，能正王黼、朱勔等罪而窜殛之，故金人闻帝内禅，将有卷甲北旆之意矣。惜其乱势已成，不可救药，君臣相视，又不能同力协谋，以济斯难，惴惴然讲和之不暇，卒致父子沦胥，社稷芜茀。帝至于是，盖亦巽懦而不知义者欤？享国日浅，而受祸至深，考其所自，真可悼也夫！真可悼也夫！"

靖康丙午之难二十年后，孟元老写下"法驾仪仗、铁骑、鼓吹入南薰门"的文字，又怎会只是心平气和地记录一幅盛世景观？

驾自小次祭服还大次，惟近侍橛烛二百余条，列成围子①。至大次，更服衮冕②，登大安辇（辇如玉辂而大，无轮，四垂大带）③，辇官服色亦如挟路者④。才升辇，教坊在外壝东西排列。钩容直先奏乐⑤，一甲士舞一曲破讫⑥，教坊进口号⑦，乐作，诸军队伍鼓吹皆动，声震天地⑧。

【注释】

①惟近侍橛（chuán）烛二百余条，列成围子：灯烛属于皇帝仪仗中必不可少之物，正如卷六"十四日，车驾幸五岳观"中"每常驾出，有红纱帖金烛笼二百对，元宵加以琉璃玉柱掌扇灯，快行家各执红纱珠络灯笼"所描写的那样。此处描写郊祀大礼后皇帝从小次至大次这段路的仪仗，相对简单，只由近侍以橛烛列成围子。据《宋史·仪卫志三》，皇帝大驾卤簿中，在大次前，护卫皇帝的围子，外围有"执烛亲从八十六人"，里围有"执烛一百二十九人"。

②更服衮冕：指换下行礼时所穿的冕服，改穿常服。

③登大安辇（辇如玉辂而大，无轮，四垂大带）：按照唐代开元礼，皇帝郊祀后，自大次返回皇宫，乘坐金辂。北宋建国后，"太祖皇帝乾德元年十一月甲子，亲郊，奉宣祖配，大赦改元。……还宫，将驾金辂，顾左右曰：'于典故可乘辇否？'对以无害，乃乘辇。"（元人马端临《文献通考·郊社考四》）此后皇帝或乘金辂，或乘大辇，至仁宗嘉祐二年（1057），礼官奏："南郊还，在礼当乘金辂，而或诏乘大辇。宜著于令，常以大辇从。"此后皇帝南郊大驾卤簿中固定备有大辇（《宋史·仪卫志三》）。北宋皇帝所乘的大安辇，也称"大辇"，皇帝亲祀南郊、谒太庙以及巡行还都时乘坐此辇。据《宋史·舆服志一》，北宋皇帝的辇有七种，大辇最尊贵，辇身为赤红色，因为按照"五德转移"之说，宋"受周禅，周木德，木生火，当

以火德王,色尚赤"(《续资治通鉴长编·太祖建隆元年》)。北宋
先后制造过四架大辇:第一架为"太祖建隆四年,翰林学士承旨陶
穀为礼仪使,创意造为","赤质,正方,油画,金涂银叶,龙凤装",
装饰华美,由六十四人抬辇;第二架,景德五年(1008)真宗封禅
泰山,"以旧辇太重,遂命别造,凡减七百余斤,后常用焉";第三
架为神宗时所用大辇,与之前一样,也是赤质;第四架为徽宗政和
年间(1111—1118)制造的大辇,不同于祖宗之制,改"赤质"为
"黄质","冒以黄衣,纮以黄带。车箱四围,于桯之外,高二尺二寸。
设轼于前桯,轼高三尺二寸。建大旂于后桯,旂十二斿(liú),其长
曳地,其色黄,绘以交龙;素帛为縿(shān),绘以日月,以弧张幅,
以韣韬弧;杠以青锦绸之,注旄于竿首,系以铃"。孟元老所谓"四
垂大带",应指"旂十二斿"。斿,同"旒",是古代旌旗下边或边缘
上悬垂的装饰品,徽宗大辇上的十二斿拖到地上,黄色质地,绘着
两龙蟠结的图案。

④辇官服色亦如挟路者:即"驾宿太庙,奉神主出室"中所记"挟辂
卫士,皆裹黑漆团顶无脚幞头,着黄生色宽衫、青窄衬衫、青袴,系
以锦绳"。挟路,即"挟辂"。路,即"辂车"。《诗经·大雅·韩奕》
中有"其赠维何?乘马路车",笺:"人君之车曰'路车'。"辂、路之
所以通用,《释名》说"谓之辂者,言行于道路也"。

⑤钧容直:宋代的军乐队,其成员是宫廷禁卫军的组成部分,隶属殿
前司,也被看作是宫廷音乐机构。钧容直的乐工,仁宗嘉祐元年
(1056)已有380人的规模,到嘉祐六年(1061)增至434人。钧
容直与教坊在很多场合下共同演奏,形成较为密切的合作伙伴关
系。由于钧容直的主要组成人员只是军中善乐者,其技艺不能与
专业的教坊乐工相比,所用曲调也不相同,因而当钧容直和教坊
一齐演出时,二者声音不相谐调,不能合一。为此,仁宗嘉祐二年
(1057)下诏罢废钧容直"旧十六调",改学教坊十七调,此后钧容

直在大曲、曲破、各种急慢曲的表演上，逐渐与教坊趋同。

⑥甲士：披甲的武士。曲破：唐宋乐舞。大曲的第三段称"破"，单演唱此段称"曲破"。节奏紧促，有歌有舞。宋代甚为流行，宫廷大宴时常同其他节目轮番演出。本书卷九"宰执亲王宗室百官入内上寿"中有"舞曲破、撷前一遍"。

⑦教坊进口号：南宋洪咨夔有《至日欢喜口号》："青城矗矗紫坛深，碧宇无风挂斗参。亿万苍生齐合爪，圣明天子得天心。"应与孟元老所记冬至日南郊大礼结束的场景相近，可供参考。

⑧"乐作"几句：介绍天子大驾卤簿中的鼓吹乐队演奏情况。鼓吹，指卤簿鼓吹。鼓吹乐是以打击乐器和吹奏乐器为主的乐种，多用于仪仗、行进中，随驾演奏。晋人孙毓《东宫鼓吹议》描述鼓吹乐的功用："鼓吹者，盖古之军声，振旅献捷之乐也。施于时事，不常用。后因以为制，用之朝会焉，用之道路焉。"据《宋史·仪卫志》和《乐志》的记载，北宋时期的大驾卤簿中有"前部鼓吹"和"后部鼓吹"，隶属太常寺，徽宗朝改隶大晟府。宋代的鼓吹乐规模很大，所用人数依大驾、法驾、小驾、鸾驾等不同等级而有相应配置。天子亲郊需用大驾卤簿，其中的鼓吹乐队，北宋初期为1793人，徽宗政和大驾卤簿为1422人，南宋高宗时甚至多达1857人。国家图书馆藏有一幅《大驾卤簿图卷》，据研究，应是在北宋仁宗皇祐五年（1053）郊祀所用《大驾卤簿中道图》基础上完成的，虽然省略了大部分重复内容，仅保留了必要部分，但图中仍然共绘有官兵5481人、车辇61乘、马2873匹、牛36头、象6只、乐器1701件、兵杖1548件，表现了皇帝祭祀天地的宏大场面和鼓吹乐所依附的庞大仪仗阵容。

【译文】

天子从小次身穿祭服返回大次，只有近侍手执椽烛二百余支，列成仪卫队形护卫。天子到达大次，换下衮服冠冕穿上常服，登上大安辇（此辇形如玉辂,但是更大,没有轮子,辇的四周垂挂大带),辇官的服色如同此前护卫玉辂的军士服装。天子刚刚登上大辇,教坊的乐工们已在圜丘的外墙墙东西向排列。钧容直首先奏乐,一名披甲的武士舞一段曲破,舞毕,教坊进献颂诗,乐声奏起,诸军队伍中的鼓吹乐队一齐奏乐,乐声震天动地。

　　回青城,天色未晓,百官常服入贺[1]。赐茶酒毕,而法驾仪仗[2]、铁骑、鼓吹入南薰门。御路数十里之间[3],起居幕次[4]、贵家看棚,华彩鳞砌[5],略无空闲去处[6]。

【注释】

[1]"回青城"几句:这是"皇帝祀昊天上帝仪"中"端诚殿受贺"的仪程,由"阁门、御史台分引文武百官、宗室,并常服诣殿前,立班称贺"(元人马端临《文献通考·郊社考五》)。

[2]法驾:天子车驾的一种。天子的卤簿分大驾、法驾、小驾、黄麾仗四种,其仪卫之繁简各有不同。与大驾相比,"法驾,减太常卿、司徒、兵部尚书,白鹭、崇德车,大辇、五副辂,进贤、明远车,又减属车四,余并三分减一"(《宋史·仪卫志三》)。

[3]御路数十里之间:御路,指开封城内的南向御街,从宣德门至南薰门,据宋城考古,这段距离约为3700米。北宋真宗、仁宗时名臣宋祁《南郊祠所上章摄事》中说"七里城南路,斋祠宿下房",王珪《宫词》中则说"金钲画角惊场开,天子南郊玉辂来。十里青城遥北望,彩云宫殿月楼台"。孟元老所说"数十里",并非写实,或系"十数里"之误。

[4]起居:本指群臣朝见皇帝,此指迎接皇帝。

[5]华彩:艳丽,漂亮。鳞砌:谓依次建造,摊列如鱼鳞。

⑥略无：全无，毫无。

【译文】

回到青城，天还没亮，百官身穿常服进入大殿，祝贺天子郊祀礼毕。天子赐百官茶酒已毕，然后法驾仪仗、铁骑和鼓吹乐队进入南薰门。御路数十里之间，百官迎接天子的幕帐、富贵之家搭起的看棚，艳丽漂亮，鳞次栉比，没有一点儿空闲之处。

下赦

北宋南郊祭天之后还有一个重要仪式,就是大赦天下。

古代统治者受"以德配天"和"天人感应"思想的影响,为了向上天表示自己"宽政以仁",在刑法上创制了赦宥制度,一方面是为了防止政事不修时受天罚而降灾,另一方面则是为了向臣民昭示皇帝"其仁如天"的品质,使臣民感恩,缓和矛盾,上下相安。在中国古代王朝中,宋代是使用赦宥次数最多的王朝,"自祖宗以来,三岁遇郊则赦,此常制也。世谓三岁一赦,于古无有"(《宋史·刑法志三》),积贫积弱的宋代政府能在历史上存在长达三百二十年之久,与此不无关系。北宋名臣苏颂有《南郊大礼庆成》诗五首,其中《赐赦宣德门》诗中有"自古无赦,孰除讹误。我朝本仁,实清弊蠹(dù)。赦匪其私,仁则有裕。万民以怀,邦基巩固",概括指出了南郊大赦制度的积极作用。司马光则以"雷鼓千通破大幽,天开狱钥纵累囚。驿书散出先飞鸟,一日恩流四百州"的诗句,写出南郊大赦举国振奋、激动人心的场面。

徽宗在位二十五年,颁发了二十五道覆盖全国范围的大赦令,其中南郊大赦八次。郊毕驾回,登宣德楼颁发大赦天下的赦书,生杀予夺之权尽在一人之手,是君主享有至高无上权力的最直观表现。他有一首《宫词》,专门记述宣德楼肆赦的场景:"端门颁赦立班时,禁卫森严烂锦衣。

才立鸡竿垂彩索，望中人拜曳红旗。"孟元老所着重描写者，除了金鸡肆赦的场景，还有树立在宣德楼前的大旗，尤其是继"驾行仪卫"之后，再次提到的"次黄龙"。

据《宋史·仪卫志一》所载"政和中，大祀銮立仗"，有"大黄龙负图旗一，执绋二百人，陈于阙庭赤龙旗南少西大黄龙旗之北"，这就是孟元老所记"与宣德楼齐"，"立御路中心不动"的盖天旗。还有"大黄龙旗一，执绋六十人，陈于逐顿宫门外；宣德门，次大黄龙负图旗之南"，这就是孟元老所记"次一口稍小，随驾立"，"青城、太庙，随逐立之"的"次黄龙"。

"大黄龙旗"之所以称为"次黄龙"，或有双关之义：表面意思，是指此旗与大黄龙负图旗同时立在宣德楼前之时，"次大黄龙负图旗之南"，"次"取"次止、驻止"之意；而且此旗按照等级次序，排在大黄龙负图旗之后，"次"有"次序排在第二的"。然而这都只是表面意思，在宋人的语境中，"黄龙"除了具有祥瑞之意，其实也极易联想到"黄龙府"这样一个地名。

黄龙府是辽、金两代的军事重镇，也曾先后囚禁过辽、宋两朝的亡国之君：公元947年，以汴梁为都城的后晋为契丹人所灭，后晋末帝石重贵纵火自焚未遂，被契丹国主耶律德光封为"负义侯"，迁于黄龙府，"族行万里，身老穷荒"，史家谓"自古亡国之丑者，无如帝之甚也"（《旧五代史·晋书十一》）。耶律德光则在汴京登基称帝，改国号为"大辽"。一百八十年以后，靖康二年（1127），北宋徽、钦二帝被金人掳掠北归，传言北迁途中，也曾一度羁押在黄龙府，南宋抗金名将岳飞"直抵黄龙府"的豪言壮语，其意正是"迎回二圣"、洗雪靖康之耻。契丹大军攻入东京、后晋君主发配黄龙府，如同北宋亡国的预演；经历了靖康之难的孟元老等南渡之人，回忆东京汴梁城中"随驾立"的"次黄龙"旗，也极像是一个谶语。

南宋初年流传着一个故事：徽宗北狩，久不得中原音问，以宗社为念。如此过了许久，某天，命随行皇族聚餐，御手亲将调羹，让左右侍从到市场上去买茴香。侍从用一张黄纸包了茴香回来，徽宗凑近去看，竟是中兴赦书,始知九子康王赵构已经登基做了皇帝,徽宗大喜,又说:"夫茴香者,回乡也。这难道不是天意吗?"随从北迁之人都跪拜舞蹈庆贺。正是孟元老写作《东京梦华录》的绍兴十七年(1147)十一月,远贬广西博白的蔡京之子蔡絛辗转听说此事,记入《铁围山丛谈》,并且感慨地说:"其后虽八骏忘返,然鸾舆竟还矣。"徽宗皇帝从宣德楼到黄龙府,从权力顶峰沦落为阶下囚徒,终于未能回乡。九年之后,金天会十三年(1135),他以"昏德公"的头衔客死于五国城,金熙宗将其葬于河南广宁(今河南洛阳附近),勉强算是魂归故土。宋金议和之后,绍兴十二年(1142)四月,金人同意高宗生母韦贤妃同徽宗棺椁归宋,葬于绍兴永祐陵。

　　车驾登宣德楼。楼前立大旗数口,内一口大者,与宣德楼齐,谓之"盖天旗"。旗立御路中心不动。次一口稍小,随驾立,谓之"次黄龙"。青城、太庙,随逐立之,俗亦呼为"盖天旗"[1]。亦设宫架。乐作,须臾,击柝之声[2]。旋立鸡竿,约高十数丈,竿尖有一大木盘,上有金鸡,口衔红幡子,书"皇帝万岁"字,盘底有彩索四条垂下[3]。有四红巾者争先缘索而上,捷得金鸡红幡,则山呼谢恩讫[4]。楼上以红绵索通门下一彩楼,上有金凤衔赦而下[5],至彩楼上,而通事舍人得赦宣读[6]。开封府、大理寺排列罪人在楼前[7],罪人皆绯缝黄布衫[8],狱吏皆簪花鲜洁[9]。闻鼓声,疏枷放去[10],各山呼谢恩讫。楼下钩容直乐作,杂剧、舞旋,御龙直装神鬼,斫真刀倬刀[11]。楼上百官赐茶酒,诸班直呈拽马队,六军归营[12]。至日晡时,礼毕。

【注释】

①"楼前立大旗数口"几句:介绍立于宣德楼前的两面大旗。《宋

史·仪卫志一》说："政和中，大祀飨立仗：大黄龙负图旗一，执绋二百人，陈于阙庭赤龙旗南少西、大黄龙旗之北（宣和冬祀，陈于大内前）。大黄龙旗一，执绋六十人，陈于逐顿官门外；宣德门，次大黄龙负图旗之南。"孟元老所谓"盖天旗"，就是"宣和冬祀，陈于大内前"的"大黄龙负图旗"；稍小的旗，则是"次大黄龙负图旗之南"的"大黄龙旗"，亦即"驾行仪卫"条中提到的"高五丈"，"驾诣太庙、青城，并先到立斋官前"的"次黄龙"。据《新唐书·仪卫志》，唐代天子的仪仗中有"黄龙负图旗"和"大黄龙旗"，宋代的"大黄龙旗"应承前代之制，"大黄龙负图旗"则为宋太祖所新造。建隆四年（963），太祖准备首次郊祀，命大礼使范质与卤簿使张昭、仪仗使刘温叟等人详定大驾卤簿之制，确定了仪仗队的服色、人数等细节，制作了大辇和旗帜，"皆率意定其制规"。太祖又下诏"别造大黄龙负图旗一"以及"大神旗"等二十一旗，"皆有架，南郊用之"，"大黄龙负图旗陈于明德门前，余悉立于宿顿官前。遇朝会册礼，亦皆陈于殿庭"（元人马端临《文献通考·王礼考十二》）。黄龙是古代传说中的祥瑞之物，为"四龙之长"，"能高能下，能细能大，能幽能冥，能短能长，乍存乍亡"，"王者德至渊泉，则河出龙图"（《宋书·符瑞志中》）。纬书《春秋运斗枢》说"黄帝时，黄龙负图，中有玺章，文曰'天王符玺'"，《瑞应图》中则说"舜东巡狩，黄龙负图，置舜前"（《艺文类聚》引）。据说宋太祖之得天下，也有潜龙异兆："宋太祖从周世宗征淮南，战于江亭，有龙自水中向太祖奋跃。识者惊异，以为出潜之兆"（元人马端临《文献通考·物异考十九》），太祖得天下以后，制造大黄龙负图旗也很是顺理成章。不过太祖所制大黄龙负图旗，旗上画的图案是八卦，至徽宗政和四年（1114），"礼局改画为河图，九、一、三、七、二、四、六、八、五之数"（元人马端临《文献通考·王礼考十二》），是真正的"河图"了。孟元老说此旗与宣德楼齐平，一直立在御路中央,不移动位置。

②柝(tuò):古代巡夜人敲以报更的木梆,引申为凡巡夜所敲之器皆
称"柝"。此指木梆。

③"旋立鸡竿"几句:介绍北宋时期郊祀之后"宣德门肆赦"仪典中
"立金鸡"的情景,于金鸡形制描述甚详。大赦典礼上树金鸡是中
古时代的礼制,唐代《封氏闻见记》和《唐六典》、北宋《杨文公谈
苑》和《事物纪原》等书,都有关于金鸡起源与沿革的记载。赦日
建金鸡,最早可能追溯到十六国时期后凉国主吕光,详情不可考;
北魏、北齐已有大赦树金鸡的仪式,北齐武成帝高湛即位,"大赦
天下,其日设金鸡"。宋孝王不识其义,请教光禄大夫司马膺之,
司马膺之解释说:《海中星占》中说"天鸡星动,必当有赦",认为
金鸡代表天鸡星,天鸡星主赦宥,因此"王者以鸡为赦候"(见《唐
六典·卫尉宗正寺》"职掌"条注)。《隋书·刑法志》对仪式场
景有如下描述:"赦日,则武库令设金鸡及鼓于阊阖门外之右。勒
集囚徒于阙前,挝鼓千声,释枷锁焉。"至于天鸡星为何主赦宥,
古人未做解释,《宋史·仪卫志六》根据"鸡"的象征意义,给出
了另外一个解释:"鸡为巽神,巽主号令,故宣号令则象之;阳用事
则鸡鸣,故布宣阳泽则象之。"黎明鸡叫,日出东南,东南为"巽";
人主治国,德刑兼用,阴阳相济,刑杀为阴,恩赦为阳,鸡正是阳德
的象征。唐宋时期,金鸡肆赦已经制度化,"鸡竿"成为肆赦的同
义词,唐诗中不乏此类描写,比如"我愁远谪夜郎去,何日金鸡放
赦回"(李白《流夜郎赠辛判官》)、"丹凤楼前歌九奏,金鸡竿下鼓
千声"(杨巨源《元日含元殿下立仗丹凤楼门下宣赦相公称贺》)、
"楼前立仗看宣赦,万岁声长拜舞齐。日照彩盘高百尺,飞仙争上
取金鸡"(王建《宫词》)等。在宋代,鸡竿是皇帝南郊卤簿中的
仪仗之一,"附竿为鸡形,金饰,首衔绛幡,承以彩盘,维以绛索,
揭以长竿。募卫士先登,争得鸡者,官给以缬袄子,或取绛幡而已"

（《宋史·仪卫志六》）。据《政和五礼新仪·宣德门肆赦》，鸡竿设在宣德楼的东南位置（巽地），由八作司负责设置。红幡子，即绛幡，红色长条形的旗帜。

④"有四红巾者争先缘索而上"几句：介绍争夺红幡的情形。所谓"四红巾者"，《宋史·礼志二十》称其为"竿末伎人"，多为专业艺人，属于"百戏踢弄家"之一，《东京梦华录》中多处提及他们的"上竿"表演。至南宋时期，则是招募擅长此技的卫士。四位杂技高手身着红衫，从鸡竿"四面缘绳争上，取鸡口所衔绛幡，获者即与之"（同上），高难度的表演与激烈竞争吸引着所有观礼人的目光，为宣德门肆赦仪式拉开序幕，使得宋代的金鸡肆赦仪式极具观赏性，严肃的赦宥仪式平添了喜庆的色彩。"捷得金鸡红幡"仪式的渊源，也可以追溯到北齐时期，当时"每有赦宥，则于阊阖门前树金鸡，三日而止。万人竞就金鸡柱下取少土，云'佩之利'，越数日间遂成坑，所司亦不禁约"（唐人封演《封氏闻见记》）。北齐民众相信金鸡柱下的泥土能给人带来好运，竞相取土带在身上，在流传中变成了更具表演性质的缘索抢红幡。

⑤上有金凤衔赦而下：介绍宋代宣德门肆赦中赦书下发的仪式。赦，指赦书，颁布赦令的诏书。《说文解字》说"赦，置也"，放置、舍置，不予追究，引申出"赦罪"之意，免除或减轻刑罚。宋朝南郊之后皆有恩赦，减死罪一等，死罪以下释放，史书通常表述为"郊，大赦"或"南郊，大赦天下"之类，赦罪效力范围皆为全国，通过赦免诏书发布。赦书属于中央以皇帝名义发往地方的下行文书，其制定过程通常包括宰执拟写赦书具体内容、皇帝对赦书内容进行最终审定并任命翰林学士起草赦书首尾词等步骤。北宋不同时期，赦书内容与结构形式有所不同。孟元老所生活的时代，徽宗八次南郊冬祀发布的赦天下制，首尾词部分完整保存在《宋大诏令集》中，字数在322至487之间，大体包括三个部分：（1）说明皇帝举

行郊祀之礼的理由。通常以"朕绍膺骏命""朕承列圣之丕基"之类开头,介绍皇帝所取得的诸般丰功伟业,结以"兹岂眇躬之能假,时惟上帝之弗违""昭受闳休,敢忘大报"之类语句,无非强调皇帝有资格向上天报成。这个部分占最大篇幅。(2)说明皇帝大赦天下的原因,以政和六年(1116)南郊赦天下制为例:"于时歌昊天成命之诗,奏圜钟六变之乐。奠璧以致蠲洁,升烟以达高明。克禋克祀而精意昭,来假来飨而珍符下。肆戢熙于纯嘏,以敷锡于庶民。其播大猷,用推广泽,可大赦天下云云。"先描写南郊奉祀、天神降福的场景,然后以"用推广泽"强调皇帝大赦,是要把其所受天神降福普施于万民。"可大赦天下云云"之后,其实才是赦书的具体内容,由一系列"条赦文"组成,是真正具有法律效力的部分,由各级官吏具体执行,无需在赦书颁发仪式中宣读,因而以"云云"省略。(3)最后以"于戏"的感叹引领结语,以同年南郊赦天下制为例:"于戏! 报本反始,得万国之欢心;荡垢涤瑕,对三灵之蕃祉。尚赖股肱良弼,屏翰隽臣,益殚忠荩之图,光辅隆平之运。同底于道,永孚厥休。"总结郊祀重大意义,对臣工提出尽忠要求,祝福国运巩固绵长。

⑥通事舍人得赦宣读:通事舍人,即阁门通事舍人,官名,属东、西上阁门。东、西上阁门掌朝会宴幸、供奉赞相礼仪之事,阁门使和副使承旨禀命,通事舍人传宣赞谒,祗候分佐舍人。宋代以内诸司及三班使臣充阁门祗候,从中选试通识文字、善能宣赞、熟于祗应者迁阁门通事舍人,都称"阁职"。徽宗政和六年(1116)改称"宣赞舍人"。北宋君主非常看重东、西上阁门,其职不以恩泽授人,司马光曾说"此祖宗以蓄养贤才,在文臣为馆职"。徽宗时阁门官权力扩大,大观元年(1107)诏阁门依殿中省例,不隶台察。阁门通事舍人,熙宁年间(1068—1077)只有十三人,到了徽宗朝,此职成为权宦鬻卖生财之道,"富商豪子往往得之",靖康元

年（1126）已增至一百零八人（《宋史·职官志六》）。据宋人蔡絛《铁围山丛谈》，"阁门宣赦书白麻，旧制则皆为吟哦之声。政和间诏除去，但直道，勿吟焉，至今遵用之"，也就是《宋史·职官志六》所说"政和六年，诏宣赞播告，直诵其辞"，孟元老记录的正是改版过的"宣读"方式。

⑦开封府、大理寺排列罪人在楼前：开封府，此指开封府尹，负责京城的民政、狱讼、捕除寇盗。《宋史·职官志六》介绍开封府："掌尹正畿甸之事，以教法导民而劝课之。中都之狱讼，皆受而听焉，小事则专决，大事则禀奏。若承旨已断者，刑部、御史台无辄纠察。屏除寇盗，有奸伏，则戒所隶官捕治。"开封府"典司毂下"，太宗、真宗即位之前，都曾任开封府尹，因而此后知者必带"权"字。徽宗崇宁三年（1104），蔡京奏请罢权知府，置开封牧，以皇子领任；置开封尹，以文臣充任，不仅"以潜邸之号处臣下"，而且提高了开封府的地位，增置府员，又将府治移至尚书省旧址。大理寺：宋代中央最高审判机构，不同时期职能、人员配置变化较大。北宋初期，大理寺为慎刑机构，只负责依法断决地方上奏的狱案，并不开庭审判；长官不设专职，而以朝官兼任。神宗元丰改制后，大理寺置大理卿、少卿、推丞、断丞、评事、主簿等官职，负责详断各地奏报的疑难案件，送审刑院复审后，同署上报，同时也兼有多项与法律相关的职责，包括修改、编定法令，组织法律考试，管理监狱（元丰改制后属本职）等。京师囚徒是大赦仪式中必不可少的角色，据《政和五礼新仪》《宋史·礼志二十》等，南郊大礼之前，刑部、大理寺、开封府要进行"录囚"工作，对在押犯的情况进行审录并决定可否原宥，清理出名单；至郊祀日，皇帝车驾至南郊，几个部门将名单中的囚犯押至皇帝仪仗后面等候。宣德楼前开始立金鸡竿时，大晟府击鼓，每击鼓投一杖，金鸡竿立好之时，囚犯已全部聚集到楼下，鼓声停止。

⑧绯缝黄布衫：红布衫上缝有黄红色的布，犹今之镶拼色。

⑨狱吏皆簪花鲜洁：两宋时期簪花之风大盛，不仅成为遍及朝野的风尚，而且成为一种礼仪。金鸡大赦是皇帝"法阳春而施德泽"，仪式中狱卒簪花，除了烘托典礼气氛，亦应有象征意义，南宋人武衍描写皇帝祭祀礼毕场景的《恭谢庆成诗》说得非常明白："礼成列圣宴群工，浩荡春风到竹宫。传旨簪花俄似锦，信知天子是天公。"鲜洁，洁净无瑕。

⑩疏：松开，解除。枷：古时加在犯人颈上的木制刑具。

⑪御龙直装神鬼，斫真刀倬（zhuō）刀：御龙直是宋代皇帝随身卫兵，隶属殿前司，专掌仪仗之事。装神鬼，说明禁军表演斫刀技艺时戴着神鬼的面具。倬刀装鬼，是百戏之一，本书卷九"二十四日，州西灌口二郎生日"的"呈拽百戏"中就有这种表演。孟元老强调御龙直用的是"真刀"，区别于普通艺人用的假刀。御龙直在宣德楼肆赦仪式上的这种表演，推测可能是宫廷傩礼与军礼"大傩"相融合的产物。古代军礼中有"大傩之礼"，大唐开元礼有具体仪节的描述，徽宗时期修《政和五礼新仪·军礼》中也列"大傩仪"，仪式中的傩者戴面具，执戈楯，鼓噪唱和，以逐恶鬼于宫中。本书最后记录除夕"禁中呈大傩仪"，参与者除皇城亲事官，也有禁军诸班直，肆赦仪式上的"斫真刀"更接近百戏，更具有娱乐化、世俗化的倾向。

⑫六军：天子统率的军队。此处指护卫皇帝进行南郊大礼的禁军。

【译文】

天子登上宣德楼。楼前树立几面大旗，其中一面大旗与宣德楼齐平，称为"盖天旗"。大旗树立在御路中央，不移动位置。其次一面略小的旗，跟随天子车驾树立，称为"次黄龙"。天子车驾至青城、太庙，这面旗跟随车驾，立在那里，民众也称其为"盖天旗"。宣德楼前也陈设了宫架乐。乐声奏起，不一会儿，响起击柝之声。旋即立起鸡竿，大约有十几丈高，竿顶上有一个大木盘,上面有一只金鸡,口中衔着一面红色长条旗,上面写着"皇帝万岁"四个字。木盘底下,有四条彩色绳索垂挂下来。有四个头裹红巾之人,争先恐后地沿着绳索向上攀爬,捷足先登者得到金鸡红幡,就到楼前山呼万岁,谢恩而去。宣德楼上用红色丝绵绳索通向楼门下的一座彩楼,有一只金凤衔着赦书,沿着绳索从宣德楼飞下来,降落到彩楼上,通事舍人得到赦书,高声宣读。开封府、大理寺让犯人们排列在宣德楼前,犯人都穿着红色上缝有黄布的衫子,押解犯人的狱吏们头上簪花,衣着整洁。听到鼓声,就打开刑具,将犯人放走,遇赦犯人各自到宣德楼下高呼谢恩而去。宣德楼下钧容直开始奏乐,演出杂剧歌舞,御龙直戴着神鬼面具,用真刀倬刀表演砍杀。天子在楼上赏赐百官茶酒,诸班直安置马队,六军各归营寨,至日晡时,大赦礼毕。

驾还，择日诣诸宫行谢

【题解】

本条只有三句，47字，一般认为只是郊祀尾声，并不重要，实则话外有话。

第一句"驾还内，择日诣景灵东、西宫，行恭谢之礼三日"，此为南郊大礼仪程之一。《礼记·郊特牲》中说："卜郊，受命于祖庙，作龟于祢宫，尊祖亲考之义也。"古人认为郊祀之礼至重，郊祀之前告祭于宗庙，称为"荐告"之礼；郊祀之后报成，向祖宗行"恭谢"之礼。北宋早期，郊祀前朝享太庙、郊祀礼毕恭谢。真宗梦见远祖赵玄朗授天书、传天帝旨意，于是依照唐玄宗建太清宫奉祀远祖老子李耳之制，于大中祥符五年（1012）在皇宫前的御街东侧修建景灵宫，供奉他所梦见的"圣祖"赵玄朗，天禧三年（1019）的南郊大礼，日程安排是谒景灵宫、飨太庙、祀天地于圜丘，南郊礼毕诣景灵宫和太庙恭谢祖宗。元丰五年（1082）神宗在景灵宫中建十一殿，供奉历代帝后御容，规定"南郊先诣宫行荐享礼，并如太庙仪"，景灵宫在一定程度上具有了祖庙的性质。

元符三年（1100）哲宗驾崩，徽宗即位，以蔡京之请，在御道西侧兴建景灵西宫，供奉神宗、哲宗御容，"昭示万世尊异之意"。准备兴建景灵西宫之地，原为大理寺、军器监、元丰库和仪鸾司，皆需搬迁他处，兴师动众。右正言陈瓘连上数章反对，认为此宫之建有"五不可"："盖国之神位，左宗庙，故神宗建原庙于左，今乃在西，不合《礼经》，一也；唐徐峤言'大理寺杀气盛，而鸟雀不敢栖'，今即其基，则非吉地，二也；虽移官舍，不动民居，而大理寺与军器监及元丰库、仪鸾司皆迁于他处，则彼亦有民居，不知遣几家而后可就，三也；神考以祖宗神御散在寺观，故合于一官，今乃析为两处，则銮舆酌献，分诣礼繁，四也；夫孝贵宁神，自奉安于显庆殿，既安且久，不宜轻动，五也。"（宋人陈均《皇朝编年纲目备要·哲宗皇帝》）陈瓘指责蔡京"矫诬"，假托君命胡作非为，蔡京对其恨之入骨，一贬再贬。景灵西宫于建中靖国元年（1101）落成，成为徽宗时期重要的祭祀活动场所，御街东侧的景灵旧宫改称"景灵东宫"。

第二句"第三日毕，即游幸别宫观或大臣私第"，"游幸别宫观"符合礼制，"游幸大臣私第"却违背祖制。《宋史·礼志十六》中有"游观"，规定"天子岁时游豫，……大祀礼成，则幸太一宫、集禧观、相国寺恭谢，或诣诸寺观焚香，或至近郊阅武、观稼"，虽说"其事盖不一焉"，却绝不曾说皇帝可以游幸"大臣私第"。孟元老于南郊大礼之后"择日诣诸宫行谢"标题下，写徽宗"游幸大臣私第"，并非单纯叙事，而是暗讽其微服出游的荒唐之举。

北宋享国一百六十七年，共有九位皇帝，微服游幸大臣私第者，有太祖、太宗和徽宗三位皇帝，两位祖宗是出于政治目的，徽宗则完全为了个人享乐。一般认为，徽宗自政和年间（1111—1118）开始微服私幸臣邸，游戏宫外，并设行幸局，专门为其微行提供各项服务，甚至为其编造生病等理由不上朝。徽宗私幸大臣府第，仅见于《宋史·徽宗本纪》者，就有政和六年（1116）八月丁亥"幸蔡京第"、宣和元年（1119）九月癸亥"幸道德院观金芝，遂幸蔡京第"、宣和五年（1123）十一月丙寅"幸王黼第观芝"等，甚至在王黼家喝到酩酊大醉，不省人事。徽宗一年之中四度临幸蔡京家的鸣銮堂，蔡京作《鸣銮记》，有"轻车小辇，七赐临幸"之语，邸报传播，四方尽知。蔡京长子蔡攸劝徽宗说："所谓人主，当以四海为家，太平为娱，岁月能几何，岂徒自劳苦！""上纳其言，遂微行都市，妓馆、酒肆,亦皆游幸"(《续资治通鉴长编拾补·徽宗宣和元年》),朝士大夫为之寒心,却罕有敢进谏者。

"第三日毕,即游幸别宫观或大臣私第",从祭天谢祖时一本正经的恭敬虔诚,到微服游幸时的放荡任性,一个"即"字,写出徽宗角色转换之快,孟元老平淡冷静的叙事,真堪称是"微而显,志而晦,婉而成章"(《左传·成公十四年》)。

第三句"是月,卖糍糕、鹑、兔方盛",表面是写冬月节物,实则仍然在说宗庙祭祀。按照宋代礼制,太庙有"荐新"之礼,京都新物,要按时荐献于祖宗灵前,孟冬之月正宜选新兔荐献,糍糕也是习俗中冬至日祭祖的食物。

孟元老以极平静的口吻,摆出三个极简单的句子,呈现恭谢祖宗、微服游幸、荐献时新三个主题,仿佛用蒙太奇手法,在镜头切换中展现变形的画面,画面之下隐藏的内容,正是他所不能直言者。

驾还内,择日诣景灵东、西宫,行恭谢之礼三日[1]。第三日毕,即游幸别宫观或大臣私第[2]。是月,卖糍糕、鹑、兔方盛[3]。

【注释】

[1]择日诣景灵东、西宫,行恭谢之礼三日:景灵宫是北宋朝廷供奉太祖以下帝王后妃御容的宫观,在宣德楼前御街两侧,分东、西二宫。郊祀之后诣景灵宫向列祖列宗行恭谢之礼,是报成之意。

[2]即游幸别宫观或大臣私第:游幸,帝王或后妃出游。别宫观,这里并非通常所说的"离宫别观",而是指佛寺道观。重和二年(1119)正月初八,徽宗手诏,令寺院"其服饰、其名称、其礼、其言,并改从中国,佛号大觉金仙,余为仙人、大士之号。僧称德士,寺为宫,院为观,即住持之人为知宫观事。不废其教,不害其礼而已"(《宋

大诏令集》）。此句应该并非单纯叙事，而是含有讽意。徽宗游幸大臣私第完全是为了个人享乐。《续宋编年资治通鉴》详记其"幸王黼第观芝"、喝到酩酊大醉的荒唐经过："黼专结梁师成，既为相，再赐第于城西，开便门，与师成宅对街，以相往来。及燕山告功，黼益得志，乃妄言家之屏风生玉芝，请上临幸。上既临黼第，又自便门过师成家，复来黼家驻跸，因观芝。黼自出传旨及赐命，放散侍从百官。于是禁卫诸班直争愿见上始谢恩，不肯散，因大讧讻。师成、谭稹乃扶持上出抚谕之，诸班直稍定，已而复入。夜漏下五刻，乃开过龙德复道小墙（所谓'鹿寨门'者）以还，内官十余人，执兵卫之而去，三衙卫士无一人得入者。是夜，诸班禁从皆集教场，备不虞，殆半日，人心始安。"《宋史全文•宋徽宗》引南宋初年宰相朱胜非之语："上皇自政和以来，为微行，每出，乘肩舆，并无呵卫，前后数内臣导从，而民间指目为'小轿子'。置行幸局，主供帐、饮膳等。局中人遇出，即称'有排当'；次日不归，即传旨称'疮痍，不坐朝'。阁门等处日有探候，闻有排当，即知必出；闻不坐朝，即知不归，卒以为常。始犹外人未尽知，因蔡京草表，云'轻车小辇，七赐临幸'，邸报传，四方尽知之矣。"由于"车驾轻出，朝士大夫寒心，莫敢言者"（《宋史全文•宋徽宗》），宣和元年（1119）秘书省正字曹辅独慨然上书，谏徽宗勿微行游幸。徽宗不仅未接受谏言，还严令宰执大臣责问曹辅，最后朝廷下令免去曹辅官职，将其编管郴州。

③是月，卖糍糕、鹑、兔方盛：糍糕，即糍粑，一种用糯米蒸制的食品。十一月之所以卖糍糕、鹌鹑和野兔生意兴隆，应该缘于习俗上冬至日以这些物品祭祖。《周礼•天官•笾人》："羞笾之实，糗饵、粉糍。"注："此二物皆粉稻米、黍米所为也。合蒸曰'饵'，饼之曰'糍'。"古代有以糍糕祭祀鬼神的习俗，南戏《张协状元》第十出中，山神道白："吾住五鸡山下，……祭吾时多是豆粽糍糕。"《张

协状元》可能创作于南宋嘉定年间（1208—1224）。南宋末年的舒岳祥也有"大麦炊糍先祭祖，小麦作饼赛田神"的诗句，说明糍糕祭神在南宋非常流行，北宋开封亦应有此习俗。《文献通考·宗庙考七》中则说，唐玄宗开元二十四年（736）敕："宗庙祭享，笾豆宜加獐、鹿、鹑、兔、野鸡等料，夏秋供腊，春冬供鲜。"

【译文】

天子返回宫内，选择吉日前往景灵东宫、景灵西宫，行恭谢之礼，一共三天。第三天礼毕，皇帝就去游幸道观或者大臣的私第。本月，京城中卖糍糕、鹌鹑、野兔等物品的生意十分兴隆。

十二月

【题解】

"十二月"是一年中的最后一个月，也是孟元老以一个普通东京人的身份，最后回望承平年代的城市繁华：街市上，叫卖着各种熟悉的应季食品；佛寺里，在举办浴佛会，分送腊八粥，这一习俗也影响到了民间；寺院开始为上元灯节做着准备，闾巷人家纷纷为这个即将到来的璀璨节日送上灯油钱；景龙门外，预赏元宵的灯火，已经照亮了一方街区；二十四日交年，人们念经送神，用各种宗教仪式为来年祈福；每一个下雪的日子，都是宴饮聚会的理由；除夜用到的各类物品，早已摆满了街市；即使是最贫穷者，也能在这个充满情谊的城市里找到自己的生存方式，他们用"打夜胡"的滑稽热闹外表掩盖辛酸与悲伤，给自己找一份营生，也为城市添一分喜乐。十二月，是芸芸众生满怀希望的日子，他们安于这座四方的城，"美哉轮焉，美哉奂焉。歌于斯，哭于斯，聚国族于斯"（《礼记·檀弓下》）。他们祈盼冬去春来，岁岁年年。

十二月，街市尽卖撒佛花[①]、韭黄[②]、生菜[③]、兰芽[④]、勃荷[⑤]、胡桃[⑥]、泽州饧。初八日，街巷中有僧尼三五人，作队念佛[⑦]，以银铜沙罗或好盆器[⑧]，坐一金铜或木佛像，浸以香水，杨枝洒浴[⑨]，排门教化[⑩]。诸大寺作浴佛会，并送七宝五味粥与门徒^⑪，谓之"腊八粥"。都人是日各家亦以果子、杂料煮粥而食也。腊日^⑫，寺院送面油与门徒^⑬，却入疏教化上元灯油钱^⑭。间巷家家互相遗送。

【注释】

①撒佛花：撒到佛像上的花，应指礼佛的假花之类。撒花，也作"散花"。撒花礼佛的习俗，与《维摩诘经》中记载的"维摩演教"故事有关：维摩诘是佛典中现身说法、长于辩才的人物。有一次维摩诘称病，释迦牟尼派弟子前去探望，弟子怕辩论不过，不敢前往，结果文殊菩萨去了。维摩诘在接见文殊之时，"维摩诘室有一天女，见诸天人闻所说法，便现其身，即以天华散诸菩萨、大弟子上。华至诸菩萨，即皆堕落，至大弟子，便着不堕。一切弟子神力去华，不能令去"。众人诧异万分，天女曰："结习未尽，固花着身；结习尽者，花不着身。"维摩诘趁此宣扬大乘佛义，视万物皆空。（《维摩诘经•观众生品》）北宋著名画家李公麟的《维摩演教图》即取材于此，描绘维摩诘向文殊宣讲大乘教义，画幅中部绘天女故意往大弟子舍利弗身上撒沾衣不坠的花瓣，令躲闪不及的舍利弗连忙振衣抖拂之状。"散花"成为礼佛仪式，《涅槃经》中说"如来闻维讫，收舍利罂置金床上。天人散花奏乐，绕城步步撚灯十二里"。《魏书•释老志第二十》载："世祖初即位，亦遵太祖、太宗之业，每引高德沙门，与其谈论。于四月八日，舆诸佛像行于广衢，帝亲御门楼，临观散花，以致礼敬。"宋代撒花礼佛习俗也十分盛行，称为"撒佛花"，然而放到金人灭亡北宋的背景下重新回看，或有不祥之意。南宋顾文荐《负暄杂录》："近者北兵侵犯城郭，于民间索金银等物，谓之'撒花'，不晓其义，盖夷狄以此为重礼。昔国朝三佛齐、注辇国遣使来朝贡，见于延和殿，其使胡跪于地，先撒金莲花，其次真珠、龙脑，布于御座前，谓之'撒殿花'。初至

阙，先具呈请诏，许之，方施此，亦所以重中国也。'撒花'之名，盖说有自来矣。"南宋宫廷琴师汪元量在宋朝灭亡后曾被迁往大都侍奉元主，晚年出家为道，终老湖山之间，所作《醉歌》中亦有"北师要讨撒花银，官府行移逼市民"之语。据元史专家韩儒林考证，蒙古语中的"撒花"为波斯语的音译，意为"礼物"。北宋人所说"撒佛花"的来源，尚不可知。

② 韭黄：冬季培育的韭菜，颜色浅黄，嫩而味美，是蔬菜中的上等佳品。据目前所见文献，韭黄在北宋中期已出现在大众餐桌上。北宋诗人梅尧臣有《闻卖韭黄蓼甲》诗，诗中说"百物冻未活，初逢卖菜人。乃知粪土暖，能发萌芽春"，生活年代稍晚的黄庭坚有写食笋的诗，首四句说"韭黄照春盘，菰白媚秋菜。惟此苍竹苗，市上三时卖"，"苏门四学士"之一的张耒《春日》诗中也有"如丝苣甲钉春盘，韭叶金黄雪未干"之语，可知北宋时期韭黄是冬季和初春的蔬菜，应是由于北方冬季寒冷、主要在室内培植的缘故。高宗绍兴十三年（1143）曾任嘉州知州的何麟，有"梁山韭黄妙天下，玉箸金钗盈大把"之语，则是追怀南渡之前妙绝天下的梁山韭黄。

③ 生菜：唐宋人提到"生菜"，多与立春时节相关，且常与春饼搭配食用，叶子细长，为青绿色，并非泛指"可以生吃的蔬菜"，而是特指某种冬春时节的蔬菜，可能指莴苣，叶子切成细丝装盘。比如唐人杜甫《立春》诗中有"春日春盘细生菜，忽忆两京梅发时"，北宋苏辙于元祐五年（1090）出使契丹，正月初十南归途中写下"经冬舞雪长相避，屈指新春旋复生。想见雄州馈生菜，菜盘酪粥任纵横"的诗句，南宋章甫《春日呈韩文》诗中有"玉盘生菜乱青丝，三岁公家吃春饼"。此外还有南宋项安世《立春前一日书事》"旋烘寒饼缠生菜，想见家贫忆路贫"、南宋末年虞俦《和汉老弟立春》"生菜玉纤能细缕，大家醉赏满盘春"等诗句。欧阳修《归田录》记北宋初年名臣杨亿轶事：杨亿告诫门人"为文宜避俗语"，自己

写的表文中有"伏惟陛下,德迈九皇"之语,"德迈九皇"谐意"得
卖韭黄",门人郑戬问:"未审何时得卖生菜?"杨亿笑而改之。韭
黄、生菜相提并论,是宋初人的生活场景。

④兰牙:兰的嫩芽。北宋司马光《春贴子词·皇太后阁》中有"脍肉
纷银缕,兰牙簇紫茸。太官遵旧俗,岁岁与今同"之语。

⑤勃荷:即薄荷。始见于《唐本草》。北宋苏颂《本草图经》:"薄荷,
旧不著所出州土,而今处处皆有之。茎叶似荏而尖长,经冬根不
死。夏秋采茎叶暴干。古方稀用,或与薤作虀食。近世医家治伤风、
头脑风、通关格,及小儿风涎,为要切之药,故人园庭间多莳之。"

⑥胡桃:即核桃。

⑦作队:结伴成列。

⑧沙罗:亦作"沙锣",一种打击乐器。《通典》:"自宣武已后,始爱
胡声。洎于迁都,屈茨琵琶、五弦、箜篌、胡篳、胡鼓、铜钹、打沙罗、
胡舞,铿锵镗鞳。"说的是北魏孝文帝之子宣武帝引入诸种胡乐,
其中"打沙罗"就是铜锣。铜锣自北魏传入中原,译作"沙罗"或"钞
锣"等,除用于奏乐,战时也以之为收兵信号。唐末及五代战事频
繁,军中无暇讲究,因沙锣形状如洗,军伍中常用其充当盆洗。《十
国春秋》中记载,吴国先主王行密常用沙锣盥漱:"常遇王起盥漱,
右手擎沙锣,可百余两,实水其中以洗项。"后梁皇帝赠给蜀王建
的礼品名目中有"银棱秘色钞锣二面",北宋元丰年间(1078—
1085)高丽国使者来中国进贡,贡品中也有"金钞锣一面"。南宋
赵彦卫《云麓漫抄》曰:"今人呼洗为'砂锣',又曰'厮锣',凡国
朝赐契丹、西夏使人皆用此语。究其说,军行不暇持洗,以锣代
之。"盆器:指盆一类的器皿。

⑨杨枝洒浴:用柳枝浸在香水中,将香水洒在佛像身上,即下文所说
的"浴佛会"。佛教以杨枝水为能使万物复苏的甘露。《晋书·佛
图澄传》:"(石)勒爱子斌暴病死。……澄取杨枝沾水,洒而咒之,

就执斌手曰:'可起矣!'因此遂苏。"

⑩排门:挨家逐户。教化:应指僧尼借宣教来化缘,引申出"行乞""乞
讨"之意,如《敦煌变文集·维摩诘经讲经文》"有心凭机以呻吟,
无力丈梨而教化",元代郑廷玉《看钱奴》第三折:"大清早起,利市
也不曾发,这两个老的就来教化酒吃,被我支他对门讨药去了。"

⑪七宝五味粥:七宝,是佛教用语,也称"七珍",具体所指哪七种珍
宝,不同经书所译各不尽同,大概泛指金银珠宝之类。应用到粥,
概称以各种食材合成之物,未必定指哪七种食料。门徒:拜僧尼
为师的施主。

⑫腊日:古时腊祭之日,即十二月初八日。先秦时期我国一些地方
已有腊祭习俗,节期在腊月,具体日期并不固定。"腊"的古字是
蜡(zhà),《礼记·郊特牲》中说:"蜡也者,索也。岁十二月,合聚
万物而索飨之也。"即年终祭祀的蜡祭是将所有收获物品敬献于
祖先和神灵,祈求丰收和吉祥。汉代史书中有了民间情况的记载:
"腊者,岁终大祭,纵吏民宴饮。"(东汉蔡邕《独断》)南北朝时期,
把冬至后第三个戌日定为"腊日",南方有些地方则确定在十二月
八日,"村人并击细腰鼓、戴胡头及作金刚力士以逐疫,沐浴转除
罪障"(南朝梁代宗懔《荆楚岁时记》)。

⑬面油:唐宋时期的腊日节物,是将生药、香料掺入油脂中制成的面
膏之类,可以预防面部皮肤因寒冻而皲裂。唐人称为"面药"。由
于珍贵难得,唐宋时期皇帝常在腊日赏赐大臣。杜甫《腊日》诗
中有"口脂面药随恩泽,翠管银罂下九霄";邵说则有《谢赐新历
日及口脂面药等表》,其中说"伏奉某月日墨诏,赐臣新历日一通,
并口脂、面药、红雪、紫雪等"。到了宋代,庞元英《文昌杂录》中
记载宋太宗制面油之事,"今谓面油为'玉龙膏'。太宗皇帝始合
此药,以白玉碾龙合子贮之,因以为名";北宋初期著名谏臣田锡
《和宋太玄腊日》诗中有"口脂润逐银罂赐,面药香随钿合开"之

语。北宋时期,面油应该逐渐普及到民间,成为腊日赠送亲朋好友的礼物,南宋赵蕃有《以湖州酥、秀州木犀面油、太和石本观音像送莫万》诗,酥饼、面油、观音像成为腊日礼物套装。

⑭却:再。疏:疏引,僧道募化时的简短说明文字;或僧道募化用的簿册。上元:元宵节。

【译文】

十二月,京城街市上到处都在卖撒佛花、韭黄、生菜、兰芽、薄荷、胡桃、泽州饧。初八日,街巷中有僧侣尼姑,三五人一伙,结队念佛,用镀银的铜沙罗或上好的盆器,安放一座金铜或木头制成的佛像,浸在香水中,用柳枝蘸着香水,为佛像洒浴,挨家挨户化缘。京城各大寺庙都举行浴佛会,并送七宝五味粥给门徒,叫"腊八粥"。京城之人这一天各家各户也都用各种果子、杂料煮粥吃。腊日这一天,寺院送面油给门徒,然后再送上募化疏簿,化上元灯节所用的灯油钱。间巷之间,家家户户互相馈赠礼物。

是月,景龙门预赏元夕于宝箓宫,一方灯火繁盛①。二十四日交年,都人至夜请僧道看经②,备酒果送神③,烧合家替代钱纸,贴灶马于灶上④,以酒糟涂抹灶门⑤,谓之"醉司命"⑥。夜于床底点灯,谓之"照虚耗"⑦。

【注释】

①一方:一处,一带地方。

②看经:即诵经,称"看经"应为宋人习语。南宋薛嵎《悼张寺丞》中有"夫人扶疾秋窗下,深夜看经带哭声",连文凤《湖上》诗中有"几处王孙芳草地,胡僧相对坐看经"。

③送神:原在人间监察人们言行善恶的灶神与其他诸神,人们将其一年一度地送回天庭,让其向玉皇上帝禀报人间善恶,以定来年

人们的吉凶祸福。

④灶马：木刻印刷在纸上的灶神像。唐人段成式《酉阳杂俎》："俗言灶有马，足食之兆。"清代编纂的《日下旧闻考·风俗》引《月令广义》："燕城俗，图灶神镂于木，以纸印之，曰'灶马'，士民竞鬻，以腊月二十四日焚之，为送灶上天。"

⑤酒糟：米、麦、高粱等酿酒后剩余的残渣。《续资治通鉴长编》记真宗天禧元年（1017）正月，"令京东西、河北、陕西、淮南、江、浙灾伤州军，出榷务酒糟济贫民"。

⑥司命：掌管命运的神。

⑦照虚耗：唐宋时期流行的风俗，可能是古代驱傩打虚耗的一种变化形态。虚耗是古代传说中使人变穷的鬼。这种鬼怪可能由来已久，东汉张衡《东京赋》写到东都洛阳的驱傩，有"残夔魖与罔像"，注"魖，耗鬼也"。唐人慧琳《一切经音义》："虚耗，鬼也。《异苑》曰：'虚耗鬼，所至之处，令人损失财物，库藏空竭。'"

【译文】

这个月，景龙门在宝箓宫前点起元宵节的灯火，提前供人观赏，景龙门一带灯火繁盛。二十四日交年，京城中人到了夜间，请僧人、道士诵经，备办酒水、果子送神，烧全家替代纸钱，将灶马贴在灶上，用酒糟涂抹灶门，称为"醉司命"。夜间在床底下点灯，称为"照虚耗"。

此月虽无节序，而豪贵之家遇雪即开筵①，塑雪狮②，装雪灯、雪□，以会亲旧。近岁节，市井皆印卖门神、锺馗③、桃板④、桃符⑤，及财门钝驴⑥、回头鹿马⑦、天行帖子⑧。卖干茄瓠、马牙菜⑨、胶牙饧之类⑩，以备除夜之用。自入此月，即有贫者，三数人为一火，装妇人、神鬼，敲锣击鼓，巡门乞钱，俗呼为"打夜胡"，亦驱祟之道也⑪。

【注释】

①豪贵之家遇雪即开筵：遇雪开宴，宋人诗文中多有描写。本书曾经提到的"桐树子韩家"的韩维有《筵上遇雪赠人》，诗中说"前贤遇雪方乘兴，何况雪飞欢兴时。自古难并惟美景，人生不饮是痴儿"，写出了这种盛况与心理。中国古代以农业立国，瑞雪兆丰年，唐宋时期每逢降雪，常有群臣向皇帝贺雪，唐人朱庆馀《早发庐江途中遇雪寄李侍御》有"遥知将吏相逢处，半是春城贺雪归"。宋人马纯《陶朱新录》中说："蔡京作相，大观间，因贺雪，赐宴于京第。"宋徽宗《宫词》其四也记遇雪赐筵臣工："残腊长空欲雪天，须臾盈尺兆丰年。爕调都在臣工力，遣使荣颁两府筵。"

②塑雪狮：用雪堆出狮子的形状，这种习俗应与狮子在佛教中占有重要地位有关，早期佛教选用狮子作为佛陀释迦牟尼的象征。北宋张耒有《戏作雪狮绝句》："六出装来百兽王，日头出后便郎当。争眉霍眼人谁怕，想你应无熟肺肠。"南宋胡仲弓有《宫词》，写宫中女子塑雪狮的情景："瑶花飞处忆瑶姬，一日倾杯十二时。青玉案前呵冻手，推窗自塑雪狮儿。"太祖四子秦王赵德芳八世孙赵希逢的《和雪狮儿》诗："雪狮塑出对琼卮，玉笋纤纤露手儿。掩口樽前还笑我，指头皴破作霜皮。"塑雪狮者也是女子。

③锺馗：道教中能打鬼驱邪的神，旧时中国民间常挂锺馗神像辟邪除灾。据说他本是唐玄宗时人，铁面虬鬓，相貌奇异，却才华横溢、满腹经纶，因为貌丑不能为官，怒撞宫殿台阶而死，在阴间从事捉鬼之事。然锺馗信仰可能起源更早。北宋沈括在《梦溪笔谈》中说，他曾见过一幅唐代吴道子所绘锺馗像，卷首有唐人题记，题记末尾说，唐玄宗在吴道子锺馗像后批示"因图异状，颁显有司。岁暮驱除，可宜遍识，以祛邪魅，兼静妖氛。仍告天下，悉令知委"。生活在北宋中期的李廌著有《德隅斋画品》，书中涉及多种以锺馗为题材的绘画，包括后蜀石恪的《鬼百戏图》、宋代孙知微的《雪

锺馗》等。李廌评论孙知微的《雪锺馗》:"破巾短褐,束缚一鬼,荷于担端,行雪林中。想见武举不第,胸中未平,又恐鬼物扰人,擒捕击搏,戏用余勇也。"

④桃板:亦作"桃版"。《荆楚岁时记》:"正月一日……造桃板著户,谓之'仙木'。"据说桃木有压邪驱鬼的作用。

⑤桃符:五代时在桃木板上书写联语,其后书写于纸上,称为"春联"。《说郛》引《荆楚岁时记》:"正月一日……帖画鸡户上,悬苇索于其上,插桃符其傍,百鬼畏之。"唐人韦璜《赠嫂》诗:"案牍可申生节目,桃符虽圣欲何为。"北宋王安石《元日》:"爆竹声中一岁除,春风送暖入屠苏。千门万户曈曈日,总把新桃换旧符。"

⑥财门钝驴:旧时一种剪刻而成的印刷品,新年贴于门上,用以招财。伊永文《东京梦华录笺注》中说:"东京市民装铜钱什物口袋,多置放于驴背,《清明上河图》虹桥可见。故坊间印制'财门钝驴'年画。"

⑦回头鹿马:伊永文《东京梦华录笺注》中说:"袁景澜《吴郡岁华纪丽》引《杂志》云:'后世多画将军、朝官、复加爵、鹿、蝠、喜、宝马、瓶鞍之状,皆取美名,以迎嘉祉。'以此释'回头鹿马',则知宋将军年画品种颇多矣。"

⑧天行帖子:似指写有祝辞的帖子。

⑨马牙菜:即马齿苋。一年生草本植物,茎平卧,伏地铺散,叶片扁平肥厚,似马齿状。全草供药用,有清热利湿、解毒消肿作用,嫩茎叶可作蔬菜。

⑩胶牙饧:用麦芽制成的糖,食之粘牙,故名。旧俗常用作送灶时的供品。

⑪驱祟:驱逐鬼祟。

【译文】

此月虽然没有节序,然而富豪权贵之家,遇到雪天就会摆开筵席,塑雪狮子,装上雪灯、雪□,会见亲朋故旧。临近年节,街市处处印制出卖门神、锺馗、桃板、桃符以及财门钝驴、回头鹿马、天行帖子。还有卖干茄瓠、马牙菜、胶牙饧之类的食品,以备除夕夜晚之用。自从进入这个月,就有贫穷之人,三五人为一伙,装扮成妇人、神鬼,敲锣击鼓,沿门乞讨钱物,民间称之为"打夜胡",也是驱逐鬼祟的一种方式。

除夕

【题解】

"除夕"是本书最后一条，从内容上看，详记禁中呈大傩仪，略写民间的守岁之俗。

"除夕"之"除"，意为"改变，变换"。除夕是一个特殊的夜晚，一个周期行将结束，新的周期将在夜半时分开始。对于远古时期的人们来说，这样的转换时刻，充满了危险与不确定性。除夕风俗，源于驱鬼卫凶。东汉应劭《风俗通义》中说："谨按《黄帝书》：'上古之时，有荼与郁垒昆弟二人，性能执鬼，度朔山上，立桃树下，简阅百鬼，无道理，妄为人祸害，荼与郁垒缚以苇索，执以食虎。'于是县官常以腊除夕，饰桃人，垂苇茭，画虎于门，皆追效于前事，冀以卫凶也。"据此可知，"除夕"大概起源于某种驱鬼逐疫的宗教仪式。

先秦时期，逐疫疠凶恶的原始祭礼演变为傩仪。《周礼·夏官》中有"方相士驱疫"："方相士，掌蒙熊皮，黄金四目，玄衣朱裳，执戈扬盾，帅百隶而时难（傩），以索室驱疫。"《续汉书·礼仪志》记载汉代宫廷大傩仪："中黄门年十二以下百二十人为侲子，赤帻皂裳，方相氏引逐禁中。帝御前殿，黄门侲子唱和，呼十二神，鼓噪炬火，逐疫出端门。五营骑士传火，弃洛水中，设桃梗郁垒，出土牛于丑地，以送寒气。"汉代宫廷大傩仪仍由方相氏主祭，一百十二名年轻宦官（侲子）助祭，在宫中举火唱和，逐疫出宫门,由骑兵接力传递火把,丢弃到洛水中。

这一仪式自南北朝而传至隋唐,《新唐书·礼乐志六》所载"大傩之礼",在汉代宫廷傩仪基础上有所发展:侲子不再限于黄门,年龄放宽到十六岁,戴假面;另有执事、工人等,其中人一为方相,假面,黄金四目,蒙熊皮,黑衣、朱裳,右执楯;一人为唱帅,假面,皮衣,执棒;有鼓、角等鼓吹乐队,有巫师二人。这些人列队入宫,逐疫鬼于禁中,方相氏执戈扬楯唱傩歌,侲子和唱,其辞曰:"甲作食殃,胇胃食虎,雄伯食魅,腾简食不祥,揽诸食咎,伯奇食梦,强梁、祖明共食磔死寄生,委隋食观,错断食巨,穷奇、腾根共食蛊。凡使一十二神追恶凶,赫汝躯,拉汝干,节解汝肉,抽汝肺肠,汝不急去,后者为粮!"十二神都有了名字,对疫鬼进行"专杀",整个场面杀气腾腾,言辞之间也对疫鬼极尽恐吓。不过,唐代宫廷中实际应用的大傩仪,可能已经融入歌舞表演等元素,王建《宫词》中就说:"金吾除夜进傩名,画袴朱衣四队行。院院烧灯如白日,沉香水底坐吹笙。"笙类细乐似乎已经冲淡了鼓、角之声。

北宋中期以前,宫廷傩仪应该仍是继承唐、五代以来的"方相侲子驱傩",徽宗政和三年(1113)修订《政和五礼新仪》,"大傩仪"几乎原文照抄《新唐书》"大傩之礼",就是明证。孟元老所记录的徽宗朝宫廷大傩仪,却与礼书记载有很大不同:进入禁中驱祟者是皇城亲事官和禁军,皆戴假面,着绣画色衣,执金枪龙旗;此前主导逐疫仪式的方相子被教坊使扮演的将军取代,还出现了门神、判官、锺馗小妹、土地、灶神之类新角色,总共多达千余人。这种"千人假面埋祟"仪式,是宫廷大傩仪登峰造极的发展,南宋虽然继承了这一形式,规模已然缩小;南宋灭亡后,傩礼再也没有出现在国家正式礼制之中。

两宋之际,正史、笔记中留下许多宫廷鬼祟妖异的记载,比如《邵氏闻见录》"宣和末,鬼车沥血于福宁殿庭,又有狐登御坐,又内殿砖砌上忽有积血,遽拭之,复出;去砖,亦出;发地,亦出,至废其殿";王明清《玉照新志》则说,宣和末年,宫中有人迹罕至的水殿,忽报池面莲花盛开,异常美丽，徽宗携嫔御阉宦数十人前往观花。既至，有妇人俯首凭栏，貌似熟睡，乌发如云，素颈粲玉，呼之不应。徽宗以所执玉麈微触之，"愕然而起，回首，乃一男子，须鬓如棘，面长尺余，两目如电，极为可畏"，在众人惊愕中转眼不知去向。王明清《挥麈后录》又说："元符末，被廷讹言崇出。有茅山道士刘混康者，以法箓符水为人祈禳，且善捕逐鬼物。上闻，得出入禁中，颇有验。"刘混康由此受到徽宗宠幸，建议徽宗在京城东北一带叠筑高山，"当有多男之祥"，果然应验，"上甚以为喜，繇是崇信道教，土木之工兴矣。一时佞幸因而逢迎，遂竭国力而经营之，是为艮岳"。

"禁中讹言崇出"成为一种引人注目的现象，被认为是徽宗困竭国力、兴建艮岳的起因，被认为是京城失守、二圣北狩的预兆。在这个背景下，宣和年间禁中呈大傩仪，"埋崇"于南薰门外，是遵循礼俗，是变相娱乐，还是真正想要埋葬挥之不去的恐惧？孟元老说，我只见过这种仪式，并不知道个中原由。

　　至除日①，禁中呈大傩仪②。并用皇城亲事官、诸班直，戴假面，绣画色衣③，执金枪龙旗。教坊使孟景初身品魁伟④，贯全副金镀铜甲⑤，装将军。用镇殿将军二人，亦介胄，装门神。教坊"南河炭"丑恶魁肥⑥，装判官⑦。又装锺馗小妹⑧、土地⑨、灶神之类⑩，共千余人，自禁中驱崇，出南薰门外转龙弯，谓之"埋崇"而罢。是夜，禁中爆竹山呼，声闻于外。士庶之家围炉团坐，达旦不寐⑪，谓之"守岁"⑫。

【注释】

①除日：除夕。

②呈：兼有"安排"与"敬献"之义。《东京梦华录》一书中"呈"字多指在神灵或御前展现某种仪式或表演形式。"大傩仪"在古代

属于宫廷礼仪,也是"五礼"中的"军礼"之一,"呈"字应接近"安排某种仪式敬献"之意。大傩仪:傩,本义是举止到位,行动有节度,衍生出"使退却"之义。傩起初是一种原始祭礼,却逐疫疠凶恶,逐渐演变成国家主持的禳祭仪式,定期举行。北宋徽宗时期所修《政和五礼新仪·军礼》中有"大傩仪",与唐代基本相同:(1)先期准备:"前一日,所司奏闻侲子(选年十二以上、十五以下充)着假面,衣赤布袴褶。二十四人为一队,六人作一行,凡四队。执事者十二人,着赤帻、褠衣、执鞭。上人二人,其一着假面,黄金目,蒙熊皮,元衣朱裳,右执戈,左扬楯;其一为唱帅,着假面,皮衣,执捧。鼓角各十,合为一队,队内有鼓吹令一员、太卜令一员,各监所部,坐。巫帅二人(令以下皆服手巾、帻、袴褶),太祝一员。有司预备每门雄鸡及酒,陈于宫城正门、皇城诸门,磔禳设祭。执事者开瘗坎,各于皇城中门外之右方,深取足容物。"(2)仪式前的准备:"先一日之夕,傩者各赴集所,具器服,依次陈布以俟。其日未明,诸卫依时刻勒所部屯门,列仗入陈于阶,如常仪。鼓吹令帅傩者案于宫门外。"(3)宫中驱疫:"内侍诣皇帝所御殿前奏'侲子备,请逐疫',奏讫出,命内侍伯六人,分引傩者于宫门以次入,鼓噪以进,执戈扬楯,唱帅、侲子和曰:'甲作食凶,胇胃食虎,雄伯食魅,腾简食不祥,览诸食咎,伯奇食梦,强梁、祖明共食磔死、寄生,委随食观,错断食巨,穷奇、腾根共食蛊。'凡使一十二神追恶鬼,曰:'赫汝躯!拉汝干!节解汝肉!抽汝肺肠!汝不急去,后者为粮!'周呼讫,前后鼓噪而出,诸队各取门,出郭而上。"(4)宫外磔禳:"初,傩者将出,太祝布神席当中门,南向。出讫,宰人帅执事者副牲旁磔之。神席之西,藉以席地。北首,执事酌酒,太祝受而奠之,祝史持版于座右,跪读祝文。读讫,兴。奠版于席,乃举牲并酒瘗坎讫,退(其内侍伯导引出门外止)。"

③色衣:彩色衣服。

④身品：身材躯干。北宋宋敏求《春明退朝录》："（迩英）阁后有隆儒殿，在丛竹中，制度特小。王原叔久在讲筵而身品短，同列戏之曰：'宜为隆儒殿学士。'"

⑤贯：穿戴。金镀：镀金。

⑥教坊"南河炭"：教坊艺人，"南河炭"应系绰号，大约形容其面黑貌丑。南河，是北宋人对汴河的称呼，或因其在开封旧城南部穿城而过，或因其是东南方向的黄金水道。北宋文同有《积雨》诗："京师值积雨，浮淖皆满城。况当淘决时，左右罗深坑。有客南河居，旦夕堤上行。病仆挟羸马，十步八九倾。职事有出入，长抱落胆惊。"开封暴雨成灾，街道涨水，这位居于"南河"之"客"（应是文同自己）艰难跋涉赶去北面的政府机构上班，狼狈不堪。北宋之人离京前往东南方向，汴河是必由之路，诗文中也屡见以"南河"代指，比如因反对王安石新法而外放杭州做知州的陈襄，有《简子容》诗："同馆分飞来右浙，一麾潇洒出南河。琴书满榻王常在，不独西湖胜赏多。"苏辙《送韩康公归许州》诗中也有"朝为北阙辞，莫犯南河冻"之语。《东京梦华录》中提到州桥（汴河与御街交叉处）以南，街东有"车家炭"，还有"州桥炭"，可知汴河州桥以南应为京中卖炭之处，这位"丑恶魁肥，装判官"的教坊艺人因而得了"南河炭"的绰号。丑恶魁肥：相貌丑陋，高大肥壮。

⑦判官：冥府判官，传说中阴间的官员，判处人的轮回生死，奖善惩恶。

⑧锺馗小妹：指锺馗之妹，民间有"锺馗嫁妹"的传说。锺馗信仰由锺馗捉鬼到锺馗嫁妹，内容丰富，题材扩展，锺馗形象更加世俗化、人情化。据《宣和画谱》载，五代时期的周文矩、石恪、黄荃等人，均画过"锺馗氏小妹图"，可见锺馗嫁妹故事由来甚早，徽宗宣和年间（1119—1125）的画院待诏苏汉臣也有《锺馗嫁妹图》。宋末元初画家龚开的《中山出游图》画幅中段描绘锺馗之妹及其侍从，锺馗小妹坐在檐子上，头戴冠饰，耳朵上有珠串耳环，身着

高腰线交领曳地长裙。

⑨ 土地：指土地神。《礼记·郊特牲》中有"社祭土"，土地是上古时期社祭的对象。大约在殷商时期出现以木制成的"社主"，成为神格化的土地神灵，《礼记·郊特牲》所谓"社者，所以神地之道也"。周代土地神进一步人格化为"后土"，常与皇天并祀，《尚书·周书·武成》中说"告于皇天后土"。《文献通考·郊社考九》中说，汉文帝初，祭地祇以高帝配。汉平帝时，祭北郊以高后配。此后，以历代帝王或王后配祀后土成为一种定制，后土成为与皇天对应的大地神，是皇权的象征。魏晋到隋唐时期，人鬼与土地神信仰逐渐混融，土地神出现世俗化的形象。唐宋时期，土地神成为地方监护型神祇，可以消灾祛疾、护境安民、赏善罚恶、沟通人神，甚至还有生财、保护文士等功能。

⑩ 灶神：古代民间信仰的神灵，供于灶上的神，监督人家的善恶，岁末呈报上天。灶神原型说法不一，有火神炎帝、祝融、黄帝等说法，也有许多凡人成为灶神的传说。灶神在历史演变中，从最初的掌管饮食之神，逐渐发展为"司命之神"和"一家之主"，主宰一家人的寿夭祸福，灶神还成为道教中的重要神灵。

⑪ 达旦不寐：通宵不睡。达旦，直到天亮，整整一夜。

⑫ 守岁：守岁之俗由来已久，最早记载于西晋周处的《风土记》，一直延续到现在。唐宋诗人描写守岁的诗文不胜枚举，苏轼《守岁》诗生动描绘了守岁的情景与心理状态："欲知垂尽岁，有似赴壑蛇。修鳞半已没，去意谁能遮。况欲系其尾，虽勤知奈何。儿童强不睡，相守夜欢哗。晨鸡且勿唱，更鼓畏添挝。坐久灯烬落，起看北斗斜。明年岂无年，心事恐蹉跎。努力尽今夕，少年犹可夸。"

【译文】

到了除夕，宫中举行大傩仪。参与傩仪的全都是皇城亲事官、殿前司诸班直的士兵，戴着假面具，身穿刺绣或绘画的彩色衣服，手执金枪、龙旗。教坊使孟景初身材魁梧高大,穿戴全副镀金铜制盔甲,装扮成将军。又选两个镇殿将军,也穿戴盔甲,装扮成门神。教坊之人"南河炭"相貌丑陋,高大肥壮,装扮成判官。又有人装扮成锺馗小妹、土地神、灶神之类的模样,共计千余人,从宫中驱逐鬼祟,送出南薰门外的转龙弯,称为"埋祟",大傩仪方才结束。这个夜晚,宫中的爆竹声、欢呼声,宫墙外面也能听到。士大夫和普通百姓家围着火炉坐成一圈,通宵达旦都不睡觉,称为"守岁"。

凡大礼与禁中节次①,但尝见习按②,又不知果为如何③。不无脱略,或改而正之,则幸甚④。

【注释】

①节次:程序,次序。

②但:只。习按:即按习,演练。

③果:究竟,到底。

④幸甚:书信中的习用语,也用于向别人讨教的客气话,有表示殷切希望之意。旧题汉李陵《答苏武书》:"子卿足下:勤宣令德,策名清时,荣问休畅。幸甚,幸甚。"

【译文】

凡是重大典礼与宫中的礼仪程序,我只是曾经见过演习,却不知道究竟是怎样一回事。书中所记不会没有脱漏疏略之处,如果有人能够指正问题,我会感到非常荣幸。

中华经典名著
全本全注全译丛书
（已出书目）

黄帝四经·关尹子·尸子

孙子兵法

墨子

管子

孔子家语

吴子·司马法

商君书

慎子·太白阴经

列子

鬼谷子

庄子

公孙龙子（外三种）

荀子

六韬

吕氏春秋

韩非子

山海经

黄帝内经

新书

淮南子

新序

说苑

列仙传

盐铁论

法言

方言

潜夫论

政论·昌言

风俗通义

申鉴·中论

太平经

伤寒论

周易参同契

人物志

博物志

抱朴子内篇

抱朴子外篇

西京杂记

神仙传

搜神记

拾遗记

世说新语

弘明集

齐民要术

刘子

颜氏家训

中说

帝范·臣轨·庭训格言

坛经

大慈恩寺三藏法师传

茶经·续茶经

玄怪录·续玄怪录